AVANT-PROPOS

« L'ÉLOIGNEMENT *des pays répare en quelque sorte la trop grande proximité des temps... » C'est en pensant à une célèbre préface que fut confiée à Madame Germaine Brée il y a dix ans, avant mai 1968, la tâche délicate d'écrire le dernier volume de cette collection, tâche qui s'est depuis lors compliquée.*

L'Université française pratiquait assez peu la littérature la plus récente, ayant pour règle prudente de ne situer dans son champ d'étude que les morts à qui elle a joint ensuite les vivants parvenus à un âge certain. L'étude des auteurs supposait la perspective de l'histoire littéraire et de toute la documentation sur laquelle celle-ci doit se reposer. Et l'on sait avec quel soin jaloux les auteurs, puis leurs familles défendent leurs archives de la curiosité des chercheurs.

Plus éloignées des sources documentaires et soucieuses de se tenir en contact avec la littérature en devenir, les Universités américaines, sous la forme de cours, d'articles et d'essais, s'intéressaient activement aux œuvres contemporaines, avec le risque que comporte un tel intérêt.

Par ses dates mêmes, par son absence, pourrait-on dire, de date finale, ce volume devait être ouvert, suggestif, « problématique ». Tout le contraire d'un manuel. Un manuel impose ; un livre propose. Cette nature particulière apparut aussi au moment où il fallut choisir les « grands auteurs ». Si l'on peut s'entendre sur l'un ou l'autre nom, il est trop aisé de constater qu'un consensus ne saurait être obtenu sur d'autres. Il y a des écrivains représentatifs de leur génération ; ils le resteront au titre de l'histoire littéraire. Mais la postérité reconnaîtra-t-elle la stature que d'aucuns sont actuellement disposés à leur accorder ?

Madame Germaine Brée avait conscience de ces difficultés. Par ses racines françaises, par son enfance anglo-normande, par son éducation française qui la mènera jusqu'à l'agrégation d'anglais, par son expérience américaine, par la liberté d'appréciation dont elle dispose, elle avait — et elle le prouve — les qualités nécessaires pour tracer les lignes de force de ce demi-siècle auquel nous appartenons et qui a vu les plus étranges transformations, évolutions, révolutions et dévolutions, que le monde occidental ait connues en si peu de temps.

Malgré ses livres sur Proust, Gide, Camus, sur le roman de Gide à Camus, ses recueils de textes, ses nombreux articles qui portent presque tous sur le XXe siècle, Mme Brée est trop peu connue en France. Sans doute parce qu'elle n'a publié en France que deux livres, et il y a un quart de siècle. La place éminente qui est la sienne aux Etats-Unis dans l'enseignement du français, la part qu'elle a prise, qu'elle prend dans la défense des valeurs humaines que représente là-bas la littérature française, les postes qu'elle a occupés — à Bryn Mawr College, à New York University, à l'Université du Wisconsin (Madison) —, les disciples qu'elle a formés, le dévouement qu'elle a mis au service de la Modern Language Association of America, dont elle était en 1975 la présidente, veulent qu'on lui rende ici un bref hommage, — ainsi que sa résolution de poursuivre et de terminer sa carrière professionnelle dans un Collège de la Caroline du Nord, Wake Forest University : maxima debetur juvenibus reverentia.

On pourra ne pas être en accord avec elle sur tous les points : sur les divisions chronologiques qu'elle a choisies, sur l'importance qu'elle attribue à un auteur ou à un mouvement d'idées. Ce livre est précisément écrit pour provoquer la discussion, pour obliger le lecteur à penser par lui-même et, s'il le faut, contre l'auteur. On n'oubliera d'ailleurs pas que ce volume suit le volume écrit par M. Walzer où figurent des écrivains reconnus qui ont poursuivi leur carrière au-delà, parfois bien au-delà de l'année qui clôt le premier volume du XXe siècle. Ces deux tomes — qui forment une unité — constituent comme les deux versants de notre siècle. Conformément aux tendances des deux parties, le premier peut être jugé plus conservateur, le second plus moderniste, et de par l'esprit même qui les anime. Ce sont des valeurs complémentaires où presque chacun de nous reconnaîtra les traits d'une époque qui cherche sa définition.

CLAUDE PICHOIS
professeur aux Facultés Universitaires N.-D. de la Paix, Namur
et à l'Université Vanderbilt

LITTÉRATURE FRANÇAISE

Collection dirigée par Claude Pichois

16

Germaine Brée

LE XXᵉ SIÈCLE

II

1920-1970

63 HÉLIOGRAVURES

*Ouvrage publié avec le concours
du Centre National des Lettres.*

ARTHAUD

De cet ouvrage, le seizième de la collection
Littérature française, il a été relié des exemplaires
en Balacron bleu marine.

© Librairie Arthaud, Paris, 1978. Tous droits réservés.
Printed in France.
ISBN 2-7003-0211-7

1 Les écrivains du « Nouveau roman » ; de gauche à droite : **A. ROBBE-GRILLET, CL. SIMON, CL. MAURIAC,** l'éditeur J. Lindon, **R. PINGET, S. BECKETT, N. SARRAUTE, CL. OLLIER** (1957).

2 **J.-P. SARTRE** et les dissidents soviétiques (juin 1977).

3   **ELUARD**   **CREVEL**   4   **BRETON**   5

6   **ARTAUD**   **BACHELARD**   7   **ARAGON**   8

9   **CAMUS**   **FRANÇOIS MAURIAC**   10   **MALRAUX**   11

12   **BATAILLE**   **LEIRIS**   13   **FOUCAULT**   14

15   **GIONO**   **BORIS VIAN**   16   **CÉLINE**   17

18   **SIMONE DE BEAUVOIR**   **MARGUERITE YOURCENAR**   19   **MARGUERITE DURAS**   20

Sur mes cahiers d'écolier
Sur mon pupitre et les arbres
Sur le sable sur la neige
J'écris ton nom

Sur toutes les pages lues
Sur toutes les pages blanches
Pierre sang papier ou cendre
J'écris ton nom

Sur les armes des guerriers
Sur la couronne des rois
Sur les bijoux des captives
J'écris ton nom

Sur les images dorées
Sur les outils sur les genêts
Sur l'écho de mon enfance
J'écris ton nom

Sur les merveilles des nuits
Sur le pain blanc des journées
Sur les saisons fiancées
J'écris ton nom

Sur tous mes chiffons d'azur
Sur l'étang soleil moisi
Sur le lac lune vivante
J'écris ton nom

Sur les champs sur l'aurore
Sur la mer sur les bateaux
Sur la montagne démente
J'écris ton nom

Sur la mousse des nuages
Sur les sueurs de l'orage
Sur la pluie épaisse et fade
J'écris ton nom

21

22

L'IMAGINATION PREND LE POUVOIR

26 – 27

UNIVERS CITÉS

VIVEZ L'EXCLAMATION

ALBERT CAMUS

ACTUELLES, III

CHRONIQUES ALGÉRIENNES

1939-1958

nrf

GALLIMARD

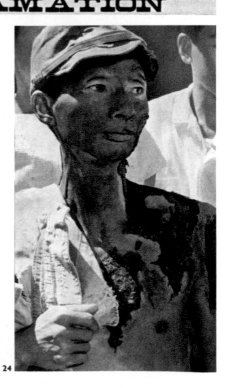

23

25

24

...ux (1937-39).

..., Signac, Lurçat, Nizan (au fond), de 1935.

...ème d'Eluard (1942) (fragment)

..., film d'Alain Resnais et de).

... algériennes, édition spéciale de ..l, pendant la guerre d'Algérie.

N° 1 — Première année   19   1er Décembre 1924

LA RÉVOLUTION SURRÉALISTE

IL
FAUT
ABOUTIR A UNE
NOUVELLE DÉCLARATION
DES DROITS DE L'HOMME

SOMMAIRE

ABONNEMENT,
les 12 Numéros :
France : 45 francs
Etranger : 55 francs

Dépositaire général : Librairie GALLIMARD
15, Boulevard Raspail, 15
PARIS (VIIᵉ)

LE NUMÉRO :
France : 4 francs
Etranger : 5 francs

La
dit:
MERDE
à
L'OEil à Poils "

29

N° 1 · REVUE MENSUELLE · Mars 1919

LITTÉRATURE

DIRECTION :
9, PLACE DU PANTHÉON, 9.

30

aventure

■

novembre

31

La **Révolution surréaliste** (1924-1929).

Couverture de la revue **La Pomme de Pin,**
sinée par Picabia.

Littérature, revue d'Aragon, Breton et
pault.

Couverture de la revue **Aventure** (Crevel).

Victor Brauner. Le Surréaliste.

32

33 – 34

35

33-34. Dessins orignaux de Tzara.

35. **Minotaure**, numéro 7 (1933).
Couverture de Miro.

36. Max Ernst. **La Toilette de la mariée.**

37-38. Antonin A▮
la Cruauté.

39. Jean Cocteau.

40. Le Testame▮
Cocteau (1959).

éâtre de

e, film de

L'abricot

La couleur abricot, qui d'abord nous contacte, après s'être bordée dans la forme d'un fruit, s'y retrouve, en tout point de sa pulpe homogène, par miracle...

41. Francis Ponge. L'Abricot
Première strophe du manuscrit original.

42. Motifs de peintures faciales, Indiens Caduveo, Mato Grosso, Brésil, recueillis par Cl. Lévi-Strauss en 1935.

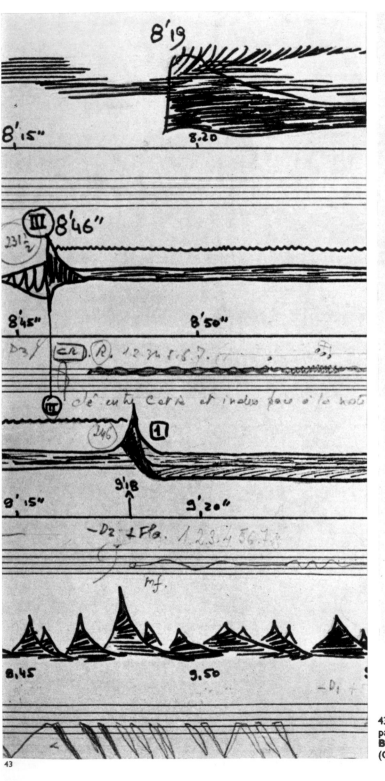

43. « Thalassa »,
partition de
B. Parmegiani.
(G.R.M.)

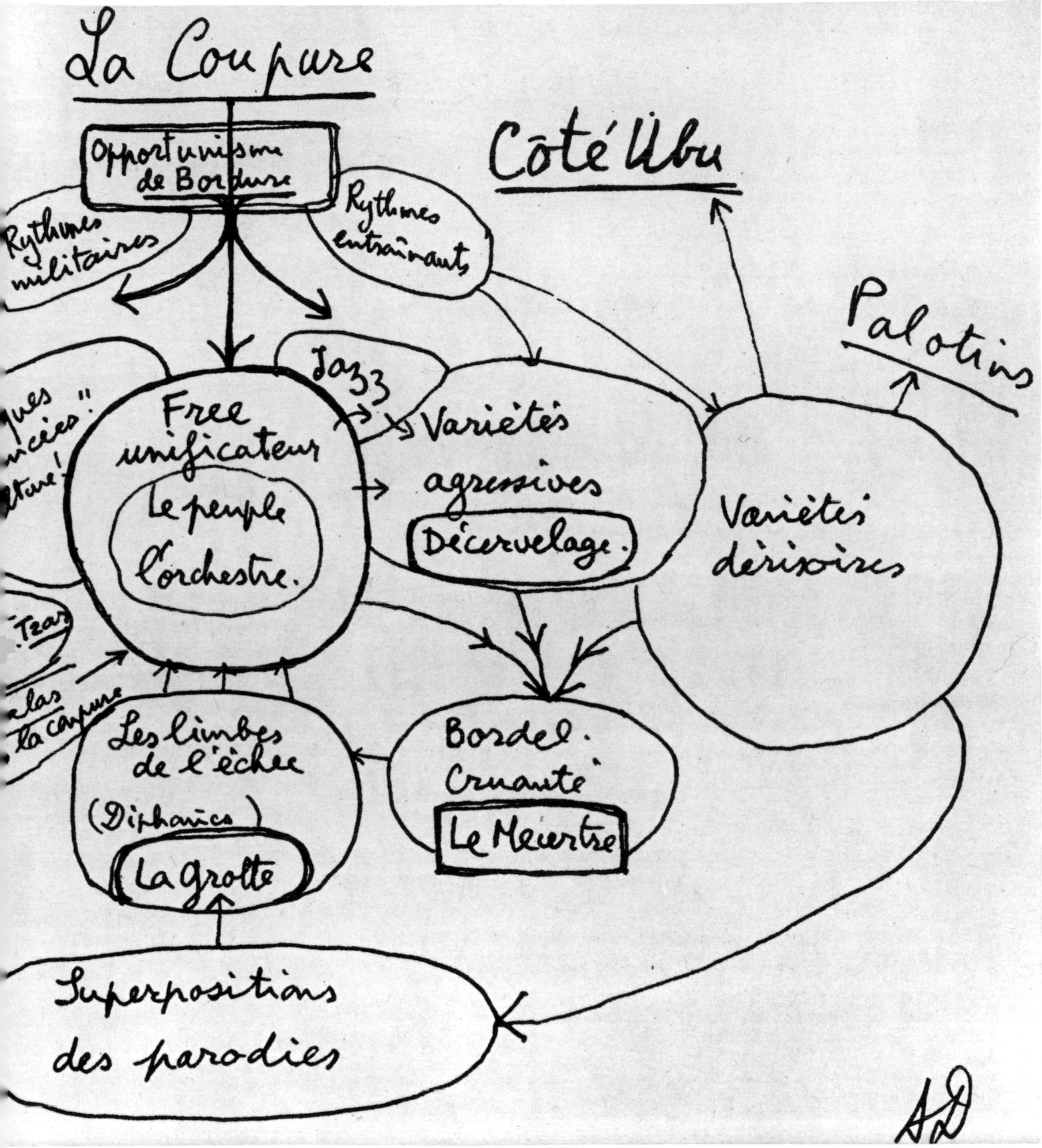

La Coupure

Côté Ubu

Palotins

Opportunisme de Bordure

Rythmes militaires

Rythmes entraînants

Jazz

Free unificateur
Le peuple l'orchestre.

Variétés agressives
Décervelage.

Variétés dérisoires

Les limbes de l'échec
(Diphonies)
La grotte

Bordel.
Cruauté
Le Meurtre

Superpositions des parodies

AD

44. Croquis original d'**Antoine Duhamel** pour les « Les Ubs »,
Ubu à l'Opéra, d'après A. Jarry : « théâtre musical total ».
Festival d'Avignon 1974 (musique : A. Duhamel, mise en scène : G. Wilson)

44

45

45. P. Claudel, **Le Soulier de satin,** mise en scène de J.-L. Barrault, Comédie Française, 1949.

46. J. Giraudoux, **La Folle de Chaillot,** mise en scène de L. Jouvet, théâtre de l'Athénée, 1945.

47. J. Giraudoux, **Ondine,** mise en scène de L. Jouvet, théâtre de l'Athénée, 1945.

48. S. Beckett, **En attendant Godot,** mise en scène de R. Blin, théâtre de Babylone, 1953.

49. B. Brecht, **Mère Courage,** mise en scène de J. Vilar, T.N.P. 1954.

50. A. Camus metteur en scène de **Requiem pour une nonne,** d'après Faulkner, 1956.

51

52

51. Festival d'Avignon, **Don Juan** de Molière, mise en scène de J. Vilar, 1953.

52. J. Genet, **Les Paravents,** mise en scène de R. Blin, 1966.

53. S. Beckett, **Oh ! Les beaux jours,** mise en scène de R. Blin, 1963.

54. Arrabal, **Et ils ont mis des menottes aux fleurs,** 1963.

55. **1789,** Théâtre du Soleil, A. Mnouchkine, 1970.

56. Marivaux, **La Dispute,** mise en scène de Patrice Chéreau, 1973.

57. Bob Wilson, **Le Regard du sourd,** 1971.

53

55 – 56

54

57

58

PICASSO. « Guernica »

59   JOYCE

KAFKA   60

FAULKNER   61

62

PICABIA. « Très rare tableau sur la terre » (détail)

63

RAUSCHENBERG. « Cosmonaute » (détail)

Préface

C E volume affronte une tâche difficile : présenter une étude historique et critique de la littérature française au cours des cinquante années qui viennent de s'écouler. Comment prendre la distance nécessaire par rapport à ce qu'on a vécu au jour le jour ? Comment dégager du foisonnement des événements et des œuvres la physionomie d'une vie culturelle d'une grande complexité ? Non que les documents manquent. Ils surabondent. Depuis 1920, notre point de départ chronologique, « l'examen de conscience des Français » dont parlait Jules Romains en 1954, s'est poursuivi de plus en plus intensément et sans rémission sur tous les plans. Les bilans, essais, mémoires — ou, dans le cas de Malraux, anti-mémoires —, autobiographies, interviews, enquêtes, chroniques ou journaux s'accumulent. Il n'est guère d'écrivain de quelque envergure dont l'œuvre ne comporte, sous une ou plusieurs de ces formes, une part de témoignage direct. En attendant les grands travaux d'équipe qui feront le tour de cette documentation nous ne pouvons en avoir qu'une connaissance incomplète.

D'autre part, surtout à partir du milieu du demi-siècle, nous assistons à une véritable explosion dans la production d'études tant historiques et socio-logiques que critiques. Elles nous offrent, avec une abondance de faits, une abondance de points de vue sur une époque que caractérisent de brusques décalages, de profonds revirements et contrastes dans la vie d'un pays qui passe de la pénurie à la prospérité, de l'état de guerre à l'état de paix, de la Troisième République à la Cinquième à travers de grands bouleversements mondiaux. Ces changements nous les avons vécus nous-même, avec notre génération née peu avant la première « grande » guerre et marquée par les vingt années pour nous dramatiques de 1929-1949. Quel que soit notre effort d'objectivité, notre point de vue comporte une grande part de subjectivité. Les sociologues nous ont appris que nous ne pouvons nous fier, lorsque nous cherchons à comprendre notre temps, à nos propres représentations, entachées à notre insu de nombreux mythes. Il n'est donc pas facile de trouver les lignes de force d'une époque encore assez opaque pour nous tant elle fait partie de nous-même.

Peut-on même considérer la période 1920-1970 comme une sorte d'entité, et la date terminale de 1970 en particulier se justifie-t-elle ? Malgré ce que toute division chronologique a d'arbitraire on peut considérer 1920 comme un point de départ. A partir de 1920, la France victorieuse mais fortement atteinte dans sa substance même affronte une reconstruction malaisée. Tandis qu'elle semble vouloir avant tout renouer avec son passé, un monde nouveau apparaît.

En 1920, la Société des Nations s'installe à Genève, où, le 1ᵉʳ novembre, elle tient sa première assemblée plénière, mais en l'absence du président des Etats-Unis, Wilson. Promesses et inquiétudes sont déjà étroitement mêlées.

Au Congrès de Tours, un groupe communiste minoritaire de la Confédération Générale du Travail fonde la Troisième Internationale et prend la direction du journal de Jaurès, *L'Humanité.* Quelques intellectuels seulement parmi les « hommes de bonne volonté » s'interrogent déjà sur « cette grande lueur à l'est », aube pour certains, pour d'autres incendie, la Révolution russe. L'énigme russe dès lors est apparue qui, sous différentes formes, ne cessera de hanter la pensée et l'imagination des Français.

Moins visibles, d'autres signes se manifestent. Tandis que le Vatican canonise Jeanne d'Arc et que la France honore ses morts au tombeau du soldat inconnu, apparaissent les premières manifestations du fascisme italien ; c'est aussi en 1920 qu'au Hofbräuhaus de Munich les premières réunions nazies aboutissent à la création du parti « national socialiste ouvrier allemand ». A l'euphorie de la victoire succède le double souci de faire face aux conséquences du passé et aux possibilités du lendemain.

Cependant, pour les Français d'alors, dans l'ensemble, c'est le moment présent qui compte. Un mouvement de défoulement s'amorce dès avant la fin de la guerre avec *Parade* — ballet d'avant-garde réunissant les noms de Diaghilev, Picasso, Satie, déjà connus, et celui d'un presque inconnu, Jean Cocteau — et la farce d'Apollinaire, *Les Mamelles de Tirésias.* Tout un milieu parisien se proposait dès lors de renouer avec le grand courant d'innovation esthétique de l'avant-guerre. Malgré de lourdes pertes — dont les quelque deux mille écrivains morts — les milieux littéraires et artistiques se reconstituent autour des mêmes personnalités : Barrès, France, Loti, d'une part ; Gide et la N.R.F., d'autre part. Certaines grandes figures manquent, Péguy et Apollinaire surtout, d'ailleurs peu connus du grand public. Si, en 1920 au Palais des Fêtes, Dada, qui a quitté Zurich, lance son premier défi au public parisien, André Breton n'en dialogue pas moins poliment avec *La Nouvelle Revue française* qui, depuis un an, reparaissait, et le jeune Radiguet côtoie sans difficulté Max Jacob, Jean Cocteau et André Breton. La vie artistique et littéraire reprend dans un certain chaos, mais selon des normes familières. Toutefois l'atmosphère, fiévreuse, a changé. Tandis que le pays politique et social rêve de sécurité, l'art et la littérature semblent voués à poursuivre toutes les aventures révolutionnaires déclenchées avant la guerre. Peut-être est-ce seulement maintenant que nous commençons à entrevoir plus clairement sous cette continuité de surface le caractère de « nouveauté » de l'époque, la ligne de clivage avec le passé.

A partir de 1965 une nouvelle phase semble se dessiner dans l'évolution de la société et de la sensibilité françaises, dont 1968 fut la manifestation la plus dramatique. 1919 voit la publication du *Déclin de l'Occident* de Spengler. Cinquante ans plus tard, et c'est symptomatique, ce sont des études sociologiques plus modestes qui sur un tout autre mode examinent cette civilisation occidentale et la manière dont la France s'y insère. Nous pensons à des études comme celles de Michel Crozier, *La Société bloquée* (Le Seuil, 1970), ou de Pierre Sorlin, *La Société française contemporaine 1914-1968* (Arthaud, 1971). Le « déclin de l'Occident » ne les préoccupe guère. En 1970, ils sont sollicités moins par les problèmes d'une civilisation à son déclin que par ceux d'une insertion dans une civilisation nouvelle. Et le climat de leur réflexion n'est pas non plus le même. La grande synthèse spéculative et prophétique à la Spengler a fait place à la recherche méthodique rigoureuse et à l'examen objectif des faits. Cette tendance domine partout en cette fin de siècle et fait nettement contraste avec le néo-romantisme et l'idéalisme des années vingt.

Notre connaissance du fonctionnement de notre société s'est considérablement accrue depuis 1920. Cette prise de conscience est un des traits les plus fondamentaux de l'époque. Mais, les sociologues nous le signalent, elle reste encore fort incomplète. Nous hésitons à formuler des diagnostiques comparables à ceux que les événements, plusieurs fois au cours de ces années, ont démentis. Le sort des pronostics de Spengler et des interprètes divers du marxisme-léninisme nous incite à une grande prudence. « Il nous est aussi difficile de reconnaître le temps où nous vivons que d'identifier comme nôtre cette étrange voix qui vient d'être enregistrée et que le disque nous renvoie », notait Morand dans *L'Heure qu'il est*.

Cependant, un point semble acquis : depuis la fin de la première guerre mondiale, et de façon accélérée, la société française subit une mutation en profondeur à laquelle ses institutions parviennent mal à s'adapter et dont les signes extérieurs, sur le plan des réalisations techniques et de la vie quotidienne, sont plus faciles à saisir que leur effet sur la sensibilité des Français. Si, comme le pensait Valéry, la paix de 1919 inaugurait l'ère du « monde fini », unifié de plus en plus dans ses modes de vie, un pays de vieille culture comme la France a eu quelque peine à « entrer dans le vingtième siècle ». Qu'il s'agissait au plus profond pour la France d'une crise de la culture, Valéry l'avait senti, qui parlait, dans son vocabulaire propre, d'une « crise de l'esprit » ; et qu'elle comportait des problèmes spécifiquement français, le jeune Drieu La Rochelle s'en était avisé au sortir des tranchées lorsque dans quatre brefs essais il prenait la nouvelle « mesure » de la France (1922), exprimant son angoisse devant le « déclassement » de l'Europe et singulièrement de la France dans le monde moderne.

C'est à ce niveau que la substitution récente du thème de la mutation au thème spenglérien de la mort des civilisations — et plus particulièrement de la civilisation occidentale — débattu pendant tout ce demi-siècle paraît significative. A la crainte de l'avenir, manifeste dans les mots célèbres de Valéry : « Nous autres civilisations nous savons maintenant que nous sommes mortelles », a succédé la crainte, évidente jusque dans le vocabulaire quotidien, de ne pas savoir entrer assez vite dans le monde nouveau. Crise, malaise, mutation sont les mots clés de l'époque.

En 1970, c'est en termes d'une mutation culturelle que les Français semblent chercher à se situer, mais d'une mutation qui dépasse de beaucoup le cadre de la France et dont l'origine est ailleurs, aux Etats-Unis plus particulièrement. Pendant longtemps en France, les termes « culture » et « connaissance des lettres », de la littérature française surtout, ont été synonymes. Lorsqu'en 1959 de Gaulle créait un Ministère des Affaires culturelles le terme « culturel » désignait le domaine assez vaste des activités intellectuelles et artistiques : scientifiques, technologiques, philosophiques, sociologiques aussi bien qu'artistiques et littéraires. Il n'est donc pas surprenant que la crise de la culture ait entraîné une crise de la littérature et que la question même de la littérature soit une des plus constamment débattue de l'époque.

En 1920, la littérature en France jouissait d'un grand prestige, que semblait justifier son éclat. L'œuvre littéraire s'insérait dans la grande fresque de l'histoire littéraire française, patrimoine français, prolongeant ou renouvelant une longue tradition. La littérature, pour tous les Français à peu d'exceptions près, lecteurs ou non, était tenue pour la manifestation la plus éclatante des « hautes valeurs françaises ». Dada, le premier, s'attaqua ouvertement à cet édifice auquel la jeunesse en 1968 parut vouloir porter les derniers coups. L'Histoire, les problèmes socio-économiques, les grands développements scientifiques et techniques semblent successivement au cours de ce demi-siècle reléguer au dernier rang des préoccupations intellectuelles des Français la littérature menacée de perdre son statut privilégié. En 1970 aucun groupe d'écrivains n'avait le rayonnement et le prestige de la génération qui prit rang à partir de 1920 — si contestée qu'elle fût : Claudel, Gide, Proust, Valéry pour ne citer que les plus grands. Pourtant, aux environs de cette même année 1970, on voit se multiplier des synthèses — dont *La Littérature en France depuis 1945* (Bersani, Autrand, Lecarme et Vercier [Bordas, 1970]) serait un bon exemple — qui cherchent à dégager les nouvelles orientations d'une littérature en gestation. L'Université ne fut pas prompte à s'intéresser à la littérature en voie de se faire. Le premier Centre de recherches et d'enseignement consacré à la littérature contemporaine fut fondé à la Faculté des lettres de Strasbourg en 1959 et il faudra attendre 1970 pour que s'établisse en France une Société d'étude du vingtième siècle dont le premier « cahier » ne paraîtra qu'en 1973. Mais, en dehors de l'Université, le besoin de situer la littérature immédiatement contemporaine, de la caractériser par rapport au passé rappelle les années vingt, où les « panoramas », anthologies et *Histoires de la littérature française contemporaine* se succèdent. A l'*Histoire de la littérature française* de Bédier et Hazard qui, en 1922, relayait celle, célèbre, de Gustave Lanson (dont la première édition datait de 1894), répondaient en 1958 l'*Histoire des littératures,* dans l'*Encyclopédie de la Pléiade* dont le volume III présentait une *Histoire des littératures françaises, connexes et marginales,* conception nouvelle ; et en 1968 la *Littérature française* d'Adam, Lerminier et Morot-Sir. Un travail multiple de mise à jour, de critique, d'enquêtes et d'interprétations fragmentaires aboutissait à une nouvelle « totalisation » selon une optique elle-même nouvelle. L'Université donnait droit de cité à la littérature des années 1920-1965 et par ailleurs regardait d'un œil nouveau le développement, en dehors du cadre proprement français, d'une vigoureuse série d'œuvres de langue française. Cet éclatement du cadre géographique et national à la fois où s'inscrit le phénomène littéraire, accentuant l'éclatement des structures culturelles, est un des phénomènes marquants de cette époque.

Ce demi-siècle 1920-1970 semble donc, de notre point de vue actuel, avoir une physionomie propre. Dominée par la crainte et l'expérience de la guerre — internationale ou coloniale —, hantée par l'idée d'une révolution qu'elle vit selon un mode qu'elle n'avait pas prévu, tandis qu'elle l'espérait ou la craignait sous une tout autre forme, l'époque paraît, dans sa violence, s'éloigner de nous. Mais dans quelle direction ? Notre date terminale ne peut guère nous orienter par rapport à l'avenir. Il nous est difficile de faire le tri dans la multiplicité des œuvres qui nous ont sollicitée et parmi les noms qui nous sont familiers et désignent parfois des hommes et des femmes que nous avons connus. Quels seront, dans cinquante ans, dans cent ans, les œuvres, les noms qui paraîtront les plus significatifs ? L'historien n'est pas prophète. Et il n'est plus d'esthétique incontestée selon laquelle juger et classer.

Dans ce volume nous avons donc suivi, autant que nous le pouvions, le plan général de la collection — sauf en ce qui concerne la dernière section, c'est-à-dire l'étude des « grands » écrivains et de leurs œuvres. Dans les limites qui nous sont assignées ce choix devait porter sur une demi-douzaine d'auteurs au maximum. Aucun consensus à ce sujet n'est encore possible. La solution que nous avons adoptée a été de grouper autour de certaines figures et œuvres clés, les thèmes dominants éclairant la sensibilité changeante de l'époque en même temps que sa continuité.

Dans cet ensemble nous avons distingué trois périodes :

De 1920 à 1936 l'après-guerre devient l'entre-deux-guerres et, pivotant avec la grande crise économique de 1929-1933, les « années folles » font place à un malaise profond qui imprègne toute la vie intellectuelle. Mais jusqu'en 1936 Paris reste au centre de l'activité littéraire. Les maîtres de l'heure, Claudel, Gide et Valéry, sont garants de la continuité d'une grande tradition dont la valeur n'est guère contestée. C'est une période riche en tendances diverses qu'unit cependant une culture commune.

En 1936, avec la guerre d'Espagne et le bref triomphe du Front populaire et *jusqu'en 1952,* où avec la fin de l'affaire de Corée la hantise de la guerre s'atténue, la vie intellectuelle en France est dominée, dans une atmosphère d'apocalypse, par le souci du destin de l'homme en général, des Français plus particulièrement, et par le souci de ce qui paraît être l'effondrement d'une civilisation. Les écrivains sont profondément affectés par des événements qu'ils cherchent à comprendre et, grâce à l' « engagement », à orienter. Au cours de ces années le milieu littéraire subira le contre-coup des événements. Appauvri par de nombreuses pertes, il ne retrouvera pas l'élan de l'entre-deux-guerres ni sa richesse.

A partir de 1952, malgré les problèmes de la décolonialisation et les crises politiques nationales ou internationales, de nouvelles orientations, amorcées dès 1944, se dessinent, s'affirmant plus nettement avec la fin de la guerre d'Algérie. C'est par rapport aux deux grands blocs qui s'affrontaient dans la guerre froide — Etats-Unis, Russie — que, sur tous les plans, les Français cherchent d'abord à se situer, obsession qui se transforme imperceptiblement à mesure que le caractère menaçant de l'époque s'estompe. Une nouvelle génération d'écrivains cherche à dégager la pensée et la littérature françaises de structures qu'elle juge dépassées. En 1970, un certain désarroi règne dans le monde des lettres, qui fait contraste avec l'effervescence et l'élan des années vingt.

Un grand thème parcourt les trois époques, orchestré selon des modes différents : celui du monde moderne. Les thèmes réitérés de la guerre, de la révolution — tant sociale que technologique — liés aux thèmes de la violence, de l'aventure, de l'action, de l'absurde, de l'Histoire, en sont tous des modulations. Les crises socio-politiques, le heurt des idéologies ne sont que les manifestations les plus apparentes d'une transformation qui, en cinquante ans, à travers trois réformes constitutionnelles, un grand effondrement, un rétablissement économique spectaculaire ont fait passer la France de la IIIe à la Ve République, du concept de l'Empire français à celui de « l'hexagone » et d'un pays s'intégrant lentement à une Europe fédérée. En France, comme ailleurs, les conflits ont été aigus entre les routines établies et l'esprit de réforme ; entre les intérêts nationaux et les structures internationales ; entre les besoins d'une organisation rationnelle des activités du pays et la tradition d'individualisme dont il était fier. Cependant, en France, dans l'ensemble et en dépit de quelques éclipses, un climat de liberté intellectuelle s'est maintenu au cours de ce demi-siècle. Il a favorisé une vie intellectuelle d'une grande richesse dans sa diversité, malgré les inquiétudes, les excès, et les refus du passé. Cet état d'esprit a suscité une mise en accusation de la littérature, « coupable » de complicité avec un monde bourgeois dépassé. Le prestige dont elle s'auréolait en a souffert. « Qu'est-ce que la littérature ? » devient « Pourquoi la littérature ? », puis : « La littérature est-elle possible ? » La notion même de littérature semble parfois avoir disparu. En revanche l'époque est singulièrement riche en œuvres qui, à cause de leur diversité et de leur nouveauté, sont souvent difficiles à aborder. Période de décadence, proclament certains ; période de grande fécondité, pensent d'autres ; période en tout cas de saturation dans le domaine de la critique littéraire.

Fréquemment au cours de ces années les observateurs ont eu l'impression qu'une ère finissait — en 1929 ; en 1934-1935 ; en 1940 puis en 1945, et singulièrement au moment d'Hiroshima ; puis en 1968. Et c'est sans doute la tâche la plus difficile pour l'historien des lettres de présenter dans ce contexte l'odyssée intellectuelle de trois générations au moins d'écrivains dont la plupart sont nés avant la guerre de 1914, et en même temps de présenter adéquatement l'histoire culturelle d'une époque aussi mouvementée. L'entreprise elle-même sera jugée inutile par ceux qui, en France, refusent de « situer » le fait littéraire par rapport à un « hors-contexte » historique et social. Leur point de vue se rattache à l'un des courants de pensée issus de la recherche, des hypothèses et de la méthodologie propres à la linguistique et à la sémiologie. Mais il ne nous paraît pas devoir s'imposer exclusivement. « Le langage », écrit un linguiste américain, Peter Caws, « ne dit jamais rien, ni sur lui-même, ni sur quoi que ce soit d'autre. Les individus l'utilisent pour dire quelque chose, mais eux, et non lui, sont la source de ce qui est dit, même si — ce qui est certainement vrai — il a fortement influencé ce qu'ils sont. Car la source de cette influence remonte à d'autres utilisateurs de ce langage ». De ce point de vue, le « hors-texte » de la littérature redevient contexte, et contexte indispensable pour envisager le fait littéraire dans toute sa complexité. La période est touffue, les courants les plus divers, les plus contradictoires s'y entrecroisent, créant de multiples décalages de forces et de points de vue. Ce volume, il ne peut en être autrement, ne se propose pas de statuer mais plutôt de décrire et de poser des points d'interrogation auxquels répondra sans doute l'avenir.

Dans l'ensemble, le *mouvement littéraire,* selon notre point de vue, fait partie d'un processus historique et social qui dépasse tout cadre esthétique. Les artistes et les écrivains au début même du siècle se montraient convaincus qu'un nouvel âge s'annonçait auquel devait répondre un nouvel art. De fait l'art et la littérature d'avant-garde se transformèrent bien plus rapidement qu'une société dont deux guerres devaient mobiliser toutes les énergies. Ce processus, qui affectera le monde occidental tout entier, se désigne comme « modernisme ». Dès 1920 Dada rompt avec le « futurisme » dans la mesure où il met en question le culte de la machine et la tradition culturelle tout entière. La première décennie de la période « moderniste », où s'inscrit le surréalisme, est riche d'idées, de théories, de réalisations surtout poétiques. Breton et Cocteau en sont les porte-parole. Dans la deuxième décennie, le besoin de renouveau se fait social, un esprit de contestation politique caractérise la littérature, le modernisme s'assagit, la gratuité et le désir de scandale font place à une inquiétude sociale qui favorise le roman. Vers 1950, l'esprit moderniste se transforme et recule devant un nouvel esprit critique et scientifique ; désormais nous entrons dans une ère « post-moderniste » qui, après 1970, semble s'orienter vers une nouvelle esthétique encore indécise.

Un volume aussi bref que le nôtre peut tout au plus esquisser une synthèse des faits sociologiques, scientifiques et technologiques dont les attitudes littéraires sont tributaires. Le courant moderniste nous paraît définir le climat intellectuel de la France de l'après-première-guerre ; la deuxième guerre en a fortement accéléré les manifestations au tournant du demi-siècle. Ecrivains et artistes reconnaissent alors qu'ils vivent dans un monde nouveau plutôt qu'ils ne s'en font les annonciateurs. Dans l'ensemble les faits sont assez bien établis, mais les perspectives et conjonctures le sont moins. Nous souhaitons que ce volume permette de mieux comprendre les aspects déconcertants, l'apparente incohérence et les courants contradictoires de cette époque. Dans quelques années l'évaluation en sera peut-être plus facile. Ici, nous ne pourrons présenter des études approfondies d'œuvres particulières qui sont très nombreuses. L'abondance d'études critiques qui leur ont été consacrées supplée à notre effort qui voudrait proposer une vue d'ensemble aussi claire et aussi équitable que possible de ce demi-siècle d'histoire littéraire.

Première partie

CIRCONSTANCES HISTORIQUES, POLITIQUES ET SOCIALES

Oiseaux

"Quantum non milvus oberret..."
(Plus que ne couvre le vol d'un milan...")
Aulus Persius Flaccus, Sat. IV, 5, 26.

L'Oiseau, de tous nos consanguins le plus ardent
à vivre, mène aux confins du jour un singulier destin.
Migrateur, et hanté d'inflation solaire, il voyage de
nuit, les jours étant trop courts pour son activité.
Par temps de lune grise, couleur du gui des Gaules,
il peuple de son spectre la ~~nuit~~ prophétie des nuits.
Et son cri dans la nuit est ~~ten~~ cri de l'aube même :
~~ten~~ cri de guerre sainte à l'arme blanche.

Au fléau de son aile l'immense libration
d'une double saison ; et sous la courbe du vol,
la courbure même de la Terre... L'alternance est
sa loi, l'ambiguïté son règne. ⚡ Dans l'espace
et le temps qu'il couve d'un ~~du~~ même vol, son hérésie
est celle d'une ~~même~~ seule estivation. C'est le scandale aussi
du peintre et du poète, assembleurs de saisons aux
~~plus~~ hauts lieux d'intersection.

SAINT-JOHN PERSE. « LES OISEAUX », MANUSCRIT D'AUTEUR.

CHAPITRE I

Le climat politique : 1920-1936

« L A FÊTE de la Victoire allait être en premier lieu une fête des Morts. Tout le monde le savait, y pensait, y consentait » (Jules Romains). En 1920, tandis que la France établissait sous l'Arc de Triomphe, en hommage à ses morts, le tombeau du soldat inconnu, l'exaltante unité du défilé de la victoire n'était qu'un souvenir. Le 11 janvier, le Traité de Versailles, déjà contesté, entrait en vigueur. Le moment de disponibilité entre la guerre et la paix fut bref. Pendant une dizaine d'années le « Paris du luxe et de l'esprit » oubliant « toutes les menaces et ne songe[ant] qu'au plaisir » tenta de le prolonger. « Années folles », « années d'illusion », « fausse paix », la décennie qui déboucha en 1929 sur le grand krach de Wall Street et une dépression économique quasi mondiale fut pour beaucoup d'abord celle de « la douceur de la vie » retrouvée. A ceux qui vivaient dans les cercles du Tout-Paris, elle laissa un souvenir brillant. Comme jamais auparavant, cosmopolite et en apparence prospère, Paris pendant ces années assume le rôle de capitale du monde occidental.

Dès 1932, dans son *Journal,* Julien Green parle de la « fin d'une époque heureuse » et s'étonne de « l'insouciance » qui avait régné dans sa vie. Plus jeune d'une génération, Claude Mauriac ressent la même nostalgie : « Je conserve encore aujourd'hui la nostalgie de ces années merveilleuses que je n'ai pourtant pas directement vécues en ayant seulement observé de loin les acteurs. » Ce « dimanche de l'après-guerre » eut son apothéose en 1925 avec l'Exposition des Arts décoratifs où Paris fêtait son modernisme retrouvé et mis à jour. Rétrospectivement l'exposition devient symbole. Plus sobrement et en marge du Paris des fêtes officielles, c'est la flambée surréaliste qui laissa à d'autres, comme Raymond Queneau, le souvenir précieux « d'avoir eu une jeunesse ». 1925, c'est aussi la date de la première exposition surréaliste qui proclamait la volonté de rupture d'un groupe avec la « belle symphonie » d'après-guerre et le style « Art-déco ». Et c'est aux environs de 1925 que certaines lignes de force apparaissent à travers la confusion de ces années, présageant l'avenir, marquées déjà par la guerre du Rif.

Persistant jusque dans les années trente, cette atmosphère de fête éclairera de ses derniers rayons l'Exposition coloniale qui, à quelques exceptions près, devait enchanter une nouvelle génération – le jeune Brasillach de *Notre avant-guerre* en est témoin. En 1931, au monde occidental plongé dans le désordre social, le chômage, les crises de toutes sortes, l'Exposition présentait, par contraste, l'image d'une France impériale, riche et puissante, réunissant sous son égide une foule bariolée de peuples dociles – Africains, Indochinois, Océaniens.

Le fossé était grand entre cette France quasi légendaire et la situation réelle des Français au sortir de la guerre. Il ne faut cependant pas exagérer l'insouciance de l'heure. Qu'une soif de jouissance animât les Français après le cauchemar des tranchées, l'angoisse et les privations, n'est guère étonnant. New York, Londres, Berlin, chaque capitale selon son mode propre, manifestaient une même fièvre. Celle-ci n'exclut pas l'inquiétude dont, en partie, elle s'alimente.

En France, dans les milieux intellectuels, dès la fin des hostilités, de grands points d'interrogation : la « crise de l'esprit », « l'avenir de l'Europe », voire de l'Occident, le destin de la France, de l'Allemagne, la nature du monde moderne. Mais en général, pour la génération de Valéry, les spéculations et les débats sont situés sur le plan intellectuel. Aux environs de 1920, les milieux littéraires se soucient dans l'ensemble fort peu de l'actualité politique.

Qu'un malaise existe dans la société, surtout chez les jeunes de toutes les classes, et une aspiration assez vague vers des réformes sociales, les grèves et les manifestations de 1919 le prouvent. Mais elles seront vite réprimées ; et, dès 1920-1922, le défi que lancent les dadaïstes [1] à la société en général ne touche qu'un public restreint de bourgeois et d'intellectuels et n'affecte en rien le pays politique. Des sentiments profonds mais diffus – l'espoir d'un monde nouveau, la haine de la guerre – trouvent satisfaction dans les promesses qu'offrent les quatorze points du président Wilson et la fondation de la Société des Nations. En 1920, laissant derrière elle les troubles de 1919, une France en apparence encore unie accepte le régime parlementaire, démocratique et libéral d'avant-guerre qui, aux yeux de la majorité des Français, a assuré la victoire. Ce ne sera qu'une dizaine d'années plus tard qu'il sera mis en question.

---

1. Voir dans la même collection, *Le XXᵉ siècle* I, le volume précédent, par P.-O. Walzer, p. 204-205.

LOANS	PERIODS	FINES
STANDARD LOAN	14 Days	10p per day
SHORT LOAN	3 Days	30p per day
DESK RESERVE	4 Hours	50p per hour

Return Date:

28 OCT 1997

Dans le désordre généralisé de l'après-guerre, les difficultés que le gouvernement français affrontait étaient graves, souvent insolubles à court terme et sans précédent. Il fallait procéder à la reconstruction du pays sur une vaste échelle dans le monde instable de l'après-guerre, parcouru de forces nouvelles et mal connues, et entreprendre les réformes sociales que de compromission en compromission les gouvernements d'avant-guerre avaient éludées ; tout en assurant, sur le plan extérieur, l'avenir du pays. Mais les conceptions politiques et sociales nouvelles étaient absentes, qui auraient pu donner un nouvel élan au pays politique, et lorsqu'elles apparaissent à gauche, puis plus tard, à droite, elles visent la destruction du régime plutôt que sa meilleure efficacité. A partir de 1924, un élément nouveau commencera lentement à éroder le système : la présence d'un groupe homogène de députés communistes plus ou moins nombreux, souvent poursuivis, hostiles au régime ; ce groupe divise les forces de gauche et réduit leur capacité d'action.

L'instabilité ministérielle de ces années — surtout entre 1930 et 1935 — est devenue légendaire. Cependant, elle est plus apparente que réelle. Dans l'ensemble, entre 1920 et 1936, le gouvernement alterne entre la droite et la gauche assez régulièrement : Bloc national 1920-1924 ; Cartel des gauches 1924-1926 ; Union nationale 1928-1930 ; Front populaire en 1936. Et malgré les à-coups, jusqu'aux années trente où une vraie crise gouvernementale éclate, la situation économique des Français semble s'améliorer. Entre 1924 et 1930 elle paraît tendre vers une certaine prospérité. Cette prospérité atteint même la petite bourgeoisie et la classe ouvrière en leur donnant le sentiment d'un « mieux-être ».

La France se reconstruit sous l'égide de grandes personnalités d'avant-guerre, Poincaré à droite, Herriot et Briand à gauche, hommes politiques qui semblent incarner cette division de « l'esprit public » français que décrit François Goguel, oscillant entre « l'esprit d'ordre établi » d'un côté et « l'esprit de mouvement » de l'autre.

Voulant en 1926 définir la situation politique, Giraudoux dans *Bella,* son premier roman à connaître le succès, dresse face à face deux familles, les Rebendart et les Dubardeau. Ce n'était pour personne un secret qu'il s'inspirait de deux figures étroitement mêlées au sort de leur pays, Poincaré et, au Quai d'Orsay, Berthelot ; et que, travaillant sous la direction de Berthelot, il avait pris parti. Du « côté Poincaré », les Rebendart — avocats et hommes politiques, tatillons et retors mais intègres, buveurs d'eau et étroits d'idées — ne se soucient que de questions d'héritage et de réparations. Les Dubardeau, hommes cultivés aux vues larges, diplomates généreux et cosmopolites, tournés vers l'avenir, songent au rôle de la France dans une Europe d'aucun moyen d'action effectif. Ni la stabilité monétaire, ni l'application rigoureuse du Traité de Versailles — l'occupation de la Ruhr en 1923 par exemple — non plus que les accords de Locarno en 1925, l'entrée de l'Allemagne à la Société des Nations ou le pacte Kellogg-Briand ne pouvaient résoudre les difficultés du pays dans la situation internationale du moment. Et si la remise en marche de l'économie française se fit tant bien que mal assez rapidement grâce au capital international, malgré les heurts de la spéculation et les crises économiques momentanées, 1929 devait en arrêter l'expansion ; cependant que les grandes réformes sociales commencées timidement en 1924 sous l'égide du Cartel des gauches stagnaient, faute de fonds suffisants. Il n'est point étonnant que, vers la fin de la décennie, rencontrant partout l'échec, pour des raisons qui échappaient souvent à leur contrôle, les Français aient ressenti une pénible impression d'impuissance et « d'absurde » et se soient retranchés derrière la ligne Maginot.

Rebondissant de New York à Londres, emportant la république de Weimar, la crise de 1929 touche moins dramatiquement et plus lentement la France, d'où l'illusion de prospérité qui persiste ; mais elle achève de détruire l'ordre issu du traité de Versailles et laisse le gouvernement français sans recours devant la remilitarisation de l'Allemagne, hésitant jusqu'en 1936 entre la peur de la guerre et la peur de l'Allemagne ; entre la peur de l'instabilité financière et le besoin d'entreprendre le vaste programme de réformes sociales qui seules pourraient assurer l'essor de la vie économique du pays. A partir de 1930, tandis que le nazisme monte en flèche, le pays piétine sur place, l'inquiétude croît, l'opinion se politise et se dresse contre le régime. On parle beaucoup de révolution. Mais pour tapageuses qu'elles soient, les ligues de droite — Camelots du roi, Croix de feu, Jeunesses patriotes — ne réunissent qu'une minorité composée surtout de jeunes bourgeois suspects au peuple. Les émeutes fascisantes de 1934, spectaculaires, ébranlèrent les imaginations plutôt qu'un régime pourtant bien faible. Et la grande mobilisation des intellectuels antifascistes qui réunissait une majorité d'écrivains, sous l'égide d'hommes comme Romain Rolland, Gide et Malraux, si elle affecta la politique intérieure du pays, l'aveugla quelque peu sur les réalités qu'il devait affronter à l'extérieur. Toute la littérature de l'extrême-droite à l'extrême-gauche se charge dans cette avant-guerre de soucis politiques. C'est un moment de grande effervescence.

Les écrivains et la politique : une politisation culturelle

Dès les années vingt dans les milieux intellectuels et par une réaction profonde aux deux grands événements de l'époque, la guerre et la révolution

d'Octobre, le problème des responsabilités sociales et politiques de l'écrivain se posait sur le plan international. En 1923, à son premier congrès, le PEN Club discutait ce que pouvait être le rôle des intellectuels dans les conflits révolutionnaires et leur responsabilité dans la création d'un « monde nouveau ». En France, la décennie voit proliférer les « groupes » qui se posent la même question au cours de multiples controverses. Que ce soit du côté des surréalistes ou du côté des intellectuels, les années 1927-1929 sont marquées par le désespoir d'une partie de la jeunesse devant la France de Poincaré : c'est en 1927 que Nizan et Aragon entrent au Parti communiste, suivis en 1928 par Henri Lefebvre. Nizan, une dizaine d'années plus tard, dans un roman, *La Conspiration,* devait recréer l'atmosphère de désarroi et de futilité où vivaient certains jeunes bourgeois désorientés par un monde qui leur semblait aller à vau-l'eau.

Cette conscience du malaise social inspire aussi les « équipes sociales » qu'organise, parmi les étudiants surtout, Robert Garric, équipes qui reprennent le travail des universités populaires. Ce même malaise est ressenti par le jeune catholique Emmanuel Mounier qui ne peut accepter l'alliance de l'Eglise avec les nantis et fonde le groupe d'étude et d'action politique *Esprit.*

A droite, en marge de *L'Action française,* un groupe non moins brillant, non moins tourmenté s'orientait vers l'action sociale fasciste : Drieu La Rochelle, Jean-Pierre Maxence, Thierry Maulnier, Maurice Bardèche, plus tard Robert Brasillach.

A partir des années trente les « groupes » de gauche s'élargissent, et, en face des ligues fascistes, se font internationaux, axés sur la Russie. C'est, en 1931, l'Union des écrivains révolutionnaires ; en 1932, l'Association des écrivains et artistes révolutionnaires sous la direction d'Aragon, Nizan et Malraux à laquelle adhèrent environ cinq mille écrivains, artistes et intellectuels ; en 1934, une délégation d'écrivains français participe au Congrès des écrivains soviétiques à Moscou ; et en 1935 au Congrès international des écrivains pour la défense de la culture. En 1934 au Congrès de Moscou, parlant pour Staline, Jdanov formule la doctrine littéraire officielle du Parti, le « réalisme social », définissant le rôle de l'écrivain par rapport aux dirigeants politiques. L'écrivain, « ingénieur des âmes », avait comme mission de produire une littérature accessible au peuple, reflétant sa vie mais qui en même temps devait l'orienter, l'éclairer sur son rôle et son histoire, selon les perspectives dialectiques du marxisme officiel. Désormais s'établissaient une esthétique et une critique marxistes. En France, pays capitaliste, l'écrivain « bourgeois », la littérature « bourgeoise » relevaient d'un jugement politique. La littérature « de gauche » se devait d'être militante et relevait du « réalisme critique ».

Elle devait éclairer la classe bourgeoise en lui révélant le caractère mythique de ses représentations de la réalité.

Pendant toute cette période, les prises de position, les manifestes et essais à portée politico-culturelle abondent et constituent un véritable genre littéraire, sorte de para-journalisme de haute tenue. Toutes les « familles » politiques françaises y trouvent leurs porte-parole : entre autres, Daniel Halévy, André Gide, Emmanuel Berl, Henri Massis, André Breton, Jean Guéhenno, André Malraux, Drieu La Rochelle, Henri de Montherlant, Emmanuel Mounier et, avec *La Condition ouvrière,* Simone Weil. Genre littéraire mineur, encore peu étudié, ce type d'essai atteindra sans doute son apogée après 1945 dans les *Actuelles* de Camus, la série des *Situations* politiques de Sartre et les *Bloc-notes* de Mauriac. Il se développe en marge des grands courants littéraires proprement dits, et le public lettré l'accueille dans la mesure où il reflète ses préoccupations dominantes du moment, qui, sociales ou politiques, éclipsent à partir de 1929-1930 les préoccupations littéraires ou esthétiques des écrivains et artistes.

L'enthousiasme assez général pour une Russie utopique et l'optimisme qui l'accompagna dans les cercles « de gauche » — intellectuels, bourgeois ou ouvriers — ont favorisé le mythe du salut par la Révolution. A droite et à gauche, de jeunes revues surgissent en grand nombre, organes de groupes qui cherchent au-delà de la « crise de civilisation » un ordre révolutionnaire, l'engagement et le principe d'une renaissance qui sauveraient le pays : *Réaction, La Revue française, L'Ordre nouveau* entre autres. Cette effervescence se polarise et se politise dans les grandes confrontations politiques fascistes-communistes qui précèdent la guerre. On peut mesurer la force de persuasion du mythe à l'accueil que fit Gide au « nouvel évangile » révolutionnaire ; et à la réprobation qui, dans les cercles de gauche, accueillit les quelques réserves qu'il exprimait dans le bref mais perspicace compte rendu de son voyage en Russie, *Retour de l'U.R.S.S.* (1936). On peut comprendre aussi, devant l'inefficacité de ces débats, l'amertume d'un Montherlant dénonçant, en 1935, dans *Service inutile* la médiocrité d'un « petit-bourgeoisisme » replié égoïstement sur une existence sans horizon, indifférent aux dangers qui menaçaient le pays, se berçant d'illusions. Ou encore, venant d'un socialiste mêlé au monde politique, celle d'un André Chamson dressant dans *La Galère* (1939) le bilan des démissions et irresponsabilités qui, au cours de ces années, avaient laissé le pays à vau-l'eau. Pourtant, Montherlant lui-même, sans qu'il s'en doutât, vivait, dédaigneux et sceptique, dans ce même repliement qu'il dénonçait. Et la vision de Chamson, peu accordée aux exigences de l'époque, ne semble point dépasser l'horizon d'une France jacobine.

Ainsi, dans la confusion de l'heure, le pays politique dans son ensemble se défend contre l'inquiétude en adhérant aux grands mythes qui répondent à ses aspirations et que codifient des idéologies en apparence politiques, qui se répercutent dans le domaine littéraire. Par une ironie du sort lorsque, en 1936, un grand mouvement national amène enfin au pouvoir le gouvernement du Front populaire décidé à réaliser un programme d'action sociale, l'occupation de la Rhénanie par Hitler et la guerre d'Espagne soulignent de façon tragique l'impuissance française.

Malgré l'effervescence des idées, l'obsession de la sécurité et le recours aux mythes furent sans doute en France les seuls refuges contre une évidence difficile à affronter. A un niveau plus profond, devant le chaos politique menaçant, un certain fatalisme stoïque sous-jacent imprègne la sensibilité française de ces années. Le film de Renoir *La Grande Illusion,* tourné en 1936-1937, au moment où en Chine comme en Espagne la guerre était déjà une réalité, exprime le sentiment profond de la futilité de la guerre que semblent éprouver les Français au seuil de ce qui sera pour eux une vie sans autre horizon que cette guerre même.

CHAPITRE II

Un pays politique désaccordé : 1936-1952

A PARTIR de 1936 et pendant près d'un quart de siècle, les Français traversent une des périodes les plus sombres, confuses et controversées de leur histoire, qui ne les laissera pas indemnes. Elle est dominée par la guerre qui prend des dimensions d'apocalypse. Aux Français l'époque a pu paraître aussi délirante que les étonnantes fresques qu'en tirera Céline dans *Les Beaux Draps* (1941), *Féerie pour une autre fois* (1952-1956) et *D'un château l'autre* (1957). Elle sera vécue par eux dans l'isolement et la dispersion ; mais avec le sentiment de participer à un même drame collectif, malgré de violents désaccords. D'où la cohérence foncière de ces années que rythment les catastrophes, les coups de théâtre, les émotions violentes et contradictoires. C'est une époque close sur elle-même, où se posent de grandes questions d'intérêt national, et d'abord celle de la survivance même du pays.

Les intellectuels y tiendront de grands rôles, se faisant les porte-parole de la nation, de ses espoirs, de son désarroi, de ses refus, de ses dissensions. Les chefs politiques, comme le général de Gaulle dans ses *Mémoires,* se feront écrivains ; les écrivains comme Malraux se feront hommes politiques ou, comme Mauriac, Bernanos, Sartre et Camus, commentateurs passionnés de la politique. Sous le coup des événements la littérature se met au service de la nation, soucieuse du sort collectif des Français qui semble aux écrivains concerner celui de l'humanité. L'époque devait coûter cher en vie d'hommes, en souffrances, en illusions, en pertes matérielles. Il y a plus grave : le peuple français, comme l'écrivait du fond de sa cellule un résistant, Jean Cassou, était atteint, non seulement dans son amour-propre national, mais dans son unité morale. C'est cette unité morale et cette communauté humaine que cherche à exprimer la littérature dominante de ces années – dite selon le terme de Sartre « engagée » ou, assez vaguement, « existentialiste » – d'où son prestige. Nombre de Français pensaient que l'unité morale et l'unité politique de la France d'après-guerre dépendraient d'une révolution qui assurerait la rénovation du pays. Des deux révolutions contradictoires qui en 1940 et 1944 furent amorcées, ni l'une ni l'autre ne devait l'emporter.

Avant même la fin de la deuxième guerre mondiale, dans une France occupée par les Allemands, défaite et saignée à blanc économiquement, ou encore à Londres et à Washington, des groupes de techniciens préparaient le rééquipement du pays, et la rénovation de ses structures économiques que faciliterait l'état de délabrement de la France. Le premier plan Monnet (1946-1952) inaugura une ère de planification. Les effets s'en feront sentir dès les années cinquante, alors que le taux de la natalité ne cesse de croître, symptôme d'une vigueur nouvelle. En 1952, trois événements sur trois plans différents marquent les progrès réalisés : Paris, non sans quelque hésitation, devient le quartier général de l'OTAN ; le grand barrage hydro-électrique de Donzère-Mondragon est inauguré ainsi que la « Cité radieuse » de Le Corbusier à Marseille. Cette même année *L'Homme révolté* de Camus rompt avec les attitudes et préoccupations des années quarante, soulève une violente polémique à gauche et suscite la rupture avec Sartre. L'incident met en évidence l'effritement d'un groupe d'hommes que le désastre national avait rapprochés. On voyait ou prévoyait qu'était terminée la fonction de l'écrivain-conscience politique-et-morale de la nation, comblant le vide laissé par l'effondrement de toutes les institutions. La parole passait définitivement aux technocrates. Une longue et pénible réorientation de la littérature s'annonçait.

Si, dans le domaine politique, la date de 1952 peut paraître arbitraire, quoiqu'elle marque un tournant économique, il n'en est pas de même dans le domaine littéraire où se dessine un changement net de climat. Il s'agit moins d'abord d'un conflit de générations, comme celui qui se dessinera en 1968, que d'une sensibilité nouvelle, une révolte contre « l'engagement » et le didactisme moral et politique des années précédentes. L'entre-deux-guerres avait été riche en tendances fort diverses ; la situation tragique du pays à partir de 1936 en favorisera certaines au détriment des autres. Préparant l'entrée en scène dans tous les domaines d'une « nouvelle vague » de jeunes, ces tendances en marge et latentes se réaffirment au tournant du demi-siècle. Cette transformation se fit en trois étapes fortement différenciées.

Le sursis : 1936-1940

En juillet 1936 la guerre civile éclatait en Espagne. En 1938 avant même qu'elle ne finît par la victoire du général Franco, les troupes nazies envahissaient l'Autriche qu'annexait le Reich ; la même année ce fut le tour de la

Tchécoslovaquie et le déclenchement d'une crise que « dénouaient » les accords de Munich. Le 1ᵉʳ septembre 1939 la Wehrmacht envahissait la Pologne. La seconde guerre mondiale commençait.

C'est dans une grande confusion que les Français observaient ces événements, ponctués par les tirades hitlériennes et les défilés nazis. A la suite des réformes sociales instaurées par le gouvernement du Front populaire, la majorité des Français vivait au jour le jour dans une ambiance assez douce de « sursis » que Sartre a bien su saisir et rendre dans les deux premiers volumes de son roman inachevé *Les Chemins de la liberté*. Cette somnolence devait se prolonger jusque dans la « drôle de guerre » parmi les unités mobilisées mais restées immobiles pendant des mois sur un front inactif : Julien Gracq dans *Un Balcon en forêt* en recréera l'étrange atmosphère. C'est peut-être Jean Renoir qui, dans un film mal compris à l'époque, *La Règle du jeu,* a le mieux transposé à l'écran dans un scénario ambigu et tragi-comique de « vie de château », le sentiment général de futilité que des milliers de Français retrouvaient dans « Tout va très bien, Madame la marquise », chanson populaire où Pills et Tabet énuméraient les étapes symboliques, comiques et macabres, de la destruction d'un château. Le « best-seller » de 1939 fut *Autant en emporte le vent* de Margaret Mitchell, histoire de la guerre civile américaine romancée selon l'optique sudiste, qui décrivait la destruction du style de vie des grandes plantations du Sud, lecture « d'évasion » double, géographique et historique.

Par contraste, les affrontements idéologiques et les violences de la presse s'accentuaient. La guerre d'Espagne parut d'abord aux intellectuels une guerre idéologique où s'affrontaient deux systèmes politiques engageant l'avenir du monde : démocratie et fascisme. Elle attirait dans ses rangs des intellectuels de tous les pays, volontaires, dont le plus célèbre parmi les Français était André Malraux. Mais les lignes de partage idéologiques se brouillaient. Au départ homme de *L'Action française,* Bernanos n'en lançait pas moins un pamphlet, *Les Grands Cimetières sous la lune,* dénonçant les violences franquistes, tandis que Claudel déplorait les martyrs catholiques victimes des troupes gouvernementales. Malraux, l'homme de gauche, dans un roman à la fois documentaire, lyrique et épique, *L'Espoir* (1938), issu de l'expérience qu'il avait de la guerre d'Espagne, marquait discrètement ses réserves concernant la politique du communisme stalinien, comme Gide l'avait fait en 1936 à son retour de Russie. Céline cependant lançait successivement trois pamphlets virulents, *Mea Culpa* (1936), *Bagatelles pour un massacre* (1937) et *L'Ecole des cadavres* (1938), à la fois anticommunistes, antisémites et anticapitalistes. A gauche, les procès staliniens contre les vieux Bolcheviques, dont Zinoniev et Boukharine condamnés à mort, puis le pacte de non-agression germano-soviétique, bouleversaient la conscience de militants communistes comme

Paul Nizan, en butte à l'hostilité d'anciens camarades restés orthodoxes, tel Aragon.

Le thème de la France trahie — par ses hommes politiques et ses banquiers vendus selon le cas, aux puissances d'argent, à l'internationale du « capitalisme anglo-saxon », aux Juifs, ou encore à l'internationale communiste — alimentait un scepticisme xénophobe qui renforçait l'antimilitarisme foncier d'un pays vers les frontières duquel refluaient les réfugiés de la terreur hitlérienne et de la guerre espagnole. Néanmoins, les Français de droite ou de gauche, en septembre 1939, répondirent aux ordres de mobilisation avec une sorte de résignation, sans enthousiasme mais sans révolte. Pendant huit mois ils devaient rester sur leurs lignes de défense, tandis que le pays vivait dans l'atmosphère d'attente et de malaise de la « drôle de guerre ».

Le 10 mai 1940, la foudroyante offensive allemande contre les Pays-Bas et la Belgique mettait fin à cette ambiance irréelle. Les six semaines qui suivirent, devenues légendaires, sont passées tout entières dans notre littérature : l'avance des colonnes motorisées allemandes protégées par des centaines d'avions, avance que les rares aviateurs français, dont Saint-Exupéry, dans *Pilote de guerre*, décrivit l'inutile courage, ne pouvaient enrayer ; l'encerclement de l'armée française ; le repli des unités anglaises et françaises sur Dunkerque ; les deux millions de prisonniers ; le flot croissant des réfugiés mêlés aux troupes fuyant vers le Sud ; le désarroi des services d'administration et des parlementaires se repliant vers Bordeaux bientôt atteint par les troupes allemandes ; la déclaration de guerre de l'Italie ; le défilé de l'armée allemande le 17 juin à travers un Paris silencieux, dépeuplé, déclaré ville ouverte. Ce fut un poète, Louis Aragon, qui dans un poème célèbre intitulé « Richard II Quarante », exprima le désarroi que ressentaient les Français : « Ma patrie est comme une barque / Qu'abandonnèrent ses haleurs. » Tandis que la honte, la colère et la haine devant l'humiliation éclataient dans les violentes attaques contre l'armée et le régime que lançaient Céline dans *Les Beaux Draps* (1941) et, deux ans plus tard, Lucien Rebatet dans *Les Décombres* (1943).

Sur cette « étrange défaite » les historiens n'ont pas fini de méditer. L'un des premiers avait été Marc Bloch, plus tard victime de la Gestapo, qui en 1940 écrivait : « [...] ce qui vient d'être vaincu en nous, c'est précisément notre chère petite ville, ses journées au rythme trop lent, la lenteur de ses autobus, ses administrations somnolentes [...] l'oisiveté de ses cafés de garnison, ses politicailleries à courte vue, son artisanat de gagne-petit, ses bibliothèques aux rayons veufs de livres [...] sa méfiance envers toute surprise capable de troubler ses douillettes habitudes » *(L'Etrange Défaite)*. Un examen de conscience général commençait dont témoignent nombre de Mémoires. Il était souvent accompagné d'un complexe de culpabilité comme ce fut le cas pour le soldat Sartre, et pouvait disposer les Français à s'abandonner soit à un chef, soit à des décisions personnelles imprévues. Les années qui suivirent ne furent pas douillettes et donnèrent à certains Français, parmi lesquels figuraient en bonne place les écrivains et les universitaires – professeurs et étudiants – l'occasion de montrer des aptitudes à l'action et de combler en partie le vide laissé par l'effondrement de 1940.

La grande tourmente : 1940-1944

Quatre ans plus tard, le 19 août 1944, se déclenchait l'insurrection de Paris et les colonnes françaises du général Leclerc, suivies par les troupes alliées, faisaient leur entrée dans la capitale insurgée et en délire. Le 25 août, non sans négociations préalables, Paris libéré accueillait le général de Gaulle comme chef d'un gouvernement provisoire. Quatre ans d'occupation avaient créé en France les circonstances particulières d'un drame qui devait atteindre toutes les consciences et changer la configuration politique et intellectuelle du pays et sa sensibilité, sinon ses structures sociales. Si un film rétrospectif comme *Le Chagrin et la Pitié* de Marcel Ophüls a pu en partie en restituer l'atmosphère, c'est à l'histoire et à la littérature qu'il faut en appeler pour le saisir en profondeur dans sa confusion.

Les Français avaient vécu ces quatre années dans l'isolement provoqué par la défaite, puis se voyaient participer à la victoire et prendre place parmi les quatre « grands ». L'image de la France victorieuse, copiée sur celle de 1918, était composée « de nombreuses pièces » pour exorciser celle de la France humiliée en 1940 et répandue pendant l'Occupation en France et ailleurs. Le cliché de la France victorieuse ne répondait que superficiellement au malaise du pays.

A l'intérieur du pays, dès la fin de 1940, en dehors du gaullisme, des îlots de résistance se formaient autour de personnalités fort différentes, soit indépendantes, soit en contact avec les services secrets anglais ou gaullistes. Lorsque l'Allemagne envahit la Russie, le Parti communiste, sortant de l'isolement, engageait dans la lutte ses militants, hardis, efficaces et disciplinés, anti-vichystes et anti-gaullistes. Les chefs communistes, sous couvert d'unité, cherchaient à dominer la Résistance afin de préparer la révolution que la majorité des intellectuels, anti-vichystes souhaitait. D'année en année la lutte contre l'occupant s'intensifiait. Transmettant des renseignements, répondant à la répression par l'agression, les réseaux affrontaient parfois leurs propres compatriotes des milices dans une lutte sans merci, chargée de haine. Le danger perpétuel, le jeu des agents doubles, la crainte des dénonciations, des trahisons, des arrestations et surtout de la torture créaient une ambiance tra-

gique. Mais l'attrait de l'action, le double jeu, les pseudonymes et déguise-
ments, les messages codés, les parachutages de matériel et d'argent, les sabo-
tages — tout donnait à la vie des résistants une atmosphère de cape et d'épée.
De profondes amitiés se nouaient. Eclataient des drames déchirants ; le mot
résistance signifiait aussi souvent la mort sous la torture. Si Roger Vailland en
a rendu dans *Drôle de jeu* (1945) l'aspect chaotique et déconcertant, maints
autres participants se sont faits les témoins de vies dont le récit faisait pâlir
toute fiction. Le roman devait en pâtir. Une solidarité profonde liait les résistants unis, face au danger, dans l'amour de leur pays. Ces modes de vie excep-
tionnels fournissent le contexte d'une littérature et d'une pensée à la
recherche d'une définition de la condition humaine qui tiendrait compte des
deux extrêmes, de la brutalité et de l'abjection des hommes comme de leurs
forces d'abnégation et d'héroïsme. L'idée que chacun était responsable per-
sonnellement du choix qu'il faisait d'une destinée s'imposait à la réflexion.

Les Français étaient dispersés. En Allemagne s'entassaient les prisonniers,
puis les déportés et les ouvriers recrutés pour remplacer dans les usines les
Allemands mobilisés ; en Afrique du Nord vivait une population française
dans son ensemble fidèle au Maréchal. Londres hébergeait les gaullistes. Un
peu partout les réfugiés se répandaient : à New York en particulier, mais
encore au Brésil et au Mexique. Les Français de France, isolés du monde, étaient
répartis entre la zone occupée et la zone sud que les Allemands réunirent
lors du débarquement américain en Afrique du Nord. Inlassablement le débat
sur le choix collaboration ou résistance, Vichy ou de Gaulle, et sur ses ultimes
conséquences, se poursuivait selon des perspectives, des loyautés, des igno-
rances et des préjugés divers, nuances dont l'option « collaboration-résis-
tance » ne tenait pas compte. Si, dans l'ensemble, les Français jouaient leur
destin selon un éventail de choix qui allait de l'identification totale avec les
destinées de l'Allemagne à l'identification totale avec celles de la Russie ou de
l'Angleterre, la plupart des options actives, en dehors de l'attentisme, se faisaient au nom d'un idéalisme à la fois nationaliste et largement humain.
C'est cet idéalisme aussi qui jeta dans les rangs de la Résistance des hommes
et des femmes que révoltait tout simplement la brutalité nazie ou qu'écœu-
rait, par exemple, l'abandon aux hitlériens par Vichy de la population juive,
mal défendue par leurs compatriotes ou hôtes français.

A Paris, au Conseil National de la Résistance, où siégeaient une vingtaine
d'écrivains, les représentants des divers réseaux dressaient des projets pour
une France d'après-guerre politiquement et moralement rénovée, aux structures socialistes, et se préparaient à passer « de la Résistance à la Révolution »,
formule qui cachait de profondes divergences. Mais tous respectaient la Russie, grandie par ses épreuves et sa dure victoire, ainsi que le Parti commu-

niste et ses militants. L'unité de la gauche semblait acquise. Que le fait de la Résistance et de l'entente des Français résistants, au-delà des idéologies et des classes sociales, s'est transformé après la Libération en un mythe commode et suspect, ne détruit pas la réalité de sa présence et l'héroïsme de son action.

En 1944 la politique remplaçait la mystique. La France rejoignait pleinement le monde des réalités politiques. Dans l'euphorie de la victoire, de violentes représailles éclataient, prélude d'une épuration rigoureuse et souvent arbitraire. Son caractère politique finit par éclater, écœurant certains résistants eux-mêmes dont, parmi les hommes de lettres, Paulhan, Mauriac, et plus tard Camus. Comme 1940 avait liquidé les hommes politiques de la Troisième République, le Parti communiste à son tour faisait place nette. Une véritable terreur idéologique sévissait. Cependant, les exigences militaires du moment et la politique des alliés anglo-américains contrecarraient une révolution à laquelle les gaullistes aussi s'opposaient. Le drame français débouchait non sur une entente mais sur une confrontation politique nouvelle, gaullisme contre communisme. Très nombreux parmi les résistants, les intellectuels furent profondément touchés par ces réalités de l'heure.

Le retour à l'ordre : 1945-1952

Dans un poème « La Rose et le Réséda », écrit dans la clandestinité, véritable appel à l'unité, Aragon célébrait l'héroïsme de deux jeunes Français, l'un chrétien, l'autre communiste, unis dans une même lutte. Mais dès 1945 le Parti communiste désirait reprendre son indépendance et assez rapidement, de parti de gouvernement, se fit parti d'opposition. Le nouveau fractionnement de la gauche issue de la Résistance et, en conséquence, le rapport des intellectuels de gauche vis-à-vis du Parti, fut le dilemme où vinrent s'effondrer les rêves révolutionnaires des résistants. Le désarroi des intellectuels fut accru par la rivalité de l'U.R.S.S. et des Etats-Unis et la menace d'un conflit devant lequel l'O.N.U., récemment créée, semblait un faible rempart. A l'intérieur, le général de Gaulle et une Assemblée provisoire issue à la fois du gaullisme et de la Résistance intérieure, ramenaient l'ordre dans le pays.

Sur le plan intellectuel la division s'était manifestée dès la fin de 1946 à l'occasion de l'installation de l'UNESCO à Paris. Dans une série de conférences consacrée aux problèmes de l'avenir de la culture dans le monde d'après-guerre, trois Français du monde des lettres et de la Résistance avaient pris la parole : André Malraux, Louis Aragon et Jean-Paul Sartre. C'est avec violence qu'Aragon avait attaqué Malraux qui préconisait une « civilisation atlantique » nettement favorable aux démocraties de l'ouest. Aragon soutenait la thèse d'un humanisme « français » et universel dont la tradition, selon lui, rejoignait la révolution de 1789 à travers celle de 1917 et la culture prolétarienne qui était issue de l'une et de l'autre. Sartre, lui, proposait un humanisme révolutionnaire à la définition duquel les intellectuels de type nouveau participeraient, conscients de leur fonction sociale, en élucidant inlassablement la signification des configurations historiques dans leur rapport nécessaire avec l'évolution de l'histoire humaine. Pour lui, cette libération de tous les hommes devait se faire selon une dialectique marxiste non-stalinienne. Peu soucieux des réalités économiques, les intellectuels reprenaient le jeu des idéologies tandis que le contexte économique changeait. Avec l'apparition en 1952 du premier grand organisme économique européen, le pool du charbon et de l'acier, une ère nouvelle s'annonçait.

CHAPITRE III

Un autre pays? 1952-1970

L'ère des paradoxes

DE 1914 à 1952, la vie de l'Europe avait été dominée par de grands événements politiques. A partir de 1952, les événements, parfois importants pour l'un ou l'autre des pays d'Europe, comme le fut pour la France la guerre d'Algérie, s'estompent devant les transformations qui à un rythme accéléré affectent la société tout entière. On a pu dire que, par rapport à la France de 1940, celle de 1960 était « un autre pays ». Quoi qu'il en soit, dès 1970 la France avait pris rang parmi les pays dotés d'une technologie avancée ; son avenir économique paraissait le mieux assuré. Cette prospérité ainsi que le système économique international dont elle émanait seront ébranlés par la crise que déclenche en 1974 la politique des puissances arabes, détenteurs de l'indispensable source d'énergie : le pétrole. Tandis que l'inflation menace le bien-être acquis, la France, comme tous les grands pays industriels, entrevoit la possibilité d'une nouvelle période de pénurie : aura-t-elle les moyens matériels d'entretenir cette société de consommation ?

Jusqu'en 1962, année où prend fin la guerre d'Algérie, la France, vue de l'extérieur, semble côtoyer le désastre ; paradoxalement et moins visiblement, elle commence ou poursuit des réformes dont les conséquences ébranleront les anciennes structures. Un climat intellectuel nouveau accorde aux sciences humaines, aux sciences tout court et aux processus d'organisation, une attention primordiale qui réduit le prestige de la littérature et des écrivains. Dans un monde complexe la sociologie, la psychanalyse, l'anthropologie, la linguistique présentent des hypothèses, offrent des méthodes et posent des problèmes qui semblent mieux accordés aux besoins de la société que les débats littéraires ou philosophiques. *Pourquoi des philosophes ?* (1957) demandait Jean-

François Revel dans un opuscule satirique qui attaquait le manque de connaissances pratiques et l'horizon étroit des intellectuels français. Ce n'était pas d'eux que s'inspiraient les cadres dirigeants qui modernisaient les structures démographiques et économiques du pays. Et c'est contre eux et « la littérature des professeurs » que se définit tout un groupe de jeunes écrivains dits « Les Hussards » — d'après le titre du roman *Le Hussard bleu* de l'un d'entre eux, Roger Nimier.

Se superposant aux anciens schémas, de nouveaux modes de gestion — négociations, contrats collectifs, informations techniques, subsides — se répandaient, tournés vers l'anticipation et la construction de l'avenir. De nouvelles méthodes de recherches des faits sociaux — sondages d'opinion, enquêtes, calculs d'ordinateurs — et le rapide développement des « mass media », la télévision surtout (qui passait de cinquante-trois mille téléviseurs en 1953 à plus de quinze millions en 1972) renseignaient toutes les couches de la société sur leur situation par rapport à l'ensemble du pays et à l'avenir anticipé. Le milieu littéraire, objet de recherches sociologiques, voyait son activité selon une optique inattendue, apprenait par exemple que cinquante-quatre pour cent des Français de plus de quinze ans n'achetaient jamais de livre et que les Français lisaient bien moins en moyenne que leurs voisins anglais ou américains, jugés par eux peu cultivés. Concentré de nouveau à Paris, et assez clos, le milieu littéraire prend conscience de son isolement et de la présomption illusoire que la littérature servait de miroir, de porte-parole, de conscience ou de guide pour le pays. En mai 1968, l'insurrection des étudiants contestataires qui bouleversera l'Université, prit le milieu littéraire au dépourvu, tant il était devenu marginal par rapport aux forces vivantes du pays.

Entre le passé et l'avenir : une lente dépolitisation

Le pays sembla par moments au bord de la guerre civile. Plongés dans les difficultés de l'après-guerre, les Français ne s'aperçurent qu'assez tard que depuis 1946 ils menaient en Indochine une guerre coloniale désastreuse. La défaite de Diên Biên Phu en 1954 alerta l'opinion et mit fin à cette guerre. La même année, le 1er novembre, éclatait en Algérie une insurrection qui transformait en guerre de libération nationale la révolte latente dans le pays. A partir de 1956, la violence des guérillas, le terrorisme, la torture, le reflux sur le territoire français, à Paris surtout, de la violence clandestine polarisaient l'opinion. De grands jours révolutionnaires semblaient se préparer. A l'indignation de la gauche répondait celle des colons et de l'armée outrée par ce qu'elle jugeait être la trahison des civils. Dans ce tohu-bohu, la Quatrième République faisait place à la Cinquième, après une réforme constitutionnelle apportée par le général de Gaulle aux faiblesses du régime. Il fallut quatre ans pour régler l'affaire d'Algérie, mais le changement avait eu lieu sans révolution et sans atteinte aux assises démocratiques du pays.

Si la presse française et surtout les hebdomadaires de gauche, parfois victimes de la censure, témoignent de l'âpreté d'un conflit moral et idéologique qui rassemblait à nouveau dans la haine du colonialisme une majorité des écrivains de gauche, Sartre et Simone de Beauvoir notamment, ce sont les romans qui reflètent la complexité des faits, des motifs et des sentiments que suscitèrent ces deux guerres coloniales. Dans un vaste roman à fond historique, *Les Chevaux du soleil* (1968-1970), Jules Roy, Français d'Algérie et partisan de l'indépendance algérienne, retraçant les étapes de la pénétration française en Algérie, tentera d'éclairer le visage et les sentiments réels des colons, incompris et malmenés par l'opinion française, et leurs rapports affectifs profonds avec la terre d'Algérie. Les romans semi-populaires de Jean Hougron (les six volumes de *La Nuit indochinoise*, 1950-1958, dont *Tu récolteras la tempête* et *Mort en fraude*), ceux de Jean Lartéguy, surtout *Les Centurions* (1960) qui toucha un assez large public, recréent une réalité exotique fortement romanesque, étrangère à la réalité française. Le jeu de la vie et de la mort s'y joue selon des règles qui ont peu de rapport avec les idéologies et répondent au goût de l'aventure si évident déjà parmi les résistants dans la clandestinité. C'est la futilité désormais de ce romantisme de l'action clandestine que décrit avec ironie le roman de Pierre Gascar, *Les Moutons de feu* (1963). Aussi futiles l'un que l'autre, fascinés l'un par l'autre, ses deux jeunes protagonistes parisiens, le plastiqueur Alain et son ennemi, le militant de gauche Dandrieu, se retrouvent en prison, victimes d'un activisme illusoire. La guerre d'Algérie, terminée grâce à la volonté du général de Gaulle et par des négociations longuement menées, et non grâce à l'activisme de droite et de gauche, mettait un terme à la mobilisation politique des intellectuels comme mentors et porte-drapeaux de révolutions salvatrices. Seul Sartre, protecteur après 1968 des groupuscules d'étudiants maoïstes, n'abandonnera point ce rôle.

Vers un « autre pays »

Moins spectaculaires que ces faits, d'autres développements passaient inaperçus. La Cinquième République recueillait les fruits de la planification économique de la Quatrième, qu'elle poursuivait. Les violents remous soulevés par la guerre d'Algérie cachaient le succès d'une politique de décolonisation grâce à laquelle en 1960 l'indépendance de tous les territoires d'Afrique, à l'exception de l'Algérie, était un fait accompli. Cette même année, une réforme monétaire hardie introduisait le nouveau franc qui semblait promettre aux Français une monnaie plus stable.

D'année en année, la coopération internationale progressait. Elle affectait la société française à tous les niveaux. L'idée européenne se juxtaposait à la grande résurgence du sentiment national né de la défaite et exigeait de nouveaux cadres de pensée. La recherche scientifique, en particulier, se réorganisait vigoureusement dans le cadre de grands centres internationaux ou européens. Dirigés par des organismes comme le Centre National de la Recherche Scientifique, créé en 1936, ou comme le Commissariat de l'Energie atomique, plus spécialisé, né de l'après-guerre, travaillant en équipes, les chercheurs dans des centres comme Saclay combinent la recherche théorique et les applications pratiques. En astrophysique, en biochimie, dans le domaine de l'électronique, les chercheurs français reprenaient rang dans les cercles internationaux scientifiques.

Dans le cadre national, les résultats de ces initiatives nouvelles se faisaient sentir. Le Marché Commun commence à fonctionner ; les barrières douanières tombent peu à peu entre les pays associés, puis les entraves à la libre circulation des individus. Les passeports cessent d'être de rigueur. La planification industrielle et scientifique transforme la vie quotidienne d'abord lentement, puis à un rythme accéléré. La 2 C.V. Citroën (1945), la D.S. (1955), la Dauphine (1956), la Caravelle (1959), le procédé SECAM de télévision en couleur, témoignent d'une vigueur innovatrice dans le domaine technique. Des réussites plus controversées (la bombe nucléaire et à hydrogène, le lancement de satellites) laissent dans l'ombre les applications de l'énergie nucléaire dans le domaine de la vie quotidienne ainsi que la recherche d'autres formes d'énergie, base de la vie moderne.

Du point de vue social, intervenaient des réformes, héritées parfois du Front populaire et relayées par Vichy. C'est dans les villes surtout, en pleine croissance, qu'apparaît le plus dramatiquement la métamorphose de la société. Les plans d'aménagement du territoire, de modernisation de la région de Paris se réalisaient lentement et non sans quelque retard. La configuration du pays lui-même changeait et plus visiblement celle de la région parisienne et de Paris même. La lente montée des ensembles immobiliers, comme la Défense ou Maine-Montparnasse, de séries d'H.L.M. (Habitations à Loyer Modéré) comme Sarcelles, ou de centres de résidence établis à la périphérie de la ville, comme Parly II ; la modernisation de la banlieue pour décongestionner la ville ; le nettoyage des monuments publics à Paris même ; le ravalement obligatoire des vieux immeubles et la remise à neuf d'anciens quartiers comme le Marais ; l'apparition de supermarchés et de drugstores, la multipli-

cation des « snack bars » juxtaposés aux cafés — tout donnait à Paris l'aspect
d'une ville en pleine expansion.

En province la transformation, inégalement répartie, n'en était pas moins
remarquable. Les régions de Grenoble, de Marseille-Aix, de Lyon-Saint-
Etienne s'animaient ; le sud-ouest même se réveillait de son long assoupisse-
ment. Les villes comme Grenoble prenaient un air de capitale. Les contrastes
entre la vie de province et la vie de Paris s'atténuaient. L'avion, l'auto, un
réseau ferroviaire moderne changeaient les rapports entre la province et Paris.
Un courant double passait des campagnes aux villes et vice versa. Les travailleurs agricoles se rendaient en nombre croissant dans les centres urbains,
tandis qu'une bourgeoisie prospère refluait vers les campagnes, transformant
les fermes en résidences secondaires. Un mouvement de plus en plus ample
entraînait une foule mêlée vers les « vacances » de neige en hiver, les plages en
été. L'extension à toutes les formes d'activités autrefois réservées aux classes
aisées, ski, natation, camping, voyages ; les progrès de l'hygiène et la dissémination des modes par la télévision et les magazines, créaient parmi les
jeunes un début d'uniformisation qui commençait à estomper les différences
de classe. Partout les revenus augmentaient. En dépit de graves exceptions, la
France vivait dans le bien-être. De 1950 à 1954 la consommation générale par
tête d'habitants augmentait de quarante-neuf pour cent. Si en 1950 dix pour
cent seulement des ménages possédaient une voiture, le chiffre en 1969 passait à
cinquante-six pour cent. Indubitablement la société subissait un brassage dont
les conséquences se faisaient sentir, lentement, de classe à classe, et, beaucoup
plus intensément, de génération à génération.

Partagés entre l'attrait d'une vie plus large, l'âpreté de la concurrence
économique, le rythme accru de la vie, la rapidité des transformations techniques et de l'expansion des connaissances, les conflits entre l'ancien et le
nouveau ; entre les intérêts nationaux et internationaux, les nécessités économiques et les habitudes politiques, les Français subissaient de fortes pressions.
Un certain malaise, coloré par la nostalgie d'un mode de vie passée, plus tranquille, introduisait une ambiguïté dans leur attitude devant le monde nouveau qu'ils préparaient. Devant la rapidité de ces changements, la question de
leur signification se présentait.

En 1968, à la suite d'une intervention de la police dans les locaux de la
Sorbonne, une vague de révolte, depuis longtemps menaçant, souleva le monde
estudiantin parisien d'où elle s'étendit, mais en s'atténuant, aux universités de
province, puis aux lycées de Paris. Paris crut un moment revivre les grandes
journées de 89, dans une atmosphère de désordre et de fête où la violence des
contestataires et de la répression fut cependant contenue. Les étudiants
occupèrent la Sorbonne et l'Odéon, y campant jour et nuit, organisant de

grands débats idéologiques où s'affrontaient les gauchistes de toutes nuances, négociant avec les autorités universitaires et politiques, prises au dépourvu. L'élan, généreux à ces débuts, était contagieux, ainsi que les grandes revendications des étudiants contre toute forme de contrainte et leur rêve de solidarité avec les classes ouvrières. 1968 a laissé sa légende qui vit encore dans l'imagination des participants, anime les groupuscules maoïstes et nourrit un malaise latent dans certains milieux universitaires.

Il est difficile d'évaluer la signification d'un événement que la publicité et une montagne de documents ont commenté au jour le jour et qui avait été précédé par des mouvements analogues aux Etats-Unis, en Allemagne, au Japon... Le mouvement a sans doute affecté la réorganisation universitaire en cours, l'infléchissant vers une démocratisation à tous les niveaux de son fonctionnement. Politiquement, il semble avoir marqué la fin de l'après-guerre, hâtant le départ du général de Gaulle, sinon de son équipe. Les jeunes bourgeois contestataires ont ébranlé la conscience des classes au pouvoir, préparant peut-être de profondes modifications dans les assises sociales et culturelles du pays. Mais point la *Révolution* qu'ils escomptaient.

Deuxième partie

LE CLIMAT SOCIAL

A. CAMUS « LA CHUTE ». PREMIÈRE PAGE
DU MANUSCRIT ORIGINAL PORTANT UN ANCIEN TITRE

L E climat social en France sera profondément affecté par les événements politico-historiques de ce demi-siècle. La bourgeoisie qui détient le pouvoir, donc la responsabilité du sort du pays, vit dans un malaise croissant. Comme l'a bien vu Sartre, l'écrivain a partie liée avec elle, qu'il soit de grande, moyenne ou petite bourgeoisie ; du moment où il réussit, donc où il entre dans le secteur social des « hommes des lettres », il prend rang dans la hiérarchie sociale. Entre les deux guerres, c'est un rang privilégié. La France a le culte de ses écrivains. N'exerçant pas le pouvoir, l'écrivain, dans un pays fortement laïcisé, fait figure d'autorité morale et croit représenter la conscience du pays. Entre lui et la classe à laquelle il appartient, qui le lit, il y a donc un rapport de complicité. En révolte contre les mœurs sociales et politiques de leur temps, même les surréalistes s'intègrent au système par la pratique littéraire qu'ils dénoncent. Breton travaille comme éditeur de *Commerce* avec Paul Valéry et Valery Larbaud ; Gallimard publie Eluard. Il est donc vrai, comme l'avancent les marxistes, que la culture littéraire française était liée aux goûts et loisirs d'une classe. Le climat social change, d'abord lentement, puis à un rythme accéléré, et le milieu littéraire en subit le contre-coup. Il lui fallut se situer peu à peu dans un contexte social différent.

Avec Malraux, Sartre et Camus, l'ère des « maîtres à penser » *littéraires* est close. Si nous insistons donc sur les transformations sociales, c'est qu'elles affecteront le statut de l'écrivain qui, temporairement peut-être, se situe à l'écart d'une société avide de vie, d'informations, de techniques, de modes nouveaux de vie et de divertissement. Le milieu littéraire tend à se replier sur lui-même, et à vivre la vie des chapelles ou des coteries.

CHAPITRE I

Ruptures et complicités : 1920-1936

Dans l'entre-deux-guerres, au moins jusqu'en 1936, la société française dans son ensemble n'évolue guère, ou alors lentement. Plus insidieuse que les dégâts matériels, et sans doute rédhibitoire pour un pays à faible natalité comme la France, fut la perte en hommes qui affecta la trame même de la société. Des quelque trois millions d'hommes entre vingt et trente ans que comptait la France en 1914, vingt-sept pour cent n'étaient pas revenus, et parmi eux ceux qui auraient sans doute fourni au pays le dynamisme intellectuel dont il avait besoin : « la moitié des instituteurs, le tiers des avocats mobilisés, plus de huit cents polytechniciens, de deux mille écrivains et journalistes ont disparu ». La France de 1920 a perdu près d'un million et demi d'hommes ; et parmi les rescapés compte plus d'un million d'invalides.

Épuisés par une guerre à laquelle rien ne les avait préparés, inaptes souvent à reprendre pied dans le monde qui a appris à se passer d'eux, beaucoup de démobilisés mènent la petite vie de pensionné que décrit l'un d'entre eux, Emmanuel Bove (*Mes amis,* 1923), dont l'anti-héros, mutilé, vivote, errant de café en café. Pour d'autres, ce ne sera qu'un désœuvrement momentané qui les mènera vers diverses tentatives d'engagement : « Je tourne pendant des heures autour de la table de ma chambre d'hôtel ; je marche sans but dans Paris, je passe des soirées seul sur un banc de la place du Châtelet ; je suis en proie à une sorte de fatalisme au jour le jour » (André Breton, *Entretiens*). L'extraordinaire vogue de romans comme *Le Diable au corps* du jeune Radiguet ou l'histoire canadienne française de *Maria Chapdelaine,* la popularité de Sacha Guitry et des vedettes du cinéma muet montrent que les joies et les peines de la vie intime sont passées au premier rang des préoccupations. Le repliement sur soi ou l'anarchisme alimente un romantisme diffus qui colore l'époque.

Comme l'a montré un combattant, Jean Norton Cru, les innombrables témoignages de guerre perpétuaient, plutôt qu'une image véridique, les mythes héroïques façonnés à l'arrière, dont le philosophe Alain, dans *Mars ou la guerre jugée* (1921), faisait le procès ; et dont dix ans plus tard Céline dans *Voyage au bout de la nuit* au moyen de son anti-héros, Bardamu, fera une caricature féroce, tandis qu'à la même époque, dans *La Comédie de Charleroi,* Drieu dénonçait doublement le mythe et la réalité. La nostalgie d'un héroïsme réel orientera certains jeunes, au retour du front, vers des attitudes que l'on peut juger anti-sociales : un Montherlant, par exemple, « amoureux du front », de « la grande communauté » qui y régnait et qui rêve de s'évader hors de toute participation à « la vie encombrée » de la paix, pour s'intégrer à un « saint ordre mâle, saint royaume des forts » (*Le Songe,* 1922). D'autres parmi les jeunes reprendront la vie civile en révoltés, mus par un violent « sentiment de l'inutilité du sacrifice de tant de vies » et par l'idée d'un « compte à régler avec l'arrière dont le fameux esprit " jusqu'au boutiste " était allé si longtemps de pair avec un affairisme dépourvu de scrupules, le brisement d'innombrables foyers » ; écœurés lorsque, à la levée de la censure, ils découvraient « l'étendue des ravages de la guerre » et du « bourrage de crâne » qui l'avait accompagnée (Breton, *Entretiens*). Au lendemain de la guerre, certains, comme Giono, récuseront la société « mécaniste » responsable de la souffrance du « grand troupeau » perdu des hommes ; d'autres mettent en cause la société bourgeoise et capitaliste responsable du désastre ; comme Barbusse ou Guéhenno ils placent leur espoir en un socialisme internationaliste qu'ils cherchent à répandre au moyen de revues comme *Clarté* et *Europe,* en marge des petites cellules marxistes militantes affiliées au bolchevisme russe que quelques-uns seulement vont rallier. D'autres encore partagent l'attitude de Drieu, qui en attendant de trouver entre Moscou et Washington une voie qui lui permettrait d'aider à « redonner sa mesure à la France » accumule dans d'amers sketches les signes de la « décadence » de son pays : décor de bars, où errent des désaxés, « feu follets » drogués, « valises vides », jeunes hommes démobilisés, obsédés par l'argent. Il y a sans doute une part de vérité et quelque injustice dans le diagnostic sévère que porte ce jeune bourgeois parisien sur ses compatriotes : « Les Français sortent de cette guerre malades et pleins des travers et des fatales manies des malades. Sentant obscurément qu'ils sont incapables d'ouvrir les yeux sur leur mal [...] résignés aux demi-mesures, ils préfèrent ne pas regarder plus loin que le bout de leur nez. »

Les séquelles psychologiques de la guerre sont difficiles à évaluer, mais elles marquent l'époque. Dans de nombreux cas un fossé se creuse entre les générations, qu'exprime à sa façon Raymond Radiguet lorsque, dans *Le Diable au corps,* son héros et double se plaint de la démission de ses parents en face de l'adolescent qu'il est. Entre la génération « qui a fait la guerre » et la première génération de la paix la communication s'établit mal, sans doute parce que les aînés, après quatre ans de vie en dehors des cadres normaux, sont eux-mêmes mal à l'aise dans le monde de la paix.

C'est la société parisienne d'après-guerre dénoncée par Drieu que peint Victor Margueritte dans son roman à scandale, un des « best sellers » de l'époque, *La Garçonne* (1922), dont Anatole France disait qu'il donnait le portrait véridique « d'une société telle qu'il n'y eut jamais de pareille en France — la société que la guerre a faite ». Margueritte vise le Paris politico-mondain de la grande bourgeoisie d'affaires auquel vient s'agréger une foule de nouveaux riches et de déracinés, milieu qu'il donne comme décor à l'aventure de son héroïne, Monique Lerbier. Si le thème avéré du livre est d'actualité — l'émancipation de la femme, illustrée par la carrière de Monique qui récuse un « mariage de raison » pour se faire décoratrice — le thème réel en est la description des mœurs dépravées et du cynisme d'une société affairiste pour qui seul compte l'argent, thème balzacien traditionnel dans un climat social nouveau. L'odyssée de Monique la conduit loin de la respectabilité de façade exigée d'une riche bourgeoise bien élevée, vers des liaisons ouvertes homo- et hétéroxesuelles et une vie agitée de dîners en ville, de réceptions mondaines, de galas, de bars et boîtes de nuit ; pour l'acheminer enfin vers un noble et moral amour. Dans la confusion du tango, du jazz, des sexes, des races, de l'alcôve, de la drogue, des modes nouvelles — cheveux courts pour les femmes, tailleurs et robes-chemises courtes en lamé — un « Tout-Paris » nouveau s'adonne à de nouveaux modes de vie, dont le comportement des femmes « émancipées » n'est qu'un aspect.

Le recours à la tradition

Le scandale que soulève le livre et son succès (sept cent cinquante mille exemplaires vendus en quelques mois) sont symptomatiques. La société française était fascinée par la représentation de mœurs qu'elle réprouvait et qui, dans l'ensemble, n'affectaient qu'un groupe mondain assez restreint mais en vue. Ce n'est que très lentement que ce style de vie nouveau et plus libre affectera en profondeur d'autres couches sociales qui restent fortement attachées à leurs traditions. Par contraste, à tous les niveaux de la société la célébration des valeurs traditionnelles — réelles ou imaginaires — est un thème littéraire commun à une grande majorité de romans : les valeurs aristocratiques d'Alphonse de Chateaubriant, les solides vertus familiales des grands bourgeois de Jean Schlumberger, la patience devant le travail et l'endurance de la petite bourgeoisie qui peuple les romans de Duhamel, la fière indépendance des poètes-paysans de Jean Giono portent toutes le même message. Nombre de Français voient la guérison du malaise social dans un retour aux traditions d'un passé qui exclurait le « monde moderne ».

En 1923 et 1924, les maîtres littéraires de la belle époque, Loti, France et Barrès disparaissent. A part Proust, plus éclectique, les hommes de la génération qui les remplace et dont l'entrée de Valéry à l'Académie française en 1925 consacre le prestige – Claudel, Gide et Valéry – avaient tous été formés à l'origine par leur contact avec Mallarmé. Pour eux l'entreprise littéraire est l'exercice d'un art situé en dehors de l'événement politique et isolé de l'actualité. Ils répondent donc au besoin latent de stabilité et de continuité et trouveront tout naturellement leur place de maîtres littéraires de l'entre-deux-guerres.

Parmi les intellectuels, le mouvement de retour vers le catholicisme amorcé dès le début du siècle se prolonge sous l'influence d'hommes comme Jacques Maritain et Gabriel Marcel, convertis le premier avant la guerre, le deuxième en 1929. Mais le milieu catholique sera durement éprouvé par deux événements : la condamnation de l'Action française par Pie XI, et la guerre d'Espagne, qui mettront le désarroi dans les consciences. Les polémiques violentes suscitées parmi les fidèles remuèrent les consciences à de grandes profondeurs, alimentant tout un domaine littéraire. Tandis que l'œuvre de Claudel s'impose, le roman catholique avec François Mauriac, Julien Green, puis Georges Bernanos, et la poésie avec Pierre Jean Jouve, témoignent de la vigueur et de l'indépendance de la pensée catholique, qu'elle fut de droite ou de gauche. Les intellectuels, cependant, se séparent assez souvent des « bien-pensants », catholiques conformistes à leurs yeux et réactionnaires, dont Georges Bernanos fera inlassablement le procès. Pour ceux-ci, assez souvent, toute réforme sociale annonçait le communisme, hostile à la foi chrétienne.

De nombreux ouvrages attestent l'influence d'une éducation catholique sur la sensibilité morale et littéraire des jeunes Français formés par les écoles religieuses, même lorsqu'ils se détachent de l'enseignement chrétien. Disposant de journaux – *La Vie catholique* – et de revues – *Revue critique des idées et des livres, Revue universelle, Etudes* –, l'Eglise procède à des évaluations critiques qu'acceptent de nombreux lecteurs. « Les catholiques avaient une ressource immense », note Drieu, jetant en 1942 un coup d'œil sur la « société de Paris dans sa réalité des vingt dernières années » : « la puissante armature de leur vision théologique de l'homme et d'un système psychologique encore inépuisé parce que riche d'une expérience tant de fois séculaire. Avec cela ils avaient la province, la province tordue, encombrée mais n'ayant pas encore rendu l'âme comme Paris » (Préface à *Gilles*). Parmi les romans de thème catholique, *Les Deux Etendards* (1952) de Lucien Rebatet est des plus révélateurs. Rebatet y retrace les conflits intérieurs et les tourments de deux jeunes Lyonnais, formés par l'enseignement catholique, au contact des remous intellectuels d'entre les deux guerres.

Le souci inquiet d'un « au-delà » spirituel et mystique, héritage chrétien dans un monde « laïcisé », semble bien être à la source de recherches ésotériques aussi différentes que celles par exemple de Georges Bataille et du romancier-essayiste Raymond Abellio (*La Structure absolue,* 1952). Et le besoin qu'éprouve l'écrivain de s'investir d'une mission — fût-ce la mission de « désacraliser la littérature » pour préparer la révolution — nous semble un des avatars du « messianisme » chrétien. Il est certain que les conflits idéologiques, les prises de positions, les thèmes littéraires de cette époque sont souvent liés en profondeur à la présence latente de la « vision théologique » dont parle Drieu, même si son influence précise reste difficile à déterminer.

La société parisienne et le modernisme d'avant-garde

A partir de la guerre un « milieu » parisien se perpétuera, mal défini socialement, le Tout-Paris mondain, fort différent de celui qu'observait Marcel Proust. Il servira de milieu d'incubation et de diffusion des modes artistiques et littéraires qu'il lance comme les couturiers parisiens lancent la mode tout court. Dans les années d'après-guerre, l'argent facile, provenant de la spéculation sur le franc, des profits faits sur les fournitures de guerre ou des fonds destinés à la reconstruction, contribue à accroître ce groupe, lui-même en voie de transformation, qu'avait voulu peindre Margueritte. Le brassage international avait amené à Paris une population venant de tous les horizons : missions et troupes alliées, réfugiés fuyant la Russie ou l'Europe centrale, trafiquants et aventuriers. Plus ouvert que par le passé, ce Paris se fait cosmopolite et de mœurs libres, milieu fluide où dans l'agitation et les intrigues, chacun a sa chance de parvenir. Des faillites comme celle de Mme Hanau (1927), de vastes escroqueries, comme les affaires Oustric (1929) et Stavisky (1933) ponctuent l'époque, révélant le réseau de connivence qui de Paris s'étendait aux milieux financiers du pays tout entier, au monde politique, à la police, à la magistrature, à la presse.

L'argent désormais dans cette « république des camarades » ouvre les portes de ce Tout-Paris qui préfère les cabarets aux salons, les divertissements des « boîtes de nuit » au cérémonial mondain traditionnel, le « dancing » et les cocktails au thé et le bridge à la conversation. Rétrospectivement, un mémorialiste comme Maurice Sachs discerne dans ces milieux « un désordre général de toutes espèces de valeurs, [...] une évidente corruption des mœurs, un manque de grandeur très remarquable, [...] une France qui s'amuse du haut en bas de l'échelle ». *(Au temps du bœuf sur le toit)*. Et il discerne avec quelque exaspération, dans « la possibilité tacitement accordée à chacun de pénétrer dans le monde avec les plus courtes lettres de créance » et son corollaire « l'égalité des classes luxueuses », un « des grands événements de l'histoire de la société française après la guerre ». Son point de vue est acceptable, mais pour une partie seulement de cette société.

En effet, dans l'ensemble du pays, les structures sociales ne changent guère. La vie reste austère, et pour les classes moyennes, les ouvriers et les paysans, souvent difficile. Plus visible que par le passé, un écart apparaît entre une certaine image de la vie française, domaine du luxe, de la mode, de la haute couture, de la vie de l'esprit, que projette Paris, et les mœurs réelles à l'intérieur des cadres d'une société qui reste traditionnelle et fortement structurée. La polarisation « province austère et immuable – Paris brillant et tentateur » qui structure les romans de Mauriac en est le reflet. En dehors du Paris mondain la hiérarchie des classes n'est guère ébranlée ; ni celle des emplois et des voies d'accès aux diverses carrières. La voie universitaire, celle qui passe par l'Ecole normale supérieure et les grandes écoles, permet à une minorité sélectionnée d'« intellectuels » d'accéder aux professions supérieures. Mais dans le Paris d'après-guerre, c'est la célébrité littéraire ou artistique qui, à défaut d'argent, ouvre l'accès aux cercles mondains. Ecrire est plus que jamais un moyen « d'arriver ». « Paris était devenu le repaire des littérateurs [...]. Les appétits devenaient féroces grâce à la spéculation. On jouait sur les auteurs, sur les peintres, sur les musiciens. Mais on continuait à parler de l'Art. Il y eut des conférences, des représentations, des réunions et chaque mois voyait la naissance d'une revue nouvelle » (Philippe Soupault, *Le Bon Apôtre*). Pendant quelques années toutes les portes sont ouvertes à la jeunesse. Issue de milieux bourgeois, elle se veut différente de ses aînés. Un besoin de défi l'habite : « Le grand ennemi, c'était le public. Il fallait l'atteindre par tous les moyens [...]. Il fallait faire scandale [...]. Scandaliser.[...] Pourquoi ne pas avouer que nous avons passionnément aimé le scandale ? Il fut une raison d'exister. Nous voulions scandaliser et nous scandalisions. »

C'est sur ce terrain que dans l'après-guerre s'opérera la fusion d'une « avant-garde » artistique et littéraire, succédant à la bohème d'avant-guerre, avec la centaine de personnalités qui constitue le Tout-Paris mondain, et les cercles et côteries qui gravitent autour d'elles. L'argent, le talent, l'audace, le succès y compteront autant que le nom. Si, à partir de 1925, ce groupe de moins en moins exclusif commence à perdre son rôle de promoteur de l'avant-garde réelle, il continuera à servir de milieu d'incubation pour les activités artistiques et littéraires, mi-culturelles, mi-mondaines. Il maintiendra autour d'elles un certain « snobisme » du goût, du luxe, de la mode, de la

nouveauté, un « parisianisme » qui affectera profondément l'art et la littérature, favorisant un esthétisme de cercle privilégié et un conformisme snob
de groupe. Il transforme l'art en décor, l'activité créatrice en jeu, et confond
souvent la valeur avec la célébrité. Recréant son propre cercle fermé partout
où il essaime ; lançant, par exemple, en 1924-1925 la Côte d'Azur qui remplace Deauville, et qui devient ainsi une extension estivale de Paris ; dominant les jurys des prix littéraires.

C'est sur la lancée du cubisme, du futurisme, de l'Esprit nouveau, des
ballets russes et de Stravinsky que le Paris d'après-guerre se divertit, avec,
dira Jean Cocteau, qui en fut l'imprésario, « cette prodigalité folle d'une
ville de génie », ouvrant les bras à un groupe d'artistes, de compositeurs, et
d'écrivains qui prolongeaient, multipliaient et exploitaient les audaces de
l'avant-guerre. Pendant quelques années, dans les fêtes somptueuses des
« soirées de Paris » que donnent des mécènes comme le comte de Beaumont
ou le couturier Paul Poiret (dont une appelée, opportunément, des « Nouveaux Riches »), dans des salons comme ceux du vicomte et de la vicomtesse
Charles de Noailles, des princesses Blanche de Polignac et Marie Murat ; aux
ballets suédois ou autour de Diaghilev ; dans des cabarets ou boîtes de nuit
comme le célèbre « Bœuf sur le toit » patronné par Jean Cocteau — peintres,
compositeurs, écrivains, jeunes cinéastes, gens de théâtre et couturiers, s'inspirant les uns des autres, mêlant les genres les uns aux autres, se lancent à la
recherche de nouvelles formes, de nouveaux langages plastiques. Il se crée
ainsi un « style de vie » moderniste qui marque l'époque.

Evénements artistiques et mondains à la fois, les Ballets russes et plus
encore suédois sont au centre de ce tourbillon. En 1921, *Les Mariés de la Tour
Eiffel* de Cocteau ; en 1923, *La Création du monde* de Milhaud, font date parmi
les vingt-quatre ballets que créent en cinq ans Rolf de Maré et les Ballets suédois, rassemblant tous les talents et toutes les tendances de l'heure : pour les
partitions, Satie et les « nouveaux jeunes » d'avant-garde « les six » dont
surtout Milhaud et Honegger, mais aussi à côté d'eux Cole Porter ; Cendrars,
Cocteau et Claudel pour les livrets ; Léger, Picabia et Picasso pour les
décors. Le ballet cherche à assimiler et unifier tous les arts et les genres, « l'orchestre et la parole [...], la poésie, la danse, l'acrobatie, le drame, la satire ».
En 1924 dans *Relâche* est introduit le « divertissement cinématographique »
Entr'acte du jeune René Clair. Le ballet est le laboratoire esthétique de l'heure,
d'où découlent d'autres tentatives audacieuses. Dans son *Ballet mécanique*
(1924), Léger combine la musique, le film et un décor mécanique, dont une
hélice d'avion ; il provoque ainsi un scandale.

A l'Exposition des Arts décoratifs le « style 1925 », lié à l'esthétique
cubiste, triomphe : les conceptions architecturales de Le Corbusier, le cube

en béton armé jouent un rôle primordial ; parfois encore sur-décoré, un mobilier « moderne » apparaît, où le fonctionnel, le métal, la ligne droite s'imposent ; l'éclairage, le décor théâtral et l'affiche publicitaire se stylisent, ainsi que la mode féminine où la « ligne Chanel » — cheveux coupés, silhouette plate, chapeaux cloches, tailleurs à jupe courte — remplace les jupes longues et entravées, les turbans et riches tissus orientaux de Poiret.

Concentrée à Paris autour de quelques maisons d'édition « jeunes » — Grasset et Gallimard en tête — la vie littéraire aussi se transforme. Quoique l'édition du livre proprement littéraire reste l'entreprise personnelle d'hommes qui s'appuient sur un comité de lecture composé d'écrivains reconnus et pour qui la qualité littéraire d'un manuscrit importe avant tout, la commercialisation de l'œuvre littéraire s'accentue. Caractéristique fut le lancement du bref roman de Radiguet, *Le Diable au corps* (1923). En 1922 déjà, Flammarion avait déclenché une véritable campagne publicitaire autour de *La Garçonne,* comme l'avait déjà fait Grasset pour le roman canadien *Maria Chapdelaine,* tous deux « best-sellers » de l'époque. Avec *Le Diable au corps,* Grasset transformait la publication d'un livre en « événement » littéraire. Tous les moyens publicitaires furent mis à contribution : affiches, photos, interviews, prix et même le cinéma. C'est sur l'âge et la personne de Radiguet que portait la publicité, et sur le contrat avantageux qu'il signait. C'est l'auteur, phénomène unique, hors cadre, qui importait et non la qualité du livre, au grand scandale des critiques établis, choqués par ces mœurs nouvelles qui assimilaient la vente d'un livre à la vente d' « un laxatif ».

Mais l'impulsion était donnée, la surenchère et l'imprévu s'installaient dans le marché du livre assez calme auparavant. A partir des années vingt, les maisons d'édition littéraires ne sauront plus, comme avant, quel sera, pour chaque espèce de livre, leur public, à Paris et en province. Un roman « littéraire », comme ceux de Henri de Régnier, au Mercure de France, pouvait escompter un tirage normal de deux mille cinq cents exemplaires. Désormais, surtout en ce qui concerne le roman, populaire dans ces années auprès d'un public avide de lectures, l'ère des grands tirages commence, mais aussi l'incertitude. On tire à cent mille, mais la vente fluctue, imprévisible. Le lecteur « à la page » se sépare du solide lecteur bourgeois de province qui ne suit plus les audaces de Paris. Le succès publicitaire et la valeur littéraire se confondent, donnant une prime à la nouveauté, à l'inattendu. On ne conçoit plus guère la littérature comme l'avait fait la grande génération qui domine le monde littéraire de cet entre-deux-guerres — Gide, Valéry, Claudel, Proust — pour qui la littérature était l'activité la plus haute de l'esprit. La littérature est aussi un moyen de prendre rang dans la société; art, bien entendu, mais aussi commerce. La frontière qui sépare la « haute littérature » des littératures de consommation est brouillée.

Dans ce tohu-bohu parisien, voici la fin d'une certaine homogénéité culturelle bourgeoise, reposant sur un fonds commun de lectures. L'avant-garde et le peuple, quoique à un niveau différent, partagent de nouveaux goûts non littéraires : pour Charlot et les vedettes et vamps du film muet ; pour le cirque, pour le jazz et Joséphine Baker, pour l'art de Mistinguett et de Maurice Chevalier. Avec Chanel, la mode féminine commence à se démocratiser. La publicité élargit le cercle de ceux pour qui l'écrivain est une célébrité au même titre que Charlot. Une « contre-culture » naît, précédant le mot lui-même, pour laquelle le « littéraire » est dévalorisé.

Une réaction puriste : le refus du monde présent

C'est contre la collusion parisienne de l'art, du divertissement, de l'argent, de la haute couture, des personnalités « à la mode », de la publicité, tout autant que contre la société et la littérature établies, que s'oriente la « volonté de saccage » du groupe rassemblé autour d'André Breton, qui, de la petite chapelle littéraire à l'ombre d'Apollinaire et de Reverdy, passera à Dada puis au surréalisme. De janvier à avril, en 1920, et de nouveau en 1921, Dada cherche à provoquer et à scandaliser Paris, par des manifestations et bagarres, dont la plus efficace, parce qu'elle touchait à un des pontifes de la littérature, fut la mise en accusation de Barrès (1921). Trois ans plus tard, le groupe récidivait : au moment de la mort d'Anatole France il lançait un pamphlet provocateur, *Un cadavre,* attaquant la notion de l'écrivain-objet-de-vénération-sacré et les complaisances de la rhétorique officielle.

Le dernier des grands esclandres déclenchés par le groupe éclatera en 1925 à un banquet littéraire en l'honneur du poète, Saint-Pol Roux, en manifestant des intentions nouvelles. La guerre du Rif avait orienté le groupe vers une prise de conscience politique. Le marxisme commence obscurément dans ces années à créer des remous dans la conscience bourgeoise française. Si leur recherche d'un langage nouveau et l'étroite alliance chez eux de l'expression verbale avec les arts plastiques rapprochent les surréalistes de l'esthétique « moderniste » de Cocteau, leurs visées dès lors apparaissent tout autres. C'est la transformation de la société qu'ils visent et non seulement celle de l'art. D'où peut-être la force d'expansion ultérieure d'un mouvement qui restera longtemps obscur pour la majorité des Français. Cependant, à la fin de la décennie, les scandales et jeux esthétiques cèdent le pas aux scandales financiers et aux confrontations politiques. Les derniers scandales provoqués par l'avant-garde des années vingt seront limités. C'est une réaction policière et non esthétique que provoquent les films expérimentaux et violemment révoltés de Buñuel et de Dali, presque inconnus alors, *Un chien andalou* (1928) et *L'Age d'or* (1930). A mesure que la crise politique se développe, le « modernisme » des années vingt fait place à un goût du sérieux : « Il s'est produit un changement historique », écrit Sachs parlant de ces années, « à partir du moment où Hegel et Marx ont détrôné dans les admirations de la jeunesse des Écoles, Rimbaud et Lautréamont » *(Le Sabbat)*. En fait, si, dès 1924, André Breton voulait simultanément « transformer la vie » à la manière de Rimbaud et contribuer en même temps à « changer le monde » à la manière de Marx, le souci de l'Histoire ne deviendra dominant qu'à partir des années trente.

Un vaste bilan social : Le roman d'entre les deux guerres.

Les « romans de l'individu » qui pullulent au cours des années vingt font place alors aux romans d'une classe en mouvement — grande bourgeoisie du cycle des *Thibault* de Martin du Gard ; petite bourgeoisie de Duhamel dans *La Chronique des Pasquier ;* épopée du peuple ouvrier, montant à l'assaut d'un monde capitaliste pourri, dans le cycle du *Monde réel* d'Aragon ; tandis que dans ses *Hommes de bonne volonté* Romains se propose de décrire l'épopée du pays tout entier entrant dans l'ère moderne. Ouvrages de large diffusion parmi la bourgeoisie, traditionnels dans leur forme, ils proposent dans l'ensemble une image morale de l'évolution de la société qu'ils évoquent avec un détachement assez serein. Le choc des événements, à la fin des années trente, affectera profondément l'optique de Jules Romains et de Martin du Gard, introduira dans les derniers volumes de leur roman-fleuve un pessimisme que ne comportaient pas les premiers. Ce pessimisme relatif à la société française tout entière avait caractérisé l'œuvre tourmentée, peu connue à l'époque, de Drieu La Rochelle qui, dès 1921 avec *Etat-civil* et jusqu'en 1939 avec *Gilles,* faisait le procès d'une bourgeoisie en pleine décadence, les drames individuels coïncidant, dans ses romans, avec la dégénérescence du groupe tout entier. La question des classes sociales se pose donc le plus souvent par rapport à la bourgeoisie traditionnelle et à sa situation dans le monde du grand capitalisme moderne. La contestation sociale apparaît surtout dans une couche de plus en plus nombreuse, mais minoritaire, de jeunes intellectuels d'origine petit-bourgeoise, qui jouissent d'une indépendance économique relative. Ce sont eux que tente l'aventure révolutionnaire sous la forme d'une adhésion à une des deux grandes idéologies politiques de l'heure — le marxisme ou le fascisme.

Dans cette période d'entre-deux-guerres le roman règne en maître ; le théâtre domine sans doute la vie artistique, mais reste essentiellement parisien. Suivant l'exemple de Balzac, le roman offre, en arrière-plan, un vaste panorama de la société française depuis les hors-la-loi de la zone parisienne que peint un Carco et les paysans de toutes les régions de France jusqu'aux grandes familles semi-aristocratiques et terriennes fermées sur elles-mêmes et séparées en clans assez étrangers les uns aux autres, comme celles que mettent en scène Jean Schlumberger dans *Saint-Saturnin* (1931) et Jacques de Lacretelle dans *Les Hauts-Ponts* (1932-1935). Les plus importants de ces romans sont inspirés par un sens très vif d'une transformation sociale et par une conscience nouvelle des rapports qui lient les comportements individuels aux structures sociales. Dans l'ensemble, lorsqu'ils appartiennent à la génération de 1885, c'est leur propre passé que scrutent les romanciers. L'image qu'ils proposent de la société et de son évolution relève d'idéologies plus ou moins conscientes. Dans les romans de la génération « de 1910 » — Duhamel, Romains — le thème de l'ascension sociale domine. Dans *La Chronique des Pasquier,* Georges Duhamel trace la montée d'une famille petit-bourgeoise d'avant-guerre vers les professions libérales, artistiques et intellectuelles, au sein d'une société démocratique et foncièrement humaniste, soucieuse d'assurer la formation de nouvelles élites. Jules Romains, adoptant une optique socialiste de type jaurèssien, se proposait en 1933 de décrire la transformation des conditions collectives de vie et de mœurs — plus libres, plus riches —, les nouvelles structures du monde moderne apparues entre 1908 et 1933 et les nouveaux types sociaux ainsi produits. Plus profondément pessimiste, Roger Martin du Gard dans *Les Thibault* montre la disparition dans les années d'avant-guerre d'un certain type de grands bourgeois catholique et l'évolution des fils hors des cadres catholiques soit vers les carrières scientifiques, soit vers la littérature et la révolte anarchisante contre les contraintes familiales et sociales ; et les conséquences destructrices de la guerre de 1914-1918 où sombre la famille presque tout entière. Dans *L'Ame enchantée* (1922-1933), prenant comme protagoniste une femme, Annette Rivière, Romain Rolland rompt avec l'optique sociale traditionnelle de ces romanciers et fait le procès d'une société bourgeoise dont l'inhumanité et l'égoïsme transformeront son héroïne en une marxiste et une militante révolutionnaire ; la fresque sociale se fait politique. Bien plus violente, la génération précoce des années vingt — Aragon, Drieu La Rochelle, Paul Nizan — fera le procès de la classe bourgeoise ; mariages d'argent, femmes bornées ou vénales, familles désunies, malthusiennes, qui élèvent précautionneusement leurs rares enfants, à l'écart de toute réalité ; enfants bourgeois, réduits à l'impuissance, pour qui le rêve remplace l'action ; « rêveuse bourgeoisie » qui se perpétue, vivotant dans l'illusion, dévouée en paroles aux hautes vertus traditionnelles, mais en fait plongée dans l'avarice, à la remorque des puissances d'argent. Ces intellectuels ne voient de salut pour cette « bourgeoisie désaffectée » que dans l'itinéraire qui fut le leur vers la révolution par l'engagement politique — fasciste selon Drieu, marxiste selon Nizan et Aragon — qui romprait violemment son isolement en lui imposant un modèle « d'homme nouveau » intégré à une « société nouvelle » utopique.

Mort de la pensée bourgeoise (1927) ; *Mort de la morale bourgeoise* (1929) ; *Le Bourgeois et l'amour* (1931) : avec ces trois volumes Emmanuel Berl vulgarise un point de vue marxiste, repris avec violence par Paul Nizan dans *Les Chiens de garde* (1932). La question de la littérature et des classes sociales est posée selon une nouvelle perspective, celle qui dominera le siècle. « Je crois », écrivait Berl, lui-même grand-bourgeois, « que la plupart des idées sur lesquelles vit notre littérature ne sont que des modes de défense bourgeoise [*sic*]. Et je crois que diminuera leur force au fur et à mesure que le capitalisme et le communisme modernes défont la bourgeoisie ». Deux thèmes dirigent sa méditation, celui de la décadence de la bourgeoisie, classe privilégiée incapable de s'insérer dans le monde moderne ; et d'autre part, touchant de près la littérature, la mise en question de la culture dont cette bourgeoisie se glorifie. Berl présente l'ensemble de cette culture comme le lieu d'élaboration des mythes justificateurs d'une classe qui exclut le peuple. Issu du peuple, Jean Guéhenno, dans *Caliban parle* (1929), pose le dilemme de l'intellectuel sorti du peuple, voué à une culture qui le sépare de sa classe. Il s'alarme du fossé qui se creuse entre la bourgeoisie et les masses. Plus âpre, Nizan fait le procès des intellectuels, « chiens de garde » au service d'une classe d'oppresseurs. Le mot « bourgeois » désormais prend un sens assez vague de « nantis » ou « non-marxistes », désignant une attitude plutôt qu'une classification sociale. Simultanément, au mot « peuple » se substitue le terme « prolétariat » qui oppose le peuple ouvrier tant aux paysans et à la petite bourgeoisie commerçante qu'aux capitalistes et aux industriels bourgeois. Dans leurs « rayons » ou groupes d'étude, une élite ouvrière militante commence à acquérir les bases d'une culture sans rapport avec la « culture générale », dispensée dans les lycées, à base de lettres classiques.

Que se prépare en France la confrontation entre deux cultures, celle qui est de droit divin destinée à la bourgeoisie, reflétée dans les institutions scolaires et universitaires, celle qui lentement se développe parmi les ouvriers et techniciens du monde moderne, c'est ce qu'affirme Berl, comme Nizan, comme Guéhenno ; et tous trois placent la source du mal dans l'injustice du système scolaire. Le procès de l'enseignement avait déjà été ouvert par Péguy, puis lié au procès du prestige des lettres amorcé dès le *Premier Manifeste du surréalisme*. Il se rattachera désormais de plus en plus étroitement au procès politique de la société établie.

Parmi les « mythes » bourgeois auxquels s'attaquait Berl, l'un des plus tenaces, selon lui, était le mythe de la femme et surtout de la « jeune fille », silhouette centrale dans l'œuvre de Giraudoux, qui incarnait le rêve bourgeois. Toute une littérature aussi prend pour thème la faiblesse et le conformisme sentimental du jeune bourgeois, fils gâté, « sexe faible », « homme couvert de femmes ». Cependant, faisant contraste, une nouvelle figure de femme apparaît assez timidement, reflet d'un changement social. Les romans féministes de Margueritte, la trilogie de Gide — *L'Ecole des femmes* (1929), *Robert* (1930) et *Geneviève* (1936) — ainsi que *L'Ame enchantée* de Romain Rolland présentent des femmes bourgeoises qui revendiquent leur droit à l'existence, en dehors du mariage, et s'affirment par le travail. Elles jouent le rôle d'annonciatrices héroïques d'une transformation de la société. En fait, la femme française, moins active politiquement que les suffragettes des pays nordiques, de l'Angleterre et des Etats-Unis, ne vote pas et, mariée, vit sous un régime matrimonial napoléonien qui la réduit au statut de mineure. Le mariage bourgeois reste encore aux yeux de Berl « un marché mais qui ne se donne pas pour tel ». Cependant, socialement, la femme bourgeoise commence à s'émanciper.

Dans ses *Mémoires,* Simone de Beauvoir nous offre un exemple de la passion avec laquelle une nouvelle génération de jeunes étudiantes au cours de ces années s'apprête à exercer librement une profession, avec une volonté d'indépendance dont témoigne encore une Simone Weil. De plus, les tabous sexuels commencent timidement à céder. Tandis que la camaraderie que décrit Simone de Beauvoir succède au flirt, la surveillance familiale des activités de la jeune femme et le droit de regard sur sa vie décroissent. Les tabous sociaux sont plus tenaces. Le mythe, cher au film américain si populaire à l'époque, de la dactylo qui épouse son directeur ou du garçon pauvre qui obtient le cœur et la main d'une héritière, n'a cours que dans le roman populaire. L'amour, l'adultère, le « triangle », les drames de famille, thèmes bourgeois, se jouant entre bourgeois, alimentent le théâtre mondain et brillant de Sacha Guitry et restent les thèmes préférés du théâtre du Boulevard. Dans le roman, en revanche, ils perdent leur priorité : d'autres thèmes sollicitent l'imagination à des titres égaux : le voyage, le sport, l'aviation, la politique, la guerre, la révolution. La littérature, comme la société, change de décor et sort des alcôves. Si la littérature reste en général centrée sur le monde bourgeois, la question d'une *littérature ouvrière* se pose.

Le problème de l'ouvrier-écrivain apparaît dès 1920. Un ouvrier-écrivain, Henry Poulaille, cherche à grouper les ouvriers-écrivains de Paris et de province autour d'une revue qui, dégagée des normes du « clan » littéraire bourgeois, leur donnerait droit de parole. En 1932 le groupe lançait le *Manifeste de l'Ecole prolétarienne,* réunissant parmi ses signataires une demi-douzaine de bons romanciers, dont Charles Plisnier, Edouard Peisson, Tristan Rémy et Eugène Dabit, et organisait une première exposition prolétarienne. Poulaille définissait l'écrivain prolétaire selon trois critères : né dans le prolétariat, autodidacte, il continuait à exercer un métier manuel, était petit employé ou instituteur. C'est dire qu'il était resté en liaison étroite, moins avec la « classe ouvrière » selon la définition marxiste, qu'avec « le peuple » et avait évité l'aliénation que dénonçait Guéhenno. L'Ecole prolétarienne tenait à se distinguer du *groupe populiste* formé par Léon Lemonnier en 1928-1929 et qui, en réaction contre la littérature du « beau monde », se proposait de revenir à la tradition réaliste et de peindre les « petites gens » comme l'avaient fait Léon Frapié avec *La Maternelle* (1904) et Charles-Louis Philippe. « Nous nous sommes dit populistes », écrivait Lemonnier, « parce que nous croyons que le peuple offre une matière romanesque très riche et à peu près neuve ». Poulaille et son groupe, par contraste, voulaient une littérature enracinée dans les occupations, le travail, les soucis du peuple. En fait, des écrivains comme Eugène Dabit, Louis Guilloux, Jean Guéhenno et André Chamson, populistes à leur début et sortis des rangs du peuple, s'amalgamèrent rapidement au « clan » des intellectuels littéraires. Mais, aux environs de 1928-1929, le groupe de Poulaille et celui de Lemonnier se recoupaient souvent.

Dans une série de revues, *Nouvel Age* (janvier-décembre 1931) ; *Le Prolétariat* (1933-1934) ; *A contre-courant* (1935-1936), Poulaille publiait un éventail de textes : Maiakowski, Victor Serge, Upton Sinclair, Pio Baroja, Pasternak, Zweig voisinaient avec Cendrars, Giono, Malraux, Ramuz et Vildrac. D'autre part, de nombreux romans, le plus souvent autobiographiques, dans la tradition de Marguerite Audoux, Charles-Louis Philippe et Lucien Jean, dus à des écrivains associés au groupe donnaient de saisissants tableaux de la dure vie ouvrière. Pierre Hamp poursuivait une sorte de reportage sur la « peine des hommes », décrivant les métiers qui font vivre l'ouvrier. Avec *Le Pain quotidien* (1930), *Les Damnés de la terre* (1935), *Le Pain du soldat* (1937), *Les Rescapés* (1938) Poulaille décrivait la vie d'une famille ouvrière, la sienne, jusqu'en 1920. En 1927 *La Maison du peuple* de Louis Guilloux, en 1928 *Porte Clignancourt* de Tristan Rémy, en 1929 *Hôtel du Nord* de Dabit avaient déjà affirmé avec un certain éclat la présence ouvrière dans le domaine littéraire.

Cependant, lorsqu'en 1932, le groupe des ouvriers-écrivains publia son manifeste, ce fut pour s'affirmer contre l'orientation négative à leur égard du Parti communiste russe. En 1930, la conférence de Kharkov, mettant fin à la grande effervescence littéraire russe des années vingt, réservait aux intellectuels le domaine de l'expression littéraire et renvoyait les ouvriers à leurs métiers. Elle reconnaissait en France, comme chefs de file, non le groupe de

Poulaille, mais les écrivains militants bourgeois comme Aragon. Et, au premier congrès des écrivains soviétiques en 1934, le Parti communiste français déléguait comme représentants des intellectuels bourgeois : Jean-Richard Bloch, Louis Aragon, André Malraux et Paul Nizan.

En fait, l'apport des groupes ouvriers et populistes rejoint celui d'écrivains établis comme Duhamel, créateur de Salavin, plutôt que celui d'Aragon qui offre du milieu ouvrier une image fortement idéalisée. C'est une même image qu'ils nous donnent de la condition ouvrière : incertitude quotidienne, crainte du chômage et répression des grèves ; abrutissement dû au travail physique ; logements étroits sans cabinets de toilette ; couloirs obscurs et nauséabonds ; vies sans issue mais où cependant règnent un sentiment de solidarité, l'amour du métier et un certain mépris de l'argent.

Ce sera, en dernière analyse, un médecin, Céline, qui dans *Voyage au bout de la nuit* (1932) et *Mort à crédit* (1936) dénoncera avec le plus de violence la misère des quartiers ouvriers de Paris : la lèpre des constructions neuves de la banlieue ouvrière décrépites avant même d'avoir été habitées ; les familles entassées dans la misère, la maladie et l'alcoolisme, l'ignorance, la brutalité et la saleté, la grande ville abandonnée aux spéculateurs, croissant au hasard, victime de la cupidité des entrepreneurs. Jules Romains, dans *Les Hommes de bonne volonté,* décrit, lui, avec un certain optimisme, que partage d'ailleurs l'ancien ouvrier qu'était Pierre Hamp, la libération qu'apporte à l'ouvrier l'automation et les conditions de travail qu'elle instaure. Mais ce n'est pas un changement social profond qu'ils imaginent l'un et l'autre — pas plus qu'un communiste comme Aragon. Ils envisagent une libéralisation et une amélioration des conditions de vie ; une montée des classes qui assouplirait les structures bourgeoises sclérosées, un bien-être matériel accessible à tous. En cela ils sont assez proches du Front populaire. C'est en dehors de la France, en Chine, en Allemagne, en Espagne, qu'André Malraux situera les grandes actions collectives, dynamiques et significatives de ce temps.

La tentative de Poulaille reste marginale ; marginale aussi la littérature provinciale traditionnelle, fidèle à des modèles désuets. C'est à Paris, autour des maisons d'édition et des revues, que se font les réputations ; dans un milieu qui, malgré les divergences politiques ou sociales, reste homogène et, dans l'ensemble, fait appel à un même public — assez restreint — de bourgeois « cultivés » et d'« intellectuels ». Le petit peuple des villes, comme la population ouvrière qui croît lentement, se fie, en ce qui concerne ses opinions socio-politiques, à la presse d'information à grand tirage ; peu soucieux d'idéologie dans l'ensemble, les jeunes se passionnent pour la boxe, le football et, par le truchement des magazines, pour l'auto et pour l'aviation naissante. En fait de culture, c'est le cinéma — les films de René Clair, ceux de

Charlie Chaplin, singulièrement *Les Temps modernes,* ou encore les chansons mi-poétiques, mi-sentimentales, légèrement satiriques parfois, de Maurice Chevalier, de Pills et Tabet qui les intéressent.

Plus isolé, le petit peuple de province et le paysannat, que les jeunes commencent à abandonner, restent attachés à leurs rythmes traditionnels ; ce qui explique sans doute une certaine image de la France « paysanne », dépositaire des « valeurs françaises », qui nourrit les mythes de droite ; comme aussi le refus utopique du monde moderne qui alimente l'imagination d'un Jean Giono, et la haine d'un Céline ; tandis que Bernanos exaspéré par l'apathie des catholiques en face du mal social, dénonce avec colère « la grande peur des bien-pensants » et leur carence spirituelle, au nom d'un idéalisme chrétien quasi médiéval et fort militant (1931).

Sur le plan économique, la littérature de cette période suit le rythme de l'ensemble de la production ; l'inflation des années vingt est suivie par un ralentissement sensible qui s'accentue au cours des années trente : la demande diminue, les maisons d'édition publient moins de titres, et les tirages sont limités. La vie littéraire reflète la sensibilité de l'heure telle qu'elle se manifeste dans les milieux intellectuels : la mondanité, le brillant, l'esthétisme et la fantaisie des années vingt fait place aux soucis socio-politiques et plus philosophiques des années trente. Si elle ne domine pas, la voix d'une nouvelle couche d'intellectuels, appartenant au petit peuple, soit de province, soit de Paris, se fait entendre et oppose tant à l'esthétisme « moderniste » d'un Cocteau qu'aux recherches d'un Proust ou d'un Gide son goût d'un réalisme humanitaire traditionnel et populaire. Mais le fait socio-culturel le plus important des années trente, c'est l'adhésion d'un groupe croissant d'intellectuels à la doctrine esthétique du réalisme social formulée par Jdanov d'après Lénine. Elle transforme l'écrivain en militant et le rend responsable devant la direction du Parti de la teneur socio-politique de ses écrits, instaurant ainsi dans le domaine littéraire une orthodoxie politique.

CHAPITRE II

Une mutation sociale : 1936-1970

L E brassage des années de guerre ne modifie guère les structures de classe de la société française ; il ne change pas l'isolement de la classe ouvrière. Mais la bourgeoisie est profondément ébranlée et inquiète. La défaite suivie de deux « révolutions » manquées avait discrédité l'ancien personnel dirigeant presque entièrement liquidé. « L'ancien personnel est condamné en bloc », écrit Pertinax (André Géraud) au moment de la débâcle de 1940, « aucun dignitaire de l'ancien régime n'eût été sauf, en août 1940, dans les rues d'une ville. » L'épuration se chargera du personnel de Vichy. La bourgeoisie, classe dominante et gouvernementale, est mise en accusation. Marc Bloch lui reproche d'avoir paralysé la France en restant une « caste fermée » ; Pertinax accuse les bourgeois d'avoir été les « fossoyeurs » du pays par manque d'énergie et de civisme. Mais la nouvelle France « pure et dure » dont rêvaient les résistants est compromise par l'épuration et les tergiversations politiques qui accompagnent et suivent la Libération. Ce sont cependant les couches supérieures de la bourgeoisie, jeunes industriels, polytechniciens et administrateurs qui fournissent le personnel nouveau du « plan » et amorcent la renaissance économique du pays. La France de 1945, contrairement à celle de 1920, n'est pas dirigée par une gérontocratie. Mais des tensions existent entre les anciennes structures et les nouvelles.

Toutes les classes sociales en France ont subi les répercussions des changements que la fin de la guerre déclenche, d'abord dans leur vie familiale, puis en provoquant une distance, plutôt qu'une coupure, entre les générations. Mais ce sera seulement à partir de 1950 environ qu'apparaîtront les changements de structure, souvent dus à la situation du pays — absence du chef de famille, pénurie, marché noir qui créait une nouvelle classe d'enrichis, incertitudes de l'avenir.

Pays de faible natalité jusqu'alors, la France connaît à partir de 1945 une montée en flèche de la population grâce à la politique de protection des familles : allocations familiales, sécurité sociale, primes, crédit. En 1963 la France comptait plus de quarante-sept millions d'habitants ; en 1970 plus de cinquante. Une première vague de « jeunes » nés dans l'immédiate après-guerre et qui atteignaient leur majorité aux environs de 1965, imposait sa présence. Ce sera la jeunesse bourgeoise des écoles, surtout parisienne, qui manifestera le plus bruyamment son désir d'une nouvelle indépendance. Mais des changements plus profonds, peut-être, affectent les ouvriers et les paysans, les deux castes qui étaient restées les plus distinctes dans l'ensemble de la nation. Chose nouvelle, dans certains secteurs de l'activité, notamment celui des nouveaux complexes agro-industriels, ces deux groupes aux mentalités autrefois antagonistes tendaient à se rapprocher. Si le nombre des travailleurs agricoles diminuait rapidement, la population ouvrière, qui constitue encore à peu près un tiers de la population totale, commençait aussi, proportionnellement, à baisser. La nouvelle organisation des entreprises, dans l'ère dite « post-industrielle », favorisait l'apparition de nouvelles catégories sociales, techniciens et cadres, étroitement liées. Outre la transformation des conditions de leur vie quotidienne, la spécialisation technique semblait pouvoir assurer enfin aux ouvriers leur place entière dans une société longtemps « bloquée ».

La classe paysanne

La classe paysanne tend à disparaître. Stimulé par les mesures administratives et les nécessités du Marché Commun, le passage de la ferme familiale de subsistance à l'exploitation rationalisée s'accélère. La population agricole diminue en nombre et change de caractère. Mieux informés, groupés en associations, les paysans deviennent cultivateurs et acquièrent un outillage moderne. Dans certaines régions les fermes, électrifiées, s'équipent : eau courante, réfrigérateurs, salles de bains, postes de radio et télévision. Subsistent quelques rares fermes isolées. L'auto, la radio, la télévision diminuent l'isolement de la population rurale qui fait connaître ses aspirations : une meilleure éducation ; une vie plus facile ; une part plus grande et plus directe dans les décisions qui touchent à sa vie.

Les ouvriers

« Je suis née des Allocations », déclare l'héroïne du roman plutôt ironique de Christiane Rochefort, *Les Petits Enfants du siècle* (1961). Son histoire d'une enfance ouvrière illustre les transformations rapides quoique tardives apportées à la condition ouvrière. Passant d'une « sale chambre avec l'eau sur le palier » dans le treizième arrondissement de Paris à la « Cité des familles nombreuses » dans un appartement avec salle d'eau, machine à laver, trois pièces et une cuisine-séjour qu'elle trouve « bien », Josyane n'en mène pas moins d'abord la vie sans horizon du ghetto ouvrier. Mais peu à peu des horizons s'ouvrent : d'abord vient le scooter qui lui donne accès à d'autres quartiers, puis la 2 C.V. magique achetée « d'occasion et à crédit » ; vient ensuite la vision de Sarcelle : « C'était beau. Vert, blanc. Ordonné [...]. Ils avaient tout fait pour que ce soit bien, ils s'étaient demandé : qu'est-ce qu'il faut mettre pour qu'ils soient bien ? et ils l'avaient mis [...]. Sur le pont en partant, je m'arrêtai encore, je me retournai vers la Ville, [...] je ne me fatiguais pas de regarder [...]. Que ça pouvait être beau ! je ne me fatiguais pas. » Et c'est le mariage avec un jeune ouvrier de type nouveau, monteur de télévisions, métier « d'avenir » ; la prime pour l'enfant à naître, le crédit pour s'installer, et la question du logement : « Je lui indiquai Sarcelles. » Ce jeune ménage ouvrier incarne le style de vie d'une « nouvelle classe ouvrière » mieux intégrée à l'ensemble de la société, tournée vers l'avenir, moins politisée et dont les goûts, les vêtements, les distractions se rapprochent de ceux de la bourgeoisie. Une nouvelle aristocratie ouvrière apparaît, remplaçant l'ancien artisanat : l'ouvrier qualifié, hautement spécialisé, trop rare encore en France mais auquel s'ouvrent les nouvelles entreprises — l'industrie électronique par exemple. Là, le mode de travail change et avec lui les relations avec le personnel de gestion. La coopération de l'ouvrier avec les cadres tend à remplacer le conflit entre ouvrier et patron. Quelques rares essais d'autogestion introduisent les ouvriers aux responsabilités de direction. D'autre part, bénéficiant de la prospérité générale, des lois sociales, des vacances payées (si durement acquises en 1936 et qui passent de deux à trois puis à quatre semaines), les ouvriers français se distinguent d'un nouveau prolétariat, celui des ouvriers immigrés au statut incertain. Si les ouvriers perdent les marques extérieures de leur classe, le « bleu » de l'ouvrier par exemple, ils n'en restent pas moins encore consciemment en marge de la société bourgeoise : plus libres dans leurs gestes et leur langage, tournés vers l'immédiat et les réalisations techniques, fascinés par les progrès foudroyants de la conquête spatiale, par exemple, ou de l'électronique ; plus proches donc des technocrates et peu soucieux des formes traditionnelles de la culture bourgeoise.

La bourgeoisie ancienne et nouvelle

Continuellement mise en accusation, la bourgeoisie croît en richesse et en nombre. C'est elle qui absorbe les jeunes venant de la campagne et récupère en tant qu'employés les petits commerçants que la modernisation des marchés élimine lentement mais implacablement. La grande bourgeoisie, ancrée dans ses traditions et privilèges de classe, change peu. L'Association des Jeunes Patrons lutte souvent sans grand succès contre les méthodes et les hiérarchies traditionnelles, s'inspirant des innovations introduites par les technocrates et les « cadres », administrateurs du secteur public. Dans la transformation de la vie bourgeoise, les « cadres », dont le nombre augmente, jouent un rôle dynamique. Plus pratiques qu'idéologues, plus ouverts au changement et relativement à l'aise, ils se distinguent par une plus grande liberté de l'ancien milieu bourgeois. Plus particulièrement, la thésaurisation, le souci de l'épargne, de l'héritage à transmettre et à accroître font place au goût d'une vie large aussi luxueuse que le permettent les salaires et le crédit. Ce sont les cadres qui, avec les ouvriers, se sentent le plus à l'aise dans la société de consommation. Ils sont pris pour cible par Georges Pérec dans un roman, *Les Choses,* de même que le nouveau milieu ouvrier avait été l'objet de l'ironie de Christiane Rochefort.

Les forces nouvelles : les femmes et « les jeunes »

Comme dans la guerre précédente, les *femmes,* en l'absence des hommes, avaient dû faire face aux difficultés de la vie quotidienne. De plus elles avaient participé activement à la Résistance, parfois comme Marie-Madeleine Fourcade du réseau « Arche de Noë », en chefs. Elles avaient couru les mêmes dangers que les hommes : la déportation et la torture. Une femme comme Simone Weil, par la passion avec laquelle elle vécut le drame de l'époque jusqu'à en mourir, et par l'intensité de sa recherche spirituelle, devenait exemplaire. En 1945 elles obtenaient, tardivement, le droit de vote, et en 1946 trente-neuf femmes siégeaient à l'Assemblée Nationale. Ainsi commençait le mouvement d'émancipation qui devait se développer lentement. En 1949, anticipant d'une quinzaine d'années un courant d'opinion mondial, Simone de Beauvoir dans *Le Deuxième Sexe* posait le problème de la femme en termes d'une culture mystifiante qui maintenait au profit de l'homme le mythe de l'infériorité féminine. La transformation de la condition féminine, signe d'une métamorphose profonde de la société, encore latente, s'annonçait.

Plus que tout autre secteur de la société *la jeunesse* dans toutes les strates sociales a été affectée par les événements, physiquement et moralement. Le peuple des villes, la petite bourgeoisie, les Français scrupuleux, insuffisamment ravitaillés, avaient souffert de la faim et du froid dont les enfants pâtissaient. Le marché noir, profitable aux paysans, avait accentué les différences de classe ; mais tous les jeunes avaient souffert de l'angoisse, de la peur et de l'incertitude qui les entouraient.

Le renversement brutal et contradictoire des valeurs enseignées – dû en 1940 à la défaite, puis aux paradoxes tragiques de l'occupation, suivis de ceux de la Libération – était profondément déconcertant. D'autre part, des écarts minimes d'âge changeaient le contexte d'une expérience et préparaient une rapide métamorphose de la sensibilité. Avoir de quinze à vingt ans en 1940, c'est avoir vécu successivement les faits les plus tragiques de l'époque et avoir connu la tentation de toutes les options. Avoir moins de quinze ans en 1940, c'était retomber, à vingt ans, de l'héroïque dans le dérisoire, souvent avec le sentiment latent d'avoir manqué un grand destin. Tandis que les jeunes de la génération de la défaite se tournaient vers leurs aînés dans leur recherche d'une éthique, la génération de la Libération s'en détachait. Nombreux furent ceux qui eurent conscience avant tout d'être les « enfants d'Hiroshima ». D'où leur repliement, leur goût de la « bande » d'initiés, de la violence jointe à la mélancolie, et leur hâte de vivre. D'où la mise en question consciente ou implicite du passé, signe d'un clivage entre les générations qui ira s'accentuant et dont les répercussions dans le domaine culturel sont difficiles à juger. De 1944 à 1947 le phénomène Saint-Germain-des-Prés est symptomatique de l'état d'esprit de la jeunesse bourgeoise. Autour du Flore et des Deux-Magots où se retrouvent dès 1942 le Tout-Paris littéraire et « anticollabo » de la zone occupée, les jeunes se pressaient, heureux dans leur désarroi d'y retrouver Jean-Paul Sartre et Simone de Beauvoir, parfois Camus et Mouloudji, ou encore Jacques Prévert et Raymond Queneau.

C'est sans doute Boris Vian, le trompettiste de génie, passionné de jazz, de Duke Ellington, de Louis Armstrong et amateur d'autos étranges, voué à une mort prématurée par une insuffisance cardiaque, qui incarne le mieux cette jeunesse et la distance qu'elle prend avec ses aînés. Ingénieur, journaliste, chansonnier, dramaturge, romancier, doué autant que le jeune Cocteau des années vingt, Vian était animé d'une fantaisie destructrice, macabre et drôle à la fois qui se retourne contre le sérieux « existentialiste » du moment. Dans la première de ses trois pièces, *L'Equarissage pour tous,* il dépouille la guerre de son aura héroïque, renvoyant dos à dos tous les combattants. Le même mépris nonchalant anime le canular qu'il perpétra avec *J'irai cracher sur vos tombes,* roman au titre provocant, parodie du roman noir américain alors en vogue, qu'il fit passer pour une traduction. Le roman fit scandale et fut un best-seller. Peu lus à l'époque, les cinq romans qu'il composa de *Verco-quin et le Plancton* (1946) à *L'Arrache-cœur* (1953) sont symptomatiques d'une sensibilité non point révoltée mais peu accordée à l'optique tragique et méta-physique du moment. Vingt ans plus tard, ses romans se trouveront au diapa-son d'une génération qui tourne le dos au passé.

Entre 1944 et 1947 le Tabou et la Rose Rouge, que symbolisait Juliette Gréco aux longs cheveux noirs, chantant les poèmes de Jacques Prévert (dont le recueil *Paroles* [1944] était un best-seller) sur la musique de Joseph Cosma, semblaient l'emblème d'une alliance entre le milieu littéraire « résistant » issu de la guerre et une nouvelle génération à la recherche d'une expression plus populaire. La chanson mi-littéraire, mi-populaire de Prévert ou du répertoire d'Agnès Capri, les modes vestimentaires et la camaraderie entre garçons et filles semblaient esquisser non point tant une rupture qu'une trans-formation des goûts et des traditions bourgeoises. Cet « âge d'or » fut de courte durée. Une vingtaine d'années plus tard Jean-Paul Sartre, dans une préface à la réédition d'*Aden-Arabie* de Nizan, devait fustiger ces jeunes deve-nus selon lui des « cadavres » vivants. C'est qu'il les avait mal compris, ainsi que l'époque. Ils avaient lancé la vogue de l'existentialisme qui rendit célèbre le nom de Jean-Paul Sartre, « par méprise » écrit Guillaume Hanoteau, l'his-torien de « l'âge d'or » de Saint-Germain-des-Prés, et sans doute malgré Sartre lui-même. Paris leur devra pour une part l'esprit de renouveau qui anima le théâtre dans la décennie suivante et le cinéma de la « nouvelle vague ». Et de 1944 à 1947 c'est grâce à Saint-Germain-des-Prés que Paris reprit pour quelques années son rang éminent de capitale intellectuelle et artistique de l'Occident.

Ce que Sarcelle représente pour la jeune ouvrière de Christiane Roche-fort, les « belles images » de la publicité, des magazines de luxe, de la télévi-sion le représentent pour la jeune génération des années soixante. Plus libre dans le cadre urbain, elle s'émancipe. Des films comme *Les Tricheurs, Les 400 Coups* ou *La Chinoise* ont créé une légende autour de cette jeunesse qui voyait, mis en vedette dans les magazines comme *Match,* de « jeunes million-naires de génie », Françoise Sagan, Vadim, Brigitte Bardot, atteindre la grande célébrité. D'Angleterre, des Etats-Unis, des modes pour les jeunes étaient lancées ou adoptées. Comme dans le monde entier, les vêtements, les coupes de cheveux, les disques, les transistors, les rapports entre filles et gar-çons, tout devenait affaire de publicité, remplaçant les injonctions familiales. Ces jeunes avaient leurs lieux de rencontre, à Saint-Tropez par exemple ; leurs émissions à la radio, leurs chanteurs populaires, leur argot, leurs drogues aussi, et un nouveau code dans les rapports sexuels. Ce n'est pas dans le cadre de la famille cependant, ainsi que par le passé et comme en témoignent encore certains romans, tels ceux d'Hervé Bazin, *Vipère au poing* et *La Tête contre les murs,* que devait éclater la confrontation entre les générations. Elle éclata dans le cadre de l'Université, polarisant un malaise plus général, qui en 1968 secoua assez fortement la nation et plus particulièrement le milieu intellectuel. Dans ce nouveau climat, le besoin de favoriser une activité culturelle moins centralisée, plus largement accessible à tous, inspira des tentatives de décentralisation culturelle : festivals d'été dans les centres provinciaux, création de Maisons de la Culture et de centres d'animation culturelle en province, qui annoncent peut-être une conception nouvelle plus libre, moins universitaire, de la fonction de la culture dans la vie quotidienne des Français. Elle trouvera sa pleine expression dans le Centre Beaubourg à Paris.

Les institutions : l'Eglise

Dès la guerre d'Espagne, l'opinion catholique se scindait en deux : une majorité favorable au général Franco, défenseur à ses yeux, de la chrétienté contre le communisme ; une minorité, dont Maritain et Bernanos, qui dénonçait les violences de la répression franquiste. Si l'adhésion au régime de Vichy acheva de discréditer une certaine droite catholique, nombreux furent ceux que le patriotisme mena dans les rangs de la Résistance. Devant le spectacle de la misère populaire, l'Eglise de France favorisa le mouvement d'action sociale qu'avait lancé Marc Sangnier. Le catholicisme cessa d'être, aux yeux du peuple, la religion des nantis.

Groupés autour d'Emmanuel Mounier et de la revue *Esprit,* peu soucieux de débats théoriques, de jeunes catholiques exigent de l'Eglise qu'elle prenne conscience de ses responsabilités sociales vis-à-vis de la classe ouvrière. Ils pensent le christianisme en termes de communauté humaine et de défense de la personne. Leur souci rejoignait celui de certains prêtres qu'inquiétait la « déchristianisation », de la société moderne. Le mouvement orienté vers l'action sociale fut renforcé par le spectacle de la misère créée par la guerre et le scandale qu'elle soulevait dans les consciences chrétiennes. En 1940, la constitution d'un groupe de prêtres-ouvriers qui devaient accomplir leur ministère tout en vivant comme leurs camarades d'usine, était significatif : l'association du catholicisme avec la bourgeoisie de droite se relâchait. Les associations catholiques, Jocistes et Jacistes, s'émancipaient et intervenaient avec vigueur dans les luttes contre les injustices du système socio-politique. En 1959, l'Église devait mettre fin au mouvement des prêtres-ouvriers, sans pour autant atténuer l'inquiétude des jeunes prêtres quant à leur fonction. De nouveaux types de prêtres apparaissaient, comme le héros de *Léon Morin, prêtre* de Béatrice

Beck, prêtre « de choc », pour qui sexualité n'est pas péché. Une nouvelle sensibilité religieuse se manifestait.

Vers la fin des années cinquante la conscience politique et la conscience religieuse semblent se scinder à nouveau. On voit naître et s'affirmer la recherche d'une spiritualité inspirée soit de l'Inde, soit des idées du Père Teilhard de Chardin.

C'est aux environs de 1950 que la pensée de Pierre Teilhard de Chardin commence à se faire entendre, surtout avec son œuvre la plus importante, *Le Phénomène humain,* qui paraît en 1955 après sa mort. Géologue et paléontologiste, Teilhard de Chardin avait longuement travaillé en Chine ; il avait conçu une philosophie de l'évolution cosmique qui, selon lui, devait réconcilier la vision scientifique moderne et la vision chrétienne, ouvrant ainsi un grand avenir à l'humanité. Pour contestée qu'elle fut, cette vision, par sa grandeur et son optimisme, enthousiasma nombre de jeunes chrétiens.

De ce double mouvement, Vatican II, le concile qui se réunit à Rome de 1962 à 1965, devait tenir compte. Plus que les réformes, assez prudentes, qui portaient sur la liturgie, la substitution du français au latin ou sur une certaine libéralisation des règlements régissant la vie des religieux, c'est l'esprit œcuménique, le rapprochement avec les autres églises chrétiennes, qui marquait le chemin parcouru. En 1939, selon Jean-Marie Domenach, le successeur de Mounier à *Esprit,* l'Eglise catholique française se sentait être une forteresse qui devait se défendre contre deux dangers : la sécularisation et le communisme. A partir de Vatican II, l'Eglise s'orientait non sans peine, vers un « nouveau Christianisme », plus largement ouvert au monde moderne.

Dépassant le cadre français, les courants de la sensibilité religieuse semblent relever d'un anti-intellectualisme diffus et de besoins affectifs qui les rattachent au romantisme, mais à un romantisme qui refuse ses antécédents.

L'enseignement

En 1962, Michel Butor dans un roman, *Degrés,* prenait comme cadre une classe de seconde dans un lycée parisien fictif, le lycée Taine. Il mettait en question l'enseignement secondaire tout entier. Du point de vue social, le lycée Taine est réservé à la bourgeoisie ; aucun fils d'ouvrier n'a place dans cette classe de seconde. Les méthodes d'enseignement — interrogation, leçon fondée sur des manuels désuets, compositions, devoirs — perpétuent l'ennui du programme, « un purgatoire de platitudes ». La fragmentation des matières noie les élèves dans le flot « d'une énorme masse d'informations » confuses et inutilisables. Entre élèves et professeurs, point de dialogue ; le seul

motif qui pousse les élèves au travail est la peur d'échouer au bac. Le diagnostic était sévère mais partiellement juste : la société changeait et aussi
l'horizon intellectuel ; l'enseignement, en revanche, vivait sur le mythe d'une
culture générale qui se voulait normative sans pouvoir l'être.

Butor n'était pas le premier ni le seul à réclamer une réforme de l'enseignement. Des esprits éminents, tels Lévi-Strauss dans *Tristes Tropiques* ou Jean-
Paul Sartre à plusieurs reprises, retraçant leur autobiographie intellectuelle,
dénonçaient la carence du système. Au cours des années vingt la question de
la démocratisation de l'enseignement avait été posée. Mais le principe d'un
enseignement fondé sur l'étude du français, du latin et des mathématiques,
orienté vers la formation d'une élite, n'avait pas été remis en question. Jusqu'en 1939, dans les lycées, plus de soixante pour cent des élèves se trouvaient
dans les sections classiques. L'explication de texte, où l'étude de la langue
et celle de la littérature convergeaient, était le fondement de l'enseignement
secondaire. La sensibilité littéraire primait. Dans l'enseignement supérieur,
les études, réservées à une minorité, étaient orientées vers l'enseignement
plutôt que vers la recherche. Là aussi les littéraires jouissaient du plus grand
prestige. Les écrivains et leurs lecteurs appartenaient donc à un même « univers du discours » comme à un même secteur social, à une même culture.
C'est le rôle de cette culture qui sera mis en question, entraînant de grandes
controverses. Cet enseignement aurait-il pour but de transmettre un riche
héritage moral et esthétique ? Ou ne serait-il qu'un instrument désuet, destiné à maintenir telles quelles, les structures sociales, la morale masquant
l'idéologie ?

A partir de 1945 les projets de réforme se multiplient, signe de l'urgence
du problème. Tous proposaient des réformes de base : la démocratisation
complète de l'enseignement, le décloisonnement des matières ; l'organisation de l'école en « environnement total » axé sur l'actualité. Pour l'enseignement supérieur, la préparation à la recherche prenait le pas sur la formation générale.

Cependant, en 1957, dans son *Panorama des idées contemporaines,* Gaëtan
Picon constatait encore l'allure périmée du vaste édifice scolaire : « La culture... dispensée est encore celle du monde ancien. Et le nouveau n'apparaît
que timidement, dans des notes en bas de page, des appendices en petits
caractères, des matières facultatives en marge des programmes officiels. Ils
apprennent l'histoire dans des livres qui chantent l'épopée de la race blanche,
héritière de l'humanisme gréco-latin, civilisatrice des peuples barbares [...]
s'épanouissant [...] dans l'essor de la démocratie inuverselle. »

Après 1959 de vastes réformes démantèlent les anciennes structures.
Démolissant les cloisons ; multipliant les voies d'accès vers les niveaux supé-

rieurs, ainsi que les options et les baccalauréats ; instaurant des spécialisations techniques, elles bouleversaient les cadres traditionnels de l'enseignement primaire et secondaire. Avec la loi de 1968, ce fut le tour de l'enseignement supérieur : la multiplication des universités, la disparition des cinq facultés traditionnelles et des divisions entre disciplines ; la création de groupes organisés en équipes dans des U.E.R. (Unités d'Enseignement et de Recherche) ; l'importance accordée à de nouvelles matières : les sciences sociales et linguistiques et, dans le domaine scientifique, la technologie, tout tendait à réduire la place et le prestige de la littérature. Coïncidant avec l'explosion de la population scolaire qui gonflait les effectifs, cette transformation devait créer de fortes tensions psychologiques et sociales qui affectaient la population entière.

Le mouvement insurrectionnel de 1968, parti des universités de Paris, se répercutant en province et dans les lycées, accéléra la désintégration de l'ancien système. Le changement d'orientation se faisait dans le désordre. L'enjeu profond — la diffusion de la culture dans toutes les classes et la modernisation de cette culture pour la rendre efficace — fut parfois oublié dans le chaos momentané. Mais, contestées parfois avec amertume, des réformes de base furent instituées : à l'exposé magistral, elles cherchaient à substituer le dialogue et la recherche ; à la discipline et au contrôle par le maître, une plus grande liberté de discussion et l'appel à la responsabilité des élèves et des étudiants ; à la stricte sélection d'une élite, le souci de développer l'horizon intellectuel du plus grand nombre. Aux disciplines de base, le français et les mathématiques, venaient s'adjoindre la linguistique, la sociologie, la psychologie. Les « écoles-pilotes », les « universités de pointe » développaient des programmes expérimentaux. La centralisation de l'ancien système cédait devant le régionalisme. A l'étude de la langue française s'ajoutait celle des langues régionales : basque, breton, etc., compliquant l'application de cette réforme fondamentale. Un élément inattendu devait entrer en jeu : la politisation de nombreux secteurs d'enseignants et d'étudiants, gauchistes de toutes sortes ou marxistes orthodoxes, soucieux avant tout de démanteler la « superstructure » culturelle d'une élite « bourgeoise ». Nécessitée par les besoins d'une société en proie à une modernisation accélérée, cette transformation de l'enseignement semble devoir affecter profondément le goût et la connaissance de la littérature. Celle-ci prend son statut d'instrument privilégié de culture. D'autre part, la crise de l'enseignement touche de près celle de la langue.

La langue française : évolution ou décadence ?

Dès la fin de la guerre de 1914, la question de la vitalité de la langue française avait été posée. Mais il s'agissait surtout de son rôle de langue universelle et donc de langue de grande culture et d'échange sur le plan international. La rivalité de l'anglais menaçait cette prééminence.

En 1945 le prestige de la langue française souffrait d'une éclipse sur le plan international. Ce ne fut pas sans difficulté que le français fut admis parmi les quatre langues de travail de l'O.N.U. Mais à partir de 1960 la position internationale du français s'améliorait. La décolonisation donnait essor à des nations nouvelles qui adoptaient le français comme langue officielle. Simultanément, la langue française s'étendait dans d'autres pays comme langue d'échange et de culture. En 1962, la revue *Vie et Langage* estimait à cent vingt millions les « francophones » dans le monde, et, la même année, *Esprit* consacrait un numéro spécial (novembre) à la question de l'avenir du français. Mais par sa nature même ce nouveau statut du français affectait la langue qui ne coïncidait plus avec le fait national, l'unité politique : la France. En Afrique, tant au Maghreb qu'en Afrique noire, le souci d'un patrimoine culturel propre affectait la diffusion du français. Dès le début des années cinquante les romanciers du Maghreb forment une constellation distincte et, avec le premier festival des arts nègres de Dakar (1966), se pose la question du sens même de la désignation traditionnelle : littérature française. C'est au cours des années soixante que s'affirme ainsi l'idée d'une communauté francophone. La langue française échappait au strict contrôle d'un enseignement soucieux de la transmettre dans sa rigueur. La diffusion du français posait aussi le problème de son altération.

Cette altération atteignait la langue en France même. Au cours des années cinquante une véritable bataille se livre au sujet de la décadence de la langue. L'introduction massive d'un vocabulaire étranger, surtout américain, et de tournures d'importation ; le déclin de l'orthographe ; les faiblesses de syntaxe et les impropriétés de toutes sortes ; le goût du « jargon » technique – tous ces traits sont dénoncés dans l'assaut contre le « babélien » ou le « franglais ». La radio, la télévision, les revues à grand tirage et la publicité usaient d'une langue concise, chargée de transmettre rapidement un maximum d'informations, se rapportant à l'immédiat. D'où le besoin de vocables nouveaux, et d'une syntaxe simple ; et une évolution accélérée de la langue que d'aucuns croient irrésistible. En 1968 le Conseil international de la langue française, en 1961 l'AUPELF (Association des Universités partiellement ou entièrement de langue française), groupant quarante-six universités francophones, semblent exprimer la volonté, au moins, de freiner la fragmentation de la langue. Pour l'écrivain cette évolution pose un grave problème, celui du mandarinat. En France, depuis trois siècles, la langue, dans les cercles cultivés, était la langue littéraire. Dans ces cercles l'écart entre le langage parlé et la langue littéraire était relativement faible. Il tend à s'accroître. Rares sont les écrivains tels Raymond Queneau ou Le Clézio qui, à la suite de Céline, puisent largement dans le vaste réservoir de la langue parlée courante, créant une langue littéraire propre, à égale distance du parler populaire et de la langue « cultivée » de leurs lecteurs. Pour l'écrivain placé devant une langue en mutation, le choix d'un registre devient problématique.

CHAPITRE III

La vie littéraire

L A vie littéraire à partir de 1920 se développera de moins en moins dans les salons et cafés, de plus en plus autour des grandes maisons d'édition, des revues et collections qu'elles financent, et des prix de plus en plus nombreux, de moins en moins significatifs que décernent chaque année les jurys. Elle ne ressemble en rien aux schémas ordonnés que présentent les histoires littéraires. Elle est animée par force débats, enquêtes, polémiques et par la publication de nombreuses œuvres dont la plupart sont vouées à l'oubli. Les enquêtes sociologiques récentes estiment que quatre-vingts pour cent des ouvrages littéraires publiés disparaissent en un an, quatre-vingt-dix-neuf pour cent en vingt ans. Pour importante que soit la connaissance, toujours incomplète cependant, du fonctionnement de la production littéraire avec ses *best-sellers* et autre succès du moment, il n'en reste pas moins vrai que l'œuvre littéraire destinée à prendre rang parmi les ouvrages de la grande littérature échappe aux lois du marché du livre et que sa longévité émane d'autres sources. D'où la difficulté, lorsqu'il s'agit d'une époque récente, de voir clair dans ce domaine touffu, car les média subissent immédiatement les contre-coups de la fortune politique et économique du pays.

L'entre-deux-guerres : les maisons d'édition : 1920-1936

Parmi les quelques centaines de maisons d'édition françaises fort diversifiées, quelques dizaines se partagent le secteur littéraire. La plupart consacrent à la littérature une partie de leur vaste production combinant la réimpression d'ouvrages connus et d'auteurs « au programme » avec la publication plus hasardeuse d'ouvrages nouveaux : Calmann-Lévy, Armand Colin, Fasquelle, Flammarion, Garnier, Larousse, Albin Michel, Nathan. Elles suivent avec retard le mouvement littéraire. D'autres se spécialisent : Bloud et Gay, par exemple, dans la publication d'ouvrages catholiques ; les Editions Socialistes, à partir de 1930, publient les ouvrages marxistes. Adressées à un public limité et destinées en fin de compte à des collectionneurs il y a les éditions confidentielles de poètes — surtout surréalistes — par des poètes : ainsi, justement connues dans les années trente, les éditions G. L. M. (Guy-Lévis Mano).

Deux maisons d'édition, les plus représentatives du mouvement littéraire, nées avant 1914, se partagent entre les deux guerres le marché des jeunes auteurs, surtout des romanciers, et exercent une influence relative sur le goût et les renommées. Amateur passionné de littérature et habile promoteur, Bernard Grasset, visant outre la qualité littéraire, l'élargissement du public, lancera presque tous les « partants » pendant une dizaine d'années. Giraudoux et les célèbres quatre M — Mauriac, Maurois, Montherlant, Morand — Cocteau et Malraux à leurs débuts seront, comme Radiguet, parmi ses poulains. Plus austère, moins audacieuse, la maison Gallimard, issue de la N.R.F., se fera garante d'excellence en recueillant souvent après coup les auteurs publiés par Grasset (ainsi de Proust) ou par d'autres prospecteurs, une fois leur valeur établie, et en faisant une place aux poètes. A côté d'elles, moins puissantes, des maisons d'édition comme Kra ou Denoël servent une littérature plus révolutionnaire — surréaliste dans le cas de Kra, ou, hors cadre, comme le *Voyage au bout de la nuit,* dans le cas de Denoël. D'autres comme Stock ou Plon publient parmi d'autres titres des traductions de romans étrangers.

Pour vivre dans ce tourbillon, les maisons d'édition doivent sans cesse chercher de nouvelles formules. Portées par l'explosion littéraire, les collections de toutes sortes, les « cahiers » mensuels ou trimestriels, « écrits », « documents », dirigés souvent par des personnages de premier plan, foisonnent, adressés à des publics divers. Chaque maison d'édition lance les siens. Chez Grasset *Les Cahiers verts* dirigés par Halévy tentent de prendre la suite des *Cahiers* de Péguy, publiant des essais comme *La Tentation de l'Occident* de Malraux (essai-roman) ; tandis que *Les Ecrits,* dirigés par Jean Guéhenno, lancent des enquêtes et romans à portée sociale. Kra publie une série de « panoramas » de diverses littératures contemporaines étrangères. Sous la direction de Maritain et de Massis, chez Plon, *Le Roseau d'or* publie surtout des écrivains catholiques. Ces collections reflètent parfois de profonds antagonismes, comme ce fut le cas des deux grands groupes rivaux, *Le Roseau d'or* et la N.R.F., à tendance libérale et protestante. Elles seront dans l'ensemble atteintes par la crise des années trente.

Deux initiatives de la maison Gallimard, datant de ces années trente, sont à remarquer. D'une part, la « Bibliothèque de la Pléiade », par son format et sa mise en œuvre discrète, mais soigneuse dans l'ensemble, de tout un cadre de travaux réservés en général aux éditions critiques, met en circulation sous une forme compacte d'abord les grands textes littéraires français classiques de tous les siècles, puis les « classiques » contemporains. Elle reprenait le format des Editions de la Pléiade, créées par Jacques Schiffrin qui avait entrepris de lancer en 1930 une « bibliothèque reliée » inaugurée par les *Œuvres* de Baudelaire, édition de Y.-G. Le Dantec.

La collection s'ouvre ensuite aux « classiques » étrangers en traduction. 1930 voit aussi la création de la « Bibliothèque des Idées » qui présentera en des éditions d'un prix relativement modeste, certains ouvrages, tels *Le Déclin de l'Occident* de Spengler, et même des thèses réservées auparavant aux spécialistes. La frontière entre l'érudition universitaire et le goût des lettres tend ainsi à s'effacer. Les répercussions seront grandes dans le domaine de la critique littéraire dirigée jusqu'alors par une brillante équipe d'hommes de lettres parisiens. Cette critique est vouée dès lors à la disparition ; tandis que, surtout après la coupure de la seconde guerre, la participation d'universitaires à la présentation des textes littéraires et à la diffusion des méthodes critiques ne cessera de croître.

Ce qui domine cependant cet ensemble chaotique, c'est un accord fondamental sur les valeurs littéraires, qui ont préséance sur les questions de mode et de vente. Une communauté de culture s'y manifeste, le sens et le respect des hiérarchies littéraires, et une large ouverture sur les littératures étrangères. En témoignent les deux librairies qui voisinent rue de l'Odéon, « Les Amis du livre » d'Adrienne Monnier et « Shakespeare and Company » de Sylvia Beach : s'y rencontrent les personnalités littéraires françaises, européennes – surtout anglaises – et américaines ; les générations s'y côtoient, discutent ; on feuillette, on achète les livres nouveaux, parfois édités par ces libraires, comme l'*Ulysse* de l'Irlandais James Joyce.

Le temps des hebdomadaires [1]

Comme par le passé, dans la grande presse quotidienne, le feuilleton littéraire signé de noms respectés, Paul Souday dans *Le Temps,* Henri de Régnier dans *Le Figaro,* André Salmon dans *L'Intransigeant,* renseigne un public, assez bien défini, sur la littérature de l'heure. Mais le prestige du feuilleton quotidien diminue. En revanche, l'hebdomadaire littéraire, qui fleurit puis périclite entre les deux guerres, constitue une transition entre deux époques. Il se propose de mettre certaines formules du journalisme de l'heure au service de la littérature et de servir de relais entre la grande littérature et un public plus étendu. En 1922, Maurice Martin du Gard lance *Les Nouvelles littéraires,* hebdo-

1. Voir tableau page 93.

madaire « littéraire, artistique et scientifique » où les lettres l'emportent sur les autres rubriques. Par leur format, leurs grands titres, la place accordée à l'actualité et à la documentation, elles s'écartent du format des revues. Elles publient de brefs inédits et dans de courts articles renseignent leurs lecteurs sur les événements littéraires : prix, cinquantenaires ou centenaires commémoratifs dont la célébration devient rituelle.

Elles présentent aussi des reportages et à partir de 1924, sous la rubrique « Une heure avec... », les célèbres « Entretiens » de Frédéric Lefèvre avec un écrivain en vue. La « vedette littéraire » naissait, et l'information commençait à prendre la place de l'article critique. *Les Nouvelles littéraires* auront des imitateurs. Les hebdomadaires se politiseront rapidement, mais ce sont les romanciers, tant les français qu'étrangers — Pierre Benoît, Mauriac, Vicky Baum, Bromfield, Faulkner, Hemingway — qui en assurent en somme le succès.

Le tirage des hebdomadaires littéraires oscille à leur apogée entre cent cinquante mille et trois cent mille, prouvant l'existence d'un public avide de se renseigner rapidement sur les faits culturels. A l'exception du *Figaro littéraire* et des *Nouvelles littéraires* aucun ne survivra à la seconde guerre. Tout en annonçant les voies nouvelles que prendra le journalisme littéraire, l'hebdomadaire, quelle que soit son orientation idéologique, se place dans le sillage de la littérature établie comme l'indiquent les noms qui apparaissent le plus souvent : Edmond Jaloux, André Billy, Albert Thibaudet, Benjamin Crémieux, René Lalou, Ramon Fernandez, Robert Kemp, hommes de lettres et arbitres du goût.

Les revues [1] et les groupes

Les revues sont nombreuses et d'orientation diversifiée. C'est la *Nouvelle Revue française,* dont le prestige croît jusqu'en 1939 (elle tire alors à vingt mille), qui, par son orientation, par les textes qu'elle présente, défend et illustre l'esprit dominant de l'époque. Réaffirmant au sortir de la guerre ses principes de sélection purement littéraires, exempts d'influences « politiques, utilitaires ou théoriques », la N.R.F. se tient fermement au centre du mouvement littéraire, formant plutôt qu'informant ses lecteurs. Vouée à la conception « belle-lettriste » de la littérature et de la haute culture, elle perdra son rang prééminent après la coupure de 1936.

Avec le recul du temps, on constate que c'est dans une revue comme *Le Minotaure* que s'affirment les tendances nouvelles, encore confuses, mais provocantes. Elles alimenteront un courant de pensée qui sapera plus profondément que le surréalisme l'idée même de « grande littérature », de « haute

1. Voir tableaux pages 94 et sq.

culture » sur laquelle reposait en somme la vie littéraire. Au moment où sous la pression des événements le milieu littéraire dérive vers la politique, l'équipe du *Minotaure* entreprend une enquête passionnée sur les sources psychologiques de l'expression par les formes, surtout plastiques, puisant tant chez Freud que dans le surréalisme, l'ethnologie, l'histoire de l'art. Dans les treize numéros du *Minotaure,* à côté du nom de Breton on voit ceux de Jacques Lacan, Michel Leiris, Georges Bataille, Pierre Klossowski, Roger Caillois. Les recherches où s'engage cette équipe font éclater les cadres traditionnels, littéraires aussi bien que critiques.

Qui dit revue dit groupe. Les groupes littéraires sont nombreux qui s'opposent, dialoguent, participent à diverses controverses ou engagent des discussions, et dont chacun se distingue par un certain esprit. Le groupe de la N.R.F., André Gide en tête, manifeste une certaine austérité et un libéralisme « protestant » qui lui vaut l'antagonisme du groupe catholique de droite, dogmatique et conservateur, dont le critique Henri Massis se fait le porte-parole. Plus fuyant, lié à la bohème artistique et littéraire de l'avant-guerre, tout un milieu littéraire, plutôt fantaisiste, gravite autour de l'étrange personnalité du poète Max Jacob ; tandis que Jean Cocteau passe d'un milieu à l'autre, du « Bœuf sur le toit » au salon thomiste de Maritain et à la N.R.F.

Distant, le personnage de Romain Rolland domine le groupe « engagé » à gauche dont Henri Barbusse est la personnalité marquante et qui a pour organes les revues *Clarté* et *Europe.* Un groupe discret comme le Brambilla Club réunit autour du critique Edmond Jaloux des écrivains comme Paul Morand et Jean Giraudoux, que rapproche leur goût commun pour le romantisme.

Mais ce sera la jeune équipe surréaliste, rangée autour de son chef André Breton, qui introduira dans les mœurs littéraires un nouveau phénomène : le groupe « collectif », sorte de commune armée d'intransigeance, liée par un dogme commun et une discipline imposée et dont l'histoire traversée de controverses et les débats se répercutent en France dans presque toutes les couches de la littérature. Il est bon de noter, cependant, qu'au cours des années trente, le groupe dont l'unique intérêt est la littérature tend à disparaître au profit du groupement politico-littéraire : l'Action française, le Front populaire.

Le milieu littéraire devant la guerre : 1936-1952

De 1936 à 1952 le choc provoqué par les événements collectifs a ébranlé la conscience intellectuelle du pays. Le bombardement de Guernica, dont la toile de Picasso fixa l'horreur, et celui d'Hiroshima dont le film de Resnais cherche à cerner les résonances psychiques, retentissent aussi dans les lettres.

L'inquiétude devant la dimension planétaire des événements colore de façon similaire des œuvres dont l'appartenance est divergente. Le milieu littéraire se scinde ; les personnalités littéraires se réclament d'engagements politiques. Les critères proprement littéraires qui avaient prévalu jusqu'alors malgré les divergences idéologiques, sont dévalorisés.

Pendant les années d'occupation, deux milieux littéraires antagonistes de plus en plus fermés l'un à l'autre coexistent. Ce fut l'honneur de nombreux intellectuels d'avoir su maintenir par leurs écrits et leurs actions un climat d'indépendance critique qui militait contre les faciles soumissions. Ce fut le déshonneur des intellectuels, parfois, mais rarement, les mêmes, de mettre leur prestige au service de haines meurtrières. Après les trahisons réelles ou supposées des « collaborateurs », la violence — compréhensible mais passionnelle — de l'épuration maintint autour des intellectuels un discrédit sous-jacent tenace. En 1940, tout un secteur des lettres contemporaines — les œuvres de Proust, de Gide, des surréalistes — était accusé d'avoir miné le moral du pays et préparé la défaite. Dans la France occupée et, plus mollement, dans la zone non occupée sous le régime de Vichy, les hommes et les œuvres étaient pourchassés pour des raisons non littéraires : raciales ou politiques. En 1944 il en est de même, mais les critères sont inversés. C'est donc par rapport à un contexte politique que les écrivains cherchent ce qui les rapproche ou les sépare et que des reclassements de valeurs littéraires sont proposés et vite remis en question.

Lentement entre 1948, date à laquelle Mauriac lançait un appel à la réconciliation, et 1951, où dans sa *Lettre aux dirigeants de la Résistance* Jean Paulhan s'en prenait aux excès de l'épuration, le climat d'inquisition changea. L'unité de la « République des lettres » était péniblement reconquise. Mais il n'y a pas de rupture *littéraire* à proprement parler avec le passé. Une même attitude domine les textes et les articles écrits à cette époque : l'intensification du sentiment qu'éprouvent les intellectuels quant à la continuité de la culture française et de ses valeurs humanistes, universelles et exemplaires. Deux faits caractérisent la vie littéraire sous l'occupation : sa décentralisation et la vigueur avec laquelle les écrivains luttent contre les difficultés de tout ordre qui les assiègent, pour que la France reste « une grande nation pensante ».

La décentralisation (1940-1945)

La mobilisation d'abord, mais bien plus l'exode et l'occupation disloquent le milieu littéraire et jettent les écrivains aux quatre coins du monde. Bon nombre sont en exil en Suisse, à Londres, aux Etats-Unis, au Mexique, au Brésil, en Argentine, en Allemagne dans les camps de prisonniers de guerre, de déportés ; plus tard les écrivains collaborateurs émigrent à la remorque de l'armée allemande en retraite. D'autres sont réfugiés en Afrique du Nord, à Alger surtout, ou combattent dans les forces gaullistes. En France, Paris se vide, puis redevient un pôle d'attraction groupant d'une part, très visibles, les écrivains collaborateurs ou restés neutres, et d'autre part ceux qui jouent le double jeu des activités clandestines, et que groupera en 1943 le Conseil National des Ecrivains. Le secteur culturel parisien officiel maintenait une vie brillante sous le patronage d'une politique allemande de rapprochement : les concerts, les conférences se succédaient ; le théâtre, quoique soumis à la censure, l'Opéra et les salles de cinéma conservaient seuls en France une vie un peu factice. A côté du théâtre à la mode que dominait le populaire Sacha Guitry, les années entre 1940 et 1945 voyaient une floraison de pièces brillantes. Ce fut la mise en scène du *Soulier de satin,* par Barrault (1943) ; et la création de *La Reine morte* (1942) des *Mouches* (1943), de *Huis clos* (1944), de l'*Antigone* (1944) d'Anouilh. Après la Libération de Paris, *Le Malentendu* (1944) suivi de *Caligula* (1945), et *Les Bonnes* (1947) de Genet annonçaient une nouvelle équipe de dramaturges ; et la pièce posthume de Giraudoux, *La Folle de Chaillot* (1945) éblouissait Paris, en rappelant les mérites de la génération précédente.

En zone non occupée (la zone « nono » disait-on), moins soumise au contrôle nazi du moins jusqu'en novembre 1942, se constituent de vraies « régions » littéraires : sur la côte méditerranéenne, avec des centres actifs comme Aix, Marseille et Villeneuve-lès-Avignon ; à Lyon, qui sera la capitale de la Résistance intellectuelle en zone sud, comme de la Résistance-sud tout court. A partir de 1945, Paris drainera ces groupes à son profit, bien que, pendant quelques années, certains centres persistent, à Saint-Paul-de-Vence, par exemple, et à Lyon.

La résurgence littéraire : en France et à l'étranger

Un peu partout, après le choc de la défaite et un moment d'hésitation, les écrivains réagissent. La censure et les décrets anti-juifs éliminent du circuit officiel tout un secteur de la littérature. Si les Allemands ne s'opposaient pas à la diffusion de la littérature irlandaise, autorisant par exemple des représentations de Synge que montait Roger Blin, les écrivains juifs (Kafka, Freud et Marx) étaient bannis et aussi la littérature anglo-américaine, comme l'indique Pierre de Lescure dans le manifeste des Editions de Minuit (1942) : « Défense de réimprimer Meredith, Thomas Hardy, Katherine Mansfield, Virginia Woolf, Henry James, Faulkner, tous les autres que nous aimons. N'exposez plus dans vos vitrines, Shakespeare, Milton, Keats, Shelley, les poètes et romanciers anglais de tous les temps, prescrit, par ordre de la Propagande, le Syndicat des Libraires... » A Paris le silence des écrivains non pro-allemands laissait la parole aux écrivains collaborateurs. En zone non occupée le thème officiel de Vichy, le retour à la tradition classique, discréditait les écrivains juifs, ceux de « gauche » ou ceux qui, comme Gide, étaient jugés « décadents ». Ce furent cependant la politique officielle, la presse et les revues de la collaboration qui créèrent chez les intellectuels le besoin de parler. Créer, comme le fit René Tavernier à Lyon, une revue *Confluences* (trente-quatre numéros de 1941 à août 1944) vouée à la publication des textes littéraires français de haute qualité, c'était défendre l'intégrité et la dignité de la pensée française. A Alger, Max-Pol Fouchet publiait *Fontaine,* qui devait prendre le relais de la *Nouvelle Revue française* passée à la collaboration sous son nouveau directeur, Drieu La Rochelle. Plus tard, à Alger encore, parurent *L'Arche* et *La Nef.* Les poètes, moins facilement suspects, s'organisèrent rapidement. A Villeneuve-lès-Avignon, Pierre Seghers lançait *Poésie 40*; Jean Lescure publiait *Messages* et Noël Arnaud les éditions *La Main à plume.* Par son existence même la littérature témoignait de la liberté de la pensée et passait de la Résistance intellectuelle à la Résistance tout court. En 1942 Pierre de Lescure et Vercors (Jean Bruller) fondaient les Editions de Minuit qui publiaient des textes franchement résistants et à la fin de l'année, à Paris, *Lettres françaises* rassemblaient la majorité des écrivains résistants.

Ces publications vivaient assez difficilement, bien qu'elles fussent moins pourchassées que les feuilles politiques ou les organes de liaison militaire comme *Libération* et *Combat* auxquels les mêmes écrivains parfois apportaient leur contribution. Le manque de papier, la censure, la saisie des numéros, les difficultés de distribution, les problèmes de communication, le danger d'être reconnu sous des pseudonymes, les risques de déportation, tout exigeait des écrivains « résistants » des ressources d'énergie inhabituelles. Plusieurs d'entre eux menaient une double vie : dans la lutte clandestine comme Malraux, Chamson ou Char ; dans la presse clandestine comme Paulhan, Camus, Aragon ou Roger Vailland ; et un certain nombre, comme le poète Desnos, déporté, y laissèrent leur vie. Chaque texte dans ces conditions comptait.

Un peu partout autour de personnalités, parfois étrangères, et de revues, des réseaux littéraires se formaient. A Londres, *La France libre* sous la direction de Raymond Aron se préoccupait surtout de questions politiques ; en Suisse, *Les Cahiers du Rhône* d'Albert Béguin et de H. Hauser restaient littéraires, et en Argentine, sous la direction de Roger Caillois, les *Lettres françaises.* New York abrita Jules Romains, André Maurois, Maritain, Julien Green, Saint-Exupéry et, un peu plus tard, André Breton. Une maison d'édition — les Editions de la Maison française — et une Ecole libre des Hautes Etudes où enseignaient des maîtres comme Focillon, Gustave Cohen et Lévi-Strauss, y maintenaient un centre intellectuel actif. Le Canada assura la diffusion du livre français. Au Brésil, Bernanos lançait ses appels à la conscience française qu'il défendait avec éloquence. Les contacts clandestins avec la métropole s'établissaient, les textes s'échangeaient, passant par exemple de Paris à Londres, pour être ensuite parachutés au même titre que les armes, comme ce fut le cas du poème d'Eluard « Une seule Pensée » (« Liberté »). Il s'agissait non d'innover ou de détruire, mais de maintenir les valeurs et la continuité historique d'une culture dont les écrivains se faisaient les porte-parole et garants.

L'épuration

Encore controversée aujourd'hui, l'épuration littéraire fut rigoureuse : les condamnations à mort, dont la plus notoire fut celle de Brasillach, à la réclusion, à l'indignité nationale furent nombreuses. A leur tour les écrivains coupables ou suspects fuyaient : Drieu La Rochelle se donnait la mort, Céline était incarcéré dans une prison danoise. Au mois de septembre et d'octobre 1945 le Comité National des Ecrivains jetait l'interdit sur les œuvres d'une centaine d'écrivains, dont Giono, Montherlant, Morand. Leurs livres disparaissaient à leur tour des vitrines des librairies. Les revues ou journaux collaborateurs ou neutres disparaissaient, également frappés d'interdit ; les allocations des rares stocks de papier passaient aux mains des Résistants. Un certain vide s'était creusé dans le milieu littéraire. Les écrivains « nouveaux », issus de la Résistance, avaient la volonté de donner un nouveau statut à la littérature. C'est dans ce contexte que Sartre soulevait la question de la littérature *engagée* et entreprenait la tâche de redéfinir la situation et les responsabilités de l'écrivain.

Le reclassement des valeurs

Entre 1945 et 1952 un reclassement des valeurs se fit imperceptiblement. La grande génération d'écrivains nés aux environs de 1870 disparaît : Paul Valéry meurt en 1945 ; André Gide en 1951, la même année qu'Alain. Les deux derniers grands représentants de cette génération, Colette et Paul Claudel, devaient les suivre en 1954 et 1955. Jean Giraudoux était mort en 1944 ainsi qu'Antoine de Saint-Exupéry. Bernanos, malade, avait abandonné le roman pour l'essai politique, comme Duhamel et Mauriac. Martin du Gard restait silencieux ; Breton, de retour d'Amérique, ne retrouvait pas la même autorité ; Jules Romains encore moins. Hors jeu définitivement, Brasillach et Drieu La Rochelle ; temporairement, Montherlant et Giono. En revanche, Aragon et Eluard, André Malraux, Sartre et Camus dominaient la scène littéraire et, en apparence, politique. Trois revues nouvelles étaient lancées à Paris dans le vide relatif de l'immédiate après-guerre, *Les Temps modernes* dirigés par Sartre et son groupe ; *La Table ronde* animée par François Mauriac ; *Critique* dirigée par Georges Bataille. Divergentes de tendances, elles annonçaient soit les nouvelles directions critiques de la pensée et le recul des lettres soit, comme ce fut le cas de Bataille, l'expression ouverte d'une pensée de petite chapelle qui cheminait depuis les années vingt, opposée à la pensée existentialiste. Ces divergences annonçaient la fin de cette unité que *Les Lettres françaises* avaient voulu créer.

Un bouleversement temporaire : l'édition de 1936 à 1952

La guerre domine alors la vie littéraire et en détermine l'esprit. Le critère du patriotisme et le souci de la tradition nationale l'emportent, dès que la défaite s'affirme ; l'avant-garde recule, disparaît ou devient clandestine. Jusqu'en 1944 les tentatives pour recréer une vie littéraire sont sporadiques. Des maisons d'édition sont fondées à l'étranger pour suppléer aux difficultés que rencontrent les grandes maisons parisiennes (pénurie de papier, censure) : les Editions de la Maison française au Canada et à New York ; les Editions Fontaine à Alger. Le centre le plus actif de l'édition française pendant la guerre est situé en Suisse avec les Editions de la Baconnière, Ides et Calendes et Egloff (LUF). Après la Libération, lorsque Paris redeviendra le centre de l'édition littéraire, la répartition des maisons d'édition aura changé.

Gallimard, dont la majorité des auteurs influents est liée à la Résistance, se maintient à travers les péripéties, et publie à côté d'auteurs anciens, des « nouveaux » comme Sartre et Camus ; d'autres maisons, compromises, comme Grasset ou Denoël, sont dirigées temporairement après 1944 par un administrateur judiciaire. Dans un vide relatif apparaissent de nouvelles maisons, dont certaines sont issues de la Résistance. Mais obligées de faire face aux problèmes de l'après-guerre, elles doivent se créer une physionomie propre. Quatre d'entre elles s'imposeront : trois — Seghers, les Editions de Minuit et Julliard — par une forte spécialisation initiale ; les Editions du Seuil en revanche se distingueront par une grande hardiesse dans la diversification. A Villeneuve-lès-Avignon, Pierre Seghers avec sa revue *Poésie* (1940-1944) avait créé un centre de communication pour les poètes de la zone non occupée. Au sortir de la guerre il y ajoutera la série des « Poètes d'aujourd'hui », dans un format moderne, sorte de livre de poche au prix relativement bas, qui combine une documentation de base plus ou moins sérieuse, un texte critique et un ensemble de poèmes choisis. Si les premiers volumes étaient consacrés aux poètes de la Résistance — Eluard, Aragon — et à Max Jacob, victime de l'Occupation, dès le quatrième volume Seghers manifestait un grand éclectisme. Le succès de sa formule lui permit de multiplier les « collections », mais son nom reste essentiellement lié à la diffusion de l'œuvre de poètes.

A la Libération, les Editions de Minuit, fondées en 1942 et devenues célèbres dans la clandestinité, périclitaient ; mais à partir de la publication de *Molloy* (1951) de Samuel Beckett, grâce à l'énergie du directeur Jérôme Lindon, elles retrouvaient une vigueur nouvelle en s'assurant la quasi-exclusivité d'une équipe de romanciers contemporains alors inconnus, la « nouvelle vague » des années cinquante. Moins exigeant que Gallimard, Julliard accueillera les jeunes romanciers de l'immédiate après-guerre, dont Françoise Sagan. Mais ce sont les Editions du Seuil, animées par une équipe de critiques nouveaux (Maurice Nadeau, Claude-Edmonde Magny, Jean-Pierre Richard, Roland Barthes) qui de 1945 à 1947 partent en flèche. Lançant la collection « Pierres Vives », puis la collection « Esprit », reprenant avec le romancier Jean Cayrol et Dominique Rolin les *Cahiers du Rhône* d'Albert Béguin, elles feront de la collection spécialisée — littérature, musique, voyages, Tiers monde — l'instrument d'une entreprise qui incarnera les tendances nouvelles de l'après-guerre. C'est au Seuil que paraîtront les premiers ouvrages de ce qui deviendra l'équipe Tel Quel.

Parmi les hebdomadaires seules *Les Lettres françaises,* d'abord journal des écrivains résistants fondé en 1942 par Jean Paulhan et Jacques Decour, connaîtront une réelle longévité (1947-1972). Ses dix-neuf numéros clandestins rassemblent un vaste éventail de noms : Mauriac, Valéry, Duhamel, Camus, Eluard, Leiris, Sartre, Vercors, Benda, Martin du Gard, Malraux. Les éditoriaux, les comptes rendus, les poèmes sont d'inspiration patriotique. La critique littéraire s'y montre peu soucieuse d'autres critères. A partir de 1946, passant sous direction communiste, *Les Lettres françaises* posent le problème de la relation entre la littérature et l'idéologie politique. Jusqu'en 1953, date à laquelle Louis Aragon en prendra la direction, la critique littéraire, fidèle au durcissement de la ligne politique et aux directives jdanoviennes, sera entièrement partisane et d'une décourageante médiocrité.

Anti-allemandes, mais littéraires dans la tradition de la *N.R.F.,* les revues comme *Confluences, Fontaine, L'Arche* ne survivront pas plus que d'autres revues littéraires nouvelles dont les excellents *Cahiers des saisons* trimestriels ou les *Cahiers de la Pléiade,* plus luxueux (1946-1952), consacrés aux textes de jeunes écrivains. Trois revues tentent de remplir le vide laissé par la suspension momentanée de la *N.R.F.* qui reparaîtra en 1953 sous ce titre : *Nouvelle nouvelle*

Revue française avant de reprendre en 1959 son titre originel. Si *La Table ronde* (1948-1969), sous l'influence de Mauriac, tente d'abord de s'en tenir à la publication d'articles de critique littérare et de texes inédits, elle ne pourra en maintenir la qualité et aura recours avant de disparaître aux numéros spéciaux ct aux enquêtes sociales. Le souci littéraire proprement dit disparaît à peu près complètement des *Temps modernes* et de *Critique* les deux revues les plus représentatives de l'époque. Portant leurs efforts sur les rapports qui lient la littérature aux réalités sociales collectives, *Les Temps modernes* dans leurs premières années tentent de donner une direction morale et politique à la nouvelle génération ébranlée par la guerre. *Critique* s'oriente vers des domaines ésotériques, Bataille l'engageant dans la recherche des racines psychologiques de l'art et des liens entre l'art et le sacré. Ces deux revues contestent les catégories où s'enferme la littérature et étendent le concept à des formes d'expression qui auparavant en étaient exclues. Les critères esthétiques n'ont aucune valeur dans leurs analyses où s'aménagent de nouvelles perspectives sur l'écrit.

Les événements politiques tranchent le réseau de relations qui constituait le milieu littéraire. D'autre part, les figures de proue de l'entre-deux-guerres disparaissaient. La petite coterie, étroitement liée par un passé d'amitié et une idéologie, comme le groupe sartrien, ou le groupe communiste, moins circonscrit, mais d'horizon étroit, domine la vie littéraire de ces années.

Cependant une vie littéraire plus normale commence. Les revues supprimées réapparaissent, avec des titres légèrement modifiés : *La Revue (des Deux Mondes)*. Dès 1950, l'atmosphère commence à changer. Deux ouvrages, *Mort de la littérature* de Raymond Dumay et *La Littérature à l'estomac* de Julien Gracq dénoncent l'inflation des réputations et la médiocrité d'une littérature tout entière existentialisée. En décembre 1948 un groupe de jeunes intellectuels communistes lançait une revue, *La Nouvelle Critique,* qui par ses attitudes intellectuelles — souci d'information et surtout de recherche théorique — annonçait un des courants intellectuels qui devait s'affirmer quelques années plus tard. La critique littéraire n'y avait qu'une faible part à côté du cinéma, du théâtre et des autres arts. L'analyse politique prédominait. Mais par la rigueur de ses analyses, *La Nouvelle Critique* soulignait les faiblesses des *Lettres françaises* qu'elle dévalorisait. Elle ouvrait une voie nouvelle à la critique littéraire, et incarnait un concept nouveau : la revue comme instrument de recherche collective et de théorie systématique. En avril 1949 la revue *Empédocle* — de courte durée — (dirigée par Jean Vagne avec Albert Béguin, Albert Camus et René Char) tentait de reprendre la formule de la revue littéraire consacrée en majeure partie à des textes nouveaux. Les chroniques des lettres, de la peinture et du cinéma et la rubrique intitulée « Aujourd'hui » ne représentaient qu'un cinquième de l'ensemble. Et en 1951, à Saint-Paul-de-Vence, protestant contre la littérature engagée et affirmant la nécessité d'un renouveau, la revue *Roman* sous la direction de Pierre de Lescure et de Célia Bertin réclamait l'autonomie littéraire. Un tournant se précisait ; à partir de 1952, la vie littéraire, de nouveau centralisée, reprenait à un rythme accéléré.

Une orientation nouvelle : 1952-1970

L'édition se modifie radicalement pour s'adapter à un public nouveau et aux méthodes et techniques du *marketing,* mot importé des Etats-Unis en même temps que la chose elle-même. Deux faits essentiels affectent l'édition. Des études systématiques du marché du livre (comme celle qu'entreprend à Bordeaux l'équipe de chercheurs dirigée par Robert Escarpit) fondées sur les sondages, les statistiques et les résultats des calculatrices, jettent une lumière nouvelle sur toutes les opérations du commerce du livre. La production du livre s'industrialise, créant une crise de la librairie. Le livre en tant qu'objet commercial prend rang parmi les thèmes littéraires. Dès les années soixante, l'édition tend vers la concentration, puis vers l'internationalisation. Trois groupes la dominent : le groupe Hachette absorbe Grasset, Fayard et Stock, contrôlant soixante-dix pour cent de l'édition littéraire. Les Presses de la Cité absorbent Plon et Julliard. Naguère lié avec Hachette après avoir retrouvé son indépendance, Gallimard rachète le Mercure et absorbe Denoël (qui lui-même avait absorbé la maison J.-J. Pauvert). Une entreprise comme celle des éditions Bordas est typique des nouvelle orientations de l'édition par son expansion vigoureuse dans tous les secteurs du livre pendant les années soixante, expansion que la crise de 1973-1974 put mettre en péril.

D'autre part, et en conséquence, à partir de 1952, le livre de poche crée une véritable révolution et finira même par amener une saturation du marché. La formule a été utilisée en France dès les années vingt (Fayard avec *Le Livre de demain,* Flammarion, Armand Colin), mais le livre de poche ne prendra tout son essor qu'avec les deux grandes collections de livres au format de poche *Le Livre de poche,* Librairie Générale française, et *J'ai lu,* suivies par celle de l'Union générale d'édition, 10/18, contrôlée par les Presses de la Cité. En 1970 on pouvait compter plus d'une trentaine de maisons d'édition publiant une ou plusieurs collections connues en format de poche. Visant surtout le marché scolaire et universitaire, les collections de textes littéraires et critiques et même les revues de poche prolifèrent : au Seuil « Les Ecrivains de toujours » ; chez Seghers les poètes et, en marge, le théâtre, le cinéma, les dictionnaires ; « Idées » chez Gallimard ; aux Presses Universitaires de

France, l'immense collection encyclopédique « Que sais-je ? » ; les Classiques du vingtième siècle. Ces anthologies critiques sont souvent éditées par des universitaires avec préface, notes, bibliographie. A part certaines exceptions comme celle des collections des Editions sociales, marxistes, le choix des textes et le profil qu'il donne à la collection sont déterminés par la supputation des chances que la collection aura de survivre dans le marché du livre. La rivalité commerciale remplace souvent les antagonismes et les goûts personnels. L'aspect même des librairies se transforme, se modernise comme le livre que transforment de nouvelles techniques d'imprimerie et d'illustration : couleurs vives, caractères nets des titres. Le livre pénètre dans les « drugstores », dans les magasins à grande surface. Les vieilles librairies, surtout en province, ont du mal à survivre.

La connaissance générale des lettres semble devoir bénéficier de cette explosion. Le livre de poche renseigne, situe, mais évite le ton didactique et l'ennui du texte tronqué, du « morceau choisi » des manuels scolaires. Cependant, le choix libre des lecteurs, en dehors des programmes d'études, se porte sur les collections non littéraires comme *Planète, Petite Planète* ou *Poche noire*. Dans cet ensemble, le livre littéraire nouveau qui trouve lentement son public lutte à armes inégales. Pour passer dans une collection « poche » tirant initialement à plusieurs dizaines de milliers d'exemplaires, il faut qu'il ait quelques chances de durer et de continuer à attirer un public, qui parfois se fait attendre, comme ce fut le cas, par exemple, pour Boris Vian. La publication du livre d'un jeune écrivain inconnu devient un risque à prendre, une affaire de prestige, un luxe plutôt que le souci principal de l'éditeur. D'où certaines spécialisations.

Pendant une dizaine d'années les Editions de Minuit hébergent le groupe littéraire le plus vigoureux de l'époque, les « nouveaux romanciers » : Beckett, Nathalie Sarraute, Robbe-Grillet, Claude Simon. Elles remplissent le rôle de la prospection et de la promotion des talents qui avait été celui de Grasset et, à ses débuts, de Gallimard. Dix ans plus tard, Maspéro devient l'éditeur par excellence de la gauche non orthodoxe, Pauvert des publications érotiques et ésotériques. Dès 1960 un centre vigoureux d'édition s'établit à Montréal – Editions Parti-pris, Editions du jour, Presses de l'université de Montréal ; viennent ensuite les Editions Naaman (Québec et Ottawa) et les Editions de l'Université Laval (Québec). D'autres commencent à apparaître en Afrique (Yaoundé) qui se spécialisent, à la suite de « Présence Africaine », dans l'édition de la littérature francophone, produite en dehors de « l'hexagone ».

Trois facteurs affectent, semble-t-il, les *revues* : la prolifération du livre ; la multiplication des travaux universitaires portant sur les lettres modernes ;

et le caractère international de leurs abonnés. Les bibliothèques des universités, en grande partie américaines, par leurs abonnements — montant parfois à cinquante pour cent du total — assurent les bases financières de la revue. Ainsi, elles en transforment le caractère. S'accumulant sur les rayons des bibliothèques, les revues se transforment en livres de références, documents plutôt qu'organes d'échanges, le groupe initiateur n'atteignant qu'un public immédiat restreint. D'où une diffusion un peu byzantine.

Malgré plusieurs tentatives *(Carrefour, La Gazette des lettres, Le Figaro littéraire, Arts,* devenus *Arts-Spectacles),* l'hebdomadaire disparaît. Les hebdomadaires d'information générale, *L'Express* surtout, le *Nouvel Observateur* reprennent à leur compte son rôle d'intermédiaire, renseignant rapidement le public sur l'actualité. En général les magazines de toutes sortes depuis le luxueux *Réalités* jusqu'à *Match* font de même. La revue littéraire survit plutôt qu'elle ne vit.

Lorsque le 1ᵉʳ janvier 1953, la *Nouvelle (Nouvelle) Revue française* réapparaît, elle présente au sommaire les noms d'une équipe depuis longtemps reconnue : Saint-John Perse, André Malraux, Léon-Paul Fargue, Henry de Montherlant, Jean Schlumberger, Maurice Blanchot, Jules Supervielle. Elle entend rester sur ses positions passées : présenter les meilleurs textes littéraires du moment. Elle vivra en partie de son prestige acquis et grâce au sens littéraire de son directeur, Jean Paulhan. Mais la « revue de jeunes », caractéristique de la vie littéraire d'avant la seconde guerre, s'établit avec peine. Il ne suffit pas qu'elle soit, comme *La Parisienne* (1953, directeur François Michel), lancée par une brillante équipe de jeunes romanciers réunissant, outre Nimier, Antoine Blondin, Jacques Laurent, Félicien Marceau, Michel Déon. *La Parisienne,* malgré sa courte vie, marquait la rentrée littéraire d'une droite dépolitisée qu'agaçaient les poncifs existentialistes et qui se réclamait de l'esprit des années vingt, de Paul Morand et de Jean Giraudoux. Elle signifiait à tous que l'hégémonie littéraire des écrivains résistants se terminait. Mais elle n'en partagera pas moins le sort des revues comme *Fontaine,* le *Mercure de France,* les *Cahiers du sud,* la *Revue de Paris,* les *Lettres françaises.* A part la *Nouvelle (Nouvelle) Revue Française,* ne survivent guère que les revues à portée sociale et d'information générale, comme *Esprit.* De nouvelles revues plus spécialisées prennent la place des anciennes.

Tel Quel, à partir de 1968, fera pendant quelques années cause commune avec l'équipe de *La Nouvelle Critique* et s'orientera vers les recherches de linguistique et de sémiologie, exprimant hautement la volonté de désacraliser le concept de haute littérature en démontrant que le texte littéraire est un objet linguistique « formalisable », situé à la jonction de la sociologie, de la psychanalyse, de l'érotisme. Le vocabulaire technique de *Tel Quel* est accordé au concept d'une critique soi-disant scientifique. Son ton péremptoire et l'affirmation de sa fonction révolutionnaire ont fait de *Tel Quel* une revue irritante mais dynamique, et qui entend ne point rester figée sur une position. Apparaissent au sommaire l'inévitable constellation des maîtres à penser de l'heure : Bataille, Barthes, Foucault, Lacan, Derrida ; mais aussi les écrivains agréés comme précurseurs : Artaud, Ponge, et, au départ, l'équipe des nouveaux romanciers ainsi que les maîtres de la linguistique dont Roman Jakobson et Noam Chomsky. *Tel Quel* a publié les textes expérimentaux et critiques les plus hardis et les plus contestables de l'heure. Tirant en 1970 à six mille, *Tel Quel* a fait connaître les noms de Jean-Pierre Faye, de Guyotat, de Kristeva, Pleynet, Ricardou, Denis et Maurice Roche, Sollers. Le même groupe dirige aux éditions du Seuil une collection portant le même titre.

Le rôle de ces revues hors de France, et particulièrement aux Etats-Unis où la recherche, depuis un demi-siècle, porte sur la littérature contemporaine, offrirait un vaste sujet d'étude. La France depuis quelques années subit le même attrait du contemporain que l'Amérique. Les séries de *Cahiers, Carnets, Archives* portant sur les écrivains contemporains se multiplient, consacrées soit à un seul auteur et publiés une fois l'an, soit à un thème. Nourris de plus en plus par les communications d'universitaires, elles s'adressent aux spécialistes plutôt qu'aux amateurs lettrés comme par le passé (voir la *Revue des lettres modernes* de Minard). Cette formule semi-universitaire a été reprise par les *Cahiers de l'Herne* (1961 ; fondateur Dominique de Roux), qui consacrent chaque numéro à une personnalité littéraire controversée (Céline, Ezra Pound) ou célèbre mais mal connue (Samuel Beckett, René-Guy Cadou, Borgès, René Char) ou encore à un groupe comme celui du *Grand Jeu.* Inédits, souvenirs, témoignages, essais critiques d'ordre divers, documents biographiques et bibliographiques s'y côtoient, créant un ensemble assez disparate sous un format reconnaissable qui s'adresse aux amateurs aussi bien qu'aux spécialistes. Pour le théâtre et le cinéma il en est de même : *Cahiers Madeleine Renaud-Jean-Louis Barrault ; Cahiers du cinéma* (1950) ; et, pour la télévision, les *Cahiers littéraires de l'O.R.T.F.*

Le public doit choisir dans cet ensemble hétérogène. Rares sont les revues qui parviennent à se maintenir sans être subventionnées par des organismes officiels ou par des maisons d'édition. Dans ces conditions les revues purement littéraires sont menacées de disparition.

Fragmenté, dispersé dans le monde entier, le public de la revue littéraire a changé ; il est devenu, en majorité, universitaire. Spécialiste plutôt que lettré, il semble préférer la revue critique et théorique à la lecture régulière de textes littéraires souvent disparates et incomplets qu'offrait la revue littéraire classique.

Les « Rencontres » de Pontigny qui, avant la guerre de 1914 et dans l'entre-deux-guerres, réunissaient les hommes de lettres et les intellectuels ont fait place à une multiplicité de *colloques* dont les plus célèbres sont les Colloques du Centre international de Cerisy-la-Salle et les publications qui en transcrivent les débats. Ils permettent de suivre les conflits d'idées et les tendances intellectuelles de l'heure : entretiens sur la critique, sur l'enseignement de la littérature, sur le discours narratif, sur la paralittérature. *Le colloque* sous diverses formes, et non le salon, la revue ou le groupe, semble désormais au centre de la vie intellectuelle laissant peu de place à l'expression du goût personnel, de la rêverie axée sur la lecture, des réactions de la sensibilité. Il reflète le goût nouveau du travail en équipe et de la recherche théorique. Le « collectif » ou « groupe de recherche » formé sur le modèle scientifique remplace les anciennes écoles, les groupes d'avant-garde.

Souvent dénoncés, les *prix littéraires* ne cessent de se multiplier. Plus de quatre mille prix, d'une grande diversité, sont donnés tous les ans dans le monde francophone. D'autres comme le prix Nobel — d'un grand retentissement — et le prix Lénine sont internationaux. Au prix Nobel, au prix Lénine, au grand prix du roman viennent s'ajouter le grand prix national des lettres (1951), le grand prix national du théâtre (1969), décernés par l'Académie française. Ils couronnent une œuvre déjà consacrée et les deux premiers, le Nobel surtout, signalent sa présence à un public international (prix Nobel depuis 1945 : Gide, Mauriac, Camus, le poète Saint-John Perse, Sartre qui le refusa, Samuel Beckett ; prix Lénine : Aragon). Mais ce sont les quatre grands prix attribués aux romans qui créent chaque année les remous de la saison des prix : le Goncourt, le Fémina, le Renaudot et l'Interallié. Aux gagnants et à leurs éditeurs ils assurent une montée en flèche des tirages, donc de sérieux avantages économiques. A côté d'eux, le prix Médicis, le prix des Critiques, le prix Fénéon et, récent, le prix international de littérature, couronnent des ouvrages novateurs, auxquels ils confèrent un certain prestige ; comme c'est le cas aussi pour les prix Apollinaire, Max Jacob et le grand prix de la Ville de Paris, décernés aux poètes.

Pour inégales que soient les sélections, les œuvres couronnées ne sont qu'exceptionnellement sans intérêt et les romanciers de valeur qu'un prix n'a pas distingués sont rares. Malgré le tapage publicitaire qui accompagne ces sélections et qui brouille sans aucun doute l'échelle des valeurs et des réputations, les prix littéraires, attribués par des écrivains établis et des critiques avisés, font un premier tri dans la grande masse de livres où le lecteur non-initié se perdrait. Il donne tous les ans au discours littéraire une certaine primauté.

Le statut des intellectuels et le milieu littéraire

Né de l'affaire Dreyfus, le mot « intellectuel » envahit l'époque et rend archaïques les étiquettes « homme de lettres » ou « homme cultivé ». A partir des années trente le statut prestigieux de l'écrivain tend à se confondre avec celui d'intellectuel de gauche ou de droite. Le débat sur son rôle se polarise bientôt autour du marxisme et relève de la critique idéologique. Que ce soit Jean-Paul Sartre dans *Qu'est-ce que la littérature ?* (1946) ou le communiste Jean Kanapa dans une série d'articles écrits entre 1950 et 1957 et publiés sous le titre *Situation de l'intellectuel* (1957), les idéologues limitent le rôle de l'intellectuel à son efficacité politique immédiate, qui serait de dévoiler les rouages de la société. L'écrivain se trouve alors en situation d'infériorité par rapport aux spécialistes des sciences humaines et perd son domaine autonome. Toutefois, dans *L'Opium des intellectuels* (1955), Raymond Aron, cherchant à préciser les sens du terme, signalait la diversité des activités qu'il recouvre, celle de l'écrivain n'étant qu'une parmi d'autres.

La société issue de la deuxième guerre mondiale voit la multiplication du nombre des intellectuels attachés aux professions scientifiques ou techniques. Un secteur de leur activité — radio-diffusion, télévision, ordinateurs — pénètre dans le secteur culturel. L'homme de lettres se double d'un expert, et le milieu littéraire se dilue par gradations invisibles ; l'activité littéraire tend à se confondre avec maintes autres activités, soit de publicité, soit d'information. La radio, la télévision, l'édition de collections diverses, de magazines ou de périodiques spécialisés offrent aux gens de lettres, hommes et femmes — car les femmes jouent un rôle considérable —, des métiers secondaires, les intégrant à la société plus que par le passé.

Après la coupure de la guerre, la production littéraire, surtout de romans, n'a cessé d'augmenter, mais moins, proportionnellement, que celle de livres d'information de toutes sortes. Le milieu littéraire reconstitué à Paris s'accroît. La concurrence augmente avec l'inflation de la production littéraire et des réputations, d'où la prolifération des cliques littéraires et des brèves célébrités. Ce milieu, essentiellement parisien, est plus bourgeois que le milieu à la fois bohème et mondain des années vingt. En 1960, sur cent soixante-dix auteurs recensés, cent cinquante-quatre vivaient à Paris, et, à l'exception d'une douzaine, tous venaient de carrières touchant au monde de l'édition, du journalisme ou de l'université. « Nos lettres », notait François Nourissier en 1960, « sont parisiennes, bourgeoises [...] et les professeurs y disputent la prépondérance aux hommes de lettres. Nous avons une littérature de classe aisée, étroitement liée à la vie parisienne, livrée aux professionnels du livre et des idées [...]. L'écrivain français est par définition un tenant de l'ordre établi[1] ». Malgré la secousse de 1968, à l'occasion de laquelle un petit groupe d'écrivains de gauche forme une « Union des écrivains », occupe le siège de la Société des gens de lettres, et se propose de créer pour l'écrivain le statut de « travailleur intellectuel » inspiré de l'U.R.S.S., cette situation n'a guère changé. En 1976, le Syndicat des Ecrivains de Langue Française (SELF) a été créé, dont la première présidente est une romancière, Marie Cardinal. En dehors de ce milieu, le prestige de l'écrivain tient moins à ses livres qu'à l'image que donnent de lui les magazines et la télévision.

Plus sans doute qu'aucun autre groupe appartenant à l'intelligentsia, les écrivains ont ressenti les effets de la transformation du milieu social. Jamais au cours de l'histoire du pays le prestige de l'écrivain français ne fut aussi grand que durant une trentaine d'années, de 1920 à 1950, tant à l'étranger qu'en France. Et aujourd'hui encore en France un certain prestige s'attache au statut d'écrivain. Mais peut-être parce que, depuis 1950, le public se fragmente, aucun écrivain ne s'impose à tous après Sartre, Simone de Beauvoir et Camus. L'écrivain est accueilli par *un* secteur plus ou moins grand du public, inconnu des autres ou décrié par eux. De plus en plus activement le journalisme et la télévision attirent l'écrivain vers Paris, dans un milieu qui, bien qu'il soit censé s'adresser à un public nombreux de téléspectateurs, est enserré assez étroitement par les mots d'ordre du moment. Quoiqu'il fasse d'ailleurs, l'écrivain reste profondément lié à la société « bourgeoise » qu'il dénonce rituellement, d'où peut-être l'ambivalence avec laquelle il regarde son métier.

---

1. *Ecrivains d'aujourd'hui (1940-1960)*, Grasset, 1960, p. 43.

Tableau I

HEBDOMADAIRES

TITRE	DATES	DIRECTION	ORIENTATION
Candide	1924-1943	Jacques Bainville Pierre Gaxotte Pierre Dominique André Chaumeix	maurrasienne
Gringoire	1928-1944	Horace de Carbuccia Georges Suarez Joseph Kessel Henri Béraud Philippe Henriot	droite
Je suis partout	1930-1939	Robert Brasillach Lucien Rebatet Pierre Gaxotte	classique et royaliste
	1941-1944	Charles Lesca Alain Laubreaux	fasciste et collabora- tionniste
Marianne	1933-1940	Emmanuel Berl André Cornu	journal de gauche modéré
Regards mensuel	1934-1940 [1932-1934] 1945-	Léon Moussinac	communiste
Vendredi	1935-1938	André Chamson Jean Guéhenno Andrée Viollis	gauche
Action	1944-1952	Pierre Courtade	résistante et syndica- liste

Tableau II

REVUES LITTÉRAIRES ÉTABLIES

TITRE	DATES	DIRECTION	ORIENTATION
Revues des Deux Mondes	1831-1944, 1948-1971, 1972-	René Doumic André Chaumeix	conservatrice
Mercure de France	1890-1965	Alfred Valette Remy de Gourmont Georges Duhamel S. Silvestre de Sacy Gaëtan Picon	critique
Revue hebdomadaire	1892-1939	Fernand Laudet	conservatrice
Revue de Paris	1894-1970	André Chaumeix Marcel Thiébaut	bourgeoise et conservatrice
NRF *NNRF* (puis *NRF* de nouveau)	1908-1943, 1953-	André Gide Jacques Rivière Drieu La Rochelle Jean Paulhan Marcel Arland et Dominique Aury	littéraire sans tendances politiques (sauf pendant la guerre)
Les Cahiers du Sud	1914-1966	Jean Ballard Léon-Gabriel Gros	poésie ; solide critique

Tableau III

REVUES CULTURELLES DE DROITE

TITRE	DATES	DIRECTION	ORIENTATION
L'Action française	1899-1944	Maurice Pujo Henri Vaugeois Charles Maurras Léon Daudet	droite ; quotidien avec une rubrique littéraire importante
Etudes	1896-1940 ; 1945-	Compagnie de Jésus	culture et catholicisme
La Revue française	1903-1933	J.-P. Maxence Robert Brasillach Thierry Maulnier Maurice Bardèche	droite nationaliste
La Vie catholique	1908-1938	Abbé Dabry	démocrate et chrétienne
Revue universelle	1920-1939	Jacques Bainville Henri Massis	droite nationaliste
L'Ordre nouveau	1933-1937	Arnaud Dandieu Robert Aron Alexandre Marc Philippe Lamour Robert Loustau	jeunes réformateurs ; hétéroclite

Tableau IV

REVUES CULTURELLES DE GAUCHE

TITRE	DATES	DIRECTION	ORIENTATION
Clarté, Bulletin français de l'Internationale de la pensée devient	1919-1928	Henri Barbusse	« action sociale » en vue de « l'affranchissement de l'homme »
La Lutte de classes, Revue théorique mensuelle de l'opposition communiste	1928-1933 [1935]		
Europe	1923-1939 ; 1947-	René Arcos Jean Guéhenno Jean Cassou Pierre Abraham	« revue de pensée libre et vraiment internationale » ; socialiste ; rollandiste ; antifasciste ; « engagée »
Philosophie	1924-1925	Henri Lefebvre Georges Politzer	idéalisme philosophique
L'Esprit	1926-1927		
La Revue marxiste	1929		marxisme
Esprit	1932-1941 1944-	Emmanuel Mounier Jean-Marie Domenach	chrétiens de gauche

Tableau V

REVUES LITTÉRAIRES DE TENDANCE EUROPÉENNE

TITRE	DATES	DIRECTION	ORIENTATION
Ecrits nouveaux (Paris)	1917-1922	André Germain	moderniste
La Revue de Genève fusionne avec *Bibliothèque universelle* *et revue suisse*	1920-1924 1924-1930	Robert de Traz Jacques Chennevière	échanges culturels
Le Disque vert *(Signaux; Ecrits du* *Nord* Bruxelles)	1921-1941	Franz Hellens Melot du Dy	avant-garde
La Revue européenne (Paris)	1925-1931	Edmond Jaloux	cosmopolite
Botteghe Oscure	1948-1960	Marguerite Caetani	internationale

Tableau VI

REVUES D'AVANT-GARDE

TITRE	DATES	DIRECTION	ORIENTATION
Littérature	1919-1922 [1924 ?]	Louis Aragon André Breton Philippe Soupault	dadaïste puis surréaliste
La Révolution surréaliste	1924-1929	André Breton	surréaliste
Le Surréalisme au service de la révolution	1930-1933	André Breton	surréaliste
Le Grand Jeu	1928-1930	René Daumal Roger Vailland Roger Gilbert-Lecomte	surréalistes dissidents ; ésotérique
Bifur	1929-1931	Michel Leiris	néo-surréaliste et éclectique
Documents	1929-1930	Georges Bataille	anthropologie ; art
Minutes	1930-1934	Guy-Lévis Mano	poésie surréaliste

Tableau VII

REVUES LITTÉRAIRES NOUVELLES

TITRE	DATES	DIRECTION	ORIENTATION
Les Lettres Nouvelles	1953-	Maurice Nadeau	traditionnelle
Nouveau Commerce	1963-	André Dalmas	
Le Magazine littéraire	1965-	Jean-Claude Fasquelle	public fort général
La Quinzaine littéraire	1966-	Maurice Nadeau	
L'Ephémère	1967-1969	Gaëtan Picon Jacques Dupin	poètes ; textes rares ; confidentielle
Création	1971-	Marie-Jeanne Dury	poèmes inédits ; travaux de recherche

Tableau VIII

PRINCIPALES REVUES CRITIQUES FONDÉES APRÈS 1945

TITRE	DATES	DIRECTION	ORIENTATION
Critique	1946-	Georges Bataille Jean Piel	recherches sociologiques, thématiques, structurelles
La Revue des lettres modernes	1954-	Michel Minard	histoire des idées et littérature
L'Arc	1958-	Stéphane Cordier	documentation et recherches; figures littéraires et histoire des idées
Tel Quel	1960-	Philippe Sollers	théorie littéraire et linguistique
L'Herne	1961-	Dominique de Roux Henri Kellerbach	figures littéraires; documentation et articles critiques
Change	1968-	Jean-Pierre Faye Jacques Roubaud	collectif; marxiste; création littéraire
Poétique	1970-	Hélène Cixous Gérard Genette Tzvetan Todorov	théorie et analyse littéraire

Tableau IX

REVUES DE LUXE

TITRE	DATES	DIRECTION	ORIENTATION
Commerce	1924-1932	Léon-Paul Fargue Paul Valéry Valery Larbaud	publication de textes littéraires nouveaux
Minotaure	1933-1939	E. Tériade	néo-surréaliste ; culturelle et artistique

Tableau X

REVUES LITTÉRAIRES NON-COLLABORATIONNISTES
FONDÉES SOUS L'OCCUPATION

TITRES	DATES	DIRECTION	ORIENTATION
Fontaine, d'abord intitulée *Mithra* (1939) Alger mensuelle	avril-mai 1939- novembre 1947 (3-60) 60 numéros	Max-Pol Fouchet	Écrivains non collaborateurs et littératures étrangères non fascistes
Confluences Lyon	1er juillet 1941-1947 34 numéros	Jacques Auberque puis René Tavernier	Défense de la liberté de l'esprit
Lettres françaises Buenos Aires trimestrielle	1941-1944 supplément de la revue *Sur* de Victoria Ocampo	Roger Caillois	Écrivains résistants, exilés et non fascistes; largement ouverte à la poésie.
Les Lettres françaises hebdomadaire	1942-1972 (clandestin : 1942-1944 1942-1945)	Jacques Decour et Jean Paulhan	Organe du Comité national des écrivains résistants
	1946-1953 1953-1972	Claude Morgan Louis Aragon	Orientation communiste
L'Arche Alger mensuelle	février 1944- 28 septembre 1948 29 numéros	Jean Amrouche et Jacques Lassaigne (patronage d'A. Gide)	Textes français et étrangers en traduction
La Nef Alger, puis Paris, mensuelle	1er juillet 1944- juin-juillet 1951 77-78 numéros	Robert Aron Lucie Faure	*Id.*

Troisième partie

LES COURANTS
INTELLECTUELS

BY THE SAME WRITER

———

CHAMBER MUSIC
DUBLINERS
A PORTRAIT OF THE ARTIST AS A YOUNG MAN
EXILES

———

THE EGOIST PRESS
LONDON

ULYSSES

by

JAMES JOYCE

SHAKESPEARE AND COMPANY
12, Rue de l'Odéon, 12

PARIS

1922

x 279

JAMES JOYCE

ULYSSE

Traduit de l'anglais par
M. AUGUSTE MOREL
assisté par M. STUART GILBERT
Traduction entièrement revue par
M. VALERY LARBAUD
avec la collaboration de L'AUTEUR

ŒUVRES DU MÊME AUTEUR
TRADUITES EN FRANÇAIS :

DEDALUS. — *Portrait de l'artiste jeune par lui-même* — Trad par LUDMILA
SAVITZKY (*La Sirène, 1924.*)

GENS DE DUBLIN. — Trad. par YVA FERNANDEZ, HÉLÈNE DU PASQUIER &
JACQUES-PAUL REYNAUD. — Préface de VALERY LARBAUD. (*Plon, 1926.*)

———

ULYSSES — *Texte anglais* — est édité par :

SHAKESPEARE AND COMPANY (Sylvia Beach)

12, Rue de l'Odéon. Paris.

LA MAISON DES AMIS DES LIVRES
Adrienne Monnier
7, RUE DE L'ODÉON, 7
PARIS
MCMXXII

x 280

JAMES JOYCE. EDITIONS ORIGINALES, ANGLAISE ET FRANÇAISE, DE « ULYSSE ».

En 1922, la *Revue hebdomadaire* menait une enquête sur les « maîtres de la jeune littérature ». Elle adressait deux questions à cinquante-huit jeunes écrivains : « Quels sont les maîtres à qui vous devez le plus, et pourquoi ? Quelles influences vous paraissent devoir commander les directions de la littérature contemporaine, et que pensez-vous notamment de l'épuisement ou du renouvellement possible des genres traditionnels ? » Cinquante ans plus tard, ces questions auraient paru vaines.

Traditionaliste, la revue avait sans doute choisi les personnes à interroger ; les réponses n'en sont pas moins révélatrices de l'état des esprits à la sortie de la guerre. A quelques exceptions près — celles d'Aragon, de Soupault, Drieu La Rochelle, André Maurois, Gabriel Marcel, Jacques de Lacretelle —, elles sont presque unanimes. Maîtres de l'heure : Barrès, Bourget, Maurras. Parfois d'autres noms les rejoignent : Stendhal, Flaubert, Mallarmé, Péguy, France, Alain, Claudel, Gide, Proust. Pour l'avenir : un retour à la tradition, l'équilibre d'un nouveau classicisme et un épanouissement du roman. A peu près seuls, Aragon et Soupault envisagent la rupture avec les genres traditionnels et une irruption du langage poétique dans le discours littéraire. Rares sont les références à un écrivain étranger : Nietzsche à l'occasion, Dostoïevsky ou Tolstoï. Un horizon tout autre se dégage de la réponse de Gabriel Marcel dont les préférences vont à Dostoïevsky et à Nietzsche, aux romantiques allemands, au néohégélianisme, à Strindberg, Tchékhov, Synge, Tagore, aux musiciens, et à un seul Français : Bergson ; à tout ce qui favorise « l'ensemencement d'une inquiétude » et peut « communiquer des émotions susceptibles de se prolonger en pensées ». Et Drieu traduit cette inquiétude en montrant les contradictions entre la « doctrine conservatrice des livres » et l'aventure historique, craignant d'être « mal préparé par une trop faible pratique des sciences ».

Pour schématique qu'elle soit, cette enquête donne le profil assez fidèle d'une génération démunie intellectuellement par la réaction nationaliste qui avait accompagné la guerre. Ce que les statistiques ne montrent pas, ce sont des impulsions contraires qui annoncent d'autres besoins : l'ouverture à l'étranger ; la recherche dans tous les arts de nouveaux langages et, en philosophie, de nouvelles formes de pensée ; l'importance des sciences. Ce sont les trois grands courants qui affecteront l'entreprise littéraire.

Il faut noter cependant que lorsque, plus tard, à deux reprises — au moment de l'Occupation et vers 1960 —, une génération nouvelle cherchera à donner une forme cohérente à sa pensée, elle se tournera comme celle-ci vers des maîtres français : la phénoménologie husserlienne et l'existentialisme, mais repensés par Sartre et Merleau-Ponty, ou, sous une forme chrétienne, par Gabriel Marcel ; Marx, mais à travers Sartre, puis Althusser ; Hegel, à travers Koyré, puis Kojève ; Jung, à travers Bachelard. Elle découvre l'anthropologie à travers Lévi-Strauss, la sociologie à travers Roland Barthes et, tardivement, Freud, repensé par Lacan. Elle trouvera les sources des théories linguistiques, avec quarante ans de retard, dans le cours de Saussure, parfois dans les écrits de Wittgenstein ou les travaux du cercle de Vienne. A l'encontre des langages de la paralittérature et des sciences pures, les langages des sciences humaines et de la philosophie ne semblent être assimilables que grâce à la médiation première d'un guide français. Ce sera sur le terrain de la philosophie que se dérouleront les plus âpres conflits intellectuels de ce demi-siècle. Vers 1950 une équipe de jeunes idéologues s'interroge, à partir de Saussure, Marx et Freud, plus rarement de Hegel, plus tard de Nietzsche. Elle est à la recherche de formes de pensée qui répondraient à de nouvelles exigences intellectuelles.

A partir des années cinquante cette interrogation sera axée sur un développement scientifique important. Selon Leprince-Ringuet, l'invention du transistor (1946) est la « base de la mutation qui s'opère dans la civilisation ». Elle permet le développement de la cybernétique, science de l'information qui autorise une théorie physique du langage et du fonctionnement du cerveau. Le transistor est suivi par l'apparition des ordinateurs électroniques entraînant toute une problématique de la communication, du « message » codé et des rapports de l'homme et du langage considéré comme système de conditionnement. En simplifiant, on peut répartir chronologiquement les impulsions majeures qui affectent le domaine littéraire. Elles prédominent à tour de rôle, mais sont étroitement liées :

La recherche de formes d'art nouvelles et leur irruption dans le champ culturel caractérisent les années vingt.

L'élaboration d'une dialectique anti-cartésienne et anti-kantienne inhérente aux philosophies de l'Histoire et aux existentialismes s'affirme aux cours des années quarante pour se polariser ensuite autour du marxisme.

Au milieu du siècle, liée au développement de la cybernétique, apparaît une problématique des structures ; le système de relations synchroniques qu'elle étudie met en question le mode diachronique de la pensée inhérent au marxisme.

Dans le domaine littéraire, à l'élan des années vingt, éclectiques, férues de modernisme, succédera une littérature à dimension métaphysique et de visée totalisatrice. Au milieu du siècle, le mouvement de recherche formelle reprend, mais mené plus méthodiquement et par un groupe plus limité. Cette recherche s'oriente ensuite vers l'élaboration théorique de « modèles » linguistiques et littéraires, recherche qui se veut scientifique, expérimentale et pleinement « moderne », d'un modernisme qui par son manque de souci esthétique se distingue de celui des années vingt. Ses effets se font sentir dans le domaine critique plutôt que proprement littéraire. De l'ensemble de ces courants intellectuels se dégagera d'abord lentement, puis, après 1950, à un rythme accéléré, une mise en question des bases mêmes de la pensée. Elle portera sur la nature de la conscience, du langage et du « moi », aboutissant à un examen critique du statut du « je » et aura sur le concept même de littérature une influence décisive. Les thèmes de la recherche du moi, de la sincérité, l'importance accordée à l'individu, à sa personnalité et à son destin, héritages romantiques, seront dévalorisés.

CHAPITRE I

L'ouverture à l'étranger

L'internationalisme littéraire : « du monde entier »

LE mot « étranger » est contestable, tant l'environnement culturel s'est transformé. L'avant-guerre avait déjà connu un cosmopolitisme artistique et un cosmopolitisme mondain qui parfois, comme ce fut le cas pour les Ballets russes, se rejoignaient. Le milieu littéraire se félicitait d'appartenir à une « république des lettres » universelles — réunion de grands esprits du passé —, société de gens cultivés, c'est-à-dire initiés à la culture occidentale. Le Paris d'avant-guerre était l'un des deux centres où des artistes venus de pays divers élaboraient de nouveaux langages. L'autre était Berlin, que Paris ignorait. Ce renouveau des arts paraissait donc être un fait français d'autant que c'étaient des poètes français — Max Jacob, André Salmon, Philippe Soupault et surtout Guillaume Apollinaire — qui le défendaient. Les Français avaient le sentiment d'être à l'avant-garde de la culture moderne grâce à l'équilibre de « l'invention et de la tradition » dont parlait Apollinaire. Dans le domaine des lettres les salons de Jacques-Emile Blanche, très lié avec l'Angleterre, des Américaines — Nathalie Clifford Barney, « l'Amazone » de Remy de Gourmont, Edith Wharton et Gertrude Stein — parmi d'autres, faisaient de Paris une capitale cosmopolite par excellence. Il en est de même des hommes de lettres français, dont certains, grands voyageurs et grands lettrés comme Valery Larbaud, servaient d'intermédiaires entre la France et les milieux littéraires européens. Des écrivains comme Gide, Charles Du Bos, Edmond Jaloux, René Lalou favorisaient les échanges littéraires et assuraient la diffusion d'œuvres étrangères dans les revues. Mais, avant la guerre de 14, ces échanges étaient restés sporadiques, au gré de relations et de goûts personnels, au hasard de lectures ou de traductions. Les écrivains contemporains et les écrivains d'époques passées étaient absorbés à titre égal dans le contexte français. Gide traduit ainsi Blake, Conrad et Tagore presque simultanément et les comprend en lettré. Pour ces « promeneurs littéraires », les domaines étrangers sont des annexes au grand parc de la littérature française.

Il en ira différemment après la guerre. Bien plus tard, Edmond Jaloux décrira la grande soif d'horizons nouveaux qui caractérise les années vingt : « Des journaux furent créés moins étriqués que les anciens ; des maisons d'édition s'ouvrirent aux nouveaux venus. La N.R.F., Bernard Grasset, Daniel Halévy, moi-même nous portâmes nos efforts sur la diffusion des grands écrivains étrangers ; nous vîmes naître Rainer Maria Rilke et Hugo von Hofmannsthal, James Joyce et Virginia Woolf, Anton Tchékov et D. H. Lawrence [...], Jean-Paul Richter, Novalis, George Moore, Tourguenieff furent retirés de l'oubli » (*Essences, 1952*). Les traductions d'ouvrages littéraires venant de tous les horizons paraîtront à un rythme accéléré, à peine ralenti — peut-être même stimulé — par l'Occupation. Au mois de novembre 1920, *Europe nouvelle* mène une enquête sur « l'influence réciproque de la littérature française et des littératures étrangères ». En 1927 les *Cahiers du Sud* s'interrogent sur « l'importabilité des littératures étrangères » avec une certaine inquiétude. En 1947 *L'Age nouveau* adopte une rubrique nouvelle, « l'Interpénétration des littératures » ; et un an plus tard les *Cahiers de la Pléiade* parlent de « littérature universelle ».

Quatre facteurs jouent un rôle important dans cette diffusion : la présence en nombre croissant d'intermédiaires qui sélectionnent et traduisent les livres et en rendent compte dans les revues ; l'élargissement d'un public de plus en plus curieux de ce qui se passe en dehors de ses frontières ; l'intensification des relations culturelles et universitaires et les cours de littérature comparée qui sont donnés dans les universités ; enfin, après 1950, l'organisation d'un marché international du livre. Il est à peu près impossible de rendre compte avec précision du caractère de ces échanges, de leur étendue et de leurs effets. On ne peut qu'en donner un aperçu. Mais il est certain que désormais la partie littéraire ne se jouera pas en dehors d'eux. Julien Gracq l'a constaté : l'écrivain français aujourd'hui se réfère à un vaste environnement littéraire contemporain, non à un passé littéraire, fût-il français (*Préférences, 1961*).

Dès 1922, la *Revue de Genève* se donne comme mission de « recréer une conscience européenne » en rétablissant le dialogue entre les écrivains, plus particulièrement les Français et les Allemands. Deux groupes en France répondent à son initiative : la N.R.F. et Gide, soucieux de travailler à la « démobilisation des esprits » ; Romain Rolland et le groupe de *Clarté*. Les liens se renouent. Ernst Robert Curtius, fort au courant des lettres françaises, entame le dialogue avec la N.R.F. qui trouve aussi en Bernard Groethuysen un interprète remarquable de la culture allemande. En 1923, Heinrich Mann, pacifiste et pro-français, paraîtra aux entretiens de Pontigny. Deux jeunes germanisants français parmi d'autres, Félix Bertaux et Geneviève Maury, contribueront largement à cette reprise de contact avec l'Allemagne. D'autre part, les dadaïstes et les surréalistes sont internationaux et violemment anti-patriotes, et le besoin d'horizons nouveaux se fait sentir partout. L'heure est à Gide, non à Maurras. En un demi-siècle cet accueil s'étendra en littérature comme dans les arts au monde entier.

On peut approximativement situer l'entrée en scène de certaines œuvres ; distinguer les vogues passagères de présences plus durables, qui s'intègrent aux configurations littéraires de l'époque ; ou discerner certaines filiations. Mais le champ est immense et d'une rare complexité. L'on pourrait dire, pour s'en tenir au roman, que de 1922 à 1970 seuls Edgar Poe, Dostoïevski et Tolstoï sont parmi les étrangers qui ont acquis en France le statut de classiques, d'auteurs consacrés, au même titre que Balzac, Stendhal et Flaubert. Vers 1922 le véritable culte dont jouissait Dostoïevski en France cède à une appréciation plus mesurée où l'influence des émigrés russes se fait sentir. A part certaines exceptions — dont celles de Nathalie Sarraute et d'Albert Camus — la génération de Mauriac, Green, Bernanos, Duhamel sera la dernière qu'il hantera en tant qu'initiateur d'une nouvelle psychologie. Si, dans cette même génération, un Roger Martin du Gard prend encore Tolstoï comme modèle, l'œuvre de Tolstoï n'est déjà plus depuis une vingtaine d'années une source de réflexion et de renouvellement pour le jeune romancier. Ce qui attache à Tolstoï l'équipe de *Clarté* et d'*Europe* c'est le « message » tolstoïen : le pacifisme de Tolstoï et sa conception de la fonction sociale de l'art, thème que le marxisme et le sartrisme reprendront. En revanche, quoique peu lus, *Ulysse* (1922) publié en traduction en 1929 et *Finnegan's Wake* (1939) de James Joyce seront porteurs de semence. Par leur virtuosité technique elles exerceront sur la mutation du roman français après 1950 une action déterminante, peut-être même excessive. Elles proposent aux jeunes romanciers d'abord une technique nouvelle, le monologue intérieur ; puis une problématique de l'expression. Le romancier américain William Faulkner, lui-même influencé par Joyce, rejoindra Joyce dans le panthéon français au cours des années trente.

Kafka, aussi peu lu d'abord que Joyce, semble-t-il, est pour deux générations un de leurs « phares ». Des trois auteurs allemands que Groethuysen introduit à la N.R.F. vers 1925-1926, Kafka, Broch et Musil, seul Kafka « passe », mais, selon une critique avisée, Marthe Robert, à contresens. Il sera d'abord « surréalisé » par André Breton. La première traduction de Kafka, *La Métamorphose,* qui date de 1928, paraît chez Gallimard, mais c'est

Bifur qui en 1930 publiera *Le Procès*. Kafka incarnera ainsi le fantastique moderne : humour noir, onirisme, un certain goût du sadisme. Interdit pendant l'Occupation, où ses œuvres circulent clandestinement, en traduction anglaise, il apparaîtra ensuite comme une sorte de figure de proue de l'existentialisme, ouvrant la voie, selon Sartre, à Kierkegaard et Hegel ; ou comme héraut de l'univers de l'absurde ; ou, selon Blanchot, il incarnera l'impossible tentative de l'écriture face au néant. Avec la publication de ses *Œuvres complètes* (1966) et l'exégèse de ses ouvrages la connaissance de Kafka semble à présent devoir remplacer son mythe comme ce fut le cas pour Dostoïevski aux environs de 1922. Joyce, Faulkner, Kafka, Pirandello et Brecht sont des figures-clés plus ou moins contemporaines. Melville est un cas particulier. Traduit à partir de 1937, ce ne sera qu'à partir de 1941, lorsque paraît chez Gallimard la traduction de *Moby Dick* par Lucien Jacques, Joan Smith et Jean Giono, que cette œuvre plus que centenaire acquerra pour quelques lecteurs français, dont Albert Camus, une bouleversante nouveauté ; mais seul parmi les autres romans de Melville, *Billy Budd* rejoindra *Moby Dick*.

Il est d'autres apports plus difficiles à saisir. Quelle importance réelle accorder à l'engouement pour l'Orient et surtout pour la Chine que professent les surréalistes ? Il ne paraît être que l'autre face de leur révolte contre les valeurs de l'Occident, et le succès d'un livre comme *Bouddha vivant* (1927) de Morand se rattache plutôt au besoin d'exotisme caractéristique des années d'après-guerre. Mais l'Orient, ses civilisations et son art, exerce désormais sur certains intellectuels un attrait plus profond. Et cet attrait sera assez puissant pour lancer le jeune Malraux vers un Orient de rêve bien peu conforme aux réalités de l'Orient révolutionnaire qu'il découvrira. Quelques œuvres majeures de l'époque sont marquées par l'Orient ; mais ou, comme dans le cas de Claudel, cette influence n'est pas immédiatement perçue par les contemporains, ou, comme dans le cas de Victor Ségalen et de Saint-John Perse, l'œuvre elle-même reste d'abord inconnue. L'Inde, grâce à l'intérêt suscité dans les milieux pacifistes par la doctrine de résistance passive de Gandhi, connaîtra une certaine vogue due en grande partie à Romain Rolland. Ses études sur l'Inde répondent au besoin assez général d'une mystique libérée de tout dogme dont témoigne à la même époque le succès dans certains milieux parisiens de l'enseignement du « guru » russe Gurdjieff, dont Katherine Mansfield fut le disciple le plus célèbre. Grâce au Prix Nobel (1913) et à la traduction par Gide la même année d'un de ses recueils, *L'Offrande lyrique,* Rabindranath Tagore aura en France un statut presque égal à celui de Gandhi et contribuera à donner de l'Inde une image idyllique et pastorale d'âge d'or. L'Orient est, semble-t-il, en général, une simple extension du Romantisme ambiant qui puise surtout à ses sources européennes.

Si à la faveur de son centenaire et de sa francophilie Gœthe connaît une certaine vogue dans l'entre-deux-guerres, son œuvre est révérée plutôt que lue. Ce n'est pas le cas des Romantiques allemands — Jean-Paul Richter, Hoffmann, Arnim, Kleist, Hölderlin et Novalis — qui s'accordent à une sensibilité dont le surréalisme, alliant la poésie au rêve, est la plus éloquente des manifestations. D'autres groupes les accueillent. Autour de la *Revue européenne* et grâce aux prédilections du Brambilla Club (Edmond Jaloux, André Béguin, Jean Cassou, le poète Jean de Boschère et, passants, Jean Giraudoux et Paul Morand) les Romantiques allemands sont édités. Leur goût du rêve, du fantastique, leurs aspirations métaphysiques et leurs recours à l'imaginaire entretiennent un climat intérieur que l'on retrouve à divers degrés dans des œuvres aussi différentes que celles de Giraudoux, Julien Gracq, René Char, Henri Bosco et Henri Thomas. Albert Béguin tracera les voies de cette filiation dans une œuvre critique qui fera date, *L'Ame romantique et le rêve* (1937).

Antithétique sans doute de ce néoromantisme, un nietzschéisme latent, dégradé, concentré dans quelques clichés, colore les sensibilités : mort de Dieu ; mythe du surhomme ; exaltation de la virilité et de l'action ; mépris des vertus chrétiennes. Et ce sera Nietzsche qui fournira à Montherlant comme à Malraux, au jeune Sartre comme au jeune Camus, un fond d'angoisse nihiliste et le modèle d'une rhétorique chargée de lyrisme.

Certaines circonstances à divers moments favorisent le succès d'un domaine littéraire plutôt que d'un autre ou l'accueil de certaines œuvres à défaut d'autres. Les années vingt adoptent avec enthousiasme le jeune roman anglais et les *Cahiers de Malte Laurids Brigge*. Ces livres sont en accord avec le culte de l'intimisme et de la sincérité qui prévaut à cette époque ; mais le public accueille avec infiniment plus d'enthousiasme *Contrepoint* d'Aldous Huxley (1928). Le succès de Thomas Mann date de 1931, avec la traduction de *La Montagne magique* dont le monde fermé et les débats idéologiques annoncent des préoccupations nouvelles.

A partir de 1950, la Chine connaît une grande faveur parmi les intellectuels. Mais malgré l'attrait que la pensée non-occidentale exerce dans certains milieux et la participation de certains intellectuels aux séances de méditation des Ashrams, elle ne semble point encore exercer une influence réellement profonde sur le milieu culturel.

Nombreux sont les succès de librairie qui ne semblent pas pour autant être significatifs du point de vue de l'histoire littéraire — accueil tardif de *L'Homme sans qualité* de Musil, succès des romanciers italiens au tournant du demi-siècle, des Russes, Pasternak ou Soljenitsyne ; ou d'un livre comme *Au-dessous du volcan* de Malcolm Lowry. Les indifférences aussi seraient à examiner ; indifférence à Fitzgerald, à Gertrude Stein ; indifférence partielle à

D. H. Lawrence. Et les résurrections, comme celle de Virginia Woolf en 1970. Quel rôle joue dans l'accueil d'une œuvre étrangère le patronage d'auteurs français connus ? La traduction de *Mrs. Dalloway* de Virginia Woolf pour la première édition française, en 1925, est préfacée par André Maurois ; celle de *La Garden Party et autres histoires* (1929) de Katherine Mansfield est préfacée par Edmond Jaloux. Quelle part la préface de Malraux a-t-elle eu dans le succès de *L'Amant de Lady Chatterley* (1932) de D. H. Lawrence, à peu près inconnu alors en France, quelle part le scandale ? Et en 1933 Faulkner doit-il en partie le départ en flèche de sa réputation à la préface que Malraux écrit pour *Sanctuaire,* puis, en 1934, à celle de Larbaud pour *Tandis que j'agonise ?*

Dans le domaine littéraire certaines rencontres sont déterminantes et bien établies : celle de Giono avec l'*Odyssée ;* de Butor avec Joyce ; de Sartre avec Dos Passos ; de Camus avec Melville ; de Claude Simon avec Faulkner ; de Nathalie Sarraute avec Virginia Woolf. Mais dans l'ensemble, ce qui paraît déterminant, c'est avant tout le climat du milieu français littéraire et l'influence contraignante d'une tradition. La littérature étrangère est « importable », et elle est lue ; mais elle n'est que très exceptionnellement créatrice, venant à point nommé nourrir une réflexion déjà engagée ou répondre à une interrogation, favoriser un climat littéraire ou signaler une voie à explorer. Présence de Joyce, oui ; mais, plus profonde, celle de Proust. Présence des formalistes russes, mais dans le sillage de Mallarmé. Et derrière la problématique du récit et du point de vue se situent les recherches si rarement citées de Gide.

L'on comprend alors l'intensité avec laquelle se pose en France le problème du renouvellement et l'âpre remise en question d'un passé littéraire contraignant. Le divorce croissant qui sépare l'écrivain de son public est peut-être dû à la surestimation des recherches techniques née de cette inquiétude.

Au lecteur moyen, la littérature étrangère apporte le plus souvent les joies du dépaysement. En revanche, le milieu littéraire tente souvent de l'assimiler, d'en faire le porte-parole de ses propres préoccupations. L'œuvre est intellectualisée et c'est un modèle abstrait qui est absorbé dans le contexte français du moment. Ainsi, dans le récit, le brouillage des plans temporels qu'exploitent Joyce et Faulkner se fera plus systématique chez Claude Simon. Ou alors un écrivain dégage d'une œuvre un seul thème qui s'accorde à sa sensibilité. Malraux interprétera *L'Amant de Lady Chatterley* comme la manifestation d'une érotologie qui semble caractéristique des recherches d'un Georges Bataille ; et il voit dans *Sanctuaire* une figure du monde de violence et de fatalité qui est le sien. Sartre, pour qui les personnages divers de Faulkner prennent tous un seul visage « d'idole aztèque », adopte le même point de vue. Ce que Melville apporte à Camus, avec *Moby Dick,* c'est le schéma d'une construction symbolique et métaphysique, emblème de la révolte humaine contre l'injustice cosmique qui est le thème fondamental de *La Peste*. D'où les « mutations » d'œuvres comme celles de Dostoïevski ou de Kafka ; Virginia Woolf, vers 1930, aiguillera un certain nombre de jeunes romanciers vers une forme de récit qui, jusqu'en 1970, restera lettre morte. Et certains aspects de l'œuvre de Beckett, son humour par exemple, échappent à ses critiques français.

En France l'ouvrage littéraire non autochtone tend à se muer en symbole ou en signe et doit entrer dans le système signifiant du moment. C'est ce qui explique le sort de tentatives prématurées comme, parmi d'autres, cette première *Anthologie nègre* de Cendrars en 1921, et le peu d'audience accordé à la littérature de l'Extrême-Orient malgré la présence de grands interprètes comme René Etiemble. Il y a sans doute dans ce domaine, comme le disait Cocteau, « une odeur d'époque » indéfinissable plutôt qu'un style d'époque, favorable à certaines œuvres, défavorable à d'autres. Les thèmes et les théories circulent par une sorte d'osmose, et il faut un certain temps avant que les configurations significatives de l'époque apparaissent. La sensibilité française de ce siècle a sûrement été colorée par les vagues d'émigrés qui se sont succédé tout le long du siècle : Russes fuyant la Révolution d'octobre ; Allemands, surtout juifs, fuyant Hitler ; Russes ou Européens de l'Est fuyant Staline ; Espagnols fuyant Franco. D'autres écrivains d'origine étrangère s'intègrent librement au domaine français. Le prestige mondial de la langue et de la littérature françaises, la longue tradition internationaliste de la culture française et son souci conscient d'une éthique socio-littéraire et largement humaniste leur assurent aux uns et aux autres l'audience qu'ils souhaitent. Déracinés, leur apport sera considérable. Adamov, Cioran, Ionesco, Kessel, Roblès, Schéhadé, Tzara, Troyat, Sarraute, Wiesel. A côté d'eux les « francophones » — Belges, Canadiens, et Suisses ; Nord-africains ; Antillais, écrivains originaires de l'Afrique noire, de Madagascar ou d'Indochine — développent leur propres écritures. La littérature française reflète un relativisme géographique et historique sans précédent.

La littérature d'expression française

Avant 1960, une rubrique comme celle-ci ne se concevait pas. Un livre écrit en français et reconnu d'intérêt littéraire était intégré au corpus littéraire français : J.-J. Rousseau, écrivain français, né à Genève. Ce n'est qu'après 1945, dans le contexte politique de la décolonisation, que la montée du sentiment national dans le monde entier a posé la question d'une littérature de langue française décidée à se libérer de la tradition littéraire et de la culture

françaises. Dans les vingt années qui ont suivi, cette littérature a pris pleinement conscience d'elle-même et de ses problèmes. Une réflexion critique
active accompagne cette prise de conscience et en quelques années a forgé
les premiers instruments de travail qui permettent de reconnaître et de situer
l'ensemble des œuvres désignées soit comme « francophones », soit comme
« d'expression française » pour les distinguer des œuvres proprement françaises. Autour de maisons d'édition – dont *Présence africaine* parmi les premières, puis de centres universitaires, des thèses, des bibliographies, des études
sociologiques et critiques, des anthologies ont paru ; des cours et des chaires
universitaires ont consacré cette division. Les universités du Canada français
ont pris l'initiative de rapprocher les divers groupements en créant un Centre
d'Etudes des Littératures d'Expression Française (C.E.L.E.F.) à l'Université
de Sherbrooke et, à Montréal, une Association des Universités partiellement
ou entièrement de langue française (AUPELF), qui réunit les universités de
langue française du monde entier et échappe à l'hégémonie du groupe
France.

Dans l'ensemble, la rubrique est claire : il s'agit de littératures d'appartenance nationale distincte, contenant plusieurs groupements culturels de
langue française. En Europe, la Belgique wallonne, la Suisse romande ; le
Canada français – surtout le québecois – ; le Maghreb (Algérie, Maroc, Tuni-
sie) ; la littérature « négro-africaine » de laquelle on rapproche celle des
Antilles et de l'Océan indien. Mais la question est plus complexe qu'elle ne
paraît. D'abord, parce que chacun de ces groupements présente, vis-à-vis de
la France et du point de vue socio-culturel, de notables différences. Ensuite,
parce qu'aucun principe de classement satisfaisant n'a remplacé celui de la
langue. Où situer un poète comme Henri Michaux, une romancière comme
Françoise Mallet-Joris, un dramaturge comme Jean Vauthier, Belges tous
trois, intégrés à la vie littéraire française, par rapport à deux dramaturges
comme Crommelynck et Ghelderode, Flamands d'origine mais qui écrivent
en français ? Un Suisse, Alfred Berchtold, dans son étude sur *La Suisse romande
au cap du XXe siècle,* attire l'attention sur de nombreux écrivains, musiciens et
philosophes de la Suisse romande dont très peu passent la frontière. Est-ce
un hasard si des écrivains comme Ramuz, Jacottet et Robert Pinget sont
considérés comme étant d'appartenance française, les deux derniers, d'ailleurs, plus que le premier ? Dans tous les domaines littéraires et critiques, un
très grand nombre d'écrivains devraient être classés « d'expression française ».
Les questions soulevées appartiennent au domaine de l'ethnologie, de la sociologie, de la psychologie et de l'histoire. Des études linguistiques méthodiques
pourraient-elles seules régler la question, de manière satisfaisante ? Outre leur
thématique, y a-t-il des différences *linguistiques* qui révèlent l'appartenance

aux divers groupements ? Peut-être, comme le suggère Serge Brindeau dans la préface à son *Anthologie : La Poésie contemporaine de langue française depuis 1945*, « la plus intime, [...] la meilleure patrie » reste-t-elle la langue.

Il est utile cependant de distinguer trois groupes principaux d'écrivains d'expression française :

Les écrivains belges et suisses ont une longue tradition culturelle européenne et maints rapports avec la France, mais ils appartiennent à de petites pays qui sont l'un bilingue (français et flamand) et l'autre quadrilingue (français, suisse-allemand, italien, romanche). Pour eux, la difficulté est de dépasser les limites d'un public restreint, et le danger qui les menace est celui qui menace toute littérature régionale.

Le Canada français a le groupe francophone le plus important en dehors de la France. Six millions d'habitants, dans un continent de près de deux cent cinquante millions d'anglophones, se définissent par leur langue, mais aussi en des termes propres à leur réalité culturelle. Ils luttent contre une double assimilation : par la masse anglophone et par la tradition française. Enfin, ils luttent pour s'émanciper intellectuellement de leur tradition : repli sur eux-mêmes et contraintes d'ordre religieux (manifeste des « automatistes », 1948). Pour eux, le problème de la langue est primordial : doit-elle s'astreindre aux critères lexicaux et grammaticaux français ou assimiler les usages canadiens ? Cette question touche de nouveau à celle du public, et aussi à celle de l'appréciation littéraire. Cette littérature doit-elle être jugée par rapport à la tradition française ? Elle n'a guère qu'un siècle d'existence et n'a commencé à prendre conscience d'elle-même qu'avec la génération de 1945.

Dans le vaste domaine, si divers, des nations africaines (Maghreb et Afrique noire), des Antilles et des îles de l'Océan indien, le français est la langue littéraire d'un petit groupe d'écrivains « évolués » qui, même s'ils ont reçu leur éducation dans les lycées français, appartiennent à une tradition culturelle non européenne de langue non française et essentiellement orale.

Au Maghreb, c'est en Algérie qu'elle se manifeste d'abord, dans cette « Ecole d'Alger » qui pendant quelques brèves années se définira par son appartenance à la culture méditerranéenne, et où le poète Jean Amrouche et le romancier Mouloud Feraoun se liaient d'amitié avec des Français d'Algérie comme Gabriel Audisio, Emmanuel Roblès et Albert Camus.

C'est en France, parmi les jeunes intellectuels, étudiants à Paris, que le mouvement négro-africain a pris forme au cours des années trente autour de petites revues comme la *Revue du Monde noir, Légitime Défense* et le *Journal de l'étudiant noir,* où les futurs chefs de file, Léopold Sédar Senghor, Aimé Césaire, Léon Damas et d'autres comme Birago Diop développeront le concept de « négritude », dont Aimé Césaire a donné la définition dans un texte fondamental : *Cahier d'un retour au pays natal*. Ce concept, plus tard combattu par d'autres écrivains noirs, situait la personnalité africaine par rapport à une tradition culturelle ancestrale et laissait percer l'espoir qu'une fois retrouvée, cette culture originelle assimilerait la culture française artificiellement entée sur elle, pour créer un humanisme véritable.

Il reste que dans l'Afrique noire ou arabe la littérature d'expression française est un phénomène sans passé. Elle éclate dans le grand tournant des années 1930-1950 et se situe par rapport au mouvement national de libération des pays colonisés. Qu'ils soient d'Afrique noire ou du Maghreb, ces écrivains usent d'une langue qui n'est pas celle de leur nation et d'un mode d'expression — l'écriture — qui les sépare profondément de leurs propres traditions. Le problème de la diffusion de leurs œuvres est donc quasiment insoluble. A part une petite minorité d'intellectuels, leur public sera français ou universitaire. Ils ont même parfois exercé par ricochet une influence sur la littérature de l'hexagone (307). Le cas des Antilles est un peu différent, puisque la langue française y est beaucoup plus profondément enracinée.

Pour le Canada, la prise de conscience d'une personnalité littéraire « québécoise » indépendante qui s'est constituée entre 1930 et 1945, a été renforcée par la situation du Canada pendant la seconde guerre mondiale. Montréal et Québec ont joué alors un rôle important dans l'édition et la diffusion du livre français, assurant la relève de la France. Le livre canadien français a fait ainsi son apparition sur le marché. L'indépendance de la position canadienne par rapport à la tutelle de la France a été manifeste lors de la « purge » qui en France a suivi la Libération. Les maisons d'édition canadiennes ont refusé alors de suivre les directives du Conseil National des Ecrivains (1946-1947).

Les écrivains d'Afrique — arabe ou noire — se sont par contraste trouvés en une situation qui s'est transformée rapidement au cours d'un quart de siècle, entraînant des changements de position souvent pénibles vis-à-vis de la France.et parfois de leurs pays ; la question de leur identité culturelle est difficile à résoudre. Toute l'œuvre d'Albert Memmi tente d'élucider ce problème, comme aussi les essais plus violents de Frantz Fanon, *Peau noire, masques blancs* (1952), *Les Damnés de la terre* (1961) ; et, plus discutée, la préface de Sartre à l'*Anthologie de la nouvelle poésie nègre et malgache* de Léopold Sédar Senghor (1948).

On peut cependant, objectivement et sans soulever la question de la *valeur* littéraire, définir toute cette littérature selon les critères proposés pour la littérature canadienne par David M. Hayne, de l'Université de Toronto [1].

Il s'agit de littératures « relativement restreintes », d'éclosion assez

1. Conférence du 20 avril 1964 ; voir *Littérature canadienne française*, Montréal, 1969.

récentes, modernes, à tirage en général faible, qui sont écrites en français, langue qui a une tradition littéraire séculaire. Par rapport à cette tradition, elles se classeraient donc comme des littératures mineures de langue universelle. Il s'agit pour elle de s'orienter à l'intérieur de ce dualisme. Elles sont affectées par la situation politique qui a des répercussions parfois stérilisantes sur la situation linguistique. L'avenir canadien français semble, dans ce contexte, plus assuré que celui de l'écrivain maghrébin ou de l'écrivain d'Afrique noire. Mais, de part et d'autre, il s'agit d'une littérature qui se cherche dans des conditions politico-sociales très difficiles et, comme le dit un autre Canadien, G.-André Vachon [1], d'une « tradition à inventer » ou à faire passer de sa forme orale à l'écriture. Il s'agit donc d'une littérature à l'état naissant. Pour tous, la question du public, de l'édition, du but, de l'avenir de leur activité se pose en termes qui recoupent parfois les préoccupations des écrivains français. Un point les distingue : l'attention qu'ils portent au *contenu* de l'œuvre. L'ensemble de ces œuvres a un contenu sociologique évident : amour de la Terre ; révolte violente contre les traditions ou nostalgie de ces traditions ; recherche d'un équilibre entre une culture autochtone et la culture du colonisateur ; ou, la décolonisation une fois acquise, entre une nouvelle société urbanisée et l'ancienne.

Certains de ces écrivains ont acquis en France une position éminente. Les deux Martiniquais Aimé Césaire, poète et dramaturge, et Edouard Glissant, poète et romancier ; le poète Léopold Sédar Senghor, président du Sénégal, et Birago Diop, lui aussi Sénégalais ; ou, parmi les Canadiens, les poètes Saint-Denys Garneau et Anne Hébert, la romancière Marie-Claire Blais. Enfin, intégrés au milieu parisien, le romancier et essayiste tunisien Albert Memmi, le romancier algérien Mohammed Dib, le romancier marocain Driss Chraïbi, le poète algérien Kateb Yacine et le Martiniquais Franz Fanon, porte-parole des revendications et détresses de l'Africain colonisé. Nous ne pouvons, dans le cadre de cet ouvrage, examiner l'ensemble beaucoup plus vaste de cette littérature vigoureuse, dont la recension critique se poursuit [2].

---

1. *Littérature canadienne française ;* voir ci-dessus.
2. Nous renvoyons le lecteur aux travaux de base indiqués dans notre bibliographie.

CHAPITRE II

De l'avant-garde
à la technologie :
les media

L'art, la littérature et l'élaboration de nouveaux langages

EN 1920, un journaliste baptisait « groupe des six » les jeunes compositeurs — Auric, Durey, Honegger, Milhaud, Poulenc et Germaine Taillefer — qui, sous le patronage de Satie et l'égide de Jean Cocteau, faisaient
leur début à Paris. Cette année-là, l'exposition des « jeunes peintres français »
montrait que le cubisme perdait son hégémonie. Animateurs de la revue *Littérature,* une avant-garde de jeunes écrivains multipliait les manifestations contre
les maîtres reconnus. Une nouvelle avant-garde prenait rang où collaboraient,
plus étroitement que par le passé, peintres, écrivains et compositeurs. Cette
collaboration s'intensifie au cours des années vingt, puis diminue, mais n'en
reste pas moins un des traits fondamentaux d'une époque où les artistes sont
nombreux qui s'expriment en une multiplicité de langages : Jean Cocteau,
écrivain, est aussi cinéaste et dessinateur ; Jean Arp, peintre et sculpteur, est
aussi poète ; Henri Michaux, poète, est aussi peintre. Picasso, peintre, passe
d'un art plastique à l'autre avec une extrême virtuosité, ainsi que Dubuffet.
Et les rencontres sont célèbres : Paul Eluard et Max Ernst ; Breton et, pendant
un temps, Dali ; Jean Paulhan et Braque ; Sartre et les mobiles de Calder, les
sculptures de Giacometti ; et pour Claude Simon le rôle majeur qu'a joué la
peinture dans le développement de son œuvre comme stimulant technique et
visuel (composition par juxtapositions ; symétrie, répétitions, motifs). Que les
courants culturels se rejoignent est manifeste, car dans tous les arts, comme en
littérature, les années 1920-1929, 1946-1955 sont des époques charnières et,
durant la décennie 1960-1970, un même courant se dessine vers une recherche
scientifique de laboratoire faite par un « collectif » : les groupes de recherches

d'art visuel et de musique algorithmique correspondent aux groupes tels que *Change* et *Tel Quel*.

On a pu dire que l'art d'après 1920 est dominé par quatre grandes personnalités : Diaghilev d'abord, qui meurt en 1929, puis Picasso, Stravinsky et Schönberg. Avant la première guerre deux noms de poètes se seraient présentés : Mallarmé et Apollinaire. Le fait est que, si après 1920 la littérature partage avec les autres arts les deux exigences qui caractérisent l'époque — la volonté de rompre avec le passé et la recherche toujours renouvelée de moyens nouveaux d'expression —, dans cet effort elle reste en retrait par rapport aux autres arts. Une grande génération littéraire domine le siècle jusque vers 1950 : Proust, Claudel, Gide, Valéry. C'est surtout dans les arts plastiques que la révolte de Dada aura des répercussions immédiates. Sans doute les doctrines surréalistes sont-elles élaborées presque exclusivement par des écrivains — André Breton, Paul Eluard, Robert Desnos, Benjamin Péret —, mais, comme ce fut le cas plus tôt avec le futurisme, ce sont les peintres, s'inspirant de ces doctrines, qui atteignent d'abord un public mondial.

En 1954, à la Biennale de Venise, le surréalisme recevait une sorte de consécration : le prix de la peinture allait à Max Ernst, le prix de la sculpture à Hans Arp, celui de la gravure à Miro. Simultanément, et c'est le cas aussi dans le domaine des lettres, une nouvelle génération s'imposait : les peintres Mathieu, de Staël, Fautrier, Dubuffet, Hartung, Wols, Soulages ; les sculpteurs Schöffer et César. Une nouvelle tendance s'affirmait partout, la recherche de structures : structures cybernétiques de Nicolas Schöffer, musique sérielle de Boulez ; « multiples » (reproductions multipliées d'une unité originelle) ; « unités d'habitation » préfabriquées. Le refus surréaliste du modèle devenait, pour certains artistes, la recherche du modèle. L'on peut dire néanmoins sans simplifier abusivement que toutes les tendances principales de l'art sont en germe dans la grande confusion des années 1917-1925.

La recherche d'une esthétique nouvelle n'a rien en soi de révolutionnaire. Ce qui l'est, c'est la rapidité avec laquelle l'esprit d'aventure de l'avant-guerre devient un esprit de confrontation avec le passé, de révolte et de rupture radicale. « Il n'y a pas de modèle pour qui cherche ce qu'il n'a jamais vu », dit Eluard ; et pourrait-on ajouter, pour qui cherche ce qu'il n'a jamais entendu. En art, comme devait le souligner André Malraux, grâce au musée moderne et à l'appareil photographique, l'artiste a tout vu. Et c'est la conviction que le système musical établi est épuisé qui poussera Schönberg à chercher un idiome entièrement différent.

La rupture radicale avec les principes plus ou moins consciemment acceptés qui régissent un art, ne pose pas les mêmes problèmes à l'artiste et au compositeur qu'à l'écrivain. La création d'un langage nouveau dans les

deux premiers domaines est *immédiatement* perceptible, inhérente à la chose
créée : on *voit* une toile de Picasso, une sculpture de César ; on *entend* une
étude de Pierre Boulez. Lire est un acte intellectuel autrement complexe et le
« matériau » de l'écrivain, la langue, est exigeant. Il n'est donc pas étonnant
que les arts plastiques et la musique, dans leur volonté de métamorphose,
aient procédé avec un élan qui a d'abord scandalisé, puis fasciné un public
de plus en plus tolérant et curieux. Ce public voit le jazz passer de divertissement de music-hall au statut d'art indépendant ; et assiste à la rapide métamorphose d' « objets » surréalistes, jugés d'abord dérisoires, en objets d'art
qui acquièrent une grande valeur sur le marché. Ce sont les arts plastiques
et la musique qui indiquent plus clairement que la littérature les caractères
distinctifs de l'art moderne.

La peinture et le concept de l'avant-garde

Jusque vers les années soixante la peinture est le plus dynamique et le
plus somptueux des arts. Déployant ses fastes à Paris, à New York, à Londres,
en Amérique du Sud, elle engendre une multiplicité d'écoles et de courants
d'une grande diversités, tandis que les « maîtres » travaillent encore : Picasso,
Matisse, Braque, Léger.

Trois grands courants divergents s'affirment au cours des années vingt,
issus de l'avant-guerre :

Le *constructivisme,* dont le centre est le Bauhaus de Munich, auquel se rattachent les peintres Kandinsky, Klee, Mondrian, Fernand Léger ; les sculpteurs Lipschitz, Brancusi et Germaine Richier ; l'architecte Le Corbusier.

L'*expressionnisme,* dont le centre est Berlin et qui anime dans les années
vingt les artistes du groupe de Montparnasse ainsi que Modigliani et Soutine.

Le *surréalisme,* lié de bien plus près au milieu littéraire parisien.

Le constructivisme, par son esprit, répond dans les arts plastiques aux
préoccupations esthétiques d'un Schönberg. Il se propose, dans une ère nouvelle et scientifique, de faire table rase du passé et de construire rationnellement et objectivement un art moderne avec la plus grande rigueur à partir des
données fondamentales — volumes, surfaces, fonction. Il a certaines affinités
avec les recherches de Gide et de Valéry. Il donnera naissance à l'art abstrait
d'un Mondrian, une des formes qu'atteint la peinture non figurative. L'artiste
expressionniste, à l'autre pôle, fortement subjectif, cherche à projeter sur sa
toile les émotions que le spectacle du monde lui inspire : émerveillement,
angoisse, horreur. Ce lyrisme dynamique entraîne une distorsion des formes
qui aboutit à leur disparition et à la création d'un art informel non figuratif.
Le surréalisme, lui, fait surgir sur la toile une variété de motifs inattendus

d'une extraordinaire richesse : mondes subjectifs objectivés qui détruisent le monde visible au profit de l'imaginaire ; toiles de Max Ernst, Chirico, Tanguy, Man Ray, Salvador Dali, Hans Arp, Miro, Masson, ainsi que les créations de Giacometti, à la fois peintre et sculpteur.

Ces trois mouvements requièrent de l'artiste qu'il forge son propre idiome. Jusqu'en 1950 le concept de l'avant-garde fait autorité qui veut que le langage individuel du peintre créateur en rupture avec tout académisme soit le style qu'adoptera dans son ensemble l'art du lendemain. Mais ce concept de l'avant-garde repose sur une formule d'après laquelle l'art, conçu comme un organisme, se développerait selon des lois qui en assureraient l'orientation et la continuité logique. Lorsque vers 1960-1965 le flot des inventions de toutes sortes se ralentit, et que la grande diversité des réalisations et la coexistence de tendances contradictoires apparaissent, la notion même d'avant-garde se perd et avec elle le sens d'un art « orienté » selon une progression linéaire temporelle. L'avant-garde cède alors la place au groupe expérimental. Le mot même souligne le changement d'horizon.

Il n'est donc pas étonnant que ce soit l'art, et non la littérature, qui au cours de ces années ait suscité nombre de réflexions philosophiques. Dès 1925, devant l'art non figuratif, Ortega y Gasset posait la question de « la déshumanisation de l'art ». En 1927 Elie Faure publiait sa méditation sur « l'esprit des formes » qui sera suivie en 1936 par l'ouvrage de Henri Focillon sur la « vie des formes ». La question de la signification de l'art est au cœur de l'entreprise proustienne et, au milieu du siècle, inspire les grandes méditations de Malraux : *Le Musée imaginaire* (1947) ; *La Monnaie de l'absolu* (1950) ; *Les Voix du silence* (1951) ; *Le Musée imaginaire de la sculpture mondiale* (1952-1955) ; *La Métamorphose des Dieux* (1957). Comme le suggère Paulhan, songeant à l'art informel, les artistes anciens partaient d'un sens et devaient trouver les signes qui le communiqueraient ; les artistes contemporains créent des signes qui peut-être trouveront un sens. Lorsque l'écrivain pose la question, « Qu'est-ce que la littérature ? », c'est donc dans un contexte vaste et troublant.

L'art, la littérature et la technologie

Dès les années vingt, des compositeurs, encore rares, cherchent à introduire dans le système musical de nouveaux matériaux. Satie intégrera à la partition de *Parade* le bruit d'une machine à écrire et d'un moteur d'avion, ouvrant la voie à la musique concrète. Edgar Varèse transformera en instruments les nouveaux appareils d'enregistrement acoustiques : en ralentissant ou en accélérant un disque il obtient une décomposition du son, une matière sonore nouvelle; et le jouant à l'envers, il renverse l'ordre des structures musicales qui, pour l'auditeur progressent en somme par « rétrogression ». Ces premières expériences mèneront après 1950 aux recherches de laboratoire qui mettront à jour les matériaux nouveaux qu'utilise la musique électronique. Elles se prolongeront aussi par les recherches des musiciens algorithmiques dont les compositions, programmées pour les calculatrices, ne font plus aucun usage du système de notation courant et se passent d'exécutants.

D'autre part, fait nouveau, grâce à la radio, au transistor, au disque, à la bande magnétique, un public de plus en plus nombreux vit sous l'empire de la musique : jazz, rengaines populaires, émissions de musique traditionnelle, compositions nouvelles sont le fond sonore de la vie. Qu'il écoute ou seulement entende, un public de jeunes de plus en plus habitué à manier lui-même les nouveaux appareils comprend la nature de recherches qu'il accueille souvent moins difficilement que ne le font les critiques attitrés.

Il serait trop long d'énumérer les matériaux nouveaux qu'utilisent les arts plastiques et les formes nouvelles que ceux-ci rendent possibles : techniques de peinture au tube, à l'acrylique, sur papier photographique ; pour les sculpteurs, matières plastiques synthétiques, amas de ferrailles soudées ou compressions de voitures ; gamme nouvelle de matériaux synthétiques dont dispose l'architecte.

Les musées se transforment en appareils d'optique et d'enseignement souvent somptueux. De plus, la technologie fournit à l'artiste les moyens de dépasser certaines des limites qu'imposait autrefois un art : le tableau immobile se fera mobile avec les tableaux cinétiques de Vasarely ; la sculpture se débarrassera de tout poids avec les sculptures de lumière colorées de Schöffer. Une bande magnétique sonore peut projeter sur l'écran une peinture mobile, rythmée, en perpétuelle métamorphose. L'artiste se double d'un ingénieur-technicien. Des deux questions fondamentales que le public se pose instinctivement devant une œuvre d'art : « Qu'est-ce que cela signifie ? » et « Comment est-ce fait ? », la seconde prédomine. Les jugements esthétiques traditionnels déjà délaissés par les historiens de l'art sont affaire de goût personnel ou d'engouement passager. Le concept de l'art comme activité, comme action sur une matière, prévaut et favorise une certaine démocratisation de l'art. Il explique en tout cas la renaissance, générale dans les sociétés occidentales, des arts mineurs : céramique, tissage, tapisserie. Il préside à l'esprit d'expérimentation — spontané ou systématique — qui anime les media dans leur recherche de langages nouveaux : collages, frottages, papiers collés, reliefs, graphismes des peintres ; volumes peints ; machines et « automates abstraits ». Tandis que certains artistes — Mathieu ou Michaux — tendent à faire d'une toile une « écriture », d'autres en antithèse introduisent l'objet quotidien — peint sur la toile ou tel quel — dans le musée : art brut ou pop.

Les écrivains qu'anime la même volonté de rupture et de renouveau analysent souvent les exigences des artistes contemporains ou en font la synthèse (André Breton, *Le Surréalisme et la Peinture,* 1925 ; Jean Cassou, *Situation de l'art moderne,* 1950 ; Jean Paulhan, *L'Art informel,* 1962). Ils n'ont pas, eux, les mêmes possibilités de transformer leur « matériau », ni, dans la mesure où ils le transforment, d'en communiquer directement le résultat au public, plus particulièrement au public international qui accueille l'art moderne. La langue elle-même fait obstacle à cette diffusion. Les media (la radio et la télévision, les affiches publicitaires, les journaux et magazines) manipulent les mots et leur puissance d'action sur les masses est indéniable, alarmante même. Mais elle est liée à la transmission d'un message, donc à une syntaxe et à un sens qui doivent être immédiatement saisis.

L'écrivain, lui, ne peut se passer de structures plus complexes. Lorsque, cherchant à renouveler son « matériau » à lui, il introduit par exemple dans son texte des éléments nouveaux — extraits de journaux, affiches publicitaires, émissions radiophoniques, procédés de collage — il rompt l'enchaînement du discours, s'attaquant à la syntaxe même. Il détruit donc le code qui instaure le langage en art de communication. Dans les arts plastiques, l'artiste produit des objets — toiles, sculptures — qui restent visuels ; et auditifs dans le domaine musical. Expérimentant avec les mots, l'écrivain peut par exemple dissocier le sens des mots de leur sonorité. Il brise alors l'alliance mot-sens qui rend un texte littéraire immédiatement lisible. Lorsqu'en 1946 Isidore Isou se propose de décomposer les mots en phonèmes, et d'utiliser seulement leurs sonorités, il crée une sorte de chant vocal onomatopéique, non un texte « littéraire ». Le besoin qu'éprouvent certains écrivains de rompre les contraintes qu'impose le développement linéaire de l'écriture et, par le jeu de la typographie — espacement et caractères typographiques divers —, de créer de nouvelles possibilités d'expression animait déjà Mallarmé. Son *Coup de dés* est une tentative de réaliser une forme d'écriture à dimensions spatiales. Apollinaire dans *Calligrammes* assimilait l'écriture et le dessin ; et Picabia faisait de la page un tout visuel dont le mot était seulement un élément. Le mot alors passait du domaine littéraire à celui du tableau. Cette tendance atteindra sa limite, dans les années soixante, avec la poésie concrète et spatiale de Pierre Garnier où la page est le lieu d'élaboration d'une calligraphie étrange, une sorte d'imitation de partition musicale sans autre référent qu'elle-même, objet visuel, non littéraire.

Une forme plus complexe de recherches à base technologique anime certaines œuvres de Michel Butor. *Mobile,* sorte de représentation poétique de cette réalité pluridimensionnelle que sont les Etats-Unis, tente de créer un médium linguistique nouveau fondé sur une utilisation de structures comparables à celles de la musique sérielle : des séries de noms de lieu sont disposées selon un cadrage spatial ; des séries diverses de notations limitées — objets récurrents, éléments de paysage — introduisent des matériaux thématiques, qui se répètent, varient, alternent ; des cadrages verticaux et horizontaux soulignent les différences de niveaux où se situe l'écriture, et les conflits latents qui existent entre eux. Avec *6.810.000 litres d'eau par seconde,* Butor tente de réaliser une représentation verbale des chutes du Niagara en créant une sorte de partition polyphonique dont les effets sonores peuvent être modifiés, grâce à la manipulation d'écouteurs. Enregistré sur bande sonore, et projeté dans le nouvel amphithéâtre de Grenoble muni d'appareils acoustiques individuels, le texte prévoit la séparation sonore des voix thématiques diverses et la possibilité pour l'auditeur de les « distancer » les unes par rapport aux autres à volonté : ici le texte se rapproche de la partition d'opéra. Et que dire de son *Dialogue avec trente-trois variations de Ludwig van Beethoven sur une valse de Diabelli* (1971)?

Le livre lui-même est un objet à manier. *Composition n° 1* de Saporta présente au lecteur cent cinquante pages de narration, non reliées, non paginées, chacune formant un tout, comme un jeu de cartes ; offrant donc des combinaisons inépuisables. Queneau relie ensemble douze sonnets construits sur le même jeu de rimes dont il découpe ensuite les lignes, et obtient ainsi « cent mille millions » (10^{14}) de sonnets virtuels. Ces bricolages, comme d'autres essais plus complexes de rompre avec les conventions établies, peuvent amuser un public averti mais n'atteignent pas le public plus étendu qu'attirent les arts visuels. Ce sont des textes ésotériques qui paraissent illisibles à la moyenne des lecteurs. Et si tout un groupe d'intellectuels à la suite du professeur canadien McLuhan adopte avec une sorte d'empressement le thème de la « mort du livre », c'est peut-être parce que le livre résiste aux métamorphoses qu'on voudrait lui faire subir par une analogie assez gratuite avec celles qui transforment les arts audio-visuels.

En 1920 les écrivains sont au premier rang de l'avant-garde. Deux groupes assez fluides et ouverts l'un à l'autre prennent un élan neuf sur les lancées de l'avant-guerre : le « groupe des six » dont Cocteau est le porte-parole ; le groupe Dada. C'est dans l'élaboration des quelques films Dada, auxquels les artistes des deux groupes collaborent, que convergent brièvement entre 1924-1926 les tendances esthétiques-anti-esthétiques de l'art contemporain, le cinéma apparaissant alors, selon André Breton, comme « le seul mystère absolument moderne ». Un film Dada comme *Entr'acte* de René Clair ou *Ballet mécanique* de Léger est joyeusement expérimental ; il se moque du « grand art ». Il joue avec une machine — la caméra — et avec les lois optiques, pour détruire l'habituelle organisation visuelle de l'espace. Grâce aux montagnes, il enchaîne sans souci de logique, les images, les plans, les perspectives, les formes, les mouvements. Il crée ainsi des dislocations, des déformations, des juxtapositions, des changements de rythme inventant un « narratif » dont les éléments, quoique arrachés au monde concret, n'ont plus rien de mimétique.

Le continuum filmique, l'espace et le temps, du film Dada nie la série causale, donc se substitue au continuum temporel, transformant la discontinuité temporelle en une continuité uniquement perçue. Il supprime les lignes de démarcation entre la forme humaine, la machine, l'objet et impose au spectateur une succession d'images dépourvues de toute finalité d'où émane un humour aux nuances multiples. Cet humour est inhérent à tout un vaste courant de l'art moderne — des « ready-made » de Duchamp aux « Nanas » de Niki de Saint-Phalle, aux textes de Michaux comme à ceux de Queneau ou de Prévert ou encore au « Cycle de l'Hourloupe » de Dubuffet.

L'objectivation qu'autorise la caméra permet à ces premiers films de se jouer de l'aura de sérieux qui entoure l'art. Jeux de mots, jeux d'images, goût de la mystification, volonté de démystification. Pendant un bref moment les films Dada inventent en pleine liberté, puis le film sera repris par le souci du narratif ou du message. A la même époque les frottages de Max Ernst, les jeux surréalistes, les inventions de Picabia ou Duchamp ont le même caractère gratuit ; tandis que, comme l'annonçait déjà en 1919 Cocteau dans son opuscule, *Le Coq et l'Arlequin,* les jeunes compositeurs puisent dans la musique de foire, de cirque, de music-hall, de café-concert. Cocteau reproduira les mêmes motifs, les mêmes techniques insolites dans ses *Mariés de la Tour Eiffel*. Mais, dès 1924-1925, un souci de cohérence hante les écrivains, et les recherches des surréalistes comme celles des cinéastes prendront une autre direction ; tandis que Cocteau, passant assez rapidement du cinéma au théâtre, à la poésie, aux réflexions critiques, cherche les conditions d'une esthétique « moderne ».

Nouvelles recherches théoriques et nouvelles structures

L'exigence de renouvellement paraissait aussi sous une forme contraire, moins spectaculaire, théorique. La réflexion surréaliste remet en question les fondements de l'esthétique, mais ses théories sont à base psychologique, et les méthodes préconisées ne proposent aucun système nouveau d'expression qui serait fondé sur les exigences propres du langage. Ce que Breton veut mettre au jour, ce sont les lois du fonctionnement de l'esprit. Il n'en va pas de même dans le domaine de la musique. Travaillant à Venise avant 1914, le compositeur Arnold Schönberg élaborait un système nouveau reposant sur les douze tons chromatiques. Ce système entraînait une transformation de tous les principes de structure jusqu'alors établis, qui régissaient la tonalité, le rythme, la mélodie, l'harmonie. Ils étaient remplacés par une nouvelle structure rigoureusement réglée, fondée sur la permutation de séries de tons juxtaposés. Ce système dodécaphonique, principe de la musique sérielle, ne sera connu en France qu'à partir de 1945. Il sera alors accueilli, avec cinquante ans de retard, par de jeunes compositeurs comme Pierre Boulez. Les réflexions du groupe de Vienne, qui comprend à côté de Schönberg, Webern et Alban Berg, sont de même ordre que les préoccupations esthétiques qui animent certains débats littéraires des années vingt, préoccupations héritées d'ailleurs de Mallarmé : débat assez confus sur le concept de la « poésie pure » ; discussion autour de la notion du « roman pur » dont Gide fera l'un des pivots des *Faux-Monnayeurs;* considérations sur le « cinéma pur ». Mais aucune théorie littéraire nouvelle ne se dessine. Lorsque, au tournant du demi-siècle, la question du renouvellement des formes littéraires se pose à nouveau, le besoin d'une théorie analogue à celle qui avait produit le système dodécaphonique se fera lentement jour. Une génération d'écrivains reprend la question spécifique du langage, soucieuse de la dégager de toute confusion avec les « langages » différents des autres arts. La linguistique, les travaux des formalistes russes lui serviront de point de départ. Cette recherche « scientifique » part de la théorie pour aboutir au texte-objet, tandis que Dada, lui, partait de l'improvisation et du hasard. Dans les deux cas, cependant, le texte créé n'est qu'un moment passager d'une dialectique qui se propose une même fin, à portée sociale : atteindre la société en sapant la confiance qu'elle porte à son langage. Créer un texte littéraire n'est pas une fin en soi. Dans les deux cas, toutefois, le texte échappe à cette dialectique. Une fois imprimé, il devient récupérable, et se transforme malgré tout en littérature, littérature plus ou moins marginale, dite « d'avant-garde », puis « expérimentale ».

Littérature et cinéma : un cas limite

« Quand je vois un film comme celui que nous venons de voir, je me transporte sur la toile par un acte en quelque sorte magique. [...] et je me retrouve prenant conscience de moi-même en tant que l'un des héros de l'histoire à nous contée. » Ainsi pérore un personnage de *Loin de Rueil* (1945) de Raymond Queneau, au sortir d'un film qui se déroule dans le mythique *Farouest* américain.

Queneau est un des très nombreux écrivains français qui ont longuement réfléchi sur cet art nouveau, le cinéma, comme Jean Cocteau (*Entretiens autour du cinématographe*, 1951), Nicole Vedrès (*Images du cinéma français*, 1945) et André Malraux (*Esquisse d'une psychologie du cinéma*, 1946) rejoignant les cinéastes eux-mêmes et les sociologues (Edgar Morin, *Le Cinéma ou l'homme imaginaire*, 1956). Christian Metz dans *Poétique* et *Communications* en étudie les structures. Que le cinéma ait affecté la littérature semble chose certaine, mais il est difficile de préciser comment.

Pour Queneau, le cinéma reste avant tout un art populaire, une « peau des rêves » qui offre aux masses la possibilité de s'évader hors du quotidien dans le merveilleux de « l'histoire contée ». « Le film – écrit Malraux – s'adresse aux masses et les masses aiment le mythe, en bien et en mal. » Le film est donc le pourvoyeur de mythes populaires au même titre que les « romans-photos » d'ailleurs engendrés par les « ciné-romans » populaires. Mais le cinéaste peut se faire le pourvoyeur de grandes figures idéales aussi bien que de rêves illusoires. « Le mythe – écrit encore Malraux – commence à Fantômas et finit au Christ. » Dès ses débuts, en dehors de l'exubérante avant-garde, Dada puis surréaliste, les cinéastes, lancés à la recherche d'un langage « total » nouveau, ont eu d'autres ambitions. Ce seront les panoramas historiques comme *Napoléon* d'Abel Gance, les films à épisodes de tous genres – vamps et gangsters, « westerns », « nuits » de New York ou de Chicago ; les épopées comme, dès les années vingt, *Le Cuirassé Potemkine* d'Eisenstein ; les documentaires comme, une trentaine d'années plus tard, *Nuit et Brouillard* d'Alain Resnais et Jean Cayrol (1955), qui reconstitue le tragique spectacle des camps de concentration ; les films fantastiques comme *Le Cabinet du Docteur Caligari* (1920) et *Nosferatu* (1921) ; les films comiques de Charlot, ou loufoques de Laurel et Hardy, des Marx Brothers ou de Buster Keaton ; comme ceux, trente ans plus tard, de Jacques Tati (*Les Vacances de M. Hulot,* 1953).

Quand, vers 1928-1930, le cinéma passe du muet au parlant, puis au film en couleurs, il continuera à exploiter toutes ces possibilités, nées avec lui. Il semble avoir d'emblée reconnu que ce n'était pas la *substance* de ses représentations qui définissait ses possibilités, mais *son pouvoir de représentation* qui lui ouvrait toutes les possibilités. C'est sans doute le surréalisme des années vingt, à la suite de Dada, qui, avec les trois derniers grands films expérimentaux de l'époque – *L'Age d'or* de Luis Buñuel, *Un chien andalou* de Buñuel et Salvador Dali, et *Le Sang d'un poète* de Jean Cocteau (1928-1930) – a perçu le plus nettement une des prérogatives du film : le pouvoir de projeter sur l'écran, sous formes d'images pleinement réalisées au même titre que les images les plus quotidiennes, des phantasmes subjectifs cachés. Le cinéma peut donner une forme plus ou moins originale, fantaisiste ou atroce, aux pulsions refoulées de cet être de désir qui selon Freud vit sous le masque de l'homme civilisé : l'érotisme sous toutes ses formes, le besoin d'évasion, l'onirisme sont, autant que le « derme de la réalité » (René Clair), ses domaines d'élection.

La caméra et les manipulations que peut subir la pellicule, les surréalistes l'avaient compris, permettent de donner l'illusion d'une réalité située en dehors de la logique de la causalité et de la cohérence exigées de l'écrivain ; l'illusion engendrée a toujours l'apparence de l'objectivité et semble douée d'autonomie. Ce qui, par la suite, a orienté l'évolution du cinéma, ce n'est pas la modification de son langage propre, mais l'usage qu'il en a fait. Le perfectionnement de son outillage, sa commercialisation et, à l'horizon, l'universalisation de son public (plus de sept cent millions de spectateurs voient un film à succès), ont créé une industrie du cinéma dont les modalités et les ambitions jusqu'aux environs de 1950 ont été symbolisées par Hollywood. Ce système a favorisé le film romanesque à grand spectacle qui a impartialement emprunté ses matériaux à la vie quotidienne, à l'Histoire et aux romans qu'il adapte à l'écran avec plus ou moins de succès.

Ces adaptations n'affectent guère la littérature proprement dite ; il n'est pas encore prouvé même qu'elles suscitent de nouveaux lecteurs avides de connaître *Les Misérables* ou *Le Rouge et le Noir* dans leur forme originale. C'est plus indirectement que l'action du cinéma s'est fait sentir, dans des domaines difficiles à analyser avec précision ; car les techniques de « retour en arrière », le cadrage des scènes, les changements de rythme, le *traveling* de la caméra passant d'une vue panoramique à un gros plan, techniques propres au cinéma, ont été pratiquées par les romanciers avant l'avènement du film. Ce qui est indubitable c'est que le film a attiré un grand nombre d'écrivains : écrivains-cinéastes comme Blaise Cendrars, Jean Cocteau, Jean Cayrol, Alain Robbe-Grillet, Marguerite Duras ; écrivains qui travaillent en collaboration avec des cinéastes comme Robbe-Grillet. Jean Cayrol et Marguerite Duras ont d'abord travaillé avec Alain Resnais, par exemple. Inversement, nombre de cinéastes ont subi l'attrait d'univers littéraires particuliers, éprouvé le besoin de les recréer sur l'écran. L'écrivain le plus engagé dans la double voie du cinéma et du roman, lui-même créateur de ciné-romans, Alain Robbe-Grillet, considère qu'il s'agit de deux moyens d'expression irréductibles l'un à l'autre.

C'est par sa charge d'imaginaire que le cinéma des années vingt a séduit une première génération d'artistes et d'écrivains ; c'est surtout par une prise de conscience de ses moyens techniques narratifs qu'il a attiré et fait réfléchir les romanciers à partir des années cinquante. Incontestablement, dès son apparition, le cinéma a affecté la sensibilité de son public : les jeunes surréalistes passaient inlassablement d'un film extravagant à l'autre, volontairement fascinés par les « vamps » et la fantasmagorie d'aventures qu'ils intégraient à leur propre mythologie. Le petit Jean-Paul Sartre, *Les Mots* nous le rappellent, abordait avec délices et effroi l'univers fictif des films à épisodes — dont *Fantômas* — qui lui tenait lieu de réalité. Ramuz contait la confusion qu'apportait dans un village vaudois la première apparition des grandes figures mythiques de l'écran ; et le héros de *Voyage au bout de la nuit* s'adonne dans les cinémas de New York aux longues rêveries érotiques que lui inspirent les *stars*. Si, un instant, le passage du muet au parlant fait obstacle à l'universalisation de cet empire du cinéma, l'obstacle sera franchi grâce au doublage. Films américains, russes, anglais, italiens, français — puis, plus rares, japonais, indiens, australiens — « bons » ou « mauvais », commerciaux, documentaires, expérimentaux « donnent à voir » ; c'est même leur don le plus éclatant. Ils changent pour des millions d'individus les horizons du monde et du concevable. Ils proposent des modèles de comportement, des valorisations, des « styles de vie ». Ils s'installent donc dans ce qui avait été considéré comme le domaine par excellence de la littérature, et sa justification.

Seules des analyses précises et difficiles permettraient de saisir l'interaction des deux media dans le choix des thèmes, des façons de voir, de conter, de lire. Est-ce bien, comme le suggérait Claude-Edmonde Magny dans *L'Age du roman américain,* grâce au roman américain que certains procédés essentiellement cinématographiques ont été adoptés par les romanciers français ? On peut, bien avant cette époque, déceler par exemple une filiation nette entre les scénarios de films qu'élaborait Blaise Cendrars entre 1921-1924 dans le style cinématographique de l'heure, et l'optique et le rythme qui caractérisent un roman comme *Moravagine* (1926) ou une autobiographie poétisée comme *Bourlinguer* (1948) : la succession rapide d'images discontinues rapproche l'œil-caméra et l'œil-mémoire ; et le rythme saccadé simule celui du muet à ses débuts. Mais quelle est la part qui revient ici au Cendrars du modernisme pré-cinéma, le Cendrars grand voyageur du Transsibérien ? Et quelle part dans le cadrage des « Films d'art » revient aux suggestions des arts plastiques ?

C'est sans doute sur le plan théorique et technique que l'art du cinéma a contribué à la mise en question de la littérature, de ses buts et de ses moyens, surtout en ce qui concerne cette forme fondamentale, le discours narratif. Doté en France d'un Centre national de recherche, le cinéma avec ses revues, ses ciné-clubs, ses cinémathèques, conscient des étapes de sa brève histoire, se prête dès le milieu du siècle à la recherche théorique — souvent contestable — de ses fonctions et à l'analyse précise de ses techniques. Des cinéastes comme Fellini ou Jean-Luc Godard prennent ces techniques mêmes comme l'un des thèmes de leurs réalisations.

Qui dit cinéma dit déroulement d'images s'inscrivant dans un espace temporel déterminé — long métrage ou court métrage. Les sons, musique et paroles sont subordonnés à ce mouvement et en soulignent la continuité. Mêmes les films d'art qui présentent des séquences purement abstraites de formes et de couleurs les montrent en voie de métamorphose, en plein mouvement. Ils transforment donc une succession d'images en histoire tout comme le fait, avec les mots, le discours narratif littéraire. Le film peut créer les atmosphères les plus diverses réfléchissant de plus près que le roman l'ambiance de l'époque. Quelle que soit l'histoire, serait-ce celle, documentaire, d'une fleur qui s'ouvre, la caméra enlève sa réalité à l'objet tout en le rendant immédiatement perceptible. Il met donc en question, comme tous les arts modernes, le bien-fondé de la théorie traditionnelle du mimétisme, mais il le fait de façon particulière. Le cinéaste part du concret, qu'il filme. Mais par le *traveling,* le cadrage, le découpage, le montage, la manipulation de la pellicule en somme, et la dislocation des plans, il rend ce concret plastique. « Le cinéma — dit Alain Resnais — consiste à manipuler la réalité en manipulant des images et des sons. » Le cinéaste dénonce donc le caractère illusionniste du récit fictif, qu'il soit populaire ou de plus haute visée. La reproduction la plus minutieuse du réel quotidien se donne comme une illusion, créée artificiellement au même titre que le montage le plus fantastique ; et cela est vrai de toute séquence narrative, qui est, par rapport à la réalité, une abstraction. Le vocabulaire du cinéma est un vocabulaire d'images-signes qui montrent et désignent en même temps. Il pose par ce biais non seulement au romancier, mais à l'écrivain en général, la question des conditions spécifiques qui régissent l'univers des mots-signes qu'il manipule et de leur rapport avec le réel qu'il désigne seulement. Plus peut-être que les autres arts le cinéma pose la question de la spécificité de ce que le critique Maurice Blanchot nomme « l'espace littéraire », problématique qui alimentera tout un courant critique à partir du milieu du siècle.

La paralittérature

Le développement des communications de masse, les mass-media, crée un vaste éventail de genres, de langages nouveaux, de modes d'expression assez récents qui multiplient les perspectives ouvertes sur le domaine littéraire traditionnel. Les sociologues, les linguistes, les spécialistes de l'informatique en étudient le développement. Des revues spécialisées comme *Communications,* organe du centre d'études des communications de masse de l'Ecole Pratique des Hautes Etudes, présentent le résultat de ces travaux. Si nous laissons de côté la grande presse et la publicité, et pour le moment la radio et la télévision,

la paralittérature sous sa forme livresque pose le problème de ce que la linguistique appelle la « littérarité ». Où commence, où finit le domaine du littéraire ? A quoi tient l'énorme succès de la *Série noire* (directeur Marcel Duhamel)
lancée en 1945 ? Plus de cinq cent millions de volumes vendus, soixante-quinze
pour cent traduits d'auteurs américains, et vendus en grande partie à un public
d'intellectuels. Comment expliquer aussi la popularité plus récente du roman
d'espionnage ? Pourquoi, à partir des années cinquante, le succès de la science-
fiction de type américain ? Quelle valeur donner aux bandes dessinées, sous
leur forme actuelle venues elles aussi d'Amérique ; et à ce genre populaire par
excellence, les photo-romans, nés en Italie, dont se vendent cinq millions
par mois ? Et la chanson que les disques multiplient à l'infini, ou encore les
feuilletons de la Télévision française ?

De catégorie en sous-catégorie le domaine de la paralittérature s'étend
et se diversifie. Cette époque reconnaît que la communication sociale s'insère
dans un univers de signes (mots, sigles, images, sons) où la paralittérature,
comme la littérature, se situe. Rimbaud le pressentait et les surréalistes. Mais
c'est un domaine mal connu qu'explorent les chercheurs et les techniciens. Le
« fait littéraire » s'avère difficile à cerner. Qu'est-ce qui, selon la formule de
Roman Jakobson, fait d'un message verbal une œuvre d'art ? ou, selon celle de
Roland Barthes, distingue un « écrivant » d'un « écrivain » ? Peut-on dans
l'espace du langage isoler une catégorie d'écrits appelée « littérature » ? Les
frontières ne sont pas étanches entre les deux catégories. Le roman de Raymond
Queneau, *Zazie dans le métro,* passera à la bande dessinée, tandis que les romans
policiers de Simenon font le trajet inverse vers le « littéraire ». Boris Vian puise
à pleines mains dans la mythologie des bandes dessinées, Le Clézio dans le
langage publicitaire ; Ricardou, dans un épisode de *La Prise/Prose de Constantinople,* utilise le thème du voyage interstellaire cher à la science fiction. Ionesco
proclame sa dette envers Groucho, Chico et Harpo Marx, Artaud envers *Animal Crackers* et *Monkey Business,* Beckett envers Buster Keaton ; comme, avant
eux, Apollinaire, Desnos ou Queneau se référaient à Fantômas.

Des études sociologiques et psychanalytiques nombreuses explorent cet
immense réservoir d'écrits et d'images et tentent de déterminer leur fonction
culturelle et la raison de leur attrait. Récits réitérés, renouvelables à l'infini, ils
donneraient forme aux mythes fondamentaux, aux rêves et aux désirs d'une
humanité qui s'évade des dures réalités de la vie. Ce langage, selon les ethno-
logues, fournit une anthropologie de l'inconscient et serait donc le fondement
collectif de la vie culturelle du groupe. Ces récits jouissent d'une sorte d'ano-
nymat ; l'attitude de leurs auteurs vis-à-vis du public et du produit ne diffère
pas de celle des « nègres » de Dumas ou de Willy. Parmi les quatre à cinq
cents auteurs de la Série noire, on retient une demi-douzaine de noms ; et l'on

oublie le livre aussitôt lu. Ces volumes passent sans difficulté d'une langue à l'autre, se fabriquent en série, selon des variantes plus ou moins complexes adaptées à la couche de la population qui les consomme et ils touchent des millions de lecteurs. Quel est le sens culturel de ce bavardage universel dont les structures préexistent à tout contenu ? Quels rapports entretient-il avec la réalité sociale ? Et le récitant bavard qui est-il ? Sa présence met en question de façon radicale le concept de l'écrivain, source et maître de son discours.

Le best-seller

Le phénomène du best-seller se rattache à celui de la para-littérature, mais il est plus complexe. Car le best-seller est un cas unique, et son succès auprès des lecteurs, que la publicité n'assure jamais, est imprévisible. On discerne ce qu'ont de commun avec le roman d'amour sentimental d'adolescence, variante lui-même du mythe de Tristan et Iseut, trois best-sellers comme *Le Diable au corps* (1923), *Bonjour Tristesse* (1954) et *Love Story* d'Eric Segal (1970), qui tous trois passeront aussi à l'écran. Le succès foudroyant de Henri Charrière avec *Papillon* se rattache au mythe romantique du bon forçat à la Jean Valjean. Le succès de certains romans venant de l'étranger — *Autant en emporte le vent* (1939) ; la série des *Jalna,* de l'écrivain canadien Mazo de la Roche, pendant l'Occupation ; celui de *Jubilée,* œuvre de la romancière Margaret Walker, mieux accueillie en France qu'aux Etats-Unis — semble se rattacher au romanesque exotique qui fit le succès de *Maria Chapdelaine* ou des romans de Pierre Benoit.

En revanche le succès de *Zazie dans le métro* (1959) de Queneau, comme celui de *Paroles* (1946) de Jacques Prévert, seul poète à atteindre le statut de best-seller, semble se rattacher à une veine populaire : le récit parlé. C'est du récit gaulois que se rapprochent deux best-sellers de l'avant-guerre, *La Jument verte* (1933) de Marcel Aymé et *Clochemerle* (1934) de Gabriel Chevallier dont l'humour s'adresse au lecteur bourgeois moyen. Quoi qu'il en soit, le récit romanesque reste la forme par excellence du best-seller. C'est lui qui sous tous ses aspects est recherché par une masse énorme de lecteurs, les lecteurs que charment des écrivains aussi différents que Maurice Dekobra ou Guy des Cars, comme les photo-romans charment les ouvrières et les employées. L'évasion et l'identification avec le personnage central continuent à être les moteurs qui font tourner la machine romanesque. Et l'on peut se demander si ce n'est pas le récit romanesque, à travers ces différents aspects paralittéraires, qui servira dans un avenir proche ou lointain de matrice à un langage littéraire renouvelé.

Au-dessous du « best-seller », le « succès de librairie » : *Le Feu* de Barbusse ; *Les Croix de bois* de Dorgelès ; les romans d'André Maurois, ceux de Jules Romains, de Duhamel, de Françoise Sagan après *Bonjour Tristesse ;* la grande fresque historique de Maurice Druon. Ou encore le succès solide des romans de Henri Troyat, fresques sociales et historiques, romans-fleuves comme la trilogie *Tant que la terre durera* ou les cinq volumes de *La Lumière des justes* situés en Russie et qui jouissent d'un public nombreux et fidèle. Il y aurait sans doute une « archéologie » du goût à établir qui éclairerait le domaine obscur des hiérarchies littéraires, des différents circuits du livre et des cas où les circuits et les hiérarchies coïncident. Ces faits mettent en lumière le caractère assez spécieux de l'affirmation, souvent réitérée, que le roman, avec personnages et intrigue, est mort. Le lecteur de « best-sellers » y trouve ce que le roman littéraire contemporain ne lui fournit plus.

Parlant en général des mass-media et de leurs répercussions, Claude Lévi-Strauss porte sur leur action culturelle un diagnostic d'anthropologue plutôt optimiste : « On met trop l'accent, me semble-t-il, sur leur rôle niveleur sans tenir compte qu'ils permettent à des groupes sociaux ou à des générations de se constituer très vite une culture particulière. Au lieu qu'une culture traditionnelle filtre lentement d'une génération à la suivante au sein du groupe familial, chaque nouvelle génération trouve instantanément à sa disposition par le journal, le disque, la télévision (il faudrait ajouter le cinéma) une profusion d'éléments disparates où elle peut faire un choix et les agencer en combinaisons originales se distinguant de ses aînés. » Il se pourrait en dernière analyse que la culture littéraire, réservée jusqu'à présent à une élite, s'ouvre à un public plus vaste, mieux préparé que par le passé à en saisir les valeurs spécifiques et qui n'éprouverait aucune difficulté à dépasser les contraintes et conventions littéraires désuètes. A n'importe quelle époque la littérature ne peut avoir de sens que par rapport au climat culturel contemporain.

CHAPITRE III

Les chemins de la pensée

Dans son livre, *La Pensée française d'aujourd'hui* (1971), Edouard Morot-Sir propose d'appeler « pensée » la « conscience culturelle d'un groupe ». L' « idéologie » serait alors « un certain usage de cette pensée », tandis que le mot « philosophie » désignerait des « conduites originelles » de l'esprit qui « s'achèvent en un *passage à la limite* », c'est-à-dire en des systématisations à la façon de Hegel, ou en une « dispersion » à la façon de Nietzsche. C'est dans ce sens que nous employons ici le mot *pensée*. D'autre part, Michel Foucault dans *L'Archéologie du savoir* (1969) parle des époques de clivage où les assises de la pensée se transforment, introduisant des discontinuités dans la conscience culturelle qui se formerait par couches « archéologiques » superposées plutôt que par une évolution continue. Il semble que ce soit une de ces mutations que subit la pensée française, peut-être la pensée occidentale dans son ensemble, une mutation qui se répercute à travers les « groupes culturels » du monde entier.

Les faits qui ont le plus profondément affecté cette pensée, ce seront, d'abord, les événements historiques. Mais, à long terme, c'est incontestablement l'essor rapide de la recherche scientifique qui affecte le domaine culturel, à la fois par la présence visible de ses applications technologiques et leur effet sur les modalités de la vie quotidienne ; et, plus indirectement mais radicalement, par ses schèmes théoriques. Si, à l'occasion, les transformations technologiques fournissent à la littérature ses thèmes, les théories scientifiques modernes posent à l'écrivain des questions fondamentales sur la nature du monde, de la vie humaine, du langage ; donc sur la nature de son activité. Ces connaissances et théories scientifiques diffuses, difficiles à comprendre et souvent mal comprises, vulgarisées, créent nombre de malentendus, comme ce fut déjà le cas au XIXe siècle pour les théories de l'évolution et de l'hérédité. Mais si inconcevables pour les non-initiés que soient leurs implications, elles n'en transforment pas moins l'image latente que les contemporains se font de la réalité. Elles obligent à penser autrement que par le passé.

La recherche scientifique

« L'âge du fondamental recommence », disait Malraux aux alentours de 1930 à propos de la « condition humaine ». Ce sont les fondements même de la pensée occidentale que mettent en question les découvertes scientifiques des cinquante années que nous considérons ici. Il serait impossible d'en résumer l'histoire. Ce qui la caractérise, c'est le changement du paradigme de la recherche scientifique qui, au lieu de partir de l'observation pour, grâce à l'induction, établir un modèle théorique, postule d'abord un modèle théorique qu'il s'agit ensuite de valider. Nous rappellerons brièvement les progrès qui ont affecté le plus profondément la pensée contemporaine :

● De 1920 à 1940, l'élaboration de la physique moderne à partir de conceptions mathématiques nouvelles portant sur la constitution de la matière. Elle mène, d'une part, à la réalisation de la fission nucléaire (1938), premier pas vers la maîtrise de l'énergie nucléaire. D'autre part, elle inaugure une nouvelle cosmogonie.

● Le développement de la biologie moléculaire.

● Depuis 1948 — sous l'influence de la guerre — le développement de l'électronique qui fonde l'informatique, science de l'information, et la cybernétique. Ces découvertes révolutionnaires ont affecté les autres domaines de la pensée, souvent avec retard. Elles agissent non seulement par les résultats obtenus mais aussi par l'immensité de l'inconnu sur lequel elles débouchent et qu'affrontent les chercheurs, aujourd'hui pourvoyeurs d'interrogations plutôt que de certitudes. Elles minent les vérités acquises, portent atteinte aux métaphysiques, mettent à l'épreuve les croyances et bouleversent le langage que les hommes tiennent sur eux-mêmes. Elles affectent ainsi directement le domaine littéraire.

Une physique révolutionnaire

En 1922 Einstein recevait le prix Nobel. Ce prix couronnait un ensemble de travaux théoriques, fruit de recherches accumulées, qui modifiaient les notions de temps, d'espace, d'énergie et de masse auxquelles adhérait la physique mécanique établie. Einstein avait formulé la théorie de la relativité restreinte dès 1905 ; en 1919 des observations la vérifiaient. Elle donnait naissance rapidement à une théorie de la relativité généralisée qui apportait certaines restrictions à l'universelle applicabilité de la gravitation newtonienne, tenue pour acquise.

D'autre part, la physique quantique, étudiant les éléments de la matière (atomes) ou de la lumière (photons), constatait qu'au niveau des micro-phénomènes des éléments de discontinuité et d'indétermination apparaissaient. Elle proposait de substituer le concept de probabilité statistique — dérivé des mathématiques — à celui de la détermination causale rigoureuse qui fondait la méthode scientifique. Ce concept nouveau, que nombre de savants, y compris Einstein, refusaient d'accepter, mettait en question l'axiome de la prévisibilité des phénomènes naturels. Ce qui dans ces théories et observations frappa l'imagination des profanes, ce fut d'abord, outre la destruction d'une image familière de la réalité, les résonances de certains termes comme « relativité », « quatrième dimension », « discontinuité », « indétermination », « incertitude » souvent transposés dans le cadre non scientifique du discours quotidien. Mais plus déconcertant était le fait qu'Einstein avait formulé sa théorie entièrement à partir de formules mathé-matiques théoriques et non d'après l'observation et la mesure de phénomènes concrets : leur vérification après coup posait la question de la relation entre l'ordre observé dans la nature et les constructions abstraites de l'esprit. Ce fut le bouleversement initial de la démarche empirique qui fut à l'origine de bouleversements dans d'autres sciences et même dans la critique littéraire.

La théorie einsteinienne ne définissait plus l'espace par rapport à trois variables (longueur, largeur, hauteur). Elle ajoutait une quatrième variable : le temps. Au lieu de l'univers tri-dimensionnel que proposait la géométrie classique, elle considérait un univers à quatre dimensions. Certains mathé-maticiens, comme Riemann, avaient postulé le caractère axiomatique des mathématiques, c'est-à-dire le fondement logique d'une méthode qui déve-loppe, non des certitudes, mais, par l'application d'une rigoureuse logique et du principe de la non-contradiction, les conséquences implicites de l'axiome qu'elle pose. Les axiomes euclidiens fondent la géométrie euclidienne ; d'autres axiomes fonderaient d'autres géométries. L'univers à quatre dimen-sions d'Einstein, spatialisant le temps, créait une de ces géométries. Accepté jusqu'alors, le concept d'une seule échelle temporelle réglant tous les phénomènes du cosmos fait place au concept d'échelles différentes de temps selon les phénomènes étudiés. L'observation des galaxies du point de vue terrien, étant donné les lois de la propagation de la lumière, comportait l'observation de phénomènes antérieurs au moment terrien où était situé l'observateur. L'écart variait selon les distances qui se comptaient en années-lumières. Et le savant qui s'était cru un observateur extérieur aux phénomènes qu'il observait reconnaissait qu'il opérait à l'intérieur d'un système, ce qui relativisait ses observations. Une question se posait devant la diversité des ordres qu'on découvrait dans la nature, selon le modèle utilisé : quelle foi accorder à nos représentations du monde ? Une réinterprétation du sens des « lois » formulées par les savants s'imposait.

Les développements de la technologie ouvrirent aux hypothèses einsteiniennes, en combinaison avec d'autres branches des sciences – la chimie par exemple –, deux champs d'investigation et de vérification spectaculaires : l'astronomie et la physique nucléaire.

L'importance cosmologique de la théorie de la relativité généralisée devint visible même pour les non-initiés après la seconde guerre mondiale, lorsque les progrès de la technologie mirent à la disposition des chercheurs les télescopes géants. Ils permettaient d'explorer un univers astronomique n'ayant que de lointains rapports avec l'univers newtonien. Si, comme on le répète souvent, peut-être gratuitement, l'homme du vingtième siècle souffre encore d'avoir été relégué par Copernic sur une planète excentrique, perdant sa place au centre du cosmos jusqu'alors familier, que dire des vastes espaces en perpétuelle modification que décrivent les nouvelles et contradictoires cosmogonies ? L'étude de la structure des galaxies, la découverte des novae et supernovae, de la matière interstellaire, et des planètes en nombre incalculable peut-être habitées, en tout cas habitables, déconcertaient l'imagination, l'exaltant peut-être ou la chargeant d'angoisse, provoquant bien des réflexions sur la « condition humaine ». L'angoisse cosmique inspirera à André Malraux d'éloquentes méditations à résonance pascalienne et fournira à certains poètes modernes une imagerie nouvelle : la terre, devenue l'étroite demeure de l'homme, y apparaît comme perdue, tournant dans un vaste univers de pierre et de feu. Dans ce cosmos, l'importance que l'homme s'attribue semble dérisoire, et l'univers littéraire anthropocentrique paraît à certains esprits se rattacher à des représentations quasi médiévales.

A l'autre bout de l'échelle, grâce aux puissants cyclotrons, les recherches sur la constitution de la matière aboutissent à la découverte *d'une source d'énergie nouvelle* dont la puissance de transformation des modalités de l'existence humaine semble illimitée. L'ère atomique s'annonça par un événement qui frappa d'une sorte de terreur les hommes sur la planète entière : la bombe atomique lancée le 6 août 1945 sur Hiroshima. Dès lors le pouvoir de destruction de l'énergie nucléaire a éclipsé dans les imaginations ses autres promesses. Sous la menace des armes thermonucléaires et des dangers non résolus de radiation et de pollution qui accompagnent l'utilisation de cette source nouvelle d'énergie, les « enfants d'Hiroshima » (Pierre Emmanuel) sentent une menace peser sur leur avenir et sur l'avenir de la planète.

La biologie moléculaire et le code génétique

« Drôle de vie la vie de poisson, doradrôle, vairon. » Ainsi dans le roman *Saint Glin-Glin* de Queneau commence le monologue d'un personnage méditant devant les étranges habitants d'un aquarium. Descendant l'échelle des poissons jusqu'aux organismes les plus primitifs, il se demande où se place cette ligne qui sépare l'organisme conscient des autres formes vivantes. Il pose à l'envers la question de l'évolution biologique et de l'unité de toutes ces créatures bizarres dont il ne se sent pas du tout l'aboutissement prédestiné. Qu'est-ce que la vie ? et quelle est la place et la nature de cet organisme complexe qu'est l'homme dans les schèmes évolutionnaires ? Ce sont les grandes questions que depuis Darwin se posait la biologie.

En 1970 paraissaient deux essais de biologistes qui, cinq ans auparavant, avaient obtenu un prix Nobel : *Le Hasard et la Nécessité* et *La Logique du vivant*. Jacques Monod et Francis Jacob s'interrogeaient sur le sens de développements récents en biologie. Ceux-ci découlaient de la découverte que faisaient en 1953 les Américains Watson et Crick travaillant au niveau ultramicroscopique de la molécule. Il s'agit de la découverte de la « double hélice », c'est-à-dire de la structure de l'acide désoxyribonucléaire (ADN). Cette découverte éclairait le fonctionnement de la cellule, élément biologique infiniment complexe, centre d'un processus commun à tous les êtres vivants, qui règle le mécanisme de leur reproduction. Ces travaux montraient que l'ADN, élément du noyau cellulaire, était porteur d'un code ; que les mécanismes cellulaires assuraient la transmission de ce code qui réglait rigoureusement le développement de l'organisme et sa reproduction. Ainsi, la « double hélice » de l'ADN contient toute l'information dont l'être vivant a besoin pour se gouverner et elle détermine son organisation. Le biologique apparaît alors essentiellement comme un phénomène physico-chimique, un système capable de résister pendant un certain temps à la loi de l'entropie et disposant d'un système cybernétique d'auto-régulation, le code génétique. Selon ces biologistes seules des modifications *accidentelles* venues soit du milieu extérieur, soit de pressions intérieures introduisent des modifications dans les caractères d'une espèce qui autrement restent invariants. Dans cette perspective, c'est donc, paradoxalement, au hasard que se modifieraient les rigoureux codes structuraux qui différencient les espèces. Tout organisme, l'homme comme les autres, serait un produit essentiellement aléatoire, le produit d'une sorte de « loterie cosmique » (Edgar Morin). Comme les autres organismes vivants, l'être humain, selon Monod, ne peut donc plus penser sa vie en termes d'une force — Dieu, vitalisme ou Histoire — qui lui donnerait une place et une signification dans un schème évolutionnaire prévisible et continu. Le phénomène évolutif ne comporterait ni filiation, ni continuité, ni finalité. L'organisme biologique qu'est l'homme serait pur accident.

« Il ne faut plus songer à la vie, écrivait Michel Foucault (*Le Monde,* 15-16 novembre 1970), comme à la grande création continue et attentive des individus ; il faut penser le vivant comme le jeu calculable du hasard et de la reproduction. » « L'homme, conclut Jacques Monod, sait enfin qu'il est seul dans l'immensité indifférente de l'univers d'où il a émergé par hasard. Non plus que son destin, son devoir n'est écrit nulle part. » La science biologique qui se constitue seulement aujourd'hui débouche sur d'austères perspectives qui rejoignent la vision « absurde » de Camus cité par Monod. Ainsi, ébranlés par leurs découvertes, certains savants — dont Monod et Jacob — cherchent, dans la grande tradition de Francis Bacon, Descartes, Pascal, Newton, Darwin et Poincaré, à tirer les conséquences humaines de leurs recherches et à démystifier une société gouvernée par des schèmes désuets. Cependant, la théorie présentée par les deux chercheurs présente une solution à une contradiction fondamentale : étant donné la nature systématique des lois physico-chimiques, comment expliquer l'évolution des organismes vivants ? La conception qui voit dans tout phénomène présent le résultat d'un développement causal linéaire, c'est-à-dire pour laquelle tout phénomène est déterminé par son *histoire* diachronique s'opposait en effet à la conception structurelle qu'illustre le concept du code génétique. C'était là un exemple des dichotomies (peut-être la dichotomie la plus évidente) qui caractérisent toute la pensée contemporaine. Elle semble avoir été dépassée au moins dans ce domaine.

L'informatique

C'est en 1948 qu'un chercheur américain, Claude E. Shannon, formulait une « théorie mathématique de la communication ». La même année, un autre chercheur, Norbert Wiener, publiait un livre intitulé *Cybernetics,* donnant ainsi son nom à une jeune et vigoureuse science. Le mot cybernétique était dérivé du mot grec qui signifie « gouvernail ». Il désignait désormais « l'ensemble des théories relatives aux communications et à la régulation dans l'être vivant et la machine ». L'informatique, plus vaste, comprend à la fois la cybernétique et ses applications technologiques. L'essor de cette science de l'information a été assuré après la guerre par le développement d'un outil nouveau, issu de l'électro-mécanique, l'électronique. Par contraste avec la réaction générale devant l'énergie nucléaire, les réalisations dues à l'électronique se sont intégrées aisément à toutes nos activités quotidiennes, et ceci à l'échelle planétaire : écouter la radio ; regarder la télévision ; téléphoner ; retenir un billet d'avion, tous ces gestes se règlent aujourd'hui grâce à l'électronique. Autour de nous des mécanismes familiers reçoivent et émettent des signaux de toutes sortes, transmettent des messages, font avec une grande rapidité des calculs de plus en plus complexes, contrôlent d'autres mécanismes, et sans intervention humaine, corrigent leurs propres erreurs. Ils accomplissent donc des opérations qui semblaient être la prérogative du cerveau humain. Pascal déjà avait construit une machine à calculer. Aujourd'hui les grands ordinateurs électroniques sont dotés de ce qu'on appelle par analogie des « mémoires ». Ce sont des appareils d'enregistrement qui conservent les données enregistrées et en tiennent compte dans des opérations ultérieures. Ces mémoires permettent, dans les limites du code qui les régit, de donner rapidement des solutions à des problèmes complexes qui demanderaient à un cerveau humain des heures infinies de travail. Leur fonctionnement est fondé sur une théorie de la communication dont le vocabulaire spécialisé, doublant un vocabulaire courant — message, information, communication même — peut créer pour les non-initiés une certaine confusion, d'autant plus que si le médium grâce auquel nous communiquons le plus souvent est le langage, il n'est qu'un des media dont traite la théorie en question. Le mot « communication », selon Shannon, désigne tous les processus grâce auxquels un esprit peut agir sur un autre, définition qu'il juge incomplète puisque, dans certains cas, comme celui des missiles téléguidés, le mot s'applique à des mécanismes qui modifient le comportement d'autres mécanismes. Non seulement la parole, et tous les arts, mais tous les comportements humains font partie de son champ d'investigation. Ce qui intéresse l'informatique, ce n'est pas le *contenu* de ce qui est communiqué, mais la *manière* dont cette communication peut être assurée.

La science de l'information repose sur une théorie *physique* des langages divers qui sont mis en action dans l'acte de communication, y compris le langage parlé ou écrit. Le langage perd son statut de « logos ». L'informatique comprend donc deux zones de recherches : les problèmes techniques ; les recherches biologiques, puisque le cerveau et le système nerveux central humain sont en quelque sorte le « modèle » même d'un mécanisme de réception, de transmission et d'émission de messages. Dans le processus de communication, selon Shannon, les problèmes qui se posent sont de trois sortes :

● Avec quel degré d'exactitude les symboles utilisés — écriture, voix, image à deux dimensions, signes mathématiques — peuvent-ils être transmis de l'émetteur au récepteur ? (Problème technique.)

● Comment passer de la transmission à l'interprétation du message ? (Problème sémantique.)

● Comment mesurer et assurer l'efficacité du message, c'est-à-dire la réaction du récepteur ?

A l'origine du processus il y a donc une source d'émission qui choisit un message à transmettre parmi une quantité infinie de messages possibles : une suite de lettres, de notes de musique, de taches de couleur. L'appareil de transmission *transforme* le message en un *signal* qui passe par une voie (fil électrique, rayon lumineux, signaux électriques) au récepteur, lequel refait en sens inverse le travail du transmetteur. Il y a donc un changement du message en signal, c'est-à-dire un *codage*. Et le problème qui se pose est de trouver un code efficace. Le mot information dans ce contexte a un sens spécial : il désigne le degré de liberté dont à l'intérieur du système dispose l'émetteur dans le choix du message à transmettre, par rapport au degré d'exactitude et d'efficacité de la transmission. Il relève de la statistique, donc d'une théorie mathématique. Un système de communication doit être capable de transmettre tout message que l'émetteur produit. La théorie mathématique qui permet le codage repose sur la notion de probabilité : dans tout assemblage de lettres par exemple, choisies successivement, le choix de la première, par rapport aux vingt-six lettres de l'alphabet, est libre, mais dès la deuxième, la liberté du choix diminue et devient de plus en plus limitée à mesure que les lettres, puis les mots se succèdent. La probabilité de l'apparition des symboles est conditionnée par ce qui les précède et peut être mathématisé, permettant l'établissement du codage de transfert qui assure l'exactitude maxima de la transmission.

Les conséquences pratiques de cette science nous sont familières. Du point de vue des recherches littéraires, leurs possibilités commencent déjà à apparaître. Elles bouleversent l'organisation des bibliothèques ; elles peuvent fournir rapidement des renseignements bibliographiques, tracer l'état présent d'une question précise. En outre, elles offrent un outil d'analyse textuelle dont les possibilités et les limites restent encore mal définies. Plus important peut-être, elles permettent d'aborder sous un nouvel angle les problèmes du langage et de cette forme spéciale de la communication qu'est la littérature : le texte littéraire relèverait d'abord d'une problématique des signes.

Toute langue, par ses structures, constitue en effet un système codé qui permet la transmission d'une série de « messages » ; pour la langue française la liberté de sélection de l'émetteur serait d'environ cinquante pour cent. Il semble donc que toute une zóne d'échanges par la parole ou l'écriture soit structurée d'avance ; et que le système dans sa totalité limite les combinaisons nouvelles transmissibles. Certaines des théories des linguistes ainsi que les recherches de groupes comme *Change* ou *Tel Quel* ont été profondément influencées par l'informatique.

D'autre part, la cybernétique, plus particulièrement liée à la neurophysiologie, pose la question de la nature même de la pensée. Le fait est que l'ordinateur offre un « modèle » mécanique des processus, conscients et inconscients, de la pensée humaine et peut la remplacer déjà avec un maximum d'objectivité lorsqu'il s'agit de décisions encore simples, mais où entre un élément de jugement. Cette capacité a toujours été considérée comme spécifiquement humaine. Du point de vue de la création littéraire, Paul Valéry déjà, au cours des heures matinales qu'il passait en tête à tête avec ses *Cahiers,* avait longuement médité sur les opérations grâce auxquelles, partant d'un choix aléatoire — la première ligne d'un poème et de l'ensemble de règles qu'elle propose (rythme, vocabulaire, jeu de sons) — le poète (ou serait-ce le langage ?) produit quasi mécaniquement ce système linguistique qu'est un poème. L'une des ambitions de certains écrivains — dont Georges Bataille — sera de transgresser les limites du code linguistique admis en littérature. Examinant cet outil qu'est le langage critique en circulation, de nombreux « nouveaux critiques », dont Roland Barthes, chercheront à renouveler le « message » en renouvelant le code linguistique en usage. Et les recherches d'une revue comme *Communications* sont pour une part, nous le verrons, influencées dans leur méthodologie et leurs préoccupations par la théorie de l'information. Le lecteur a parfois l'impression que leur effort est moins scientifique qu'il ne se veut et qu'il y a parfois un parti-pris d'ésotérisme dans leurs travaux et débats. Il n'en reste pas moins que les questions que pose la cybernétique renouvellent notre façon de nous situer par rapport à nous-mêmes et à notre propre activité d'organismes vivants doués de la parole.

La linguistique

Le linguiste moderne se propose d'étudier la langue en tant que système de signes — ou sémiologie — qu'il s'agit de décrire avec exactitude en mettant entre parenthèses la question du sens qu'il transmet, et en dehors de tout souci de son évolution passée afin d'en formuler les principes explicatifs, à tous les niveaux, phonologique, syntaxique, sémantique. En ceci son activité se distingue nettement de l'étude comparative et historique des langues qui avait été le domaine des philologues. Un demi-siècle sépare le *Cours de linguistique générale* (1916) de Ferdinand de Saussure du livre d'Émile Benveniste, *Problèmes de linguistique générale,* un demi-siècle au cours duquel la linguistique a poussé ses recherches en plusieurs directions. Ce sont les théories de la linguistique générale que nous examinerons brièvement ici, parce que ce sont elles qui ont profondément affecté le vocabulaire et les théories littéraires à partir de 1960 [1].

Le *Cours de linguistique générale* de Saussure est un ensemble de notes publiées après sa mort. Il propose une problématique du langage et une méthodologie que l'on a rattachées rétrospectivement à la linguistique structurale qui, à proprement parler, a été développée indépendamment à la même époque par un petit groupe de chercheurs à Moscou, puis à Prague, les « formalistes » Shlovsky, Eichenbaum, Propp, Jakobson et Troubetskoy parmi d'autres, puis au cours des années cinquante par un linguiste américain, Noam Chomsky. Les travaux de Saussure et des formalistes russes n'ont eu aucun retentissement en France avant la rencontre aux États-Unis, dans les années quarante, de Roman Jakobson avec l'anthropologue Claude Lévi-Strauss. Dès le début donc, dans la France de l'après-guerre, la linguistique et l'anthropologie dites « structurales » ont été étroitement associées, créant parfois des confusions de terminologie.

La linguistique de Saussure comportait une théorie du signe, théorie qui a une longue histoire, et une théorie originale de la langue comme système. Saussure présentait le signe linguistique comme arbitraire, c'est-à-dire comme n'ayant aucun rapport nécessaire avec les choses auxquelles il se réfère. L'ordre des mots donc ne s'articule pas avec l'ordre des choses. Le signe réunit deux éléments, unis comme les deux faces d'une pièce de monnaie, selon l'image même de Saussure : une image acoustique, le signifiant ; et un concept, le signifié. D'autre part, Saussure faisait une distinction entre la langue et la parole. Il avançait l'hypothèse qu'une langue est un système synchronique où « tout se tient » ; la parole serait ce segment du tout où puise l'individu lorsqu'il exerce sa faculté de parole. Cette sélection serait inconsciente, le code linguistique ayant été intériorisé. Pour Saussure la langue est le fait du groupe social, la parole est l'usage que fait l'individu du code linguistique du groupe.

Il restait à articuler l'un par rapport à l'autre le concept de signe et celui de système pour obtenir la notion de langue comme structure, un concept qui se développera à partir de la phonologie, puis, avec Chomsky (qui reprend en les appelant compétence et performance les concepts saussuriens de langue et de parole), de l'étude de la syntaxe, comme l'a explicité Nicolas Ruwet dans son *Introduction à la syntaxe généralisée*. La phonologie se propose de dégager la structure de tous les sons significatifs possibles que

---

1. L'exposé qui suit doit beaucoup à cinq pages magistrales de Peter Caws, professeur de philosophie (*Diacritics*, Summer 1973, p. 15-21).

permet une langue ; il s'agit d'autre part de définir la structure propre à toutes les séquences significatives de mots que cette langue permet. La « parole » est donc pour Chomsky une « combinatoire » qui présente une part de contrainte et une part de libre choix dans la combinaison d'unités linguistiques. Cette liberté n'existe pas au niveau des phonèmes, très peu dans la création de mots nouveaux. Elle est un peu plus grande dans l'organisation de phrases à partir des mots et augmente considérablement dans le jeu de combinaison des phrases qui peut créer des contextes, donc des messages, nouveaux. Les contraintes qu'exercent les « règles » phonologiques et linguistiques assurent la communicabilité de ce qui est dit ou écrit ; et dans la mesure où l'individu use des possibilités de combinaisons inédites, la langue permet ce que Chomsky appelle un usage « créateur » du langage.

Les recherches des formalistes russes portaient uniquement sur le langage littéraire. Plutôt que de la linguistique proprement dite, elles relèvent donc directement de la critique ou de la théorie littéraires. Pour les formalistes, toute œuvre littéraire et tout genre littéraire constituent un système fermé dont la structure linguistique doit être étudiée en dehors de tout « message » ou contenu. Bien entendu, qu'il s'agisse de linguistique ou de ce qui fut désigné plus tard par le terme « structuralisme », la mise entre parenthèses des questions relevant de la sémantique (l'étude du rapport entre un système linguistique et un système de connaissance) est une question de méthodologie et non une affirmation de l'irréductible rupture entre le langage et la pensée ou toute autre expérience. Dire qu'un système linguistique est synchronique, c'est-à-dire tout entier « présent », est une hypothèse qui permet au linguiste d'étudier le fonctionnement du langage séparément de l'évolution des données historiques d'une langue. Dire que l'on peut déterminer la structure du conte, par exemple, sans se préoccuper du contenu de chaque conte, ce n'est pas nier ces contenus, mais dégager le système constant de relations qui les organise, c'est-à-dire le « modèle » générateur typique.

Mais si certains domaines de l'étude de la linguistique sont proprement scientifiques, ainsi la phonologie, d'autres explorations spéculent à partir de métaphores empruntées à la science sans arriver pour autant à des conclusions rigoureuses. Ce fait est important lorsqu'on aborde les « modèles » du structuralisme littéraire. Ce sont des modèles hypothétiques, descriptifs et analytiques, qui ouvrent la voie, non encore à une science de la littérature, mais, d'une part, à une théorie littéraire, d'autre part, à une nouvelle rhétorique du discours. Liée à la linguistique, une science des signes ou sémiotique cherche à se constituer, dont le premier congrès international en juin 1974 soulignait à la fois la vigueur et les incertitudes. L'éclectisme des points de vue, corrigeant les divers dogmatismes des groupes français, démontrait que la sémiologie est bien loin encore d'avoir trouvé les résultats scientifiques recherchés.

Ce compte rendu rapide de concepts scientifiques nouveaux, liés à des démonstrations mathématiques complexes, est forcément réducteur. Ce qui importe, comme le signalait le philosophe anglais Bertrand Russell, c'est l'effort intellectuel qu'ils exigent. Il faudra encore deux ou trois générations peut-être pour changer certaines images et habitudes mentales. Notre époque est caractérisée par une augmentation sans précédent de connaissances scientifiques que rien ne semble devoir arrêter, et nous ne pouvons imaginer ce que nous saurons demain. Ce processus affecte le système établi de représentations qui donnait à la vie individuelle une certaine sécurité. Parmi celles-ci se place la représentation de la nature et de ses lois, c'est-à-dire de la « réalité ». Les changements d'optique inéluctables qu'entraîne cette actualité scientifique ont affecté très lentement et inégalement les modes de pensée collectifs de la France, pays de vieille culture peu enclin dans l'ensemble aux aventures intellectuelles, en dehors des constructions traditionnelles et formelles de la pensée métaphysique. Il en sera de même pour les recherches sur la nature humaine, sur le rapport de l'individu et de la collectivité, se développant elles-mêmes avec la recherche scientifique et à la fois influencées par elle. De sorte qu'en dehors de groupes assez restreints de spécialistes, ce seront les générations d'après 1950 qui prendront conscience brusquement de l'insuffisance des concepts dont ils héritaient. D'où la révolte latente, l'esprit de contestation et la volonté de renouvellement qui caractérisent les milieux universitaires et littéraires dans l'après-guerre ; et la fascination qu'exercent sur certains d'entre eux le langage mathématique et les processus théoriques propres aux sciences.

Le comportement humain : nouvelles perspectives

« L'homme, disait Cocteau, n'a pas tellement changé depuis Homère. » Ce lieu commun classique n'est pas partagé par les psychotechniciens du comportement, « behavioristes » américains et « pavloviens » soviétiques.

Pour Freud les données de la nature et de la situation humaine restaient les mêmes, mais il pensait aussi que de tout temps les hommes les avaient méconnues.

Ces deux orientations antagonistes des recherches psychologiques ne trouvent que tardivement un écho en France dans le milieu bourgeois, satisfait des modèles psychologiques hérités du XVIIe siècle, retouchés par le siècle des lumières, à peine affectés par le darwinisme du XIXe. Devenus des vérités de manuel ces modèles prévalaient encore dans le drame et dans les romans d'analyse morale à la Paul Bourget. Behavioristes et psychanalystes mettent en question un des bastions de la pensée française — héritage chrétien et cartésien —, le respect de la conscience individuelle, et la croyance en la capacité départie à tout individu de régler son comportement sur les injonctions de cette conscience, source de raison et de vertu.

Psychotechniques

Les psychotechniciens étudient les réflexes des êtres — animaux et humains — et dans des situations soigneusement déterminées, la façon de susciter automatiquement et ainsi de contrôler leurs réactions tant physiologiques que psychologiques. Toute une pédagogie et une éthique, une politique aussi et même une métaphysique peuvent être et seront déduites logiquement de leurs observations. Ces recherches n'influenceront guère les écrivains français, sauf peut-être les auteurs de science-fiction qui exploitent les versions modernes de « l'homuncule » médiéval, l'homme-monstre ou le robot fabriqué dans les laboratoires. Ce sera un Anglais, Aldous Huxley, très proche des milieux scientifiques, qui dans *Le Meilleur des mondes* (1932), un best-seller, fera la satire virulente d'une société fictive où l'individu, dès avant même sa naissance, est déshumanisé par le conditionnement impitoyable que lui impose une technocratie au pouvoir. *L'Archipel du Goulag* de Soljenitsyne (1974) devait montrer l'aspect prophétique de cette utopie. Ce ne sera sans doute qu'à partir du milieu du siècle, avec le développement de la neurochirurgie, de la chimie biologique et de la cybernétique, que l'on commencera à saisir dans toute son étendue l'écart croissant entre les faits établis et les schèmes d'explication psychologique en circulation. Pour ce groupe de psychologues l'analyse psychologique n'est qu'un long bavardage stérile.

Psychanalyse

C'est Freud qui, sans contestation possible, pendant une trentaine d'années, construit pas à pas et malgré de graves controverses une théorie révolutionnaire du fonctionnement psychique et une nouvelle thérapeutique, la *psychanalyse,* qui auront une influence si profonde qu'on considère parfois l'avènement de la psychanalyse comme le « grand événement » de ce siècle. Si les psychotechniciens s'intéressent au comportement extérieur observable et aux lois qui le régissent, Freud, lui, concentra son attention sur les processus subjectifs, souvent profondément masqués, de la psyché humaine. Entre 1921, date où paraissait *La Psychanalyse* de Freud, dans la traduction d'Yves Lelay, et 1936, date de publication de ses *Cinq Psychanalyses* (trad. M. Bonaparte et

R. Loewenstein), la majeure partie des ouvrages de Freud paraissait en français avec un retard souvent assez considérable. Ainsi, c'est en 1925 seulement que *Le Rêve et son interprétation,* qui date de 1900, a connu une traduction française. Si le milieu culturel français restait indifférent à la psychologie du comportement, il montrait à l'égard du freudisme une hostilité qui étonnait Freud lui-même. Une des élèves de Freud, médecin psychanalyste, le Dr Eugenia Sokolnicka appelée à devenir la Sophroniska des *Faux-Monnayeurs,* tenta sans succès, au sortir de la guerre, d'éclairer le groupe de la N.R.F. sur celui que Gide appelait « cet imbécile de génie ». Rares sont les travaux inspirés de Freud qui paraissent en France avant 1914. Après la guerre, la diffusion de son œuvre est assurée partout par Charles Baudouin à Genève et par la Belgique où en 1924 *Le Disque vert* lui consacre un numéro. Quelques médecins psychanalystes — les docteurs Allendy, Laforgue et Marie Bonaparte — sont connus dans certains cercles intellectuels restreints et travaillent à habituer les Français aux concepts freudiens. C'est en 1926 seulement que se constitue la Société psychanalytique de Paris; mais ce ne sera guère qu'à partir de 1953, à l'occasion de la rupture du Dr Jacques Lacan avec cette société établie, que les milieux culturels français passeront de l'indifférence à une sorte d'engouement. Cet engouement est déclenché à retardement par ce qui est en fait une réinterprétation personnelle de Freud. Lacan propose une théorie nouvelle du fonctionnement de la psyché. Il la fonde sur une analyse du langage et ne se soucie que secondairement du but que se proposait Freud, « la connaissance concrète de l'homme ». Cet engouement a assuré à partir de 1960 la diffusion de textes freudiens, dont certains ont été réédités en livre de poche. Une compréhension plus réfléchie de la pensée de Freud, de sa nature, de ses apports et de ses limites touchait désormais un public de plus en plus vaste.

Freud avait adopté une thérapeutique devenue familière : le malade, allongé sur un canapé, était encouragé à parler librement, au fil de ses associations mentales; présent, le psychanalyste restait en retrait, invisible. Freud décela peu à peu dans le langage de ses clients des associations troublantes, des déplacements de sens, des lapsus en apparence absurdes. L'étude de ces phénomènes l'amena à formuler l'hypothèse de l'intervention de processus inconscients de symbolisation dans les représentations de la réalité que projetait le malade; un « censeur » semblait donc intervenir, qui mettait obstacle à une prise de conscience claire des conflits psychiques dont le malade était victime. Ce refoulement, Freud l'attribuait à la présence d'un sur-moi — figure paternelle ou divine, loi ou coutume sociale, sorte de juge intériorisé qui punissait le moi coupable d'enfreindre une injonction inviolable, un tabou. Cette culpabilité, Freud la liait à la sexualité, prise dans un sens large, c'est-à-dire comme « libido », aspiration violente au plaisir, le désir sexuel étant sa forme la plus courante. Il faisait remonter à la première enfance les modalités de satisfaction ou de privation de ce désir qui s'établissaient dans le cadre de la famille, père, mère, enfant. Le conflit entre le sur-moi et la libido était, selon lui, l'inévitable résultat de la socialisation nécessaire de l'individu et donnait naissance aux complexes ; parmi eux le complexe dit d'Œdipe était selon Freud le plus fondamental : le désir physique inconscient de l'enfant mâle pour sa mère, sa rivalité avec le père et la culpabilité qu'il en ressent. Ou inversement selon un schème plus complexe, dans le cas de la fille.

Dans le monde du début du siècle, ces notions faisaient scandale, d'où, pensait Freud, la force de la censure que s'infligeaient les patients et le caractère oblique de leur discours qui, sous son déroulement manifeste, contenait un message latent. Freud très tôt rattacha les associations a-logiques du rêve à ce langage indirect. Le rêve était selon lui un des langages du désir refoulé, sa réalisation symbolique et déguisée. La tâche du psychanalyste consistait à faciliter le retour du patient vers l'origine du blocage émotif dont il souffrait, afin de lui permettre de déchiffrer lui-même en quoi il consistait. Pour Freud il n'était pas question de juger ces pulsions déroutantes. Il s'agissait d'en libérer le patient en l'amenant à les comprendre ; cette compréhension devait ouvrir la voie à une normalisation du comportement du malade. La libido, ou besoin de satisfaire son désir, orienterait le comportement enfantin selon le *principe de plaisir ;* la maturité consisterait à accepter les limites et contraintes du *principe de réalité.* Les conflits entre le principe de plaisir et le principe de réalité sont donc l'aspect que prend l'inévitable polarité individu-société. Pour Freud, si les schèmes conflictuels sont fondamentaux, la façon dont les individus y sont engagés et les vivent est strictement personnelle : chaque inconscient, pourrait-on dire, élabore son langage. Pour son ami, puis adversaire, C. G. Jung, l'inconscient de chaque individu participe à un inconscient collectif, propre à l'espèce humaine et inscrite dans ses mythes et ses légendes. Mieux accueillies en France que celles de Freud, les théories de Jung, jugées peu scientifiques par les disciples de Freud, s'accordaient plus facilement avec les traditions spiritualistes françaises. A Freud elles paraissent mystification pure. Parmi les romanciers de la génération née vers 1885, ceux qui tentent d'explorer le fond trouble de la psyché humaine, Mauriac, Bernanos, Julien Green, se placent dans le cadre chrétien et leur adhésion aux dualités chrétiennes — âme et corps, mal et bien, péché et grâce — est incompatible avec la pensée freudienne.

A quelques exceptions près, dont le poète-romancier Pierre Jean Jouve, cette génération ne subit guère l'influence freudienne.

La génération qui est née avec le siècle s'avère plus accueillante, bien qu'un

Malraux, voué aux valeurs héroïques d'origine nietzschéenne, condamne la fascination qu'exercent sur les imaginations de ses contemporains les « secrets » que recèle le subconscient qu'il juge monstrueux. Ce n'est pas, pense-t-il, en grattant l'individu qu'on rencontre l'homme, et les « secrets » d'un homme lui importent moins que ses actions : l'homme pour Malraux est ce qu'il fait. Il rencontre sur ce point la pensée marxiste. Les surréalistes — Breton surtout, qui ira voir Freud à Vienne — font à Freud un accueil enthousiaste, mais cherchent surtout en lui une sorte d'authentification de leurs propres convictions. Sur les rapports de l'inconscient et de la surréalité — l'inconscient comme clé de la surréalité, le désir comme voie royale soit vers le merveilleux, soit vers la connaissance du vrai fonctionnement de l'esprit — Freud n'a pas eu grand-chose à dire.

Cependant, certains aspects de la psychanalyse freudienne — surtout l'analyse des « complexes » et des masques que revêtent les passions — avaient si bien pénétré le roman qu'Emmanuel Berl, en 1930 (*Formes,* 5 avril), dénonçait l'abus qu'on faisait du freudisme. C'est pourtant assez lentement, après 1950, que le freudisme se fait vraiment sentir surtout dans le roman. Et peut-être est-ce à travers l'*Ulysse* de Joyce, le plus freudien des romans de l'époque, qu'une génération accède à la vision freudienne.

Portés par une seule voix, celle du « je » d'un sujet, des mondes romanesques apparaissent où les plans temporels se situent verticalement les uns par rapport aux autres. Ils interfèrent et se confondent, posant le problème des mythes et des masques du sujet. C'est alors aussi que dans le domaine critique les freudiens, qui jusqu'alors s'étaient cantonnés dans la biographie psychanalytique des écrivains se tournent vers l'interprétation psychanalytique de textes littéraires.

Pour Freud, l'activité de l'artiste est analogue à celle du rêve, l'artiste substituant au monde rétif de la réalité un monde imaginaire qui le satisfait. L'auteur qui se croyait maître de son œuvre apprend ainsi qu'elle lui échappe et que ses intentions les plus claires sont sujettes à l'interprétation. La révolution freudienne, dans la mesure où l'écrivain en accepte le bien-fondé, change les rapports de l'auteur avec son texte et avec ses critiques. C'est *l'obliquité* du discours littéraire chargé d'un sens caché que cherche à mettre au jour le critique qui applique au langage les analyses psychnalytiques.

Psychologie et phénoménologie

Le chapitre deux de la dernière section de l' « essai d'ontologie phénoménologique » de Jean-Paul Sartre, *L'Etre et le Néant* (1943), est intitulé « La Psychanalyse existentielle ». A partir de 1943, pendant une dizaine d'années, elle fournira à toute une littérature, surtout romanesque, son ambiance, ses conflits, son ton moral. Mais, plus profondément, c'est la *phénoménologie* husserlienne, qui sert de base en France aux recherches de Maurice Merleau-Ponty et de Sartre et qui ouvrira la voie à de nouvelles théories du comportement. Dès les années trente la phénoménologie renouvelait la manière d'aborder et de décrire les modalités du comportement. Si la psychanalyse existentielle sartrienne alimente l'œuvre littéraire de Sartre, de Simone de Beauvoir et du groupe qui gravite autour des *Temps modernes* — romanciers, dramaturges et surtout critiques —, c'est la phénoménologie qui fournit aux « nouveaux écrivains » des années cinquante leur problématique. Et cette problématique modifiera leur conception même du roman.

Elle servira aussi de point de départ à une pensée catholique, préoccupée d'humanisme, en rupture avec les schèmes traditionnels. Le « personnalisme » d'Emmanuel Mounier que présente son *Traité du caractère* (1946) et la philosophie de Gabriel Marcel, ainsi que son théâtre, s'y rattachent en partie. La psychologie existentielle est liée à une *méthode* — la méthode phénoménologique — et à une métaphysique. Mais les deux courants existentiels relèvent de deux courants de pensée antagonistes : de l'idéalisme philosophique, d'une part ; et, d'autre part, du courant de pensée dit existentialiste qui de Hegel à Marx, de Kierkegaard à Nietzsche parcourt le XIXe siècle.

« Tout ce que je sais du monde, même par science, je le sais à partir d'une vue mienne ou d'une expérience du monde sans laquelle les symboles de la science ne voudraient rien dire », écrivait Maurice Merleau-Ponty expliquant dans la *Phénoménologie de la perception* (1945) la pensée de Husserl. Ce point de vue avait amené Husserl à reposer le problème de la perception, donc de la conscience, à partir d'une méthode d'étude — la phénoménologie. La phénoménologie est l' « essai [...] de description directe de notre expérience telle qu'elle est, et sans aucun égard à sa genèse psychologique et aux explications causales que le savant, l'historien ou le sociologue peuvent en fournir » (Merleau-Ponty). Il s'agit de faire méthodiquement « table rase », comme l'avait fait Descartes, et d'écarter, toutes nos réactions « naturelles », acceptées, afin de réexaminer comment les phénomènes nous apparaissent immédiatement, comment ils nous sont « donnés » dans la perception. La conscience est alors un « regard » en perspective sur le monde.

Les philosophes idéalistes séparent la conscience et le monde et posent comme principe que notre connaissance du monde ne peut se fonder que sur les images *(eidos)* que nous en avons. Dans la polarité monde-conscience, le monde « réel » est élidé. Les philosophes positivistes font de la conscience une sorte de poste d'observation situé en dehors du monde. Elle peut acquérir une connaissance objective du monde, mais elle est elle-même éliminée de cette réalité. Pour Husserl le monde et la conscience apparaissent simultanément. Le monde est expérience et se révèle à l'individu comme champ de son activité. La perception du monde est donc aussi une visée sur le monde, une visée chargée d'intentionnalité, donc de sens. L'épistémologie et la psychologie se rejoignent.

La psychologie classique pose à l'origine *l'être*. Toute activité en est la *conséquence*. Pour les empiristes et positivistes l'homme se définit en fonction de ce *qu'il fait*. La phénoménologie, en revanche, propose une équation entre le moi et ce que ce moi perçoit, c'est-à-dire la structure qu'il donne au monde, structure qui révèle le mode de son existence. Pour l'écrivain, surtout pour le romancier, ce point de vue est révolutionnaire. Il transforme les conceptions courantes du « personnage » et de ses rapports avec son milieu. L'analyse psychologique classique, la description objective du milieu, les rapports entre l'individu et le milieu sont remis en question. Si l'individu se révèle par la manière dont il structure le monde qu'il perçoit, le monde et l'individu qui en émerge deviennent problématiques.

Le freudisme et la phénoménologie posent donc tous deux la question du caractère incertain de nos représentations de la réalité et celle de leur signification. Dans les deux cas la ligne de démarcation entre la fiction et la réalité s'efface. Tous deux mettent en question la valeur heuristique des explications traditionnelles du comportement et proposent de nouveaux procédés d'investigation et de déchiffrage des conduites : le discours libre et en apparence chaotique du patient freudien livre peu à peu un centre caché qui en organise le cheminement — par déplacements, substitutions, ellipses. L'organisation de la réalité, implicite dans toute activité humaine, devient le lieu de l'exégèse phénoménologique.

Mais tandis que le freudisme se propose d'amener à la conscience du patient un processus subjectif, la phénoménologie s'oriente vers le contexte social et idéologique qui sous-tend la perception individuelle du réel. Elle débouche sur une interrogation sociale et métaphysique.

CHAPITRE IV

Métaphysiques,
humanismes et mythologies

« NOUS NE CROYONS plus aux significations figées, toutes faites que
livrait à l'homme l'ancien monde divin et à sa suite l'ordre rationaliste du XIXᵉ siècle, mais nous reportons sur l'homme tout notre
espoir : ce sont les formes qu'il crée qui peuvent apporter des significations au
monde » (*Pour un Nouveau Roman,* 1963). Cette déclaration d'Alain Robbe-
Grillet résume, tout en le simplifiant, le courant de pensée qui domine notre
période. L'œuvre de Gide, celle de Proust, comme la vision de Malraux et la
pensée de Sartre ou les recherches de Bataille, pour complexes qu'elles
soient, s'y rattachent. Lévi-Strauss, dans *Tristes Tropiques,* fait écho à la révolte
du jeune Nizan, à l'insatisfaction de Sartre devant la philosophie universitaire, idéaliste, rationaliste et humaniste. Durkheim déjà avait noté chez ses
contemporains le penchant à présenter une certaine forme de pensée (claire,
logique, cartésienne, française) comme modèle pour l'humanité entière. Au
sortir de la guerre de 1914 cette confusion semble se réaffirmer. Un nationalisme assez étroit, répandu dans le milieu intellectuel, prétend fonder sa
croyance à la supériorité de la culture française sur l'idéal humaniste qu'elle
propage et dont elle a l'exclusivité.

LES CONTRADICTIONS DE LA PENSÉE :
LES RATIONALISMES ET L'IRRATIONNEL : 1920-1936.

La pensée catholique

1922 voit la publication de *L'Anti-moderne* de Jacques Maritain, philosophe catholique néo-thomiste. Théocentrique et rationaliste, la doctrine de

Maritain accepte le dogme théologique ainsi que la hiérarchie de valeurs et d'autorité qu'il établit. Le philosophe selon Maritain a pour tâche de justifier ce dogme sur le plan de la raison. Le thomisme propose une organisation hiérarchique des êtres créés, dont l'homme est, parmi les êtres terrestres, le plus haut échelon. L'homme se définit par une « essence » humaine universelle d'origine divine que, dans leur existence, les hommes s'efforcent de réaliser. L'Anti-moderne de Maritain attaquait les positions de Maurice Blondel, pour qui l'individu découvre la présence de Dieu dans l'engagement volontaire. Le choix sans cesse renouvelé de vivre la vie chrétienne libérerait alors chez l'individu l'énergie spirituelle qui l'ouvre aux autres et à l'amour divin. Dans son *Journal métaphysique* (1917), Gabriel Marcel, plus proche de Blondel et de Kierkegaard que de Maritain, pose les jalons d'une expérience religieuse qui se propose d'aborder le mystère divin à travers la connaissance et l'amour des individus où il s'incarne.

Durant les années trente, Emmanuel Mounier, profondément affecté par le spectacle de l'injustice sociale, placera la source du développement spirituel, donc de la personnalité, dans la participation à une communauté chrétienne activement soucieuse des problèmes sociaux de l'heure ; tandis que Simone Weil, proche de Mounier au départ, suivra sa propre voie dans une « Attente de Dieu » de plus en plus intense, ascèse du corps et de la pensée poursuivie à travers la lutte sociale engagée en faveur du prolétariat, puis contre le fascisme. Elle vivra à la fin en sa personne, jusqu'à la mort, la passion de la France envahie. Malgré Maritain, figure en apparence dominante, ce sont les formes non dogmatiques de la pensée chrétienne qui donnent à l'époque sa couleur religieuse. Relevant de l'expérience subjective, elles puisent aux mêmes sources que l'existentialisme ; et elles n'excluent pas, comme le catholicisme « bien-pensant », le dialogue avec le communisme, tout en refusant de penser l'homme en dehors du cadre métaphysique chrétien.

A la recherche d'une synthèse

A côté de la littérature catholique bien-pensante imbue d'un spiritualisme discret à tendance moralisatrice, la recherche religieuse sera à l'origine d'œuvres littéraires tourmentées, celle de Georges Bernanos plus encore que celles de François Mauriac ou de Julien Green. Et c'est sans doute l'absence et le besoin de certitudes religieuses qui pousseront certains esprits comme Georges Bataille à rechercher les formes de transcendance grâce auxquelles, dans d'autres civilisations, les hommes ont dépassé les limites de la condition humaine en accédant à des états extatiques, non par l'ascèse, mais grâce à la pratique « d'excès » — érotisme, torture, débauche — pratiques qui, dans notre société, relèvent de la pathologie. Dans ce cadre la mort, qui n'est plus le prélude à quelque éternité, devient la limite obsédante et le seuil qu'il faut forcer. Incommunicable en langage rationnel, par définition même, cette recherche alimentera des œuvres qui dénoncent ou brisent toutes les conventions littéraires.

« Rien n'empêchera, écrivait Jules Romains en 1922, que le vingtième siècle ne soit un siècle d'organisation, de construction comme le furent chacun à leur façon le treizième et le dix-septième » (*Ecrits du nord,* novembre 1922). Aucune tentative de synthèse intellectuelle cependant n'a réussi à s'imposer. L'inquiétude métaphysique et le besoin d'y parer marquent l'époque. Il s'agit avant tout d'accéder à une conscience radicalement nouvelle de la « réalité humaine ». C'est le Surréalisme qui pendant les années vingt incarne le mieux la volonté de rupture totale avec la pensée traditionnelle grâce à une Révolution qu'il voulait « étendue vraiment à tous les domaines, invraisemblablement radicale, extrêmement répressive ».

A partir des années trente, divers systèmes de pensée se proposent et, entrant en conflit les uns avec les autres, nourrissent des antagonismes idéologiques. Le besoin de certitude favorise le goût, qui croît avec le siècle, des méthodologies, terminologies et schèmes intellectuels abstraits, trop vite entérinés, trop vite démonétisés, dont les vocables imprègnent la langue.

Paradoxalement, ce goût du système aboutit à une sorte d'anarchie ; 1970 semble rejoindre sur ce point 1920. Mais par une autre voie. Toute synthèse prend rang rapidement parmi les « mythologies », individuelles ou sociales. L'*anthropologie,* étude propre au xxᵉ siècle, ouvre en effet de nouvelles perspectives sur les structures religieuses et autres, grâce auxquelles les sociétés assurent leur continuité et transmettent de génération en génération une expérience collective. Rationnels par rapport à la situation du groupe, accordés à l'ensemble des relations dont la collectivité vit, les systèmes explicatifs apparaissent de l'extérieur comme autant de « mythes », c'est-à-dire simplement comme des manières de parler de la réalité telle que la laisse apparaître la grille des significations et codifications qui régissent la vie du groupe. Ainsi, pour celui qui est situé en dehors du système de croyances qu'il propose, le christianisme apparaît comme un mythe, parmi d'autres ; et il semble que ce soit là le statut éventuel de tout système de représentation du monde. D'où l'importance accordée à la phénoménologie soucieuse des structures *actuelles* de la conscience ; et à des recherches qui délaissent la discipline classique de l'histoire des idées en faveur d'une reconstruction soit dialectique soit « archéologique », selon le mot de Foucault, des structures qui conditionnent la conscience culturelle contemporaine.

« Entre deux mythes » : de l'essentialisme à l'existentialisme

Dès la fin de la guerre de 1914-1918 il apparaît clairement que la vogue de la pensée bergsonienne est passée [1]. Elle avait néanmoins formé des esprits dont certains, surtout parmi les critiques littéraires — l'abbé Bremond, Du Bos, Thibaudet — exercent une véritable autorité, tandis que d'autres — Maritain, Benda — font de leur ancien maître une critique rigoureuse. Un certain vide idéologique se creuse, et les polémiques de l'immédiate après-guerre, engageant surtout les générations d'avant-guerre, opposent le libéralisme traditionnel de la pensée française à un dogmatisme également traditionnel voué au maintien d'un ordre jugé immuable. Ni les uns ni les autres ne mettent en question la primauté de valeurs spirituelles et de principes fondés en raison, aussi incontestables qu'évidents, esprit et raison faisant corps dans l'édifice des arguments. C'est à la défense de ces principes que, dans *La Trahison des clercs* (1927), Benda voue le « clerc », c'est-à-dire le pur intellectuel, dont la tâche consisterait à peser, avec une rigueur intellectuelle implacable, les événements de l'heure selon ces principes-étalons. C'est dans ce cadre que se déroule une des premières polémiques de l'après-guerre — l'enquête lancée en octobre 1922 par la *Revue de Genève* sur l'avenir de l'Europe.

En 1919 déjà, Valéry dans un article intitulé *Sur la crise de l'esprit,* écrit du point de vue de l'Européen pour qui l'Europe avait été jusqu'alors « le cerveau d'un vaste corps », s'inquiétait de la « fragilité d'une civilisation » dont il ne conteste d'ailleurs pas la valeur. Il dénonçait la primauté qu'elle semblait vouloir donner désormais aux forces matérielles sur les forces spirituelles. Par ailleurs Gide et la N.R.F. travaillaient à la « démobilisation de l'esprit », cherchant à obtenir cette autonomie de jugement, dégagé des contingences politiques, que défendait Benda. C'est au nom de ce même esprit que Romain Rolland combattait en faveur d'un internationalisme assez éclairé pour comprendre les aspirations de la jeune U.R.S.S. ; et que Massis s'opposait à lui, faisant de la civilisation française, chrétienne, classique, traditionnelle, le modèle d'un humanisme universaliste, ce « cerveau précieux » du monde que Valéry concevait plus largement comme européen. Ecrasé, selon Valéry, par la masse géographique, démographique, technique du monde issu de la guerre, — victime de passions indignes de lui selon Gide ou Benda ; lié à une culture nationale privilégiée selon Massis, — ou selon

1. Voir le volume précédent, par P.-O. Walzer, p. 125-126.

Romain Rolland à ce que les hommes ont accompli de plus noble, — l'esprit fondait incontestablement pour ces intellectuels les valeurs universelles d'une civilisation porteuse d'un humanisme destiné à tous les hommes, de tous les temps. Aucun ne mettait en question l'autonomie et la primauté de leurs positions ennemies, mais nourries d'un même idéalisme.

Le doute apparaît chez la génération qui les suit. Dans l'*Avant-propos,* écrit en 1919, d'une collection d'essais intitulée *Carnaval est mort,* Jean-Richard Bloch conteste cette conception de la civilisation. Il la réduit au statut d'une idéologie dont l'autorité est affaire de croyance. « Epouvantés de ce qu'ils avaient fait, les hommes se sont pris à examiner la grande idéologie sur laquelle ils se reposent avec confiance, l'idéologie *civilisation* [...]. *Carnaval est mort* signifie que là où disparaît l'adhésion morale à une croyance disparaît le pouvoir fécondant dont cette croyance jouissait à l'endroit de l'art. » Marxiste, Bloch posait les premiers jalons d'une idéologie de remplacement et d'une critique de la culture, à base sociale.

Les enquêtes sur la « crise de l'esprit » et « l'avenir de l'Europe » aboutissaient à un débat confus sur la notion de civilisation ou de culture, termes mal définis ; et à une prise de conscience de sa relativité. En 1920 paraissaient l'*Histoire de la philosophie orientale* de René Grousset ; en 1921 et 1924 l'*Introduction aux doctrines hindoues* et *L'Orient et l'Occident* de René Guénon. Et en 1923 le livre bientôt célèbre de Romain Rolland sur Gandhi. En février-mars 1925, les *Cahiers du mois* publiaient une série d'articles sur « Les Appels de l'Orient ». Vingt-deux écrivains y engageaient un débat qui s'avéra, avec quelques exceptions — Lalou et Breton — profondément nationaliste. Convaincus de la supériorité de l'Occident, s'alignant sur les positions du « Parti de l'Intelligence » dont l'animateur était Henri Massis, les participants étaient à peu près unanimes pour préconiser le maintien des valeurs « françaises » d'origine gréco-romaine et chrétienne et la fermeture aux systèmes de pensée issus de l'Orient, dont le panthéisme, reconnu comme inférieur, corromprait le rationalisme critique, base de la civilisation française. *L'Inde et le monde* (1926) de Sylvain Lévi et *Défense de l'Occident* (1927) de Massis rejetaient avec violence toute ouverture vers la pensée de l'Orient condamnée comme aussi « anti-occidentale, anti-humaine » que le bolchevisme. La discussion révélait la survivance dans l'après-guerre d'un esprit nationaliste étroit, fermé, peu curieux d'affronter d'autres cultures, d'autres manières de penser. En revanche, une minorité que l'éveil des pays orientaux, le prestige de Gandhi, l'essor que prenaient en France les études orientales alertaient, se tourna vers l'Orient, espérant y trouver une voie de renouvellement plus propice que le marxisme.

Ce fut autour de la personnalité de Romain Rolland, figure de médiation s'il en fut jamais, que se cristallisèrent les débats de l'heure : débats qui opposaient un nationalisme intransigeant à un internationalisme pacifiste ou marxiste ; le christianisme au communisme ; la culture « française » à une culture « humaine » universelle ; l'intellectuel engagé à l'intellectuel de la « tour d'ivoire ». Pour le milieu intellectuel bourgeois parisien, en pleine réaction bien-pensante, Romain Rolland, esprit libéral, ghandiste tolérant et socialiste, prend figure après la première guerre de communiste dangereux et même de traître à son pays.

Ce sera, en 1926, le livre du jeune Malraux *La Tentation de l'Occident* qui posera selon une perspective nouvelle le problème de la crise de la civilisation. Malraux, dont l'imagination s'enflammait devant le mystère des civilisations humaines, instruit par un séjour en Indochine, posait le problème de la crise de l'esprit dans un contexte mondial : la rencontre des deux grandes civilisations du monde contemporain, la civilisation chinoise et la civilisation occidentale et leur interaction. Que, dans le ferment révolutionnaire qui parcourait le monde, le sentiment profond qu'a l'oriental du peu de chose qu'est la vie humaine dans l'ensemble du cosmos dont elle est une infime manifestation, s'alliât avec la volonté de puissance de l'occidental ; que, d'autre part, la croyance occidentale à la fertilité de l'individu cédât à la tentation de l'indifférence orientale – ces civilisations aux yeux du jeune Malraux, sombreraient toutes deux : l'une dans l'anarchie, l'autre dans une vie de termitière. Il posait ainsi dès *La Tentation de l'Occident,* le thème de « la condition humaine » et de l'avenir humain en termes nietzschéens urgents et dramatiques dans un contexte nouveau. La violence, le mal, l'irrationnel du monde surgissaient, en effet, comme les données immédiates de l'expérience pour cette génération et non en termes de valeurs « humanistes » idéales. Chaotique, *La Tentation de l'Occident* annonçait un nouveau climat intellectuel. « Malraux, l'homme nouveau – déclarait son ami Drieu La Rochelle – pose l'homme nouveau. L'homme éternel dans une de ses époques. L'homme devant ses problèmes constants : l'action, le sexe, la mort » (*N.R.F.,* 1ᵉʳ décembre 1930). C'est à partir de l'expérience directe de la vie que cette génération-là cherche une pensée cohérente : *le climat existentiel* est né auquel se rattachent également le surréalisme ; le christianisme subjectif, tant celui de Gabriel Marcel, expérience intime, que celui de Mounier, éprouvé dans l'action sociale ; et un marxisme initiateur au monde de l'action, ne s'encombrant alors ni d'exégèse ni de dialectique.

Un maître bientôt dépassé : Alain [1]

En 1938, Célestin Bouglé, directeur de l'Ecole normale supérieure, rassemblait « quelques remarques sur la conception française de la culture générale » et définissait le but de cette culture : fournir à tout Français la possibilité de devenir une personne autonome, au jugement formé par une culture humaniste et philosophique classique : « L'honnête homme de nos jours — concluait-il — cultivé par une éducation philosophique a des raisons propres de vouloir maintenir et de défendre envers et contre tout une culture nationale qui réserve une place d'honneur à une valeur qu'il prise au-dessus de tout ; la liberté intellectuelle. » C'est cette liberté intellectuelle que prisait Alain.

Formé à la pensée philosophique dans la tradition idéaliste et réflexive fondée sur le cogito cartésien et le kantisme, Alain dans ses *Propos* et son enseignement appliquait à la vie de tous les jours une méthode de pensée qui faisait de la prise de conscience du réel, rationnellement établie en toute liberté de jugement, les prolégomènes à un « art de vivre » en homme libre. Cet art reposait sur le contrôle de soi et l'effort de juger chaque situation avec objectivité. Ce n'était pas une fin en soi, mais une propédeutique à l'action. « Je n'aime pas, disait-il, les pensées qui ne coûtent rien » ; et il n'aimait pas non plus les « touristes d'idées ». Comme Benda [2] ou Maritain, Alain rejette tout appel à l'inconscient, aux passions, à l'irrationnel ; comme Bouglé, il croit que c'est au contact, non des systèmes, qu'il déteste, mais des grands écrivains que se forme l'esprit. Par sa probité, sa méfiance de toute prétention autoritaire (« Qui veut prouver est encore tyran ; qui veut convertir est encore tyran »), et son refus de toute mystification, la pensée d'Alain aura pour des esprits aussi différents que Simone Weil et Jean-Paul Sartre un prestige qu'ils n'accorderont pas à d'autres maîtres. Mais dans ses perspectives, son vocabulaire et sa méthode, elle appartient à une époque déjà passée. Alain est devenu un classique.

La « mort de l'homme » et l'histoire-sphinx

Le recours au passé est implicite dans la conception classique de la civilisation qui est fondée sur une culture transmise de génération en génération. Mais la notion même du passé historique devient problématique. Ce passé historique, selon Benedetto Croce, critique littéraire et historien dont la

1. Voir le volume précédent, par P.-O. Walzer, p. 251.
2. Voir le volume de P.-O. Walzer, p. 250.

pensée à partir de 1922 (date de la traduction de son *Bréviaire d'esthétique*), relaie celle de Bergson, n'existe que tel que le recrée l'esprit, recréation à laquelle la culture impose un « conditionnement permanent ». Toute image du passé serait donc mythique par rapport aux *faits*. Mais ces faits pour Croce sont complexes. Ils contiennent tous les aspects de la civilisation, notamment les aspects artistiques. Ce que l'historien de l'art dégagera, ce ne sera donc pas le degré de conformité de l'œuvre à un modèle esthétique, mais sa puissance de représentation, sa saisie des valeurs spirituelles qui ordonnent une civilisation.

Croce héritait de la pensée peu connue de son compatriote Vico, et, malgré son horreur de tout système, de celle de Hegel. Il posait le problème le plus déroutant de l'époque : si la culture du groupe définit l'homme de ce groupe seulement et donne forme à sa pensée et à ses activités, dont l'art, la notion classique de l'homme, fondamentale pour la pensée occidentale, ne représente plus qu'une position relative dans la durée historique. C'était la thèse qu'avançait Spengler dans *Le Déclin de l'Occident*. Selon lui, les cultures sont des systèmes clos, imperméables les uns aux autres, discontinus et équivalents. Situés à l'intérieur du système, les participants ne mettent pas en doute son bien-fondé, tenant ses structures comme des absolus correspondant à la réalité même.

Vu de l'extérieur le système apparaît comme occupant une place relative dans la durée. La perspective change. La vision anthropologique des sociétés humaines, propre au XXe siècle, entre en jeu. L'Occident selon Spengler doit renoncer à l'illusion que les configurations de sa pensée sont définitives et durables. En fait, elles sont, selon lui, déjà inopérantes et en voie de désintégration. Une question métaphysique se pose avec insistance : quel sens donner à l'existence humaine ? La crise de l'humanisme, latente depuis le début du siècle, se faisait aiguë. Ecartant le fallacieux espoir d'un retour à un passé mythique, le jeune Malraux se demandait avec angoisse si un cycle de civilisation n'était pas en voie d'achèvement, si l'idée occidentale de l'homme n'était pas menacée de mort. Malraux donnait ainsi un contexte dramatique à un sentiment assez répandu parmi les intellectuels de sa génération. Ce sentiment de l'absurdité, c'est-à-dire du non-sens de la vie humaine, s'accompagnait d'une critique des valeurs que leur proposait, mécaniquement, la société, la société des faux-monnayeurs gidiens. La question métaphysique, ainsi posée, ne pouvait se résoudre que dans le contexte d'une autre : l'histoire humaine a-t-elle un sens ? L'inquiétude métaphysique changeait de cadre.

Moins dramatiquement que dans les œuvres de Malraux, la littérature de l'entre-deux-guerres se charge de résonances métaphysiques. Qu'il s'appelle Proust ou Bernanos, Giono ou Julien Green, Saint-John Perse ou Giraudoux, l'écrivain, poète ou romancier, propose au lecteur une vue globale de l'aventure humaine. Mondes clos, dissemblables, souvent incompatibles, les mondes littéraires fictifs remplacent le monde commun d'une culture menacée. La critique parle de « vision » ou de « message ». L'écrivain devient métaphysicien tandis que l'esthéticien tend à méditer sur la nature de l'acte créateur. L'époque est infiniment riche en œuvres littéraires mais qui ne satisfont guère les esprits inquiets et exigeants de jeunes intellectuels comme Paul Nizan, Jean-Paul Sartre, Lévi-Strauss ou Albert Camus. Délaissant l'idéalisme philosophique, cette génération-là se tourne vers d'autres sources : Hegel, Marx, Nietzsche, Husserl, Heidegger, moins souvent Kierkegaard, apparaissent presque simultanément à l'horizon. Un nouveau courant de pensée se dessine qui s'imposera à partir des années quarante et qui donnera à l'existentialisme ambiant des structures philosophiques et une orientation idéologique.

LES PHILOSOPHIES DE L'HISTOIRE ET LA DIALECTIQUE : 1936-1952

Hegel

C'est à l'Université que, dans les années trente, est dû le renouvellement des études hégéliennes : cours d'Alexandre Koyré (1931-1934) et travaux de Jean Hippolyte. Mais ce sera Alexandre Kojève qui, de 1934 à 1939, dans un cours célèbre d'*Introduction à la lecture de Hegel,* publié en 1947, fournira de cette pensée une interprétation qui fera autorité. Elle colorera fortement l'exégèse marxiste française qui, vers la même époque, et en dehors de l'idéologie constituée du Parti, prenait un nouvel essor. Si c'est autour de la pensée marxiste que se polarisent les débats philosophiques à partir de l'Occupation, c'est au contact de la dialectique hégélienne que se transforment les formes d'exposition et, pendant quelques années, le vocabulaire philosophique. Extrêmement complexe, d'ailleurs moins systématique que le suggèrent des exposés forcément simplificateurs, la dialectique hégélienne distingue entre deux processus de raisonnement : la pensée logique et statique qui part de strictes définitions et procède par déduction, respectant rigoureusement l'enchaînement linéaire et le principe de non contradiction ; et le processus dialectique. Hegel considère la pensée logique, adaptée à la vie pratique et aux situations limitées, comme le fondement des vertus bourgeoises. Mais, selon lui, elle ne permet aucunement d'élucider des réalités plus complexes impliquant un enchaînement fait de relations réciproques, de conflits, de contradictions, de l'interaction d'une pluralité d'éléments hétérogènes, et de projets en continuel développement. La dialectique est, d'une part, une *technique,* apparentée à la dialectique socratique, grâce à laquelle l'esprit saisit ce mouvement. D'autre part, c'est le mode même de développement de la réalité. « La Dialectique, dit Hegel, est le principe de tout le mouvement et de toute l'activité que nous trouvons dans la réalité [...]. Tout ce qui nous entoure peut être traité comme une manifestation de la dialectique. » Chaque chose, selon Hegel, implique son contraire ; la contradiction est le moteur même du monde. Toute réalité passe d'un équilibre momentané à son contraire, engendrant un âpre conflit, puis à un état de synthèse, plus complexe que l'état initial, où s'intègrent et sont préservées les contradictions de l'étape seconde. Ce troisième état sert de point de départ à un autre développement. Ces étapes, Hegel les désigne par les catégories fichtiennes de thèse, antithèse, synthèse. Le processus de la pensée se développe selon un rythme triadique d'affirmation, de négation donc de conflit, puis de réconciliation ; l'acte de penser est un processus continu.

Au moment où la notion de culture s'élargissait pour désigner l'ensemble complexe de forces qui structurent une société, la dialectique libérait la pensée philosophique des contraintes où le kantisme la maintenait. Tardivement, de jeunes philosophes comme Sartre s'en empareront : un nouveau *style* d'exposition apparaîtra qui, par sa dynamique et le flot d'exemples concrets qu'il propose, n'est pas sans parenté avec le monologue intérieur, quoique différemment structuré. Sartre dans ses polémiques, à commencer par *Qu'est-ce que la littérature ?,* en fera grand usage.

La dialectique était, pour Hegel, accordée à une conception métaphysique complexe et paradoxale de l'Esprit. L'Esprit, dans son système, est une activité universalisante, présente chez l'individu mais transindividuelle, qui dégage l'universel du particulier et l'unité du pluriel, dans un mouvement continu. L'Esprit s'objectifie dans le développement des institutions sociales et culturelles, surtout dans la constitution des Etats. Cette objectivation, de plus en plus complète, est la fin du mouvement historique, mouvement téléologique par lequel l'Esprit universel s'incarnera dans l'Etat mondial. L'Histoire serait donc le déploiement dans le temps et la réalisation progressive de cette Idée universelle éparse dans toutes les consciences et que, par étapes dialectiques, les hommes s'imposeront, s'humanisant ainsi pleinement.

Tautologique, la dialectique l'est donc indubitablement, non pas preuve mais méthode qui peut servir à d'autres lectures ; celle par exemple de Karl Marx. Il existe au reste d'autres lectures des faits historiques, apparentées à l'hégélianisme, celle de l'historien anglais Toynbee par exemple, ou celle, biologique, du Père Teilhard de Chardin qui, l'une et l'autre, voient, comme Hegel, dans l'Histoire humaine la preuve d'une spiritualisation progressive de l'humanité.

La *Phénoménologie de l'esprit* exercera tout le long du siècle sur certains écrivains – Proust, au moins en ce qui touche au rôle de l'art, Queneau, Bataille, Blanchot, Butor, Derrida notamment – une profonde attraction. André Breton s'en réclamera, et dans les années trente elle fournira à Sartre les schèmes d'une théorie littéraire et, pour une bonne part, la terminologie de base de son ontologie. Mais ce sera la *Philosophie de l'histoire* hégélienne qui fascinera une génération que l'histoire obsède. Elle en assimile les thèmes souvent à partir de textes de seconde main. Pour Hegel, l'Histoire, à travers laquelle l'Esprit s'actualise, se développe en un mouvement linéaire unique. Du point de vue du philosophe un seul Etat à la fois joue un rôle historique significatif, chacun à tour de rôle passant, en ce qui concerne son prédécesseur, par le processus dialectique. Pour les rares lecteurs de Hegel l'application de sa méthode à l'interprétation ou au déchiffrement des événements historiques était passionnante. Plus généralement, en 1940, pour les hommes de la défaite, l'idée qu'un sens pouvait être discerné quasi « scientifiquement » par la lecture dialectique de l'Histoire, et la foi inébranlable de Hegel dans l'éventuel progrès de l'Esprit à travers les conflits considérés comme nécessaires, élevaient la pensée au-dessus du désarroi de l'heure. L'Histoire devint un thème général de réflexion. L'homme classique, issu de Kant, assumait une nouvelle dimension historique, et de nouvelles limites. Si la phénoménologie pose la question du moi non par rapport à une conception de la conscience, mais par rapport aux catégories phénoménologiques de la conscience, Hegel fait apparaître une nouvelle relation avec l'être.

D'autre part, Hegel donnait à l'art une place éminente à côté de la religion et de la philosophie, ces trois formes d'activité étant celles où se révèlent la présence de l'Esprit et sa vision du monde. Sa pensée s'accorde assez bien avec la conception courante en France de l'art comme activité autonome et de la littérature comme traduction d'une vision métaphysique du monde. La pensée hégélienne est à l'arrière-plan des grandes méditations sur la signification de la création esthétique qui jalonnent l'époque. Elle fait de l'artiste, plutôt que l'auteur de son œuvre, le véhicule au moyen duquel la vision de l'Esprit universel s'actualise ; ce point de vue, qui est déjà celui de Proust, sera repris par les écrivains du groupe « Tel Quel ». Elle paraît sous-jacente à certains de leurs textes comme *Drame* (1965) de Philippe Sollers.

La dialectique marxiste

A partir de 1920 le marxisme en France se confond avec une politique que dirige le Parti communiste. La connaissance de Marx, à part quelques exceptions, est d'abord sommaire et se résume par quelques slogans : la victoire du prolétariat ; la lutte des classes ; la lutte contre le fascisme ; la fin de l'exploitation. Ou elle s'attache aux schèmes léninistes qui définissent les conditions politico-sociales qui créent une situation révolutionnaire. En dehors du Parti, jusqu'en 1940, la pensée marxiste est peu connue, étudiée en général à travers des « morceaux choisis ». Le grand mouvement de sympathie qui, à partir de la montée de l'hitlérisme, entraîne la majorité des intellectuels de gauche vers le communisme reste politique et non philosophique. Et le dogmatisme culturel jdanovien, reflet de la politique stalinienne, était peu accordé aux courants esthétiques qui prévalaient en France. Qu'à la faveur des événements politiques, des poètes comme Eluard, des peintres comme Picasso rallient le Parti ne témoigne pas d'une véritable compréhension de la pensée marxiste. Ce ne sera que tardivement, aux environs de 1950, que Sartre lui-même découvrira que le marxisme était son « horizon », l'horizon intellectuel, pensait-il, de sa génération.

Présence du marxisme : 1952-1970

En fait, à travers les débats, les travaux, les exégèses, les événements comme ceux de 1968 et de grandes et nombreuses confusions, la pensée marxiste dont l'influence croissant a profondément affecté tous les domaines de la culture française, modifiait la conception même de cette culture. A partir de 1960, les textes de Marx sont tardivement accessibles dans des éditions soigneusement établies (dont celle de la Pléiade). En tant que textes sacrés, ils sont l'objet d'exégèses exhaustives comme celles de l'équipe de la *Nouvelle Critique* ou de Louis Althusser, communistes militants ; mais, à côté d'eux, de nombreux spécialistes en élucident l'histoire et le sens.

Le marxisme a polarisé à partir de 1945 et jusqu'en 1970 les débats sur la fonction de la littérature et le rôle de l'écrivain ; sur les méthodes et fins de l'enseignement de la littérature et de la critique littéraire. Son rôle dans la prise de conscience sociale et politique de trois générations au moins dépasse largement le cadre du Parti. Mais il trouve ses limites dans le dogmatisme abstrait et intransigeant d'interprètes dont les démarches intellectuelles rappellent la scolastique à son déclin.

Hegel était resté fidèle à la conception occidentale traditionnelle, d'origine chrétienne, qui accordait au spirituel la suprématie sur le temporel : une société se définissait par la qualité de la pensée qui en guidait l'évolution. Marx et Engels renversaient cette hiérarchie, en faisant de la pensée le reflet des structures sociales et économiques d'un groupe. Ils fondaient ainsi le matérialisme dialectique, et une vision matérialiste de l'histoire. Comme celle de Hegel, la dialectique marxiste s'identifie au mouvement de l'histoire et comporte le même rythme triadique : thèse – antithèse – synthèse. Mais elle part d'un autre concept : celui du travail. La vie d'un homme, selon le matérialisme dialectique, est déterminée par les nécessités de son existence ; il vit en transformant son milieu et par l'échange. Et ce sont ces activités et ces rapports qui structurent sa pensée ; et qui déterminent les « superstructures » idéologiques de toute société. Le travail humain transforme le monde et transforme en conséquence les rapports des hommes avec lui et entre eux, donc les superstructures qui en sont l'expression.

La dialectique marxiste ou hégélienne s'applique alors au déchiffrement du développement historique, l'expliquant systématiquement. Elle réduit la multiplicité à l'unité, en incorporant une phase négative et destructrice, moment où la société passe d'un état d'équilibre social à un état plus complexe. Mais le matérialisme marxiste avait sur le système hégélien un grand avantage : en étudiant les modes du travail, les développements techniques et les rapports de production il semblait offrir le moyen de prédire les développements sociaux futurs. Il proposait aux hommes de travailler dans le sens de l'histoire, qui pour Marx ne faisait pas de doute : l'humanité progressivement devait se libérer des contraintes naturelles que lui imposait la lutte pour la subsistance. Comme la société bourgeoise avait succédé à la société féodale, ainsi, selon le processus dialectique, le prolétariat devait nécessairement renverser la société bourgeoise pour établir la société sans classes et une véritable culture humaniste.

Ce qui apparaît dans l'analyse marxiste, cependant, c'est la fragilité suspecte de toute conscience individuelle, conditionnée qu'elle est nécessairement par sa situation sociale et historique. Le « clerc » de Benda, l'intellectuel voué à la recherche désintéressée de vérités universelles se trouve tout à coup victime ou coupable d'une auto-mystification. L'Histoire se charge de le démystifier. Sartre dans *Les Mots* fera à la lumière du marxisme une cruelle autocritique.

Jean-Paul Sartre : une volonté de synthèse

Jean-Paul Sartre, dès ses débuts, a laissé son empreinte sur les divers modes d'expression dont il usait : essais et traités philosophiques, critique littéraire, fiction, théâtre, biographie, autobiographie, essais polémiques, interviews. Aucune autre figure n'a suscité autant de commentaires et autant de débats, aucune n'a acquis aussi rapidement une réputation internationale aussi vaste. Par son incessant labeur comme par ses prises de positions, ses violences de langage, ses dénonciations et son ombrageuse indépendance, Sartre a dominé la scène intellectuelle pendant une quinzaine d'années. Sa pensée a été une pierre de touche pour des interlocuteurs souvent en désaccord avec lui : Raymond Aron, Albert Camus, Merleau-Ponty, Lévi-Strauss. Dogmatique, il a bataillé contre le dogmatisme à courte vue du marxisme orthodoxe. D'étape en étape, moulant sa vie sur les exigences de sa pensée, il est devenu aux approches de sa soixante-dixième année le protecteur et parfois le porte-parole des groupuscules maoïstes militants. C'est surtout entre 1943, date de *L'Etre et le Néant,* et 1960, date de la *Critique de la raison dialectique,* que l'influence de Sartre atteindra son zénith, et que s'engagera le conflit entre ce que l'on appelle « l'existentialisme sartrien » et le marxisme, conflit que Sartre, en bon dialecticien, tentera de résoudre.

L'existentialisme, a-t-on dit, est une manière d'aborder les questions philosophiques. Il cherche à analyser les structures de l'existence humaine et à donner aux individus un sens de ce qu'est une vie concrète dans son essentielle liberté. Aucun philosophe vivant, même pas Sartre, n'a revendiqué le titre de philosophe existentialiste. Sartre s'est résigné à l'accepter. C'est ainsi que *L'Etre et le Néant* est devenu pour de nombreux commentateurs l'ouvrage « classique » de l'existentialisme.

Sartre apparaît dès 1943 comme le maître incontesté de la génération qui atteint ses vingt ans sous l'Occupation. Outre l'intérêt d'une méthodologie, alors peu familière, la pensée sartrienne semblait offrir à chacun une chance de vivre en homme libre dans un monde désorienté. Parce qu'il liait l'expression littéraire, puis l'action politique à l'édifice de sa pensée philosophique, Sartre remplissait le vide que laissait la dissolution des croyances traditionnelles, vide que ne pouvait combler le nihilisme ambiant.

Sartre posait la liberté comme un absolu, une « donnée » fondamentale de la condition humaine. Il n'y a de limite à cette liberté dans le monde sartrien que le fait que nous ne sommes pas libres de cesser d'être libres. Il serait impossible de reconstituer ici l'ensemble de définitions grâce auxquelles, usant d'une terminologie empruntée pour une part à Hegel, Sartre édifiait son ontologie, ni d'en discuter le bien-fondé. Mais ce qui parut essentiel à ses premiers interlocuteurs, c'est qu'il ne reconnaissait aucune structure morale ou sociale préexistante qui poserait des limites à cette liberté. Les êtres humains sont libres, mais situés dans un monde particulier, au milieu d'autres hommes. Etre libre n'est donc rien d'autre que « le choix de lutter pour devenir libre ».

Sa situation offre à chaque homme un éventail de possibilités, un terrain d'action qui seul lui permet de réaliser, par le choix, ce qui constitue son essence d'être libre. En conséquence, chaque homme est responsable de ce qu'il devient, et l'histoire humaine est la somme de ces choix.

L'ontologie sartrienne, en grande partie issue des années de réflexion qui précédaient la guerre, ne s'adressait pas à l'action. Sartre s'était contenté de poser comme axiome que « la réalité humaine se définit par les fins qu'elle poursuit ». Profondément ébranlé, comme il l'a souvent dit, par le spectacle du mal absolu que représentait la résurgence massive de la torture dans le monde contemporain, Sartre s'attaqua au problème de l'intellectuel et de l'action : comment combiner la pensée et l'action ? Sur cette route il rencontrait Marx, dont sous l'Occupation il avait étudié de nouveau les textes. *Qu'est-ce que la littérature ?* (1947), série d'articles, reprenait en l'amplifiant le manifeste de 1945 qui avait lancé *Les Temps modernes*. A propos de l'entreprise littéraire Sartre tentait de réconcilier l'homme de son ontologie avec l'homme historique du marxisme.

Dans un cadre existentialo-marxiste et selon une dialectique assez sommaire Sartre esquissait dans *Qu'est-ce que la littérature ?* une histoire de la littérature française, des formes qu'elle avait prises d'époque en époque, en fonction de la situation de l'écrivain dans le système socio-économique du moment. Cette situation définissait selon lui les conceptions changeantes de la littérature qui prévalaient d'époque en époque en définissant son public. Sartre se proposait de donner une réponse cohérente à trois questions souvent débattues : « qu'est-ce qu'écrire ? », « pourquoi écrire ? », « pour qui écrit-on ? », afin d'orienter fermement le mouvement littéraire contemporain. Il fut amené ainsi à formuler une théorie littéraire assez générale qui satisfaisait à la fois le philosophe de la liberté et l'homme qui venait de découvrir le mal social. Il définissait la production d'un livre comme un acte social dont l'auteur assumait la responsabilité ; comme tout acte sartrien, cet acte impliquait un libre choix. Mais, pour que l'œuvre fût valable, le point de vue de l'auteur devait coïncider avec le mouvement de l'histoire. Selon l'optique sartrienne, l'écrivain contemporain français était placé à un moment de l'histoire où, dans la lutte des classes, la classe opprimée, le prolétariat, prenait conscience de sa liberté en la revendiquant. En 1947 l'écrivain français, bourgeois de situation, pouvait choisir soit de s'enfermer dans sa classe — c'est-à-dire, selon Sartre, de réitérer des formes sclérosées —, soit de s'engager à fond dans la lutte sociale en éclairant ses lecteurs bourgeois sur leur situation par rapport au mouvement de l'histoire. Cette définition de la littérature en tant qu'acte et prise de position entraîna Sartre lui-même dans des paradoxes qu'il ne résolut en fin de compte qu'en faisant une part de plus en plus restreinte à la littérature. Mais il avait reposé en termes percutants *la question de la fonction sociale* de la littérature, latente depuis les thèses de Jdanov. La prééminence de Sartre et l'importance de son rôle sont certainement dues au fait qu'il est le seul philosophe contemporain qui ait tenté de repenser et de résoudre, dans une perspective nouvelle, l'ancienne problématique de la liberté et du déterminisme que résolvaient en sens opposé l'existentialisme et le marxisme. D'autre part, en jouant le rôle de l'interlocuteur négatif dans le rythme dialectique, il se proposa d'abord de réveiller la conscience bourgeoise ; puis, il s'attaqua à la pensée marxiste somnolente pour l'obliger à assumer à nouveau son rôle créateur dans le développement de l'Histoire.

Pour contestables et arbitraires qu'aient été certaines de ses constructions, entachées d'un égocentrisme qu'il en vint à dénoncer lui-même, l'effort de Sartre fut des plus importants. Il fut peu apprécié des marxistes orthodoxes. Cet effort pour vivre la dialectique (c'est-à-dire pour mettre sa pensée à l'épreuve de l'action, rectifiant des théories pour les transformer en « praxis », comme le préconisait Lénine, sans jamais arrêter ce processus en s'installant sur des positions fixes), fait de lui une des personnalités exemplaires de l'époque. Par sa mise en question de l'entreprise littéraire ; par les positions successives et parfois contradictoires qu'il a formulées à partir de 1945 au sujet de la fonction de la littérature ; par les principes esthétiques qu'il énonçait dès ses premiers articles des années trente au sujet du roman, plus encore que par ses œuvres littéraires, Sartre provoqua dans le milieu littéraire une prise de conscience et un malaise, une inquiétude de « fin d'époque littéraire ». Mais s'agissait-il bien d'un renouveau ?

Le structuralisme

Non plus que la dialectique, le structuralisme n'est ni une idéologie ni une philosophie. C'est une méthode permettant au chercheur d'aborder l'étude des phénomènes qui engagent son attention, que ce soit dans le domaine de l'anthropologie, de l'art, de l'histoire, de la linguistique, des mathématiques, de la psychanalyse ou de la sociologie. Si la *vogue* du structuralisme succède à l'existentialisme, les principes méthodologiques d'analyse que le structuralisme propose sont utilisés dès avant 1914 par l'anthropologue Marcel Mauss et par la linguistique naissante. La cybernétique, vers le milieu du siècle, renforcera ce courant méthodologique. Edgar Morin, en 1972, dans la « Préface » à *Communications 18* soulignait l'opposition entre le concept de structure (système fermé) et celui d'histoire (dialectique), dont E. Morot-Sir faisait les deux pôles d'une tension culturelle présente depuis la mise en question radicale de la pensée traditionnelle qu'avait entraînée la défaite de 1940.

La vogue du structuralisme accompagne le recul de l'obsession de l'Histoire et le discrédit qu'encouraient les grandes projections de la pensée utopique quant au destin de l'homme et à la « fin » de l'Histoire. *Pourquoi des philosophes ?* s'enquérait J.-F. Revel (1957), qui dans un pamphlet ironique intitulé *La Fin de l'opposition* (1965) proposait de dresser un « Lexique des mots interdits ». Toute la terminologie de l'existentialisme y passait : ambigu, ambiguïté, authentique, absurde, comportement, dévoilement, dialectique, se dégrader, existentiel, intentionnalité...

En 1962, dans le dernier chapitre de *La Pensée sauvage,* l'anthropologue Claude Lévi-Strauss prenait à partie Sartre et sa conception des relations entre société et culture. Pour le phénoménologue, ce qui importait, c'était le retour aux choses ; ce qui en revanche importe au structuraliste, notait Lévi-Strauss, comme au chercheur scientifique, ce sont *les rapports* entre les choses, base d'une théorie d'ensemble hypothétique qui permet au chercheur de construire des modèles. Ces modèles éclairent le fonctionnement d'éléments en apparence inexplicables mais dont la fonction apparaît par rapport au système total. Les structuralistes se proposent donc de constituer une *science* de l'homme qui reléguerait dans le passé la spéculation philosophique. Selon Lévi-Strauss, il y a en fait d'organisation sociale une multiplicité de « combinaisons » possibles dont certaines se réalisent ; mais non un développement linéaire progressif vers un seul modèle comme l'envisageait Sartre à la suite de Marx.

La conjonction, dans les années soixante, des analyses de Lacan, sur les structures du langage subconscient, de Lévi-Strauss sur le fonctionnement de l'inconscient symbolique collectif dans le langage des mythes, et des travaux et théories des linguistes affectera profondément la critique littéraire. Elle nourrira un courant de pensée vigoureux et agressif qui rompra l'alliance de la critique avec la métaphysique. En tant que « système linguistique » ou « combinatoire », objet d'une recherche scientifique, le « texte » littéraire ne jouira plus du statut privilégié qui avait été si longtemps le sien.

CHAPITRE V

La critique littéraire

Une pluralité de langages

DANS un article intitulé « La Critique et l'Invention », Michel Butor faisait les réflexions suivantes : « Toute invention littéraire aujourd'hui se produit à l'intérieur d'un milieu déjà saturé de littérature. Tout roman, poème, tout écrit nouveau est une intervention dans ce paysage antérieur. Nous nous trouvons tous à l'intérieur d'une immense bibliothèque, nous passons notre vie en présence des livres [...]. Pourquoi dès lors à cette immense masse, dont nous ne connaîtrons jamais qu'une minuscule partie, vouloir ajouter encore des volumes ? Or on écrit. De plus en plus. On publie de plus en plus » (*Critique,* décembre 1967).

Butor, qui est écrivain, critique et professeur tout à la fois, pose un des problèmes que rencontre la critique littéraire d'aujourd'hui. Le Catalogue général du Cercle de la librairie signalait, sans compter les articles, sept mille ouvrages critiques parus entre 1956 et 1966, et les classait sous quatre titres : histoire littéraire, théorie, critique, écrits sur la littérature, indiquant ainsi l'insuffisance d'une seule rubrique de classement.

Dans ces conditions, il n'est pas étonnant que le « à quoi bon la critique ? » de Baudelaire ait trouvé de nombreux échos. Le vaste éventail de réponses ira de la négation absolue de Remy de Gourmont : « Il n'y a pas de critique littéraire et il ne peut y en avoir », à l'affirmation lyrique de Paul Souday : « La littérature est la conscience de l'humanité ; la critique est la conscience de la littérature. Qu'est-ce qui peut la surpasser ? »

1920-1936 : L'histoire littéraire et le triomphe de l'essai critique

Aux universitaires on cède le domaine du passé, réservant aux critiques le domaine de la « littérature qui vient de naître » et l'art des interprétations

« fraîches et vivantes » des œuvres du passé. Fidèle aux principes établis par Gustave Lanson (voir Gustave Rudler, *Les Techniques de la critique littéraire et de l'histoire littéraire,* 1923), la recherche universitaire est orientée par l'intermédiaire d'études partielles — d'un seul auteur ou d'un milieu, d'un mouvement (classicisme, romantisme) ou d'un des trois grands genres (théâtre, poésie, roman) — vers la constitution d'*Histoires* de la littérature, surtout française. Objectives, ces histoires sont organisées systématiquement en périodes littéraires coïncidant avec la division par siècles. La critique se veut scientifique dans le sens que donnait à ce mot l'histoire positiviste. A l'intérieur de chaque période l'organisation reposait sur l'étude des écoles, des genres, des grands auteurs. Les évaluations critiques établissent une hiérarchie que dominaient les chefs-d'œuvre. Formulées avec une apparence de stricte impartialité, elles reposaient en fait sur des principes esthétiques rarement énoncés mais enracinés dans la tradition classique : clarté, cohérence, respect de la langue et des conventions tant littéraires que morales.

Déjà visé par Péguy, le « lansonisme » sera mis en question. Ce ne sont pas les principes et méthodes de la recherche historique qui sont visés. Ils restent acquis, et l'histoire littéraire sert de base à toute critique. C'est la pertinence des évaluations critiques qui est en cause et le bien-fondé de la conception de la littérature dont elles relèvent. Le milieu littéraire des années vingt réclame et réalise une révision radicale des valeurs que tout concourt à imposer : l'insurrection surréaliste ; le débat sur la « poésie pure » que l'abbé Bremond déclenche à l'Académie française ; l'attaque de la presse signalant la carence de programmes scolaires qui passent même Baudelaire sous silence ; et l'avènement du groupe nouveau de maîtres formés par le symbolisme et surtout par l'influence de Mallarmé.

Deux livres d'universitaires — *De Baudelaire au surréalisme* de Marcel Raymond (1933) et *L'Ame romantique et le Rêve* d'Albert Béguin (1937) — entérinent un renversement des valeurs au profit du courant littéraire qui à partir des romantiques allemands et de Gérard de Nerval, puise son inspiration dans l'irrationnel et le rêve. Sous un nouvel éclairage, le champ littéraire échappe aux cadres d'organisation et aux critères esthétiques courants. Aux environs de 1927-1928 des œuvres déconcertantes à l'époque — *Nadja* de Breton, *Histoire de l'œil* de Bataille et, anonyme, *Le Con d'Irène* (Aragon) — faisant éclater les conventions littéraires réaffirmaient les liens entre l'érotisme, la folie et l'écriture. D'autre part, des critiques historiens — René Lalou, Henri Clouard, Christian Sénéchal, Albert Thibaudet — cherchaient à établir, à partir de dates plus ou moins arbitraires — 1900, 1870, 1789 —, une topographie de la littérature contemporaine et à en dégager l'orientation. Tous cependant pensent en termes de continuité. Ils ne tiennent pas compte de la rupture radicale que proclamaient les surréalistes. Il s'agit, comme le dit René Lalou, de « jalonner les routes de la pensée dans une forêt qui ne cesse de croître ». De nouveaux modes d'organisation sont proposés : les concepts de « génération » et d' « affinités littéraires » adoptés par Thibaudet lient plus étroitement la littérature au milieu culturel ou à la subjectivité de l'écrivain ; les notions de « courants » ou de « climats » littéraires, plus vagues que celle d'écoles, orientent la recherche vers la définition des « sensibilités » ou des « types » littéraires échappant au cadre chronologique. Le cadre lansonien cédait la place à d'autres tentatives d'organisation.

Dans une brève étude, *Physiologie de la critique* (1922), Albert Thibaudet classait la critique comme genre littéraire parmi les *arts* de littérature. Il distinguait trois types de critique : la critique journalière, « parlée » des honnêtes gens ; la critique des professionnels ; et la meilleure, à son avis, la critique « créatrice » des maîtres, tels Valéry ou Gide. Dans l'immédiate après-guerre ces trois types de critique, Thibaudet lui-même en est l'illustration, ne sont pas le plus souvent séparables.

Dans les feuilletons quotidiens, les hebdomadaires et les revues une solide équipe d'essayistes-écrivains – Edmond Jaloux, Jacques Rivière, Marcel Arland, Benjamin Crémieux, Henri Massis, Léon Pierre-Quint et, plus engagés philosophiquement, Charles Du Bos et André Suarès – maintiennent de vifs dialogues critiques. « Créateurs de valeurs », selon le mot de Remy de Gourmont, éclectiques et peu soucieux de méthodes et de théories, ils soutiennent ou combattent les quatre « maîtres » – Gide, Proust, Valéry et Claudel. Ils multiplient les points de vue sur la littérature courante ; soulignent ses liens avec le passé, aussi bien que ses caractères originaux ; et, comme ce fut le cas de Rivière, donnent le droit de cité, même s'ils n'approuvent pas ses manifestations, jusqu'à l'iconoclaste Dada, récupération dont Dada se plaindra. Nourris de lettres, formés à l'analyse littéraire, accordés au milieu socio-littéraire parisien, ils pratiquent une *critique de participation* fondée sur le goût des lettres, dégageant des œuvres tant contemporaines que passées la « vision » d'ensemble, le « message », les thèmes et intentions. L'essai critique de type littéraire et le recueil d'essais sont la forme par excellence qu'ils pratiquent et dont la tradition avant de diminuer en importance, se maintiendra jusqu'aux années cinquante avec Claude Roy, André Rousseaux (Grand Prix de la critique, 1933), Robert Kemp et Robert Kanters. En général cette critique donne la primauté au roman. Pour le théâtre Paul Léautaud[1], sous le pseudonyme de Maurice Boissard, publie au *Mercure de France* des chro-

---

1. Voir le volume de P.-O. Walzer, p. 254-256.

niques acerbes quoique parfois conventionnelles, fort supérieures en tout cas à celles de Jean-Jacques Gautier, qui pratique une critique superficielle d'humeur.

Les tendances critiques

L'époque dans l'ensemble s'intéresse avant tout aux modalités subjectives de *l'acte créateur,* et c'est le cas aussi des « maîtres ». La genèse de l'œuvre est le thème dominant des poèmes de Valéry ; Proust et Gide incorporent à leur œuvre, *Les Faux-Monnayeurs* et *A la Recherche du temps perdu,* l'histoire de sa genèse et de la pensée qui en organise les structures. *L'Art poétique* de Claudel est un commentaire sur ses modes de création et leur rapport avec sa conception globale de l'univers. En général, c'est une *problématique* de l'écriture telle qu'ils la pratiquent que ces écrivains présentent plutôt qu'une théorie critique. Gide, en revanche, dans des essais et des préfaces, multiplie les aperçus critiques, touchant la nature des liens entre l'écrivain et l'œuvre, la morale et la littérature, la société et l'œuvre conçue comme une libération et un moyen de création du moi ; il offre ainsi un kaléidoscope de points de vue plutôt qu'un système. Les surréalistes de leur côté cherchent une méthode qui leur permetterait d'explorer toutes les ressources de ce qu'ils nomment l'esprit et d'en tirer un style révolutionnaire de vie. Anti-littéraires, parce que, en principe, ils refusent toute écriture qui prétend, délibérément, se constituer en œuvre d'art, ils refusent à plus forte raison toute critique à prétentions objectives et pratiquent le jugement par décret des chapelles littéraires. Rejetant les « chefs-d'œuvre » vénérés, ils avancent sur l'échiquier les auteurs méprisés : Sade, Lautréamont, Rimbaud, les seuls qu'ils reconnaissent comme leurs devanciers.

« Annexer la critique à la science n'a pas de sens », soutenait l'abbé Bremond, le défenseur des romantiques. « Il n'y a pas de science de l'individu, et la critique littéraire ne connaît que des individus, hommes et œuvres, en tant qu'ils sont individus. » Pour lui, l'essence de l'entreprise littéraire, la poésie, ne peut être saisie que par une médiation intérieure, analogue à celle que suscite la prière, et qui échappe à l'analyse.

En général, donc, la critique littéraire repose sur des réactions subjectives qu'éclairent, sans souci d'appareil critique, une réflexion plus ou moins approfondie et une connaissance plus ou moins vaste du corpus littéraire. Cette critique individualiste de guides ou témoins agit comme correctif de la critique académique normative, didactique et conceptualiste. Plutôt que des théories critiques, ce sont des tendances critiques qu'on y discerne. Elle est axée sur le concept d'une dualité classique-romantique et sur la croyance unanime à la vocation humaniste de la pratique littéraire. Parmi ces critiques penchent vers le classicisme Thibaudet, Rivière et Crémieux ; vers le romantisme Arland, Ramon Fernandez et l'abbé Bremond.

Le plus érudit et prolifique de ces critiques, *Albert Thibaudet,* est celui aussi qui le plus consciemment chercha une voie nouvelle. Pour Thibaudet la littérature est avant tout une sorte de baromètre de la sensibilité collective qui imprègne tous les autres aspects d'une époque. Le critique donc doit éclairer ce réseau interne de relations à partir d'études d'œuvres individuelles et dégager ainsi, de l'intérieur, le profil psychique de cette époque (*Trente Ans de vie française,* 1920-1930 ; *Flaubert,* 1922).

Jacques Rivière explore le *climat psychologique* du moment et en établit le diagnostic dans des articles qui font date (« Reconnaissance à Dada », 1920 ; « Crise du concept de littérature », 1924).

Plus systématique, *Benjamin Crémieux* observe le panorama européen de la littérature d'après-guerre — théâtre et romans (*L'Esprit européen dans la littérature d'après-guerre,* 1926) ; il cherche à analyser les mécanismes de la création, le « don » de l'écrivain, la conception de l'œuvre, son exécution. Le critique selon lui doit remplir trois tâches : comprendre, définir, identifier. C'est ainsi qu'en 1931, scrutant le panorama de la littérature française entre 1918 et 1930 (*Inquiétude et Reconstruction,* 1931), il discernait le changement d'orientation de la littérature et prévoyait, un peu témérairement, l'émergence d'un nouveau classicisme.

Par son goût classique il sert d'interlocuteur à *Marcel Arland* qui pendant plus de quarante ans restera lié à la N.R.F. Arland voit dans l'œuvre d'art qu'il considère « en soi », en dehors de ses attaches sociales, un moyen de connaissance et d'approche d'un nouvel humanisme. Lecteur avisé du livre de E. M. Forster, *Aspects du roman* (1927), il aborde la question de l'architecture du roman dont il dégage la « voix » particulière du romancier, sa « figure » de romancier distincte de sa personnalité sociale. Le souci de la forme l'avait rendu sensible aux transformations que subissait le roman, à l'essor du roman « poétique » et lyrique lié au surréalisme, qui éclipsait le « roman intime » d'analyse, cher à Rivière.

Philosophe bergsonien, *Ramon Fernandez,* fort au courant de la pensée critique anglo-saxonne — celle de I. A. Richards notamment —, pose la question du rapport, en art, entre l'œuvre-objet et la pensée qui l'informe : « une œuvre d'art est comme l'incarnation d'une métaphysique ». Ce qui entraîne à ses yeux une morale, un message que le critique doit dégager. La préface de *Messages* (1926) traite « de la critique philosophique » et définit le but de cette critique : il s'agit selon Fernandez de retrouver les assises spirituelles de l'œuvre, l'*attitude* de l'écrivain et non de dégager de l'œuvre une pensée conceptuelle ; de reconstituer le rapport qui lie l'œuvre à l'auteur ; d'éclairer le visage ambigu d'un livre subjectif-objectif.

Plus méthodique, *René Lalou,* peu satisfait de « l'anarchie des doctrines », soulevait le problème de la critique même dont il affirmait la nécessité. D'accord pour refuser à la critique le statut de science, il la voulait cependant méthodique, la rigueur lui paraissant d'autant plus nécessaire qu'en littérature contemporaine le manque de recul et de documents, les dangers de la publicité, rendaient difficile la tâche du critique. Lalou posait aussi un problème fondamental pour la critique : comment assurer ses jugements ? « Affirmation métaphysique », disait-il de la critique dont les jugements ne relevaient que d' « un acte de foi dans l'universalité de l'intelligence humaine ». Pour Lalou le premier principe de toute critique est l'honnêteté intellectuelle ; et sa fonction consiste avant tout à comprendre et à servir l'œuvre avec probité.

Critique à tendance socio-culturelle, critique à tendance psychologique, philosophique ou stylistique, se côtoient sans faire effort pour formuler des théories qui restent sous-jacentes et sans se distinguer nettement les unes des autres.

La querelle de la poésie pure

La querelle assez futile de la poésie pure qui agita le milieu littéraire parisien pendant une demi-douzaine d'années illustre assez bien le « parisianisme » de la vie littéraire de l'époque. Elle a fait couler beaucoup d'encre. La querelle éclate le 24 octobre 1925, jour où l'abbé Bremond lut à la séance des cinq Académies une étude sur « La Poésie pure » qui fut publiée dans *Le Temps* et qui déclencha une riposte de Paul Souday à laquelle Bremond répondit par deux « Eclaircissements » dans *Les Nouvelles littéraires.* De là la querelle rebondit au *Mercure de France,* à la *Revue de France.* Le débat était lancé qui devait inspirer, les cinq années suivantes, une nuée d'articles (plus de deux cents). En fait, depuis le tournant du siècle la notion de « poésie pure » circulait parmi les poètes, chacun lui attribuant un sens. Elle avait sans doute orienté la pensée de Gide vers le « roman pur ». Mais c'était à Valéry surtout que Bremond et Souday faisaient également appel pour les justifier. Historien, érudit, homme de goût, l'abbé Bremond, peu soucieux de questions formelles, se plaçant au point de vue du lecteur, tenait pour un « mystère » le plaisir que dispense la poésie. Ce plaisir était lié, selon lui, à une expérience intérieure inexplicable, analogue à l'expérience mystique. L'émotion poétique naîtrait de la présence dans le poème d'un courant spirituel mystérieusement transmis par les mots, comme le courant électrique par l'intermédiaire des fils, éclairant d'âme à âme la présence d'une force divine qui favoriserait la fusion de l'homme et de Dieu, processus analogue à la prière. C'était, pensait-il, la recherche de cette « poésie pure » qui caractériserait la poésie moderne, thèse qu'il développait dans *Prières et Poésie* (1926). Rien n'était plus étranger aux préoccupations de Valéry, esprit anti-mystique s'il en fût jamais. Mais de confusion en confusion, l'expression, se chargeant d'un sens contraire à celui que lui attribuait l'abbé Bremond, gagna tous les arts : qu'est-ce que le roman pur ? le cinéma pur ? le théâtre pur ? la peinture pure ? Une réflexion critique sur les différents modes d'expression se déclenchait qui doublait la recherche expérimentale ou parfois l'inspirait et préparait la réflexion sur « l'être de la littérature » (Barthes) des années soixante.

1936-1952 : LA RECHERCHE DE VOIES NOUVELLES

« S'il est un trait des jugements littéraires que l'on a vus, assez fait pour nous surprendre, c'est que les critiques ne songent guère à les justifier comme si leur évidence allait de soi, et qu'il suffit pour les rendre exacts de les prononcer. [...] or il est peu de dire en de tels cas que le Terroriste ne nous apporte pas de preuves ; il ne semble même pas se douter, c'est le plus grave, qu'il lui faudrait en apporter. » C'est en 1941 que, dans son essai, *Les Fleurs de Tarbes ou la Terreur dans les lettres,* Jean Paulhan abordait la question de la critique qu'il devait reprendre dans sa *Petite Préface à toute critique* (1951). Le « terrorisme » que Paulhan, ancien surréaliste, dénonçait, visait les partis pris des surréalistes, mais aussi les exclusions et engouements tant des journalistes que des professeurs, donc un défaut plus général, l'extrême instabilité des appréciations critiques. Il souhaitait « voir naître de nouveaux critiques » (*F. F. ou le Critique,* 1945) qui élaboreraient un langage critique commun, une nouvelle rhétorique rigoureuse qui seraient applicables à la littérature contemporaine et compatibles avec l'idée nouvelle de l'œuvre littéraire qu'elle proposait. Il y voyait le correctif de la confusion et du subjectivisme dont souffraient la littérature comme la critique littéraire. Cette même exigence anime Roger Caillois (*Les Impostures de la poésie,* 1945 ; *Vocabulaire esthétique,* 1947 ; *Babel,* 1948). La critique, selon Caillois, devrait être une stylistique essentiellement descriptive ; selon Paulhan, une poétique. La littérature étant avant tout un « art du langage », une poétique proposerait un « principe de jugement » permettant d'évaluer avec quelque objectivité « le point d'accomplissement » d'une œuvre, qualité qui distingue l'œuvre littéraire d'autres écrits. Cependant, s'ils abordent l'un et l'autre la critique par un examen objectif du langage, ni l'un ni l'autre n'a proposé une théorie qui donnerait à la critique le statut d'une discipline autonome. Jean Hytier, à la même époque avec *Les Arts de la littérature* (1945), formulait une typologie des genres qui allait dans ce sens.

Une critique de philosophes

Trois philosophes, Gaston Bachelard, Jean-Paul Sartre et Maurice Blanchot, critiques littéraires à leurs heures, préparent un éveil de ce que Georges Poulet appelle la « conscience critique ». Écartant les méthodes traditionnelles, ils abordent l'œuvre *du point de vue du lecteur* selon des perspectives différentes mais chacune explicitée. Ils posent la question du rapport entre le lecteur-critique et le texte qu'il interprète. L'option initiale du critique apparaît comme un facteur relativisant subjectif. D'où l'importance accordée aux présupposés méthodologiques et à la « méta-critique », c'est-à-dire à l'examen des principes d'origine qui définissent le point de vue critique.

Bachelard

Entre 1938 et 1948 Bachelard publie une série de travaux qui donneront une impulsion nouvelle à un secteur de la critique établie, l'étude thématique : *La Psychanalyse du feu, L'Eau et les Rêves, L'Air et les Songes, La Terre et les rêveries du repos.* Les titres mêmes soulignent la direction de l'enquête bachelardienne, une exploration des significations affectives qui s'attachent aux représentations des éléments. Deux ouvrages subséquents *La Poétique de l'espace* (1957) et *La Poétique de la rêverie* (1961) préciseront une pensée qui se développe par induction. L'originalité de Bachelard, philosophe et physicien, épris de poésie, fut de faire de l'image poétique le pivot d'une recherche psychologique. Les premiers travaux de Bachelard portaient sur les problèmes d'épistémologie inhérents à la connaissance scientifique. Il explora les voies par lesquelles l'esprit scientifique dégage la pensée du substrat de mythes inconscients, d'erreurs, structures *imaginaires* mais qui ont valeur d'évidence, structurant le langage, orientant le comportement et la pensée. Il fut ainsi amené à étudier le langage de l'alchimie, matrice dont naquit, en démystifiant ce langage, la science.

Dépourvues de valeur objective les « grandes rêveries » alchimiques sur la matière — les éléments surtout, eau, feu, terre, air — lui parurent, à la lumière de Jung, riches d'enseignements sur les structures de l'imaginaire.

Grand lecteur des surréalistes, il retrouvait dans la trame de leurs poèmes des images neuves, qu'il distinguait des « complexes culturels » collectifs. Ces configurations aux composantes substantielles n'ont selon lui aucune valeur objective ; elles sont irréelles. Pour expliquer leur genèse Bachelard eut d'abord recours à l'hypothèse jungienne d'une structure inconsciente de la psyché humaine, apparente dans des paradigmes réitérés, les archétypes. Il fut amené assez rapidement à formuler une autre hypothèse, l'existence chez les hommes d'un mode de conscience, différant à la fois de celle du rêve, où le sujet perd son identité, et de l'activité rationnelle d'une conscience qui tranche, qui sépare le sujet et l'objet : l'état de rêverie. État de veille, mais d'abandon, où la contradiction entre la pleine conscience et le rêve disparaît, la rêverie serait un mouvement d'expansion de la conscience vers le monde. Mouvement libre, ouvert, centré sur une substance, un objet — eau, coquille, arbre — dont l'image vient s'articuler avec une architecture latente, interne, un substrat invisible de songe, peut-être d'archétypes. En rupture avec le réseau de signification contextuel où elle apparaît, elle n'est pas « puisée dans les spectacles du monde ». Elle est une « projection de l'âme obscure » dont elle est l'expression thématique. C'est cette thématique sous-jacente qui, selon Bachelard, est à l'origine de ce qu'il appelle « l'image créatrice », car elle permet aux hommes de se reconnaître libres et créateurs dans l'acte même de la création.

C'est donc une phénoménologie de la personne poétique, distincte de la personne psychologique, que dans la préface de *La Poétique de la rêverie* Bachelard propose : « Chercher des antécédents à une image, alors qu'on est dans l'existence même de l'image, c'est pour un phénoménologue une marque invétérée de psychologisme. Prenons au contraire l'image poétique et son être. La conscience poétique est si totalement absorbée par l'image qui apparaît sur le langage, au-dessus du langage habituel, elle parle, avec l'image poétique, un langage si nouveau qu'on ne peut plus envisager utilement des corrélations entre le passé et le présent. Nous donnerons par la suite des exemples de telles ruptures de significations, de sensation, de sentimentalité, qu'il faudra bien nous accorder que l'image poétique est sous le signe d'un homme nouveau. Cet être nouveau, c'est l'homme heureux. »

Qu'une telle conception pose au critique un « drame de méthode » Bachelard le sait, qui pense néanmoins « apporter quelques moyens, quelques instruments pour renouveler la critique littéraire ». C'est une *méthode de lecture* qu'il propose : « Lire en essayant de sympathiser avec la rêverie créatrice », une lecture de prospection et d'identification qui distinguerait les nivellements et les ruptures dans la trame du discours poétique ; et qui saurait différencier le niveau des « complexes de culture » que sont les tropes usés du niveau des « attitudes irréfléchies » qui créent des images neuves. Il suggère au critique des façons nouvelles d'aborder les questions de genèse poétique ou d'isoler dans la trame du texte certains éléments linguistiques. Intuitif plutôt que systématique, il offre des exemples et non une méthode critique : études de Lautréamont, de Huysmans ; analyses d'images puisées dans la poésie surréaliste, surtout celle d'Eluard. Il fournit des « lectures », des interprétations fragmentaires, de textes littéraires. Mais sa recherche à lui est d'ordre psychologique ; la littéraire a le statut d'un document : « Nous n'avons pour connaître l'homme que la lecture, la merveilleuse lecture qui juge l'homme. »

La thématique courante étudiait les thèmes consciemment développés dans un texte et, pour en établir la signification, déterminait la manière dont ils s'articulaient dans l'ensemble du texte. Cette analyse renvoyait à d'autres utilisations du même thème et se prêtait aux études comparatives. Elle contribuait à l'histoire des idées, ou du goût. La thématique de Bachelard cherche d'abord à repérer dans le texte des configurations d'images inconscientes pour en déchiffrer la qualité affective. Elle se propose comme but de les articuler en des structures sous-jacentes, des paradigmes. Elle ne se soucie pas des structures formelles de l'œuvre, mais renvoie à un arrière-fond psychologique, inconnu par ailleurs, qu'il s'agit de faire apparaître. S'inspirant de Bachelard, mais plus méthodique, une « nouvelle critique » thématique littéraire attirera un groupe de jeunes universitaires influencés par Bachelard. Les deux premiers volumes d'essais critique de Georges Poulet, *Études sur le temps humain* (1949) et *La Distance intérieure* (1952) annoncent cette nouvelle orientation qui avec Jean Starobinski et Jean-Pierre Richard et jusqu'à un certain point Jean Rousset dominera le champ critique universitaire pendant une dizaine d'années.

Jean-Paul Sartre critique

Les premiers essais critiques de Sartre paraissent à la *N.R.F.* de 1936 à 1940 et rendent compte de romans qui viennent de paraître, romans de Faulkner, de Dos Passos, de Giraudoux, de Mauriac, de Nizan. La terminologie dont use Sartre alors est d'origine soit post-hégélienne, soit husserlienne ; sa méthode est étroitement liée aux théories sur la réalité humaine et sur les structures « imaginaires » de l'œuvre d'art qu'il était en train de formuler et dont il traite dans ses livres sur *L'Imagination* et *L'Imaginaire* et dans *L'Etre et le Néant*. Dans les essais critiques, le schéma théorique et son application pratique sont étroitement entrelacés. Sartre accepte ses présupposés philosophiques comme des données irréfutables qui apportent à sa critique leur autorité. L'acte du critique est donc une *démonstration* exemplaire. Elle est faite du point de vue du lecteur Sartre, point de vue qui est consciemment, quoique non explicitement, déterminé. Chaque compte rendu critique sartrien relève d'un parti-pris théorique qui permet à Sartre d'appliquer aux romans fort différents qu'il aborde les mêmes critères d'évaluation. Ces critères sont intrinsèques à l'ontologie sartrienne, extrinsèques à l'œuvre littéraire en question. Ils gagnent en consistance ce qu'ils perdent en objectivité.

Il n'est pas question ici d'exposer dans sa complexité le système critique sartrien, seulement ses lignes essentielles. Toute technique, selon Sartre, suppose une métaphysique. C'est la métaphysique que le critique doit dégager par l'examen de la technique ; et c'est la métaphysique que juge Sartre à l'aune de la sienne, qu'il tient temporairement pour irréfutable.

Sartre, ayant posé comme axiome que tout individu se saisit comme une liberté « en situation » et se définit comme « projet » toujours ouvert sur un devenir, condamnera *ipso facto* toute représentation autre de la réalité humaine comme entachée d'une « mauvaise foi » foncière. C'est dans la mesure où Faulkner et Mauriac ne se conforment pas à ce schéma et mettent en scène des personnages contrôlés soit par une fatalité, soit par les desseins de Dieu que Sartre récuse leurs mondes imaginaires ; et inversement il verra en Dos Passos le plus grand des romanciers, jusqu'au moment où les partispris du romancier lui apparurent condamnables.

Dans son application pratique, la critique sartrienne est donc arbitraire et peu probante ; elle révèle l'iconoclaste sous le masque du critique. L'intérêt de la méthode sartrienne est ailleurs. Sartre s'est intéressé à la question des rapports du lecteur avec le texte, du lecteur avec l'auteur, du texte et de l'auteur. Il a cherché à définir ce que comporte l'acte de lire. Un texte apparaît comme une série de marques noires sur une feuille blanche. Sans lecteur, un livre est lettre morte. L'acte d'écrire vise donc une autre conscience ; c'est un *appel* adressé au lecteur. Un roman, selon le Sartre de cette époque (l'époque de *La Nausée),* est le projet d'échapper au monde contingent de la réalité en créant un monde imaginaire cohérent dont l'organisation unificatrice a son origine dans une volonté humaine de transcendance. La tâche du lecteur est double : il doit librement assumer ce monde en lui prêtant sa temporalité – la durée d'une lecture –, puis s'en dégager, se retourner vers lui pour éclairer la nature du « projet » fondamental dont ce roman est la réalisation. Alors le processus critique commence, qui dégage des éléments hétérogènes du roman – descriptions, situations, itinéraires et relations des personnages, dialogues – l'*intentionalité* qui leur confère une signification. C'est dire que le critique dégage les prémisses ontologiques de l'auteur que Sartre considère comme inhérentes à l'organisation globale du roman. Ces prémisses, le lecteur doit les mettre à l'épreuve de sa propre vision du monde. L'œuvre littéraire n'est donc pas pour Sartre une fin en soi ni un objet esthétique. C'est un « médium » privilégié de communication entre deux consciences « en situation » par rapport au monde de la réalité quotidienne. Sartre pose comme axiome qu'il y a un rapport *intentionnel* entre la conscience constitutive du texte et le langage élaboré en texte, et que ce langage se réfère au monde de la réalité. Les questions que Sartre se pose à propos du langage particulier et des modalités du texte sont des questions de signification humaine.

Sartre fera entrer dans le schéma initial de la « situation » qui circonscrit tout projet, dont celui de l'écrivain, des facteurs de plus en plus complexes : les structures sociales et économiques concrètes, le concept de classe et le mythe téléologique et utopique de l'histoire qui caractérise l'analyse marxiste ; les structures impersonnelles de l'inconscient longtemps niées ; les structures automatiques du langage tardivement reconnues. Mais le processus fondamental reste le même, grâce auquel Sartre présente dans son *Baudelaire,* son *Saint Genet* et son *Flaubert* (non terminé) une forme nouvelle de la classique étude universitaire « vie et œuvre ». L'œuvre est analysée pour la signification psychologique qu'elle revêt, aux yeux de Sartre, dans le contexte d'une vie. Instrument idéologique, la méthode sartrienne résorbe le texte littéraire dans le contexte d'une réalité aux structures multiples : culturelles, économiques, sociologiques, psychologiques.

La critique sartrienne a eu le mérite de remettre radicalement en question les attitudes traditionnelles de l'université et du public lettré à l'égard de l'entreprise littéraire et de la littérature considérée comme une sorte de patrimoine sacré, de « monument public » pour citer Sartre lui-même. Il était utile d'attirer l'attention sur les déterminantes sociales du fait littéraire. Mais il était téméraire de vouloir, au moyen d'une rhétorique, réduire la littérature à un fait social significatif selon le schéma marxiste — revu par Sartre — du processus historique. Que le processus de démystification que Sartre instaure ait, à son tour, semé sa part de mythes et de confusion est incontestable. Cependant, avec *Qu'est-ce que la littérature ?* commencent les grands débats théoriques et dogmatiques sur la littérature et la critique qui caractériseront les années soixante.

Maurice Blanchot

Occasionnels, les comptes rendus critiques de Maurice Blanchot paraissent dans la *Nouvelle Revue française,* parfois dans *Critique,* puis seront réunis en volumes, dont les trois premiers — *Faux Pas, Lautréamont et Sade* et *La Part du feu* – paraîtront entre 1943 et 1949. Leur influence se fera sentir une quinzaine d'années plus tard. *L'Espace littéraire* (1955) et *Le Livre à venir* (1959) creusent plus profondément les mêmes thèmes. Romancier connu de rares lecteurs, Maurice Blanchot poursuivait une méditation, non sur les œuvres individuelles présentées dans ses articles, mais sur *l'acte d'écrire*. Chaque compte rendu est un essai qui, sous forme de paradoxe, ouvre la voie à une recherche toujours reprise sur l'activité jumelée : écrire ; écrire sur ce qui est écrit. « Admettons que la littérature commence au moment où la littérature devient une question... » C'est ainsi que, dans *La Part du feu*, Blanchot définit ce qui ne cessera d'être la source d'une réflexion nourrie de la lecture de Mallarmé, de Hegel et de Heidegger. Ce sera Blanchot et non Sartre ou Bachelard qui préparera, par sa réflexion sur les conditions et les paradoxes du discours critique, les voies que prendra une critique « de pointe » aux environs de 1960.

Pour Blanchot l'acte de la lecture annule à la fois l'auteur et le lecteur et fait exister le livre : « Le livre a en quelque sorte besoin du lecteur [...] pour s'affirmer chose sans auteur et aussi sans lecteur. » Il ne s'agit pas d'explication, d'exégèse ou d'évaluation. Il faut remonter à l'origine du discours qui se déroule dans le livre. Pour Blanchot la littérature n'est point une série d'ouvrages, mais la naissance d'un langage, un ensemble de signes qui est une négation de la réalité, un vide et une absence. Absence et présence, être et non-être, temps vide et plénitude, errance et demeure, vie et mort, solitude et communication, non-sens et authenticité, impossibilité et possibilité de l'acte d'écrire, sont les antinomies qui hantent la pensée de Blanchot. L'écrivain naît de la mort de l'homme qui disparaît dans le vide de cet acte d'auto-projection hors de la vie qu'est l'écriture. Il meurt quand *le livre* s'achève ; pour renaître avec « l'exigence d'écrire », dialectique qui ne sera jamais achevée. Le lecteur seul constitue le livre en « œuvre » unifiée.

Blanchot « fait » ainsi lui-même exister certaines œuvres, qu'il privilégie dans cet « espace littéraire » qu'ouvre le « langage sur le langage » du lecteur Blanchot : Mallarmé surtout, mais aussi Hölderlin, Kafka, Beckett, Char. Au contact de leurs œuvres se déploie son interrogation sur l'existence litté-raire en soi, considérée comme production humaine autonome, en rupture avec le réel, et non comme un commentaire sur ce réel.

C'est, sur fond hégélien, une problématique de la production du langage littéraire que Blanchot pose, sous le double aspect écriture-lecture. A l'inverse de Sartre, il insiste sur le rôle déterminant du lecteur, non de l'auteur, dans la constitution de ce qui *devient* « littérature » par ce processus, et qui ne l'était pas à l'origine. Blanchot rejette tous les modes critiques courants, en montrant l'insuffisance de leurs présupposés, il n'en propose point d'autres.

Mais par sa définition de l'espace propre au « littéraire », et du statut de l'œuvre en tant « qu'objet de langage », par sa mise entre parenthèses de l'auteur et du « moi » du lecteur, il rompt avec la tradition critique romantique, qui s'attachait à définir l'œuvre littéraire, comme le fait Sartre, par une histoire : celle d'une société, de l'auteur, de la littérature elle-même. Dans la lignée de Mallarmé et de Valéry il prépare les questions que se poseront et voudront résoudre les critiques des années soixante, tels que Genette, Todorov, Ricardou, Kristeva et Sollers.

1952-1970 : LES NOUVELLES CRITIQUES

En 1944 déjà, Henri Hell, codirecteur de la revue *Fontaine,* se plaignait d'« une certaine tendance pseudo-philosophique-poétique qui plonge de plus en plus la critique littéraire dans un charabia prétentieux et creux » (*Fontaine,* XXXII). L'aspect que prend l'espace critique pour le profane au cours de ces années semble corroborer ce jugement. Les difficultés que présente le langage critique ne sont pas cependant dues à un manque de sens, mais à une pléthore de systèmes qui, chacun, proposent une terminologie propre. Ces terminologies reposent sur des théories définissant l'acte critique qui elles-mêmes sont liées plus ou moins rigoureusement à des conceptions parfois irréconciliables de la nature du fait littéraire. Elles sont souvent empruntées à d'autres disciplines : sociologie, psychanalyse, anthropologie, linguistique. Les catégories qu'utilise la critique freudienne, par exemple, sont étrangères aux catégories de la linguistique ou de la critique néomarxiste. Et, de surcroît, à l'intérieur de chaque système certains critiques tentent des combinaisons de système à système ou inventent leurs propres catégories individuelles. Rare est le livre de critique qui paraît sans une préface définissant une méthode critique personnelle, justifiant le choix d'une terminologie qui reste individuelle. Parfois aussi, c'est la création même d'une terminologie que se propose le critique, le texte lui servant de « matériau ». On est déconcerté par la rapidité avec laquelle ces vocabulaires se démodent et par l'agressive intolérance qui parfois accompagne l'apparition d'une nouvelle configuration du kaléidoscope critique. La guerre des terminologies dont la littérature fait les frais n'est pas toujours innocente. Elle relève dans certains cas d'un conflit idéologique qui oppose au spiritualisme latent ou avéré d'une critique traditionnelle à fond chrétien ou néo-hégélien, un matérialisme néo-marxiste intransigeant. Perturber ou détruire le langage critique traditionnel, c'est, selon la rhétorique néo-marxiste, s'attaquer aux cadres de la culture

« bourgeoise » et préparer de profondes perturbations sociales ; d'où les répercussions du débat critique dans l'enseignement et l'influence qu'il exercera
sur les programmes littéraires du haut en bas de l'échelle scolaire.

Cette pléthore de systèmes, de théories et de terminologies a sans doute
son origine dans le sentiment pénible pour les jeunes Français que la France
intellectuelle d'après-guerre se calfeutrait à l'intérieur de cadres idéologiques
dépassés. D'où la violence des assauts dirigés contre le « langage mort » de
l'université. Ce n'est cependant que dans le feu d'une confuse polémique, qui
atteint son apogée entre 1964 et 1967, que le débat critique pouvait apparaître
comme un conflit entre les « méchants » — une critique universitaire autoritaire et sclérosée — et les « bons » — une critique « nouvelle », non-
académique, audacieuse et à la page. Des ouvrages de fond venant d'universitaires, comme *Stendhal et les problèmes du roman* (1958) et *Stendhal et les
problèmes de la personnalité* (1958) de Georges Blin, sont déjà de plain-pied avec
ce que la « nouvelle critique » propose. C'est à *l'intérieur même de l'université*
que les diverses tendances critiques s'étaient affirmées. Elles sont *savantes,*
parfois pédantes, et produisent des travaux peu ou points accessibles au
public non spécialisé.

Entre 1952 et 1965 environ, une prolifération d'études critiques
accompagne la prolifération des méthodes qu'à leur tour les critiques tentent
de classer. Les rubriques se multiplient et la méta- ou dia-critique devient
une branche active du domaine critique, en proposant diverses classifications
de la critique courante : psychanalytique, phénoménologique, existentialiste,
marxiste, thématique. Un nouvel élément s'affirme au cours des années
soixante dans des débats comme celui qu'organise en 1964 le groupe marxiste
« Clarté » sur le thème : « Que peut la littérature ? », et au colloque tenu
en 1966 à Cerisy-la-Salle où est mis en question le bien-fondé de toutes les
méthodologies. Une nouvelle génération de jeunes intellectuels dans le sillage
de Roland Barthes multiplie les théories, les exposés, les débats et colloques,
et tentera de sortir du chaos méthodologique en imposant une forme d'analyse textuelle s'inspirant des méthodes de la linguistique structurale. Saussu-
rienne à l'origine, se réclamant des formalistes russes, parfois de Mallarmé
ou encore de Valéry, elle s'attaque aux ·problèmes de « l'écriture », de la
production et du mode de fonctionnement du texte ; elle met au second plan
l'interprétation du texte, mais se propose d'en analyser les *structures*. Ce mouvement se scinde rapidement en groupes de recherche divers et malgré l'effort
de documentation et de fixation d'une terminologie que représente une
publication comme le *Dictionnaire encyclopédique des sciences du langage* (Oswald
Ducrot et Tzvetan Todorov, Le Seuil, 1972) elle apporte un sérieux renfort à
la prolifération des terminologies.

L'on peut distinguer plusieurs conflits latents qui se jouent sous la surface déjà complexe de la scène critique. Citons par exemple le conflit entre le rationalisme de l'anthropologue Lévi-Strauss et la violence anti-rationaliste de Bataille, qui tous deux exercent une influence sur la « critique de pointe » et dont les attitudes illustrent les deux tendances profondes de la pensée occidentale dont le conflit se fait aigu à partir du bouleversement de 1914-1918. Ou encore le conflit moins général entre les deux tendances qui, depuis Aristote, se partagent le champ critique : le besoin de créer un jeu de règles, un système qui permettrait de codifier l'ensemble de la production littéraire et d'aborder chaque œuvre comme un objet à décrire et à classifier ; et le goût de l'œuvre individuelle, explorée subjectivement de l'intérieur et soumise à une exégèse, exégèse qui en livre le sens ou conduit vers la connaissance de l'auteur situé derrière ou dans le livre. Une troisième tendance, celle que représentent les recherches de Derrida sur l'écriture même *(L'Ecriture et la Différence, De la grammatologie* et *La Voix et le Phénomène en 1967 ; La Dissémination, Positions* et *Marges (de la philosophie)* en 1972 ouvre une voie qui semble à partir de 1970 devoir, temporairement peut-être, prendre le relai des autres. En général, cependant, ce qui distingue la critique contemporaine du commentaire traditionnel, c'est *le refus d'attribuer au texte un sens arrêté, c'est-à-dire un contenu dont il serait le véhicule.* A ses yeux un texte écrit ne désigne pas autre chose que lui-même.

Quelle que soit la voie suivie, la critique la plus en vue en 1970 est celle dont l'effort porte sur la description du processus de génération du sens. Elle se déploie à partir de certains axiomes : le langage est un système de signes que caractérise la polysémie (la multiplicité de ce que chaque mot ou groupe de mots, le signifiant, transmet comme message, ou signifié). Il fonctionne par l'intermédiaire de trois grands mécanismes impersonnels et analysables : ses propres règles de production et de transformation ; les mythes, idéologies et idiolectes qui organisent les réalités sociales du groupe qui le parlent, les représentations religieuses et morales y comprises ; les structures profondes de la libido communes à tous les êtres humains, dont Freud avait discerné le fonctionnement et qui introduisent un jeu de relations, une syntaxe cachée sous la syntaxe manifeste du langage. Ces mécanismes mettent en échec l'idée traditionnelle de l'*auteur* qui, de créateur, se découvre scribe, d'où l'assaut mené contre les notions romantiques de « génie » et la mise entre parenthèse du « je », qui de sujet passe à l'état de fonction grammaticale.

Panorama des pratiques critiques en 1970

La critique dite *thématique* ou *phénoménologique* domine le champ critique à partir de 1952 et pendant une quinzaine d'années. Son point de vue est apparenté à ceux de Bachelard et du jeune Sartre, et elle met volontiers à profit les suggestions de la psychanalyse. Elle postule la présence d'une conscience, celle de l'auteur, principe originaire, centre d'organisation et de production du texte. Le critique propose d'atteindre par la lecture un état d'identification complète avec cette conscience originelle, ce qui implique l'existence d'une essence commune dont toute conscience humaine est une manifestation. Ce processus amène le critique à trouver par une sorte d'intuition le « point de départ » ou de transmutation à partir duquel l'expérience vécue d'un « moi » devient langage. C'est le moment où le moi « se fait » écrivain, c'est-à-dire élabore un langage littéraire cohérent. La lecture révèle les modalités de ce langage, représentations temporelles ou figures réitérées comme le cercle (Georges Poulet) ; réseaux de mots suggérant une prédilection inconsciente chez l'écrivain pour certains mouvements — le vol par exemple —, pour certaines matières, certaines formes (Jean-Pierre Richard) ; ou s'organisant selon une dialectique du transparent et du caché (Jean Starobinski). Ces figures ou réseaux forment une sorte de matrice, une thématique commune, un langage fondamental qui lie chaque ouvrage individuel d'un auteur à tous les autres. Résolument subjective, la critique thématique apparaît, plus que toute autre peut-être, comme de la littérature sur de la littérature.

La critique psychanalytique proprement littéraire pénétrera lentement en France. Sa méthodologie sera clairement exposée par Charles Mauron qui depuis les années vingt cherchait comment la psychanalyse pourrait devenir un outil de la critique. C'est en 1963 que dans l'introduction à son livre *Des métaphores obsédantes au mythe personnel* Mauron formulait les méthodes de recherche de la « psychocritique » et ses limites. Ainsi que les critiques thématiques, Mauron essaie, par une lecture de toute l'œuvre d'un écrivain, de découvrir des réseaux d'associations ou des configurations d'images réitérées, obsédantes. Par une superposition des textes il dégage le mythe personnel dont les lignes apparaissent à travers les variations des motifs dégagés. Il interprète ce mythe profond selon les schèmes freudiens. Éclipsée pendant quelques années, la lecture psychanalytique de textes littéraires connaîtra un renouveau lorsqu'un psychanalyste, Jacques Lacan, mettra en lumière l'analogie entre certains processus au moyen desquels la libido déjoue la censure du surmoi pour se manifester, et les figures de rhétorique bien connues comme la métaphore et la métonymie. (La métaphore est le remplacement d'une image par une autre, la métonymie remplace un terme par un autre ayant avec le premier une relation de contiguïté pourrait-on dire, procédés parallèles à ceux du rêve ou du langage à double fond du patient psychanalysé.)

La socio-critique littéraire nommée structuralisme génétique par son théoricien le plus connu en France, Lucien Goldmann, s'inspire des théories esthétiques marxistes développés par un Hongrois, Lukács, peu connu en France avant les années soixante. Elle part du concept marxiste qui attribue les structures de pensée de l'individu au groupe social auquel il appartient. L'écrivain serait l'homme qui reflèterait le plus nettement les structures mentales du groupe auquel il appartient, sa « vision ». Il s'agit donc de situer l'écrivain à l'intérieur de son groupe, et le groupe par rapport à la société. Il n'est pas question, comme pour le marxisme naïf des années trente, du *contenu* du texte littéraire, mais de l'ensemble des relations qu'il met en jeu et qui transposent, dans l'univers imaginaire, les structures réelles de la société telles qu'elles sont perçues par une des collectivités qui s'y trouvent situées. Le texte littéraire est donc, du point de vue de la socio-critique, un document social irremplaçable. Si c'est l'homme que la critique psychanalytique trouve au bout de son analyse, c'est la société que retrouve Goldmann.

La critique formaliste et structuro-linguistique a son point de départ dans les travaux de Ferdinand de Saussure. S'inspirant directement des travaux de linguistique de Roman Jakobson et de Chomsky, des travaux du Russe Propp sur les transformations des contes populaires et de ceux de Lévi-Strauss, la critique formaliste s'efforce de créer des « modèles », c'est-à-dire des systèmes de relations abstraites qui rendraient compte du fonctionnement d'un genre, ou type littéraire, comme l'avait fait Lévi-Strauss pour les multiples mythes des tribus d'Amérique *(Anthropologie structurale)*. Très diverse, elle s'est orientée surtout vers l'analyse du roman, ou plus largement, du « discours narratif » (Jean Ricardou) ou cherche à formuler une nouvelle poétique (Gérard Genette, T. Todorov) ou pousse ses recherches vers la sémiotique, c'est-à-dire l'analyse linguistique d'un texte en tant que système de signification (J. Kristeva et Ph. Sollers). Elle prend souvent la forme d'un micro-travail intensif sur les mots et les tropes.

Une trajectoire paradigmatique : Roland Barthes

Sociologue et critique culturel d'inspiration marxiste plutôt que critique littéraire, Roland Barthes, dans une série d'œuvres qui s'échelonnent sur une vingtaine d'années à partir du *Degré zéro de l'écriture* (1953), a fourni à la « nouvelle critique » ses mots d'ordre successifs et formulé le plus nettement ses visées scientifiques. S'inspirant au départ des méthodologies de la psychanalyse *(Michelet),* dans son essai *Sur Racine* il combine psychanalyse et structuralisme ; il s'intéressera à l'analyse formelle puis à la sémiologie qu'il applique à l'analyse structurelle des divers codes du discours narratif dans *S/Z*, essai sur la nouvelle de Balzac, *Sarrasine*. Multiples, combinant théorie et pratique, les travaux de Barthes tracent le développement d'une pensée en perpétuel mouvement, soucieuse de se dépasser elle-même, absorbant et mettant à profit les recherches des spécialistes comme Emile Benveniste ou des philosophes (Derrida). Barthes est avant tout un semeur brillant, mais point toujours sûr, d'idées, de théories, de méthodologies, de techniques et de terminologies nouvelles. D'autre part, ses essais, articles, préfaces, comptes rendus et interviews *(Essais critiques,* 1964 ; *Critique et vérité,* 1966) présentent une réflexion suivie sur la problématique du texte littéraire et de l'activité critique. Il serait impossible de comprendre le champ critique « de pointe », ses accomplissements, ses mythes, prétentions et intolérances sans avoir suivi le parcours de Roland Barthes. La dernière étape de ce parcours, aux environs de 1970, va de *Sade, Fourier, Loyola* à *Le Plaisir du texte* (1973). Barthes y renonce à ce qu'il appelle son « rêve euphorique de scientificité », et cherche à analyser le plaisir que prend le lecteur à la lecture du texte littéraire. Il s'appuie sur une première distinction entre le texte « scriptible », rare, c'est-à-dire le texte que l'on *peut* écrire aujourd'hui, et le texte « lisible », texte de culture générale facile à lire, mais qui n'exige pas d'être lu ou plutôt « produit » par le lecteur. Il distingue ensuite le « plaisir » que donne le texte scriptible qui est avant tout jeu avec le langage et désir du lecteur. Un texte « scriptible », selon lui, serait *Lois* de Sollers. L'idéal en matière de littérature serait la synthèse des deux. D'une forte subjectivité, ces derniers textes barthiens indiquent peut-être une certaine lassitude devant la pléthore de discussions abstraites, un retour aux valeurs affectives de l'art littéraire.

Entre 1950 et 1970, le vocabulaire critique et les méthodes d'analyse de textes changent radicalement et déconcertent les critiques formés dans la première moitié du siècle. Entre eux et les « nouveaux » critique, il y a, temporairement peut-être, une coupure nette.

Cependant, chaque groupe tend à remettre en circulation des ouvrages laissés dans l'ombre : ceux de Raymond Roussel, par exemple, ou d'Antonin Artaud dont seuls les essais sur le théâtre, publiés par la *N.R.F.*, avaient atteint un public. Lautréamont, Kafka et Sade sont prônés par tous les groupes. Il est cependant curieux de constater que les grands débats critiques portent sur les écrivains du passé les plus « classiques » : Racine, Baudelaire, Flaubert, Mallarmé.

Enfin apparaissent comme un apport majeur de ces années les grandes éditions de l'héritage classique et de la littérature moderne, travail auquel collaborent étrangers et Français. Editions critiques et commentées d'œuvres complètes dans la « Bibliothèque de la Pléiade » rénovée (Balzac, Baudelaire, etc.). Publication du théâtre complet de Dumas chez Minard-Lettres modernes. Editions d'immenses correspondances : Sainte-Beuve, Mérimée, George Sand, Mallarmé. Œuvres complètes d'un Bataille ou d'un Céline. Textes connus qu'il faut découvrir dans de nouvelles présentations, cahiers, écrits inédits – cette activité multiple les données, détruit les cadres trop étroits de l'histoire littéraire scolaire et met en cause les théories, les abstractions, tout en laissant posée la question de la nature de la fonction et de la signification de ce vaste « espace littéraire »[1].

L'historiographie et l'histoire littéraire

Les principes qui fondaient l'histoire littéraire à laquelle est attaché le nom de Lanson étaient ceux même qui avaient été développés par les historiens du XIXe siècle. Mais l'historiographie elle-même évoluait, en partie sous l'influence des nouvelles méthodes d'analyse et d'interprétation fondées sur la statistique et sur l'emploi des ordinateurs. Une conception plus complexe du processus historique a remplacé l'histoire événementielle qui était celle des historiens formés par le positivisme rationaliste du XIXe siècle. En 1929, sous l'égide de Lucien Febvre et de Marc Bloch, un groupe dit des « Annales » – du titre de la revue qu'ils avaient fondée – s'oriente vers une étude approfondie des processus qui liaient les phénomènes économiques, les structures sociales et les formes culturelles en un lieu et à une époque donnés. Fernand Braudel (*Écrits sur l'Histoire,* 1958), quelques années plus tard, distinguait trois dimensions de l'histoire : l'histoire à court rythme des événements de surface, celle des « micro-structures » à laquelle s'étaient attachés les grands historiens du XIXe siècle; l'histoire plus lente des transmutations socio-intellectuelles ; et, plus profonde, celle des « macro-structures » de régions géographiques comme la région méditerranéenne avec leurs lentes

---

1. Pour une vue d'ensemble de ces travaux, nous prions le lecteur de consulter notre bibliographie.

modifications et leurs permanences. De plus en plus, c'est vers l'étude de communautés, villages ou petites villes que se tournent les historiens, cherchant les conditions précises de vie et d'échanges qui réglaient la vie des communautés.

L'apport des historiens français dans les études historiques est considérable et novateur. Les études historiques semblent parfois prendre la relève des grands romans à portée sociale pour les lecteurs sérieux et intellectuellement curieux du passé de leur pays. A l'idée d'une histoire linéaire s'est substituée celle de temps et de structures multiples ; à l'idée d'une évolution, l'exploration de systèmes culturels synchroniques jouant verticalement, pourrait-on dire, mais partant des mouvements de fond de la population pour aboutir à la micro-histoire des surfaces, étudiant la vie des vingt millions de Français pour aboutir à cet épiphénomène, Louis XIV [1].

L'histoire littéraire est facilement absorbée dans ces schémas plus complexes où les œuvres apparaissent moins comme des événements que comme les manifestations, parmi beaucoup d'autres, d'un style d'époque.

On peut se demander si, dans l'avenir, l'histoire ne définira pas le dernier demi-siècle avant tout comme l'ère des idéologues. Certainement le foisonnement des recherches et des concepts a jeté la confusion dans le domaine littéraire ; y a contribué l'entrée en force d'un vigoureux internationalisme littéraire, lié aux universités, surtout américaines. L'importance accordée à la littérature contemporaine, l'accueil fait aux écrivains et professeurs étrangers, la vigueur des travaux de recherches et l'ouverture aux travaux venant de toutes les parties du monde, ont augmenté considérablement le public que peut atteindre un écrivain et en ont changé la nature. Qu'elles soient lues en français ou en traduction, certaines œuvres contemporaines deviennent des « classiques » pour des milliers d'étudiants étrangers avant même que les jeunes Français n'en aient connaissance. Une sélection se fait selon des critères nouveaux, et par rapport à un vaste réseau littéraire international. Ce n'est plus seulement, ni essentiellement peut-être, le « pré-public » parisien qui détermine la réputation d'une œuvre, sa « durabilité » et sa diffusion. Il est difficile de prévoir l'influence qu'exercera à long terme ce fait nouveau. Il semble, pour le moment, par une sélection sévère, apporter un correctif à l'inflation de la production parisienne. D'autre part, des courants non prévisibles peuvent entrer en jeu pour valoriser, par exemple, les littératures francophones ou orientales au détriment des ouvrages français : hasard des programmes universitaires, hasard des traductions, hasard des modes intellectuelles. L'écrivain français, pris entre les critères et exigences

1. P. Goubert, *Louis XIV et vingt millions de Français,* Fayard, 1966.

du « milieu clos » que décrit Nourissier et ceux du public diffus à l'étranger, se trouve dans une situation malaisée. Et tant en France qu'à l'étranger, la prolifération des recherches et une nouvelle orientation des méthodes d'analyse transforment de façon déconcertante le bel édifice ancien et familier de la littérature française, où l'écrivain pensait entrer.

Quatrième partie

L'ESPACE LITTÉRAIRE

LISEZ :	NE LISEZ PAS :	LISEZ :	NE LISEZ PAS :
Héraclite.	Platon.	Lautréamont.	Kraft-Ebbing.
	Virgile.		Taine.
Lulle.	St Thom. d'Aquin.	Rimbaud.	Verlaine.
Flamel.		Nouveau.	Laforgue.
Agrippa.	Rabelais.	Huysmans.	Daudet.
Scève.	Ronsard.	Caze.	
	Montaigne.	Jarry.	Gourmont.
Swift.	Molière.	Becque.	Verne.
Berkeley.		Allais.	Courteline.
	La Fontaine.	Th. Flournoy.	Mme de Noailles.
La Mettrie.		Hamsun.	Philippe.
Young.		Freud.	Bergson.
Rousseau.	Voltaire.	Lafargue.	Jaurès.
Diderot.			Durckheim.
Holbach.			Lévy-Brühl.
Kant.	Schiller.	Lénine.	Sorel.
Sade.	Mirabeau.	Synge.	Claudel.
Laclos.		Apollinaire.	Mistral.
Marat.	Bern. de St Pierre.	Roussel.	Péguy.
Babeuf.	Chénier.	Léautaud.	Proust.
Fichte.	Mme de Staël.	Cravan.	d'Annunzio.
Hegel.		Picabia.	Rostand.
Lewis.		Reverdy.	Jacob.
Arnim.	Hoffmann.	Vaché.	Valéry.
Maturin.		Maïakovsky.	Barbusse.
Rabbe.	Schopenhauer.	Chirico.	Mauriac.
A. Bertrand.	Vigny.	Savinio.	Toulet.
Nerval.	Lamartine.	Neuberg.	Malraux.
Borel.	Balzac.		Kipling.
Feuerbach.	Renan.		Gandhi.
Marx.			Maurras.
Engels.	Comte.		Duhamel.
	Mérimée.		Benda.
	Fromentin.		Valois.
Baudelaire.	Leconte de Lisle.		Vautel.
Cros.	Banville.		Etc., etc., etc.

LES ÉCRIVAINS « RECOMMANDÉS » PAR LES SURRÉALISTES. (1930)

CHAPITRE I

Un changement topographique

UN ANCIEN surréaliste, André Thirion, écrivant un demi-siècle plus tard, notait que dans les années vingt le « ton de l'époque » était donné par Gide, Morand, Valéry, Giraudoux, Cocteau, Max Jacob, Roger Martin du Gard, Larbaud, c'est-à-dire par les représentants de l' « esprit nouveau » d'avant-guerre. C'est de cette matrice que, sous l'impact de Dada, naîtra le mouvement le plus dynamique de l'après-guerre : le surréalisme. Se renouvelant d'année en année, le surréalisme crée une sorte de trouée dans le champ littéraire. Il domine l'époque, non seulement par la qualité des textes qu'il jette dans le circuit les lettres, mais aussi par la nature même de ces textes et par le ton péremptoire des théories qu'ils proclament. Le succès des surréalistes révèle leur complicité avec l'époque qu'ils dénoncent. Que ce mouvement relevât d'un courant plus profond, André Breton s'en doutait qui, en 1922 déclarait : « J'estime que le cubisme, le futurisme et Dada ne sont pas à tout prendre trois mouvements distincts et que tous trois participent d'un mouvement plus général dont nous ne connaissons encore précisément ni le sens ni l'amplitude » *(Les Pas perdus)*. Il nous semble que, malgré leurs dénégations et leur refus de toute subjectivité, les attitudes intellectuelles des groupes « de pointe » à partir des années cinquante sont des manifestations assagies et plus circonspectes du même itinéraire unique, qui atteint peut-être avec eux ses limites et qui avait pris son premier élan vers 1910.

Au cours de ces cinquante années, ce mouvement bouleversera le panorama littéraire ; il en bousculera la hiérarchie, laissant derrière lui le sentiment d'un vide. Pourtant, en 1975, cette impression de vide semble rétrospectivement affaire de langage et de rhétorique plutôt que réalité.

Sans tenter de redéfinir la notion de « littérature », nous tiendrons comme acquis qu'entre dans l'espace littéraire l'ensemble des œuvres qui, par leurs qualités d'écriture, ont été jugées valables par la critique et ont été incorporées au domaine littéraire. De ce point de vue, est donc littérature ce qui est accepté comme tel à un moment donné. Aucune période littéraire n'apparaît alors plus riche en œuvres que celle-ci.

Au cours de ces années, Proust, Gide, Claudel, Valéry et, toujours à part, Colette atteignent une pleine maturité. Leurs œuvres prennent rang parmi les grands ouvrages littéraires de l'Occident. A côté d'eux les générations se côtoient plutôt qu'elles ne se relaient. Tous les genres se renouvellent. Le roman prolifère : François Mauriac, Jean Giraudoux, Jules Romains, Georges Duhamel, Roger Martin du Gard, Louis Aragon, bientôt Georges Bernanos, Jean Giono, Julien Green, puis André Malraux et Céline ; et, moins connus, Marcel Jouhandeau, Raymond Queneau, Henri Bosco ; enfin Sartre, Simone de Beauvoir, Marguerite Yourcenar et Camus donnent au roman une présence et une riche diversité. Il s'adapte aussi à des œuvres plus secrètes, celles de Jean Cayrol, de Julien Gracq, celles, étranges, de Maurice Blanchot, ou encore de Raymond Abellio. Et tandis que les théories du « nouveau roman » ou du « nouveau nouveau roman » font couler beaucoup d'encre, les ouvrages de Samuel Beckett, de Claude Simon, de Jean-Marie Le Clézio, trouvent leur public, un public restreint peut-être, le même sans doute qui suit avec intérêt, de roman en roman, l'évolution de Michel Butor, d'Alain Robbe-Grillet, de Marguerite Duras, de Robert Pinget et qui lit les volumes successifs où Nathalie Sarraute perfectionne une technique narrative originale.

Il est difficile cependant d'établir des perspectives diachroniques dans une production littéraire qui nous touche de toutes parts. En ce qui concerne la littérature française elle-même, on peut constater que, après une période de grande fertilité, les années 1952-1970, qui correspondent au jaillissement énergique des littératures d'expression française, sont bien moins riches que l'époque qui les précède. Les grandes figures disparaissent et ne sont pas remplacées : il n'y a pas de successeurs visibles à Saint-John Perse, Giraudoux, Malraux, Sartre ou Camus. Pour l'historien qui regarde l'immense diversité de la production littéraire, qui est voué à parfois se tromper, par omission, par impossibilité de tout lire avec attention et d'assimiler tous les travaux critiques et qui, donc, ne peut avoir que des positions partielles, provisoires et contestables, ce qui frappe à l'heure actuelle, c'est l'aspect anarchique et le rétrécissement d'une littérature qui temporairement sans doute semble profondément déconcertée. Si dans l'ensemble le mouvement littéraire se maintient dans les cadres de la périodisation que nous avons établis, les œuvres particulières y échappent souvent. Il y aurait quelque danger à les y enfermer trop rigoureusement. Nous tenterons de donner d'abord une vue d'ensemble de l'espace littéraire pour en analyser ensuite les modulations.

Le théâtre connaît d'abord une renaissance. Une pléiade de directeurs transforme la scène et participe au mouvement international, renouvelant toutes les faces de l'art dramatique. Avec Claudel, Giraudoux, Cocteau, Armand Salacrou, Jean Anouilh, Sartre, Henry de Montherlant, Camus, puis Samuel Beckett, Eugène Ionesco, Arthur Adamov, et, à un degré moindre, Roland Dubillard, François Billetdoux, Romain Weingarten, Fernando Arrabel, la littérature et le théâtre forment une nouvelle alliance et atteignent un nouveau public.

En retrait, *de nombreuses œuvres poétiques* s'élaborent et peu à peu sortent de l'ombre. Pierre Jean Jouve, Jules Supervielle, Saint-John Perse, Henri Michaux, Francis Ponge, Paul Éluard, Jean Tardieu, Louis Aragon, Jean Follain, André Frénaud, Yvonne Caroutch, René Char, Pierre Emmanuel, Yves Bonnefoy, Joyce Mansour, Alain Bosquet, Philippe Jaccottet, Denise Miège, Robert Sabatier, Jean-Claude Renard... Où arrêter cette énumération ? Plus de trois cents poètes méritant l'attention sont publiés en France, les noms se succédant de décennie en décennie. De plus, que d'œuvres inclassables, ou hors cadre, comme celles de Georges Bataille, de Michel Leiris ou, tardivement connue, celle de Jean Paulhan ! La publication d'une œuvre majeure comme celle de Paulhan, restée dans l'ombre, peut modifier l'idée d'ensemble que nous nous faisons du domaine littéraire, comme l'ont remarqué le poète T.S. Eliot et, après lui, Philippe Sollers.

Journaux intimes, mémoires, autobiographies, nouvelles, essais — souvent de haute qualité — sont reconnus comme constituant des « genres » distincts dans le champ littéraire. Il y a donc un écart considérable entre les pronostics qui rituellement annoncent la « mort » d'un genre comme le roman ou celle de la littérature en général et la richesse incontestable de l'espace littéraire. Entre 1920 et 1970, certains écrivains français ont poussé très loin l'exploration des vastes ressources et possibilités du langage et des structures littéraires, ne reconnaissant plus aucune restriction de vocabulaire, de syntaxe ou de forme qui limiterait le déploiement du discours. Mais aucun ne les explore toutes à la fois. D'autres restent fidèles aux codes anciens souvent dénoncés ; d'autres encore trouvent une solution de compromis, plus ou moins personnelle. On peut aborder ce vaste réseau de textes de diverses façons, mais non le réduire à l'homogénéité.

Perdant ses contours familiers, le domaine littéraire perd ses hiérarchies. Les « chefs de file », les « maîtres » qui polarisaient les aspirations et orientaient les tentatives de renouvellement disparaissent. Seules sont « visibles » les tendances extrêmes. Le champ littéraire est décentré ; la confusion règne. D'innombrables contradictions, des conceptions incompatibles quant à la valeur, la nature et la fonction de la littérature s'affrontent. Toute tentative pour dégager de cet ensemble une seule orientation écarte ou laisse dans l'ombre trop d'œuvres d'égal intérêt. Entre cette prolifération d'ouvrages, de langages, de formes de discours et l'amenuisement de la place qu'occupe aujourd'hui l'ouvrage littéraire dans la conscience du public « instruit », il y a sans doute une corrélation. Les jalons familiers sont effacés. En fait, le cours de la littérature a changé. Un désamorçage par rapport aux codes littéraires encore en vigueur jusque vers le milieu du siècle semble avoir eu lieu. D'où l'accueil que fait ce public à la critique littéraire, celle qui se veut médiatrice s'entend, en disproportion avec son hésitation devant le texte littéraire. Dans cette situation où les genres familiers, les critères de classement se brouillent, ce qui apparaît à l'écrivain lui-même n'est-ce pas justement ce fonds commun de toute littérature, le langage ? Et la question de la continuité dont le langage lui-même est garant ? D'où les tensions que la pratique de l'écriture « moderne » exhibe et l'attention quasi obsessionnelle qui lui est accordée.

De ce désamorçage, les deux mouvements de Dada et du surréalisme, qui à nos yeux n'en font qu'un, seront l'agent provocateur, moins par leurs théories parfois naïves que par leurs réalisations, c'est-à-dire par la mise en question du langage littéraire ou quotidien comme instrument de représentation de la réalité. Le groupe de *Tel Quel,* malgré son souci de se dissocier du surréalisme auquel il reproche son idéalisme et sa méconnaissance du matérialisme dialectique (voir *Tel Quel* 46), nous paraît en être l'héritier.

Un courant perturbateur : Dada et le surréalisme

L'histoire de ce mouvement en France n'est plus à faire. André Breton en a jalonné les étapes de manifestes et écrits divers. Depuis 1945, date de l'*Histoire du surréalisme* de Maurice Nadeau, les études s'accumulent qui en ont étudié tous les aspects. Des textes qui se voulaient éphémères ont été redécouverts et soigneusement réédités. La critique a exploré les antécédents littéraires et philosophiques du mouvement, ses théories, mythes et mystifications, ses contradictions, réalisations et échecs. « Il y a peut-être eu des écoles plus riches en génies isolés », note Julien Gracq, surréaliste du « deuxième convoi », « mais les fonds du surréalisme sont d'un éclat et d'une variété auxquels je ne vois pas d'équivalent » *(Lettrines).* D'où son rayonnement. Plutôt qu'une école, le surréalisme a été d'abord le centre de ralliement d'un groupe fluide de poètes et d'artistes qu'attiraient la personnalité intransigeante et passionnée d'André Breton et la haine de tout ce qui est établi, figé. L'on a pu distinguer des vagues successives d'adhérents, à mesure que de nouvelles recrues remplaçaient ceux qu'éloignaient les dissensions et ostracismes qui déchiraient la vie du groupe. Il serait sans doute utile de distinguer trois étapes dans l'histoire de ce mouvement qui, de près ou de loin, a affecté toutes les générations qui venaient à l'écriture aux environs de 1925 et après. Exclus, ou s'excluant, les écrivains qui ont vécu un certain temps au sein du groupe surréaliste, s'ils cherchent à échapper à l'influence personnelle de Breton, n'en gardent pas moins un état d'esprit initial qui se diffuse bien au-delà des limites du groupe constitué.

Le surréalisme prend forme entre 1920 et 1924, d'abord en symbiose avec Dada, dont Breton s'écarte vers 1922. Il s'affirme avec le *Manifeste* de 1924 et la revue d' « action collective », *La Révolution surréaliste*. De 1926 à 1928 paraissent les grands textes décisifs qui témoignent de l'accord profond qui anime alors les travaux du groupe et de l'envergure de son entreprise : *Nadja* de Breton, *Le Paysan de Paris* d'Aragon, *La Liberté ou l'amour !* de Robert Desnos, *L'Esprit contre la raison* de René Crevel sont des textes-manifestes de belle tenue littéraire. Avec *Capitale de la douleur* d'Eluard et *A la mystérieuse* de Desnos, le surréalisme conquiert de haute main sa place dans le domaine de la poésie. C'est l'époque où il exerce une forte attraction sur d'autres groupuscules et croît par « adhésions passionnées » ou alliances plus précaires.

De 1925 à 1929 commence le processus de fission et de dispersion qui s'accentuera au cours des années trente : Antonin Artaud, Roger Vitrac, Raymond Queneau, Georges Bataille, Michel Leiris, fortes personnalités, suivent d'autres voies, ainsi qu'Aragon et ceux qui, comme lui, se rallient au marxisme. Et Breton écartera les jeunes écrivains du « Grand Jeu », dont un au moins, René Daumal, devait se révéler écrivain de classe. Mais Dali, Buñuel, Marcel Jean, Pieyre de Mandiargues, Joyce Mansour, René Char, puis Julien Gracq se rallient au mouvement. Malgré ce renfort, et tandis qu'il atteint une audience plus vaste et s'internationalise, le surréalisme perd le dynamisme de son premier élan. Le *Second Manifeste du surréalisme* (1930) et la conférence de Breton *Qu'est-ce que le surréalisme ?* (1934) révèlent les soucis et vicissitudes de ces années. En 1938, cependant, la première grande exposition internationale du surréalisme a lieu à Paris. Désormais les expositions successives – celles de 1947, 1959, 1965, 1974 en particulier – témoignent de l'accueil de plus en plus ouvert que lui réserve le public. Devenu ferment actif dans le domaine culturel, le surréalisme perd son rôle de grand insubordonné.

Malgré l'appui que lui fournit Benjamin Péret, qui dans un pamphlet véhément, *Le Déshonneur des poètes,* semble retrouver le ton dénonciateur du surréalisme à ses débuts pour attaquer la poésie engagée qu'avait consacrée une anthologie des poètes de la Résistance, *L'Honneur des poètes* (1943), André

Breton, rentré à Paris, n'en est pas moins sur la défensive. Le cercle qui se reconstitue autour de lui est une chapelle plutôt qu'un groupe militant. Désormais, ce sont les œuvres individuelles qui suscitent l'intérêt, et la personnalité de Breton. Les quelques slogans surréalistes qui orneront les murs de la Sorbonne en 1968 témoignent d'une nostalgie plutôt que d'une renaissance. En 1930, la revue *Le Surréalisme au service de la révolution,* puis *Minotaure* (1933) exerçaient une influence certaine ; ce ne sera le cas d'aucune des revues que Breton lancera après 1945 ; *Néon, Médium, Le Surréalisme même, La Brèche.* En 1966 un colloque sur le surréalisme à Cerisy-la-Salle, s'il témoignait de la présence de poètes fidèles aux doctrines de Breton (Philippe Audouin, Claude Courtant, Henri Givet, Alain Jouffroy, Annie Le Brun, Gérard Legrand, Jean Schuster...), soulignait surtout la diffusion de ses pratiques d'écriture dans tout le corpus littéraire. L'on pourrait d'ailleurs affirmer que la lecture des textes dadaïstes et surréalistes et le repérage de leurs qualités distinctives ne sont devenus possibles qu'à la lumière de la nouvelle critique, et que c'est ainsi que se parachève le mouvement commencé vers 1916.

Janvier 1920 est une date de l'histoire littéraire. Venant de Zurich, Tristan Tzara, porte-parole du dadaïsme, rejoint alors à Paris Francis Picabia venu de New York *via* l'Espagne. La conjonction d'un petit groupe de jeunes poètes, Breton, Aragon et Soupault – que le *Troisième Manifeste du dadaïsme* (1918), œuvre de Tzara, avait profondément émus – avec ces deux personnages déjà légendaires, sera explosive.

La revue *Littérature,* que venaient de lancer les jeunes Français, ne se distinguait guère que par une certaine insolence des autres petites revues de l'époque. Ces poètes étaient, comme Apollinaire, Cendrars et Marinetti, désireux de créer un art « moderne » ; ils héritaient simultanément de la violente insurrection verbale de Lautréamont et de Jarry et de la tradition poétique qui, à travers Mallarmé et Rimbaud, remontait à Baudelaire. Ils honoraient Valéry et Gide. Cependant, *Littérature* s'aventurait déjà dans une voie qui devait s'avérer féconde. A la fin de 1919 paraissaient *Les Champs magnétiques,* textes écrits en commun par Breton et Soupault sous la « dictée » de l'inconscient. Breton, s'inspirant de Freud, usait d'une technique employée par les médecins psychiatres, l'écriture automatique. Il s'agissait de transcrire, en principe sans intervention du scripteur, les paroles se présentant spontanément à l'esprit. Ce texte prélude à l'aventure surréaliste et pose déjà certaines questions sur la nature du langage qui restent aujourd'hui encore sans réponse. Il passa inaperçu.

Ce sera Dada qui infusera à l'équipe de *Littérature* le goût de l'agression et le dynamisme qui lui permirent de trancher sur le fond turbulent du Paris de l'après-guerre et de polariser le malaise et les aspirations d'une partie considérable de la « génération de 1925 ». Nihiliste par idéalisme, Dada, au cours de son insubordination générale, s'était épris de sa propre liberté. Semer le scandale, couvrir de dérision le public parisien « éclairé » — ce qu'il fait avec allégresse par de multiples manifestations en 1920 et 1921 — n'est qu'un aspect de sa volonté de rupture, sorte d' « entreprise de salut public » (Crevel) à rebours. Mais de ses refus Dada tirait des inventions surprenantes dont l'urinoir-objet d'art de Marcel Duchamp et les machines parodiques et érotisées de Picabia sont des emblèmes. L'inquiétude qui traverse l'époque, inquiétude dont Nietzsche avait fait le diagnostic, trouve pour Dada un contre-poids dans la pleine liberté du jeu avec les mots et les formes. Dada est artisa-nal, « fabricant » libre d'objets fantastiques. Toute une production « infini-ment grotesque » (Aragon), un fond bizarre de fantaisie souvent saugrenue et d'humour souvent — mais pas toujours — noir, apparaissent dans l'art et dans le champ littéraire. Endémique sans doute, sous-jacent dans l'histoire littéraire, ce courant fournira à la littérature de notre temps un de ses traits distinctifs. Dada fera revivre Jarry et présidera encore aux activités du « Col-lège de Pataphysique » fondé sous son égide en 1948. Ce n'est pas un hasard si le jeune Boris Vian et Eugène Ionesco à ses débuts y côtoient Raymond Queneau et ces dadaïstes d'origine : Marcel Duchamp et Max Ernst. Démys-tificateurs mystifiants, opposés à tout système et à tout sérieux, les pataphy-siciens se proposent de constituer « une science et un art qui permettent à chacun de vivre comme une exception et de n'illustrer d'autre loi que la sienne ». L'esprit anarchisant de Dada reste vivant dans des œuvres aussi individuelles que celles de Queneau, de Henri Michaux, de Jean Tardieu, de Jacques Prévert, de Boris Vian, d'Eugène Ionesco...

C'est cette volonté d' « anti-sérieux » qui amènera en 1922 la rupture, d'ailleurs temporaire, avec le groupe de Breton, lequel cultiva néanmoins les attitudes provocatrices de Dada et son goût du jeu, mais en leur donnant un but : changer le monde.

La grande conviction qui animait Breton avait sa source dans sa décou-verte des propriétés autonomes du langage. Cependant, les textes « dictés » des *Champs magnétiques,* puis ceux de *Poisson soluble* qui accompagnaient le *Manifeste* de 1924 diffèrent des textes Dada. Ils s'organisent selon les règles de la syntaxe. Il en sera de même du langage « parlé » en état d'hypnose, des rêves notés, des jeux comme celui du « cadavre exquis » ou des proverbes parodiques. Pour ces derniers d'ailleurs, la syntaxe était assurée par la règle du jeu. Mais structurés par cette syntaxe, les mots s'assemblaient « par chaînes singulières » et surprenantes. Le texte fonctionnait sans nul souci de la convention qui exigeait qu'il produisît une « copie conforme » au monde cohérent et quotidien auquel il était censé se référer sous peine de non-sens. Comme l'a souligné Michael Riffaterre (*Le Siècle éclaté* I, 1974), il importe peu de déterminer s'il s'agit vraiment ou non, dans ces textes, d'une dictée de l'inconscient ; ce qui importe, c'est l'*effet* qu'ils produisent sur le lecteur ; et les premiers lecteurs étaient les « scripteurs » eux-mêmes qui y voyaient d'abord « une sténographie géniale » (Crevel). Les surréalistes découvraient que le « système de signes » qu'est le langage ne reposait pas sur « l'ordre des choses ». La fonction représentative de la littérature était mise en question. Le jeu littéraire changeait. Un pas de plus, et l'on pouvait entrevoir que la réalité prend la forme que le langage propose et non le contraire. Les limites du vocabulaire et des associations admises dans le texte littéraire étaient dépassées. Il est certain que, plus ou moins consciemment, les poètes l'avaient toujours su. Mais ce qui change, c'est la priorité donnée à la production de ce texte sous-jacent et aux moyens d'en favoriser le déploiement.

Le premier manifeste affirme le mythe fondamental qui oriente les démarches du groupe. C'est celui du paradis perdu avec l'enfance, le mythe rousseauiste de l'homme naturel aliéné par le milieu social. Freud donne à ce mythe une forme nouvelle, Freud que Hegel, bizarrement, permet d'assimiler. L'homme moderne, selon Breton, est emprisonné par les conventions de la raison, de l'utilitarisme et des petits calculs dont vit une société sans horizon, sans honneur et sans imagination, dans une médiocrité que le langage convenu lui impose. Il s'agit de démolir la cloison qui le sépare de ce subconscient où sa vie plonge, pour lui restituer tous les pouvoirs de l'esprit. La « raison » doit donc être réintégrée à sa place dans un processus psychique plus riche, un mode de connaissance plus complet. Quelle raison déciderait l'homme à s'installer, à se confiner au sein d'une petite réalité exploitable ? demande Crevel. Il s'agit d'assurer « la récupération totale de notre force psychique par un moyen qui n'est autre que la descente vertigineuse en nous » (*Second Manifeste*). Le contexte auquel nous réfère le texte surréaliste est donc caché. L'écriture est l'instrument de « l'illumination systématique des lieux cachés ».

L'injonction de poursuivre avec rigueur l'émancipation totale de son propre comportement, tant journalier que linguistique, devait nécessairement mener à l'éclatement du groupe, et à la production de textes fortement individuels. Mais, à ses débuts, l'exploration surréaliste, menée en commun, avec son accumulation d'associations verbales gratuites en apparence, ouvrait la porte à un monde nouveau, riche en mythes et en images qui semblaient au groupe garants de possibilités de création illimitée. Conquête du bonheur, de l'amour, de la liberté, d'une vie à la mesure du désir de l'homme : ce généreux mythe collectif, les jeunes surréalistes le vivaient, d'où l'attrait qu'exerça sur eux l'espoir de la révolution sociale, car ils projetaient sur le plan social la libération qu'ils poursuivaient sur le plan individuel.

Le regard neuf qu'ils posèrent sur le monde du rêve, sur le monde des choses, sur l'érotisme, gonfla leur langage d'une richesse nouvelle ; et leur grande foi en la puissance révolutionnaire de la poésie était contagieuse. Donnant au langage une nouvelle dimension, par lui ils pensaient donner une nouvelle valeur à la vie et réintégrer le merveilleux dans le quotidien. Le « merveilleux » surréaliste semble parfois voulu, factice, mais les meilleurs textes surréalistes proposent au lecteur une expérience bouleversante où le quotidien et l'imaginaire se rejoignent dans un foisonnement d'images. Si pour les surréalistes le langage s'est libéré de son rôle référentiel, réaliste, étroit, il n'en débouche pas moins sur le monde des êtres et des choses métamorphosés et recréés à la hauteur de leur désir. Lorsqu'ils proclamèrent que la poésie était inhérente à tout comportement humain et à la portée de tous, et qu'elle avait sa source dans une subjectivité libérée de toute contrainte, les surréalistes ouvraient la porte à un déferlement de textes informes et médiocres. Aragon et Eluard d'abord, puis Breton reconnurent le problème et soulignèrent le caractère purement expérimental des divers exercices auxquels le groupe s'adonnait. D'autre part, le surréalisme, en faisant de la poésie, à la suite du symbolisme qu'il récusait, un moyen de connaissance privilégiée, parallèlement à la science, et un moyen de salut, devait aboutir à une impasse, ce qui explique en partie l'effort théorique démystificateur qui suivra, la réduction du poème à un fait de langage.

Le surréalisme néanmoins reposait en termes nouveaux les problèmes de la part qui revient à l'inspiration et celle qui revient au travail dans la création poétique, de la nature du phénomène poétique ; de la relation du lecteur avec le texte devenu énigmatique, « ouvert », sans univocité. Le nombre d'ouvrages consacrés à la création poétique qu'inspire le surréalisme est considérable. Comme le surréalisme constitue la poésie en une sorte d'essence errante qui se joue du langage, « poésie » et langage non utilitaire semblent se confondre. Les catégories prose, poésie n'ont plus cours et s'effacent. Il n'est donc pas surprenant que la recherche d'une poétique préoccupe ultérieurement les romanciers autant que les poètes. Ce qui distingue ces héritiers du surréalisme, c'est que leur recherche portera sur *l'élaboration du texte* et écartera les spéculations métaphysiques de Breton. Après la reprise de la tradition réaliste, dont Sartre fut le porte-parole, ce sera l'expérience du langage, souci initial du surréalisme, qui présidera à l'évolution littéraire, *la métaphysique cédant le pas à l'épistémologie.* L'espoir surréaliste de résoudre les grandes antinomies de la vie par l'entremise de voltes étonnantes d'images ou des surprises du « hasard objectif », « signes » de plus vastes horizons, apparaîtra alors comme une géniale fiction. Les surréalistes ne *cherchent* pas le sens de ce langage nouveau ; ils le lui *attribuent* dès 1924. Ainsi s'introduit un renversement dont le surréalisme a conscience : le langage du poète est la promesse d'une « autre » réalité, qu'il institue. Plus sûrement que le « rêveur définitif » ou « l'explorateur » des premiers manifestes, le poète est l'homme du réel, étant l'homme du langage. Le surréalisme est dès lors un humanisme.

Transgressant sans doute certaines pratiques, s'insurgeant contre le réalisme et le côté « copie conforme » du roman, le surréalisme ne peut lui-même échapper aux déterminations historiques, littéraires et sans doute sociales qui, par le langage même, imprègnent la vision surréaliste des choses. La double question de « l'au-delà » du langage et des jeux linguistiques formels est présente et non résolue dans la symbiose de Dada avec le surréalisme. Pour les surréalistes, c'est de la juxtaposition inattendue des images que part l'étincelle poétique qui illumine la « réalité inconnue ». Cette étincelle ne peut jaillir que dans l'esprit du lecteur. La charge poétique est donc virtuelle. Les poèmes surréalistes exigent des lecteurs qu'ils lisent comme le poète crée. Ce qui demande un apprentissage.

Ces poètes trouvent aujourd'hui leurs exégètes, nombreux, sensibles à la beauté du spectacle que déploie le langage. Ces exégètes explorent avec patience le jeu des relations, des tropes, qui constitue le texte et en assure la communication. L'intérêt que suscite le surréalisme est ainsi, paradoxalement, littéraire avant tout. Ce qui est acquis, c'est que le texte surréaliste ne peut être abordé selon les critères classiques. Le jeu, effectivement, a changé, et les critères d'évaluation sont affaire de lectures individuelles étayées par des analyses textuelles méticuleuses. Le « nouveau roman », du moins dans sa seconde phase, dans son effort pour créer de nouveaux lecteurs, et non de nouvelles histoires, dérive directement de cet aspect du surréalisme.

L'activité de « Tel Quel »

Il est trop tôt pour évaluer l'apport littéraire du mouvement dont *Tel Quel* est le centre générateur, l'animateur principal en étant Philippe Sollers, et la théoricienne la mieux connue, Julia Kristeva (voir *Tel Quel,* 44). A son point de départ comme romancier, en 1958, Sollers se rattachait directement à André Breton et au surréalisme. Il s'en détacha assez rapidement, tout comme Breton s'était détaché de l'inspiration et des pratiques de « l'Esprit nouveau ». Mais les liens entre les deux groupes sont manifestes. Comme le surréalisme prônait Marx ou Trotsky, ils ont prôné Mao ; ils ont valorisé Bataille et Artaud comme Breton réhabilitait Sade et Rimbaud. Jarry, Lautréamont et Hegel sont les devanciers auxquels les deux groupes se réfèrent. *Tel Quel,* comme le surréalisme, fait une large part dans son activité au désir et à l'érotisme dans son sens le plus large, et se propose aussi de transformer la relation de l'homme avec sa condition humaine en transformant son langage.

C'est sur le roman que portera d'abord l'activité du groupe et sa réflexion. Mais cette réflexion débordera les cadres d'un genre pour s'intéresser au « discours littéraire » dans sa totalité. S'appuyant fortement sur des concepts et méthodologies empruntés aux diverses sciences humaines, entre autres la linguistique et la psychanalyse, *Tel Quel* remettra en question, sur le plan théorique comme sur celui de la production de textes, les conceptions relatives à la création littéraire les mieux établies, avec un but avéré : donner une direction nouvelle à toute l'entreprise littéraire. Cet effort avait été préparé au cours des années cinquante par les préoccupations de quelques romanciers, soucieux de renouveler les techniques du roman et d'élaborer de nouvelles formes narratives. Bien que fort différents les uns des autres, Nathalie Sarraute, Samuel Beckett, Marguerite Duras, Claude Simon, Robert Pinget, Alain Robbe-Grillet, Michel Butor, Claude Ollier menaient tous un débat essentiellement traditionnel. Une seconde vague — Jean-Pierre Faye, Philippe Sollers, Jean Ricardou — se constituera en avant-garde militante, tirant des essais techniques de la première vague des principes théoriques qui, par ricochet, infléchiront ensuite la pensée des initiateurs eux-mêmes. De sorte que, comme l'a noté Léon Roudiez *(French Fiction Today),* entre 1960 et 1970, une certaine unité se fait sentir dans les préoccupations d'un assez large groupe d'écrivains. Elles débordent le cadre de la fiction qui les avait d'abord inspirées, et comportent une certaine idéologie — pour ne pas dire mythologie — justificatrice que l'on pourrait classer parmi ces « logiques axiomatisées » que le groupe de *Tel Quel* lui-même s'efforce de dénoncer.

En fait, il nous paraît que ce mouvement qui dépasse le cercle fermé des rédacteurs de la revue (Sollers, Julia Kristeva, Marcelin Pleynet, Denis Roche entre autres), a repris par un autre biais le projet initial du surréalisme : imposer une direction nouvelle à la pensée et à la société en proposant une organisation nouvelle du texte littéraire. La pensée de ce groupe s'attache surtout à la question de la création littéraire et propose des hypothèses de travail plutôt que des solutions.

De la tradition « moderne » ce groupe hérite *le refus de toute forme établie et de toute esthétique,* et accepte comme point de départ l'axiome qu'un texte est une structure de mots ; mais, en deçà, les positions sur le *sens* de cette production sont loin de s'accorder, le néo-positivisme marxiste d'un Ricardou se heurtant aux schèmes plus complexes de Sollers. Sollers, dans *Drame,* met en scène les modalités de la création littéraire, présentant un combat, aux frontières du langage, entre l'ordre articulé du langage « tout fait » et la pulsion profonde, érotique, qui anime l'écrivain, le désir de « désarticuler » cet ordre, de le dé-structurer, de le violer pour « ouvrir » le texte à de nouvelles relations. *Drame* transcrit les vicissitudes énigmatiques de ce passage de la pulsion à l'écriture, s'attaquant aux liens qui enserrent l'homme et le maintiennent à l'intérieur d'un certain espace du langage. L'énigme que pose en soi ce drame (action) de la création littéraire reste non résolue.

Si ce groupe rompt avec la poétique traditionnelle par son refus de privilégier le contenu et le sujet, il s'en rapproche par sa tendance à voir dans l'exercice littéraire un moyen de connaissance — ne serait-ce que par l'exploration des puissances du langage — et le support d'un style de vie subversif. Il ne s'agit cependant pas d'introduire, comme le voulait Dada, le non-sens dans le langage ; ni avec le surréalisme d'explorer « les avenues magnifiques du rêve ». Il s'agit d' « articuler » une nouvelle réalité. La démarche de « l'écriture » produisant le texte est ainsi une activité, un « drame », selon le titre du texte de Sollers. Sur la scène du langage, une énergie se déclenche, impersonnelle, révolutionnaire, érotique, qui, par la violence de son désir de dire autre chose, provoque des déplacements dans les relations des mots, des disjonctions et des ruptures, brisant ainsi les rapports établis entre le mot-signe et son référent. Un nouveau texte apparaît, qui contamine le premier, lui fait violence, le relativise et en dépasse les limites. Le lecteur entre alors en jeu, qui devra se soumettre au même processus violent pour se re-situer dans la nouvelle « articulation » et « produire » ainsi le sens du texte.

Cet exposé bref de théories souvent abstraites et en constante mutation voudrait souligner la continuité du thème qui lie Dada à *Tel Quel :* la lutte contre un langage qu'assujettissent certains codes et qui, à son tour, assujettit l'individu. Ce thème, généralisé et appliqué assez arbitrairement à tous les rapports humains, semble traduire un malaise esthétique plutôt que social, celui de l'artiste qui a hérité d'une culture ancienne, très riche en traditions, et cherche sa voie dans un domaine encombré. Certaines simplifications idéologiques sont aisées à discerner. L'utilisation de catégories trop vagues pour être utiles, telles que « réalisme », « société bourgeoise », « code constitué », ne sont que de trop faciles abstractions tout comme l'hypothétique lecteur. Mais il est certain que dans la grande confusion culturelle du moment, ce mouvement, comme le surréalisme, affirme la nécessité et le sérieux de l'entreprise d'écrire. « Qui écrit a affaire au tout » ; « Qui n'écrit pas est écrit » et « Qui écrit rencontre la mort », dit Sollers à ce propos, retrouvant les formules aphoristiques qui, malgré lui peut-être, le rattachent à la rhétorique classique.

Ce mouvement pour « ouvrir » le langage et les formes littéraires, les faire déboucher paradoxalement au-delà des codes jugés indépassables, a affecté les catégories et typologies qui, avec une simplicité trompeuse, permettaient aux écrivains et aux lecteurs de reconnaître certaines modalités spécifiques de l'activité littéraire. « Aujourd'hui je suis presque libre d'écrire un livre, le livre par excellence, inclassable, ne correspondant à aucune forme précise, qui soit à la fois un roman, un poème et une critique », notait Sollers (*Le Figaro littéraire,* 22 septembre 1962). Ce qui frappe le plus, dans ce mouvement, c'est l'extrême subjectivité des attitudes et des affirmations qui président à l'élaboration de théories et de textes qui se veulent, sévèrement, dé-personnalisés, et la réitération du but didactique et du rôle social de l'écrivain.

Le groupe *Tel Quel* a défini le rôle qu'il entend jouer en tant qu'avant-garde. Etant donné sa situation historique et sociale, il propose, tout comme Sartre, mais de façon plus circonscrite, de transformer de l'intérieur l'idéologie des intellectuels petits-bourgeois afin de les rapprocher du prolétariat. Mais, et non sans une contradiction déconcertante, ce prolétariat serait un prolétariat virtuel, non pas le prolétariat tel qu'il est, mais « tel qu'il sera » (*Tel Quel,* 52). Sur ce plan idéologique, *Tel Quel* cherche à formuler une idéologie unique et cohérente qui synthétiserait les concepts d'Engels, de Freud et de Lacan, tout en restant fidèle au matérialisme dialectique. Qu'il y ait une dialectique propre au langage, *Tel Quel* l'admet, tout en ne lui accordant qu'une autonomie relative. Les réalités matérielles d'une société s'inscrivent selon lui dans l'inconscient et dans les pulsions du désir et reparaîtraient dans le langage. La production d'un texte et son analyse méthodique doivent mettre au jour les complexes processus générateurs de la « pratique artistique ».

Ces positions, malgré la rigueur idéologique avec laquelle elles sont prises, ne vont pas sans contradictions. L'on peut se demander en tout cas, à la lumière du concept de « prolétariat virtuel », si la tâche ambitieuse définie et son ésotérisme ne sont pas dus à une situation historique particulière. Jeunes intellectuels, les théoriciens de *Tel Quel* vivent dans l'attente d'une révolution sans cesse différée. C'est par rapport à ce mythe et sans abandonner la croyance en l'équation réalité/matérialisme dialectique, qu'ils cherchent à surmonter les contradictions du monde contemporain. Plutôt qu'une rupture, c'est en dernière analyse une ré-intégration à la société qu'ils vivent et que leurs débats entérinent.

« Il ne devrait y avoir que deux sortes d'hommes, parmi ceux qui éprouvent la nécessité d'agir », dit Francis Ponge (*Entretiens avec Philippe Sollers,* 1970) ; « il ne devrait y avoir de place que pour les militants à proprement parler, les militants politiques, qui agissent sur les groupes humains... et d'autre part les patriciens qui travaillent pour changer les *figures* qui permettent de se voir et de se comprendre dans le monde. » Il semblerait que la confusion entre les militants et les patriciens, qui déchira le groupe surréaliste et alimenta tant de débats, ait atteint ici son terme. Le groupe *Tel Quel* prend place parmi les patriciens. Vers 1975, son influence sera nettement en baisse.

Les genres littéraires : une volonté d'innovation

Rien n'est plus discuté, de notre temps, que le problème des genres littéraires, et rien n'est plus confus. Lorsqu'un écrivain comme Cocteau classe ses œuvres sous les rubriques « poésie de théâtre », « poésie de roman », « poésie critique », ce n'est point par besoin de se singulariser. Si les trois catégories, roman, poésie, théâtre peuvent aujourd'hui servir de cadre à une poétique, ce sera un cadre précaire. D'autres « genres » s'imposent, l'essai, l'autobiographie, la nouvelle. Le théâtre, à cause de ses éléments constitutifs les plus élémentaires — scène, acteur, public, texte —, est sans doute une catégorie facile à délimiter. Mais comment aborder dans leur diversité les textes qui tombent sous cette rubrique ? « Tragédie », « comédie », « drame » font place de plus en plus à la seule désignation : « pièce ». D'autres classements ont été proposés, rangeant les œuvres selon des typologies : épopée, lyrisme, satire, etc., reconnues et définies par la critique. Et d'autres divisions, plus vagues : écrivains traditionnels, inventeurs, auteurs appartenant au « domaine de la découverte », ceux du nouveau théâtre, du nouveau roman, de la poésie actuelle.

La volonté d'expérimentation qui anime cette littérature a donné naissance à un foisonnement d'œuvres divergentes que l'on ne peut classer sans fausser les perspectives. Selon Maurice Blanchot, la littérature de l'avenir devrait apparaître « loin des genres, en dehors des rubriques — prose, poésie, roman » *(Le Livre à venir)*. Sollers exprime la même ambition qui semble avoir été réalisée par des écrivains aussi différents que Georges Bataille, Michel Leiris, Francis Ponge, Henri Michaux et Michel Butor.

En tout cas, la rupture avec le passé et la méfiance à l'égard des conventions usées sont de plus en plus répandues parmi les écrivains. On notera plusieurs éléments contradictoires : le mépris de l'art facile et le refus de l'esthétisme ; une interrogation poussée sur les conditions de l'art littéraire et le besoin de s'en évader ; l'appel au lecteur et le dédain sinon l'hostilité envers le public ; la volonté d'objectivité et le recours à une subjectivité totale. Enfin, l'artiste revendique sa « carte blanche » (Cocteau), c'est-à-dire le droit à une entière liberté, et en même temps il se soucie du *code* et de ses contraintes.

Pour insuffisant que soit le classement traditionnel par genres, nous le maintiendrons puisque aucun autre classement ne s'est encore imposé. Traitant des genres littéraires dans leur *Dictionnaire encyclopédique des sciences du langage* (1972), Ducrot et Todorov notent qu'une typologie nouvelle du « discours littéraire », par rapport à la typologie structurale du discours en général, paraît nécessaire, mais ajoutent : « Comme cependant cette typologie est dans sa généralité relativement peu élaborée, il est préférable d'en aborder l'étude par le biais des genres littéraires. » Ils notent qu'en ce qui concerne ces genres, on « observe deux approches radicalement différentes au long de l'histoire. La première est inductive : elle *constate* l'existence des genres à partir de l'observation d'une période donnée. La seconde est déductive : elle *postule* l'existence des genres à partir d'une théorie du discours littéraire. » Ni l'une ni l'autre de ces approches ne sont satisfaisantes aujourd'hui. Nous userons cependant de la méthode déductive traditionnelle.

CHAPITRE II

Le roman :
un genre sans frontières

DANS un ouvrage intitulé *Roman des origines et origines du roman* (Grasset, 1972), Marthe Robert constatait que « le roman, au sens où nous l'entendons aujourd'hui, est un genre relativement récent, n'ayant plus que des liens très lâches avec la tradition dont il est issu », et elle le nommait le « genre indéfini ». En fait, une des prérogatives du roman, dont Gide notait le caractère « lawless », est dû à ce qu'il se rattache à plusieurs traditions, le récit fictif étant multiforme. Marthe Robert signale à ce propos « l'impérialisme » du roman : « De la littérature, le roman fait rigoureusement ce qu'il veut : rien ne l'empêche d'utiliser à ses propres fins la description, la narration, le drame, l'essai, le commentaire, le monologue, le discours ; ni d'être à son gré, tour à tour ou simultanément, fable, histoire, apologue, idylle, chronique, conte, épopée ; aucune prescription, aucune prohibition ne vient le limiter dans le choix d'un sujet, d'un décor, d'un temps, d'un espace ; le seul interdit auquel il se soumette en général, celui qui détermine sa vocation prosaïque, rien ne l'oblige à l'observer absolument, il peut s'il le juge à propos contenir des poèmes ou simplement être "poétique". »

L'entre-deux-guerres : un genre en pleine mutation

Dans les *Manifestes* du surréalisme, Breton fait le procès de l'attitude réaliste et du psychologisme des romanciers en particulier : « les jours de la littérature psychologique à affabulation romanesque sont comptés », déclare-t-il, et il juge fastidieux les passages descriptifs grâce auxquels le romancier réaliste cherche à authentifier son histoire en lui donnant un cadre spécifique. Breton réitérait un thème déjà centenaire. Baudelaire avant lui mettait en question l'efficacité de l'esthétique réaliste et du concept positiviste de la réalité. Les grands romanciers novateurs qui commencent à s'imposer au cours des années vingt (Proust, Gide, Joyce, Virginia Woolf, Thomas Mann, Kafka) étaient tous partis du principe, commun à tous les arts, qu'à une époque nouvelle correspondait une appréhension nouvelle du réel, donc un nouveau rapport avec lui, et pour l'artiste le besoin de créer de nouvelles formes. En particulier, ils avaient tous rejeté le mécanisme de la causalité psychologique comme élément de structuration d'une intrigue en « tapis roulant », comme disait Gide.

Le souffle iconoclaste de « l'Esprit nouveau » passait dans le roman. Max Jacob, dans *Le Cornet à dés,* parodiait les procédés stylistiques des romanciers. Les quatre romans qu'il publie entre 1918 et 1924 — *Le Phanérogame, Le Terrain Bouchaballe, Flibuste ou la montre en or, L'Homme de chair et l'homme de reflet* — créent des fictions où la logique et les conventions du roman-bien-fait le cèdent aux jeux de l'imagination et du langage. Blaise Cendrars avec *Moravagine* et *Dan Yack* déroule des sortes de fresques épico-burlesques non sans analogie avec les scénarios pour films muets qui le fascinent. Dans ses huit romans — de *Suzanne et le Pacifique* (1921) à *Choix des élues* (1938) —, Giraudoux déleste l'histoire de son poids de réalité. L'intrigue n'est plus qu'une trame légère, une fiction manifeste et donnée pour telle, qui entraîne des personnages transparents dans des situations de fantaisie. Ce qui compte, c'est *l'attitude* du romancier devant son monde, sa confiance dans les pouvoirs du langage qui permet de communiquer, par sa texture même, une vision heureuse, mais non naïve, de l'existence. La conviction de Giraudoux, et sa thématique profonde, c'est que le langage façonne les relations avec soi-même, les autres et le monde : choisir son langage, c'est choisir son être et son destin. Giraudoux renverse ainsi l'axiomatique du réalisme et du naturalisme.

Malgré les dénonciations rituelles de la sclérose et des clichés qui caractérisent le roman « bourgeois », les romans se diversifient : des formes de récit picaresque, néo-épique, fabuleux, utopique investissent le roman. Par ailleurs l'*expérimentation formelle* est une tendance majeure de l'époque. Par souci de vérité psychologique ou métaphysique — c'est-à-dire par leur fidélité à leur expérience et à leur connaissance de la réalité —, les grands romanciers des années vingt assouplissent les techniques narratives. Les romanciers et les lecteurs s'adaptent sans difficulté, quoique avec un peu de retard, à certaines techniques : multiplication des points de vue à l'intérieur même de l'histoire ; ou jeu entre le point de vue du « locuteur » (celui qui raconte l'histoire) et l'optique de ses personnages fictifs ; monologues intérieurs qui miment le flot du subconscient ; complexité des schémas temporels ; incertitude des comportements impossibles à prévoir.

Le surréalisme d'ailleurs arrache l'histoire au réseau contextuel des déterminations — sociales, psychologiques, culturelles — qui la constitue en tant que fragment « observé » du monde quotidien. La logique de l'action et le rôle du personnage s'en trouvent modifiés. Très brefs, mal connus, les récits surréalistes ne peuvent être réduits à un seul modèle, sauf en ceci : un « locuteur » suit un double dans les parcours imprévisibles et pourtant nécessaires que jalonnent des *signes,* des configurations qui échappent aux lois de la causalité et qui constituent des chaînes de signifiants sans signifié. Ce n'est point le déploiement de l'histoire, avec un début, un milieu et une fin qui importe, mais l'apparition d'un plan énigmatique inscrit dans le champ du quotidien. *Nadja* de Breton en fournit un exemple bien connu : la rencontre par hasard d'un personnage ambigu (Nadja), prostituée, folle, voyante, révèle au locuteur (André Breton) la présence d'un réseau énigmatique de forces, d'un « champ magnétique » autour d'eux, sur lequel, pourrait-on dire, Nadja est branchée. Le récit surréaliste est donc un champ de possibilités, et le personnage est un inconnu à lui-même, un nœud de relations virtuelles à déchiffrer. Le « Qui suis-je ? » qui ouvre le récit de Breton est le leitmotiv des récits surréalistes. L'étrange entre en scène, et le « moi-il » étranger, fragmentaire, dialogue avec le « moi-je » du narrateur, déplaçant le personnage de roman. Le langage devient problématique.

Giraudoux jouait avec le langage, mais ne mettait pas en cause le pouvoir qu'il a de conférer un sens à la vie et de le communiquer. Raymond Roussel, expérimentateur obscur dont la carrière d'écrivain commence en 1897 pour se terminer en 1936 par la publication posthume de *Comment j'ai écrit certains de mes romans,* fait figure de précurseur. Vidant soigneusement l'acte d'écrire de toute fin préétablie, il partait, explique-t-il, de stimulants extérieurs : un objet, souvent minuscule, comme l'étiquette d'une bouteille minérale *(La Source) ;* un mot comme « billard ». Ce premier motif, ou signe plutôt, ouvre à l'écriture, par une sorte de prolifération, une suite de mots, un texte né de phonèmes dépourvus de tout contexte autre que les associations phoniques ou graphiques : par paronomase billard amène pillard et une suite de mots, « Les lettres du blanc sur les bandes du vieux billard », change complètement de sens grâce à cette substitution d'une seule consonne à une autre. Les calembours, les mots porte-manteaux, et autres jeux de mots, font partie du vieil arsenal littéraire. Ce qui est nouveau, c'est qu'ils constituent un système auto-générateur dynamique d'un texte imprévu et sans signification autre que cette génération. Sur un plan purement lexical, Roussel illustre une autre direction de recherche qui affecte le roman : non point transformer les techniques pour rapprocher le récit des structures réelles de l'expérience, mais *créer des structures pour examiner ensuite quels aspects nouveaux elles révèlent.* Roussel annonce l'une des innovations complexes de James Joyce.

Pour polymorphe que soit le roman, la grande masse des romans de notre période se rattache aux types de romans élaborés au cours du XIXe siècle. Roman de l'individu ou roman social, leur thématique dominante est axée sur les relations des individus entre eux et de leur interaction avec le code social. En simplifiant quelque peu, on peut dire que le comportement des personnages éclaire leur psychologie et que l'interaction des comportements déclenche la chaîne des événements qui, à son tour, révèle les valeurs du milieu. Sur ce modèle, les romanciers construisent mille variations. De beaux exemples de romans à structure traditionnelle seraient d'une part ceux de Roger Martin du Gard, en particulier *Les Thibault,* d'autre part ceux de Marguerite Yourcenar : les *Mémoires d'Hadrien,* récit fictif à la première personne, fondé sur des faits historiques ; et *L'Œuvre au noir,* fiction historique dans la tradition de Flaubert.

Cependant, *à partir de 1930,* une série de romans annonce une nouvelle esthétique. En 1932 et 1933, à un an de distance, Raymond Queneau et Louis-Ferdinand Céline publient chacun leur premier roman, *Le Chiendent* et *Voyage au bout de la nuit.* Les deux massifs romanesques qui s'annoncent ainsi ne se situeront dans la perspective de l'histoire littéraire que vers les années soixante. Il en est de même des romans de Maurice Blanchot, dont les deux premiers, *Thomas l'obscur* et *Aminabad,* paraissent en 1914 et 1942, celle-ci étant aussi l'année qui voit paraître le premier roman d'Albert Camus, *L'Etranger,* qui avait été précédé par *La Nausée* (1938) de Sartre. Antérieurs, deux textes, inconnus à l'époque, sauf d'un groupe d'initiés, *L'Anus solaire* (1927) et *Histoire de l'œil* (1928) de Georges Bataille, ne révéleront leur virulence qu'une quarantaine d'années plus tard. Plus humbles, deux écrits de 1938-1939, *Tropismes* de Nathalie Sarraute et, publié à Londres, *Murphy,* le premier roman d'un inconnu, Beckett, passent aussi inaperçus.

Il est donc loisible de distinguer dans la décennie de 1930 *deux versants du roman.* D'une part les romans qui tout en modifiant avec prudence leurs procédés narratifs restent fidèles à l'esthétique du *sujet* et de la *mimesis ;* de l'autre, les romans qui, plus ou moins visiblement, sont en rupture avec cette tradition. *L'Etranger* atteint une sorte d'équilibre entre les deux. Mais rares sont pendant l'entre-deux-guerres les romans de quelque intérêt qui ne présentent pas quelque aspect nouveau.

Le roman expérimental des années 1950-1970 : transformations techniques

Le mérite des romanciers expérimentaux des années cinquante — Samuel Beckett, Michel Butor, Alain Robbe-Grillet, Nathalie Sarraute, Claude Simon, Marguerite Duras et, un peu en retrait, Claude Ollier — aura été de prendre conscience des tendances nouvelles, de dégager des procédés techniques inédits et de les mettre systématiquement en pratique dans la composition de leurs romans. Leur refus ne porte pas sur la forme romanesque en général. Ils se réfèrent volontiers à leurs prédécesseurs : Balzac et Flaubert, Proust, Dostoïevski et Joyce. Parmi les romanciers de la seconde vague, Jean Ricardou et Jean-Pierre Faye se rattachent à une autre tradition, celle de Mallarmé. C'est surtout le type de roman sartrien, politico-philosophique, « engagé », qu'ils refusent tous, et son esthétique néo-réaliste. Pour eux, la valeur de la tradition ne réside pas dans l'imitation d'un modèle mais dans une confrontation et un dépassement. Ils exigent ce même dépassement dans leur propre travail. Leurs premières œuvres sont souvent de structure assez traditionnelle, mais d'une œuvre à l'autre ils s'écartent de plus en plus du modèle premier. Le trajet est long qui va de *Passage de Milan,* le premier roman de Butor, à *Où* (1971) ; d'*Un barrage contre le Pacifique* (1950), le premier roman de Marguerite Duras qui atteigne un public, à *Amour* (1972). D'autre part, les débats inspirés par les articles explicatifs et théoriques des années cinquante ont été parfois précédés par l'évolution technique d'un romancier chevronné comme Jean Giono ou ont inspiré d'heureuses modifications à l'œuvre de Louis Aragon.

Le nombre de romanciers qui, soit dans le sillage des initiateurs, soit indépendamment (Marguerite Yourcenar, Marguerite Duras, Jean-Marie Le Clézio) tentent la même aventure, indique que l'exigence de renouvellement est profonde. Et en même temps signale le danger : l'enlisement, dans de nouveaux poncifs, d'œuvres au départ ésotériques. En 1975 il est aussi difficile d'évaluer la signification littéraire des expériences formelles qui ont été tentées que d'en peser la signification sociale. Il est non moins difficile d'en dégager l'unité. Les nombreuses exégèses consacrées au « nouveau roman » et parues surtout aux États-Unis prennent le parti d'aborder chaque auteur séparément. En fait, c'est chaque œuvre dont il faudrait analyser en détail les structures, ce qui est impossible dans le cadre de cette étude. Nous ne pourrons qu'*aborder* l'analyse de deux ou trois de ces romans.

Deux tendances affectent les structures romanesques. Les romans qui s'inspirent du surréalisme opèrent une disjonction entre l'aventure où s'engagent les personnages et le champ social. D'autre part, cédant aux pressions de l'heure, les auteurs abandonnent l'attitude objective et descriptive du romancier en faveur d'une prise de position *explicative*. Tout roman, Sartre l'a noté, implique une métaphysique, mais qui n'était pas en général explicitée ; ou qui, comme dans le cas de Proust, était présentée comme l'aboutissement de l'expérience d'un personnage, relative à son histoire. Les romanciers des années vingt à cinquante — catholiques comme Mauriac, Bernanos, Jouhandeau, non-croyants comme Romains, Malraux, Sartre et Camus —, articulent leurs romans en fonction d'une interprétation de la condition humaine qu'ils veulent communiquer. Ils subordonnent le contexte social au contexte métaphysique et le personnage soigneusement particularisé et individuel aux visages de « l'homme » ou de la femme mythiques. Puisque le but du romancier est de rendre la vie plus intelligible en approfondissant la connaissance de la nature de l'être humain et de sa situation, le *sujet* du roman et *l'histoire* n'ont plus qu'une valeur occasionnelle ; ce qui importe c'est le contexte ou le cadrage intellectuel qui permet d'expliquer la vie.

Sans pour cela se départir des codes et structures du réalisme, le roman se fait didactique et porteur de réponses métaphysiques. Le romancier se présente comme par le passé : il enregistre le réel, mais un réel qui illustre cependant une mythologie personnelle. Le roman tend donc vers l'allégorie, dont le dernier exemple célèbre est *La Peste* d'Albert Camus. C'est contre cette visée explicative du roman que réagiront les romanciers des années cinquante qui se proposent non d'*interpréter la réalité donnée,* mais de *créer* par le récit des *structures nouvelles, c'est-à-dire des façons nouvelles de raconter des histoires, donc d'envisager la réalité.* A cette mythologie des structures succède *le thème de l'autogénération du récit par les mécanismes du langage à partir de certains stimuli,* chiffres, figures, tableaux. Le récit se referme sur la *seule aventure de la plume* inscrivant des mots sur la surface de la page. L'attention se déplace des problèmes de représentation vers les schémas structurants, puis vers les associations et résonances qui s'éveillent dans le tissu verbal. Ce mouvement est clairement visible dans l'évolution de Claude Simon passant du *Palace* à *Histoire,* ou celle de Robbe-Grillet passant de *La Jalousie* à *Dans le labyrinthe.*

Le langage romanesque : Queneau, Céline, Sarraute

Presque simultanément en 1932 et 1933, Céline et Queneau, de deux points de vue différents, *s'attaquaient au langage littéraire.* L'étude du chinois avait attiré l'attention de Queneau sur l'écart considérable qu'il y avait en France — moins qu'en Chine il est vrai — entre la langue littéraire et la langue parlée. La lecture de Joyce, une participation aux jeux surréalistes l'avaient rendu attentif au caractère linguistique des effets stylistiques, découverte qu'il illustra dans *Exercices de style* en donnant quatre-vingt-dix-neuf versions d'un même fait parfaitement futile. Queneau créa à son usage une langue qui utilise des mots d'argot, des néologismes, des mots-valises, des calembours, et, ce qui est encore plus frappant, des transcriptions phonétiques et des formes syntaxiques du parler populaire. Le « doukipudonktan » de *Zazie dans le métro* en est l'exemple le plus célèbre. Cette langue est génératrice d'un comique verbal et fantaisiste dont Boris Vian aussi a tiré profit et qui sert de contrepoint dans l'un et l'autre cas à une vision plutôt négative du monde humain.

Céline a poursuivi de roman en roman une transformation du discours narratif en un véhicule dynamique, ce qu'il appelait les « rails » émotifs qui, selon lui, devraient entraîner son lecteur dans le flux des émotions qui avaient au départ engendré le roman. Langage parlé, a-t-on dit ; plutôt langage savamment calculé pour imiter les rythmes et tournures de la langue parlée. De plus en plus heurtée à partir de *Guignol's Band I,* ponctuée par l'usage des trois points qui en deviennent la marque personnelle, l'écriture de Céline passe de la scatologie à l'invective, puis au fantastique le plus délirant et cela par tous les intermédiaires. Le style célinien est l'outil de création d'une des œuvres les plus puissantes de notre temps, qui donne à une vision purement négative de l'époque et de l'humanité une dimension épique qui nie cette négativité. Comme Joyce, Céline obtient des effets parodiques en juxtaposant des styles « narratifs » jugés incompatibles, goût qui réapparaît chez Jean-Marie Le Clézio dont les romans se créent, à partir d'un même déferlement du langage, de semblables fluctuations de niveau : passage du quotidien au lyrique, à l'épique, selon le diapason des émotions que les événements requièrent.

L'invention d'un langage caractérise l'effort de Nathalie Sarraute dès *Tropismes*. Comment rendre le magma caché d'émotions, d'avances, de reculs, de refoulements qui naissent des contacts humains avant qu'une claire conscience ne profère ces paroles quotidiennes qui trahissent, plutôt qu'elles ne traduisent, le fond tourbillonnant et incertain dont elles émergent ? Supprimant peu à peu la désignation des personnages, les marques qui distinguent « il » d' « elle », « celui-ci » de « celui-là » et celles qui différencient la conversation des échanges non verbalisés qu'elle nomme « sous-conversations », Nathalie Sarraute traduit en un *bruissement* de langage continu les réseaux d'échanges, les féroces et burlesques micro-drames de la vie en société. Son texte est une sorte de mimique verbale, rythmique et musicale, des modalités d'une vie psychique.

La création d'un discours narratif propre au romancier et qui s'écarte des normes littéraires caractérise le roman expérimental à partir des années cinquante. Dans certains cas comme ceux de Samuel Beckett et de Marguerite Duras, c'est lui seul qui donne à l'œuvre la cohérence que fournissait autrefois le déroulement de l'intrigue. Ce fait exige que de chaque œuvre, comme pour les poèmes, le lecteur-critique dégage sa poétique propre.

Les structures narratives

Roquentin, l'anti-héros de *La Nausée,* fait la découverte, parmi d'autres, qu'entre la réalité et la manière dont nous nous la représentons il y a une solution de continuité ; et, en particulier, que la notion même d'*aventure* ou d'*histoire* relève non d'une expérience vécue mais de l'*organisation narrative* de cette expérience faite après coup. Ce faisant, Roquentin détruisait l'axiome qui exigeait que l'histoire fictive fût modelée sur la façon dont les choses se passent en réalité. Comment donc structurer un roman ? Un tel problème s'était posé à Gide et à Proust, comme à Thomas Mann et à Virginia Woolf au début du siècle, mais ce sera surtout Joyce qui inspirera les nouvelles recherches structurelles.

En avril 1922, dans la *N.R.F.,* Valery Larbaud expliquait la structure formelle d'*Ulysse* fondée sur des règles strictement observées ; chacun des dix-huit épisodes correspondait à une heure de la journée, à un organe du corps, pour ne citer que quelques corrélations. Dans *Bâtons, chiffres et lettres,* un volume de réflexions critiques, Queneau remercie les romanciers anglais et américains, Joyce surtout, de lui avoir appris qu'il y avait une technique du roman. Dès son premier roman, *Le Chiendent,* il se propose des contraintes complexes fondées sur les nombres par exemple : sept chapitres contenant treize sections dont la dernière a une fonction spéciale. Mais d'autres règles entrent en jeu — symétrie et « assonances », pourrait-on dire, des situations et des personnages se répondant comme des rimes dans un poème, cadres narratifs spécifiques : un épisode dialogué succède à un épisode en monologue intérieur que suit un échange de lettres. Cet effort sera repris par Robbe-Grillet — restriction du lieu, du temps, du thème, du motif *(La Jalousie, Dans le labyrinthe) ;* par Butor qui a expliqué les contraintes structurelles de *Degrés* et par Jean Ricardou qui en a fait de même pour *La Prise/Prose de Constantinople.*

Plusieurs structures jouent en même temps, et c'est de leur coordination que dépend la cohérence de l'histoire ou, comme il arrive dans *L'Emploi du temps* de Butor, l'échec de la tentative de coordination, celle au moins qu'entreprend le personnage. Dans *La Modification* une première structure restreint le lieu — un compartiment de 3ᵉ classe ; le temps : 21 h. 35 minutes en tout ; le parcours : Paris-Rome. Une deuxième structure est créée par la superposition de plusieurs plans temporels, le personnage ayant déjà fait le parcours plusieurs fois ; une troisième s'établit au niveau du rêve et met en jeu une série d'associations mythiques, etc.

La variété est infinie de ces schémas structurants qui, quoique soigneusement prémédités, peuvent n'être point perçus par le lecteur. Trop complexes, ils transforment le roman en rébus ; et le « plaisir du texte », s'il ne va pas au-delà du décodage du système d'organisation sélectionné par le romancier, peut paraître mince au lecteur le mieux disposé.

De roman en roman dans les récits de Beckett un personnage-écrivant (Molloy, Moran, Malone, le monologueur de *L'Innommable*) poursuit un récit sans ancrage ni dans le temps ni dans l'espace. Et ce récit est toujours le récit d'un voyage, voyage du vagabond errant et infirme, qui est peut-être le même que celui qui écrit. D'un récit à l'autre se tissent des résonances, mais jamais d'échos exacts, et ces résonances suggèrent d'autres textes : l'Enfer du Dante, les Evangiles, certains systèmes philosophiques. Dans cet univers, il n'y a pas d'éléments romanesques, ni de points de référence en dehors des vagues connotations qui se dégagent du texte lui-même. Concrètes, riches d'un humour sardonique, les fictions de Beckett déroulent une sorte d'épopée minimale — dans le sens où l'on parle d'art minimal —, figurations dont aucun critique n'a jusqu'ici pu dégager les modes d'articulation linguistique ou structurale, mais qui simulent les schèmes d'une quête, jamais achevée, toujours reprise, coupée de haltes durant lesquelles le scripteur immobile reprend sa tâche.

De même les romans de Blanchot — une dizaine — engagent des personnages « obscurs » qui, d'un roman à l'autre, se font de plus en plus anonymes, dans des quêtes obscures elles aussi. Des sites sans noms, des passages labyrinthiques, des villes ou immeubles étranges prennent vaguement forme à leur approche. Une mythologie secrète semble présider à des rencontres et errances, des échanges de paroles que rien n'explique.

Les éléments thématiques

Il serait impossible de faire un inventaire des thèmes du roman dans les limites de notre étude de synthèse. Nous nous contenterons de noter quelques éléments thématiques, fondamentaux à notre sens et représentatifs de l'époque.

Toute une thématique issue de la pensée surréaliste est axée sur *les cheminements du rêve* et *des pulsions du désir,* grâce auxquels les personnages, et le romancier, échappent à l'emprise de la réalité. Elle favorise des récits dont l'*ambiance* s'imprègne de poésie, d'angoisse, de mystère. La quête, le dépaysement, l'aventure insolite et inexpliquée, la transgression sont quelques-uns des motifs dont elle s'alimente. Le roman d'aventures en est renouvelé. L'œuvre de Julien Gracq, *Le Rivage des Syrtes* en particulier, s'y rattache ainsi que celles de Henri Bosco (qui met en œuvre les traditions des Rose-Croix), d'André Dhôtel, de Henri Thomas. Les premiers romans de Robert Pinget, les histoires robustement érotiques de Pieyre de Mandiargues — qui parfois puisent leurs motifs dans l'astrologie : *Le Lys de mer, La Motocyclette* — en relèvent. Le motif de la quête et du dépaysement parcourt le champ romanesque des années cinquante et soixante, animant par exemple les romans de Marguerite Duras. Le courant d'érotisme « sauvage » qui apparaît dans la canonisation du marquis de Sade s'affirme avec l'*Histoire de l'œil* de Bataille et éclate avec des ouvrages comme *Orgueil anonyme* d'Henry Raynal; *Eden, Eden, Eden* de Guyotat en est une manifestation, de même que le libertinage plus cérébral qui inspire l'*Histoire d'O* (Pauline Réage, pseudonyme) et le sensualisme éclatant des textes de Monique Wittig *(Le Corps lesbien).*

Un autre grand thème atteint une sorte de paroxysme dans l'œuvre de Céline, mais fournit à maints romans une toile de fond : *la déréliction de la société contemporaine.* Il donne à l'œuvre de Céline ses deux structures constantes : la représentation délirante des folies, évasions, sottises et cruautés de l'animal humain et le monologue dénonciateur non moins délirant d'un narrateur protagoniste et témoin grâce auquel Céline crée sa propre légende. Si Céline a pu passer pour réaliste, c'est par l'erreur que la langue concrète qu'il s'est forgée provoque chez le lecteur. Il fait subir à la représentation du réel une distorsion violente, baroque, d'épopée satirique.

Cette déréliction du monde est un *motif* fondamental des romans chrétiens ou néo-nietzschéens, comme ceux du jeune Montherlant, dont un des thèmes est l'impossibilité de vivre dans les limites du quotidien.

L'ancien antagonisme individu-société s'intériorise dans les romans métaphysiques d'auteurs soit chrétiens, soit libres-penseurs et engendre *le motif de la conscience déchirée* et une thématique du salut — c'est-à-dire du dépassement par une prise de conscience qui résout *le conflit intérieur.* L'intention est donc triple ; un diagnostic, une illustration et une prescription comportant un engagement personnel : d'où la qualité fortement subjective de l'écriture. L'éloquence, le lyrisme rompent le déroulement objectif du récit. Ce point de vue métaphysique alimente le *thème du mal* avec ses motifs — désespoir, révolte, haine, violence (suicide ou crime) — et celui du salut — grâce, amour, combats intérieurs et extérieurs —, dans les romans de Mauriac, de Bernanos et de Jouhandeau. Sous un éclairage différent, chacun de ces romanciers présente les tourments et cheminements que cache la nuit des âmes et qui se prolongent dans les drames du comportement.

Parmi ces romanciers de la conscience moderne déchirée, plusieurs sont *catholiques* : Mauriac, Bernanos, Green, Jouhandeau, Joseph Malègue. L'inquiétude au sortir de la guerre, la nostalgie de valeurs éprouvées, assuraient à ces romanciers, à Mauriac surtout, une audience attentive. Croyants ou, comme Green, hantés par l'angoisse du péché qui l'acheminera vers la conversion, ces romanciers sont avant tout les romanciers des *destinées individuelles ;* même lorsque, et c'est le cas de Bernanos, le destin de l'humanité entière est en question.

D'autre part, le drame chrétien essentiel est le drame du salut qui met en jeu des forces surnaturelles, ouvrant le roman aux cheminements inattendus et au mystère. Etayé par une vision métaphysique et une ontologie structurées, le romancier chrétien se libère plus facilement des procédés narratifs conventionnels, chacun développant sa propre écriture. Joseph Malègue, dans son roman autobiographique *Augustin ou le maître est là,* histoire d'un lent cheminement vers le salut, est fidèle à l'esthétique du roman réaliste. Mauriac met en scène des personnages opaques et hallucinés (*Thérèse Desqueyroux,* 1922 ; *Génitrix,* 1923 ; *Le Nœud de vipères,* 1932) en proie à un destin d'absolu dont ils méconnaissent la signification. Leurs drames se déroulent dans des décors chargés d'un intense symbolisme, ceux du Bordelais ou ceux de Paris transformés au diapason de leur âme.

Héritier de Léon Bloy, Bernanos clame son horreur du monde moderne dans ses romans comme dans ses pamphlets virulents qui ponctuent les événements politiques acceptés avec une incurie criminelle. En une vingtaine d'années, une demi-douzaine de romans de *Sous le soleil de Satan* (1922) à *Monsieur Ouine* (1946) décrivent un monde en proie au Mal et qui sombre dans la bestialité. Le Mal, pour Bernanos, n'a rien d'abstrait. Le Mal, c'est Satan présent parmi nous et triomphant qui transforme les êtres vivants en âmes mortes. Le héros du monde bernanosien est le prêtre, symbolisant l'homme chrétien, qui dans une lutte à mort contre Satan doit lui arracher les âmes et les amener au salut. L'histoire de l'humble curé d'Ambricourt, le héros du *Journal d'un curé de campagne,* est de ce point de vue exemplaire. Souvent chaotique, violente et tourmentée, l'écriture de Bernanos déborde les codes de la fiction. C'est la voie de Bernanos lui-même, sa grande colère contre un monde qui rejoue quotidiennement le massacre des innocents, c'est cette voix qui donne à son écriture une force hallucinatoire.

Le *Mal,* dans les romans de Sartre et de Camus, est situé dans l'inconscience métaphysique qui a gagné le corps social tout entier : d'où la structure de base dans chacun de leurs premiers romans. Un protagoniste « sans qualité » frappante subit un éveil violent à la suite d'une expérience ou série d'expériences : il se détache des « autres » grâce à une prise de conscience ou à une épiphanie. C'est le cas du Roquentin de *La Nausée* comme du Meursault de *L'Étranger*. Et cette prise de conscience est une dernière étape dans la découverte d'une dimension de l'existence que l'auteur par l'entremise de son histoire veut révéler aussi au lecteur. Ainsi s'obtient la *cohérence* du monde romanesque tant catholique qu'agnostique, non sans une certaine résonance tautologique, l'issue du roman étant inscrite dans les prémisses.

La thématique de la *conscience moderne divisée* apparaît sous une autre forme dans les romans de Malraux : sur une toile de fond d'événements violents — expédition dans la jungle, révolution, guerre civile — où ils sont engagés, des personnages « pensent » leur situation et *s'interrogent* à partir d'actes, chacun incarnant une des attitudes divergentes possibles devant les faits. Le roman est alors une vaste interrogation sur le sens de l'aventure humaine, en lui-même une quête intellectuelle qui double l'aventure ou l'action représentée. Les *motifs* d'aliénation, de révolte, de violence sont ambivalents, d'où la fascination qu'exercent ces romans. La misère du curé de campagne (Bernanos) se révèle sainteté ; la peur panique de Roquentin se révèle libération ; la condamnation à mort de Meursault lui révèle la valeur de sa vie ; comme la défaite des révolutionnaires Kyo et Katow *(La Condition humaine)* fonde leur authentique grandeur. Ces romans, s'ils se dispensent de l'analyse psychologique traditionnelle, s'accommodent de tous les autres attributs traditionnels du roman : milieu particularisé, personnages et rôles distinctifs, intrigue et « suspense », dénouement.

La thématique d'un *bonheur* à la dimension de l'homme sous-tend *Les Hommes de bonne volonté* de Jules Romains selon une double perspective futuriste et socialiste adoptée dès avant 1914. C'est dans l'*accroissement de l'énergie intellectuelle et du pouvoir technique* des hommes, groupés en communautés de plus en plus concentrées que, selon Romains, chantre des villes, réside l'épanouissement des individus, qui est une forme du bonheur. Sans héros, sans intrigue ni analyse psychologique, sa vaste fresque met en action pendant un quart de siècle (1908-1933) plus de mille personnages absorbés par leurs occupations concrètes et leur vie quotidienne dans le vaste ensemble que représente la France. Ils participent à un destin collectif dont la dimension épico-poétique s'inscrit dans le visage changeant d'un Paris mythique qu'évoquent cinq grandes fresques descriptives : Paris en 1908, 1918, 1922, 1928, 1933. Réussites, échecs, cas pathologiques n'ont rien de tragique. Seul compte réellement ce qu'une critique récente appellerait la « vision par derrière », celle de Romains. Fait significatif, cette vision s'assombrit progressivement à partir de 1932, date où Jules Romains commence la publication du roman : les événements historiques mettent son foncier optimisme à dure épreuve.

Tout entier imaginaire, le monde de Giono à ses débuts, évoque une société pré-technique où les hommes participent à la vie cosmique, où leurs joies et peines se moulent sur les grands rythmes de la nature, et leur offre la possibilité de vivre une vie pleinement humaine, à la Giono. C'est par erreur que l'on a pu voir dans ces romans à sources littéraires (Homère, la *Bible*, Melville), puis folkloriques (légendes du pays de Manosque) des romans paysans. Maître de plus en plus sûr de techniques narratives subtiles et diverses, le roman gionesque a comme thème fondamental l'émerveillement devant les mille formes de la vie — de la vie humaine parmi les autres. Ce thème principal alimente les motifs de la *présence* de la nature, qui n'est plus un simple spectacle, mais l'élément même dont les personnages tirent le sentiment profond de l'ordre immuable des choses et le respect de la vie, de toutes les formes vivantes, de leur propre existence et de celle des autres hommes.

Ces deux thèmes qui lient le bonheur à la participation des personnages, par tous leurs sens, à la vie cosmique et au sentiment de solidarité avec les autres hommes, modulent aussi l'écriture de Camus et de Saint-Exupéry. Très différemment, par le truchement d'une libre fantaisie, les intrigues invraisemblables et les personnages de bandes dessinées de Raymond Queneau engagent le lecteur dans un monde allégé, une sorte de « dimanche de la vie ». Cette formule que Queneau donne comme titre à un de ses romans est empruntée à Hegel qui traduisait ainsi l'impression qu'il ressentait devant les tableaux de genre de la peinture flamande. Ces images émouvantes et souriantes de la vie quotidienne sont fort éloignées, néanmoins, de celles que Queneau prête à ses héros aimables et farfelus dont la légèreté repose sur une pensée philosophique de grande envergure.

Les événements politiques ont, temporairement peut-être, dévalorisé ces thèmes. Dans l'immédiat après-guerre on ressent la portée horrifiante de la littérature « lazaréenne » (Jean Cayrol) ou de témoignage — dont la propre trilogie de Cayrol *Je vivrai l'amour des autres* et *Le Temps des morts* de Pierre Gascar sont des exemples. L'expérience concentrationnaire que narraient ces écrivains écartait toute thématique du bonheur. Elle réapparaît dans des romans plus conventionnels, mais bien accueillis par le public des années 1960 et 1970 (succès de la trilogie du poète Robert Sabatier : *Les Allumettes suédoises, Trois Sucettes à la menthe* et *Les Noisettes sauvages*).

La thématique du voyage aux quatre coins de la planète élargit le cadre géographique où se meut l'imagination : l'Afrique du Nord, les Etats-Unis, l'Amérique du Sud, l'Extrême-Orient inspirent divers motifs romanesques : le plaisir physique de l'exotisme et du déplacement au rythme des grands express et de l'auto (Cendrars) ; l'évasion hors des cadres trop étroits de la vie française et la multiplication du moi (Montherlant) ; le goût du danger, de l'héroïsme et le besoin de surmonter les réactions physiques de l'animal humain (Malraux) ; l'affrontement d'une autre civilisation (Morand) ; ou, pour Claude Ollier, le « corrélatif objectif » de ce déplacement vers l'inconnu qu'est l'histoire en voie de s'écrire. Le thème héroïque des *Conquérants* est démythifié dans le *Voyage au bout de la nuit* et dans *Tristes Tropiques* de Claude Lévi-Strauss, qui dénoncent les illusions lyriques de l'aventure coloniale face à la sordide réalité, thème aussi des romans de Duras *(Un barrage contre le Pacifique).*

Une autre thématique apparaît dans *Arcane 17* de Breton : là, le massif rocheux à la pointe de la Gaspésie canadienne devient un *texte à lire,* à transcrire en mots, à agréger ainsi à la conscience du lecteur avec toutes ses dimensions spatio-temporelles. Toute l'œuvre de Butor, depuis ses débuts, développe le thème du « génie du lieu », avec ses réseaux culturels superposés et la manière dont ils définissent et révèlent les êtres qui les habitent. La fiction, pour Butor, a sa source dans l'effort qu'il fait comme « scripteur » pour créer divers agencements du texte — réseaux sériels, associations thématiques, typographiques, distribution des mots sur la page — capables de situer son personnage, puis lui-même, par rapport aux structures spatio-temporelles d'un lieu. Ses lieux sont devenus de plus en plus complexes. Ils seront d'abord urbains (un immeuble parisien, une ville industrielle anglaise, un compartiment de chemin de fer, un lycée parisien). Mais à partir de *Mobile,* Butor deviendra de plus en plus ambitieux. Ses textes cherchent à représenter les Etats-Unis, les chutes du Niagara, le paysage de l'Arizona, le festival des Indiens Zuni au Nouveau-Mexique, ou des monuments comme la basilique de saint Marc à Venise. L'ambition qu'il a de déchiffrer leur structure, puis d'en donner un équivalent verbal entraînera l'abandon de tous les éléments romanesques, sauf celui du rapport narrateur-objet-texte. Le texte relate chaque fois les étapes d'une prise de conscience ; une configuration objective présente sera explorée dans ses aspects culturels les plus divers jusqu'à ce que l'écrivain en déchiffre la signification dans son propre parcours spirituel. Chaque texte est donc à la fois un voyage vers le monde extérieur et un parcours intérieur ouvert par l'écriture. Le mythe de la ville qui naît avec cette écriture prend chez Robbe-Grillet une nouvelle forme. La consécration des mythes érotiques collectifs, fragmentaires mais obsessionnels et violents, associés par exemple à Hong-Kong engendre *La Maison de rendez-vous,* comme d'autres mythes engendrent le *Projet pour une révolution à New York*. C'est aussi la grande ville moderne, hallucinante et meurtrière qui sert de protagoniste et de décor au roman visionnaire de Le Clézio, *La Guerre*.

Après Proust et Gide, avec Blanchot et Beckett, le thème de la genèse du discours narratif devient un thème majeur. Difficile à discerner, il n'est plus explicite. C'est le lecteur qui est chargé d'en suivre le cheminement en trouvant lui-même les réseaux d'associations qui, à partir des premiers mots, ont orienté le texte dans une certaine direction. Aux environs de 1960, ce thème tend à effacer tous les autres dans le roman expérimental qui semble devoir rester ésotérique et tend vers le stéréotype. Il n'est pas sûr que la « pratique scripturaire nouvelle » convienne à ce lecteur auquel elle fait en principe appel. Il n'est pas sûr que s'y trouvent les prémisses de cette nouvelle organisation du roman tant discutée.

Cheminements : Jean Giono et Louis Aragon

Le roman, comme les autres arts, s'émancipe ; par ses structures il s'éloigne souvent du roman d'analyse ou du roman naturaliste, prédominants. Nous avons noté, de période en période, les traits caractéristiques des romans expérimentaux. Cependant, l'œuvre de certains romanciers chevauchant, comme celle d'Aragon, le demi-siècle épouse ses méandres. Nous tiendrons pour exemplaires de ce point de vue l'évolution de Giono et celle d'Aragon lui-même, plus ample dans les variations de ses structures narratives. Dans les deux cas, les modifications de structure sont étroitement liées aux répercussions d'événements politiques dans la vie personnelle de l'écrivain.

Avec la *Trilogie de Pan* (*Colline, Un de Baumugnes* et *Regain*, 1928-1930) Giono atteignait d'emblée un public qui partageait sa révolte contre une civilisation responsable à ses yeux du gâchis de la guerre. Formé par la lecture de la Bible et d'Homère et par les contes des veillées provençales, il introduisait d'emblée dans le roman les modalités du conte oral, transformant son pays provençal en un domaine semi-légendaire peuplé d'êtres à mi-chemin entre le paysannat et la poésie ; dans un décor de re-création du monde, Giono animait des scénarios et une action où reprenaient place les valeurs simples et solides qu'il opposait aux mœurs d'une humanité selon lui décadente. Cet univers de début de monde, ses travaux et ses joies, ses peines aussi — amour, mort — relevait de la vieille tradition utopique du retour à une nature primordiale où l'homme retrouverait le bonheur. Une seconde série de romans — *Le Chant du monde, Que ma joie demeure* et *Batailles dans la montagne* — se rapprochait de l'épopée. Dans les deux cas, une seule voix génératrice non située, contait de vastes événements qui n'avait d'autre garant qu'elle, mais dont Giono tirait une éthique à l'usage de ses contemporains confondant le réel et l'imaginaire.

Par deux fois au cours de la guerre, le pacifisme intégral de Giono l'avait rendu suspect : comme objecteur de conscience prônant l'insoumission ; puis comme collaborateur. Giono abandonna son rôle de guide moral. De la troisième série d'œuvres qui s'annonce en 1947, la voix affirmative, parfois messianique, du narrateur omniscient disparaît. Dans *Les Chroniques*, auxquelles Giono travaillera jusqu'à sa mort, le narrateur unique est remplacée par une multiplicité de narrateurs qui se relaient de volume en volume. Une sorte de mouvement de mémoire collective, remplie d'incertitudes, tisse en zigzag un texte où les personnages, les lieux, les événements et les époques se confondent ; vies mythiques captives des mots et jamais immobilisées. Roman-charnière entre les deux versants de l'œuvre gionesque, *Le Hussard sur le toit* (1951) est un de ses meilleurs romans ; et les schémas narratifs des *Chroniques* annoncent les préoccupations du « nouveau roman ».

Vers la fin de sa longue et riche carrière littéraire, tout pour Louis Aragon devenait roman. *Le Roman inachevé* (1956) est un recueil de poèmes ; romans aussi des textes qui échappent au classement : *Henri Matisse, roman* (1971) ; *Théâtre/roman* (1974) ; « romance », sinon roman, un grand texte intitulé *Le Fou d'Elsa* (1963) où les formes les plus diverses — poèmes, lettres, narration — s'entrecroisent ; « roman » aussi, selon Aragon, les réflexions critiques des *Incipit* (1970). C'est dire que tout discours pour Aragon est fiction. C'est en romancier qu'une cinquantaine d'années plus tôt, Aragon débutait avec *Anicet ou le panorama,* parodie du roman picaresque. Dans les limites de cet ouvrage nous ne pouvons qu'indiquer brièvement les étapes parcourues et signaler l'importance de ce maître romancier pour qui notre époque est « le siècle du roman ».

Les premiers textes en prose d'Aragon relèvent des recherches surréalistes dont il ne reniera jamais les prémisses. Avec son entrée dans le Parti communiste, il passe au roman. Il adopte l'esthétique et les modes de narration préconisés par Jdanov dont il s'explique dans *Pour un réalisme socialiste* (1935). Un premier massif romanesque, celui « du monde réel » (quatre romans et les cinq volumes des *Communistes,* roman inachevé), s'y conforme avec une verve exceptionnelle.

Après la mort de Staline, une *Postface au monde réel* annonçait la remise en question non de la foi politique d'Aragon, mais de son esthétique. Amorcée avec *La Semaine Sainte* (1958), une nouvelle étape s'affirme avec *La Mise à mort* (1965) et *Blanche ou l'oubli* (1967). Les rapports entre l'auteur, le personnage et le texte sont transformés. La problématique moderne de l'écriture apparaît. Ce n'est pas par hasard que le héros de *La Mise à mort,* Antoine, lui-même un double de l'auteur, se dédouble, « homme virtuel », que son double insaisissable, Alfred, reflet dans un miroir, pousse à la Folie. Miroir ou texte ne renvoient au romancier que des images virtuelles, remettant en question son existence même. Dans *Blanche ou l'oubli,* le personnage principal est un linguiste, né comme l'auteur le 3 octobre 1897, qui se confond avec lui et prend conscience « d'être dans les mots ». Aragon retrouve ainsi un des thèmes essentiels de la littérature de pointe. Et à travers ces personnages qui sont « dans les mots » se pose le problème du rapport du sujet et de son discours : « Qui suis-je ? Celui qui parle et ne peut se retenir de se nommer. » Le « diseur d'histoire » pour Aragon est surtout celui qui continue néanmoins à dire « le grand rêve de tous qui ne peut avorter ». Le romancier rejoint ainsi le projet surréaliste de ses débuts et le mouvement d'ensemble d'une période qui souvent, reprenant les thèmes romantiques, cherche à les collectiviser.

Contes et nouvelles

La ligne de démarcation entre le roman et la nouvelle, la nouvelle et le conte est difficile à préciser. De nombreux récits ou textes brefs (les derniers textes de Marguerite Duras ; *Comment c'est* et *Le Dépeupleur* de Samuel Beckett ; les *Instantanés* de Robbe-Grillet ; les textes surréalistes) compliquent le problème de définition. Comme le signale René Gadenne (*La Nouvelle française,* P.U.F., 1974), qui tente de dégager la spécificité structurale du genre, une certaine confusion règne aussi depuis le xixe siècle dans l'usage des termes « conte » et « nouvelle ». Il en va de même pour « récit ». Mais au xxe siècle, le mot *conte* désigne en général un court récit où des éléments fantastiques entrent en jeu. Les recueils de contes se font rares et s'adressent souvent aux enfants : les *Contes du chat perché* de Marcel Aymé, les contes d'André Dhôtel et même, quoique ce ne soit pas le cas pour le conte qui donne son titre au recueil, *L'Enfant de la haute mer et autres contes* de Supervielle. Mais les conteurs les plus brillants sont sans doute les Africains francophones qui s'inspirent d'une littérature orale séculaire transmise par les « griots ». Classiques désormais sont les recueils de contes de Birago Diop, l'un des meilleurs parmi les écrivains sénégalais, qui a recueilli les contes d'un griot attaché à sa famille, Amadou, fils de Koumba, griot lui aussi. *Les Contes d'Amadou Koumba, Les Nouveaux Contes d'Amadou Koumba,* et *Contes et Lavannes* renouvellent un genre traditionnel. D'autres conteurs moins connus, les Camerounais Jacques-Marcel Nzouaïnkeu et Benjamin Matip et le Sénégalais Ousmane Socé ont su, comme Diop, faire passer dans la langue française le charme et la poésie de ces histoires d'un autre monde qui enrichissent le domaine de l'imaginaire où le conte puise ses ressources.

La *nouvelle* a tenté un plus grand nombre d'écrivains, mais reste un genre mineur assez proche encore des formes qu'elle a prises au XIXᵉ siècle. Gadenne distingue la « nouvelle-histoire », qui est concentrée sur un seul épisode, de la « nouvelle-instant » qui, à l'instar de Tchékov et de Katherine Mansfield, évoque l'ambiance d'un moment. Il constate la préférence du nouvelliste au XXᵉ siècle pour la nouvelle-instant. De nombreux écrivains, connus par ailleurs, ont été tentés par ce genre qui s'avère très souple. La critique intègre en général les nouvelles à l'ensemble des œuvres d'un auteur, plutôt que de les traiter en genre séparé (*Le Mur* de Sartre ; *L'Exil et le Royaume* de Camus). Trois nouvellistes, Marcel Aymé, Georges Simenon et Marcel Arland se distinguent dans un genre qu'illustre aussi l'apport peu commenté de Larbaud, Morand, Mauriac, Giono, Bernanos, Jouhandeau, Benjamin Péret, Pieyre de Mandiargues, Boris Vian, Marguerite Yourcenar et Françoise Mallet-Joris parmi tant d'autres.

Des six recueils de nouvelles de Marcel Aymé, *Le Passe-muraille* et *Le Vin de Paris* sont les mieux connus. Combinant le récit-anecdote, la satire et l'invention cocasse, Aymé part de situations quotidiennes soigneusement observées — marché noir, rationnement — pour passer du réel au fantastique sans modifier le ton raisonnable du récit. Georges Simenon a groupé autour du commissaire de police Maigret les quelque soixante-dix volumes de nouvelles, des classiques du roman policier qui, par la qualité de l'*imagination* psychologique et de l'écriture, appartiennent au domaine littéraire. Mais le seul auteur de fiction qui soit presque exclusivement nouvelliste, est Marcel Arland qui, avec plus d'une centaine de nouvelles à son actif, illustre les modalités diverses d'un genre trop souvent traité en parent pauvre du roman.

Autobiographies, mémoires et journaux intimes

Dès le XVIIIᵉ siècle, avec l'essor de ce que l'on a nommé la « prose d'idées », mais surtout à partir du Romantisme, des écrits en prose, considérés souvent comme mineurs, se sont développés en marge des genres établis. Rompant avec le souci mimétique et le formalisme générique, ils correspondent à l'intrusion massive du « moi-je » dans le champ littéraire. Ils se soucient avant tout d'*expressivité* et tendent en fait à dominer le champ littéraire du dernier demi-siècle, favorisés sans aucun doute par le souci existentialiste du témoignage et du document psychologique : autobiographies, mémoires, confessions, essais intimes.

Il n'est guère d'écrivain qui n'ait participé à cette littérature dite intime, dont la pratique gidienne est un exemple éclatant. La liste serait longue qui comprend, entre autres, François et Claude Mauriac, Alain, Julien Benda, Gabriel Marcel, Georges Duhamel, André Maurois, Francis Carco, Jean Guéhenno, Claude Lévi-Strauss, Henri Bosco, Pierre Emmanuel, Violette Leduc, François Nourissier, Georges Simenon ; plus notoirement sans doute Sartre, avec *Les Mots,* Simone de Beauvoir avec ses quatre volumes de mémoires et Malraux avec ses *Anti-Mémoires.* D'où l'effort de prospection et de définition critique récemment entrepris, dont témoignent les livres d'Alain Girard, *Le Journal intime* (1959), et de Philippe Lejeune, *L'Autobiographie en France* (1971).

Les lignes de démarcation néanmoins restent floues d'un mode à l'autre et de l'autobiographie à la fiction. Les écrits autobiographiques en prose de Cendrars — *L'Homme foudroyé, La Main coupée, Bourlinguer* — créent un double de l'auteur et de son monde aussi mythique que ses longs poèmes-voyages et ses romans. Marcel Jouhandeau s'est à peine déguisé dans ses récits fictifs sous les trois personnages autour desquels successivement s'organise la narration : l'enfant Théophile, l'adolescent Juste Binche, Monsieur Godeau. Il crée par ailleurs d'autres miroirs de lui-même dans son *Mémorial* (six volumes autobiographiques) et, depuis 1961, publie son journal intime, *Journalier,* sans grandement modifier son écriture ni ses propos. Le cas le plus flagrant est celui de Jean Genet qui, publiant son autobiographie, le *Journal du voleur,* définit nettement son intention : donner la dimension du mythe aux vies « immondes », aux personnages déchus qu'il célèbre en même temps qu'il crée sa propre légende. Et c'était déjà sa propre légende de paria qu'il dressait face aux « honnêtes gens » dans les quatre romans qui ont établi son succès d'écrivain : *Notre-Dame-des-Fleurs, Miracle de la Rose, Pompes funèbres, Querelle de Brest.*

Le rapport est étroit aussi entre *Les Mandarins,* roman de Simone de Beauvoir, et ses mémoires qui passent insensiblement de l'autobiographie à la chronique et absorbent des fragments de journal. Sartre de même a fait passer dans son roman *La Nausée* des pages de son journal. L'enchevêtrement des modes d'expression de cette prolifique littérature intime peut jusqu'à un certain point expliquer l'austérité avec laquelle d'autres écrivains bannissent le « moi-je » de leurs écrits.

L'essai

L'essai s'établit aux frontières de tous les genres et prend toutes les formes, lui aussi marqué par l'intrusion massive du *je* dans le domaine littéraire. Il forme la matrice de la vie intellectuelle de ce demi-siècle, comme en témoigne le succès dont jouit une collection comme celle de Gallimard, « Idées » : essais-exposés, essais littéraires, essais-manifestes, essais philosophiques, essais intimes, essais occasionnels ou d'actualité politique. L'essai pourtant est en recul devant le compte rendu de colloques et les interviews. Isolé il tend à s'effacer du champ littéraire. D'où la pratique de recueillir les essais dans des volumes dont le titre est distinctif : *Prétextes* de Gide, *Variété* de Valéry, *Situations* de Sartre, *Actuelles* de Camus, *Répertoire* de Butor.

L'essai de critique littéraire, hérité de Sainte-Beuve, subjectif et souvent méditatif qui développe un point de vue critique par rapport à une œuvre ou un thème littéraire, abonde entre les deux guerres, puis se fait plus rare. En revanche, l'essai-manifeste, qui présente une prise de position idéologique et littéraire, a donné des textes de première importance : les manifestes de Breton et les manifestes Dada, les textes d'Antonin Artaud réunis dans *Le Théâtre et son double,* la « Présentation des Temps modernes » et *Qu'est-ce que la littérature ?* de Sartre ; *L'Age du soupçon* de Nathalie Sarraute, *Le Degré zéro de l'écriture* de Roland Barthes, les essais réunis dans *Pour un nouveau roman* de Robbe-Grillet, constituent les jalons d'un genre qui mériterait une étude à part. L'essai lyrique à la Barrès se fait rare — notables sont, dans ce genre, les écrits de Camus : *Noces à Tipasa* et les textes contenus dans *Eté,* surtout *La Mer au plus près.*

Cependant, c'est encore le type d'essai qui se présente comme une recherche de la lucidité à la Montaigne qui semble le mieux survivre. Dans les années vingt, Henry de Montherlant le pratique avec éclat, développant les grands thèmes de la découverte du moi en une langue éloquente et concrète, riche en oppositions, contrastes, symétries. Essayiste aussi, Antoine de Saint-Exupéry, soucieux avant tout dans ses romans — *Courrier Sud* et *Vol de Nuit* — comme dans ses méditations — *Terre des hommes* et *Pilote de Guerre* — de rechercher les prolongements spirituels des incidents vécus par lui.

Sous un certain angle, l'œuvre de Sartre à partir de son traité *L'Etre et le Néant* est une immense tentative pour faire coïncider la réalité de son être avec la réalité qu'il vit. Camus, lui, dans ses essais philosophiques isole un seul thème (la sensibilité absurde dans *Le Mythe de Sisyphe,* la sur-valorisation moderne de la révolte prométhéenne dans *L'Homme révolté)* qui lui semble orienter de façon latente la conscience contemporaine. Il en examine les résonances et les limites afin de pouvoir échapper à l'emprise que cette conscience exerce sur lui. L'essai est donc pour lui intellectuellement un exercice de lucidité et une thérapeutique. La réputation internationale de Simone de Beauvoir repose sur deux essais didactiques à portée sociale, *Le Deuxième Sexe* et *La Vieillesse.* Enfin, l'*essai-enquête,* à la fois personnel et social, en combinaison avec l'autobiographie, a donné un des grands textes-témoignages littéraires de l'époque : *Tristes Tropiques* de Claude Lévi-Strauss.

« *La Zone off-limits* » : *au-delà des frontières*

La « Zone off-limits » dont parle Michel Leiris se situe au-delà de toute classification et correspond à des tentatives littéraires qu'illustre la démarche de deux écrivains que nous tiendrons pour exemplaires : Georges Bataille et Leiris lui-même. Tous deux appartiennent à la génération turbulente née entre 1895 et 1905 ; tous deux passent par le surréalisme, puis se tournent vers l'ethnologie, Leiris poursuivant en Afrique ses recherches d'ethnologie, Bataille se plongeant dans l'étude de Sade, Hegel et Nietzsche. Tous deux sont influencés par Freud et explorent les diverses formes de la pensée orientale. Tous deux s'intéressent profondément aux arts, surtout à la peinture. Cette configuration n'est pas exceptionnelle parmi les écrivains d'une génération qui n'adhérait plus aux cadres culturels officiels que la guerre avait ébranlés, cadres néanmoins intériorisés et qu'ils cherchent à dépasser. Pour déboucher dans cette zone « off-limits » de l'expérience, il leur faut donc se faire violence. La transgression est un thème qui leur est commun, et le refus de tout système qui organiserait *a priori* leurs écrits.

Les textes de Georges Bataille échappent à toute notion consacrée de littérature, les frontières entre le littéraire et le non-littéraire (scatologie, pornographie, économie politique) sont effacées ; le texte présente des phrases incomplètes, des blancs, se jette *in media res,* propose des fragments de récit, d'autobiographie, de poèmes qui passent d'un écrit à l'autre. D'autre part, dès l'*Histoire de l'œil* l'outrance des phantasmes érotiques et scatologiques qui s'y réalisent, leur incongruité, perturbent le lecteur averti qui sent que la figuration — personnages et épisodes — se réfère à un au-delà impossible à saisir. Le récit, monstrueux en terme de la raison quotidienne, semble une sorte de « Koan » bouddhiste exorbitant. Bataille absorbe dans son discours, qui les dissout, des modalités littéraires disparates, et se situe en effet « hors d'orbite », dans les régions de l'expérience psychique que le langage ne peut pas atteindre mais seulement *mimer :* vide de la mort, folie, horreur et excès où l'homme de chair confronte sa figure mythique sacralisée. C'est la prescience de ce non-moi, ce non-dicible, cet impossible, cette non-forme, dont il veut traduire l'expérience intérieure par une autre non-forme.

L'entreprise de Leiris est d'une autre sorte. Elle se situe au niveau de la vie quotidienne et se présente comme une recherche autobiographique. Dans sa postface (1946) à *L'Age d'homme* (1939), point de départ de cette recherche, il situe son projet parmi les manifestations de la littérature intime dont il souligne la pléthore. Il l'en distingue par le souci de combiner le plus strict respect de l'exactitude documentaire avec la recherche d'une forme qui établirait un genre littéraire sans précédent, en dehors de tout genre établi, genre selon lui *majeur* et seul authentique aujourd'hui. Il en définit les règles dans un texte « La Littérature considérée comme tauromachie ». Cérémonial public, rituel, l'exercice de la littérature doit engager l'écrivain dans un combat dangereux, un jeu stylisé dont il doit respecter les règles. Leiris s'est donné pour règle de composition, de noter avec une méticuleuse précision les éléments de son expérience psychique. De *L'Age d'homme* à *Biffures, Fourbis, Fibrilles, Frêle Bruit,* le récit autobiographique se fragmente ; les souvenirs, anecdotes, rêves, impressions disparates se juxtaposent et ne s'expliquent pas. Les textes apparaissent alors comme des sortes d'hiéroglyphes dont le code syntaxique manquerait.

A cette tentative de déborder les genres établis, on serait tenté de rattacher Michaux, Artaud, peut-être le Butor auteur de textes comme *Où*, Sollers aussi, et enfin, quoique de plus loin, Beckett et le Céline des dernières années.

CHAPITRE III

La poésie

DE TOUS les domaines littéraires, le domaine de la poésie est le plus difficile à cerner, soit dans ses assises socio-historiques, soit dans ses tendances, configurations et polarités. La poésie vit dans d'innombrables petites revues, souvent éphémères, dans des rencontres de poètes, des groupes temporaires dont, depuis quelques années seulement, le *Centre d'information et de coordination des revues de poésie* fait régulièrement le bilan. Mais elle vit aussi dans les œuvres qui se poursuivent, de recueil en recueil, parfois pendant un demi-siècle et qui épousent le mouvement intérieur d'un poète et les modifications de sa poétique. Tout poète se cherche d'abord à travers ses prédécesseurs, dont il doit détruire le langage pour dégager le sien propre ; et cependant il est rare qu'il ne trouve pas dès ses premiers poèmes le ton qui parcourra son œuvre entière. Nous ne pourrons ici qu'entamer l'étude requise pour dégager ces différents visages de la poésie et la démarche de chaque poète qui sollicite notre intérêt.

En second lieu, à partir du moment où l'on a « touché au vers » (Mallarmé), à la fin du XIXᵉ siècle, la notion même de poésie et celle de poème n'ont pas cessé de s'élargir. Le surréalisme séparait le concept de poésie de toute association avec des formes de versification traditionnelle. Pour un certain nombre d'écrivains, comme Bataille, le mot « poésie » désigne tout texte qui échappe aux conventions des genres établis. Le poème en prose, genre plus que centenaire, prend des formes nouvelles. Ainsi, les textes de Francis Ponge, de Henri Michaux, et ceux de Butor à partir de *Mobile* où les formes linguistiques importent moins que le réseau de relations établis par un assemblage de mots dont les structures sonores importent peu ; et les derniers textes de Marguerite Duras dont les structures rythmiques au contraire sont le mode d'expression dominant.

D'autre part, aucune conception ni de la nature ni de la fonction de la poésie, aucune théorie poétique ne s'est imposée, même à l'époque du surréalisme. En proclamant l'entière liberté d'expression, le surréalisme a favorisé une grande diversité des recherches. Sur la fonction de la poésie dans le monde contemporain, sur le rôle du poète, chaque poète se prononce dans des préfaces ou articles. Ou, à l'exemple de Mallarmé et de Valéry, il transforme le poème en histoire de sa genèse. Nous ne pouvons indiquer que de façon fort sommaire quelques-unes des théories formulées par les poètes eux-mêmes sur la nature et les processus de leur activité.

De décennie en décennie, les anthologies tentent de faire un tri et d'établir un classement dans le domaine de la poésie, mais elles hésitent entre une sélection qui pourrait être arbitraire et un répertoire qui, s'il tente d'être exhaustif sans jamais réussir à l'être, ne peut dégager les lignes de force de la poésie du moment; elles combinent une chronologie avec un classement thématique. C'est le cas des cinq cents pages que dans son anthologie — qui donne du champ poétique des aperçus fragmentaires — néanmoins fort utile, *La Poésie contemporaine de langue française depuis 1945* (1973), Serge Brindeau consacre aux poètes français. Ce travail, comme le nôtre, ne peut être qu'une invitation à des explorations personnelles. Il n'est, en effet, de connaissance de la poésie que par la lecture de poèmes. Tout poème exige une lecture personnelle. L'historien-critique ne pourra donc donner qu'une idée fort limitée de la production poétique du dernier demi-siècle, et d'autant plus hasardeuse qu'elle se rapproche davantage du moment présent. Il serait impossible dans les limites de notre ouvrage de rendre compte des éléments stylistiques qui caractérisent chaque poète : ceux dont il hérite, ceux qu'il a en commun avec certains de ses contemporains, ceux qui lui sont propres. Nous avons noté ailleurs les innovations techniques, qui dès avant 1914 tentent d'arracher le poème à la linéarité, puis à la page, soit en transformant la disposition typographique du poème, soit en proposant un développement purement phonique (spatialisme de Pierre Garnier, lettrisme d'Isidore Isou, poésie phonétique de Henri Chopin); ou qui, depuis Dada, entreprennent d'en subvertir la syntaxe. Dans cette section, nous n'y reviendrons guère. Nous renvoyons le lecteur à notre bibliographie et plus particulièrement aux travaux de Th. Elwert, *Traité de versification française des origines à nos jours* (1965), et au volume édité par Monique Parent, *Le Vers français au XXᵉ siècle* (1967) pour les questions techniques de versification. Pour « libérée » que soit la versification contemporaine, une majeure partie de la production poétique ne s'écarte pas autant des structures traditionnelles du poème qu'un siècle et demi de révolte contre leurs contraintes semblerait l'indiquer : « Les innovations modernes — conclut Elwert — sont syntaxiques et stylistiques, voire graphiques, mais non métriques. » La langue, comme l'affirment les linguistes, a ses exigences.

Tour d'horizon : les générations poétiques

En 1920, la scène poétique est confuse ; le chef de file de l'avant-garde, Apollinaire, est mort. Nombre de poètes, qui écrivaient avant 1914, passent au roman, genre qui atteint le grand public (Romains, Duhamel, Morand, Cendrars). L'œuvre de Claudel commence à s'imposer, et Valéry et Claudel seront pour les Français les deux grands poètes contemporains, héritiers tous deux du XIXe siècle, Claudel du grand lyrisme hugolien et de Rimbaud ; Valéry, de Baudelaire et de Mallarmé. Ils prolongent la tradition poétique des romantiques. Valéry distinguait à juste titre dans la « sphère poétique » d'entre les deux guerres la « résonance » de l'œuvre de Baudelaire. Mais la grande rhétorique du lyrisme romantique transmise par Claudel reparaîtra aussi. Et l'on pourra de plus détecter, de génération en génération, une polarisation prosodique entre le verset claudélien et les formes fixes que cultive Valéry.

Un troisième courant poétique, qu'incarnait Apollinaire, lui-même issu de Baudelaire *via* Laforgue et Rimbaud, domine la scène littéraire : Max Jacob, Pierre Reverdy, Blaise Cendrars, présences actives dans le champ littéraire de l'après-guerre, en illustrent les trois orientations. Modernistes et futuristes, ces poètes, à la suite d'Apollinaire, veulent faire entrer la poésie française dans le tourbillon du XXe siècle et arracher le poème subordonné à la métaphysique symboliste comme aux préoccupations humanitaires de Jules Romains et des poètes de l'Abbaye. Démystificateur, Max Jacob exploite les ressources souvent cocasses du langage en liberté, contestant par l'absurde le bien fondé de la rhétorique poétique ; Cendrars tente de traduire les rythmes et la beauté du monde moderne *(Du monde entier ; Au cœur du monde)* et leurs réverbérations dans la conscience du poète (« Tout est couleur, mouvement, explosion, lumière »). Grâce à la vitesse cinétique du déroulement d'impressions, de sensations, de souvenirs enchevêtrés, la continuité d'un poème de Cendrars, comme celle des poèmes-promenades d'Apollinaire, est créée par un effet de déplacement spatial qui est dû à la succession rapide des impressions entraînées selon un rythme qui semble improvisé. Plus proche de Mallarmé par la concentration du langage, Pierre Reverdy s'éloigne du dualisme symboliste [1] (images-idées ; monde physique-monde mental ; poème-réalité, métaphysique). Il lie en configurations d'images des éléments disparates

---

1. Voir le volume précédent par P.-O. Walzer.

auxquels une perception intense — souvent d'attente, de prémonition de désastre — donne leur unité, révélant une présence non dite au centre vide du poème dont le moi du poète semble absent.

Ces tendances contradictoires coexistent et s'enchevêtrent dans le tourbillon poétique du dernier demi-siècle : l'esthétique de la cohérence, de l'unité et de l'harmonie du poème et l'anti-esthétique de la surprise et de la disparate ; la fidélité aux formes traditionnelles et la contestation de leur efficacité ; le grand lyrisme de célébration et d'harmonie avec la création (Claudel), le poème orphique de la descente intérieure et du chaos maîtrisé dans la lente composition du chant (Valéry) ; et le poème de l'incomplétude, de la rapidité des perceptions et de la réalité inépuisée (Cendrars). Le « je » du discours poétique est abandonné (Reverdy), ou s'objective (Valéry), ou s'affuble de mille masques souvent dérisoires (Jacob), ou s'affirme (Cendrars) ; le poème peut se présenter comme une entité maîtrisée, ou comme un déroulement fragmentaire. Le culte de la perfection formelle est tenu comme seule justification de l'activité du poète-artisan (Valéry) ; le poète se veut prospecteur de l'informe aux frontières du champ culture (Apollinaire)...

Si, vers 1950, il a pu sembler aux contemporains que Valéry et Claudel appartenaient désormais à une époque poétique close, l'examen rétrospectif de la situation poétique qui se dessine dans les années cinquante ne confirme pas entièrement ce jugement.

C'est sans doute dans le domaine poétique que notre division tripartite s'applique le plus nettement. Par deux fois les événements politiques ont influencé le panorama poétique. Une continuité plus profonde se trouve éclipsée temporairement par des manifestations plus immédiatement apparentes. A partir de 1920 l'immédiat après-guerre a mis en vedette un groupe de poètes précoces — les surréalistes — aux dépens de leurs aînés. La deuxième guerre a favorisé une réaction qui creusera un abîme entre les poètes : le recours à une thématique de l'événement national s'accompagnant parfois d'un retour aux formes traditionnelles. L'on peut distinguer l'apport de quatre générations successives de poètes dont les œuvres jalonnent ce demi-siècle :

Quatre poètes d'envergure Pierre Jean Jouve, Saint-John Perse, Jules Supervielle et Pierre Reverdy, nés entre 1884 et 1887, donnent leurs premiers grands recueils aux environs de 1925 : *Les Mystérieuses Noces* (Jouve, 1925), *Anabase* (Perse, 1924), *Gravitations* (Supervielle, 1925), et *Les Epaves du ciel* (Reverdy, 1924). Jouve et Supervielle sont des poètes d'une abondance lyrique ininterrompue, au cours d'une longue vie. Perse, par égard pour sa carrière de diplomate, restera silencieux après *Anabase* jusqu'en 1942 ; alors, en une vingtaine d'années, grâce à une série de grands poèmes lyriques, il prend rang, parmi les poètes majeurs de l'époque. Poète de moindre envergure et de la parole rare, Reverdy fait contraste avec ses trois contemporains.

La génération née au tournant du siècle, entre 1895 et 1903, produit une pléiade de novateurs et des carrières accidentées. Outre les poètes associés à Dada et au surréalisme, Tzara, Eluard, Breton, Desnos et Péret, elle présente des figures originales et indépendantes : Antonin Artaud, Raymond Queneau et Jean Tardieu, et le populaire Jacques Prévert. Enfin deux poètes profondément novateurs, Henri Michaux et Francis Ponge.

Ces poètes trouvent chacun leur voie eux aussi dès les très riches années vingt avec *De nos oiseaux* (Tzara, 1923) ; *Mourir de ne pas mourir* et *Capitale de la douleur* (Eluard, 1924, 1926) ; *Clair de Terre* et *Poisson soluble* (Breton, 1923, 1924) ; *La Liberté ou l'amour* (Desnos, 1927) ; *Le Grand Jeu* (Péret, 1928). Si *L'Ombilic des limbes* et *Le Pèse-Nerfs* (1925, 1927) leur sont contemporains, Artaud ne sera reconnu comme poète que vers les années soixante ; Michaux dont l'originalité s'affirme avec *Mes propriétés* (1929) ne sera vraiment découvert que dans les années quarante, années où s'impose Ponge, dont en 1926 les *Douze Petits Écrits* avaient signalé la présence. Ce recueil est la première manifestation d'une entreprise poétique unique et longuement mûrie qui fera de lui, un quart de siècle plus tard, aux yeux de *Tel Quel* l'exemplaire poète d'avant-garde. Ce n'est que beaucoup plus tard avec *Les Ziaux* (1943) et *Monsieur, Monsieur* (1951) que Queneau et Tardieu prendront rang respectivement parmi les poètes de cette étonnante génération. A part quelques exceptions dont Artaud, Péret, Michaux et Ponge, ces poètes abandonneront presque tous la bruyante révolte contre la prosodie classique et useront souvent de formes fixes à syntaxe précise et au langage limpide.

Une génération de poètes nés approximativement entre 1920 et 1925 prend la parole à partir de 1950. En 1956, dans son *Anthologie de la poésie nouvelle,* Jean Paris signale leur présence et tente de définir leur physionomie singulièrement différente de celle des nouveaux romanciers. Il s'agit de poètes, encore vivants aujourd'hui, qui ont récusé dans l'ensemble le côté anti-littéraire de la poétique surréaliste et se situent dans la tradition lyrique romantique. On retrouve chez eux soit les rythmes hugoliens, soit la recherche mallarméenne d'un langage poétique condensé.

Ces poètes renouent consciemment avec une tradition à l'*intérieur* de laquelle ils cherchent un langage nouveau, comme leurs aînés du premier groupe. Entre eux et les surréalistes s'interposent des poètes indépendants de grande valeur, soit sortis d'un surréalisme qu'ils ont dépassé sans le renier, soit puisant à d'autres sources — sources bibliques avec Jean Grosjean et Patrice de La Tour du Pin ; et, de plus, pour Pierre Emmanuel, l'exemple de Pierre Jean Jouve. Chez eux, même sorte de polarisation que dans le premier groupe, entre l'ampleur verbale du discours poétique — Jacques Charpier, Jean Laude, Charles Le Quintrec, Jean-Claude Renard, Robert Sabatier. Claude Vigée — et la tendance à la densité verbale — Edith Boissonnas, André Marissel, Robert Marteau ; André du Bouchet pousse cette tendance à sa limite. Cette densité verbale renvoie tout aussi bien aux poètes baroques comme Sponde qu'à Baudelaire, Mallarmé ou Reverdy. Un poète de cette génération, J.-P. Faye, annonce en 1960, une nouvelle orientation.

La génération des poètes nés dans les années trente et qui débutent aux environs de 1955 trouve sa voie vers 1960. Parmi eux signalons Marc Alyn, Michel Deguy, Yvonne Caroutch, Pierre Oster, Marcelin Pleynet, Denis Roche et Jacques Roubaud. Cette génération se scinde en deux. D'une part, les poètes comme Alyn, Caroutch, Deguy et Oster, qui ne cherchent pas à s'écarter de la tradition prosodique mais à renouveler le langage du poème ou sa thématique ; et les poètes de la recherche formelle comme Pleynet, Roche et Roubaud, qui posent en premier lieu des problèmes de forme rappelant singulièrement les préoccupations de Valéry. Lorsque Jacques Roubaud crée le « sonnet des sonnets » en faisant subir des permutations à la forme du sonnet selon les règles du jeu japonais de « Go », il établit un texte qui permet de lire les séquences de trois façons ; ou lorsque, en collaboration avec une équipe de poètes de nationalités différentes — Octavio Paz, Edouardo Sanguinetti et Charles Tomlinson —, il compose un « renga » japonais, par son souci de créer une forme consciemment contrôlée il rappelle Valéry. Ce même souci explique sans doute la faveur dont jouissent d'autres formes fixes japonaises, dont le *tenga* et le *haiku* qui, lui, avait déjà connu une brève popularité vers 1920. Jean Pérol, s'il intitule *Rupures* un recueil de récits-poèmes, ne se sent pas moins attaché à la tradition française qu'à l'inspiration japonaise. La plongée dans le subconscient semble vouloir faire place au souci artisanal, banni depuis les années vingt, de la forme parfaite (finie), souci qui peut-être annonce le retour à une esthétique formelle.

Simultanément, réapparaissent des formes différentes de poésie descriptive, *Illustrations* de Butor, ou poèmes de Ponge ; ou de poésie narrative — tels les poèmes de Robert Champigny qui récupère le récit abandonné par les théoriciens-praticiens du roman. De telles formes semblent marquer elles aussi un retour vers l'objectivité poétique et un nouveau pacte avec le langage. C'est ce pacte que refuse Denis Roche qui, en 1972, a annoncé sa rupture simultanée avec la poésie et le groupe *Tel Quel*, jugeant peut-être la pratique de la poésie définitivement « inadmissible », comme l'avait fait Jacques Vaché un demi-siècle auparavant pour d'autres raisons.

Traducteur avisé d'Ezra Pound et de E. E. Cummings, passionné de peinture, adepte des théories de Kandinsky, Denis Roche avait participé activement aux discussions de *Tel Quel* à partir de 1964. Soucieux du rôle de l'écrivain marxiste dans une société capitaliste et bourgeoise, il avait pris le parti, comme ses co-équipiers de *Tel Quel,* et selon leur perspective du moment, de travailler à la transformation sociale en dénonçant par la « mécriture » l'imposture des structures littéraires établies (« La poésie est inadmissible », 1968). En fait, depuis son premier recueil, *Récits complets* (1963), jusqu'à *Le Mécrit* (1972), il développait, à partir de son étude des techniques de Kandinsky, une théorie de la poésie comme production de formes purement abstraites, vides de toute résonance sémantique (communication de sentiments, impressions ou idées), et sans visée esthétique. Le poème traduirait seulement par ses tensions, chocs et mouvements sur la page la présence d'une activité ludique. Peut-être est-ce la résistance du langage à une telle volonté d'abstraction qui explique que ce poète renonce à cette tentative de transformer le langage en un simple « matériau ».

Cependant, il est bon de noter aussi que le « poème discontinu » cède la place, dans la faveur des poètes de ce demi-siècle, au *long poème* à développement soutenu et à résonances familières.

Ce bref tour d'horizon ne donne qu'une image succincte des étonnantes variations d'un langage poétique qui se meut entre l'altière rhétorique d'un Saint-John Perse et les rythmes familiers de rengaines dont rêve Queneau ; entre le solide éclat verbal de Char et les variations mélodiques du virtuose qu'est Bosquet ; entre le « Chant » de Supervielle et les harmonies complexes vers lesquelles s'est orienté Jean-Claude Renard.

D'autres noms s'ajouteraient facilement à ce tableau : André Frénaud, Jean Follain, Eugène Guillevic, René-Guy Cadou. Désormais, les patriarches ont pris rang. Jouve, Supervielle et Saint-John Perse. Et dans la génération qui suit : Eluard, Char, Michaux, Ponge ; puis Bonnefoy. C'est autour d'eux que nous organiserons une brève étude thématique au cours de laquelle nous indiquerons, s'il y a lieu, la conception que se fait le poète de son activité. Mais, dans l'ensemble, et bien que l'opinion contraire persiste, la majorité des poètes avant les années soixante ne sont guère théoriciens.

Thématiques : continuité et mutations

Le *moi* a, de tout temps, été considéré comme l'origine − sinon la source − de l'acte poétique. Depuis les romantiques le moi et ses états de conscience et de perception ont été la matière privilégiée du poème, et en beaucoup de cas continuent à l'être. Le moi est alors conçu comme une donnée, un centre de conscience qui perçoit les émotions qui l'affectent et colorent ses perceptions du monde : amour, ennui, joie, colère.

Le lyrisme d'un Eluard peut, jusqu'à un certain point, se rattacher à cette tradition. Mais, pour le poète surréaliste, la position du moi a changé par rapport au poème. La *fin* de l'activité poétique, et non son origine, est la *révélation* et la libération d'un moi inconnu et le *dévoilement* simultané du monde qu'il habite à la *lumière* du langage. Le poème réalise *verbalement* cette coïncidence merveilleuse du moi et du monde qui, pour Eluard, est la forme que prend l'amour. La femme aimée ouvre alors la voie vers ce mode d'existence, car, selon la mythologie surréaliste, elle est par ses pouvoirs intuitifs plus profondément en harmonie avec les forces du subconscient. Comportement irrationnel, l'amour est un « comportement lyrique » qui favorise la « débâcle de l'intellect » (*Notes sur la poésie* : Breton et Eluard, 1936), source de l' « intégration du moi conscient au moi profond ». Le poème fait naître le poète à la conscience et « L'amour la poésie » est la condition de son perpétuel renouvellement. Eluard distingue cependant très tôt le poème de la coulée verbale qu'est l'écriture automatique. Pour lui, le poème est le résultat d'un acte. Un acte délibéré et conscient. Ce sera Artaud qui dénoncera violemment l'échec de la tentative surréaliste pour atteindre le moi unifié par le recours au poème. Ce qui apparaît à Artaud dans le langage, libéré des contraintes logiques, c'est la présence de forces non-humaines et dangereuses qui nient et désintègrent le moi. Le moi sexualisé et créateur d'Eluard n'est plus pour Artaud que la proie d'un Eros destructeur ; et cet Eros n'est qu'un des masques de la mort.

Pour Michaux, « Il n'y a pas un moi ! Il n'y a pas dix moi ! Moi n'est qu'une position d'équilibre. » Et ce Henri Michaux qui signe son volume n'est lui-même qu'une configuration momentanée de ces éléments disparates dont il met en scène inlassablement les modes d'existence hasardeux et discontinus, ce qui lui permet de « sortir » du chaos et de rester maître de lui. Ponge abandonne l'attention au moi, pour aborder un autre problème : « Comment manifester, par l'acte de la formulation verbale, la relation fondamentale de l'homme avec les choses ? » (Jacques Garelli, *La Gravitation poétique*). Il rompt par là avec une longue tradition. Et, abandonnant le moi, il abandonne les thèmes dont ce moi est la source : l'angoisse, la quête métaphysique, la révolte contre la condition humaine et, fort tranquillement, il accède à l' « Objoie » : le plaisir d'être chez lui parmi les choses : « le monde muet est notre seule patrie ».

La poésie contemporaine reflète donc plus profondément que le roman *la mise en question du statut du moi qui caractérise la pensée de l'époque.* Rares sont les poètes qui n'en sont pas affectés. Le vif sentiment du peu d'importance de ce « moi » destitué inspire le ton désinvolte d'un courant poétique qu'illustrent les œuvres de Queneau, Tardieu et Bosquet.

Le poète, encore altier chez Saint-John Perse et sacré par le don du chant, s'il est, par là même, l'étranger, est aussi le témoin, celui qui participe à l'aventure dont son poème est l'inscription : il est, pour Breton, le libérateur et l'avant-coureur de l'homme futur. Si, à l'époque de l'Occupation et de la Résistance, le poète a témoigné pour la « France malheureuse » et les souffrances subies, transformant comme Aragon l'histoire en légende, peu à peu il s'efface en tant que créateur pour devenir l'artisan qui se soumet aux exigences de son « matériau ».

Le mystère chrétien est un des thèmes les plus constamment présents. La carrière poétique véritable de Jouve, selon lui, commence avec une double conversion : au christianisme d'une part, à la psychanalyse d'autre part. Le drame chrétien du péché et de la rédemption est au centre de ses poèmes, à partir des *Mystérieuses Noces,* mais trouve son expression la plus puissante dans un poème ample et obscur : *Sueur de sang.*

Les cadres de référence du christianisme sont modifiés par la synthèse tout individuelle que réalise Jouve entre le péché chrétien et l'éros freudien. Un symbolisme d'une grande complexité lie le drame œdipien au thème chrétien de la culpabilité et de la faute. Le mal apparaît comme faisant corps avec l'être sexualisé qu'est le poète, qui vit, dans l'inconscient, l'angoisse de la chute, de l'expulsion du Paradis et du déchirement. La mort et la sexualité ont partie liée dans l'obstruction des voies qui s'ouvrent sur la rédemption. Le poème, dans son parcours, est une voie douloureuse : celle du sacrifice charnel, consenti dans l'angoisse et la « sueur de sang » d'une crucifixion cruelle et nécessaire, pour qu'advienne la réconciliation avec le Père désespérément recherchée.

Remonter à l'origine est le mouvement naturel d'une conscience chrétienne et de l'analyse freudienne. Ce mouvement donne au poème de Jouve son dynamisme et, selon le principe freudien du symbolisme multiple, lui permet d'intégrer dans son poème une grande variété de mythes et de figures mythiques : la descente vers la mort et la remontée vers la vie suggèrent le mythe orphique, et le thème sexuel obsédant propose des visages féminins légendaires. Jouve réalise ainsi un texte poétique dense où le déroulement somptueux du langage voile le caractère très particulier des obsessions du poète.

La nouvelle génération de poètes qui s'affirme dans le deuxième après-guerre comprend plusieurs autres poètes dont le thème est le mystère chrétien. Inspiré par Jouve, Emmanuel à ses débuts intègre au drame de la chute, de l'incarnation et de la rédemption de nombreux mythes, dont celui de Prométhée ; mais le mal, pour lui, comme pour ses contemporains, est le mal de la terre incarné dans les tyrannies contemporaines ou passées qui sont « la figure monstrueuse de notre commun péché » dont seul le drame, toujours recommencé, de la Crucifixion du Christ, peut délivrer. Riche source de figures symboliques et mythologiques, la Bible influence Pierre Emmanuel, dont peu à peu la langue, d'abord obscure, se fera plus limpide.

Le poète chrétien, s'il est heureux dans sa certitude, découvre *le monde* comme un texte somptueux qui lui révèle la face de son Dieu. Supervielle, en revanche rencontre le monde, ses espaces, éléments et êtres comme autant d'amis familiers, et de cette intimité naît, dit-il, le chant intérieur qui est la source de ses poèmes. Tout pour Supervielle est à la fois familier et mystérieux, les paysages intérieurs de la mémoire, comme les paysages extérieurs avec leurs arbres, leurs cailloux et leurs jardins, comme la vie et la mort et ce dieu inconnu et distrait auquel il adresse parfois la parole sans savoir s'il existe. Ce thème du monde ami et familier réapparaît lui aussi chez les poètes du second après-guerre, mais lié à un sentiment nouveau, le sentiment de sa vulnérabilité. Aucune génération antérieure n'a senti plus profondément, pendant quelques années, l'imminence d'un « monde muet » que celle qu'Emmanuel nommait « les enfants d'Hiroshima ». Comme l'indiquait Bosquet, la relation de l'homme avec le monde changeait. Pour la première fois le monde entier partageait la vulnérabilité humaine. Cette même attention aux joies que donnent les contacts les plus simples avec le monde permet à plusieurs poètes de « bâtir » leur demeure : Edmond Jabès, Rouben Melik, Armen Tarpinian, Claude Vigée et le très subtil artiste qu'est Philippe Jaccottet ; chez lui le sens aigu de la beauté du monde s'allie tout naturellement au sens de l'extrême fragilité de tout moment de bonheur, de tout être et de toute chose.

Pour Char, il ne s'agit pas du monde, mais de *la terre* et d'une terre particulière, celle de l'Isle-sur-Sorgue dans le Vaucluse, qui fournit la substance de ses poèmes, et c'est à travers elle que Char se situe en tant qu'homme conscient, homme de toujours et homme du moment, vivant par la pensée aux frontières d'une réalité inhumaine, inquiétante. Le feu, l'eau, la terre, l'air ; le martinet, la truite, la moisson, la rivière ; la mort et l'amour, la lumière et l'ombre créent un univers linguistique riche en suggestions où s'affrontent les complexités et les paradoxes de l'expérience humaine : « Nous ne pouvons vivre que dans l'entrouvert, exactement sur la ligne hermétique de partage de l'ombre et de la lumière. » Le poète est celui qui, par sa parole rigoureuse, réconcilie l'homme avec cette situation pleinement appréhendée.

Le voyage, pour Cendrars, se fait sur la surface de la planète. Pour le surréaliste le voyage est intérieur ; et le voyage vers la source ou l'origine —

l'enfance, le plus souvent — est une métaphore privilégiée. Le voyage, chez Saint-John Perse, prend avec *Anabase* la forme d'une vaste expédition et d'une conquête, d'une aventure cyclique toujours recommencée. *Eloges,* dès avant 1914, par son titre même et par le premier mot, « Palmes », annonçait un poète de la célébration. Perse retrouvait la forme de l'ode pindarique qu'il agrandira à la dimension de l'épopée cérémoniale et rituelle qu'il fait sienne. Les trois grands poèmes de Saint-John Perse, *Anabase, Vents* et *Amers,* célèbrent l'aventure des hommes, poussés toujours plus avant par des forces inconnues et qui, d'étape en étape, reprennent une tâche collective, différenciée pour chacun : instituer et organiser cette conquête de l'homme qu'est la culture humaine sous toutes ses formes. Les « vents » qui emportent ainsi les hommes vers l'inconnu soufflent en eux et font d'eux des étrangers et de perpétuels exilés sur cette terre. L'exil, autre face du voyage, fut le thème premier du jeune Perse, « exil de Crusoé de retour parmi les hommes loin de son île » ; et, dans *Eloges,* l'exil du poète lui-même, loin de l'île caraïbe de son enfance. Enfin, l'exil du poète obligé de quitter son pays en 1940, exil qu'il accepte comme une des lois de la condition — et de la grandeur — humaine. Le poète, selon Perse, qui d'ailleurs n'a qu'occasionnellement (par exemple au moment où il reçoit le prix Nobel) défini la nature de son activité, est l'homme de mémoire et de présence qui vit le plus intensément le voyage humain et en reconnaît la continuité sous toutes ses manifestations, dont *l'une* est l'inscription de cette aventure dans l'écriture du poème.

La quête, une quête intime, mystérieuse et parfois douloureuse, est le thème par excellence de Bonnefoy qui, par la haute tenue d'un langage riche en symbolisme, à multiple résonance, est de la lignée des Poètes qui tendent vers l'hermétisme, celle de Char et de Perse, celle de Mallarmé. Cette quête, selon Bonnefoy, n'est pas métaphysique. C'est la quête de l'instant où, dans un *lieu terrestre* et particulier, le poète se tient sur le *seuil* d'une révélation, en *présence* d'une réalité qui transcende le visible. C'est dans *Arrière-Pays* (1972) que Bonnefoy explique cette recherche d'un *lieu* physique que transfigurerait l'expérience de l'unité retrouvée — quête de l'Eden perdu, apparentée selon lui à la recherche gnostique. La recherche du « lieu » et les mystérieuses « Ordalies » qui l'accompagnent sous des métaphores linguistiques traduisent la lente progression vers le *lieu* où le mouvement du poème s'immobilisera dans l'espace de l'écriture arrivée à son terme. C'est l'aventure difficile de l'artiste à la recherche d'une vision, éclairant ses fins et origines, que narre le poème. Et le voyage, ici, est le refus et le signe aussi de l'exil.

La poésie, la révolte et l'action

Pour Dada, écrire est un acte de pure agression ; son arme est l'irrévérence. *La révolte* surréaliste contre les contraintes des formes symboliques de l'art reconnu a un aspect nietzschéen. L'artiste selon Nietzsche détruit les formes données pour créer, par jeu, des combinaisons nouvelles. Et aussi un aspect prométhéen hérité du romantisme. La révolte surréaliste est donc à double face, et la subversion du langage est d'abord un outil qui doit permettre au surréaliste d'atteindre son but positif : un homme libéré. L'irrévérence ne s'adressera donc qu'aux institutions sociales et ne sera que dans certaines circonstances le thème essentiel d'un poème surréaliste. La *pensée marxiste,* en revanche, alimente un courant de poésie antibourgeoise assez traditionnelle et ayant elle aussi un double aspect (*Front rouge* d'Aragon). Elle mêle l'imprécation aux sentiments pieux, et se veut engagée politiquement. Aucun poète n'a pourtant trouvé le moyen de concilier la poésie et le thème de la prise de position politique. Aucun n'a pu, en dehors de circonstances particulières, créer des poèmes dont l'efficacité politique soit indubitable. Un seul poète, devenu populaire, Jacques Prévert, anarchiste et iconoclaste dans la lignée de Dada, use de certains procédés surréalistes pour évoquer et réduire à l'absurde les réalités sociales contre lesquelles il lutte, et réussit cette difficile combinaison. Par ailleurs, Henri Pichette à ses débuts a tenté dans ses *Apoèmes* de créer une rhétorique de la révolte intégrale, mais ce fut avec un succès partiel et son effort n'a pas été renouvelé.

La guerre d'Espagne, la seconde guerre mondiale, l'occupation et la bombe atomique ont inspiré quelques grands poèmes de révolte contre la violence déchaînée : *Placard pour un chemin des écoliers* (Char), *La Marche dans le tunnel* (Michaux), *Combats avec tes défenseurs* (Emmanuel) ; et, de moins haute tenue, *Le Musée Grévin* d'Aragon qui, avec le *Nouveau Crève-cœur,* fait feu politique de tout bois. Dans l'atmosphère de la France occupée, un poème comme le *Crève-cœur* d'Aragon ou la célèbre litanie d'Eluard, *Liberté,* ont pu polariser des émotions collectives latentes et peut-être inciter leurs lecteurs à s'engager dans l'action ou à s'y maintenir. Mais, depuis Mallarmé, la poésie française s'adresse de plus en plus à un public d'initiés. Tout en proclamant une volonté révolutionnaire, elle a renoncé à faire du poème une arme efficace dans les conflits immédiats. C'est surtout dans le domaine du texte et de la théorie du langage que les poètes s'engagent.

L'engagement poétique en soi est souvent considéré comme une révolte et s'accompagne, parmi les poètes de notre époque, comme Claude Vigée l'indique dans son livre *Révolte et Louanges,* du besoin d'affirmer : l'amour face à la violence, la liberté face à la tyrannie, l'espoir face à sa négation. C'est peut-être pourquoi la tentative de faire vivre une poésie engagée de révolte politique — reprise en 1950 par de jeunes poètes groupés à Marseille autour de la revue *Action poétique* — n'a pas été heureuse. C'est peut-être aussi pourquoi la contestation politique des poètes de *Tel Quel* devenus militants est passée de la contestation politique à la contestation linguistique, contrairement à celle des surréalistes des années vingt. La grande poésie de la révolte et de l'engagement sera créée ailleurs par les poètes francophones d'Afrique, à l'aube de la décolonisation.

De Dada à Denis Roche, ce qui est en question, c'est l'homme, son langage, ses pouvoirs, son destin, ses relations avec lui-même, avec les autres, avec les éléments et objets qui l'entourent. L'amour des mots, dit Ponge, est la voie vers la création poétique, qui ne se distingue pas de celle de la création de soi. Si les grands thèmes poétiques sont sensiblement les thèmes traditionnels que module la poésie occidentale, les résonances ont changé. Sauf peut-être par leurs tentatives ésotériques et paradoxales pour forcer le langage à s'ouvrir sur un au-delà du langage qui serait un autre langage, les poètes ont peu à peu abandonné l'attitude prométhéenne : ils ne se posent plus en *voyants*. Ils hésitent même à se nommer poètes. Cette poésie, même celle qui croit à la promesse chrétienne d'une immortalité du moi, se veut enracinée parmi les choses concrètes. Malgré ses excès et parfois ses prétentions — en particulier la tendance à l'abstraction —, elle semble, dans sa variété, rassembler les éléments d'un nouveau discours grâce auquel les poètes se re-situent par rapport à leur passé, mais au-delà de lui, dans ce « lieu du seuil », pour emprunter le mot de Bonnefoy, où ils se tiennent aujourd'hui.

Une poésie a-lyrique : Henri Michaux et Francis Ponge

Feuilleter un recueil de Michaux, par exemple *Plume* précédé de *Lointain intérieur,* est instructif. Le volume se présente comme une collection disparate de textes relevant de divers genres : une série d'anecdotes mettant en scène un personnage fictif, Plume ; une lettre adressée par une « elle » à un « vous » ; deux pièces en un acte ; des aphorismes ; et, sur le ton documentaire des manuels d'histoire naturelle, des descriptions d'animaux fantastiques ; une section de « poèmes » en vers libres ; de courtes anecdotes modelées d'après la rhétorique objective du fait divers mais qui mettent en scène le « je » qui les raconte ; et une postface signée H. Michaux. C'est un livre qui, affirme Michaux, n'a pas été fait par l'auteur : « Lecteur, tu tiens donc ici, comme il arrive souvent, un livre que n'a pas fait l'auteur ». Et ce non-je, non-auteur propose au lecteur de faire un livre à son tour.

Dans ce volume, chaque texte se scinde en courts paragraphes, ou phrases, articulés avec tout l'appareil syntaxique de la logique ou juxtaposés avec le plus grand naturel comme allant de soi. Et tous ces fragments engagent un « je » double, inséré dans le texte, mais qui, à propos du texte, s'adresse à ce « vous », lecteur présumé, qui coexisterait donc avec le « je » simultanément dans l'univers du texte et dans le monde « réel ». C'est à ce « vous » que le « je » en appelle comme témoin du bien-fondé de ses réactions.

Les situations où ce « je » engage le lecteur n'offrent aucune prise à la mise en question : « J'ai élevé chez moi un petit cheval. Il galope dans ma chambre. C'est ma distraction. » « Dans les couloirs de l'hôtel je le rencontrai qui se promenait avec un petit animal mange-serrure. » « Sur le trajet d'une interminable vie de cahots et de coups, je rencontrai une grande paix. » Le « tout petit cheval », « l'animal mange-serrure », cette « grande paix » particularisée par l'article indéfini qui la concrétise, nous introduisent dans le monde de Michaux, imaginaire et peuplé. Ces « rencontres » surgissent et s'imposent avec autorité dès qu'il prend la plume ou le pinceau, mais sous des formes toujours nouvelles. L'animal mange-serrure ne sortira pas plus du court texte qui le propose que les illustrations successives du Larousse ne sortent de leur situation dans l'ensemble du dictionnaire. Michaux n'a pas le « préjugé de l'unité ». Il est le poète de l'expression toujours recommencée, qui s'affirme *contre* d'autres. *Contre !*, poème du recueil *La Nuit remue,* est à la fois un manifeste poétique et une sorte de mimodrame qui transpose en texte écrit le violent surgissement intérieur presque physique qui aboutit à l'inscription dans l'espace extérieur (page ou toile) d'une forme nouvelle. Dans l'essai *Emergences-Résurgences* de la collection « Les Sentiers de la création », Michaux en décrit les mécanismes par rapport à son activité de peintre.

Le poème *Contre !* se développe en strophes de vers libres, emporté dans l'élan du sarcasme, de l'imprécation et de la violence. L'agression se manifeste dès le premier vers : « Je vous construirai une ville avec des loques, moi... » La révolte porte sur les « Parthénons », « arts arabes » et « Mings », c'est-à-dire sur les symboles d'un ordre humain dit supérieur. Contre ce monde du ciment, de l'ordre et de la géométrie, le révolté construit une ville de loques, des forteresses de fumée, de remous et de secousses ; une sorte d'objet-ville verbal créé sur les ruines de la civilisation. C'est de la violence que le « je » du poème attend le salut ; violence à laquelle s'accorde le vocabulaire truculent : « braire aux nez gelés des Parthénons » ; les gaver de « chiens crevés ». Mais le poème tourne court et se termine en une dernière révolte contre le corps mesquin de ce je « carcasse... gêneuse, pisseuse, pot cassé ». Ce vocabulaire « contre » les grandioses perspectives, évoquées par l'image vaguement luciférienne du révolté, prépare le violent retour sur soi qui démasquera le piteux rebelle. Un « sur-moi » est présent dont la férocité dénonce l'excès rhétoricien du premier mouvement. L'humour exorcisant agit comme une sorte d'engin auto-destructeur du *contenu verbal* du poème, mais complète le mouvement dont le poème est la traduction, la montée de l'énergie destructrice et créatrice, et sa retombée. L'effet total est obtenu par une accumulation de violences dans le vocabulaire, les images, le rythme et la syntaxe. Le « moi » en colère face au « vous » qui l'exaspère fait appel à un « nous » qu'il engage dans son entreprise. Commencé *in medias res* par un cri viscéral de fureur, le poème se peuple, devient une sorte d'assaut prométhéen ou luciférien. L'image archétypale du rebelle, fondateur de ville, polarise ces connotations mythiques. Etre contre, construire, construire contre, contrer, sont les vocables générateurs du poème.

Ce « moi-architecte », magicien, n'est pourtant qu'un des personnages qui habitent Michaux, et Michaux semble le désavouer dans la « post-face » où il affirme que ces « morceaux [...] furent faits [...] au jour le jour [...] jamais pour construire, simplement pour préserver [...] ». Mais « construire » pour Michaux signifie calculer, qui est tout le contraire d'inventer : « Même les mots inventés, même les animaux inventés dans ce livre sont inventés " nerveusement " et non constructivement selon ce que je pense, du langage et des animaux. »

Michaux, il est clair, se rattache à la tradition poétique française qui, depuis Baudelaire, a poussé jusqu'à sa limite l'exploration des perceptions les plus obscures, les plus étrangères à la conscience dite normale et les a prises comme matière du poème. C'est la vie physique, organique, multiple et indépendante de tout contrôle, dont il épie et mime verbalement les modalités et acheminements, ainsi que les changements de perception qu'elle entraîne. D'où l'intérêt lucide et presque obsessionnel avec lequel il a suivi les modifications qu'introduisaient les drogues dans sa propre perception du monde et de lui-même devenu l'objet de leur action. Mais il a rompu net avec les formes lyriques associées à cette tradition et avec l'association de la poésie et du chant. Il écarte d'abord le « je » pour l'objectiver et lui enlever son rôle privilégié dans le texte, le dispersant à travers une multitude d'êtres de toute espèce qui naissent et disparaissent avec chaque texte. D'autre part, il est une unité qui apparaît comme inhérente à l'œuvre, une intertextualité à l'*intérieur* de laquelle le passage se fait sans coupure d'un texte à l'autre, chaque texte s'annonçant lui-même ouvertement comme fiction. Semblable à lui-même est le geste jamais épuisé qui métamorphose l'expérience en fiction.

Michaux a donné différentes explications de son activité de poète et de peintre, parfois incompatibles. Elle tiendrait de l'exorcisme et de la thérapeutique, lui permettant par son caractère physique de se débarrasser des souffrances physiques, des émotions ou des présences qui l'envahissent. Et aussi d'imposer à ce moi toujours mouvant et passager l'évidence de sa continuité. Aucun souci donc d'esthétique, ni, en principe, de communication ; ni aucune prétention d'être doué de facultés privilégiées : « Une opération à la portée de tout le monde ». En fait, grâce à la présence endémique de ce « vous » dans le corps du texte, c'est à un égal que le poète s'adresse et auquel, par l'entremise de cette fabulation sans cesse reprise, il se livre. Michaux connaît les ruses du langage, mais a confiance en ce langage, sauf à cette limite où la langue se fait système et théorie, anti-vie. Par son langage concret et le contrôle qu'il exerce sur le défoulement grammatical cohérent d'un langage qui relate logiquement l'a-logique, il réduit à l'absurde les constructions verbales qui prétendent « coller » à une quelconque réalité. Et c'est de ce processus de construction « absurde » que naît paradoxalement le plaisir essentiel du lecteur, lorsque les meilleurs de ces textes l'engagent dans leur fantasmagorie.

Ponge, lui, est un constructeur. Il a une méthode, un art poétique individuel et pratique. Sur sa méthode, sa « méta-technique » et son but il s'est souvent expliqué, depuis les *Dix Courts sur la méthode* avec leur jeu de mots (poèmes courts, cours), jusqu'aux *Entretiens de Francis Ponge avec Philippe Sollers* (1971) et à *La Fabrique du Pré*. Ce texte, de la collection « Les Sentiers de la création », présente un certain nombre d'états du poème *Le Pré* auquel Ponge travailla pendant quatre ans. Ponge n'est pas comme Michaux un poète du surgissement, mais ainsi que l'indique ce texte, c'est un poète de la fabrication, un artisan. A partir d'une émotion d'où naît le langage, l'aventure pongienne s'engage lentement. Lorsque parut *Le Parti-pris des choses* (1942) qui en marque la première étape, Ponge avait travaillé aux textes inclus dans le recueil depuis une quinzaine d'années. Poète d'obédience d'abord mallarméenne, il rompait complètement avec cette inspiration. « J'ai reconnu — dit-il — l'impossibilité de m'exprimer. » C'est alors que, tournant le dos aux thèmes métaphysiques, Ponge se décida à « prendre le parti des choses ». Saisi de vertige devant ce gouffre qu'est l'homme, « Je porte — écrit Ponge — mes yeux sur l'objet le plus proche, sur ce caillou à mes pieds, je le regarde et s'il finit pas s'ouvrir dévoilant un autre gouffre, celui-ci est beaucoup moins dangereux que le gouffre de l'homme, et par les moyens de l'expression peut se refermer ». Il s'agissait désormais pour Ponge, qui a « la rage de l'expression », de relever « le défi des choses au langage ».

Les *choses* dont s'occupe Ponge sont toutes choses de notre monde, regardées chacune séparément pour elle-même, de l'allumette au soleil, au savon, au pré, à la serviette éponge. Elles sont là, familières, n'ayant aucun rôle magique ; elles ne sont porteuses d'aucun message. Il s'agit de les faire accéder au langage « non pour troubler mais pour rassurer ». Les premiers textes de Ponge se présentent sous forme d' « essais » en prose assez courts, mais qui se sont progressivement allongés, usant des ressources de l'espacement typographique, se groupant en strophes de vers inégaux. Son but n'a jamais varié. Par le langage et grâce à sa méthode, il veut provoquer « La naissance au monde humain des choses les plus simples, leur prise de possession par l'esprit de l'homme. L'acquisition des qualités correspondantes. Un monde nouveau où les hommes à la fois et les choses connaîtront des rapports harmonieux. »

Il faut d'abord se soumettre à une sorte d'ascèse : oublier tout ce que l'on sait sur les objets, toutes les idées qu'*a priori* l'on projette sur eux, afin de pouvoir porter sur eux un regard attentif. Il faudra ensuite, pour les faire naître à la conscience, mettre à l'épreuve le langage, mais non point en procédant à une description dans le sens ordinaire du mot. Ponge procède à l'assemblage de ce qu'il appelle un « objeu », c'est-à-dire un texte aussi singulier et spécifique que l'objet lui-même. A partir d'une association initiale, il fait entrer l'objet en tant que *nom,* c'est-à-dire en tant que *vocable,* dans le jeu du langage : « La pluie, dans la cour où je la regarde tomber, descend à des allures très diverses. » « L'âne se tient ainsi à un bout de la ligne et refuse d'abord d'avancer. »

Chaque chose dans le système de Ponge fait son entrée particulière dans le monde du langage ; elle est déterminée par une impression initiale qui a éveillé en lui le *désir* de la mettre en paroles. Cette naissance verbale contrôle la forme unique que prendra ce que Ponge nomme, à propos plus particulièrement du savoir, « la volubilité » de l'objet ; c'est-à-dire les rouages linguistiques qu'elle met en mouvement dans l'épaisseur mystérieuse du langage. Le poète explore méthodiquement ces réseaux de résonances : étymologie, clichés, associations littéraires, homophonies et homonymes qu'il raccorde par approximations successives jusqu'à ce que le vocable initial éclate en une sorte de pulsation finale, l'objeu-texte, qui parachève sa fonction de célébration de l'objet. Ainsi, la pluie-chose sera célébrée par un objeu qui a pris la forme d'une unité verbale circonscrite, rythmique et parfaitement réglée ; tandis que l'objeu âne, « arc-bouté » au départ « sous son accent circonflexe », procèdera par à-coups vers sa fin en « souffre-douleur ».

Ponge travaille longuement, mais avec bonheur, à construire ces structures de mots sans autre fin, dit-il parfois, que de « donner à jouir ». La fonction de la poésie, selon lui, est donc de « parler et, peut-être, de paraboler ». Et son rôle à lui est de réaliser une sorte de fusion (qu'il compare à l'orgasme) entre ces deux mondes qu'il désigne comme nos seules patries : le monde muet des choses et l'inépuisable langue française dont il célèbre la qualité, ce qu'il appelle « la francité » de cette langue qu'il aime. Pour Ponge, la conscience humaine naît de cette interaction entre les choses et les mots que sa cosmogonie verbale riche en humour et en amour nous rappelle. Ponge le rhétoricien se réclame de Malherbe, et Ponge, le poète, d'Horace ; mais Ponge, en trouvant le salut dans une pratique du langage soigneusement contrôlée qui des choses rebondit sur lui, est sans aucun doute un homme d'aujour-d'hui.

Ni Michaux ni Ponge n'aspirent à changer le monde. L'un et l'autre, par-tant en deux directions contraires, ont recherché des formes d'expression poétiques peu personnelles, anonymes même, et libérées de tout souci de signification. Le symbolisme, les correspondances, le langage métaphysique, les grandes perspectives métaphysiques ont disparu. Cependant, ce sont des formes contrôlées et indubitablement littéraires qu'ils créent. Chez l'un comme chez l'autre l'humour est la forme que prend la relation de l'écrivain avec le langage. Cette réaction est naturelle chez l'artiste lorsqu'il prend conscience des limites des média d'expression dont il hérite et qu'il détruit par la parodie ou qu'il intègre dans d'autres structures. Chez l'un comme chez l'autre, c'est une dimension spatiale et non temporelle que le texte ouvre par le langage, suggérant peut-être cette mutation de la conscience contem-poraine qu'analyse Butor. Chez l'un comme chez l'autre, écrire est présenté comme une activité physique, une sorte d'alchimie grâce à laquelle le texte « dévore sa substance » (Genette).

Ces deux œuvres sont inclassables selon les catégories génériques tradi-tionnelles. Elles nécessitent et justifient le concept critique de « texte », qui nous rappelle d'ailleurs que la division en genres n'a jamais recouvert qu'une partie du champ littéraire. Avec Ponge, l'opposition à la tradition classique, elle-même devenue traditionnelle, est transcendée au nom de la liberté de création à l'intérieur du cadre linguistique. Et Michaux conçoit le texte comme ce que Ponge appelle une « parabole ». Cette parabole est gestuelle chez Michaux, descriptive chez Ponge. Il semble bien qu'avec eux la tradition désignée par Baudelaire, Mallarmé, Rimbaud, que dégageait Marcel Ray-mond *(De Baudelaire au surréalisme)* et Albert Béguin *(L'Ame romantique et le Rêve)* ait été dépassée.

CHAPITRE IV

Le théâtre

En mai 1975 *L'Express* décrivait ainsi le Festival mondial du théâtre à Nancy : « Quinze cents comédiens, quarante compagnies, trente pays représentés ; vingt-deux lieux scéniques, cent cinquante mille spectateurs ; un élément " grouillant ", " explosif ", " dérangeant ", " tonique " ». Il est bon d'évoquer par contraste l'année 1920 et, après l'interruption de la guerre, la réouverture par Jacques Copeau de la salle intime, petite et austère du Vieux-Colombier. Copeau reprenait l'effort de rénovation théâtrale amorcé en Europe dès la fin du XIXe siècle et dont on peut considérer le Festival de Nancy comme un des lointains aboutissements. Cet effort avait dès l'origine débordé les cadres nationaux : Stanislavsky, Nemirovitch et Dantchenko à Moscou ; Reinhardt à Berlin ; Fuchs et Eiler à Munich ; l'Anglais Gordon Craig ; le Suisse Adolphe Appia, et, en France, Antoine et Lugné-Poe, y avaient tous participé. Mais ils n'avaient guère affecté les habitudes et le répertoire du théâtre parisien et mondain, ce théâtre du Boulevard « rouge et or » dont parle Cocteau. Il faudra le changement du climat culturel parisien des années vingt et la persistance de quelques « hommes de théâtre » comme Copeau pour réaliser un nouveau départ.

En 1920 il n'est de théâtre vivant, en France, qu'à Paris, et c'est à Paris que s'installent avec leur troupe les animateurs qui à la suite de Copeau travaillent dans le même sens que lui. Cinquante ans plus tard, le théâtre vit, non à Nancy seulement mais à Lyon, à Saint-Etienne, à Toulouse, un peu partout dans les villes de province où il se montre parfois plus hardi qu'à Paris. Les Festivals d'été (à Orange, à Avignon, au Marais à Paris) donnent aussi à l'activité théâtrale des rythmes et modes d'existence inconnus en 1920. L'espace scénique même — la salle, avec le plateau où se déroule le jeu des acteurs — est devenu plastique et le théâtre vit dans de vastes espaces en plein air comme la

cour du palais des papes à Avignon, ou temporairement, dans les salles aban-
données des Halles à Paris et aussi dans les cafés (cafés-théâtres) ou les petits
théâtres intimes ou « hors des murs ».

A travers cette métamorphose, le théâtre français a connu une des
périodes les plus riches de son histoire. Au cours d'un demi-siècle il s'est
décentralisé et jusqu'à un certain point internationalisé. Son public n'est
plus celui d'autrefois, parisien, mondain et bourgeois. Composé de gens de
théâtre, d'amateurs et d'étudiants dont certains sont spécialisés dans la
recherche théâtrale, il est lui aussi international et, en général, infiniment
mieux informé et plus largement éclectique que l'ancien public. Dans l'ensemble ce n'est pas le *texte* d'une pièce qui le requiert mais la qualité de sa
production. Le théâtre aujourd'hui ne se conçoit pas comme lié à une activité littéraire ; il se conçoit comme *média* et se situe en dehors de l'espace littéraire. Le directeur-metteur en scène est devenu le personnage clé du théâtre
contemporain. Paradoxalement, c'est l'effet inverse que cherchait Copeau,
qui se proposait de valoriser un texte de haute qualité. En revanche, malgré
les modes et goûts changeants, aucune forme dramatique ancienne ou nouvelle n'est exclue de la scène *a priori :* ce qui compte en premier lieu, c'est l'interprétation et la conception du théâtre que cette production incarne. Pour
la première fois depuis l'époque médiévale, la mise en scène d'une pièce a plus
d'importance que le texte lui-même. Il n'est donc plus possible d'étudier ce
théâtre uniquement du point de vue littéraire.

Plusieurs facteurs ont joué dans cette transformation, qui s'est opérée en
deux temps : une première époque coïncide avec l'entre-deux-guerres et se
prolonge jusqu'aux environs de 1950. Elle est le fait d'un groupe d'animateurs qui créent une nouvelle atmosphère autour de l'activité théâtrale, suscitent de nouveaux talents de dramaturges et créent un nouveau public. Une
nouvelle étape commence sous l'effet de deux éléments indépendants mais
qui, tous deux, sont dus à la profonde secousse de la défaite. D'une part,
l'Etat s'inquiète de la carence culturelle de la vie en province et dans les
couches ouvrières du pays. Par l'entremise de la Direction des arts et des
lettres il augmentera les subventions traditionnellement accordées au théâtre
depuis Richelieu ; il adoptera une politique de dissémination et de décentralisation des activités culturelles dont le théâtre bénéficiera largement. D'autre
part, un petit groupe de dramaturges, accordés sans doute à la sensibilité du
moment, rompt avec les techniques dramatiques et les thèmes de ses prédécesseurs et crée de nouvelles formes d'expression dramatique, dites a-théâtre ou
théâtre de l'absurde ou théâtre de dérision, qui exigent de nouvelles techniques de mise en scène.

La révolution des animateurs et les initiatives officielles

Homme de lettres, critique et dramaturge, Jacques Copeau abordait la scène avec des principes fermes et réfléchis. En réaction contre les riches décors mis à la mode avant 1914 par les Ballets russes et contre les décors naturalistes, il voulait revenir à l'austérité du « tréteau nu ». Il se proposait de réhabiliter non seulement le théâtre, mais le métier de comédien. Pour entraîner sa troupe, il créa l'Ecole du Vieux-Colombier. Il ne s'agissait plus pour l'acteur de se faire vedette. Il devait se consacrer à une vocation, apprendre un dur métier. C'était une discipline, une éthique et une dignité que lui enseignait Copeau ; et ce fut grâce à Copeau que l'image que l'on se faisait des comédiens — « monstres sacrés » et dévoyés — fut remplacée par une image tout autre. Le prestige accordé au comédien désormais s'accompagnait de respect.

Copeau pensait au spectacle comme à un rite de participation. Il fit reconstruire la scène du Vieux-Colombier, remplaçant la « boîte d'optique » adoptée au XVIIe siècle par une scène architecturale qui rapprochait le plateau et la salle et pouvait se prêter à de multiples transformations. Il supprima les décors peints, utilisant comme l'avait préconisé Appia les jeux d'éclairages que l'électricité rendait possibles. En ce qui concerne le répertoire, Copeau désirait avant tout mettre fin au divorce de la scène et de la littérature. Il reprit les grandes œuvres du passé — les Elisabéthains, Heywood et Shakespeare ; les classiques, Molière surtout — qui étaient le domaine traditionnel d'une Comédie-Française un peu somnolente et sclérosée par ses conventions, et il s'efforça d'attirer des auteurs nouveaux. Il voulut aussi réaliser un rêve né avec le siècle, le rêve d'un théâtre populaire de plein air qui échapperait à l'influence, qu'il jugeait néfaste, de Paris. Il n'est guère d'initiative nouvelle qu'il n'ait soit prévue, soit inspirée. Si, en 1924, les difficultés financières obligèrent Copeau à se retirer de Paris, ses idées continuèrent à inspirer une solide équipe d'animateurs — Louis Jouvet, Charles Dullin, Jean Dasté, Michel de Saint-Denis — qui à leur tour formèrent une troisième génération de grands metteurs en scène, dont André Barsacq, Jean Vilar, Jean-Louis Barrault, Marcel Herrand ; puis une quatrième, Roger Blin, Roger Planchon, Jean-Marie Serreau, Georges Vitaly parmi d'autres.

A partir de 1920, à côté des théâtres du Boulevard et de la Comédie-Française, de nouvelles compagnies naissent dont quatre dominent peu à peu la scène d'entre-les-deux-guerres : celles de Dullin (1921) et de Jouvet (1922) ; celle de Georges Pitoëff, un Russe qui, venant de Genève, s'installe à Paris (1922) ; celle de Baty qui en 1921 fonda un groupe La Chimère. Chacune avait sa conception du spectacle. Elles formèrent un cartel et se soutenaient mutuellement contre l'esprit et les mœurs du théâtre commercial. En 1926 Copeau pouvait écrire avec quelque raison : « Le point de vue de l'homme de théâtre, metteur en scène ou animateur dramatique [...] est pour le moment en avance sur le point de vue de l'écrivain. Au point où le metteur en scène est aujourd'hui parvenu, il attend l'écrivain [1]. »

La première révolution scénique était faite. Peu à peu on ne parlera plus de « théâtre du boulevard » ni même de théâtre « d'avant-garde », mais de « théâtres privés » et de « théâtres d'essai ». Jean Giraudoux soulignera ce changement : « Un public nouveau était prêt : le public toujours croissant des musiciens, disposé à se réconcilier avec le théâtre, si les lois du théâtre se subordonnaient à la loi la plus élémentaire de la musique : la distinction ; le public croissant des lettrés, ne demandant qu'à accompagner et à soutenir au théâtre ses romanciers préférés [...] ; le public croissant aussi des femmes [...]. Un corps nouveau d'acteurs s'était créé. Tout ce vocabulaire attaché autrefois en France au mot acteur : raté, bohème, vedette, brio, misère et luxe, nullité et génie, était remplacé par un vocabulaire plus normal : culture, conviction, ensemble [...] [2]. »

Plusieurs écrivains-dramaturges ne tardèrent pas à répondre à cette attente. Désormais, bien que le prestige du comédien — surtout peut-être des actrices — reste grand, celui du metteur en scène s'associe souvent à égalité avec celui du dramaturge : Jouvet-Giraudoux ; Barrault-Claudel ; Barsacq-Anouilh ; Blin-Beckett ; Victor Garcia-Arrabal. Au lieu d'écrire des pièces comme autrefois pour une vedette, le dramaturge écrit souvent pour un animateur qui, lui, comme Roger Planchon, finira par créer son propre répertoire ou, comme Barrault, adaptant Rabelais ou Nietzsche, organisera son propre spectacle ; ou, comme la troupe d'Ariane Mnouchkine, l'improvisera.

A partir de 1945, le gouvernement français, soucieux de réintégrer l'art dramatique dans la vie nationale, favorise par son action certaines transformations de l'activité théâtrale que souhaitaient les animateurs ; non, d'ailleurs, sans soulever d'âpres controverses. Cette action prend deux formes : la décentralisation, c'est-à-dire l'implantation de troupes permanentes et de centres dramatiques en province et dans la banlieue de Paris ; à Ménilmontant la troupe de Guy Rétoré ; le Théâtre de la Commune à Aubervilliers ; le Théâtre Gérard Philipe à Saint-Denis ; le T.O.P. (Théâtre de l'Ouest Parisien) à Boulogne-Billancourt, sans parler de nombreuses troupes dans la périphérie de Paris dont la plus célèbre est celle du *Théâtre du Soleil* d'Ariane Mnouchkine.

1. Voir *Revue générale*, t. 115, 1926.
2. *Œuvres littéraires diverses*, p. 596 ; conférence faite en 1931.

A ce programme d'implantation, les Maisons de la Culture depuis 1961 (Le Havre, Bourges) participent activement. Et au cœur de Paris même le Théâtre National Populaire, qui végétait depuis son inauguration en 1920, reprenait vie à partir de 1951 sous la direction de Jean Vilar. Ces théâtres sont subventionnés par l'État et les municipalités afin de faciliter l'accès aux représentations d'un public venant de toutes les couches sociales et économiques. Ce « théâtre populaire » conçu pendant l'occupation et né à la Libération n'est pas « populaire » dans le sens qu'il émane du peuple ; c'est une forme d'action culturelle, un moyen désintéressé de démocratiser la scène.

Les centres dramatiques sont des scènes professionnelles et sont tenus de justifier leur existence par la qualité de leurs programmes et leur capacité d'attirer un public ; à côté d'eux les troupes permanentes ont été fondées, dans l'ensemble grâce à des initiatives locales, et prennent souvent la forme de « tréteaux » itinérants. Et les « Jeunes Compagnies » foisonnent un peu partout et participent activement aux Festivals d'été. Malgré des criscs — dont celle de mai 68 —, cet effort, avait amorcé une seconde transformation de la vie théâtrale. Elle attire l'attention sur *le public* et le rôle que doit jouer le théâtre par rapport à lui. Si, dans l'ensemble, le théâtre populaire ne touche pas facilement les ouvriers, il n'en accomplit pas moins sa mission : il atteint un nouveau public de jeunes, de petits bourgeois et de commerçants. Les animateurs, en général idéalistes et souvent marxisants, veulent à la fois initier leur public à la grande tradition du théâtre et remplir un rôle social, révolutionnaire. Le théâtre populaire remet en cause les conceptions du théâtre qui avaient, plus ou moins consciemment, orienté les animateurs et dramaturges entre 1920 et les années cinquante.

Conceptions du théâtre

Quatre conceptions du théâtre s'affrontent en 1970, que l'on peut, en simplifiant, associer à trois noms : Copeau, Artaud, Brecht, et à un événement : mai 1968.

De 1920 au tournant du demi-siècle, le théâtre d'avant-garde accepte dans l'ensemble l'idée d'un théâtre de communion et de catharsis qui renoue avec la tradition aristotélicienne, repensée à travers Nietzsche et Mallarmé. De ce point de vue le théâtre tient du cérémonial, du rite collectif grâce auquel le public oublie les mesquines préoccupations ou les drames individuels de la vie, pour participer, par l'entremise des personnages auxquels il s'identifie, à ce que Mallarmé appelait « l'essentiel drame » de la condition humaine. Le public intériorise les sentiments et les attitudes joués. Cette participation qui unit les spectateurs dans une même émotion est purifiée et contrôlée par la qualité esthétique du spectacle qui en est la source. Il s'agit donc de faire vivre un théâtre centré sur le personnage et ses conflits. La scène suscite un univers autonome qui transfigure les conflits et éclaire la sensibilité du moment. Le spectateur, pensait Giraudoux qui est le représentant par excellence de cette esthétique, attend du dramaturge qu'il lui « révèle sa vérité à lui, qu'il lui confie pour lui permettre d'organiser sa pensée et sa sensibilité, ce secret dont l'écrivain est le seul dépositaire : le style ». Réalisant la fusion de la vie avec l'art, le théâtre, selon cette perspective, sera un théâtre du langage, un théâtre anti-naturaliste, à dimension métaphysique, indirectement didactique : il réconcilie le spectateur avec sa vie et, en universalisant ses dilemmes, les ennoblit. Dans une société laïcisée et en pleine mutation, le théâtre apparaît alors comme une force de cohésion, un lien avec le passé et un mode d'initiation aux structures du monde réel. En bref, le théâtre est l'instrument de culture par excellence. C'est de cette conception que s'inspireront en 1945 les initiateurs du théâtre populaire et que naîtra le brillant théâtre littéraire qui fleurira pendant une trentaine d'années.

Le théâtre de la cruauté : C'est aussi une catharsis que, selon Artaud, doit effectuer le théâtre mais d'une autre sorte. Artaud a une conception dramatique personnelle et intransigeante du théâtre comme *action*. Héritier de Jarry, acteur chez Dullin, puis chez Pitoëff (il fonde en 1927 un éphémère Théâtre Alfred Jarry) et lié un instant avec les surréalistes, Artaud s'était aussi passionné pour la pantomime qu'Etienne Decroux remettait à l'honneur. Le théâtre balinais qu'il put voir à Paris lors de l'Exposition coloniale de 1931 lui permit de mûrir les idées sur le théâtre qu'il développera en une série d'essais écrits entre 1931 et 1933 et recueillis en un volume qui, publié en 1938, devait avoir un énorme retentissement vingt ans après : *Le Théâtre et son double*. Artaud rompt avec toutes les conceptions du Cartel et n'estime pas les dramaturges qu'il a suscités. Selon lui, le théâtre occidental s'est « pétrifié » et, pour se renouveler, doit revenir à ses sources — non pas la source grecque, mais le théâtre cérémoniel de l'Orient. Pour Artaud, l'Occidental refuse d'entrer en contact avec les forces obscures et violentes de la vie. Il les refoule, s'aveugle et s'exile d'une part de lui-même. Le théâtre oriental, au contraire, les déchaîne chez le spectateur « en une sorte de révolte virtuelle », afin de les exorciser.

Cette conception est importante par les principes de dramaturgie qu'Artaud en tire. Au théâtre la parole est accessoire : « Le dialogue, chose écrite et parlée, n'appartient pas à la scène, il appartient au livre. » Le langage propre à la scène est un langage de gestes, de mouvements, d'attitudes, d'objets ; le personnage est « signe ». La parole doit se faire rythme, incantation, cri. L'action doit atteindre directement la sensibilité des spectateurs, afin de déchaîner jusqu'au paroxysme des états primitifs refoulés : l'érotisme, la peur, etc. « Je propose un théâtre où des images physiques violentes broient et hypnotisent la sensibilité du spectateur pris dans le tourbillon de forces supérieures. » Dans ce théâtre, qu'il souhaite et nomme « Théâtre de la cruauté », le texte verbal cède le pas au « langage physique et concret ». Il fallait « renoncer » à la superstition du texte et à la dictature de l'écrivain. Dans un tout autre esprit, c'était reprendre la formule de la représentation dramatique « piège à vie », mais spectacle ne pouvant vivre qu'en tant qu'émanation et fonction de la scène elle-même, qui avait inspiré l'Apollinaire des *Mamelles de Tirésias* et les premiers essais de Cocteau, tous deux à la recherche d'un langage scénique neuf, aux antipodes, en somme, de ce que voulait réaliser Copeau.

Le Théâtre et son double influencera un courant dramatique majeur, encore vigoureux en 1970, et s'accordera avec le théâtre de rupture qui s'impose entre 1951 et 1955, théâtre fort diversement désigné : a-théâtre, anti-théâtre, théâtre de l'absurde, théâtre expérimental, métathéâtre, théâtre de dérision. Il remettait en cause lui aussi le rôle de l'expression verbale, donc du texte au théâtre, et son succès reléguera nettement dans le passé la dramaturgie qu'il refusait.

Bertolt Brecht et le théâtre engagé : Le théâtre et les théories dramatiques de Bertolt Brecht ne pénétrèrent vraiment en France qu'assez tard, lorsque sa troupe, le *Berliner Ensemble,* participa en 1954, 1955 et 1957 au Festival international de Paris. A la fois dramaturge, metteur en scène et directeur de troupe, Brecht a lui-même créé un théâtre qui incarne ses conceptions. La mission du théâtre, pour lui, marxiste, consiste à faire comprendre au public la nature du contexte social qui est le sien, et sa propre responsabilité, de sorte que, une fois les portes du théâtre franchies, il soit porté à la réflexion, puis à l'action. La pièce brechtienne narre une histoire fictive qui se déroule en une série d'épisodes, située dans un cadre historique mais que les thèmes rattachent au contexte socio-politique du moment : la guerre par exemple, dans *Mère Courage.* Brecht rejette toute notion d'identification et de catharsis. Le spectacle doit, au contraire, introduire entre la scène et le spectateur une distanciation incitant à la réflexion critique. Démystificateur, souvent satirique, le texte reprend sa position centrale mais remplit une autre fonction. Il schématise et mime sur scène ce qui est susceptible d'inciter le public à juger, non la pièce, mais la réalité dont elle est une figuration ; et comme Artaud, Brecht rejette la confusion de l'acteur avec le personnage.

Une quatrième tendance apparaîtra après 1968, qui veut assimiler le théâtre à une action, un événement, le « happening » qui remplace le texte du dramaturge soit par un assemblage et montage de documents ou de textes centrés sur un événement comme la guerre d'Algérie ; soit par le *travail collectif* d'une troupe, qui crée son propre « script », engageant le public à y participer. Ce qui importe, c'est la production et l'effet de spontanéité qu'elle crée.

Ces quatre conceptions reposent sur quatre façons différentes de concevoir le rapport du dramaturge, de l'animateur et de sa troupe, du texte et de son expression scénique, du public. Aucune ne met en question la *nécessité* du théâtre, son rôle indispensable dans la vie de la communauté.

C'est autour du *théâtre populaire* qu'un débat s'est engagé qui affecte toutes ces prises de position. Dans l'ensemble, les animateurs du théâtre populaire sont à la fois imprégnés des traditions esthétiques de la scène et marxisants, c'est-à-dire convaincus que leur rôle consiste à « changer le monde ». Un théâtre militant engagé dans les problèmes de l'heure leur semblait donc s'imposer, en rupture avec les tendances esthétiques du théâtre contemporain. Un théâtre populaire devait-il, comme le pensait Romain Rolland, être écrit pour le peuple ? Ou, comme le pensent les partisans du *living*, émaner du peuple ? D'autre part, pour former un nouveau public à l'appréciation de l'art dramatique, peut-on faire table rase de la tradition théâtrale ? Et en quelle mesure fait-elle partie d'une culture « bourgeoise » désuète ? Lorsqu'il va au théâtre, le public souhaite-t-il vraiment voir ses soucis politiques du moment portés sur scène ? Que doit être un répertoire approprié au public ? Quelles sont les conditions qui favorisent l'activité théâtrale ? Aucun schéma simple (théâtre traditionnel, théâtre d'avant-garde, théâtre bourgeois, théâtre de contestation, théâtre littéraire, théâtre-événement) ne rend compte de l'immense diversité des œuvres dramatiques qui ont paru au cours de ces cinquante années. Il est cependant indubitable qu'en 1970 la situation dont se plaignait Copeau une cinquantaine d'années plus tôt réapparaît : l'absence d'auteurs nouveaux. La vie du théâtre serait-elle finalement liée avant tout à la vie littéraire ?

Les grandes lignes d'une évolution : tendances et œuvres

Plus ponctuellement qu'aucun des autres arts ou genres littéraires, le théâtre marque les lignes de clivage culturel de l'époque. Trois moments s'y dessinent nettement.

● *De 1920 à 1938*, les pièces les plus diverses de forme, de langage et d'esprit sont produites en grand nombre, qui font de Paris la capitale européenne du théâtre. C'est autour de 1925 que se dessinent nettement les lignes de force d'un théâtre qui laisse derrière lui l'esprit et les formes du théâtre d'avant-guerre.

● *Pendant l'occupation* une nouvelle génération de dramaturges apparaît pour laquelle la scène est un moyen de jeter quelque lumière sur les grands débats collectifs et les désarrois de la pensée créés par les circonstances historiques.

● *Les années 1952-1955* sont aussi nettement déterminantes pour le théâtre que l'avaient été les années vingt. Un nouveau groupe de dramaturges apparaît qui rejette en bloc toutes les tendances et préoccupations des deux générations qui les avaient précédés. Dix ans plus tard, ayant conquis un public international, ce « nouveau théâtre » s'épuise. Il n'a pas suscité de réelle postérité.

● *Un mouvement s'esquisse* alors dans la direction d'un théâtre politique, mais ne s'impose pas. Tandis que le public s'accroît et devient plus compréhensif, les dramaturges semblent s'effacer, incertains de leur voie. On distingue à peine une demi-douzaine de noms, qui ne sont guère connus en dehors de la scène française.

La poussée moderniste

Au sortir de la guerre, en 1920, un esprit « désengagé » règne en réaction contre le conformisme de l'esprit de « l'arrière ». Le goût change aussi et affecte profondément les habitudes du théâtre du Boulevard, dont les auteurs attitrés — Alfred Capus, Robert de Flers et Gaston de Caillavet, Henry Bataille — sont rapidement éclipsés. Si la qualité des pièces jouées diffère, un même goût se manifeste dans le public des théâtres du Boulevard et celui des « animateurs » : d'une part, le goût de la *comédie,* sous toutes ses formes, d'autre part celui du drame intime, imbu de mélancolie devant le démenti que la réalité apporte aux rêves. Le thème le plus commun est celui de la désillusion. Le roi du Boulevard, et qui le restera jusqu'à sa mort, est Sacha Guitry, virtuose de la comédie légère, brodant mille spirituelles variations sur le thème du séducteur (homme du monde et parisien) séduit. A partir de 1922 cependant, date où Dullin monte *La Volupté de l'honneur,* ce fut Pirandello qui domina la scène française, synthétisant les thèmes épars du théâtre de l'heure et influençant profondément les dramaturges. Le théâtre de Pirandello explorait le monde intime et complexe du moi, les fluctuations de la personnalité et l'étrange jeu des conflits de l'illusion et de la réalité. Pirandello attaquait la notion même de personnalité qui avait été depuis longtemps le soutien du personnage de théâtre et utilisait un thème familier aux novateurs : comme Cocteau, il affirmait qu'il y a une réalité propre à la scène, que l'artiste crée une réalité autrement « réelle » que celle qu'ébauche la vie ; que toute vérité est subjective et relative ; qu'aucune « situation » humaine n'est statique et définissable ; que la personnalité est chose indécise et changeante. Il sapait les conventions les plus chères au drame bourgeois, lequel malgré certains succès (Henri Bernstein, Edouard Bourdet) devenait désuet.

La farce se poétise et se diversifie. La farce classique avec *M. Le Trouhadec saisi par la débauche* et *Knock ou le Triomphe de la médecine* de Jules Romains connaît un énorme succès. Mais d'autres formes de farces sont plus symptomatiques, elles ébauchent des transformations scéniques qui annoncent la révolution des années cinquante.

En 1921, *Les Mariés de la Tour Eiffel,* de Jean Cocteau, en 1928, *Victor ou les Enfants au pouvoir* de Roger Vitrac — pièce qui ne sera appréciée qu'à sa reprise en 1962 — font un usage dramatique d'éléments visuels. A propos d'un déjeuner de noces bourgeoises dans un restaurant de la Tour Eiffel, Cocteau crée ce qu'il appelle une « poésie de théâtre ». Il donnait une forme concrète aux images endormies dans les clichés de la langue la plus banale. Sa scène de marionnettes se peuple de phonographes doués de paroles, d'appareils photographiques d'où sortent, au lieu du « petit oiseau », une autruche, puis un lion, etc. Vitrac, lui, crée une situation incongrue en faisant évoluer sur scène un enfant-géant, ce Victor qui, à neuf ans, dépasse immensément en compréhension les falots adultes qui l'entourent. D'un autre point de vue, Fernand Crommelynck apporte à une farce comme son *Cocu magnifique* les ressources d'un langage magnifique lui aussi, et dont l'incongruité introduit dans la farce un élément ambigu qui annonce certains développements ultérieurs, comme le font aussi par ailleurs les courtes pièces *surréalisantes* de Breton ou Aragon.

Moins audacieux, les autres dramaturges français de la même époque se bornent à quelques petites innovations de forme. Ils abandonnent souvent la division d'une pièce en actes, préférant un enchaînement par tableaux. Ils rejettent la rhétorique sans faille qui explique l'action logiquement. Ils créent des pièces où le dialogue, tout en suggestion, se détache sur un fond de silence (Jean-Jacques Bernard) ou apparaît comme une sorte de silence cachant les véritables sentiments (Denys Amiel). Ils suppriment les jalons logiques qui articulent le déroulement de l'action. Célèbre entre les deux guerres et oublié aujourd'hui, Henri-René Lenormand transporte les conflits psychologiques du domaine de la conscience à celui de l'inconscient ; Charles Vildrac (dont *Le Paquebot Tenacity* connaît le succès en 1920), s'inspirant de Tchékov, met en scène les drames intimes de petites gens, tandis que Jean Sarment fait revivre une comédie sentimentale à la Musset.

En 1928, *Siegfried,* la première pièce de Giraudoux, montée par Jouvet, enthousiasma Paris que pendant vingt ans et par-delà sa mort avec *La Folle de Chaillot* et *Pour Lucrèce,* pièces posthumes, Giraudoux continuera à éblouir. Romancier apprécié d'une élite, Giraudoux avait réfléchi à ce que Claudel, encore peu connu, apportait au théâtre : la création d'un univers scénique autonome qui transfigure et éclaire la vie de tous les jours. Si variée qu'en soit la forme, les quatorze pièces de Giraudoux relèvent d'une même esthétique qui a exercé une influence visible sur la dramaturgie d'écrivains aussi différents que Jacques Audiberti, Jules Supervielle, Jean Anouilh et Jean-Paul Sartre. Et ce sera en grande partie contre Giraudoux que réagiront les dramaturges du demi-siècle. Toutes les pièces giralduciennes renouvellent ou créent des mythes ; et tout spectacle giralducien prend l'allure non d'un rite sacré, mais d'une fête. Giraudoux exploite toutes les ressources du langage pour transporter son public dans un monde *imaginaire,* « un microcosme » où se reflètent les attitudes diverses et les conflits de l'actualité qu'incarnent les personnages. Riche en allusions et analogies souvent pleines de fantaisie, le drame giralducien crée une atmosphère plutôt qu'il ne développe une action spécifique et limitée. La représentation dramatique des conflits esquissés par les situations légendaires qu'il prend comme canevas devient un jeu parfois sibyllin, qui éclaire les dilemmes, les faiblesses et la sensibilité de l'époque. Après *Siegfried,* brillante et paradoxale pièce bâtie sur le thème du contraste entre la sensibilité française et la sensibilité allemande, les pièces giralduciennes, *La Guerre de Troie n'aura pas lieu, Electre* plus particulièrement, affrontent les grands thèmes de la violence collective : guerre entre nations, guerre civile. Le théâtre de Giraudoux ne respecte aucune des règles conventionnelles du genre (par exemple le développement d'une action vraisemblable ou la motivation psychologique des personnages). Il exige du spectateur qu'il se laisse emporter par le spectacle. Pour lui le dramaturge est un « illusionniste » qui doit avant tout « enchanter ». Il doit arracher à leurs horizons quotidiens les spectateurs raisonnables que sont les Français. Pendant deux heures, faisant appel à tous leurs sens, à leur imagination et à leur sensibilité, il doit leur donner accès au domaine mythique où se révèlent les forces qui ont prise sur le destin humain. Si différente que soit leur dramaturgie, Giraudoux et Artaud sont d'accord sur l'inhumanité de ces forces qu'affrontent ou déclenchent les personnages, Hector et Ulysse ; Electre et Egisthe ; Siegfried ou Amphitryon. Le thème profond de Giraudoux est celui du conflit, impossible à résoudre, entre les grandes aspirations des hommes et la réalité qu'ils doivent vivre. Son théâtre domine l'entre-deux-guerres.

Cocteau, à partir des *Mariés de la Tour Eiffel* et jusqu'à sa dernière pièce, *Bacchus* (1951), donne à la scène onze pièces et quatre adaptations. Fidèle à son point de vue initial sur la « poésie » de la scène, Cocteau dès ses débuts a séparé la « parade », c'est-à-dire la forme extérieure de la pièce, de sa signification. Toutes les formes de la « parade » – drame romantique, drame bourgeois, comédie de mœurs, tragédie – peuvent vivre côte à côte. Cocteau, en attaquant l'opinion qu'un art « moderne » existe pour chaque époque et qu'il convient seul à ce moment-là, travaillait, tout comme les grands metteurs en scène, à former un goût libre et ouvert. *Orphée* (1926) et *La Machine infernale* (1934) reprennent des mythes connus et les ré-interprètent en termes freudiens et contemporains. Le personnage central est à la recherche de son identité, et les complexités de ses divers niveaux de conscience sont représentées sur la scène au moyen de personnages ou d'objets-symboles.

L'inquiétude des années trente : métamorphoses du drame bourgeois

Armand Salacrou et Jean Anouilh sont voués à la scène et fournissent, Salacrou à Dullin, Anouilh à Barsacq, des pièces accessibles au public parce qu'elles reprennent en les transformant certains éléments du théâtre bourgeois. Pour l'un et pour l'autre une pièce est un tout vivant qui « engage » le dramaturge et qui exprime son univers intime. Plus directement que Giraudoux et Cocteau, ils reflètent l'inquiétude des années trente. C'est à partir de 1930 que Salacrou s'est fait un nom avec des pièces comme *Une femme libre* (1934) et *La Terre est ronde* (1934). Par leurs données ses pièces se rattachent au drame bourgeois : le décor et les personnages appartenant en général au milieu bourgeois, les intrigues se nouant autour de l'adultère ou de la question d'argent. Mais Salacrou a été formé par le surréalisme. Pour lui cette réalité quotidienne débouche sur l'inconnu. Salacrou, avant que le mot n'eût fait fortune, a le sens de l'« absurde », du vide métaphysique derrière le quotidien. Les *recherches techniques* de Salacrou pour communiquer ce point de vue en font un précurseur : le temps, selon Salacrou, révèle toutes les évasions. C'est pourquoi il rompt l'enchaînement linéaire de l'action. Il utilise le retour en arrière (flash-back), le dédoublement du personnage, c'est-à-dire la confrontation et le dialogue d'un personnage avec un autre lui-même, pris à un autre moment du temps ; il est allé jusqu'à faire progresser la vie de ses personnages de la mort vers la naissance *(Sens interdit)*.

C'est cependant Jean Anouilh qui, à partir de la représentation du *Voyageur sans bagage* (1937), a dominé la scène avec plus d'une trentaine de pièces. C'est aussi à propos d'Anouilh que se manifeste le paradoxe du théâtre dit d'avant-garde. Depuis le début du siècle les animateurs et critiques cherchaient une forme de théâtre capable d'atteindre un large public. Mais le succès et la valeur dramatique semblent aux yeux des critiques ne point pouvoir s'accorder. Au moment où, sous le masque du Molière moraliste des livres de classe, on retrouvait le Molière homme de théâtre, la critique vis-à-vis de l'homme de théâtre qu'est Anouilh se faisait moralisatrice. Or, dans sa variété qui va du simple divertissement — *Le Bal des voleurs* — à la grande fresque historique — *Becket, ou l'honneur de Dieu* —, le théâtre d'Anouilh vit de la vie intense et allègre de la création dramatique elle-même. Riche de mille personnages et d'une multiplicité de situations, son thème est le jeu, le jeu sous toutes les formes, et la confrontation avec la réalité. Pièces noires, pièces roses, pièces grinçantes, pièces costumées — selon le classement d'Anouilh lui-même — traitent toutes du conflit entre la réalité et les élans du rêve ou de la sensibilité. Rôles possibles, rôles impossibles, rôles comiques, pathétiques, tragiques, composés ou inventés, les personnages d'Anouilh vivent et meurent de ce conflit. La critique a distingué dans cet univers les « purs » — jeunes généralement — et les « avilis », adultes marqués par les compromissions, pour en tirer une thématique de la négation : les purs refusent de jouer le jeu de la vie. Ceci paraît simpliste en face de la complexité d'un monde où tous les rôles se proposent, mais d'où chacun, une fois adopté, élimine les autres. Dire oui, c'est donc aussi dire non. De toutes façons le théâtre d'Anouilh est le lieu des conflits, des essais, des décisions, de personnages *imaginaires,* d'où sa fantaisie.

Autour de ces dramaturges foisonnent des œuvres où domine la poésie ; un *théâtre de poètes* tente sa chance sur la scène. Pour Jules Supervielle la scène est une extension de sa poésie, un monde de légendes où le rêve s'allie à la fantaisie, à l'humour et à la méditation *(La Belle au bois, La Première Famille, Le Voleur d'enfants, Schéhérazade).* Parallèlement, entre 1919 et 1939, Michel de Ghelderode crée un théâtre violent et bouffon, centré sur l'érotisme et la mort, qui s'inspire des toiles de Brueghel, Bosch et James Ensor, et dont trois pièces, *Fastes d'Enfer* (1924), *Hop Signor !* (1931) et *Escurial* (1927), représentées bien plus tard à Paris (1947, 1948, 1949), préludent à l'avènement du « Nouveau théâtre » des années cinquante.

Les années de crise : la scène intellectualisée

En contraste avec son éclipse pendant la Première guerre mondiale, le théâtre se maintient, malgré les difficultés matérielles et la censure. La décennie de 1940 voit disparaître Giraudoux (1944), mais surtout les grands animateurs : Pitoëff, Lugné-Poe, Copeau et Dullin ; et en 1951-52, Jouvet et Baty. Henry de Montherlant, Jean-Paul Sartre et Albert Camus font leur début à la scène, tandis que Jean-Louis Barrault et Jean Vilar succèdent aux metteurs en scène du Cartel.

Montherlant, Sartre et Camus, pour différente que soit leur dramaturgie, replacent le *personnage* au centre du drame, préférant les personnages et situations historiques ou actuels aux personnages ou situations mythiques. C'est donc vers un nouveau réalisme psychologique qu'ils orientent le théâtre, mais à travers des structures dramatiques qui s'éloignent le plus souvent des conventions du drame bourgeois dont Sartre, ultérieurement, se rapprochera. C'est vers un renouvellement de la tragédie que s'orientent Montherlant et Camus. Pour Montherlant, il s'agit de retrouver les lignes sévères et le langage économe du théâtre classique et de faire vivre sur scène les conflits et le destin de personnages complexes, orgueilleux et violents qui refusent de s'accommoder aux valeurs de leur entourage. De son début avec *La Reine morte* (1942) à sa dernière pièce *La Guerre civile* (jouée en 1965), une douzaine de pièces en marge des tendances contemporaines constituent une œuvre de grande tenue littéraire. Explorer les possibilités et limites de l'homme, c'est à quoi s'applique Camus, dont le théâtre porte sur l'irréductible hiatus entre la pensée et l'action. Camus resserre le drame autour de tragiques antinomies où se débat l'homme absurde en quête d'unité.

Le brillant théâtre de Sartre se coule dans les formes les plus immédiatement accessibles. Sartre utilise la scène moins pour *explorer* les conflits de ses contemporains que pour créer un « théâtre efficient » qui agit sur son public. Les situations, les conflits, l'action et le langage sont utilisés pour répondre à la conception sartrienne du rôle social d'une littérature engagée. Le théâtre doit être en prise directe sur l'actualité ; et en même temps s'organiser selon le schéma de la pensée sartrienne qui est en son essence dramatique. Sartre a nettement expliqué ce qu'il vise : un théâtre de « situations-limites », c'est-à-dire de situations qui acculent les personnages à se révéler dans des circonstances où ils n'ont que deux choix, dont l'un implique la mort. Le théâtre de Sartre est la mise en œuvre dramatique d'un système psycho-philosophique. Mais parce que Sartre vise le monde concret de l'actualité, ce théâtre s'ancre dans un nouveau réalisme que dément l'abondante rhétorique verbale dont usent les personnages sartriens. Dans ses meilleures pièces, dont *Huis clos,* thèse et théâtre s'équilibrent et fusionnent dans le langage. Dans les plus faibles, la démonstration détruit le drame. Mais avec *Les Mouches* (1943) et jusqu'aux *Séquestrés d'Altona* (1959) sept pièces sartriennes font vivre un « théâtre d'idées » qui n'est pas sans rappeler Bernard Shaw et Ibsen.

Engagés dans les conflits publics de l'époque, ces dramaturges cherchent, comme Giraudoux, à porter à la scène de grands débats, mais ils les dépouillent des prestiges de la fantaisie giralducienne. Au milieu du siècle, annoncé déjà par les pièces de Gabriel Marcel, philosophe existentialiste chrétien, le théâtre, comme l'époque, se faisait sombre et intellectuellement exigeant.

En marge de ce théâtre, sur les scènes d'avant-garde, avec Jacques Audiberti, Georges Schéhadé et Georges Neveux, un théâtre irréaliste, vivant, fantaisiste prolongeait le théâtre de l'entre-deux-guerres. Et, un instant, avec les *Epiphanies* et *Nucléa* de Pichette, la rhétorique violente de la révolte a éclaté sur la scène, sans inspirer le théâtre révolutionnaire que certains attendaient. Mais poètes et dramaturges de la condition humaine, tous à la suite de Claudel, que Barrault enfin fait vivre sur la scène, et de Giraudoux, *fondent le drame sur le langage.* C'est ce langage qu'avait attaqué Artaud et que récuse le théâtre des années cinquante.

« *L'anti-théâtre* » : *une dramaturgie nouvelle*

C'est en 1953 que le débat que soulève *En attendant Godot,* pièce d'un Irlandais alors inconnu, Samuel Beckett, révèle dans les petits théâtres une nouvelle forme de drame fondée sur une utilisation nouvelle de la scène. La structure du spectacle, le rôle du langage et la nature de l'action sont mis en cause par les pièces de Beckett, de Ionesco et d'Adamov ; à côté d'eux, Jean Genet et Jean Tardieu essayaient d'autres voies.

Ce théâtre dit aussi « de l'absurde » a été abondamment analysé (en particulier par Emmanuel Jacquart : *Le Théâtre de la dérision,* Gallimard, 1974). Nous n'en rappellerons que brièvement les traits caractéristiques. La réduction du spectacle, du décor, la réduction et la dépersonnalisation des personnages sans coordonnées sociales, souvent même sans noms, clowns, marionnettes, automates qui relèvent du Guignol, du cirque ou de la pantomime ; la réduction du dialogue, dont chacun use différemment. Les nouveaux dramaturges ont en commun certains traits caractéristiques : ils dissocient les paroles des gestes, les mots de leur sens, le dialogue de la situation. La parodie, la satire, l'ironie affleurent. L'action est subie par les personnages et disparaît de la scène. La pièce repose sur la circulation verbale dans une situation sans modification ou sur la désintégration des personnages au centre d'une situation mobile. Le décor, les objets particuliers et concrets, comme dans le théâtre expressionniste allemand, traduisent le plus souvent des états psychologiques mal refoulés. Aucun *sens,* aucune *interprétation* du jeu ne sont donnés. Ensuite, chacun de ces auteurs devait suivre une voie différente, Beckett vers une réduction toujours plus grande des éléments du drame, Ionesco vers l'élargissement de ses thèmes et du cadre de sa dramaturgie, Adamov vers un théâtre politisé inspiré de Brecht.

Jean Genet, dans quatre pièces magistrales, *Les Bonnes, Le Balcon, Les Nègres, Les Paravents,* crée ce qu'on a appelé le « théâtre de possession ». Ce monde des hors-la-loi s'oppose au monde des puissances établies, c'est à travers la mascarade que s'établissent des relations qui tiennent de l'envoûtement. Dans ce monde dramatique, le langage règne, cérémonieux et dangereux. Les personnages sont comme les officiants d'une sorte de messe noire dont Genet délibérément veut recréer l'atmosphère de cérémonial mystique et subversif. Aux antipodes, Jean Tardieu dans de courtes pièces pousse ses recherches vers un théâtre abstrait, fondé sur un rapprochement avec la musique *(La Sonate ; Conversation-Sinfonietta ;* et, en forme de concerto, *l'A B C de notre vie),* dans un effort pour trouver de nouvelles structures formelles qui remplaceraient les structures discréditées du passé. Les recherches de Tardieu se rapprochent de celles de l'art abstrait — arts plastiques ou musique — et portent sur le jeu de *thèmes formels,* non sur le *contenu* de la pièce. Ce sont, comme l'indique Tardieu lui-même, des *Poèmes à jouer.*

Les années soixante : une situation indécise

Aux environs de 1960, le langage scénique et les thèmes des novateurs ont été assimilés. Paris accueille les successeurs de Beckett et d'Ionesco, tous étrangers — Pinter, Albee, Dürrenmatt, Peter Weiss, Gombrovicz — qui, tout en mettant en œuvre les procédés de leurs aînés, ont tendance à redonner au théâtre une dimension sociale ou psychologique. Le public français se montre éclectique ; à côté de Brecht, il accueille le vaudeville : Feydeau fait recette. De nombreux directeurs, que suscite l'expansion du théâtre en province — Gérôme, Planchon, Blin, Serreau, Vitaly, Reybaz, Mauclair, Polieri — prennent la relève des anciens. Anouilh et Ionesco dominent la scène. Un mouvement s'esquisse vers le théâtre politique (déjà annoncé par le *Nekrassov* de Sartre et *La Tête des autres,* de Marcel Aymé) avec les dernières pièces d'Adamov, celles d'Armand Gatti et la représentation posthume de deux farces de Boris Vian (*Les Bâtisseurs d'empire* et *Le Goûter des généraux*). François Billetdoux, Roland Dubillard, René de Obaldia continuent la tradition du théâtre « poétique » — nostalgique ou comique. Trois romanciers, Robert Pinget, Marguerite Duras, Nathalie Sarraute tentent de donner au drame psychologique des formes nouvelles. Un seul dramaturge, Fernando Arrabal, d'origine espagnole, qui fait évoquer Jean Genet, dans ce qu'il appelle le « théâtre panique », semble vouloir créer son propre théâtre de la cruauté — fortement érotique et révolté. On ne peut guère prévoir aujourd'hui comment le théâtre évoluera, mais il semble certain que ce sera vers une utilisation nouvelle des éléments fondamentaux de la scène.

*
* *

Vers 1970, aucun grand courant littéraire ne se dessine, si ce n'est l'explosion d'une littérature féministe qui cherche sa voie propre. Elle éclaire rétroactivement une production littéraire souvent laissée dans l'ombre par les critiques : le discours féminin. L'œuvre de Colette, celle de Simone de Beauvoir apparaissent sous un jour nouveau. Les noms de Marguerite Yourcenar, de Simone Weil, de Nathalie Sarraute, Marguerite Duras, Violette Leduc ; de Monique Wittig et Hélène Cixous sont des points de repères. Comme les littératures francophones, ce mouvement fait apparaître un fait essentiel. L'espace littéraire, comme l'étendue spatiale même, n'est point une étendue constituée une fois pour toutes. Lorsqu'on parle de la « mort du roman » ou de la « mort de la littérature », on fait abstraction de la fluidité de l'espace littéraire, de l'extrême plasticité qui sans cesse fait apparaître de nouveaux groupements, dégage de nouvelles perspectives et, comme l'espace même que nous habitons, de nouvelles configurations [1].

1. L'auteur remercie les Editions MacMillan, de New York, qui ont bien voulu l'autoriser à utiliser, pour la rédaction de ce chapitre, certains documents de son ouvrage *Twentieth Century French Drama* publié en collaboration avec Alexander Kroff.

Cinquième partie

FIGURES LITTÉRAIRES D'UN DEMI-SIÈCLE EN MOUVEMENT

ALBERT CAMUS. « L'ÉTRANGER », DERNIÈRE PAGE DU MANUSCRIT ORIGINAL

Un esprit turbulent et inquiet habite ce demi-siècle, un esprit hâbleur aussi et provocateur. Les prospections théoriques, les expérimentations formelles les plus hardies y prolifèrent, qui n'ont souvent en commun que le goût de l'aventure. A un niveau plus profond on peut néanmoins discerner dans le champ littéraire certaines constantes : une conscience de plus en plus nette du contexte planétaire, voire cosmique, où se situe l'homme d'aujourd'hui ; une nouvelle optique métaphysique et psychologique encore mal défini ; un malaise devant l'entreprise littéraire devenue problématique. Plus qu'à aucune autre époque, nous semble-t-il, les écrivains ont discuté avec âpreté et en même temps mis en coupe réglée toutes les ressources du langage. S'installant souvent dans le paradoxe, ils ont simultanément récusé le langage commun accusé d'être un instrument de contrainte sociale et cherché à atteindre la subjectivité en poussant l'arbitraire de l'écriture jusqu'à l'incommunicabilité, pour atteindre le collectif ou le non-codé au-delà des limites d'un moi suspect.

S'il est vrai que la désintégration des normes stylistiques communément acceptées et l'apparition des styles individuels fortement diversifiés, caractérisent les époques qui se veulent modernes, la nôtre est une époque moderne dans un sens plus profond que n'était le modernisme prôné par les futuristes d'avant 1920. Aucune poétique ne rattache nécessairement ces œuvres les unes aux autres. D'où la difficulté de notre propos dans cette partie. Nous y évoquerons quelques œuvres littéraires qui, de décennie en décennie, nous paraissent éclairer le climat du moment, tout en contribuant à le créer pour une large part. Mais ce climat se définit par la diversité. Pour ne pas trop simplifier, nous rapprocherons chaque fois deux figures comparables et pourtant antithétiques, voulant rappeler ainsi les mille nuances intermédiaires dont se

colore l'arc-en-ciel littéraire qui ne se présente jamais en une simple opposition de noir et de blanc. Il va sans dire que si nous estimons la valeur littéraire
de leur œuvre, nous ne proposons pas d'effectuer un classement hiérarchique
qui les placerait par rapport à leurs contemporains au sommet d'une échelle
de valeurs. Les écrivains que nous avons choisis nous ont paru avoir, plus
que d'autres, une valeur *représentative,* leur œuvre ayant coïncidé à un moment
donné avec le climat affectif et intellectuel dont elle paraît alors être l'expression quasi emblématique.

Ainsi, pour les années vingt, nous avons choisi Jean Cocteau et son implacable antagoniste, André Breton ; pour les années trente, André Malraux et
Louis-Ferdinand Céline. Les accords et désaccords de Simone de Beauvoir et
d'Albert Camus nous ont paru éclairer en profondeur les vicissitudes de
l'équipe nouvelle qui prend rang entre 1942 et 1945, à côté de Sartre dont
nous avons déjà évoqué le rôle déterminant. Aucune figure littéraire représentative ne se dessine aussi nettement à partir des années cinquante. L'évolution de deux écrivains, Claude Simon et Marguerite Duras, les étapes qu'ils
parcourent, nous ont paru le mieux éclairer l'esprit de ces années. A l'exception de Claude Simon, presque exclusivement romancier, aucun de ces écrivains n'est voué à un seul genre. Ils se situent donc par rapport au champ littéraire dans son ensemble à une époque où aucun genre ne semble occuper un
rang prééminent.

Il ne s'agit pas d'un classement par génération : Claude Simon est de la
génération de Camus, Marguerite Duras aussi ; Céline est de la génération de
Breton. Il s'agit du moment où leur œuvre émerge et atteint un public,
moment que, dans son propre développement, elle déborde largement. Entre
les premiers poèmes de Cocteau et sa dernière pièce, *Bacchus,* un demi-siècle
s'est écoulé.

Le mode même de coïncidence avec un public varie, et fait partie de la
configuration littéraire du moment : c'est par sa présence, plutôt que par ses
écrits, que Breton s'impose d'abord ; ses grands textes encore peu connus (en
dehors des *Manifestes*), *Fata Morgana, Arcane 17* et *Ode à Charles Fourier* datent
des années quarante. Dans le cas de Cocteau, l'homme et l'écrivain se
consomment, pourrait-on dire, instantanément. La renommée de Céline
monte en flèche seulement à partir de 1965. Le petit cercle d'initiés qui suit
Claude Simon ou Marguerite Duras est tout aussi significatif d'un climat littéraire que la vaste audience qu'ont atteinte Malraux, Simone de Beauvoir et
Camus.

CHAPITRE I

Les années vingt :
Jean Cocteau, André Breton

E<small>N</small> 1920, Jean Cocteau et André Breton militent parmi les Dadaïstes qui font scandale au Palais des Fêtes. Une quarantaine d'années plus tard, Cocteau était académicien, et Breton, qui depuis une dizaine d'années avait presque cessé d'écrire, était reconnu comme le maître incontesté de plusieurs générations de poètes, l'homme qui avait donné l'impulsion à un mouvement d'une étonnante fécondité. Ils avaient l'un et l'autre su occuper le devant de la scène parisienne dans les années vingt et, toujours contestés, n'avaient cessé de manifester un non-conformisme irréductible, désinvolte chez Cocteau, d'inspiration morale chez Breton. L'un et l'autre avaient su surmonter les violentes passions politiques des années quarante : Cocteau, resté en France, par l'anarchisme libre de son comportement était suspect à la petite clique des écrivains collaborateurs parisiens. Ses pièces étaient interdites. Breton, par définition irréductible ennemi des contraintes, anti-nazi intransigeant, dut passer à l'étranger, au Mexique, puis aux Etats-Unis. Ni l'un ni l'autre ne participèrent directement à la Résistance et ils restèrent en marge des vindictes politiques. Cocteau, sans l'avoir cherché, créa un remous de scandale avec sa dernière pièce, *Bacchus* (1952), que Mauriac jugeait subversive par le peu de respect qu'elle accordait à l'Eglise chrétienne. Mais au tournant du demi-siècle, l'un et l'autre se trouvent en retrait par rapport au mouvement littéraire. Le prestige de Breton fait contraste avec l'indifférence assez affectueuse qui entoure Cocteau. Il n'en est pas moins vrai qu'après l'éclat de leur rôle pendant les années vingt, la politisation culturelle leur avait été défavorable.

La jonction entre les deux hommes, aux environs de 1920, fut brève. Ils partageaient pourtant certaines aspirations caractéristiques de l'époque, le désir surtout d'aiguiller la littérature vers des voies nouvelles et un sens aigu de l'interdépendance des arts en gestation, du visuel surtout (peinture et cinéma) et du littéraire. Et ils devaient subir également la fascination qu'exerça sur l'imagination de leur génération la découverte de l'inconscient avec sa charge d'ambiguïté et de solipsisme. Lorsque vers la fin de la décennie Breton pose dans *Nadja* la question : « Qui suis-je ? », il fait écho en somme à l'interrogation à laquelle répond la pièce de Cocteau, *Orphée.* Mais le cadre de l'interrogation, la démarche de la pensée ne sont pas les mêmes et les incompatibilités, les inconséquences mêmes qui les distinguent contiennent en suspens les divers éléments dont la dissociation allait créer certains clivages que nous avons notés dans l'orientation subséquente des lettres.

En 1920, Cocteau n'en était pas à ses débuts. Il venait de dépasser la trentaine. Trois ans plus tôt, au moment de *Parade,* Apollinaire avait signalé le rôle novateur de ce ballet : il y voyait « une sorte de surréalisme [...], le point de départ d'une série de manifestations de cet Esprit Nouveau [...] qui ne manquera pas de séduire l'élite et se promet de modifier de fond en comble les arts et les mœurs dans l'allégresse universelle ». L'allégresse dans l'invention plutôt que l'esprit de contestation caractérise le jeune Cocteau, que l'art provoque et non le milieu social.

Imitateur précoce des poètes néo-symbolistes, il rompt avec l'inspiration de ses trois premiers recueils de poèmes pour se mettre à l'école de maîtres non littéraires, Diaghilev, Satie et Picasso entre autres. Auprès d'eux il semble avoir pris conscience du caractère artisanal de l'œuvre d'art et de la plasticité des média. Il restera l'homme d'une *pratique* de l'art pour qui la création a pour fin une *production,* un objet donc destiné à un public. Que cette production par surcroît soit destinée à scandaliser semblait aller de soi pour le jeune homme qui avait assisté aux réactions du public lors de la présentation du *Sacre du printemps.* Le scandale n'était cependant pas pour lui un but en soi, mais le signe d'un dépassement des tabous esthétiques.

Cocteau ne pouvait être qu'en porte-à-faux dans le groupe Dada. Pour lui, l'art tiendra toujours du spectacle et requiert un public. Pas n'importe quel public, mais cette « élite » dont parle Apollinaire, et qui pour Cocteau se limite essentiellement aux cercles où s'entre-croisent la vie mondaine parisienne et celle des « donneurs de spectacles », pourrait-on dire, clowns et boxeurs aussi bien qu'artistes : mécènes aristocratiques et hôtesses argentées ; monstres sacrés de la scène ; figures littéraires, peintres et compositeurs ; Coco Chanel, Edith Piaf à côté de Jacques Maritain. Il ne s'agit pas tant de snobisme, comme l'a voulu une certaine légende, que d'une conception de la vie. Pour Cocteau, la vie est une perpétuelle invention, une création de formes nouvelles dont l'art est l'aboutissement. Toujours en mouvement, montant un spectacle, décorant un mur, créant un film, couvant et lançant quelque talent nouvellement découvert — les « Six », un Radiguet, un Al Brown, un Jean Marais, un Jean Genet —, Cocteau transforme sa vie en un perpétuel atelier.

Il n'est donc pas surprenant que les vicissitudes de sa vie et ses obsessions transformées quasi instantanément en thèmes littéraires ou plastiques offrent un véritable film des expériences caractéristiques et des modes de sensibilité de l'époque : les premiers vols en avion *(Le Cap de Bonne-Espérance)* ; les « grandes vacances » louches de la guerre *(Thomas l'imposteur)* ; la crise de l'adolescence *(Le Grand Ecart)* ; l'homosexualité *(Le Livre blanc)* ; ainsi que les autres pulsions sexuelles comme l'inceste, que dévoilait Freud, avec leurs faces jumelles : l'érotisme et la mort *(Les Enfants terribles, Les Parents terribles, La Machine infernale)* ; l'impossible conversion *(Lettre à Maritain)*. « Pendant un demi-siècle, écrit Michel Décaudin, Cocteau a été au cœur du mouvement artistique et littéraire par son style de vie comme par les aspects multiples de son œuvre. Sa curiosité universelle, l'ubiquité de sa présence ont fait de lui, qu'il s'agisse des mœurs, de la littérature, du théâtre, du cinéma, également de la musique et de la peinture, un des révélateurs les plus sensibles de son temps [1]. »

De « *tout* son temps » ? Ce serait beaucoup dire. Cocteau ne participe qu'en apparence au grand mouvement de révolte qui caractérise l'époque. Il ne met en question ni l'ordre social, ni la littérature. Il ne se proposera jamais de « changer le monde ».

Trois constantes distinguent l'œuvre en apparence hétéroclite de Cocteau. En premier lieu, sa qualité fortement visuelle qui la rapproche des arts plastiques, de la peinture et de la danse surtout, et qui explique pourquoi c'est dans le film que Cocteau se révélera le plus librement. Cette qualité l'oriente vers l'art-spectacle (qui s'adresse à un public de spectateurs). Il s'agit de provoquer, de surprendre ou de scandaliser. En second lieu, Cocteau partage avec les artistes qu'il fréquente une conception artisanale de l'œuvre : il se plaît à la libre invention ou à la libre utilisation de formes littéraires ou autres dont il use avec désinvolture. Ce polymorphisme vaudra à Cocteau une réputation imméritée d'esthète dont la virtuosité technique cache le vide. Néanmoins, la virtuosité guette Cocteau, la tentation de fabriquer en série des objets littéraires : un drame romantique après un drame bourgeois ; une féerie après une tragédie classique freudienne. N'était que cette œuvre trouve son centre dans une douloureuse réalité — la « difficulté d'être » du poète, l'énigme d'un moi menacé de dispersion et que la pratique de l'art seule parvient à rassembler.

---

1. Jean Cocteau, *La Revue des lettres modernes*, 1972, p. 3.

L'œuvre de Cocteau est, en effet, centrée sur le mythe, hérité du romantisme, du poète maudit, victime d'un destin qui le voue à la souffrance et à l'exil, prix de l'activité mystérieuse dont il est l'agent plutôt que l'initiateur. Mais chez Cocteau, que l'usage de la drogue et le freudisme ambiant ont en effet familiarisé avec la notion du subconscient, ce mythe sera traduit en termes de phantasmes obsédants qui envahissent le moi du poète et détiennent le « chiffre » de son être. Le thème de la recherche du moi, de l'unité, thème de tout un courant littéraire qu'illustrent Proust et Gide, est repris mais dans un cadre nouveau. Le « double » des romantiques allemands, alors à la mode, hante son univers, ainsi que l'obsession du piège triple de la fatalité, de la mort et de la beauté où se prend le poète.

Intérieur ou extérieur, le spectacle, qu'il le subisse ou le crée, est l'élément où évolue de préférence Cocteau. Au discours de l'analyse psychologique, il préférera le langage figuré et énigmatique de ses phantasmes oniriques transformés en mythes personnels. C'est à partir de ces mythes personnels qu'il a frôlé, comme en passant, certains des thèmes privilégiés de l'époque. Dans ses notes autobiographiques — surtout dans *Journal d'un inconnu* —, Cocteau en a expliqué l'origine, apparente dès le *Discours du grand sommeil,* poème de guerre, dès un premier conte, *Le Potomak.*

Dans son monde intérieur les émotions se transforment en décors et en objets fétiches — statues, jeux de cartes, boule de neige, miroirs, cheval — souvent issus de souvenirs d'enfance. Ce sont ces fragments d'un univers imaginaire personnel que Cocteau transforme en mythe ; ils alimentent une légende dont Cocteau cherche à se libérer par l'écriture : « Caché, je suis caché sous un manteau de fables : plus tenaces que la poix », dit-il, ou encore : « Je suis un mensonge qui dit la vérité. » Une structure visuelle et d'essence dramatique jusque dans les poèmes lyriques ; une juxtaposition de tableaux ; l'élaboration de formes indéfiniment différenciées ou l'utilisation jamais répétée de formes familières ; un langage analogique et imagé qui traduit en termes concrets un drame subjectif : ces traits donnent aux œuvres diverses de Cocteau leur unité sous-jacente.

Imitateur d'abord des poètes néo-symbolistes, il se rapprochera ensuite de l'impressionnisme moderniste auquel ses premiers écrits et singulièrement son premier roman, *Le Grand Ecart,* se rattachaient. De cet impressionnisme relève sa « poésie critique » rappelant l'écriture de Paul Morand, parfois de Max Jacob ou de Giraudoux par la rapidité du trait, le goût de l'ellipse, du paradoxe, de l'allusion, du mot d'esprit ; par la désinvolture aussi : « Les miroirs feraient bien de réfléchir un peu plus avant de renvoyer les images. » « La Grèce était aveugle de face. L'Egypte regardait en face de profil. » « Le truc, c'est l'art. » « Rimbaud, Mallarmé sont devenus Adam et Eve.

La pomme est Cézanne. » L'écriture de Cocteau oscille entre deux registres extrêmes, tous deux énigmatiques : le langage onirique, le trait d'esprit ; comme les décors de ses pièces oscillent entre l'abstrait et le rêve (décors de cauchemar ou jardins enchantés de féerie). Il gardera, comme Morand ou Jacob, une méfiance moqueuse vis-à-vis du langage poli des hommes de lettres, dont il s'écarte pour se mettre à l'école de maîtres non littéraires : Diaghilev, Satie, Picasso, Chirico. *Parade, Le Bœuf sur le toit* se passent de mots. Avec ces ballets Cocteau fait son apprentissage d'homme de théâtre et découvre son optique personnelle.

Entre 1920 et 1932, Cocteau s'établit dans tous les genres à la fois : il produit six volumes de vers, quatre romans, deux pièces de théâtre et trois adaptations, « modernisant » *Roméo et Juliette, Antigone* et *Œdipe-Roi* ; sept ouvrages de « poésie critique » qui mêlent la réflexion critique, la chronique faite au jour le jour *(Portraits-Souvenirs)* et l'autobiographie ; et le premier de ses neuf films, *Le Sang d'un poète.* Dans cet ensemble, des réussites certaines : *Plain-chant* et *Opéra* (poèmes) ; *Thomas l'imposteur* et *Les Enfants terribles* (romans) ; *Les Mariés de la Tour Eiffel* et *Orphée* (pièces) ; *Le Rappel à l'ordre* et *Opium* (réflexions critiques et autobiographie). De l'un à l'autre de ces écrits dans le cadre d'un même genre, la diversité formelle est frappante. Néanmoins, Cocteau les classera tous sous une même rubrique générale, « poésie », soulignant ainsi cette cohérence plus profonde, liée à une « démarche » *(Démarche d'un poète),* reconnaissable dès 1932.

A partir de 1933, et jusqu'en 1952 avec la production de sa dernière pièce *Bacchus,* Cocteau se consacre surtout au théâtre et au film. Deux recueils de poèmes, *Le Chiffre sept* et *Clair-Obscur* et deux écrits autobiographiques, *La Difficulté d'être* et *Journal d'un inconnu,* marquent ensuite un repli sur soi qu'annonce la reprise dans le film du thème d'Orphée. C'est par le théâtre, puis par le film que Cocteau a atteint un public parfois récalcitrant. C'est donc au théâtre que nous nous référerons pour tenter de suivre rapidement le parcours de l'œuvre.

« Gros appareil de transmission pour les planches », selon Cocteau, la pièce de théâtre rend visible ce que voile le langage plus secret du poème, ou du « rêve éveillé », d'où émergent les films et les romans, *Les Enfants terribles* notamment. Le théâtre offre en plus à Cocteau les conditions les plus propices d'une synthèse où les impulsions qui le poussent vers l'art pourraient trouver un équilibre. La renaissance du théâtre étant, par ailleurs, un des faits culturels de l'entre-deux-guerres — peut-être de toute notre époque —, Cocteau plus que dans ses autres entreprises fait corps ici avec son temps. Dans *Parade,* le jeune Cocteau, en virtuose épris des modes du moment, avait exprimé, en termes visuels, une esthétique rudimentaire du spectacle qu'il approfondira ensuite et à laquelle il restera fidèle : devant une tente foraine fermée, trois danseurs hétéroclites paraissaient, tandis que deux managers-phonographes en carton-peint indiquaient en vain que le spectacle était à l'intérieur. Les éléments du ballet sont fonctionnels : le sens du spectacle doit naître de leur agencement invisible. Rien n'empêche qu'on les remplace au besoin par d'autres, bourgeois, légendaires ou féeriques selon le code adopté. Le « modernisme » résiderait moins dans les figures visibles que dans l'ordre qui régit leur apparente anarchie : un « post-modernisme » constructeur, encore vague, pointe déjà. Le ballet est un spectacle contrôlé.

Une fécondité d'invention purement ludique mais contrôlée caractérise *Les Mariés de la Tour Eiffel :* tous les arts entrent en jeu, toutes les tendances à la mode. Dans ce spectacle de marionnettes le thème folklorique du déjeuner de noces, modernisé grâce à la Tour Eiffel, correspond aux modernisations de mélodies populaires des « Six », qui accompagnent la pièce. Le dynamisme fantaisiste et imprévisible de la situation naît comme spontanément des images latentes dans les clichés les plus usés du langage. Elles prennent corps et s'animent sous les yeux du spectateur. La pièce est une machine linguistique qui n'est point sans analogie avec les machines auto-destructrices de Picabia. Elle parodie et démantèle avec drôlerie et bonne humeur les mythes petit-bourgeois. Si elle se rapproche par ses jeux de mots et sa logique absurde des productions dadaïstes et des exercices surréalistes, elle s'en éloigne par l'esprit : Cocteau délibérément crée un spectacle organisé et stylisé. Le décor, la musique, les commentaires, le jeu des acteurs-marionnettes, les incongruités et tours de passe-passe sont agencés pour créer une impression unique de cocasserie absurde. Cocteau a puisé à pleines mains aux jeux de mots et d'idées qu'il admirait dans *Alice au pays des merveilles.*

Ce même passage du littéraire au visuel, dans un autre registre, préside aux « contractions » qu'opère Cocteau sur des textes sacrés — *Roméo et Juliette, Antigone* et *Œdipe-Roi.* Il précède ainsi Artaud, lequel, une dizaine d'années plus tard, devait attaquer la sacralisation qui figeait les textes classiques dans des conventions scéniques et linguistiques désuètes. Abordant *Antigone,* qu'il révère, Cocteau charge les costumes et la mise en scène de créer l'atmosphère d'attente et d'angoisse et réduit le dialogue au minimum nécessaire pour dégager les mécanismes de l'action. Cette réduction du langage par rapport aux autres éléments scéniques le situe à un des pôles esthétiques de l'époque et prélude à certains développements ultérieurs : les « combinatoires » et jeux intertextuels de l'avenir.

C'est à partir de l'Esprit nouveau et moderniste, non de Dada, que se fera l'évolution de Cocteau. Entre 1921 et 1923 sous l'influence de Radiguet et selon lui, il comprendra que l'ère des jeux est passée, au moment précis où Breton s'éloigne de Dada. Mais la recherche de Cocteau reste formelle. Il ne se contente plus d'être l'agent de combinaisons verbales et visuelles, nouvelles et surprenantes, « magicien » ou « ébéniste » selon le cas. Il cherche à rendre visible ce spectacle intérieur dont parlait *Parade*. Les dadaïstes et les surréalistes en herbe ne se tromperont guère sur le fossé qui les sépare : ils ne ménageront pas Cocteau. Deux textes marquent ce moment décisif qui coïncide avec la fin du grand défoulement général qui suivit la guerre : le recueil *Poésie* (1924) et la pièce *Orphée* (1926). *Poésie,* recueil de poèmes écrits entre 1916 et 1923, permet de suivre l'évolution de Cocteau sur deux plans : celui de la forme, celui des thèmes. Dédié à l'aviateur Garros, *Le Cap de Bonne-Espérance* (1919) use avec hardiesse de dislocations typographiques, syntaxiques et même phonétiques, grâce auxquelles Cocteau crée sur la page un mouvement analogue à celui de l'avion. *Plain-Chant* (1923) reprend les formes fixes classiques, souvent proches de la prosodie de Malherbe. Cocteau ne perdra jamais le goût de la magie, mais, à partir de *Clair-Obscur* et d'*Orphée,* il cherchera des moyens d'expression dont « la nouveauté ne saute pas aux yeux ».

De recueil en recueil certains thèmes subjectifs apparaissent qui peu à peu forment un langage chiffré qui lui devient propre : l'avion inspire l'analogie entre le vol et la démarche du poète, qui obéissent l'un et l'autre à des lois invisibles. Grâce à elles l'aviateur et le poète se meuvent en un élément extra-terrestre, d'où la vie humaine apparaît selon de nouvelles perpectives : l'accélération au départ, le bruit de l'hélice invisible qui, ralentissant, devient visible à l'atterrissage, seront parmi les éléments constitutifs de la mythologie de Cocteau.

Dans le second poème du recueil, le *Discours du grand sommeil,* la hantise de la mort, liée aux images de la guerre, donne une sorte d'image inversée du mouvement de l'avion : celle de la descente en scaphandrier dans la nuit intérieure. Du voisinage des deux images naît alors la figure de l'ange, cet habitant des confins du monde humain ligué avec l'inconnu et qui devient visible, comme l'hélice, lorsqu'il touche terre. La dure beauté de l'ange est un piège. Elle livre le poète aux forces surnaturelles qui environnent le monde humain. Il devient ainsi le poète victime, et le messager incertain de l'inconnu qui l'habite.

La pièce *Orphée* donne au mythe une première expression que trois films reprendront. Mais le mythe désormais habite l'œuvre de Cocteau et lui donne sa cohérence. Dès lors, quelle que soit l'histoire qui fournit à Cocteau son scénario, quel que soit le code dramatique qu'il choisit et qui fait corps avec le scénario *(Renaud et Armide)* et parfois même le précède *(L'Aigle à deux têtes),* la pièce appartiendra à un même monde mythique et onirique, où plane la menace de ce désordre dont vivent et meurent aussi ces « enfants créateurs » fictifs, les enfants terribles.

Orphée est l'œuvre clé de Cocteau et l'expression d'une conception de l'art qui est une sorte de lieu de rencontre d'attitudes traditionnelles : pour naître en tant que poète, l'homme doit passer métaphoriquement de l'autre côté du miroir qui sépare le monde quotidien du monde obscur ; il doit affronter la mort, se perdre dans le désordre dont le sauvent l'œuvre et ses exigences. Cette conception remonte pour une part aux romantiques et au-delà, par l'intermédiaire de Rimbaud revue à la lumière de Freud. En revanche le poème — dramatique ou autre — conçu comme une machine verbale rappelle Valéry ; et la notion de l'art comme ascèse et purification par le langage *(Orphée, La Machine infernale)* relève de Mallarmé. Pour Cocteau, cependant, l'art reste avant tout l'expression d'une expérience subjective, de la condition humaine incompréhensible et ambiguë. L'univers humain, selon Cocteau, avec ses catégories de temps, d'espace, d'ordre causal, est un petit domaine local environné par un vaste monde obscur où règnent les forces invisibles qui disposent du sort de l'individu. Cocteau en réalisera le modèle scénique dans le décor nocturne de la rencontre d'Œdipe avec le Sphinx *(La Machine infernale)*.

De vastes espaces obscurs s'étendent autour de l'étroite scène éclairée où Œdipe rencontre le Sphinx et Anubis, espaces où retentissent les voix de plus en plus lointaines des dieux. La machine infernale est insaisissable et implacable, qui détermine le sort d'Œdipe. Cocteau rejoint ici le Kafka du *Procès* et la vision « absurde » du monde. Aucune structure sociale, cependant, aucune conjoncture historique n'est mise en jeu : Œdipe, c'est l'homme éternel mythique : par là Cocteau se rattache à la tradition classique. Tout être, tout objet peut être l'agent de ces forces inhumaines dont un « changement de vitesse » dans la perception permet de déceler la présence. Le poète selon Cocteau est l'être particulièrement sensibilisé à cette présence inhumaine qui se manifeste à la manière d'une décharge électrique : à la fois choc, peut-être mortel, et illumination, terreur sacrée et beauté. De ce contact avec le mystère se dégage « ce fluide-poésie » que l'artiste a pour fonction de « domestiquer » au moyen du « véhicule » qu'il façonne : « Nommons donc, pour simplifier les choses, ce fluide : poésie ; et : art, l'exercice plus ou moins heureux par quoi on le domestique. » L'écrivain est donc responsable avant tout des *techniques* qu'il élabore pour capter et communiquer une expérience troublante. Le poète élu et maudit fait place alors à l'artisan. Il échappe au désordre mortel en substituant le monde contrôlé des formes et de l'ordre artistique au monde obscur des dieux. Ce qui situe Cocteau sur un nouveau versant du siècle, c'est la netteté avec laquelle il pose la question du rapport ambigu entre le « véhicule » et ce que le véhicule doit capter : le mystère. L'œuvre d'art s'organiserait autour d'un centre absent. La ligne de démarcation est nette qui sépare ici Cocteau de Proust ou de Gide.

Tout dans cet ensemble devait fortement irriter Breton pour qui l'artifice littéraire conscient et l'œuvre-spectacle étaient des caricatures méprisables de l'activité poétique. Selon Breton, le poète devait se débarrasser des entraves de sa subjectivité afin d'atteindre, au-delà du moi, le « point sublime » où disparaissaient les antinomies : la vie-la mort ; le moi-le monde ; le moi et l'autre ; le passé et l'avenir. Breton récuse la littérature où Cocteau trouve son salut. Il dénonce la société où Cocteau vit en « prince frivole » — un prince qui se veut aussi victime — et dont il enfreint les interdits (usage de la drogue, pratique de l'homosexualité), comportement que Breton réprouve.

Cocteau, en effet, se situe entre deux générations, celle des derniers grands classiques, Gide, Proust, Claudel, Valéry, et celle des surréalistes dont il est l'aîné, non pas tellement par l'âge — il a sept ans de plus qu'André Breton — mais par sa précocité de jeune Parisien auquel sa classe sociale, ses talents et son homosexualité ont très tôt donné entrée dans le monde brillant de « la belle époque » en pleine gestation, et qui restera son milieu de prédilection. Mais l'inquiétude née de la guerre, du désordre même de la vie — de sa vie — orientera Cocteau vers la prise de conscience désespérée dont Vaché est le symbole. Il connaîtra la hantise de « l'inutilité de toutes choses » et de la mort, qui caractérise les années vingt. Tout comme Gide, il rejoint alors la tradition qui voit dans l'expression littéraire le salut et le langage véritable, mais, *purifié par l'art,* d'un moi profond problématique.

Dès 1921, Breton avait senti, comme Cocteau, que l'ère de la « décompression » touchait à sa fin. Lorsque, en 1922, il propose de réunir un « congrès national pour la détermination des directives de l'esprit moderne », qui n'a pas lieu ; lorsqu'il affirme que « l'homme tient en réserve dans sa propre pensée une réalité inconnue, dont dépend sans doute l'organisation future du monde », Breton reprend une autre face du mythe humain. Si aux yeux de Breton « la littérature est un des plus tristes chemins » qui mènent à tout, la poésie, elle, « doit mener quelque part ». En dernière analyse elle doit conduire à l'Eden retrouvé, non seulement le poète, mais toute l'humanité. C'est cet élan prométhéen qui engagera Breton dans une problématique à laquelle le succès de la révolution russe en 1917 et l'idéologie du parti communiste donnaient une forme nouvelle : la problématique du rapport entre l'activité du poète et celle du militant révolutionnaire. Pour

Breton l'engagement du poète est un absolu qui ne souffre aucune compromission ; il en est de même, dans le domaine politique, pour le militant. Breton, dans les années vingt, est le révélateur par excellence d'une forme d'inquiétude et d'exigence dont la virulence et la nature sont étrangères à Cocteau.

Pour anti-chrétien que soit Breton, il n'en est pas moins visionnaire. Il hérite de la tradition mystique d'un Logos, d'un texte sacré — originairement la Bible —, texte désormais perdu ou occulté. C'est ce texte perdu qu'il tentera de retrouver et qu'il déchiffrera dans *Arcane 17* à partir d'un lieu géographique et d'un phénomène naturel, le *Rocher Percé,* à la pointe de la Gaspésie canadienne. C'est le monde, non son moi ni surtout la littérature, que Breton interroge.

Au cours des années vingt, Breton est d'abord l'auteur de manifestes, le chef d'un groupe militant. Il use avec une belle assurance des deux armes traditionnelles du discours satirique : la louange et la vitupération ; l'affirmation massive et l'outrage. Le déploiement d'une rhétorique fondée sur l'ampleur des périodes rythmiques fait contraste avec le style elliptique de Cocteau. Le « moi » de Breton, s'il est entré en contestation avec l'époque, est solidement d'accord avec lui-même comme le montre le ton hautain de la « Confession dédaigneuse » : « Absolument incapable de prendre mon parti du sort qui m'est fait, atteint dans ma conscience la plus haute par le déni de justice que n'excuse aucunement, à mes yeux, le péché originel, je me garde d'adapter mon existence aux conditions dérisoires, ici-bas, de toute existence. » La « phrase déferlante » de Breton fait contraste avec celle, brève et allusive, de Cocteau, et son ton péremptoire, avec le goût parisien du mot d'esprit. C'est que, dès 1920, Breton a repris à son compte le grand mythe romantique du poète chargé d'une mission et qu'il se rattache à la tradition des visionnaires illuminés, des grands « voyants ».

La déclaration citée ci-dessus use ironiquement de la terminologie biblique (péché originel ; ici-bas) rappelant la tradition judéo-chrétienne que rejette Breton, mais à laquelle toute sa pensée se rattache. Ce que Breton cherche, c'est un langage originel que l'homme moderne, voué au rationalisme, a perdu avec tout son vaste clavier. L'irruption de l'image fulgurante dans le langage libéré est selon lui le signe d'une présence permanente qui n'est pas nécessairement, elle, discontinue et spasmodique, seulement occultée.

A l'époque du manifeste, cet « arrière-pays » se rapproche de la féerie. La langage « nouveau » de Breton dévoile d'abord un merveilleux qui semble venir en droite ligne de Chrétien de Troyes et du roman médiéval et qui a peu de rapport avec le but proposé. Les mythes de Breton — celui de la femme-fée, médiatrice entre l'homme et le réel ; celui des « signes » (objets révélateurs, rencontres qui tracent la figure du désir et révèlent à l'homme son destin) — restent affaire privée.

Lorsque Breton affirme que l'homme tient en réserve dans sa propre pensée une réalité inconnue dont dépend sans doute l'organisation future de l'humanité, la déclaration donne à l'entreprise ses assises humanistes, mais elle apparaît singulièrement gratuite. Dès le départ, Breton en détient les mots clés : la poésie, l'amour, la liberté, c'est-à-dire le bonheur total. Le but entrevu précède les moyens : aucun moyen n'est désigné *a priori* pour « la conduite de l'entreprise surréaliste... » *(Manifeste)* ; mais la force motrice de l'entreprise est signifiée d'avance : « le désir sans contrainte ». Ces affirmations feront de Breton le catalyseur des tendances éparses que Dada un instant avait mobilisées, auxquelles elles proposent une action commune, un but : « affranchir à tout prix la poésie des contrôles qui la parasitent » ; et offrent « l'espoir du grand lointain informulé » (Char), qui fut aussi celui des grands utopistes du XIXe siècle. Elles répondent au besoin de sortir de la confusion. Nous avons indiqué ailleurs la nature des activités du groupe surréaliste et le rôle d'initiateur, de découvreur de talents qui fut celui de Breton, tant en peinture qu'en poésie. C'est la *démarche* de Breton lui-même qui nous intéresse ici et la ligne de démarcation qui le sépare de Cocteau.

Cocteau dès 1923 opérait une réconciliation entre deux esthétiques, le « modernisme » d'avant-garde et la tradition ; la littérature restait pour lui l'expression d'une subjectivité affrontant le néant. Ce que Breton propose est de mettre fin à cette aliénation du moi, de dépasser le nihilisme stérilisant d'un Jacques Vaché. Au contact de Dada, il est amené à considérer cette entreprise comme une aventure collective. Dès *Poisson soluble* il apparaît nettement que ce dont rêve Breton, ce à quoi il aspire, c'est une condition où, dans la fusion de l'esprit et du monde, l'individu se résorbe dans le tout.

La contestation chez Breton est une révolte contre tout ce qui s'oppose à cette fusion : les contraintes sociales aussi bien que les catégories binaires traditionnelles de la logique qui morcèlent le champ de la conscience. Dès *Poisson soluble* apparaît aussi le personnage de l'alchimiste, un des doubles du poète. Breton sera toujours plus le fils d'Eliphas Lévi que de la psychiatrie, dont au début il se réclame pour donner à son mythe de rédemption des assises documentées et scientifiques. Si Cocteau opère la synthèse de deux des postulations contradictoires de l'époque, résumées dans la dichotomie poète-artisan, Breton tente la synthèse de deux de ses exigences contradictoires : faire coïncider l'objectivité absolue avec l'absolue subjectivité ; opérer l'accord du monde et de la conscience au-delà du positivisme et de l'idéalisme, dichotomie que veulent aussi dépasser les philosophes existentialistes.

De « La Confession dédaigneuse » à *Arcane 17,* néanmoins, c'est l'aventure des grands adeptes ésotériques qui sollicite Breton et dont il reprend la tradition. Le rêve de Breton plonge dans un passé symbolisé par cette étoile à cinq branches dont il fait un de ses emblèmes et qui, dès l'ancienne Egypte, avait été l'emblème de ceux qui cherchent à remonter vers l'origine. Breton demande au langage affranchi de tout contrôle culturel contemporain de corroborer sa vision, de dessiner la configuration édénique sous le cryptogramme de la vie immédiate. « Nous tentons peut-être », écrit-il dans *La Confession,* de restituer le fond à la forme. » Dans ce contexte l'émancipation des hommes va de pair avec la révolte contre le temps ; la poursuite de la « vraie vie » va de pair avec le refus de la famille, de la patrie et du travail, c'est-à-dire de la réalité sociale ; et la recherche du « merveilleux quotidien » est accompagné du refus des « moments nuls », c'est-à-dire de l'habituel.

L'aspiration profonde de Breton est de se débarrasser des évidences contraignantes de la vie quotidienne. C'est contre cet « encroûtement » dans l'habituel qu'il instaure la révolte permanente contre la « vie donnée ». Il appartient à une longue lignée, et le sait. Ce refus l'attirera vers la révolution et il vivra en sa personne la contradiction profonde qui oppose, l'une aux autres, l'exigence de la lutte contre toute contrainte et les impératifs d'un parti politique qui subordonne toute activité de l'esprit à la dialectique matérialiste du progrès. Le socialisme de Breton, pour sincère qu'il soit et inconditionnel, ne se distingue pas de l'utopie libertaire.

D'étape en étape, de la guerre de 1914-1918 à la guerre du Rif, de la révolution russe à la montée des fascismes, à la guerre d'Espagne, à la guerre de 1939, c'est cette réalité sociale que rencontre Breton à chaque tournant. D'où l'allure heurtée d'une vie où les ruptures succèdent aux rajustements, soulignant l'importance du moment historique. Aragon et Eluard, par leur adhésion au communisme, reviennent à une tradition humanitaire modifiée. « Le temps est venu, écrit Eluard, où tous les poètes ont le droit et le devoir de soutenir qu'ils sont profondément enfoncés dans la vie des autres hommes, dans la vie commune » *(L'Evidence poétique).* Le poète doit parler pour l'homme de la rue. La poésie pour eux prendra alors une valeur fonctionnelle et fraternelle que la Résistance favorisera. Elle puisera aux sources de la prosodie traditionnelle et familière. Mais ni Eluard, ni Aragon n'avait épousé la pensée profonde de Breton ; pas plus que les mille praticiens de l'écriture automatique, de cette « science littéraire des effets » que Breton dénonçait dans *Point du jour* (1934).

Breton n'abandonnera pas son but originel qui demeure le même à son retour d'Amérique : « transformer le monde, changer la vie, refaire de toutes pièces l'entendement humain en dehors de toute organisation politique ». Une part au moins de ce programme, « refaire l'entendement humain », coïncide avec celui des existentialistes et des structuralistes, Sartre et Lévi-Strauss. Et ce sera le marxisme qui prendra en charge le rêve utopiste de transformer le monde. Dès les années trente cette face du surréalisme est datée. Son autre face, l'appel aux traditions occultes, continuera à éclairer l'œuvre d'écrivains comme Julien Gracq, Henri Bosco, Michel Butor et Abellio ; de poètes comme Yves Bonnefoy parmi d'autres. Breton fera jaillir ainsi un des courants les plus profonds et les plus secrètement présents du demi-siècle. C'est par sa résistance inflexible et troublée à l'organisation politique, à toute *organisation extérieure,* que Breton incarne les hésitations et scrupules d'une pensée en son essence totalitaire. Pour lui, la recherche surréaliste exige l'intégrité du chercheur individuel : « Chaque artiste doit reprendre *seul* la poursuite de la Toison d'or. »

L'œuvre de Breton est surtout connue par les manifestes, et l'homme est apparu comme le porte-parole d'un groupe. Mais cette œuvre en se développant présente à la fois un vaste élargissement et une indubitable continuité. Le plus souvent l'écriture jaillit lorsqu'une circonstance particulière — une rencontre — met le poète en état d'alerte : ce peut être la rencontre d'une jeune femme, Nadja ; d'un livre, les œuvres de Fourier ; d'un paysage, le Rocher Percé en Gaspésie. Cette rencontre se greffe sur un état affectif latent et déclenche comme une déclivité de la pensée. La pensée spontanément alors suit cette pente, mettant en mouvement d'écho en écho, d'analogie en analogie, cette activité que Breton nomme imagination, d'où naît le poésie. Dans *Nadja* l'espace ouvert reste relativement restreint et le mystère à décrypter est plutôt transparent. Mais, à partir de 1940, l'espace de résonance s'élargit. Des lieux géographiques, des phénomènes naturels nouveaux ouvrent à Breton de nouveaux horizons, un monde à sa taille : le mirage sicilien nommé « Fata Morgana », l'aurore boréale illuminant New York, l'immense Rocher Percé habité d'oiseaux en Gaspésie, le Grand Canyon et les pueblos indiens du Nouveau Mexique. Par l'entremise de ces rencontres, toutes les recherches antérieures de Breton aboutiront au cycle de poèmes qui, entre 1942 et 1947, se rattache à un genre traditionnel : le grand poème philosophique épique en prose ou en vers, *Fata Morgana, Arcane 17, Ode à Charles Fourier.* Ces poèmes, dans la lignée des méditations de Chateaubriand, ouvriront la voie par exemple aux tentatives de Michel Butor pour capter par le langage le « génie » des lieux et déchiffrer le sens de la réalité humaine qui s'y trouve inscrite.

En pleine maîtrise d'un langage dense et symbolique, Breton, partant de sa situation d'exilé, s'interroge alors sur sa propre destinée et sur celle des autres hommes emportés dans le tourbillon des vastes discordes du moment. La méditation suit le cours du réseau d'images que met en branle le spectacle d'une manifestation grandiose et particularisée des forces de la nature. Elle se développe organiquement selon un mouvement dynamique dont le déroulement lie la méditation du poète sur sa situation affective aux configurations de sa vie passée et aux graves circonstances historiques qui ont infléchi le cours de sa vie et de celle de l'humanité. L'« Arcane 17 » est la carte du tarot qui apparaît à Breton comme le chiffre de son destin. Elle figure un destin heureux lié aux forces bénéfiques du cosmos. Il y voit le signe que, sous l'égide de ces trois forces — liberté, amour, poésie —, l'humanité pourrait accéder au bonheur. Le « cri de Mélusine » dans *Arcane 17* est l'expression d'une victoire spirituelle.

Désormais, c'est de la femme, non tant de l'imagination, que Breton attend le salut de l'humanité. La femme-fée, la femme-enfant, être proche de l'Eden originel et capable d'ouvrir à l'homme les voies de la poésie, s'est humanisée. Mais c'est toujours la même question que pose Breton : quel avenir se préparent les hommes ? et il refuse d'accepter l'idée d'une incapacité des hommes à se créer une vie à la mesure de leur désir. Il suffirait de laisser apparaître cet homme mythique qui vit de la poésie. L'hermétisme apparent de ces trois derniers poèmes se dissipe à la lumière du contexte biographique et des écrits ésotériques auxquels Breton se réfère. Ils offrent une profonde cohérence. Breton avait fondé l'authenticité du langage du poète sur un psychisme collectif qui « prend la parole à travers le poète et concerne l'humanité tout entière ». C'est de l'épopée que se rapprochent ces derniers écrits. L'équilibre s'établit alors entre l'ampleur de la vision proposée et l'urgence de l'injonction surréaliste. Mais c'est toujours de l'individu que Breton attend le salut, de la liberté de chaque individu de vivre à la hauteur de ses désirs : « à ce prix est la poésie », démarche tout individuelle.

Dès 1928, dans *Le Surréalisme et la peinture,* Breton avait formulé le but du mouvement : remplacer en art les images qui se rattachent à la nature par celles qui émanent d'un modèle intérieur. L'œuvre d'art n'a pas pour Breton une fin esthétique, et il ne s'intéresse nullement aux valeurs plastiques de la peinture qu'il prône : l'intéresse ce qu'elle révèle de la psyché humaine. Avec *Arcane 17* son œuvre aboutit à l'unification des deux grands mythes surréalistes qui, sous une forme picturale, se répercutent de toile en toile dans l'entre-deux-guerres : le thème de la fusion des principes mâle et femelle et de l'unité primordiale de la création, dont l'Androgyne est le symbole, parcourt les pages de *Minotaure* (voir en particulier l'article d'Albert Béguin, « L'Androgyne », n° 11, 1938). Cette figure ancienne et universelle est liée aux thèmes de la perfection, de l'unité et de la résurrection. Breton y adjoint le mythe de la valeur rédemptrice du principe féminin. C'est dans *Arcane 17* que Breton formule sa conception finale du rôle du poète-artiste : il doit réconcilier les deux principes en s'appropriant tout « ce qui distingue la femme de l'homme » pour devenir l'être complet. Cette résolution, accomplie sur le plan personnel, met fin, semble-t-il, à la révolte initiale de Breton qui a trouvé l'accord profond avec le Tout qu'il désirait. *Arcane 17* s'intègre en fin de compte à une longue tradition littéraire remontant à un lointain passé.

Un même élargissement des cadres de la conscience et une même orientation vers l'épique caractérisent l'œuvre d'André Malraux et de Louis-Ferdinand Céline, mais non la préoccupation du « moi » qui sous-tend l'œuvre de Breton comme celle de Cocteau.

CHAPITRE II

Les années trente :
André Malraux, Céline

Lorsque paraissent *Voyage au bout de la nuit* et *La Condition humaine*, il est clair que le romanesque a changé de style. Le surréalisme proposait de ranimer la vie imaginaire par la plongée dans l'inconscient ; Céline et Malraux créent l'imaginaire à partir de la réalité politique et sociale du moment. Parisiens tous deux, issus d'un milieu commerçant ou de la petite bourgeoisie, nés dans des familles à l'abri du besoin mais installées dans de mornes quartiers de Paris, ces deux hommes pour une large part autodidactes, étaient en proie à une révolte violente contre leur milieu. Si, tardivement, Céline choisit une profession, la médecine, Malraux, dès l'âge de vingt ans, se refuse à tout travail autre que le commerce semi-clandestin de livres érotiques et l'édition, qu'il pratique épisodiquement toute sa vie. Tous deux seront profondément affectés par les événements historiques contemporains, et chez l'un comme chez l'autre l'autobiographie, l'histoire et la fiction se mêlent inextricablement.

L'histoire sert de point d'ancrage à leurs narrations romanesques qui s'organisent par rapport à des événements vécus, contemporains, mais qui sont animées par un pouvoir fabulateur d'une grande intensité lyrique. Il est donc normal que le roman soit le véhicule que choisissent Malraux et Céline ; mais aussi qu'ils en disloquent les codes narratifs pour les accommoder à un registre lyrico-épique. Le registre choisi par l'un et l'autre est radicalement opposé. C'est par un discours « vengeur », qui bafoue et démasque les représentations habituelles, que Céline commémore, en une épopée burlesque, la stupidité de l'espèce humaine : c'est cette stupidité qu'il met en scène et dont il souligne la dérisoire vanité. Un humour féroce, paroxyste et parodique, anime le flot d'un langage qui maintient l'écrivain en un état permanent d'insurrection.

Par contraste, Malraux dresse une scène fictive où se joue le drame de l'Histoire, avec pour arrière-plan le grand vide cosmique. Sur cette scène, les hommes qui font l'histoire, s'affrontent, s'interrogent, remplaçant par leurs dialogues le silence des dieux. L'Histoire, dans le roman de Malraux, est la scène où se profilent des héros. La voix de l'auteur, qui s'applique à créer un mythe de rédemption plus éloquent que le silence cosmique, prend un ton d'apocalypse. Céline et Malraux sont les témoins angoissés de ce qui est, selon eux, la mort d'une culture : la grande culture occidentale ; mais leur point de vue est diamétralement opposé. Pour Malraux, la valeur de la civilisation occidentale est fondée sur la lucidité et la volonté, sur le refus de la fatalité biologique, de la mort absurde. Pour Céline, ce souci de transcendance est une source de délire, une folie qui pousse les hommes à saccager les corps, à détruire les liens avec la nature, à s'éloigner des sources de la vie. Les héros de Malraux sont les fous délirants du monde célinien.

Bien que dans les deux cas une grande partie de l'œuvre se situe dans l'après-guerre, et parfois même, comme c'est le cas pour Malraux, change de forme (passant du roman à l'essai métaphysique consacré à l'art, puis à une longue méditation réitérée sur le passé), l'œuvre ne change pas de direction. Pour le lecteur moyen, le lecteur contemporain du moins, l'image de Céline et de Malraux sera celle que lui renvoient les années trente, avec leur forte tendance politique. Ce n'est que vers 1960 que cette image s'éloignera. L'éclipse subie par Céline après 1945 tournera alors à son profit. Tandis que, s'enfonçant de plus en plus dans la légende d'une époque à sa fin, Malraux s'éloignera.

« Ce qui nous distinguait de nos maîtres à vingt ans, c'était la présence de l'histoire [...] », disait Malraux septuagénaire à son biographe Jean Lacouture, point de vue qu'il exprime plusieurs fois à la même époque. L'histoire sous le visage de la guerre empoigne Céline très précisément à vingt ans : il est dès 1914 un des premiers blessés (ils seront trois millions) ; il en gardera une haine implacable de la guerre. Plus jeune de sept ans, c'est vers le même âge, à vingt-deux ans, que Malraux, lors d'un voyage en Indochine entrepris en vue de gagner de l'argent, affronte l'histoire : il est témoin de la révolte qui soulevait contre les colonisateurs européens les peuples colonisés d'Extrême-Orient. Un voyage en Afrique avait suscité chez Céline une prise de conscience analogue. Mais à partir des années trente, le même engrenage historique entraîne les deux écrivains selon deux courbes diamétralement opposées.

Bien accueilli par les intellectuels de gauche lors de la publication du *Voyage au bout de la nuit,* lu comme une attaque en règle du système capitaliste, Céline entre dans l'arène politique au retour d'un voyage en Russie : *Mea culpa* clame sa haine du communisme et de tous ceux qui selon lui participent au « complot » stalinien d'incitation à la guerre, plus particulièrement le capitalisme juif. Deux pamphlets virulents, *Bagatelles pour un massacre* et l'*Ecole des cadavres,* abusant d'une rhétorique de l'accusation injurieuse, gratuite et hyperbolique, jettent Céline dans le rôle de l'*antagoniste* par excellence des valeurs traditionnelles d'une société libérale. L'outrance de pareilles dénonciations à l'époque de l'impitoyable persécution des juifs le classera parmi les personnalités à liquider à la Libération, quoiqu'il ne se soit guère compromis avec l'occupant. Un exil de sept ans, dont dix-sept mois d'une dure incarcération, et l'interdiction de ses livres : huit ans de silence. Vient alors une série d'ouvrages sans précédent qui, seulement à la veille de sa mort, briseront la barrière d'hostilité dont la plus grande partie de la France entoura son nom. En moins de dix ans, quatre ouvrages qui échappent à tout classement — *Féerie pour une autre fois I et II, D'un château l'autre* et *Nord,* ainsi que le récit inachevé *Rigodon* éclatent sur la scène littéraire comme des bombes à retardement. Ils présentent le récit d'une « Götterdämmerung » burlesque : la chute du Reich vue à travers les aventures d'un groupe rocambolesque de fugitifs, Céline, sa femme Lily, le chat Bébert et l'acteur La Vigue (Le Vigan). Céline rejoint ici le Cendrars de *Moravagine,* mais dans le cadre de la « réalité », non d'une fiction. Autant que les ouvrages de la nouvelle « vague » des moins de trente ans, ces récits-chroniques mettent fin à l'ère littéraire qu'avait annoncée en 1928 *Les Conquérants* du jeune Malraux.

Au moment où Céline fuyait vers l'Allemagne, André Malraux combattait en Alsace à la tête d'une brigade. Il participait à la dernière des aventures qui devaient faire de lui aux yeux de ses contemporains à la fois la conscience héroïque et le protagoniste exemplaire d'une Histoire dont il écrivait simultanément la légende. Avant ses voyages d'Indochine, le jeune Malraux ne se souciait guère de l'Histoire et ne se souciera jamais de politique que de très haut. Mais, à l'inverse de Céline, tous ses engagements à partir de *La Condition humaine* retentissent dans des milieux intellectuels qui dépassent largement les frontières françaises. En 1920 Malraux reconnaît comme maîtres les personnalités de l'heure, Max Jacob et Reverdy, et c'est dans le style du moment qu'il publie *Lunes de papier,* œuvre fantaisiste, « farfelue », disait-il. Mais ses « vrais maîtres » étaient en fait l'équipe de la N.R.F., Gide, Valéry, et Claudel singulièrement. Il sera très tôt associé à ces arbitres des renommées littéraires. Lecteur vorace, il avait très vite acquis une vaste culture, surtout dans les arts plastiques, et il était possédé du démon de l'aventure.

L'art et l'aventure parfois étrangement romanesque — recherche de statues khmer dans la jungle indochinoise, recherche du palais de la reine de Saba en avion dans le désert — sont les deux passions du jeune Malraux, et le besoin de se mesurer avec son temps. C'est cette confrontation avec son temps qu'il appelle Histoire, amalgame d'événements spectaculaires auquel il est mêlé, en imagination ou en vérité, et que ses écrits représentent pour illustrer une métaphysique passionnée qu'il nomme lucidité. Avec *Les Conquérants,* un décor nouveau remplace le Paris des chambres fermées ou ouvertes, des objets fétiches et des signes magiques. Les haut-parleurs, les sirènes, les révoltes, les complots et surtout le décor d'un Orient violent et héroïque transportent les lecteurs hors de leurs frontières habituelles. L'exotisme, qui s'épuise, trouve un autre terrain romanesque : celui, exaltant, de la lutte pour la liberté idéale que ne hante aucune ambiguïté. Malraux retrouve les schèmes élémentaires de la *Chanson de Roland ;* l'histoire s'éclaire d'un seul côté : celui des insurgés qui déclenchent la grève à Canton et Hong-Kong en 1925.

Le récit commence par une émission de radio. « La grève générale est décrétée à Canton », et continue comme un reportage de journal écrit tout entier au présent et à la première personne par un jeune Français, témoin des événements. Dans ce premier roman, le type du récit malrucien apparaît déjà. Le récit prend comme référent un événement historique violent, présenté en une suite d'épisodes juxtaposés à la manière d'un film. En des dialogues rapides, percutants, des personnages engagés dans l'action discutent à la fois du développement de cette action, d'heure en heure, de sa stratégie, de sa signification historique et cherchent à en élucider le sens. Pendant quelques brefs moments ils jouent leur vie à pile ou face par rapport à l'Histoire en action et ils définissent, en de dramatiques raccourcis, leurs réponses à la grande question ultime : quelle valeur un homme, dans le monde contemporain désacralisé, peut-il donner à ses actes afin d'échapper au néant ?

Il est facile de comprendre à quel point *Les Conquérants* se distançait du roman des années vingt si on le compare à trois œuvres qui lui sont contemporaines : *Le Temps retrouvé,* qui couronne le long déroulement d'*A la Recherche du temps perdu, Les Enfants terribles* et *Nadja* qui, toutes trois, même *Nadja,* ont leur point d'ancrage dans un monde familier, parisien même.

Les Conquérants répondait au même besoin de rompre avec le passé que le surréalisme, mais sur un tout autre plan. Malraux créait une confusion fortement romanesque entre le réel et l'imaginaire, entre le destin du monde et celui de l'individu ; le « je » des *Conquérants,* facilement confondu avec l'auteur même, introduisait les lecteurs, par identification avec lui, dans une histoire qui se situait dans un monde quasi légendaire. C'est un modèle exaltant de héros romanesque que Malraux créait, modèle qui descendait en droite ligne des héros cornéliens désormais animés d'autres inquiétudes. Lui-même ne s'y est pas trompé. Dans la « Postface » des *Conquérants,* écrite pour la « Bibliothèque de la Pléiade » vingt ans plus tard, il devait faire le point :

« Mais ce livre n'appartient que bien superficiellement à l'Histoire. S'il a surnagé, ce n'est pas pour avoir peint tels épisodes de la révolution chinoise, c'est pour avoir montré un type de héros en qui s'unissaient l'aptitude à l'action, la culture et la lucidité. Ces valeurs étaient indirectement liées à celles de l'Europe d'alors. » L'inquiétude de Malraux devant l'état de la culture rejoignait celle de Drieu La Rochelle, prolongeait celles de Barrès et de Maurras.

Prenant comme point de départ son expérience de jeune journaliste obscur qui, à Saïgon, pendant un an, avait édité un journal anti-colonialiste militant, *Indo-Chine,* Malraux l'avait transposée dans le cadre plus vaste de l'histoire racontée, relayée par des intermédiaires et réimaginée par lui. Ce cadre convenait à sa propre avidité d'échapper au médiocre, de jouer un rôle, passion qui l'avait lancé à l'origine sur les pistes de la forêt indochinoise. Le thème des *Conquérants* est celui, archétypal, de la rencontre du néophyte et du héros. Le personnage central des *Conquérants* incarne ce héros. Et le second roman de Malraux, *La Voie royale,* qui transpose sur le registre fictif et héroïque l'histoire peu estimable, mais vécue, du vol des statues du temple de Banteaï Srey, n'est pas autrement structuré. Le même dessin reparaît à travers les méandres des *Antimémoires* : dans les rencontres avec Nehru, de Gaulle, Mao. On pourrait, à la limite, penser que c'est un besoin semblable qui attirait, à la même époque, des milliers de jeunes Allemands à Nuremberg, de jeunes Italiens dans les brigades fascistes. Le besoin d'héroïsme, qui, chez les Romantiques, dressait l'individu contre la société, s'inverse, se veut collectif, et s'empare des idéologies ; qu'elles soient fascistes ou communistes importe peu.

L'importance croissante de Malraux entre 1926, date de *La Tentation de l'Occident,* et 1933, où *La Condition humaine* obtient le prix Goncourt, ne peut se mesurer au poids de l'œuvre pourtant relativement abondante : deux essais, un bref conte « farfelu », trois romans. Mais — le conte farfelu mis à part — le discours malrucien fondamental est le même et passe de l'un à l'autre de ces ouvrages, *La Tentation de l'Occident* étant à mi-chemin par sa forme entre l'essai et la fiction. Une seule voix éloquente se fait entendre et une seule passion s'impose. Les personnages incarnent les points de vue métaphysiques qui se disputent la pensée visionnaire et extrêmement mobile de Malraux. La fonction de l'événement historique est de leur servir de point d'appui, de remplir le vide où la pensée affronte le néant. L'action, d'abord individuelle, puis collective, est la forme que prend la révolte de Malraux contre l'évidence du néant. Et la résonance de l'œuvre tient à la force de persuasion du discours qui, dans la confrontation disproportionnée et toute pascalienne de l'homme et du néant, veut renverser les termes au profit des hommes. L'inquiétude avec laquelle Malraux scrute le visage du jeune Européen dès *La Tentation* explique l'urgence de son appel aux valeurs héroïques. D'où les tensions de l'écriture, ses ellipses et le recours presque exclusif au sensationnel, doté, par l'intensité du style, d'une noble aura tragique. Comme dans la tragédie classique, le tragique est l'étoffe de la vie des personnages. Tout se joue immédiatement et dans l'absolu.

La Condition humaine a pour sujet l'entrée de Chang Kai Shek à Shanghaï en 1927 et la liquidation des groupes communistes qui l'avaient facilitée. Si le modèle narratif malrucien reste en gros le même, c'est néanmoins le roman où la conjoncture historique et les personnages fictifs du roman, leurs actions, leurs inquiétudes et leur sort, s'intègrent le mieux pour créer un récit puissant. Le récit se resserre autour des deux pôles d'un axe qui relie l'insurrection initiale des groupes clandestins communistes contre les gouvernementaux soutenus par les puissances coloniales, à leur défaite et à leur destruction. Les deux moments d'intense action, coupés de dialogues où les personnages se définissent et se révèlent, sont séparés par un épisode, un voyage où deux des militants prennent conscience du sort qui leur est réservé. Une sorte d'épilogue au roman suggère le début d'un nouveau cycle qui jette sur l'échec apparent une lumière nouvelle. L'action est cyclique, a-temporelle et s'organise autour de l'épisode central. Malraux cherche à arracher l'histoire au déroulement linéaire pour lui donner la valeur d'un mythe.

Un sens plus mûr de la réalité historique, éclairé par le marxisme visionnaire du Malraux de l'époque, donne aux personnages principaux, les chefs communistes de l'insurrection, une consistance plus visible et lie leurs destins sanglants aussi bien à l'ancien mythe prométhéen qu'au mythe chrétien : si leur mort reproduit le schème du sacrifice rituel du héros rédempteur, la téléologie marxiste les sauve de la gratuité et offre en compensation la réalisation, ici-bas, de l'idéal de la fraternité.

Avec ce roman, l'œuvre et la légende de Malraux se rejoignent ; une légende qu'il avait lui-même accréditée. La mythomanie du jeune Malraux est un fait désormais bien établi : il n'avait participé à aucun des événements qu'il évoquait, à l'encontre de son double imaginaire. Désormais, l'homme et le double se rapprocheront et ne feront qu'un. Malraux sera l'homme de sa légende et de ses fictions : l'antithèse même de Céline. Il sera le militant antifasciste, le commandant d'une escadrille républicaine en Espagne, le résistant, le colonel de la brigade Alsace-Lorraine. Son œuvre romanesque se double alors de nombreux textes occasionnels, allocutions ou articles de propagande dont l'éloquence ne diffère guère de celle de ses ouvrages de fiction, *Le Temps du mépris,* et *L'Espoir,* les derniers qu'il publiera à l'exception de la première partie d'un roman incomplet, *Les Noyers de l'Altenburg.*

L'Espoir est une chronique romancée des premiers mois de la guerre d'Espagne. Par l'abondance et la diversité de ses personnages, son développement dans le temps et une orchestration plus ample et plus diversifiée de ses thèmes, *L'Espoir,* quoique moins populaire que ne le fut *La Condition humaine,* sera peut-être le plus « durable » de ses cinq romans. L'expérience a enrichi l'imagination de Malraux et humanisé ses personnages. Le titre même du roman – *L'Espoir* – semble dénoter un déplacement du thème de l'angoisse et de l'absurde. « Transformer en conscience une expérience aussi large que possible », le mot d'ordre de Malraux pourrait être celui de Breton. Mais ce qui différencie de Breton le Malraux des années trente, c'est qu'il situe cette expérience sur le plan de l'Histoire – avec un H majuscule – et qu'il ne distingue pas cette « conscience » de son propre mythe. Là où Breton, cherchant à appréhender l'inconnu par une plongée dans sa propre conscience, retrouve les configurations fondamentales d'un mythe universel, Malraux donne à un mythe personnel le visage de l'universel.

A « l'Histoire en tant que destin » Malraux oppose donc une contre-histoire, l'histoire des héros dont l'action illustre cette conquête de l'homme sur son destin, c'est-à-dire de ceux qui, au prix de leur vie, font passer les conflits du plan de la nature au plan de la culture. « Toute vie créée par les dieux est promise au néant ; celles qui ont triomphé de lui, formes, idées et dieux ont été créées par les hommes » : les dieux pour Malraux, ce sont les forces que l'homme ne contrôle pas, hasard ou nécessité, aussi bien en lui qu'en dehors de lui. C'est sur cette opposition homme-dieux, l'homme prenant le contrôle d'un domaine réservé jusqu'alors aux dieux, qu'il fonde la hiérarchie éthique de ses personnages. Lorsque l'histoire vécue aura remplacé l'histoire imaginée, Malraux abandonnera le roman pour poursuivre son mythe dans la méditation sur l'art comme anti-Histoire, c'est-à-dire anti-destin.

Le roman malrucien est une mise en accusation des dieux, l'affirmation de la grandeur des hommes, l'exaltation des valeurs spirituelles d'une culture dont il prévoit la disparition. Malraux incarne dans sa vie et dans ses romans le néo-romantisme d'une époque et donne voix à l'inquiétude qui l'assaille devant une histoire catastrophique, et qui échappe à la volonté humaine. Le recours à l'action et à la lucidité relèvent d'une thérapeutique désespérée, d'un combat d'arrière-garde. La synthèse d'une écriture et d'une vie dressées *contre l'inévitable,* contre l'idée même de l'inévitable fera de Malraux le héros de la vision absurde. Et dès *La Tentation de l'Occident,* l'urgence du message à transmettre l'arrachera à l'ésotérisme qui le guettait et lui dictera, à l'encontre du surréalisme, le choix d'une écriture qui situe ses romans dans le grand courant du réalisme traditionnel et leur assure une audience dans l'immédiat.

Si pour Malraux le destin de l'individu n'est qu'une « faible vague à la surface de l'Histoire », il est pour Céline, médecin des pauvres jusqu'au bout, un souci dévorant, et son œuvre est une variation géniale et de plus en plus violente sur un thème unique : l'acharnement que mettent les hommes d'aujourd'hui à se détruire. D'où, dès le *Voyage...,* le réalisme visionnaire d'une écriture qui épouse sciemment les rythmes et les modalités d'une grande colère rabelaisienne, mêlée souvent au rire homérique qui secoue Céline devant l'immense saccage humain. Les *thèmes* de Malraux animeront le roman existentiel et retentiront parfois chez certains poètes de la génération née en 1925, comme Bonnefoy ou Claude Vigé ; mais ce sera l'*écriture* de Céline qui affectera aussi profondément que celle de Joyce toute une lignée littéraire en France, comme aux Etats-Unis.

« Dans l'Histoire des temps la vie n'est qu'une ivresse, la Vérité c'est la Mort. » Cet aphorisme apparaît dans le premier écrit de Céline, sa thèse, une biographie du médecin Semmelweis. Céline d'emblée se met en face de la condition que refuse d'accepter Malraux. Comme l'art pour Malraux, cependant, l'écriture pour Céline est une sorte d'anti-mort, une « ivresse » qui a sa source dans l'émotion qui étreint l'écrivain devant le spectacle de la vie. Céline porte sur la littérature de son temps un jugement sévère qui rappelle celui de Julien Benda *(La France byzantine).* Il impute au romantisme la « féminisation » de la culture française et reproche à la littérature le subjectivisme complaisant que dénonçait aussi Malraux dans *La Tentation de l'Occident.* Les écrivains « de gauche » surtout attirent son mépris : « Tous absolument bourgeois, de cœur et d'intention, frénétiques intimes de l'idéal des bourgeois. » Sartre, plus longuement, ne dira pas autre chose dans *Qu'est-ce que la littérature ?* Et c'est ce moule que, par leur style de vie, Céline et Malraux briseront. Le *Voyage...* contient une parodie soutenue et virulente de diverses esthétiques littéraires. Ainsi la jeune Musyne, dans la pratique de son art, possède le don de « mettre ses trouvailles dans un certain lointain dramatique », car « les premiers plans d'un tableau sont toujours répugnants et l'art exige qu'on situe l'intérêt de l'œuvre dans les lointains, dans l'insaisissable là où se réfugie le mensonge, ce rêve pris sur le fait ». Le récit célinien est tout en premier plan et s'attaque avec férocité à ces refuges d'arrière-plan où se dissimulent ce qu'il nomme le mensonge et que d'autres peut-être nommeraient mythes, — tout ce qui veut faire oublier le credo célinien que la « Vérité » de la condition humaine « c'est la Mort ».

La métaphore vie/ivresse est développée par Céline selon toute une gamme qui va de la « frénésie » au « transport », termes dont il use sur un double registre, en médecin. Le « frénétique » est, si l'on en croit le dictionnaire, « un fou saisi d'un délire violent provoqué par une affection cérébrale aiguë ». Les frénétiques, fous homicides à la limite, peuplent les romans de Céline et déclenchent toutes les catastrophes. Ce sont avant tout les individus voués aux idées abstraites dont les aberrations, selon Céline, se répercutent dans le corps social avec la virulence d'une épidémie. Le champ référentiel de ses vastes romans-panoramas sera cette civilisation frénétique. A l'autre pôle se situe l'ivresse de la création, humble activité qui est celle de l'écrivain et dont pour Céline le modèle est la danse. L'écriture est doublement un « transport », un état d'enthousiasme, un emportement ; mais aussi, dans le sens littéral, le déplacement des êtres et des choses au moyen d'un véhicule — le langage. Mais « au commencement », dit Céline, « était l'émotion », non le Logos. D'où la recherche d'une syntaxe dynamique et d' « un certain ton mélodieux, mélodique » qui miment le flux et le reflux de cette émotion. Le moyen de transport est ce « métro émotif » qu'est le récit. Pour celui qui lit comme pour celui qui écrit, le récit est un voyage.

D'emblée avec le *Voyage...* Céline trouve — sinon encore entièrement son style — son ton et une structure narrative encore traditionnelle mais qui ouvre la voie à des essais plus hardis. Il reprend la forme du récit picaresque, mais y introduit une ambiguïté foncière. Dans le prologue, une voix narrative déclenche le récit dont le narrateur, plus jeune, est le protagoniste. Dès le prologue et pendant toute la durée du récit, cette voix initiale naïve qui s'adresse au lecteur crée l'illusion d'un dialogue qui accompagne la narration. Au lieu du récit clos sur lui-même, Céline présente donc un récit ouvert et établit une complicité double : du lecteur avec le narrateur, du narrateur avec le protagoniste. La narration alors se présente comme un champ référentiel autonome, que le narrateur propose à l'attention du lecteur : « rien qu'une histoire fictive », dit le narrateur du *Voyage...,* une histoire qui se situe « de l'autre côté de la vie ». L'œuvre littéraire s'annonce comme ce bloc d'écriture autonome dont parle Derrida. Mais, parce qu'il modèle les étapes de l'histoire sur celles de sa vie, Céline jette une lumière ambiguë sur ce statut de fiction, sur le narrateur comme sur le protagoniste. Dans les deux premiers romans le protagoniste Ferdinand Bardamu reste à l'avant-scène et assume le rôle classique du picaro qui d'épisode en épisode fait surgir le champ référentiel.

Les conventions du roman traditionnel définissaient ce champ comme celui de la réalité. Et c'était sur cette réalité que le romancier dirigeait l'attention du lecteur. Mais le prologue célinien mine ces conventions. Seul est présent un discours : celui du narrateur à la manière de Proust. Plus tard, dans les chroniques, Céline se passera d'un protagoniste distinct ; le « je » assumant tous les rôles : celui du moi engagé dans les événements ; celui du moi pris au « délire » de l'écriture, emporté sur les rails émotifs ; celui du « je », personnage issu du langage délirant. Le picaro Ferdinand fait place au clown, médecin-victime, persécuté martyr, Louis-Ferdinand Destouches. Moins cohérent, coupé de divagations, le récit n'en est pas moins soutenu par la verdeur et l'inattendu d'un langage savamment disloqué, injurieux, hallucinant, hilare, vengeur, par quoi Céline se délivre de la réalité qu'il transporte « de l'autre côté de la vie ». La danse est devenue une sarabande.

Ce sont cependant les deux premiers romans de Céline, plus proches du mode romanesque réaliste, qui se sont imposés aux lecteurs des années trente et ont fondé sa réputation. *Voyage...* et *Mort à crédit* se présentent comme le récit en deux temps de la vie d'un petit-bourgeois parisien, Ferdinand Bardamu. D'un volume à l'autre la chronologie est renversée, les événements de *Voyage...* se situant à la suite de ceux de *Mort à crédit*. *Voyage...* est conçu comme un diptyque. La première partie est une exploration de la condition humaine, présentée en trois grands panneaux : la guerre, où vient s'effondrer la civilisation européenne ; le conflit avec la nature, dans la jungle africaine ; et l'anti-nature moderne, la civilisation mécanisée urbaine des Etats-Unis. La seconde partie décrit au jour le jour et dans le détail la décomposition du petit peuple pris dans le filet de l'industrialisation et de la grande ville qu'elle crée.

Céline lance son personnage, jeune étudiant en médecine gouailleur, dans l'aventure de la guerre à la suite d'une sorte de pari. Ferdinand sort de cette première épreuve pourvu d'une belle peur haineuse des « frénétiques » humains et prêts à toutes les fuites. Céline l'embarque alors pour l'Afrique au service de la compagnie Pordurière : dans son poste perdu au milieu de la jungle, il va être en proie à une autre frénésie, celle de la nature déchaînée qui le cerne, s'attaquant à son être physique avec autant d'acharnement que les canons de l'ennemi. Il est au cœur, cette fois, du délire homicide d'une forêt tropicale. Ferdinand met le feu à sa baraque et, remontant le cours des temps, vendu comme esclave, il traverse l'Atlantique sur une galère ancienne, l'*Infanta Combitta,* pour débarquer à Ellis Island. Là commence son voyage américain qui finit à Détroit. Hébergé par une belle et sage prostituée, Molly, il trouve avec elle un abri momentané contre la peur et la haine. Mais il lui faut, comme Ulysse, revenir à son Ithaque, Paris.

Dans la seconde partie du diptyque, Bardamu, médecin miteux des pauvres à Rancy, fait l'inventaire des misères physiques et du marasme moral où s'enlise sa clientèle, prisonnière de la décrépitude urbaine. La ville est comme saisie, elle aussi, de la volonté de tuer les hommes en les asphyxiant. Elle s'étend comme un cancer, s'attaquant au tissu vivant des campagnes, détruisant les âmes avec les corps. De fuite en fuite Ferdinand finira, là encore, par trouver un refuge contre cette décrépitude ; il sera médecin dans un asile d'aliénés ; et il trouvera aussi le bonheur avec une belle infirmière, Sophie. Comme Candide, donc, il laisse le monde pour cultiver son jardin.

A chaque étape, Céline a mis Bardamu face à face avec Léon Robinson, naufragé solitaire plus enfoncé encore dans le dégoût et le refus et qui vit, jusqu'à la mort, les mêmes aventures que lui. Robinson est le déserteur type : il déserte au sens fort ; puis de son comptoir d'Afrique il s'éclipse en pillard. Descendu au bas de l'échelle humaine il apparaît à Détroit parmi les « travailleurs de la nuit », les balayeurs nocturnes des détritus qu'accumulent les activités diurnes ; c'est ensuite le meurtrier maladroit qui rate sa victime et se mutile lui-même. Finalement il refuse par dégoût le seul bonheur qui lui soit accessible — l'union avec la jeune, sentimentale et pratique Madelon qui, exaspérée par son indifférence, le tue d'un coup de revolver. Robinson est l'Etranger par excellence, né initialement du déracinement violent que fut pour lui sa participation à la guerre. Sans attaches, mi-forban, mi-exilé, il est le laissé-pour-compte de la société d'après-guerre. C'est son sort que le rusé Ferdinand côtoie et fuit, grâce aux refuges que lui ménage un érotisme qui ne fait jamais défaut : Lola, Musyne, Molly, Tania, Sophie à tour de rôle l'enchantent ; comme aussi les cohortes des belles New Yorkaises et les grandes images oniriques projetées sur les écrans des cinémas populaires.

L'écriture et l'onirisme érotique sont intimement liés pour Céline et tendent leurs fragiles rets entre ces deux pôles contraires : l'ivresse et la Vérité ; la vie et la Mort. Céline inscrit ainsi dans la texture concrète du récit le thème que méditent Blanchot et Bataille, celui qui fournira à Robbe-Grillet le fondement de son esthétique. Dans ses grandes lignes, *Voyage...* est donc une véritable plaque tournante où les thèmes et formes du passé virent vers la direction nouvelle que prendra le récit fictif. A un certain niveau, c'est une vaste allégorie de la condition humaine, et surtout, étant donnée cette condition, du comportement absurde des êtres humains. Tout le long du roman, comme dans une allégorie médiévale, les lieux, les épisodes et les objets sont emblématiques ; certains motifs en soulignent le sens : l'abattoir, la foire au tir, le vieux bateau des coloniaux qui fait eau de toutes parts, le temple du dieu Dollar, le caveau aux momies... L'allégorie, cependant, s'efface sous les riches surcharges du récit et de la foule de personnages avec leurs idiosyncrasies, leurs gestes et leur langage propres, foule dialoguante, gesticulante où s'enfonce Ferdinand.

La foule humaine qui, pour Malraux, prend la forme d'une rumeur dans la nuit de Shanghaï, de voix qui s'élèvent, voilées d'ombre, d'un camp de prisonniers *(Les Noyers de l'Altenburg)* ou du spectacle des paysans espagnols hiératiques *(L'Espoir)* est la substance même dont est fait le roman célinien : les soldats et leurs officiers, la foule exploitée et pitoyable des colonisés et leurs colonisateurs minables, les riches et les pauvres sont tous pris sous le même regard égalisateur du médecin, êtres physiques, vulnérables, de chair et d'os, tous en voie de décomposition physiologique. C'est de l'écart entre ce thème de danse macabre et celui, également classique, du spectacle de la folie humaine que naissent le rire délirant de Céline et les fantasmagories parodiques grâce auxquelles il illustre les différents délires de ces fous en liberté qu'observe Ferdinand. De cette version double émane l'ambiguïté du roman.

A ce niveau, le *Voyage...* est un roman d'initiation, une sorte d' « éducation » *(Bildung)* du jeune Européen de l'après-guerre. Ferdinand assume tour à tour au cours du récit tous les rôles dévolus au picaro classique : étudiant en rupture de ban ; soldat tantôt peureux, tantôt vantard ; bouc émissaire ; parasite ; médecin raté.

Mort à crédit abandonne le dessein allégorique que Céline ne reprendra pas. Le *Voyage...* a établi les paramètres de l'univers romanesque qui est le sien et constitue son premier essai pour déployer un langage nouveau. *Mort à crédit* est le récit féroce et burlesque des enfances de Ferdinand. Céline y parfait l'outil stylistique qui sera le sien : l'insertion, dans son texte, d'une ponctuation particulière : les trois points de suspension. Dans *Voyage,* les trois points n'apparaissent que dans les dialogues, mimant les coupures, hésitations ou ellipses de la parole. Ils deviennent dans *Mort à crédit* inhérents à l'écriture célinienne, mimant les brusques flambées d'émotion devant le spectacle féroce et fantastique d'une réalité aberrante. Les mots à peine lancés disparaissent, d'autres, se précipitant, les bousculent ; le rail émotif célinien est créé. Mais l'écart n'en reste pas moins grand entre le personnage du jeune Ferdinand et la puissance verbale dont témoigne le narrateur. Dans ses *Chroniques,* Céline pourra se passer de personnages-relais comme Ferdinand et, ainsi, assurera l'homogénéité de son récit.

Dans le *Voyage...,* Céline obligeait le lecteur à distinguer entre l'histoire de Ferdinand et la présentation de l'histoire, tâche qu'il attribuait au narrateur. En revanche, dans les ouvrages-chroniques de l'après-guerre, tous les éléments romanesques — personnages, histoire, thèmes, lieux, tout le champ référentiel en somme — sont absorbés dans le seul réseau du langage proliférant. Le récit-monologue se substitue au roman picaresque et au roman autobiographique des années trente. Mais les mécanismes qui accélèrent le métro émotif du langage sont les mêmes : l'effort de l'individu — Céline désormais —

pour échapper, au moyen des mots, à l'énorme délire homicide d'un monde en folie. De l'inégalité des forces en présence surgit la tension dynamique du récit.

Le monde hiératique qu'évoque la langue châtiée de Malraux et le monde grouillant et débraillé qui naît de la parole célinienne, scatologique, lyrique, satirique à tour de rôle, forment une sorte de contrepoint littéraire. Mais ils ont une source commune : le sentiment de l'imminence d'une catastrophe qui entraînerait l'Occident, la France singulièrement, vers un naufrage total. D'où l'hypertrophie d'une rhétorique de persuasion dans un cas, de dénonciation dans l'autre. Le message est urgent. Et chez l'un comme chez l'autre cette urgence crée une interférence des optiques objectives-subjectives tout le long de l'axe du récit. La représentation de la réalité devient la représentation de la résistance du réel à toute signification. L'ambiguïté s'installe au cœur du roman. Ces deux romanciers, Céline plus que Malraux, préparent ainsi, au cours des années trente, la double aventure du roman d'après guerre. D'une part, ils annoncent la doctrine de l'engagement et, d'autre part, la tentative critique qui se donnera pour but de réexaminer de fond en comble la nature du roman. Mais si le roman, comme le veut Philippe Sollers, « est la manière dont la société se parle », dans la confrontation Malraux-Céline, la société se parle en schizoïde.

CHAPITRE III

Les années quarante :
Simone de Beauvoir, Albert Camus

D IX ANS après *La Condition humaine* et *Voyage au bout de la nuit, L'Etranger* et *L'Invitée,* contemporains à un an près, semblent déphasés par rapport à la réalité politique de l'heure : la guerre et l'occupation du pays par les Nazis après la défaite. Situés hors de l'actualité, ces romans limitent la narration à l'échelle de vies individuelles et évitent les vastes perspectives qui mettent directement en cause l'humanité. A l'intense présence subjective et émotionnelle de Malraux et de Céline, ils préfèrent l'impersonnalité d'une narration en apparence circonscrite et objective.

Si ces deux romans se situent en dehors de l'actualité, c'est en partie parce qu'ils se sont développés avant la débâcle qui met fin à un état d'esprit auquel, dans ses *Mémoires,* Simone de Beauvoir fait souvent allusion : l'optimisme qui affleure malgré le dédain opposé aux « mystifications » d'une politique bourgeoise. Plus engagé dans l'actualité, militant communiste pendant près de deux ans, Camus partageait alors cet optimisme qui reposait sur une sorte de foi dans l'avenir collectif liée pour lui aux postulats marxistes, bien qu'il séparât très tôt le domaine de l'art de celui de l'action politique.

Mais même lorsque, par la suite, l'actualité socio-historique fournira le champ référentiel de leurs écrits, Beauvoir et Camus maintiendront une distance entre la représentation fictive – dans le récit ou le drame – et cette actualité. Par des choix techniques de forme et d'écriture ils reprendront d'abord le thème gidien des « postures » qui situent les individus par rapport à cette actualité et en éclairent la complexité.

En contraste avec Malraux et Céline, tous deux ont été formés par les études universitaires, et l'habitude d'un certain détachement se fait sentir dans leur manière d'aborder l'acte d'écrire. Leurs préoccupations relèvent du climat intellectuel dit existentialiste et se recoupent. Athées tous deux, ils ressentent également le besoin de se libérer à la fois du nihilisme et de la dérision de Céline et du romantisme visionnaire de Malraux.

L'identité profonde de la pensée de Simone de Beauvoir et de celle de Sartre est connue et ne sera démentie que lorsque, aux environs de 1970, Beauvoir prendra conscience des conséquences, pour elle, des thèses féministes que développait vingt ans plus tôt *Le Deuxième Sexe*. Si le même besoin de donner à sa pensée et à sa vie une solide charpente intellectuelle anime Camus, l'orientation de sa pensée, dès les années trente, l'éloigne de l'existentialisme sartrien. Il partage cependant avec Beauvoir, à l'exclusion de Sartre, un trait fondamental — le goût du bonheur, assez caractéristique du milieu estudiantin que comblaient l'explosion artistique et intellectuelle de l'entre-deux-guerres et les modes de vie plus libres qu'elle inaugurait. Pour l'homme du peuple qu'était Camus, pour la femme qu'était Simone de Beauvoir, l'accès à la vie littéraire était une réalisation heureuse.

L'histoire qui fait irruption dans leur vie ne leur apparaîtra pas comme le théâtre grandiose de Malraux où d'héroïques figures jouent leur destin et celui de l'humanité ; elle est la source d'une profonde frustration. Tous deux reconnaissent les coupures que l'histoire a opérées dans leur vie au cours des trois périodes que nous avons distinguées. Il y a pour eux un « avant » 1939 et un « après 1944-1945 » que Beauvoir souligne par les deux titres — *La Force de l'âge* et *La Force des choses* — qui sont ceux des deux volumes centraux de ses *Mémoires*. La décennie des années quarante où ils apparaissent tous deux dans le champ littéraire est déterminante aussi dans la formation de leur personnalité d'écrivains. En une dizaine d'années, de 1942, date de *L'Etranger*, à 1951, date de *L'Homme révolté,* Camus a donné la majeure partie de ses écrits et amorcé une étape nouvelle à laquelle sa mort mettra fin. Des vingt-deux titres que comprend en 1972 l'œuvre de S. de Beauvoir, neuf seulement, de *L'Invitée* au *Deuxième Sexe,* paraissent avant 1950. Mais *Les Mandarins,* qui en 1954 reçoivent le prix Goncourt, et à partir de 1958 les *Mémoires,* sont centrés sur cette période doublement présente et ainsi vue selon deux perspectives. Selon Beauvoir, c'est le choc des événements de 1939-1940 et la révolte qu'elle en a ressentie qui ont transformé une vocation virtuelle d'écrivain en une pratique de l'écriture. Camus et Beauvoir apportent un double témoignage sur ces années de crise, par rapport auxquelles eux-mêmes se situent.

Cela dit, leurs œuvres ne peuvent se réduire à des schèmes idéologiques et sont en fait radicalement différentes par leur orientation, leurs perspectives et leur style. Pour l'essentiel, Beauvoir verra son œuvre de plus en plus nettement sous l'angle du témoignage culturel, tandis que Camus situe la sienne par rapport à une tradition littéraire et à une esthétique.

L'écrivain engagé : les contraintes d'une idéologie

A partir de la création des *Temps modernes,* Simone de Beauvoir prend rang parmi les intellectuels parisiens de gauche ; en 1970 elle est plus que cela : la femme écrivain de sa génération la plus célèbre du monde, une des figures de proue du mouvement féministe. C'est donc la coïncidence de sa carrière avec un mouvement social de première importance qui lui assure un statut unique parmi ses contemporains. Et son succès a sa source dans sa volonté acharnée de rester fidèle à sa conception fondamentale du rôle de l'écrivain : recréer une expérience vécue pour la communiquer aux lecteurs afin de les aider à vivre.

Il s'agit donc d'abord pour elle de prendre conscience de la signification générale de cette expérience, ce qui suppose un acte intellectuel ; et ensuite d'en dégager le sens grâce à une écriture sans équivoque, ce qui est un projet didactique. L'outil de Beauvoir sera donc la prose, prose qu'elle conçoit comme un système transparent se référant sans équivoque à la réalité. Elle accepte les formes littéraires traditionnelles et une écriture réaliste, et aucune différence foncière d'écriture ne différencie les diverses formes dont elle use. Ses deux traités, sur le statut des femmes et sur la vieillesse, sont seulement plus systématiquement documentés.

L'activité littéraire de Simone de Beauvoir se répartit sur quatre plans : la fiction (quatre romans, un recueil de nouvelles, une pièce de théâtre) ; des essais philosophiques, critiques ou polémiques ; quatre volumes de *Mémoires* et deux massifs traités à allure documentaire. Mais on pourrait considérer que l'ensemble ne constitue qu'une seule autobiographie intellectuelle. Beauvoir elle-même nous y autorise en définissant pour chaque volume dans ses *Mémoires* l'impulsion originaire qui l'anime. Toute son œuvre peut se situer par rapport à l'autobiographie, qu'elle a entreprise vers la cinquantaine et qui s'achève une quinzaine d'années plus tard au seuil de la vieillesse. Les *Mémoires* font partie d'un même projet : révéler les prises de conscience successives par lesquelles elle a découvert pas à pas les mythes socio-culturels qui recouvrent la réalité sociale et qui, selon elle, tentent de dicter à l'individu un comportement favorable à l'ordre bourgeois. Elle leur oppose la vérité d'une vie *vécue* — existentielle — , et, par là même, dénonciatrice.

Simone de Beauvoir écrit *Le Deuxième Sexe* lorsqu'elle éprouve dans sa propre vie les contraintes du mythe de l'infériorité féminine ; et *La Vieillesse* lorsqu'elle en sent les premiers symptômes. L'aspect massif et académique du traité, l'immense documentation accumulée répondent au triple souci de l'écrivain : confronter le mythe social et la réalité de l'expérience vécue ; en dévoiler la fausseté ; inspirer l'action. C'est le schéma de toute l'œuvre à partir de *L'Invitée*. Il témoigne d'une fidélité ponctuelle à la définition sartrienne de l'*écrivain engagé*.

Mais les *Mémoires* posent également le problème des perspectives ambiguës qu'ouvre cet engagement même. La première œuvre de Beauvoir, *L'Invitée*, est construite par rapport à deux champs référentiels : l'expérience de la jalousie d'une part et, d'autre part, le schéma existentiel des rapports du moi et de l'autre, que Sartre définissait à la même époque dans *L'Etre et le Néant*. Ce schéma abstrait et théorique repose sur l'axiome que le rapport du moi à l'autre est conflictuel, réplique du rapport maître-esclave, dominant-dominé décrit par Hegel. Dans *L'Invitée* ce schéma structure le drame du trio, renouvelant la thématique classique de la jalousie, mais il reste sous-jacent. Les événements du roman, par là même, acquièrent une sorte de nécessité énigmatique. Beauvoir s'installait dans son domaine propre — celui des rapports du moi avec autrui — l'un des domaines les plus fertiles, sinon le seul domaine de toute fiction. La violence de l'expérience vécue, que la pensée ordonne, crée un récit fictif cohérent et puissant.

A partir de *L'Invitée* le schéma intellectuel explicatif semble précéder l'expérience vécue. Le tissu textuel s'appauvrit, et le thème existentiel, quel qu'il soit, vient buter contre un contexte idéologique qui l'appauvrit et ennuie l'auteur elle-même. Lorsque Beauvoir adopte le schéma marxiste et son vocabulaire la démonstration se fait plus péremptoire : toute situation individuelle ou collective, même la vieillesse, apparaît comme le fait des tendances inhumaines et des intentions criminelles de la société bourgeoise. Les *Mémoires* eux-mêmes posent alors la question de leur valeur de témoignage. Ainsi que dans l'autobiographie de Sartre, *Les Mots,* l'évocation de la jeunesse de Simone de Beauvoir apparaît comme une dénonciation satirique de la culture bourgeoise, menée d'un point de vue idéologique. Les *Mémoires* se situent parmi les ouvrages d'autocritique grâce auxquels Simone de Beauvoir dégage son propre itinéraire intellectuel et le rend exemplaire. Cet itinéraire débouche non sur la littérature mais sur la morale et finalement sur un engagement politique négatif.

Il y a pourtant dans l'œuvre de Simone de Beauvoir une autre thématique, qu'ont dégagée les critiques : une thématique du bonheur, considéré comme un accord des autres et du moi, de l'explosion libre de la sensibilité symbolisée par la fête, la fête par excellence étant la fête collective de la Libération en 1944. Une révolte mal contenue contre la mort est le revers de ce thème. La critique a souligné les contraintes intellectuelles et morales que le besoin d'adhérer à une idéologie justificatrice a imposées à Beauvoir. Les aphorismes et les démonstrations didactiques recouvrent mal une impatience désespérée devant la « force des choses », force qui s'oppose au maintien de cette vie harmonieuse qui était celle de l'auteur avant 1939, et qui constituait pour elle un bonheur où s'annonçaient toutes les victoires. L'œuvre, cependant, profère un message ambigu : l'existence vécue ne coïncide que rarement avec les espoirs et les systèmes humains. Le sentiment du néant des efforts humains n'est jamais exorcisé malgré la volonté expresse de le nier.

L'austère mais utopique programme existentiel qui met la vie de l'individu et sa pensée à l'épreuve des réalités socio-politiques, s'il a doué Beauvoir d'une vie et d'une pensée dont les vecteurs sont strictement parallèles à ceux de Sartre, semble avoir introduit dans son œuvre un conflit peut-être inconscient qui l'arrache à la sécheresse didactique. Dans toutes les œuvres fictives de Beauvoir, ce sont les femmes qui posent les grandes questions métaphysiques face à l'univers masculin préoccupé d'idéologie et d'action. Un malaise féminin rompt le monde des « belles images » et théories masculines : Françoise, l'héroïne de *L'Invitée*, vit l'impossibilité du trio pourtant théoriquement accepté ; Anne, des *Mandarins*, jette un regard lucide sur la chute, après 1945, des beaux rêves politiques des intellectuels de gauche. L'amour et le bonheur impossibles, l'approche de la vieillesse et de la mort, le passage du temps sont les thèmes qui nourrissent une angoisse viscérale autrement éloquente que les thèmes de la liberté, du choix et de la responsabilité. Ce qui donne à Simone de Beauvoir sa physionomie unique et représentative à la fois, ce n'est pas tant le passage de l'idéalisme « bourgeois » à l'existentialisme, puis au marxisme, mais son refus de cultiver cette sensibilité latente et sa volonté de fixer par l'écriture le flot des événements qui ont traversé et bouleversé son microcosme afin de donner à cet acte un sens culturel nouveau.

L'art et les contraintes de l'histoire

Contrairement à la carrière de Simone de Beauvoir, celle de Camus est partie en flèche entre 1942 et 1944. *L'Etranger* et *Le Mythe de Sisyphe* reçurent un accueil enthousiaste et furent suivis de deux pièces de théâtre : *Le Malentendu*, qui déconcerta le public parisien, et *Caligula*, dont l'acteur Gérard Philipe assurait le succès. Entre 1947 et 1951 un second groupe d'écrits, *La Peste*, deux pièces, *L'Etat de siège* et *Les Justes*, et un second essai, *L'Homme révolté*, affirma une renommée qui cependant suscitait désormais quelques réticences. La polémique idéologique éclata au grand jour, déclenchée par *Les Temps modernes*, à propos de *L'Homme révolté*, contre les positions de Camus. Un troisième groupe d'œuvres s'annonçait en 1956-1957 avec *La Chute* et les six nouvelles de *L'Exil et le Royaume*.

D'autre part, Camus, journaliste professionnel, avait publié de nombreux éditoriaux et articles liés à l'actualité politique ; à partir de 1950 il réunit les plus importants dans les trois volumes d'*Actuelles*. La publication, après la mort de Camus, de ses *Carnets* de travail, puis en 1962 et 1965 d'une édition soigneusement établie et commentée de ses œuvres dans la Bibliothèque de la Pléiade, que devaient compléter, dans les *Cahiers* Albert Camus certains inédits (dont un roman de jeunesse inachevé, *La Mort heureuse*), permettait, une dizaine d'années après cette mort, d'apprécier la continuité d'une œuvre plus variée et substantielle qu'il n'avait d'abord semblé, et dont la haute tenue littéraire accentuait l'unité.

Aucune autre œuvre *littéraire* de l'époque n'a suscité, dans l'immédiat, une telle masse de commentaires critiques, venus de tous les horizons ; ils accompagnent et prolongent les écrits de Camus et ne cessent de s'accroître. Sartre, au départ, par son article sur *L'Etranger,* aiguillait la critique vers une interprétation abstraite du récit. *L'Etranger,* selon lui, illustrait la pensée exposée dans *Le Mythe de Sisyphe,* essai sur « l'absurde ». Et c'est sur la pensée de Camus, jugée à l'aune soit du marxisme, orthodoxe ou sartrien, soit de la logique classique, que portera d'abord la critique dans son ensemble, non sans fausser la portée de l'œuvre. Peu à peu la critique se dégagea de cette première voie d'approche, et les études critiques, surtout des récits camusiens, se multiplièrent, soulignant la polyvalence de l'œuvre fictive.

Camus, cependant, avait lui-même signalé la parenté de ses écrits, groupés en blocs successifs, en les rassemblant, dans ses carnets, sous une série de titres : le cycle de l'Absurde ; le cycle de la Révolte, que devaient compléter le cycle de la Mesure auquel il travaillait lors de sa mort et un dernier cycle — de l'Amour — qu'il projetait. Il les distinguait aussi en les plaçant sous l'égide d'une figure mythique emblématique : Sisyphe, Prométhée, Némésis. Il indiquait de la sorte que ses écrits s'ordonnaient selon une perspective diachronique et traçaient un itinéraire, chaque étape proposant en outre une thématique distincte.

Chaque cycle, d'autre part, devait comprendre, comme les deux premiers, un narratif, des pièces de théâtre et un essai. Sur cette disposition par genres, Camus s'est expliqué : « J'écris sur des plans différents pour éviter [...] le mélange des genres. J'ai composé ainsi des pièces dans le langage de l'action, des essais à forme rationnelle, des romans sur l'obscurité du cœur » (« Dernière Interview », *Essais,* Pléiade, p. 1926). Ce sont trois éclairages différents qu'il proposait, l'un ne pouvant remplacer l'autre, bien qu'une même thématique les réunît. Cette disposition exige une perspective synchronique.

En fait, l'essai « rationnel » paraît suivre et non précéder les autres formes d'écriture et se développe selon une dialectique particulière. Ainsi, *Le Mythe de Sisyphe,* comme l'avant-propos l'indique, examine une sorte de « mal du siècle », un nihilisme latent dont Camus fait le diagnostic et qu'il se propose d'exorciser en le faisant passer du plan de la semi-réflexion à celui de la pleine conscience. Au diagnostic circonstancié et raisonné succède le mythe. L'image de Sisyphe, poussant son lourd rocher, condamné par les dieux à remonter toujours la même pente d'où, lorsqu'il est près d'atteindre le sommet, le rocher sans cesse dévalera, met un point final à l'analyse qui constitue le corps de l'essai où sont posés les paradoxes classiques de la condition humaine que Camus désigne par un seul terme : « absurde ». Dans le monde moderne, désacralisé, « l'absurde », c'est, selon le jeune Camus, cette impasse où vient buter la pensée éprise d'absolu et de totalité. Il voit là l'origine du nihilisme qui dévalorise la vie. Grâce au mythe, Camus déplace le problème. Il se propose et propose au lecteur de cesser d'affronter les paradoxes insolubles de la *condition* humaine et de se tourner vers ce qui peut être saisi dans l'immédiat : le *bonheur* humain. Il faut *« imaginer »,* c'est-à-dire inventer, un Sisyphe moderne, heureux.

Ce même dépassement du thème se fait, plus difficilement, dans *L'Homme révolté.* Camus y examine l'emprise sur l'imagination du monde occidental du thème prométhéen de la libération de l'homme. Cette libération exigeait la révolte contre les contraintes qu'imposent « les dieux », c'est-à-dire l'ordre naturel et l'ordre social. Camus traçait le cheminement de cette révolte d'abord libératrice vers les idéologies totalitaires tant nihilistes que socialistes qui ont ponctué l'histoire moderne et abouti, selon lui, aux tyrannies politiques inhumaines, fascistes ou staliniennes, négatrices de la liberté et de la justice qu'elles avaient revendiquées. Justifiant les moyens par la fin, elles ne reconnaissaient plus de limite à leurs entreprises. L'essai débouche, lui aussi, sur un bref récit ironique qui résume l'histoire du Prométhée moderne. Sous le masque du héros mythique, Camus découvre un autre masque, celui d'un César mystificateur, menteur éperdu, engagé dans une entreprise égoïste d'auto-divinisation stérile. Le thème de la révolte engendre alors un contre-thème, celui, positif, de la révolte créatrice, dont l'activité de l'artiste est un exemple.

Les deux essais épousent, sur le plan de la pensée, le rythme fondamental de l'œuvre de Camus, le dynamisme qui lui est propre ; l'exploration d'un thème, arrivée à la limite, s'ouvre sur un nouveau départ. Le jeu des masques démasqués est inhérent à la démarche camusienne et répond à une disposition nietzschéenne. L'artiste selon Zarathoustra se crée de nombreux masques où s'incarnent les mille impulsions d'une sensibilité.

D'un certain point de vue, les personnages de Camus – du petit employé

Meursault de *L'Etranger* à l'ingénieur d'Arrast de *La Pierre qui pousse* — sont intimement liés à la vie profonde de l'artiste « dionysien » qu'est Camus. Les plus puissants d'entre eux se créent eux-mêmes, ainsi que leur histoire, uniquement au moyen de la parole, c'est-à-dire du texte. L'ouverture du récit du premier et sans doute du plus énigmatique d'entre eux, *L'Etranger,* est célèbre : « Aujourd'hui maman est morte, ou peut-être hier... » Celui qui parle impose d'emblée sa présence et son autonomie au lecteur. Camus variera la forme que prennent ces auto-créations simulées et choisira avec soin le type de discours qui leur convient. Ce sera, après le récit de Meursault, le récit de *La Peste* fait à la troisième personne et en un langage soigneusement contrôlé. Un témoin décrit une épidémie de peste à Oran. Ce témoin se révèle à la fin être un des médecins d'Oran, l'organisateur du combat contre le fléau, le Dr Rieux. Vient ensuite le monologue-dialogue du protagoniste de *La Chute* : le « juge-pénitent », Jean-Baptiste Clamence, s'adresse dans un bar d'Amsterdam à un interlocuteur de hasard, dont il se fait l'alter ego. Ce monologue est suivi, dans la nouvelle intitulée *Le Renégat,* de la longue lamentation intérieure du prêtre renégat muet, plainte qui se perd dans le désert environnant.

Camus, pour les nouvelles de *L'Exil et le Royaume* (*Le Renégat* excepté), usera du récit à la troisième personne, mais cherchera le même effet d'autonomie du récit. De la structure de chaque histoire, même des plus réalistes — en apparence — l'histoire d'une grève ratée par exemple *(Les Muets)* ou le dilemme d'un instituteur des hauts plateaux algériens *(L'Hôte)* — se dégage, avec plus ou moins d'insistance, une dimension qui ne serait pas seulement celle d'une réalité, presque toujours algérienne, où sont situés géographiquement les personnages. Les titres mêmes sont des signaux, ainsi que les paysages où évoluent les protagonistes, rivés à un climat et à une géographie : Clamence est prisonnier des brumes et des canaux concentriques d'Amsterdam, l'instituteur de *L'Hôte* est captif du *no man's land* des hauts plateaux d'Algérie à mi-chemin entre le monde des colons et celui des nomades arabes. L'on pourrait multiplier ces exemples.

La richesse des résonances thématiques de ces textes et leur unité tonale semblent proposer au lecteur une signification qui les dépasse, mais qui n'est pas explicitée. Même lorsque, comme c'est le cas pour *La Peste,* Camus annonce la valeur allégorique du texte, le comportement des personnages, la structure du récit laissent des zones d'obscurité qui ne peuvent complètement s'interpréter ni dans le cadre de l'Occupation, à laquelle Camus nous renvoie, ni dans le cadre métaphysique de la condition humaine qui se dessine à l'arrière-plan. Le fléau qui est une forme réelle du mal et qui en représente toutes les autres formes, garde sa spécificité et son opacité. *L'Etranger, La*

Chute et *Le Renégat* plus particulièrement n'ont cédé devant aucune exégèse.

Le récit camusien se situe dans le domaine du mythe et, comme tout mythe, se charge d'ambiguïtés et aboutit non à une clôture, mais à une question. Meursault, l'homme-condamné-à-mort, qui a assumé la condition la plus universelle, ne sera pas, dans les limites du récit, exécuté. Clamence recommencera sa confession-accusation demain peut-être ; et nul ne peut démêler dans le lamento du Renégat la part de la réalité et celle de l'illusion. Camus a renouvelé le récit de type gidien, lui-même d'origine nietzschéenne, en lui insufflant une densité poétique et une orientation thématique plus riches et fortement concentrées.

Il sera moins heureux à la scène, malgré la passion qu'il vouait au théâtre et la longue pratique qu'il en avait. Ses adaptations d'œuvres disparates, tantôt appartenant déjà au théâtre, tantôt comme les deux plus célèbres — *Les Possédés* et *Requiem pour une nonne* — tirées de romans, auront davantage de succès. Son demi-échec ne s'explique donc pas par un manque de métier. De ses quatre pièces jouées entre 1944 et 1949-1950, l'une, *Caligula,* connut le succès ; *L'Etat de siège,* sorte de « mimodrame » lyrique combinant le chant, la pantomime, des mouvements de foule et un foisonnement de jeux scéniques, fut un échec ; *Le Malentendu* et *Les Justes* eurent un succès d'estime peu chaleureux.

Camus abordait le théâtre avec l'ambition de faire revivre à la scène la pièce tragique. Lors du *Malentendu,* il semble avoir pressenti la direction nouvelle où s'engagerait le théâtre. L'action se joue sur une scène réduite à une sorte de lieu abstrait, une salle d'auberge. Elle se joue entre trois acteurs principaux, la mère, la fille et le fils à l'identité cachée, dont le retour, après une longue absence, déclenche automatiquement un pesant rituel de meurtre. Toute l'action se déroule sous le regard d'un vieux serviteur sourd et muet qui ne prononce qu'un mot : « non », en réponse à l'appel désespéré de la seule survivante, l'étrangère, la femme du fils sacrifié dont l'identité trop tard découverte a entraîné la mort des deux meurtrières. Les gestes hiératiques, un dialogue sibyllin fait d'allusions et de signaux « mal entendus » suggèrent la nature du conflit tragique que la pièce devait incarner : la lutte entre une sensibilité refoulée et le projet délibéré qu'inspire aux deux femmes une revendication impérieuse et consciente. Elles tuent les voyageurs afin de voler l'argent qui leur permettra d'atteindre un jour le pays ensoleillé de leur rêve.

Le Malentendu, grâce à l'économie des moyens mis en œuvre, offre une sorte de modèle de la dramaturgie camusienne. L'ironie tragique de la pièce n'est point dans le dénouement, le double suicide de la mère et de la fille, mais dans la prise de conscience qui le précède : le moment où, trop tard, la mère et la fille reconnaissent dans l'étranger assassiné, le fils et le frère. Les trois pièces de Camus, très différentes l'une de l'autre en apparence, ont une même structure fondamentale : le ou les protagonistes — l'empereur Caligula, les aubergistes du *Malentendu,* les terroristes russes des *Justes* — par réaction contre une situation intolérable, se lancent dans l'action pour changer le statu quo ; une fois déclenché le processus, ils sont happés, et, perdant le contrôle du mécanisme initial, découvrent leur échec, dans un moment de lucidité désespéré, face à la mort. C'est donc de l'incommensurabilité entre la logique humaine qui sous-tend une action volontaire et les conséquences de ce comportement que jaillit dans le théâtre de Camus un tragique « moderne ». Le protagoniste tragique n'enfreint pas la loi des dieux, absents ; il cède à la tentation « existentielle », pourrait-on dire, d'assumer les responsabilités d'une liberté sans frein dans la poursuite de desseins justifiés. Il incarne ainsi l'hybris de l'homme moderne selon Camus. Toutes les pièces de celui-ci posent la question des limites inhérentes aux paradoxes qui définissent « l'absurde ». Comme les récits, elles contiennent une pensée critique dont découle la logique de l'action dramatique. Cette logique, semble-t-il, échappe souvent au spectateur, mais donne à ces trois pièces une valeur emblématique. Mieux que les essais et que les récits, elles éclairent la pensée de l'auteur sur les démentis tragiques que la réalité de la condition humaine inflige aux espoirs des hommes, même et c'est le cas du poète-terroriste des *Justes,* Kaliayev, les plus généreux.

Le théâtre de Camus est un théâtre littéraire qui se veut expérimental à l'intérieur d'une tradition remontant aux tragiques grecs. Camus modifie les rapports habituels entre les personnages, l'intrigue et le dénouement, de manière à donner à l'action un sens qui corresponde à sa perception des dilemmes semi-inconscients et des impasses auxquels se heurte la pensée moderne.

Dans son article sur *l'Etranger,* Sartre avait noté l'atmosphère insolite, pour un Parisien, d'un monde littéraire qu'imprègne une sensualité exotique accordée au décor méditerranéen et algérois évoqué. En fait, l'œuvre de Camus et sa sensibilité ont leur source dans la double réalité des quartiers pauvres d'Alger et du somptueux paysage algérois. Les deux premiers écrits publiés de Camus — *L'Envers et l'Endroit* et *Noces à Tipasa* — posent d'emblée cette double réalité comme les deux pôles de l'univers camusien. C'est à Alger qu'une dizaine d'années avant la publication de *L'Etranger,* Camus a commencé sa triple carrière littéraire d'homme de théâtre, de romancier et d'essayiste. Il faisait partie d'une équipe d'Algérois — dont Claude de Fréminville, et Gabriel Audisio, et, plus tard, Jules Roy et l'Oranais Emmanuel Roblès — décidés à donner à « la nouvelle culture algérienne » droit de cité. Le climat de l'œuvre camusienne, sensuel et intellectuel, émane de ces années.

Plus violemment que pour Simone de Beauvoir, la participation active de Camus à la résistance et « l'Histoire » dont il fut acteur et témoin ont infléchi son œuvre en l'assombrissant. Cette histoire a dicté l'orientation du *Cycle de la révolte*. Camus, qui souffre d'une rechute de tuberculose en 1946, travaillera avec difficulté dans l'atmosphère politisée qui suit la Libération. Ce ne sera qu'après une lutte de dix ans contre l'expérience décrite dant *La Peste* que paraîtront les nouvelles de *L'Exil et le Royaume*. Dès ses débuts Camus avait choisi, en tant qu'artiste, de « travailler dans les chaînes » selon l'expression d'un de ses maîtres d'alors, Nietzsche, c'est-à-dire d'accepter les contraintes d'une forme stricte. Ses modèles sont les classiques. Il s'écarte à la fois de l'esthétique surréaliste et du courant existentialiste qui subordonne le souci de la forme à la recherche d'un public aussi étendu que possible. S'il annonce, par moments, avec *L'Etranger, La Chute, Le Renégat* et *Le Malentendu*, certaines des directions que prendront le théâtre et le roman, l'orientation de sa propre recherche est entièrement différente. Et c'est peut-être la rigueur avec laquelle il a poursuivi son entreprise pour cerner, sans en rien sacrifier, la réalité qu'il vivait avec toute sa passion et sa sensualité de jeune Algérois épris de beauté intense, qui explique la qualité de l'œuvre et l'accueil sans précédent que lui fit un public auquel, en tant qu'écrivain, il ne faisait pas plus de concessions qu'il ne s'en autorisait.

Fidèle à l'esthétique existentialiste, Simone de Beauvoir créait un roman qui s'inscrit dans la tradition réaliste, mais qui refuse d'instaurer dans la fiction une conscience centrale qui serait chargée d'organiser et d'interpréter le récit. Elle présente les événements à travers plusieurs consciences, les conversations et les réactions de chaque personnage servant à définir leur « projet » existentiel. Elle écarte l'analyse ; elle la remplace par les schèmes de la psychanalyse existentielle, qui gouvernent et expliquent les démarches des personnages et leurs relations. *L'Etranger, La Chute* et *Le Renégat* illustrent plus nettement un rapport nouveau entre l'auteur, le lecteur et le texte. La pensée de Camus met en question tout système explicatif, toute idéologie. Avec *L'Etranger* le lecteur se trouve devant un texte qui semble d'abord émaner d'un personnage situé et défini selon les conventions courantes ; cependant, on ne peut jamais situer ce narrateur par rapport aux événements qu'il narre. Tôt ou tard une question se pose : qui parle ? et à qui ? Camus a dégagé *le temps* du récit de tout ancrage dans le temps des événements. Le statut du personnage devient problématique. Le récit n'aboutit à aucune clôture : il y a pourvoi. L'ambiguïté du personnage et de son discours est encore accentuée dans *La Chute* et *Le Renégat*. Le personnage et l'histoire émanent d'un discours qui n'a d'autre garant que lui-même et dont les articulations se font par des associations linguistiques et thématiques à l'intérieur du texte même : la logique du texte n'est plus celle de la réalité. Le texte ne se présente ni comme la représentation d'une réalité observée ni comme la représentation de la réalité reflétée par une conscience subjective ; mais comme le déploiement d'un langage ambigu, un « jeu » du langage, une fiction qui cache et révèle à la fois une subjectivité fictive et problématique. L'on ne peut plus distinguer l'histoire de sa présentation. C'est au lecteur que revient la tâche de situer ce discours de manière à identifier, c'est-à-dire à créer, le narrateur lui-même et le sens de son discours. Camus maintient cependant la consistance et la continuité du discours, ce qui rend vraisemblable le postulat que ce discours émane d'un « locuteur » unique. Le récit camusien par ces techniques s'apparente au nouveau roman. Mais la matière qu'il choisit maintient le primat d'un sens qui concerne obliquement la réalité où vit le lecteur.

CHAPITRE IV

1950-1970 :
Marguerite Duras, Claude Simon

C'EST en 1955 *Le Square* qui a signalé au public la présence d'une romancière, Marguerite Duras, qui avait débuté en 1943 et en était à son septième roman. C'est en 1957 qu'avec *Le Vent,* son quatrième roman, Claude Simon connut un premier succès. Avec ce roman, de surcroît, il rejoignait l'équipe de novateurs qui, aux Éditions de Minuit, se proposaient de rompre avec le passé et lançaient un mouvement littéraire dont un colloque en 1971 sur le « nouveau roman » semble marquer le déclin en même temps que l'apogée.

La grave crise que traversent les écrivains qui avaient été accueillis à partir de 1940 coïncide avec la fin de la grande période de l'existentialisme et les premières manifestations d'une double réaction. L'une est politique et idéologique ; le roman de Marcel Aymé, *Uranus* (1948), en donne le signal. L'autre est littéraire, et elle-même double. Certains jeunes écrivains se tournent vers le passé, le passé des années vingt traversé d'une certaine nonchalance à la Radiguet ; ainsi Sagan avec *Bonjour tristesse.* D'autres, les écrivains des Éditions de Minuit, renouent eux aussi avec la tradition, celle que représentent Gide, Proust et Valéry, pour qui le travail littéraire doit s'accompagner d'une élaboration théorique. Les « chefs de file » du groupe à ses débuts, Alain Robbe-Grillet, Nathalie Sarraute et Michel Butor, ont été amplement étudiés à la fois comme praticiens et théoriciens du « nouveau » roman. La célébrité de Beckett peut être jaugée à l'abondance des travaux qu'il a inspirés. Il en est de même pour Ionesco. Un peu en retrait, Robert Pinget poursuit une œuvre abondante et brillante, bien que moins commentée. Si notre choix s'est arrêté sur Marguerite Duras et Claude Simon, c'est que, outre sa qualité, leur œuvre a subi, de décennie en décennie, une mutation qui épouse en quelque sorte, selon deux modes opposés, le mouvement littéraire de l'époque.

Peu théoriciens, l'un et l'autre, à l'occasion, parle de ses ouvrages dans des interviews ; Simon a participé à certains colloques sur le nouveau roman, et dans son *Orion aveugle* (1970) il a décrit et démontré comment à ce moment-là son texte se déployait et s'organisait au cours de l'écriture même ; mais il n'énonce aucune théorie générale du roman. Quant à Marguerite Duras, elle est restée à l'écart des colloques et des travaux de groupe et elle manifeste son aversion du brouhaha théorique qui accompagne les débats centrés sur le roman. Ce qu'il faut au romancier, selon elle, c'est « un sens de l'homme et non pas un concept » ; et les théories proliférantes lui paraissent une aberration du cerveau masculin. « L'homme, dit-elle, doit cesser d'être un imbécile théorique » *(Les Parleuses)*. Pourtant, plus que toute autre, son œuvre a accompli la *dé-structuration* du récit que réclament certains de ces théoriciens. Celle de Claude Simon, par contraste, procède, d'étape en étape, à une méthode de « production » de textes articulés qui s'organisent à partir de données initiales selon des principes de composition sur lesquels il s'est longuement expliqué.

« Il y a, dit Marguerite Duras, toute une période où j'ai écrit des livres, jusqu'à *Moderato Cantabile,* que je ne reconnais pas. » Elle renie donc ses premières œuvres. Elle distingue trois périodes dans son développement : les six romans et les nouvelles écrits de 1943 à 1958 qu'elle ne reconnaît plus ; les trois romans *Moderato Cantabile, Dix Heures et demie du soir en été,* et *L'Après-midi de Monsieur Andesmas* écrits de 1958 à 1962 qui inaugurent sa période expérimentale ; et les cinq textes qui suivent : la trilogie, *Le Ravissement de Lol V. Stein,* sorte de texte matrice, *Le Vice-Consul* et *L'Amour* avec leurs épilogues, les films *La Femme du Gange, India Song, Le Camion.*

La distribution des textes de Claude Simon est presque la même. Trois romans encore conformes aux modèles familiers ; puis cinq grands ouvrages qu'inaugure *Le Vent* et que clôt *Le Palace* (1962). Après un silence de cinq ans une nouvelle phase s'annonce avec *Histoire,* qu'affirment ensuite trois « romans » et un texte, *Leçons de choses* (1975) qui, cinq ans après *Orion aveugle,* illustre la manière dont un texte se tisse et peut, en route, être « diverti ».

Les trois phases que M. Duras et Cl. Simon distinguent dans leur évolution, vers 1970, sont diachroniquement analogues. Dans une première période qui se termine vers la fin des années cinquante, l'un et l'autre adapte à son usage les techniques du roman réaliste, à fond autobiographique, renouvelées sous l'influence du roman américain. Une seconde période se dessine, expérimentale, mais où certains éléments du récit traditionnel sont conservés : le fil d'une histoire, des personnages, l'ancrage dans un contexte que le lecteur peut situer. L'écart entre les deux écritures apparaît et les liens qui les rattachent à deux lignées différentes du roman du XXᵉ siècle : pour M. Duras, sans aucun doute, quoique indirectement, Virginia Woolf ; plus explicitement Joyce et Faulkner dans le cas de Claude Simon. Ce sont les ouvrages de cette deuxième période qui ont valu aux deux écrivains l'attention de la critique et un public peu nombreux d'abord mais qui s'accrut. Cette période est suivie par une mutation plus profonde où, aux yeux de l'écrivain même, son texte ne se rattacherait plus que de bien loin au roman. Si la participation aux débats centrés sur le « nouveau roman » assure alors à Cl. Simon une audience limitée, M. Duras souffre, dit-elle, du silence qui se fait autour de ses écrits.

Rétrospectivement, ce trajet, malgré les coupures successives qu'introduit chaque ouvrage, apparaît comme un continuum. *Le Square,* par exemple, annonce la période expérimentale qui commence avec *Moderato Cantabile,* tout comme *Histoire,* du point de vue technique, est en transition entre *Le Palace* et *Triptyque.*

Au niveau des thèmes, la continuité est frappante et d'origine biographique. Un « ailleurs » hante les personnages de M. Duras, lié à une sensibilité formée par cet « ailleurs » que fut sa vie d'enfant élevée au bord du Mékong. Un paysage occulté l'habite, le « fleuve de douleur », de misère et de faim des foules, qui coule du Cambodge à Calcutta. La hantise de cette souffrance, le besoin de s'y fondre, l'obsession de la mort, la haine du colonialisme, thèmes profonds de l'œuvre, s'y rattachent (voir *Les Parleuses*). Le grand thème du désir érotique féminin s'y déploie. C'est sans doute la présence de ce paysage onirique qui portera tout naturellement Marguerite Duras vers le film.

La guerre est, dans les romans de Cl. Simon, une présence obsédante : la guerre d'Espagne (quatre romans dont, notamment, *Le Palace*) ; la débâcle de 1940 *(La Route des Flandres) ;* la France d'après la Libération *(Gulliver) ;* la première guerre mondiale, et plus lointaine, la bataille de Pharsale dans le roman auquel la bataille donne son titre : le « moi » du récit, au cours d'un voyage en Grèce, lit le compte rendu de cette bataille par Jules César. *Le Palace* évoque aussi, avec le souvenir de la guerre civile, la pénétration des Espagnols dans l'Amérique du sud. Cette présence fragmentaire d'une histoire collective fait partie du « magma confus » autobiographique et personnel d'où Claude Simon tirera ses romans. La présence d'une même région, le sud-ouest de la France ; d'une même famille ; d'un même personnage qui, d'un livre à l'autre, parcourt les mille labyrinthes d'une même mémoire, « narrant », « se narrant » une histoire fragmentée, jamais entièrement « restituée », laisse transparaître un champ référentiel réel qui s'estompe et se dérobe devant le narrateur.

Après *Histoire,* le narrateur fictif, producteur en principe du texte dont il fournit le point de départ et suit le déroulement intérieur, disparaît. Reste celui qui tient la plume et qui, à partir de son désir d'écrire et d'une relation avec un ou plusieurs objets hétéroclites, juxtaposés, inaugure un « texte », un tissage de mots qui se développe à la surface de la page par de complexes jeux d'associations, phoniques, sémantiques et métaphoriques. Ecrire devient une aventure, le spectacle des jeux du langage qui se déploie et s'ordonne en des combinaisons non prévues.

L'entreprise de ces deux écrivains, cependant, bien que le contexte change, nous ramène vers une activité initiale, celle de l'auteur qui tient la plume. Elle pose la question du rapport de l'écrivain avec le langage qui retrouve sa fonction de « transport » ; de « ravissement », dirait peut-être Duras. A partir de 1955 environ, quand ils entrent dans leur phase expérimentale, ni l'un ni l'autre ne cherche à situer le roman par rapport à un champ référentiel réel, même si, d'abord, ils usent encore des éléments familiers que le lecteur de roman anticipe : personnages, histoire, point de vue.

Jusqu'à *Détruire, dit-elle,* les romans de Duras offrent une lecture de surface et des situations d'une transparente simplicité. L'on peut aisément en résumer les scénarios : une bonne et un colporteur de bricoles se rencontrent par hasard dans un square, se parlent de 4 h 30 à la tombée de la nuit, se quittent pour se revoir, ou non, plus tard dans la semaine *(Le Square).* Quatre voyageurs français, un couple et leur enfant accompagnés d'une amie, passent une nuit imprévue à l'hôtel dans une petite ville espagnole où l'on poursuit un homme qui vient de tuer une femme. Tandis que le mari et l'amie cèdent à un désir lancinant, la femme abandonnée tente sans succès de porter secours au meurtrier *(Dix heures et demie du soir en été).*

De même les romans de Cl. Simon peuvent se rattacher à ces « romans de la mémoire » (Jean Rousset) dans la lignée du roman proustien, dont relèvent aussi deux des quatre romans de Butor : *L'Emploi du temps* et *La Modification* ainsi que nombre de romans de Pinget dont *L'Interrogatoire.* Un personnage, que le romancier situe dans le temps et dans l'espace, parcourt, d'association en association, un certain passé que sa situation du moment fait revivre, mais en fragments dont l'incohérence semble cacher une énigme. Ainsi dans *La Route des Flandres,* Georges, prisonnier de guerre rapatrié, au cours d'une nuit qu'il passe dans le lit de Corinne, la femme de son cousin et officier supérieur tué sous ses yeux au cours de la débâcle, recrée dans une sorte de monologue intérieur continu la chaîne des événements, émotions et questions qui s'agglomèrent autour de ses relations avec ce cousin. Dans

Le Palace, un personnage dont la mémoire par moments chevauche celle de ce même Georges, revient à Barcelone quinze ans après y avoir séjourné lorsqu'il était étudiant, et le même processus se déroule. Un lecteur patient peut reconstituer la chronologie exacte, par rapport au temps historique, des événements présentés dans le récit.

Cependant, chez M. Duras rien n'explique l'histoire du personnage — une femme toujours — qu'un cataclysme arrache à son milieu bourgeois pour la faire pénétrer dans le monde imaginaire du roman. Ainsi, le monde harmonieux d'Anne Desbaresdes, femme riche et heureuse, mère d'un petit garçon qu'elle aime, est déchiré lorsque retentit le coup de revolver d'un crime passionnel. Ce coup de revolver ouvrira en elle la brèche par où jaillira le désir violent et dévastateur d'un amour sans limites, d'une passion vécue jusqu'à la mort *(Moderato Cantabile).* De même l'existence de Lol V. Stein, jeune fiancée bourgeoise, comblée, sera dévastée quand, le soir d'un bal, son fiancé, Michael Harrington, l'abandonnera pour suivre une autre femme, Anne-Marie Stretter. « Qu'est-ce que la perfection », disait le Faust de Valéry, « sinon la suppression de tout ce qui nous manque. » C'est contre la suppression de ce manque, entreprise faustienne et mortelle (l'autre face du manque étant la faim, le désir donc de vie) que s'insurge M. Duras, tant dans la réalité de sa vie que dans ses textes. L'exigence de l'expérimentation littéraire, dans son cas, se situe dans ce contexte. Il s'agit d'ouvrir des brèches dans la belle ordonnance du langage et du récit pour laisser le non-dit, le manque, apparaître et envahir le langage articulé. La syntaxe donnée, les formes admises de la culture gomment un discours pour en imposer un autre ; cet ordre faux, M. Duras se propose de le gommer à son tour.

C'est ce discours non formulé qui se fait jour peu à peu dans le comportement de somnambule des personnages de Duras dont l'individualité est concentrée dans l'emploi incantatoire d'un nom : Anne Desbaresdes, Lol. V. Stein, Anne-Marie Stretter ; dans les décors qu'elles habitent, les mots épars qu'elles prononcent.

Le texte de Duras tire pari des propriétés musicales du langage — de l'espacement des mots, de l'emploi de leitmotive —, et crée une continuité rythmique qui se subtitue à la continuité syntactique. Il a comme fonction de « ravir » le lecteur à son décor quotidien pour le transporter dans cette réalité sans bornes, sans limites, qu'est le « manque » humain. L'écart des deux mondes apparaît dans les deux inscriptions musicales entre lesquelles oscillent les personnages du *Vice-Consul,* à l'intérieur des enceintes de leur ambassade de Calcutta : l'*India Song,* les blues dont la partition reste fermée sur le piano du Vice-Consul à Paris ; et le chant monotone d'une mendiante qui ponctue sa longue errance du Cambodge à Calcutta.

C'est par la désarticulation des structures « parfaites » du récit fictif que M. Duras entend arracher le personnage à ses déterminations traditionnelles, aux fictions faustiennes et masculines qui l'expliquent. Ses figures féminines sont, dit-elle, « trouées par le dehors, traversées par la passion ». C'est donc par elles que le « fleuve de douleur » et de vie érode, déborde et emporte les structures occidentales « sécurisantes » tout comme la mélopée de la mendiante mine les formes dominées des sonatines, valses ou autres compositions musicales. L'emprisonnement de la femme et de l'écrivain dans des décors bourgeois, étroits et isolés (villas derrière leurs grilles, hôtels de luxe, villes d'eaux, ambassades) est le « texte » imposé dont Duras poursuit la destruction jusqu'à l'extrême limite. *Amour* n'offre plus la moindre histoire. Sur une plage désolée entre la mer et une ville morte, S. Tahla — serait-ce le S. Tahla du *Ravissement* ? —, trois personnages sont silhouettes. L'un va et vient sur la plage, l'autre est une femme assise, L.V.S. — serait-ce Lol V. Stein ? Le troisième est un voyageur-observateur revenu en pèlerinage — serait-ce Michaël Harrington qui autrefois avait abandonné Lol V. Stein ? Rien n'est sûr. Tout reste en suspens dans ce décor de fin ou de début de monde, qui néanmoins rappelle les lointaines figures d'autres fictions. C'est vers la constitution de ce *texte minimal* que de livre en livre s'est orientée Marguerite Duras, un peu comme Beckett, pour tenter d'atteindre, semble-t-il, au-delà des limites du « moi », cette conscience humaine indifférenciée qui s'exprime dans la monodie de la « femme du Gange ». Le thème fondamental de Duras est celui de l'aliénation, et du manque, au sein d'une société en ruines, le thème de l'Autre vers lequel le geste d'écrire jette l'écrivain. L'aliénée est presque toujours la conscience féminine qu'il s'agit de délivrer ou qui se délivre.

L'expérimentation prend une autre direction pour Claude Simon, vers ce que le critique anglais Stephen Heath appelle la « re-textualisation ». Peintre, Simon aborda le problème de l'organisation formelle du récit à partir d'une pratique de la peinture. Comment, en tant qu'écrivain, contenir et canaliser la prolifération chaotique des chaînes d'associations qui s'offrent à la mémoire ? Grand lecteur de Proust, de Joyce et de Faulkner, Simon distinguait nettement les trois plans du « roman de la mémoire » : les faits, objets et personnages hétéroclites assemblés dans la mémoire d'un personnage, l'effort du narrateur pour suivre la trace des événements qui les ont ainsi rassemblés, le travail de l'écrivain pour leur imposer un ordre.

La réalité vécue par Claude Simon lui-même étant celle de l'absurde et de la non-signification de la vie humaine, il ne pouvait imposer un ordre téléologique à ce travail de remémoration, une finalité comme celle qui mène *A la Recherche du temps perdu* ou *La Modification* à une résolution finale. Comme le peintre d'un retable baroque qui groupe sur un même plan des figures venues de couches temporelles éloignées, Claude Simon imposera au dynamisme de ces remémorations certaines contraintes *spatiales,* le parcours selon certains vecteurs dont il a donné les représentations graphiques [1]. La situation initiale une fois établie lui permettait de suivre « mot à mot » les associations engendrées par les éléments hétéroclites que proposait la mémoire et d'en faire les générateurs dynamiques qui, dans la pensée d'un narrateur, mettent en mouvement les jeux d'associations assurant le dynamisme du récit : les pigeons, les affiches déchirées, le Palace absent d'une place à Barcelone, ou la série des cartes postales que le narrateur d'*Histoire* trouve dans le tiroir d'une vieille commode.

La fiction dès lors s'empare du souvenir, le passé se fait « présent » sur le plan de l'écriture, le récit s'organise autour de quelques centres « irradiants » (Ricardou) : un cheval mort dans *La Route des Flandres,* point où devra passer quatre fois la narration en as-de-trèfle de ce roman. Ce sont des « tentatives » de récit, des « fragments » que l'écriture arrache ainsi à une histoire semi-effacée. L'écriture ne répond plus aux conventions qui postulent qu'un *narrateur* s'adresse à un lecteur qui accepte la convention que le discours émane d'un personnage. L'Histoire et sa présentation se détachent tant de l'écrivain que du narrateur qui se cherche à tâtons dans ces réseaux de relations en train de lui apparaître. Les longues phrases célèbres de Claude Simon et son emploi du participe présent indiquent le rôle « présentifiant », dit-il, de l'écriture. Le texte se construit à mesure, selon le trajet de la mémoire et par des associations dont la signification reste hypothétique, mais qui composent un paysage psychique comparable à l'ensemble d'un retable.

Le travail de l'écrivain est conçu alors comme le *transfert* sur le plan du langage et la recombinaison en un ensemble textuel nouveau, du « plâtras » *(Leçons de choses)* de la mémoire. Le narrateur « Georges » dont se crée ainsi la légende à partir de la vie réelle de Claude Simon, disparaîtra avec le dernier mot d'*Histoire* : « moi ? » Et ce sera vers les jeux combinatoires que lui proposent les mots (associations phoniques, calembours, métaphores, métonymies surtout d'origine visuelle mais parfois surdéterminées : ombelle-ombrelle) et à partir d'un « générique » (un tableau, un calendrier), que Claude Simon expérimente désormais.

Dans l'un et l'autre cas, de façon entièrement différente, Marguerite Duras et Claude Simon ont épousé la courbe d'évolution du roman expérimental : la réduction progressive du personnage, de l'histoire, la recherche d'une nouvelle « formalisation » de la fiction. Ils ont abouti à deux pôles

---

1. « La fiction mot à mot », *Le Nouveau Roman : hier, aujourd'hui,* II, coll. 10/18, p. 73-96.

extrêmes. D'une part, au quasi-silence d'*Amour* et au recours au film pour ouvrir des perspectives sur ce fonds de sensibilité qui, selon Duras, pré-existe à toute fiction et échappe au langage. D'autre part, à la fabrication de textes autogénérateurs dont la cohérence s'établit justement en ces points où apparaissent, pour le lecteur moyen, d'inexplicables discontinuités. Mais ils ont une chose en commun : c'est le rapport d'échange qu'ils ne cessent d'affirmer entre le moi qui écrit et son texte, entre la réalité vécue et sa « translation » dans le langage qu'il s'agit de transformer. Le moi est diffus dans le texte, non présent sous forme d'un sujet clos sur lui-même, autonome, qui juge un monde extérieur à lui ou le façonne en autarcie. L'écrivain a acquis une modestie nouvelle. Dans le cas de Duras, le rétrécissement de la matière, dans celui de Claude Simon sa prolifération, déplacent le champ d'activité du lecteur.

*
* *

On serait tenté de pratiquer, sur ce bref parcours qui va de Cocteau à Claude Simon, une enquête semblable à celle que Claude Simon mène dans ses romans, de *Vent* à *Histoire,* pour suivre de décennie en décennie l'empreinte de notre histoire sur la sensibilité de notre époque reflétée dans sa littérature. Sans nul doute elle est grande ; il apparaît clairement qu'il n'est pas d'écrivain dont l'entreprise littéraire n'ait été déterminée en partie par une conscience aiguë de sa situation historique. Cela même lorsque, comme les « nouveaux-nouveaux écrivains » de 1960, ils se donnent pour tâche d'arracher la littérature à sa fonction référentielle et représentative. Le champ de la conscience a changé, se modifie et s'élargit sans cesse. Il est naturel que la relation entre la fiction et ses modes de représentation change. L'idée que se font les écrivains de leur fonction, le vocabulaire même dont ils usent pour en parler, la forme qu'ils donnent à leurs écrits, le mode d'écriture qu'ils choisissent, sont en étroite relation avec leur mode d'insertion dans ce monde.

Abandonnant les perspectives diachroniques, difficiles à établir par rapport à une période insuffisamment éloignée, l'on pourrait aborder l'ensemble de ces œuvres comme si elles constituaient une série synchronique, chacune se définissant en fonction des autres. Certains thèmes alors se répondent d'une œuvre à l'autre. Deux dominent : l'histoire, avec ses thèmes annexes de la destinée et du temps ; et une vaste enquête sur la conscience et la nature du moi qu'accompagnent souvent les thèmes annexes de la mort et de la création. Le souci du moi disparaît cependant pour faire place aux spéculations sur la nature de cet être mythique hérité du XIXe siècle, l'homme, et aussi « l'homme nouveau ».

Dans ce contexte, certaines obsessions se dessinent : celle par exemple de la bête. C'est la bête que Malraux guette dans l'homme, l'homme de qui Céline prophétise l'irrémédiable décadence vers l'animalité ; c'est la bête qui apparaît par mille images et métaphores dans les romans de Claude Simon, et qu'évoquent les hordes de mendiants affamés de M. Duras. La bête, la bestialité, la violence, l'érotisme, la mort hantent cette littérature que neutralise, naturalise, dirait-on peut-être, l'ordre du texte écrit. La hante aussi le rêve ou l'espoir de formes nouvelles d'affection, d'amitié qui lieraient entre eux les êtres humains : Breton, Malraux, Camus, Duras, chacun à sa façon développe ce thème.

L'écriture est, semble-t-il encore, pour l'écrivain, l'au-delà de l'homme, ce par quoi il se transforme. A partir de Breton, les écrivains paraissent se donner pour tâche de *créer* une expérience hypothétique et potentielle pour leur lecteur, non de recréer une expérience reconnue et entérinée. La poésie, disait Breton, est tout acte de contestation ; la prose, peut-être, est tout acte d'investigation. La contestation et l'enquête sont les deux formes les plus répandues que prend le discours littéraire, d'où les relations malaisées qu'il entretient avec son propre passé, avec les canons littéraires par quoi il se constitue et se signale comme littérature.

MOTIFS DE PEINTURES FACIALES, INDIENS CADUVEO
(Collection C. Lévi-Strauss)

Une conclusion
non conclusive

Nous avons distingué nettement une période littéraire très riche en œuvres qui accompagnent une poussée « moderniste » et en relèvent à titres divers. La plupart se situent dans le cadre d'une tradition littéraire qu'elles ré-interprètent. Cette poussée est suivie par une période de resserrement et une stérilité relative qui apparaîtra peut-être plus tard comme une période de gestation. Ce rétrécissement cependant coïncide avec la brisure historique dont la deuxième guerre mondiale fut une conséquence, plutôt peut-être qu'une cause. Hanté par l'histoire des chutes de grands empires, on a pu parler à nouveau d'une décadence, terme peu satisfaisant. En France les diverses mises en question de l'activité littéraire font écho aux incertitudes devant l'avenir qu'affronte le monde occidental, telles qu'elles se répercutent dans la conscience des Français. On a nommé « néo-modernisme » l'ensemble de la littérature de pointe dont le vecteur couvrirait dans sa lancée les années 1950 à 1970 très approximativement : elle atteint désormais un point mort, comme c'était arrivé au Symbolisme vers 1910. Nous avons vu le champ littéraire se modifier sensiblement de décennie en décennie depuis 1920. Ce sera peut-être vers 1985 que la physionomie de ces cinquante années commencera à se dessiner pour nous dans l'ensemble et que nous en lirons mieux les signes.

Au terme de ce parcours rétrospectif, on peut cependant hasarder un regard vers l'avenir. Déjà entre 1970 et 1977 le champ littéraire se transforme. Certains termes liés à une catégorie d'ensemble – « modernisme » – rebondissent de chapitre en chapitre, ponctuant notre texte : mutation, mise en question, débordement des genres et des structures établies, et, en fin de compte, « déconstruction » ; ou encore texte, écriture, discours, code et langage. D'autres soulignent le passage d'un singulier à un pluriel : polysémie, langages critiques, littératures francophones, paralittératures, mass-media. On parle aussi de « littératures homosexuelles » ou de « féminismes ». C'est dire que la culture française, sous la pression de transformations sociales, s'ouvre à l'idée de diversification ; tandis que, par ailleurs, les dogmatismes idéologiques entrent en conflit. Aucun ne s'impose. Tous les « discours » subissent une mise en question, une critique sévère. Le « modernisme », en effet, naît d'une prise de conscience. Il est lié à un sens aigu du caractère problématique de toute forme d'expression, et du conditionnement qui seul rend possible toute forme de communication. De cette prise de conscience découlent les deux aspects inséparables d'une même interrogation qui atteint le projet littéraire à sa source même : quel statut donner au sujet, au « je » ; et quelle relation établir avec le langage ?

Cependant, cette interrogation pourrait bien arriver désormais à son terme, et céder la place à un besoin d'affirmation. Du point de vue social, certains groupes veulent se faire entendre, les femmes par exemple ou les groupes minoritaires. Le besoin de laisser à nouveau jaillir la parole, ou l'écriture, semble indiquer que l'écrivain cherche à retrouver un rapport plus spontané, plus immédiat avec le langage et avec ses lecteurs. La phase critique « scientiste » du post-modernisme semble virer vers une conscience élargie et plus précise à la fois des conditionnements et des limites de ces deux activités jumelées lire/écrire. Un texte, toutefois, en tant que tel, est en soi irréfutable. Et le « plaisir du texte », quelque signification qu'on lui attribue, ne l'est pas moins. Le lecteur « naïf », en prise directe avec le texte, précède le lecteur armé de théories ; et parfois, renversant les rôles, c'est le premier qui accuse l'autre de naïveté.

Certains thèmes, hasardeux peut-être, s'imposent cependant à la réflexion. Au cours de sa longue histoire, la littérature française a connu des périodes d'effervescence suivies d'accalmies qui se révélaient être des périodes de gestation. Mais le débat sur la littérature a sa source, après 1950, dans un autre débat, situé à une grande profondeur, le débat sur la culture même. La vie littéraire en France reposait, depuis près de quatre siècles, sur la *lecture* et le commentaire d'un ensemble de textes « classiques » qui transmettaient à la fois une conception de la vie et de l'excellence de l'expression, et constituaient un idéal de « haute culture ». Cet idéal tend à disparaître avec la démocratisation de l'enseignement et l'orientation nouvelle d'une civilisation pour laquelle la lecture tend à devenir marginale.

L'importance qu'accordent au texte les petits groupes marginaux d'intellectuels, critiques ou écrivains, apparaît sous cet éclairage comme une sorte d'auto-défense ; et la place qu'ils accordent au lecteur mythique est symptomatique. C'est, en effet, l'effort de faire de la lecture une activité d'initié qui révèle, le plus directement peut-être, le recul de l'écrivain devant la montée d'un public nouveau. L'appel hâtif à des techniques de recherche encore peu sûres — psychologiques, sociales, linguistiques — pour étayer cet effort, et la prolifération de terminologies critiques douteuses et en tout cas mystifiantes pour le lecteur moyen, tendent à créer un nouveau culte du texte littéraire. Il faudra peut-être un certain temps pour que se reconstitue cette entente entre un milieu social et une écriture qui semble être la condition d'une vie littéraire riche en œuvres. Pour le moment cette condition n'existe pas, ou du moins ne semble pas exister. Mais peut-être sommes-nous trop proches pour apercevoir, sous les remous de surface, les courants qui se dessinent, car le processus est complexe qui lie la littérature qui se fait à ceux qui la lisent. Et la contradiction est grande quand l'écrivain, par l'ésotérisme de son langage, sépare le public de l'œuvre, tout en proclamant, à juste titre, le lecteur indispensable à la vie du texte. Mais peut-être les exigences des nouveaux écrivains-exégètes préparent-elles un public plus averti, critique et avisé, d'où naîtra, comme à l'époque de la Renaissance, une écriture nouvelle, une littérature propre à cette fin du xxᵉ siècle pour nous encore opaque, mais riche en possibilités à la fois impensables et singulièrement imminentes.

La grande entreprise de notre temps aura été de redéfinir le contexte de la réalité où nous nous situons. L'enseignement de la littérature française s'était sans doute trop attaché à transmettre un système de valeurs qui n'était plus lié aux structures nouvelles du monde contemporain. D'où peut-être l'état présent : la prolifération des systèmes d'interprétation et l'indécision des formes littéraires ; la coexistence de deux littératures — celle qu'on lit mais dont on ne parle guère, celle qu'on ne lit guère mais autour de laquelle s'accumulent les gloses. En tout cas la vigueur des débats qu'a suscités la littérature depuis vingt ans, nous semble souligner son rôle central dans cet ensemble mal défini qu'on nomme culture.

L'auteur tient à remercier M. Jean-Louis Jacquet qui l'a aidée dans la préparation du « Dictionnaire des auteurs », ainsi que M. Urs Egli à qui est due la notice « Métérié » et M. Arnaud de Mareüil à qui sont dues les notices « Lanza del Vasto » et « La Tour du Pin ».

Dictionnaire des auteurs

A

ABELLIO (Raymond) (pseud. de Georges Soulès) [Toulouse, 1907]
Polytechnicien, ingénieur des Ponts et Chaussées, Abellio, pour commencer, fit de la politique. Elu en 1937 au comité directeur de la SFIO, il est mobilisé en 1939. Fait prisonnier, il est libéré en 1941. Il entre alors au Mouvement Social Révolutionnaire (M.S.R.) d'Eugène Deloncle. Après la guerre, il se retire en Suisse. Son premier livre, *Heureux les pacifiques,* paraît en 1946 et obtient la même année le Prix Sainte-Beuve. Il publiera deux autres romans, *Les Yeux d'Ezéchiel sont ouverts* (1950) et *La Fosse de Babel* (1962). Il a en outre écrit plusieurs essais sur la gnose, la science des nombres et la phénoménologie de l'être : *Vers un nouveau prophétisme* (1947), *La Bible, document chiffré* (1950-1951), *Assomption de l'Europe* (1954), *La Structure absolue* (1964). En 1975, il a donné un premier recueil de souvenirs : *Les Militants, 1927-1939.*
Bibl. : Marie-Thérèse Bodart : « A propos d'entretiens récents avec Raymond Abellio », dans *Synthèses,* Paris-Bruxelles, oct.-nov. 1967. — Marc Hanrez : *Sous les signes d'Abellio,* Lausanne, Ed. de l'Age d'homme, 1975.
(P. 50, 196, 283.)

ADAMOV (Arthur) [Kislavotsk dans le Caucase, 1908 — Paris 1970]
Né en Russie où sa famille possède des puits de pétrole à Bakou, il fait ses études à Genève et s'installe à Paris en 1924. Il y fréquente les milieux surréalistes. Sous le régime de Vichy il est interné au camp d'Argelès. En 1946 il publie *L'Aveu,* récit où se trouvent amorcés les thèmes principaux de son œuvre théâtrale. En 1950 sa pièce, *La Grande et la Petite Manœuvre,* est créée au théâtre des Noctambules. En 1953 il publie le tome I de son théâtre *(La Parodie, L'Invasion, La Grande et la Petite Manœuvre, le Professeur Taranne, Tous contre tous)* ; en 1955 le tome II *(Le Sens de la marche, Les Retrouvailles, Ping-Pong) ;* en 1966 le tome III annonce un théâtre politique qui va en s'affirmant *(Paolo Paoli, La Politique des restes, Sainte-Europe)* ; en 1968 le tome IV *(M. le Modéré, Printemps 71).* En outre Adamov a écrit plusieurs essais sur le théâtre : *August Strindberg dramaturge* (1955), *Ici et Maintenant* (1964), et un recueil de souvenirs : *L'Homme et l'Enfant* (1968). L'un des chefs de file du « Nouveau théâtre » (avec Ionesco et Beckett), il s'est orienté à partir de *Paolo Paoli* vers un théâtre de satire sociale.
Bibl. : René Gaudy : *Arthur Adamov,* Stock, 1971. — Geneviève Serreau : *Histoire du « Nouveau théâtre »,* Gallimard 1966. — Pierre Mélèse : *Arthur Adamov,* Seghers, 1973. — Supplément de *La Nouvelle Critique* (août-septembre 1973). — Emmanuel C. Jacquart : *Le Théâtre de la dérision* (Beckett, Ionesco, Adamov), Gallimard, 1974. — John H. Reilly, *Arthur Adamov,* New York, Twayne, 1974. — David Bradby : *Adamov,* Londres, Grant and Cutler, 1975.
(P. 114, 197, 264-5.)

ANOUILH (Jean) [Bordeaux, 1910]
Fils d'un père tailleur et d'une mère violoniste, Anouilh, « le Giraudoux du pauvre », a débuté comme secrétaire de Louis Jouvet. En 1928, sa pre-

N.-B. Sauf exception, les références bibliographiques ne concernent que les ouvrages publiés avant l'année 1976. — Paris, lieu d'édition n'est pas mentionné.

mière pièce, *L'Hermine,* fut créée au théâtre de l'Œuvre. Après sa rencontre avec Barsacq et Pitoëff en 1937, il donne *Le Voyageur sans bagage.* Après *Antigone* jouée au théâtre de l'Atelier en 1944, il écrit plus de quinze pièces qui lui valent d'être l'un des grands noms de la scène française. Lui-même a classé son théâtre en *Pièces roses (Le Bal des voleurs, Le rendez-vous de Senlis, Léocadia, Eurydice)* parues en 1949, *Pièces noires (L'Hermine, La Sauvage, Le Voyageur sans bagage, Médée)* parues en 1958, *Nouvelles Pièces noires (Jézabel, Antigone, Roméo et Jeannette), Pièces brillantes (L'Invitation au château, Colombe, La Répétition ou l'amour puni, Cécile ou l'école des pères)* parues en 1951, *Pièces grinçantes (Ardèle ou la Marguerite, La Valse des toréadors, Ornifle ou le courant d'air, Pauvre Bitos ou le Dîner de têtes)* parues en 1956, *Pièces costumées (L'Alouette, Beckett ou l'honneur de Dieu, La Foire d'empoigne)* parues en 1960, et les *Nouvelles Pièces grinçantes (L'Hurluberlu ou le réactionnaire amoureux, La Grotte, l'Orchestre, Le Boulanger, la boulangère et le petit mitron, Les Poissons rouges ou Mon père ce héros)* parues en 1970.

BIBL. : Serge Radine : *Anouilh, Lenormand, Salacrou, trois dramaturges à la recherche de leur vérité,* Genève, Ed. des Trois Collines, 1951. — Philippe Jolivet : *Le Théâtre de Jean Anouilh,* M. Brient et Cie, 1963. — Brigitta Coenen-Mennemeier : *Untersuchungen zu Anouilh Schauspiel « Beckett ou l'honneur »,* Munich, M. Hueber, 1964. — John E. Harvey : *Anouilh : A Study in Theatrics,* New Haven & London, Yale University Press, 1964. — Pol Vandromme : *Un auteur et ses personnages,* La Table ronde, 1965. — Clément Borgal : *Anouilh, la peine de vivre...,* Ed. du Centurion, 1966. — Robert de Luppé : *Jean Anouilh,* Ed. Universitaires, 1967. — L.C. Pronko : *The World of Jean Anouilh,* Berkeley, University of California Press, 1968. — G.-B. de Sanctis : *Studi sul teatro,* Ravenna, A. Longo, 1968. — Paul Ginestier : *Jean Anouilh,* Seghers, 1969. — Jacques Vier : *Le Théâtre de Jean Anouilh,* SEDES, 1976. (P. 80, 197, 253, 260-2, 265.)

ARAGON (Louis) (pseud. de Louis Andrieux) [Paris, 1887]

Né à Paris dans « les beaux quartiers », il est mobilisé à vingt ans comme médecin auxiliaire. En 1919 il fonde avec Breton la revue *Littérature,* puis rejoint le mouvement dadaïste et devient un des chefs de file du mouvement surréaliste. En 1928 il rencontre Elsa Triolet qui deviendra sa femme. Après avoir participé au congrès des écrivains révolutionnaires à Kharkov (1930), il rompt avec les surréalistes et se lance dans la voie de la littérature engagée. Membre du parti communiste, il dirige *Ce soir* jusqu'à l'interdiction du journal, fin 1939. Pendant la seconde guerre il est de nouveau mobilisé. Il devient le grand poète de la Résistance. A la Libération, il reprend la direction de *Ce soir* et celle des *Lettres françaises.* Membre du comité central du parti communiste français en 1950, il mène de front son rôle de militant en même temps qu'il publie l'essentiel de son œuvre.

Ses premiers poèmes, *Feu de joie,* parurent en 1920. Par la suite il a publié *Le Mouvement perpétuel* (1926) qui relève de l'esthétique surréaliste, *Persécuteur persécuté* (1930), *Hourra l'Oural* (1931), qui marquent sa conversion au marxisme, *Le Crève-cœur* (1941), *Les Yeux d'Elsa* (1942), *Le Musée Grévin* (1943), *La Diane française* (1945), *Le Nouveau Crève-Cœur* (1948), consacrés à la Résistance, *Les Yeux et la Mémoire* (1954), *Elsa* (1959), *Les Poètes* (1960), *Le Fou d'Elsa* (1963), *Les Chambres* (1969), recueils dans lesquels il a recours à une versification plus traditionnelle.

Ces phases successives se retrouvent dans son œuvre romanesque : *Le Paysan de Paris* (1926), d'inspiration surréaliste, auquel succède le réalisme social : *Les Cloches de Bâle* (1934), *Les Beaux Quartiers* (1936), *Les Voyageurs de l'impériale* (1942), *Aurélien* (1944) et *Les Communistes* en six volumes (1949-1951). Revenant à des formes classiques, dans sa dernière phase il combinera sa vision de l'Histoire et celle de sa propre histoire : *La Semaine Sainte* (1958), *La Mise à mort* (1965), *Blanche ou l'oubli* (1967).

Il a publié aussi de nombreux essais, dont : *Traité du style* (1928), *La Peinture au défi* (1930), *Servitude et Grandeur des Français* (1945), *L'Homme communiste,* I et II (1946-1953), *Matisse, apologie du luxe* (1946), *Journal d'une poésie nationale* (1954), *Littératures soviétiques* (1955), *Avez-vous lu Victor Hugo ?* (1954), *Les Collages* (1965), *Je n'ai jamais appris à écrire ou les incipit* (1969).

BIBL. : Hubert Juin : *Aragon,* Gallimard, 1960. — Pierre de Lescure : *Aragon romancier,* Gallimard, 1960. — Roger Garaudy : *Du surréalisme au monde réel, l'itinéraire d'Aragon,* Gallimard, 1961. — Suzanne Lalery : *Aragon, poète d'Elsa,* Centre d'études et de recherches marxistes, 1965. — Jean Sur : *Aragon, le réalisme de l'amour,* Ed. du Centurion, 1966. — Maxwelle Adereth : *Commitment in Modern French Literature,* Londres, Gollancz, 1967. — Aragon et Dominique Arban : *Aragon parle avec Dominique Arban,* Seghers, 1968. — Alain Huraut : *Louis Aragon, prisonnier politique,* Balland, 1970. — Bernard Lecherbonnier : *Aragon,* Bordas, 1971. — Sophie Bibrowska : « Une mise à mort : l'itinéraire romanesque d'Aragon », *Lettres nouvelles,* Denoël, 1972. — Daniel Bougnoux : « *Blanche ou l'Oubli* » *d'Aragon,* Hachette, 1973. (P. 26, 32-35, 55-57, 60, 81, 83-84, 90, 105, 171, 200-203, 214, 224-6, 240-3, 259, 282.)

ARLAND (Marcel) [Varennes-sur-Amance, Haute-Marne, 1899]

Orphelin de père, il connaît une enfance triste. C'est dans les livres et la contemplation de la nature qu'il trouve un refuge. Après avoir poursuivi ses études secondaires au collège de Langres, il monte à Paris où il se mêle au mouvement surréaliste. En

1920 il fonde une revue d'avant-garde, *Aventure*. Peu après il publie son premier recueil, *Terres étrangères* (1923) et il entre à la *NRF* aux destinées de laquelle il a présidé pendant un demi-siècle. De son œuvre, qui est considérable, on retiendra *Etienne* (1924), *Monique* (1926), *Les Ames en peine*, *Edith*, *L'Ordre* qui lui vaudra le Prix Goncourt en 1929, des recueils de nouvelles échelonnés de 1932 à nos jours et qui l'ont mis au premier rang des rares nouvellistes de l'époque, *Les Vivants* (1934), *Les plus beaux de nos jours* (1937), *La Grâce* (1941), *Il faut de tout pour faire un monde* (1947), *L'Eau et le Feu* (1956), *A perdre haleine* (1960), *Le Grand Pardon* (1965). Ajoutons d'innombrables essais et ouvrages de critique dont : *Anthologie de la poésie française* (1941), *Avec Pascal* (1946), *Chronique de la peinture moderne* (1949), *Marivaux* (1950), *La Prose française* (1951), *Essais et Nouveaux Essais critiques* (1952), *La Grâce d'écrire* (1955). En 1952 il a obtenu le Grand Prix de littérature de l'Académie française, et en 1960 le Grand Prix national des lettres. En 1968 il sera élu à l'Académie française.

BIBL. : Alvin A. Eustis : *Marcel Arland, Benjamin Crémieux, Ramon Fernandez*, Debresse, 1961. — Jean Duvignaud : *Arland*, Gallimard, 1962. — Alain Bosquet : *En compagnie de Marcel Arland*, Gallimard, 1973.
(P. 174, 227.)

ARRABAL (Fernando) [Melilla, Maroc espagnol, 1932]

En 1936, lors de la guerre civile son père est arrêté et disparaît. Il passe alors son enfance à Madrid avec sa mère et son frère. En 1950, ayant obtenu une bourse, il s'installe en France. Il tombe malade et c'est alors qu'il écrit ses premières pièces. En 1958, J.-M. Serreau monte *Pique-nique en campagne*. La même année paraît *Théâtre I* (*Oraison, Les Deux Bourreaux, Fando et Lis, Le Cimetière des voitures*), en 1961 *Théâtre II* (*Guernica, Le Labyrinthe, Le Tricycle, Pique-nique en campagne, La Bicyclette du condamné*), en 1965 *Théâtre III* et *Théâtre IV* (*Le Grand Cérémonial, Le Couronnement, Concert dans un œuf, Cérémonie pour un Noir assassiné*), en 1967, *Théâtre V* (*L'architecte et l'Empereur d'Assyrie*), en 1969, *Théâtre VI* (*Le Jardin des délices, Bestialité érotique, Une tortue nommée Dostoïevski*), en 1972, *Théâtre VII* (*Deux Opéras* sur une musique de Luis de Pablo et de Jean-Yves Bosseur). Arrabal a en outre publié un certain nombre de romans, *Baal-Babylone* (1959), *L'Enterrement de la sardine* (1961), *La Pierre de la folie* (1963), *Fête et rite de la confusion* (1967).

Auteur d'un théâtre fortement érotique, il a lui-même parlé de « Théâtre panique ».

BIBL. : Bernard Gille : *Fernando Arrabal*, Seghers, 1970. — Françoise Raymond-Mundschau : *Arrabal*, Ed. Universitaires, 1972.
(P. 197, 253, 265.)

ARTAUD (Antonin) [Marseille, 1896 — Ivry, 1948]

Très tôt il souffre de troubles nerveux. En 1920, grâce à Lugné-Poë, il fait ses débuts au théâtre et joue ensuite sous la direction de Gémier et de Dullin. Ses premiers poèmes ayant été refusés par la *NRF*, il entame une correspondance avec Jacques Rivière sur le problème de la littérature et de son impossibilité. En 1924, il assure la direction du numéro 3 de *La Révolution surréaliste*. Peu après paraissent *L'Ombilic des limbes* et *Le Pèse-nerfs*. 1927 : rupture avec les surréalistes. Il participe alors à la création du Théâtre Alfred Jarry et du Théâtre de la cruauté. Peu à peu il élabore des textes qui paraîtront en 1938 sous le titre *Le Théâtre et son double*. 1934 : publication d'*Héliogabale ou l'anarchiste couronné*. Après l'échec des *Cenci*, représentés aux Folies-Wagram, il entreprend en 1936 un voyage au Mexique et commence à donner des signes de déséquilibre. Rapatrié d'Irlande, il est interné d'office en 1937, puis transféré à Rodez où le Dr Ferdière pratique sur lui des électrochocs. En 1946 il séjourne dans une maison de santé de la région parisienne. Le 13 janvier 1947, il donne une conférence au Théâtre du Vieux-Colombier. Le 3 mars, il meurt d'un cancer dans une clinique à Ivry. Ce n'est qu'une dizaine d'années plus tard que l'importance de ses théories sur le théâtre commencera à être reconnue et que l'œuvre entière sortira de l'ombre pour atteindre, aux environs des années 70, la renommée internationale.

BIBL. : Otto Hahn, *Portrait d'Antonin Artaud*, Le Soleil noir, 1968. — *Antonin Artaud et le théâtre de son temps*, Gallimard, 1969. — Bettina Knapp : *Antonin Artaud : Man of vision*, New York, D. Lewis, 1969. — Daniel Joski : *Antonin Artaud*, Ed. Universitaires, 1970. — Isidore Isou : *Antonin Artaud torturé par les psychiatres*, Lettrisme, 1970. — Naomi Greene : *Antonin Artaud, Poet without Words*, New York, Simon & Schuster, 1971. — Gérard Durozoi : *Artaud, l'aliénation et la folie*, Larousse, 1972. — Franco Tonelli : *L'Esthétique de la cruauté*, Nizet, 1972. — *Artaud* : colloque du Centre culturel international de Cerisy-la-Salle, juin-juillet 1972, U.G.E., 1973. — Georges Charbonnier : *Antonin Artaud*, Seghers, 1973. — Danièle André-Carraz : *L'Expérience intérieure d'Antonin Artaud*, Librairie Saint-Germain-des-Prés, 1973. — S. Sontag : *A la rencontre d'Artaud*, C. Bourgois, 1975.
(P. 89, 189, 199, 204, 229-31, 236, 239, 254-56, 260, 264, 276.)

AUDIBERTI (Jacques) [Antibes, 1899 — Paris [1965]

Après un bref passage au greffe de la Justice de Paix d'Antibes, Audiberti « monte » à Paris en 1925. Il se lance dans le journalisme et fréquente les milieux surréalistes. En 1929, il publie un premier recueil poétique, *L'Empire et la Trappe*, qui obtient le Prix Mallarmé, bientôt suivi de *Race des hommes* (1937). De son œuvre romanesque qui compte une dizaine de titres, on retiendra : *Abraxas* (1938) et, surtout, *Le Maître de Milan* (1950). Mais c'est par la richesse et l'abondance de son œuvre théâtrale qu'Audiberti s'est imposé. Sa première pièce *Quoat-Quoat* sera représentée en 1945. En 1948 paraîtra le tome I de son théâtre *(Quoat-Quoat, Les Femmes du bœuf, Le Mal court)*; en 1952 le tome II *(Pucelle, La Fête noire, Les Naturels du Bordelais)*; en 1956 le tome III *(La Logeuse, Opéra parlé, Le Ouallou, Altanima)*; en 1959 *L'Effet Glapion*; en 1961 le tome IV *(Cœur à cuir, Le Soldat Dioclès, La Fourmi dans le corps)*; en 1962 le tome V *(Pomme, pomme, pomme, Bâton et Ruban, Boutique fermée, La Brigitta)*, et enfin en 1969, *La Poupée*.

BIBL. : André Deslandes : *Audiberti*, Gallimard, 1964. — Michel Giroud : *Audiberti*, Seghers, 1973. — Jean Yves Guérin, *Le Théâtre d'Audiberti et le Baroque*, Klincksieck, 1976.
(P. 260, 264.)

AYMÉ (Marcel) [Joigny, Yonne, 1902 — Paris, 1967]

Dernier né d'une famille nombreuse, il est élevé par ses grands-parents. Mauvais élève, il passe pour le « dernier des cancres ». Après la guerre il fait son service militaire dans l'Allemagne occupée. A la suite de quoi il exerce divers métiers. Lors d'une maladie en 1925, il commence à écrire. En 1926 il publie son premier roman, *Brûlebois*, pour lequel il obtient le Prix Renaudot. En 1930 *La Rue sans nom* lui vaut le Prix Populiste. Mais c'est en 1933 qu'il connaît le succès avec *La Jument verte*, roman plein de verve sur la vie politique d'une petite ville de province. Il publie ainsi bon nombre de romans, de contes et de nouvelles, dont *La Vouivre* (1943), *Les Contes du chat perché* (1939) et *Le Passe-muraille* (1943). A partir de 1948 il s'adonne principalement au théâtre, pratique la satire et prend pour cible la bêtise et la cruauté des hommes *(Clérambard, 1950, La Tête des autres, 1952)*.

BIBL. : Hélène A. Scriabine : *Les Faux Dieux*, Mercure de France, 1963. — Pol Vandromme : *Marcel Aymé*, Debresse, 1964. — Jean-Louis Dumont : *Marcel Aymé et le merveilleux*, Debresse, 1970. — Les *Œuvres romanesques* illustrées par Topor ont été publiées en 1977, aux Éditions Flammarion.
(P. 133, 226-27, 265, 311.)

B

BACHELARD (Gaston) [Bar-sur-Aube, 1884-Paris, 1962]

D'abord petit employé des Postes, il obtient à Paris en 1912 sa licence ès-sciences mathéma-

tiques. Mobilisé en 14, il passe trente-huit mois au front. A son retour il prépare l'agrégation de philosophie, puis le doctorat avec une thèse intitulée *Essai sur la connaissance approchée* (1928). Son œuvre est une réflexion sur le nouveau rationalisme : *La Valeur inductive de la réalité* (1929), *Le Nouvel Esprit scientifique* (1934), *La Formation de l'Esprit scientifique : contribution à une psychanalyse de la connaissance objective*. Refusant le dualisme, Bachelard tente une approche conjointe de l'esprit poétique et de l'esprit scientifique. C'est ainsi qu'il écrit sous l'influence de Jung *La Psychanalyse du feu* (1938), mais aussi *La Philosophie du non* (1940), *L'Eau et les Rêves* (1942), *L'Air et les Songes* (1943), *La Terre et les rêveries de la volonté*, *La Terre et les rêveries du repos* (1948), mais aussi *Le Rationalisme appliqué* (1949), *L'Activité rationaliste de la physique contemporaine* (1951), *Le Matérialisme rationnel* (1953), *La Poétique de l'espace* (1957), *La Poétique de la rêverie* (1961), *La Flamme d'une chandelle* (1961).

BIBL. : Voir Bibliographie générale p. 381.
(P. 106, 177-9, 186.)

BARTHES (Roland) [Cherbourg, 1915]

Fils d'un officier de marine, il passe son enfance à Bayonne. Ses premiers écrits paraissent dans la page littéraire de *Combat*. Lecteur aux Universités de Bucarest et d'Alexandrie, il entre ensuite au CNRS et s'y adonne à des travaux de lexicologie et à des recherches sur les signes et les symboles sociaux. En 1962 il devient directeur d'études à l'Ecole des hautes études. En 1953, la publication du *Degré zéro de l'écriture* fait date. Barthes introduit alors la distinction désormais classique entre la « langue », l' « écriture » et le « style ». Appliquant à la réalité du quotidien les données de l'analyse structurale, il publie en 1957 *Mythologies*. Poursuivant ses recherches sur le langage et devenu le maître à penser de « la nouvelle critique », il publie en 1965 *Eléments de sémiologie*, et 1967 *Système de la mode*. *Essais critiques* paraissent en 1964, *Critique et Vérité* en 1966, ainsi que *Sur Racine*, *Les Nouveaux Essais critiques* en 1972. Se penchant plus particulièrement sur la « textualité », il prolonge son œuvre de décryptage avec *S/Z* (1970), *L'Empire des signes* (1970), *Sade, Fourier, Loyola* (1971). Troisième volet : *Le Plaisir du texte* (1973), *R.B. par lui-même* (1975). Influence profondément le groupe Tel Quel. Depuis 1976 il enseigne au Collège de France.

BIBL. : Voir Bibliographie générale p. 382.
(P. 84, 89, 106, 132, 143, 176, 188, 229.)

BATAILLE (Georges) [Billon, Puy-de-Dôme 1897-Orléans, 1962]

Après l'Ecole des Chartes, Bataille fréquente les surréalistes. En 1928-1930 il fonde la revue *Documents* avec Michel Leiris, André Masson et Georges

Limbour. Lors de sa rupture avec Breton, il publie *Un Lion châtré*. En 1936-1937 il fonde avec Georges Ambrosino, Pierre Klossowski et André Masson une revue dont le premier numéro porte le titre : *La Conjuration d'Acéphale*, et crée le « Collège de sociologie » avec Leiris, Caillois, Monnerot et Klossowski. Après la guerre il lance la revue *Critique*, tout en étant bibliothécaire. Il a publié des fictions et des poèmes dont *L'Abbé C.* (1950), *L'Impossible* (1962), des écrits théoriques parmi lesquels *La Part maudite* (1949), *La Littérature et le Mal* (1957), *L'Erotisme* (1957), *Les Larmes d'Eros* (1961), et une somme athéologique : *L'Expérience intérieure* (1943), *Le Coupable* (1944), *Sur Nietzsche* (1945). L'érotisme violent de l'œuvre restée obscure jusque vers la fin des années 60 est l'expression d'une pensée mystique, où la notion de transgression et l'obsession de la mort débouchent sur une recherche de l'absolu.

BIBL. : Jean-Paul Sartre : « Un nouveau mystique », dans *Situation I*, Gallimard, 1947. — Pierre Klossowski : « La Messe de Georges Bataille », dans *Un si funeste désir*, Gallimard, 1963. — Numéro spécial de *Critique*, *Hommage à Georges Bataille*, n° 195-196 août-sept. 1963. — Denis Hollier, « Le Matérialisme dualiste de Georges Bataille », *Tel Quel*, printemps 1966. — Numéros spéciaux de *l'Arc*, Aix-en-Provence, 1967, 1971. — Catalogue de l'exposition consacrée à Georges Bataille à Orléans, 1971. — Lucette Finas : *La Crue*, Gallimard, 1972. — Colloque du Centre culturel de Cerisy-la-Salle, 1972 (U.G.E., 1973). — Jacques Chatain : *Georges Bataille*, Seghers, 1973. — Denis Hollier : *La Prise de la Concorde*, Gallimard, 1974. — Daniel Hawley : *Bibliographie annotée de la critique sur Georges Bataille, 1929-1976*, Genève, Slatkine et Libr. Champion, 1976. (P. 50, 78, 83-5, 89, 113, 143, 153-4, 163, 171, 185, 189, 199, 204, 208, 219, 230-2, 296.

BEAUVOIR (Simone de) [Paris, 1908]

Née dans une famille de la bourgeoisie aisée, c'est à quatorze ans que Simone de Beauvoir, après une enfance conformiste, perd la foi. Dès lors, elle suit les chemins de la révolte. Avant son agrégation de philosophie obtenue en 1929, elle rencontre Jean-Paul Sartre. Devenue enseignante, elle n'abandonnera l'université qu'en 1943, l'année même de la publication de son premier roman, *L'Invitée*. A la Libération, elle fait partie du premier comité de rédaction des *Temps modernes*. C'est alors qu'elle publie divers essais : *Pyrrhus et Cinéas* (1945), *Pour une morale de l'ambiguïté* (1947). S. de Beauvoir ébauche une morale de la liberté, laquelle ne va pas sans une morale de l'égalité, d'où *Le Deuxième sexe* (1949), essai important sur la condition féminine. Devenue marxiste parce que le marxisme « désaliène » l'homme et le délivre de ses chaînes, elle tiendra avec *Les Mandarins* (1954) le journal de bord des intellectuels de gauche. Ce roman lui vaudra le Prix Goncourt. Au fil des années, elle publiera les

Mémoires d'une jeune fille rangée (1958), *La Force de l'âge* (1960), *La Force des choses* (1963), sorte de longue autobiographie où elle raconte sa lutte pour conquérir sa liberté et l'impossibilité d'échapper à la condition humaine. *Une mort très douce* (1964), *La Vieillesse* (1970) et *Tout compte fait* (1972) se rattachent à cette œuvre autobiographique.

BIBL. : voir Bibliographie générale p. 390. (P. 39, 58, 65-6, 92, 151, 192, 196, 228-9, 266, 270, 299, 309.)

BECKETT (Samuel) [Foxroth, près de Dublin, 1906]

Romancier et dramaturge irlandais, Beckett écrit à la fois en anglais et en français. Son œuvre profondément originale a atteint une audience internationale. Ami et traducteur de Joyce, il sera en 1928 lecteur d'anglais à l'Ecole normale supérieure de Paris. En 1930 il publie *Whoroscope* (poème), puis un essai sur Proust et un roman, *Watt*, qui sera traduit plus tard en français. En 1935 il s'installe en France, et publie peu après, à Londres, *Murphy*. C'est en 1945 qu'il donne son premier texte en français à la revue *Fontaine*. Il écrit un roman, *Molloy* (1951), et une pièce, *En attendant Godot*, dont la représentation en 1952 lui vaut la célébrité. Il poursuit son œuvre romanesque : *L'Innommable* (1953), *Comment c'est* (1961), *Watt* (traduit en 1969), *Mercier et Camier* (1970) et fait jouer avec succès ses pièces *Fin de partie*, *Actes sans paroles*, *Tous ceux qui tombent* (1957), *Oh! les beaux jours* (1963). Reconnu avant tout comme l'un des chefs de file de l'anti-théâtre, ses récits s'étant imposés plus lentement mais l'ayant classé très haut parmi les plus grands, il a reçu en 1969 le Prix Nobel de la littérature.

BIBL. : Huguette Delye : *Samuel Beckett ou la philosophie de l'absurde*, Aix-en-Provence, La Pensée universitaire, 1960. — Frederick J. Hoffman : *Samuel Beckett : The Language of self*, Carbondale, Ill., Southern Illinois University Press, 1962. — Léonard Pronko : *Théâtre d'avant-garde*, Denoël, 1963. — Jean Onimus : *Beckett*, Desclée de Brouwer, 1967. — Louis Perche : *Beckett*, Ed. du Centurion, 1969. — Olga Bernal : *Langage et fiction dans le roman de Beckett*, Gallimard, 1969. — Michel Foucré : *Le geste et la parole dans le théâtre de Samuel Beckett*, Nizet, 1970. — Lawrence E. Harvey : *Samuel Beckett, Poet and Critic*, Princeton, N.J., Princeton University Press, 1970. — Guy Groussy : *Beckett*, Hachette, 1971. — « Essai de bibliographie des œuvres de Samuel Beckett », par B. J. Davis ; « Essai de bibliographie des Etudes en langues française et anglaise consacrées à Samuel Beckett (1931-1966) » par J. R. Bryer et M. J. Friedman ; « complément (1929-1969) », par P. C. Hoy, « avec une esquisse de bibliographie des études en d'autres langues (1953-1959) », *Lettres Modernes*, 1971. — Gérard Durozoi : *Beckett*, Bordas, 1972. — André Marissel : *Samuel Beckett*, Ed. Universitaires, 1972. — Ludovic Janvier : *Pour Samuel Beckett*, U.G.E., 1973. — Hugh

Kenner : *A Reader's Guide to Samuel Beckett*, New York, Farrar, Strauss & Giroux, 1973. — Ruby Cohn : *Back to Beckett*, Princeton, N.J., Princeton University Press, 1973. — Cahiers de l'Herne : *Beckett* (nº 31, 1976, 366 pages. Inédits, excellent recueil d'articles ; bibl. p. 352-365.) — La traduction du *Bateau ivre* par Samuel Beckett achevée en 1932, est éditée en 1976 par James Knowlson et F. Leakey, à 300 ex., Reading, Whiteknights Press. (P. 84, 87, 89-90, 114, 132, 182, 196-7, 205, 213-4, 217-8, 224, 226, 231, 253, 264-5, 303, 311, 316.)

BERNANOS (Georges) [Paris, 1888-Neuilly, 1948]

Cet homme entier a mené une vie aventureuse. Elève des Jésuites, il entre au petit séminaire de Notre-Dame-des-Champs, puis passe une licence de lettres et de droit. Militant de l'Action française, directeur de l'hebdomadaire royaliste, *L'Avantgarde de Normandie*, il entame une polémique avec Alain, le philosophe du radicalisme. En 14, bien que réformé, ce nationaliste s'engage. En 1917 il épouse la descendante d'un frère de Jeanne d'Arc. Il rompra avec l'Action française dans les années 30. C'est tardivement qu'il vient à la littérature. En 1926 il remporte un grand succès avec *Sous le soleil de Satan*. *La Joie* (1929) lui vaut le Prix Fémina. Le polémiste prend alors le dessus. Il publie en 1935 *La Grande Peur des bien-pensants* où il vitupère le conformisme des milieux catholiques. Il revient au roman l'année suivante avec *Le Journal d'un curé de campagne*. La guerre d'Espagne lui inspire *Les Grands Cimetières sous la lune* (1938). L'ancien camelot du roi se fait maintenant l'interprète des morts. En 1938, il s'embarque pour l'Amérique du Sud. Pendant la guerre ses deux fils rejoignent la France libre. Cet homme déchiré, resté fidèle au christianisme de son enfance, se veut le défenseur des idéaux de pureté, d'honneur, et d'amour de la patrie. Rappelé par le général de Gaulle, il revient en France en 1945 et publie *Monsieur Ouine* (1946). *Dialogues des Carmélites* paraîtront en 1949.

BIBL. : Joseph Jurt : « Essais de bibliographie des textes en langue française consacrés à Georges Bernanos durant sa vie », *Lettres Modernes*, Minard, 1972. — Cahiers de l'Herne : *Bernanos*, Ed. de l'Herne, 1962. — Jessie Lynn Gillespie : *Le tragique dans l'œuvre de Georges Bernanos*, Genève, Droz, 1960. — William Busch : *Souffrance et expiation dans la pensée de Bernanos*, Lettres Modernes, 1962. — Jean de Fabrègues : *Bernanos tel qu'il était*, Tours, Mame, 1963. — « Etudes Bernanosiennes » dans la revue des *Lettres Modernes*, I 1960, II 1961, III-IV 1963. — Michel Estève : *Bernanos*, Gallimard, 1965. — Guy Gaucher : *Georges Bernanos*, Plon, 1965. — Bernard Halda : *Bernanos*, Ed. du Centurion, 1965. — Yves Bridel : *L'Esprit d'enfance dans l'œuvre romanesque de Georges Bernanos*, Lettres Modernes, 1966. — Max Mil-

ner : *Georges Bernanos*, Desclée de Brouwer, 1967. — Roger Pons : *Bernanos*, Montreuil, Ed. Parabole, 1967. — Guy Gaucher : « Le thème de la mort dans les romans de Georges Bernanos », *Lettres Modernes*, 1967. — Brian T. Fitch : « Dimensions et structures chez Bernanos », *Lettres Modernes*, 1967. — John Colin Whitehouse : « Le réalisme dans les romans de Bernanos », *Lettres Modernes*, 1969. — Entretiens du centre culturel international de Cerisy-la-Salle consacrés à Georges Bernanos, 1969, Plon, 1972. — Emmanuel Mounier : *Malraux, Camus, Sartre, Bernanos*, Le Seuil, 1970. — Colin W. Neelbeck : « Les personnages de Bernanos romancier », *Lettres modernes*, 1970. — Marie-Luce Chênerie : « Pour un bestiaire de Bernanos », *Lettres Modernes*, 1972. — Jacques Petit : *Bernanos, Bloy, Claudel, Péguy ; quatre écrivains catholiques face à Israël*, Calmann-Lévy, 1972. — Henri Guillemin : *Regards sur Bernanos*, Gallimard, 1976. — Robert Speaight : *Georges Bernanos*, New York, Liveright, 1974.

(P. 31, 49, 61, 68, 82, 110, 149, 154, 161, 196, 215, 219, 220-1, 227.)

BERTIN (Célia) [Paris, 1920]

Elle est de celles grâce à qui le roman a survécu. *La Parade des impies* (1946) fut un livre très remarqué. *La Dernière Innocence* obtint le Prix Renaudot. Elle a écrit une dizaine de romans mais aussi des essais : *Haute-couture, terre inconnue* (1956). Après 1968, elle s'est installée aux Etats-Unis. Elle a publié depuis *Je t'appellerai Amérique* (1972). Elle a su persévérer sur la lancée de la tradition romanesque, et confronter avec le monde nouveau, puis avec le nouveau monde, des personnages qui n'avaient pas renoncé au passé.

(P. 86.)

BILLETDOUX (François) [Paris, 1927]

Homme de radio et de télévision, Billetdoux est avant tout homme de théâtre. Ancien élève de l'IDHEC, romancier avec malice (*L'Animal*, 1955, *Royal Garden Blues*, 1957, et *Brouillon d'un bourgeois*, 1961), il a été producteur-réalisateur à la Radio française, directeur des programmes artistiques de R.T.F. à la Martinique, puis directeur des programmes de la Société de Radio-diffusion d'Outremer. C'est en 1959 qu'il remporte son premier vrai succès au théâtre avec *Tchin-tchin*, comédie pour laquelle il reçoit le Prix U et le Prix Lugné-Poë. Son théâtre paraîtra en volume : Théâtre I — *A la nuit, la nuit, Le Comportement des époux Bredburry, Va donc chez Törpe* (1961) ; Théâtre II — *Pour Finalie, Comment va le monde, Môssieu ? Il tourne Môssieu !, Il faut passer par les nuages* (1964). — Sa fille, Raphaële Billetdoux, romancière, a reçu le Prix Interallié 1976 pour son roman *Prends garde à la douceur des choses*, Le Seuil, 1976.

(P. 197, 265.)

BLANCHOT (Maurice) [Quain, Saône-et-Loire, 1907]

Il débute en collaborant au *Journal des Débats*, à *L'Insurgé* et à *Aux Ecoutes*. Pendant la guerre il mène une vie retirée et publie la première version de *Thomas l'Obscur* (1941), puis un roman, *Aminadab* (1942). En 1945 il devient membre du jury du Prix des Critiques. Il publie des récits : *Le Dernier Mot* (1947), *L'Arrêt de mort* (1948), *Celui qui ne m'accompagnait pas* (1953), *Le Dernier Homme* (1957), *L'Attente, l'Oubli* (1962). Dans son œuvre, Blanchot en revient toujours à la problématique du langage et de l'être. Ce maître à penser a publié aussi de nombreux essais dont : *Lautréamont et Sade* (1949), *L'Espace littéraire* (1955), *Le Livre à venir* (1959). Son œuvre restée longtemps obscure attirera l'attention de la critique à partir des années 1960, Blanchot apparaissant alors comme l'écrivain ayant poussé le plus loin tant comme critique que comme romancier, la réflexion sur l'acte même d'écriture.

BIBL. : voir Bibliographie générale, p. 381.
(P. 88, 111, 131, 169, 177, 181-2, 196, 208, 213, 218, 224, 296.)

BLANZAT (Jean) [Eymoutiers, Haute-Vienne, 1966 — Paris, 1977]

Après une enfance passée sur les rives de la Gartempe, il « monte » à Paris et collabore à la revue *Europe* dirigée par Jean Guéhenno. Il publie un premier récit, *Enfance,* en 1930. Pendant la guerre il milite dans la Résistance au sein du réseau du Musée de l'Homme et obtient pour *Orage du matin* (1942) le Grand Prix du roman de l'Académie française. Il participe à la fondation du Comité national des Ecrivains. Après la guerre il entre comme directeur littéraire aux Editions Grasset, puis comme membre du comité de lecture chez Gallimard. En 1964 il obtiendra le Prix Fémina pour son roman *Le Faussaire.*

BLONDIN (Antoine) [Paris, 1922]

Lauréat du Concours général, il prépare une licence de philosophie, mais en 1943 il est envoyé en Autriche au titre du Service du Travail obligatoire (STO). En 1949 il obtient le Prix des Deux-Magots pour son roman *L'Europe buissonnière.* Il publie ensuite *Les Enfants du bon Dieu* (1952), *L'Humeur vagabonde* (1955). Il obtiendra le Prix Interallié pour *Un Singe en hiver* (1959).

BIBL. : *Livres de France,* numéro spécial, mai 1963.

BONNEFOY (Yves) [Tours, 1923]

Penseur, érudit, critique d'art, traducteur de Shakespeare, poète surtout, Yves Bonnefoy, après des études de mathématiques et de philosophie, fréquente à Paris le groupe des surréalistes. En 1953 il publie sa première œuvre, *Du mouvement et de l'immobilité de Douve,* suivie de *Hier régnant désert* (1958) et de *Pierre écrite* (1965). Il obtient en 1959 le Prix de la Nouvelle Vague pour son essai *L'Improbable.* En 1967 il fonde avec Gaëtan Picon, André du Bouchet et Louis-René des Forêts la revue *L'Ephémère,* consacrée à la poésie. L'œuvre de Bonnefoy révèle un poète difficile, héritier surtout de la tradition mallarméenne, et qui a sa place au premier rang des poètes de sa génération.

BIBL. : Gaëtan Picon, *L'Usage de la lecture* (t. 1) Mercure de France 1961. — Jean-Pierre Richard, *Onze études sur la poésie moderne,* Ed. du Seuil, 1964. — John-E. Jackson, *Yves Bonnefoy,* Poètes d'aujourd'hui, Seghers, 1976. — Numéro spécial de *L'Arc,* consacré à Yves Bonnefoy, 1976.
(P. 197, 238, 242, 244, 283, 293.)

BOSCO (Henri) [Avignon, 1888-1976]

Son œuvre a été profondément marquée par la Provence. Agrégé d'italien, il enseignera jusqu'à l'heure de la retraite en 1945, l'année même où il obtiendra le Prix Renaudot pour *Le Mas Théotime.* De son œuvre on retiendra surtout *L'Ane culotte* (1937), *Malicroix* (1948), qui lui vaudra le Prix des Ambassadeurs, et *Sites et Mirages* (1951), un livre d'impressions sur l'Algérie. L'œuvre de Bosco est en retrait et tout imprégnée d'occultisme.

BIBL. : Jean Lambert : *Un voyageur des deux mondes,* Gallimard, 1952. — Jean Susini : *Henri Bosco,* Alès, Brabo, 1959. — Jean-Cléo Godin : *Henri Bosco, une poétique du mystère,* Montréal, Presses de l'université de Montréal, 1968. — Michel Barbier : *Symbolisme de la maison dans l'œuvre d'Henri Bosco,* Aix-en-Provence, La Pensée universitaire, 1968. — Hommage à Henri Bosco pour ses quatre-vingts ans, publié par l'« Astrado Prouvençalo », Toulon, 1972. — Jean-Pierre Gauvin : *Henri Bosco et la poétique du sacré,* Klincksieck, 1974. — *Le Réel et l'imaginaire dans l'œuvre de Henri Bosco. Actes du colloque de Nice (mai 1975),* J. Corti, 1976.
(P. 112, 196, 219, 228, 283.)

BOSQUET (Alain) (pseud. d'Anatole Bisk) [Odessa, 1919]

« Homme de partout et de nulle part », Bosquet est né en Russie pendant la Révolution. Elevé en Belgique, il combat pour la France libre en 1941-1942. Ensuite, à New York, il devient secrétaire de rédaction du journal *La Voix de la France.* C'est là qu'il fait la connaissance d'André Breton, de Saint-John Perse, de Salvador Dali. En 1945, il publie un premier recueil de poèmes, *La Vie est clandestine.* En 1952 il recevra le Prix Apollinaire pour *Langue* morte, en 1957 le Prix Sainte-Beuve pour *Premier Testament,* en 1960 le Prix Max Jacob pour *Deuxième Testament,* en 1962 le Prix Fémina-Vacaresco pour son essai *Verbe et Vertige,* en 1966 le Prix Interallié pour son roman *La Confession mexicaine,* en 1968 le Grand Prix de poésie de l'Académie française. *Le Livre du doute et de la grâce* paraît en 1976. Il a exercé une influence en tant que traducteur, critique d'art et critique littéraire, et a joué auprès des poètes le rôle d'intermédiaire et de découvreur.

BIBL. : Charles Le Quintrec : *Alain Bosquet,* Seghers, 1964.

(P. 197, 238, 240-1.)

BOUCHET (André du) [Paris, 1924]

Après un séjour à Harvard, du Bouchet publie en 1951 son premier recueil de poèmes, *Airs,* suivi de *Sans couvercle* (1953), *Au deuxième étage* (1956), *Le Moteur blanc* (1956), *Dans la chaleur vacante* (1961) qui obtient le Prix des Critiques, et de *Où le soleil* (1968). Poète secret et difficile, du Bouchet est aussi le traducteur de Joyce.

En 1976 paraissent deux textes, *La Couleur* et *Hölderlin aujourd'hui (Le Collier de Buffle).*

BIBL. : Jean-Pierre Richard : *Onze études sur la poésie moderne,* Le Seuil, 1964.

(P. 237.)

BOUSQUET (Joë) [Narbonne, 1897-Carcassonne, 1950]

Pendant la guerre de 1914 il tombe blessé d'une balle qui lui sectionne la moëlle épinière. Le poète « dont une balle a paralysé la vie » restera cloué sur son lit de souffrance jusqu'à sa mort. Devenu grabataire, il occupe à partir de 1924, à Carcassonne, rue de Verdun, « la chambre aux volets clos » qu'il ne quittera plus jamais. La littérature est son salut. Il signe les manifestes du surréalisme, se lie avec le poète Alibert et l'équipe des « Cahiers du Sud ». En 1930 il publie un essai, *Voie libre ;* en 1931, *Il ne fait pas assez noir* et, en collaboration avec Suarès et Daumal, *La Comédie psychologique.* En 1936, un roman : *La Tisane de sarments.* Pendant la guerre, Aragon, Elsa Triolet, J. Benda séjournent auprès de lui. En 1941 il publie *Traduit du silence, pages de journal.* En 1945 paraissent les poèmes intitulés *La Connaissance du soir.* Il meurt en 1950, emporté par une crise d'urémie.

BIBL. : Suzanne André, Hubert Juin et Gaston Massat : *Joë Bousquet,* Seghers, 1972. – *Cahiers du Sud :* « Joë Bousquet ou le recours au langage » n°s 362-363. – *Joë Bousquet* présenté par Michel Maurette, « Visages de ce temps », Rodez, Subervie, 1963.

BRASILLACH (Robert) [Perpignan, 1909-Montrouge, 1945]

Fils d'officier, il entre à l'École normale supérieure en 1928 et se lie d'amitié avec Roger Vailland, Thierry Maulnier et Maurice Bardèche qui par la suite deviendra son beau-frère. En 1932, il entre à *L'Action française* et publie chaque semaine ses « Causeries littéraires ». Il publie ses premiers romans, *Le Voleur d'étincelles* (1932), *L'Enfant de la nuit* (1934), *Le Marchand d'oiseaux* (1936), *Comme le temps passe* (1937). En 1936 il entre à *Je suis partout,* dans l'équipe de Pierre Gaxotte. Deux ans plus tard, il assiste au congrès de Nuremberg. Mobilisé en 1939, il est fait prisonnier, puis libéré en 1941, il occupe alors un poste à la direction du cinéma, et accompagne Abel Bonnard à Weimar au congrès des écrivains allemands. Il se rend avec F. de Brinon en Russie auprès de la Légion des volontaires français contre le bolchevisme. Du 14 août au 14 septembre 1944 il se cache dans Paris, puis se livre à la justice. Son procès s'ouvre en 1945, il sera fusillé le 6 février. Outre son œuvre de romancier, il a composé de nombreux essais, dont *Corneille* (1938), une *Anthologie de la poésie grecque* (posth. 1950) et divers écrits : *Histoire du cinéma,* avec Maurice Bardèche (1935) et *Notre avant-guerre* (1941).

BIBL. : Jean Madiran : *Brasillach,* Club du Luxembourg, 1958. — René Pellegrin : *Un écrivain nommé Brasillach,* Laval, Centre d'études nationales, 1965. — *Hommages à Robert Brasillach, Cahiers des amis de R. Brasillach,* n°s 11-12, Lausanne, 1965. — Bernard George : *Robert Brasillach,* Ed. Universitaires, 1968. — Charles Ambroise-Colin : *Un procès de l'épuration, Robert Brasillach,* Tours, Mame, 1971. — Gérard Sthème de Jubécourt : *Robert Brasillach, critique littéraire,* publié par les amis de R. Brasillach, Lausanne, 1972.

(P. 22, 26, 83.)

BRETON (André) [Tinchebray, Orne, 1896-Paris, 1966]

Son histoire se confond avec celle du mouvement surréaliste dont il a été le fondateur, le théoricien et le mainteneur. Mobilisé en 1914, il est versé dans les services neuro-psychiatriques, ce qui l'amène à pressentir l'importance de la psychanalyse. En 1919, il fonde avec Aragon et Soupault la revue *Littérature.* En 1924, c'est la publication du *Premier Manifeste du surréalisme.* Contre la raison, Breton et ses amis y exaltent le pouvoir de l'imaginaire et du rêve. 1928, *Nadja.* 1929 : *Second Manifeste du surréalisme,* puis fondation de la revue *Le Surréalisme au service de la révolution.* Breton publie *Les Vases communicants* (1932), *Position politique du surréalisme* (1935). Il rompt alors avec le parti communiste dont il s'était un moment rapproché. 1937 : *L'Amour fou.* Pendant la guerre, mal vu par le régime de Vichy, Breton s'embarque pour les Etats-Unis (mars 1941). A New York il organise avec Marcel Duchamp une exposition, fonde la revue *Triple V* et publie *Prolégomènes à un troisième manifeste du surréalisme ou non.* De retour à Paris, il fait paraître en 1947 l'*Ode à Charles Fourier* et *Arcane 17.* Le groupe surréaliste se reconstitue autour de lui, mais il reste peu de compagnons de la première heure. Le Mouvement prend parti avec fougue dans tous les domaines, aussi bien en matière de littérature et d'art que de politique. Mais les grand moments du surréalisme demeurent ses expositions conçues comme une sorte de spectacle total (il s'en tiendra à Paris en 1947, en 1959, et en 1965). *Clair de Terre* (1966) et *Signe Ascendant* (1968) contiennent ses poèmes.

BIBL. : voir Bibliographie générale, p. 387. (P. 11, 16, 26, 45-47, 54-55, 78, 81-2, 110, 119-120, 124, 125-6, 150, 157, 163, 171, 195-6, 198-9, 200, 201-5, 210-2, 223, 229, 259, 270-2, 277-285, 292, 319.)

BUTOR (Michel) [Mons-en-Baroeul, 1926]

Elève des jésuites, il poursuit ses études à la Khâgne de Louis-le-Grand. En Sorbonne il obtient une licence de philosophie et prépare un diplôme d'études supérieures sur « Les mathématiques et l'idée de nécessité ». Après quoi il enseigne à Minieh (Egypte), à Manchester et Salonique. Il est actuellement professeur de littérature française à Genève. C'est en 1954 qu'il publie *Passage de Milan.* Deux ans plus tard paraît *L'Emploi du temps* qui obtient le Prix Fénéon. Il est alors reconnu comme un des chefs de file de la génération de 1950 qui se propose de renouveler le roman. En 1957, il reçoit le Prix Renaudot pour *La Modification.* *Répertoire I* (1960) obtiendra le Grand Prix de la critique littéraire. Il publiera la même année *Degrés,* et en 1961, *Histoire extraordinaire,* consacrée à Baudelaire. Il écrira, en collaboration avec Henri Pousseur, un opéra, *Votre Faust* (1962). Poursuivant son œuvre d'essayiste, il publiera, pour la littérature, *Répertoire I à IV* (1964-1976) et pour la peinture, *Illustrations I à IV.* Il écrira aussi des stéréoscopies, œuvres à plusieurs claviers, exigeant du lecteur une participation active : *Mobile* (1962), *Réseau aérien* (1962), *6.810.000 litres d'eau par seconde* (1965). Il a été considéré avec Robbe-Grillet comme l'un des porte-parole du « nouveau roman ». A la suite des grands expérimentateurs comme Marcel Duchamp et Francis Picabia, Butor a cherché des modes nouveaux de représentation de la réalité, tel le « livre » *USA 76,* coffret en altuglas bleu, réalisé en collaboration avec le peintre Jacques Monory, et dans lequel il a rassemblé des objets, des sérigraphies et des textes qui doivent stimuler l'activité du « lecteur ». En 1975, Butor entreprend une « introspection » avec *Matière de rêves,* suivi de *Second sous-sol* (1976).

BIBL. : R.-M. Albérès : *Michel Butor,* Ed. Universitaires, 1964. – Jean Roudaut : *Michel Butor ou le livre futur,* Gallimard, 1964. – Georges Raillard : *Butor,* Gallimard, 1968. – Françoise Van Rossum-Guyon : *Critique du roman* (essai sur *La Modification*), Gallimard, 1970. – Lucien Dällenbach : *Le Livre et ses miroirs dans l'œuvre romanesque de Michel Butor,* Lettres Modernes, 1972. – *Butor.* Coll. de Cerisy, 24 juin-1er juil. 1973, 10/18, U.G.E., 1974. (P. 69-70, 113, 124-5, 170, 196, 205, 214, 217, 223, 229-2, 237, 249, 283, 311, 314.)

C

CADOU (René-Guy) [Sainte-Reine-de-Bretagne, 1920-Louisfert 1951]

Il était le fils d'un instituteur amoureux de la nature et des choses simples. C'est la mort de sa mère qui lui inspirera ses premiers poèmes. Il a dix-sept ans en 1937 quand paraît son premier recueil, *Les Brancardiers de l'aube.* Pendant la guerre, il se lie avec les poètes de l'Ecole de Rochefort. Il subit alors l'influence de Max Jacob, *Bruits du cœur* et *Lilas du soir* (1942). Après la guerre, devenu instituteur près de Nantes, il écrit un roman, *La Maison d'été,* qui paraîtra après sa mort (1955), de même que les deux recueils de poèmes qui paraîtront sous le titre de *Hélène ou le règne végétal* (tome I, 1952 ; tome II, 1953).

BIBL. : Cahier de l'Herne consacré à René-Guy Cadou, Ed. de l'Herne, 1961. – Catalogue de l'exposition R.-G. Cadou, Maison de la culture de Bourges, 1965. – Michel Manoll : *René-G. Cadou,* Seghers, 1969. – Christian Moncelet : *R.-G. Cadou dans son temps, Esquisse d'une bibliographie critique...,* Editions BOF, La Roche Blanche, 63670, Le Cendre, 1974. – Christian Moncelet : *Vie et passion de R.-G. Cadou,* 1975 (même éditeur).

CAMUS (Albert) [Mondovi, Algérie, 1913-près de Villeblevin (Yonne) 1960]

Camus restera toujours très attaché à sa terre natale. Après des études de philosophie qu'il ne pourra mener à leur terme pour des raisons de santé, il fonde en 1937 une compagnie de théâtre amateur, *L'Equipe,* et entre comme rédacteur au journal *Alger républicain.* Il publie *L'Envers et l'Endroit* (1937) et, un an plus tard, *Noces* (1938). En 1942 il fait paraître *L'Etranger* et *Le Mythe de Sisyphe.* Il participe avec Pascal Pia à la Résistance au sein du groupe *Combat* et à la Libération il prend avec lui la direction du journal *Combat.* En 1947, *La Peste* est salué comme le grand livre de l'après-guerre. En 1951, lorsque paraît *L'Homme révolté,* une querelle l'oppose à Sartre, ce dernier lui reprochant une « attitude idéaliste, moraliste, anticommuniste ». La guerre d'Algérie torture sa conscience et les positions qu'il est amené à prendre lui aliènent une partie de l'opinion de gauche. En 1956 il publie *La Chute*, suivie de nouvelles, *L'Exil et le Royaume*. Controversé, mais sans doute l'un des plus grands écrivains de l'après-guerre, il reçoit en 1957 le Prix Nobel, 3 ans avant sa mort accidentelle.

BIBL. : Voir Bibliographie générale p. 390.

(P. 27-30, 35, 45, 66, 81-5, 90-2, 110-3, 140, 166, 196-7, 213-5, 220, 222, 227-9, 262-3, 270, 299, 300, 303-310.)

CASSOU (Jean) [Bilbao, 1897]

Poète, essayiste, sociologue, moraliste, polémiste, historien et traducteur accompli, Jean Cassou commence sa carrière en assumant quelque temps le secrétariat du *Mercure de France*. Peu après il entre au ministère de l'Instruction publique où il a Jean Paulhan pour collègue. En 1936, il est membre du cabinet de Jean Zay, assume la direction de la revue *Europe*, et se rend en Espagne pour y saluer la victoire du Front populaire. Mis à la retraite d'office en 1940 par le gouvernement de Vichy, il participe à la Résistance. A son arrestation en 1941 on doit *Trente-trois sonnets composés au secret* qui paraîtront en 1944. Auteur d'une œuvre romanesque importante — *Eloge de la folie* (1925), *Les Harmonies viennoises* (1926), *La Clef des songes* (1929), *Les Inconnus dans la cave* (1933), *Légion* (1939), Cassou poursuivra après la guerre son œuvre d'essayiste — *Parti pris* (1964) — et de critique d'art — *Situation de l'art moderne* (1950), *Panorama des arts plastiques contemporains* (1960). Longtemps conservateur du Musée d'Art moderne, il entrera en 1965 à l'Ecole pratique des hautes études, sera élu à l'Académie royale de Belgique et recevra en 1967 le Prix Prince Pierre de Monaco.

BIBL. : Pierre Georgel : *Jean Cassou*, Seghers, 1967.

(P. 29, 112, 124.)

CAYROL (Jean) [Bordeaux, 1911]

Il fonde en 1926 une revue littéraire, *Abeilles et Pensées*. Après son service militaire, il publie ses premiers poèmes. Arrêté en 1942, il est déporté au camp de Mathausen. Poète témoin des souffrances de l'homme, il écrit *Poèmes de la nuit et du brouillard* (1946). En 1947 il publie *Je vivrai l'amour des autres* et *On vous parle* qui obtient le Prix Renaudot. Tout en poursuivant son œuvre de poète *(Les Mots sont aussi des demeures*, 1952*)*, de romancier (*La Gaffe*, 1957 ; *Les Corps étrangers*, 1959 ; *Midi minuit*, 1966), d'essayiste (*Lazare parmi nous*, 1950) et de directeur littéraire aux éditions du Seuil, il devient membre en 1950 du jury du Prix Vigo et de la Fondation Del Duca, et se lance dans le cinéma : il collabore au film de Resnais, *Nuit et Brouillard*, tourne *Muriel* et réalise *Le Coup de grâce*. En 1968 il

obtient le Prix Prince Pierre de Monaco pour l'ensemble de son œuvre qui ne cesse de se développer (*Histoire d'une prairie*, 1970 ; *Histoire d'un désert*, 1972 ; *Histoire de la forêt*, 1975 ; *Histoire d'une maison*, 1976).

BIBL. : Daniel Oster : *Jean Cayrol et son œuvre*, le Seuil, 1968.

(P. 84, 128-9, 196, 222.)

CÉLINE (Louis-Ferdinand) (pseud. de Louis Destouches) [Courbevoie, 1894-Meudon, 1961]

En novembre 1914, Céline est grièvement blessé. Il est réformé et voyage en Afrique et aux Etats-Unis. Après l'armistice il poursuit ses études de médecine. De 1925 à 1928 il sera médecin attaché à la SDN à Genève. C'est en 1932 qu'il publie *Voyage au bout de la nuit*. Ce premier livre a un énorme retentissement. *Mort à crédit*, paru en 1936, confirme son talent. Mais bientôt il s'aliène les sympathies de la gauche, surtout après la publication de *Bagatelles pour un massacre* et *L'Ecole des cadavres* (1937) où s'affirme son antisémitisme. La même année, après son retour d'URSS, il fait paraître *Mea culpa*; désormais entre cet anarchiste-né et une certaine gauche révolutionnaire le divorce est consommé. Il publie *Les Beaux draps* (1941) et *Guignol's Band* (1944). A la fin de la guerre il s'enfuit, *via* l'Allemagne, vers le Danemark où il est arrêté et incarcéré pendant dix-sept mois. En 1951, date de son retour en France, il s'établit à Meudon où il exerce la médecine. Poursuivant la transformation de l'écriture romanesque annoncée déjà dans *Voyage au bout de la nuit*, il publie romans, récits, essais divers : *Casse-pipe* (1952), *Féerie pour une autre fois, I* (1952), *Féerie pour une autre fois, II* (1954), *Entretiens avec le professeur Y* (1955), *D'un château l'autre* (1957), *Ballet sans musique, sans personne, sans rien* (1959), *Nord* (1960). Après sa mort, paraîtront *Le Pont de Londres* (1964) et *Rigodon* (1969). A partir des années soixante, l'œuvre de Céline sort de l'ombre et s'affirme comme l'une des plus significatives de l'époque.

BIBL. : voir Bibliographie générale, p. 388.

(P. 29-32, 47, 60-1, 73, 82, 89, 189, 196, 213, 216, 219, 231, 270, 285-7, 288, 291-300, 319.)

CÉSAIRE (Aimé) [Basse-Pointe, La Martinique, 1913]

Etudiant à Paris, il fait la connaissance de Senghor et fonde avec ce dernier un journal : *L'Etudiant noir*. Après son passage rue d'Ulm, à l'Ecole normale supérieure, il revient à la Martinique en 1940 et enseigne au lycée de Fort-de-France. C'est alors qu'il publie ses premiers textes dans la revue *Tropiques*. Poète, il publie dès après la guerre,

Les Armes miraculeuses (1946), *Soleil cou coupé* (1948), *Corps perdu* (1950), *Cahier d'un retour au pays natal* (1956), *Ferrements* (1959), *Cadastre* (1961). De son œuvre de dramaturge on retiendra *La Tragédie du roi Christophe* (1963), *Une saison au Congo* (1967). Césaire, dès 1946, a été élu député de la Martinique. Poète de la révolte des Noirs contre l'emprise de la culture des Blancs, c'est lui qui a lancé le terme de « négritude », proposé par Senghor.

BIBL. : Hubert Juin : *Aimé Césaire*, Présence Africaine, 1951. — Lylian Kesteloot et Barthélemy Kotchy : *Aimé Césaire*, Présence Africaine, 1973. — Rodney Harris : *L'Humanisme dans le théâtre d'Aimé Césaire*, Québec, Canada, Ed. Naaman, 1973. — Frederick Tvor Case, *A. Césaire : Bibliographie*, Toronto, Manna Publishing, 1973.

(P. 116, 118.)

CHAR (René) [L'Isle-sur-Sorgue, Vaucluse, 1907]

En 1928 il publie ses premiers poèmes, *Les Cloches sur le cœur*, puis il « monte » à Paris où, par l'intermédiaire d'Eluard, il rencontre Aragon, Breton, et collabore au n° 12 de *La Révolution surréaliste*. Avec Eluard et Breton il publie *Ralentir travaux* (1930). C'est en 1934 qu'il fait paraître *Le Marteau sans maître*. Ensuite il s'éloigne du surréalisme. Pendant la guerre, dénoncé comme communiste en raison de ses activités au sein du groupe surréaliste, il adhère à l'Armée secrète. En 1944 il se rend à Alger où il est affecté à l'état-major interallié d'Afrique du Nord. Après la guerre il publie *Feuillets d'Hypnos*, écrits dans la clandestinité. L'essentiel de son œuvre a été édité sous les titres suivants : *La Parole en archipel, Fureur et Mystère* (1962), *Les Matinaux, Commune présence* (1964), *Recherche de la base et du sommet, Retour amont* (1966). Il a reçu en 1966 le Prix des Critiques pour l'ensemble de son œuvre. Poète difficile, René Char a su mettre entre soi et les autres la différence qui naît de la rigueur.

BIBL. : Numéro spécial de *l'Arc* consacré à René Char, 1963. — Catalogue de l'exposition Georges Braque et René Char, Bibliothèque littéraire Jacques Doucet, 1963. — Pierre-André Benoit : *Bibliographie des œuvres de R. Char de 1928 à 1963*, Le Demi-jour, 1964. — Susan Wise : *La Notion de poésie chez André Breton et René Char*, Aix-en-Provence, La Pensée Universitaire, 1968. — Pierre Guerre : *René Char*, Seghers, 1971. — Greta Rau : *René Char ou la poésie accrue*, Corti, 1957. — Cahier de l'Herne consacré à René Char, Ed. de l'Herne, 1971. — Georges Mounin : *La communication poétique*, précédé de *Avez-vous lu Char ?*, Gallimard, 1966. — Catalogue de l'exposition René Char, Fondation Maeght, Saint-Paul-de-Vence, Alpes-Maritimes, 1971. — Mary Ann Caws : *The Presence of René Char*, Princeton, Princeton University Press, 1976.

(P. 81, 89, 182, 197-9, 238, 241-3, 281.)

CHARDONNE (Jacques) (pseud. de Jacques Boutelleau) [Barbezieux, 1884-La Frette, Val d'Oise, 1968]

Il rejettera le catholicisme de sa mère comme le protestantisme de son père et mènera la vie d'un grand bourgeois agnostique. Réformé en 1914, il se fixera en Suisse pendant toute la durée de la guerre et c'est là qu'il composera la première partie d'*Epithalame*, roman publié en 1921, et pour lequel il obtient le Prix Fémina-Vie heureuse. En 1932, après la publication de *Claire*, il obtient le Grand Prix du roman de l'Académie française. De 1934 à 1936 paraîtront les trois volets d'une trilogie intitulée *Les Destinées sentimentales*. Pendant la seconde guerre il publie *Les Chroniques* (1941) et *Attachements* (1942). Son fils est déporté. A la Libération, lui-même est arrêté pour avoir publié des livres sous l'occupation, mais il est relâché aussitôt. En 1951, il confie aux Editions Albin-Michel le soin de publier ses œuvres complètes.

BIBL. : Marcel Arland : « Jacques Chardonne et le bonheur », in *Nouveaux Essais critiques*, Gallimard, 1952. — Ginette Guitard-Auviste : *La Vie de Jacques Chardonne et son art*, Grasset, 1953. — Pol Vandromme : *Jacques Chardonne, c'est beaucoup plus que Chardonne*, Lyon, Vitte, 1962.

CHEDID (Andrée) [Le Caire, 1920]

Née dans une famille d'ascendance libanaise, a fait ses études à l'université américaine du Caire. Après un premier recueil de poèmes en anglais, *On the Trails of my Fancy* (1943), elle choisit d'écrire en français. Venue en France en 1946 (elle optera pour la nationalité française en 1962) elle y publiera son œuvre de poète : *Textes pour le vivant* (1953), *Double-Pays* (1965), *Contre-Chant* (1968), *Visage premier* (1972). En 1972, elle obtiendra l'Aigle d'or de la poésie au Festival international du livre à Nice. Poète, mais aussi romancière (*Le Sixième jour*, 1960 ; *L'Etroite Peau*, 1965 ; *La Cité fertile*, 1972), elle a écrit pour le théâtre (sa pièce, *Le Montreur*, a été présentée au festival de Berlin-Est).

CIORAN (Emile-M.) [Rasinari, Roumanie, 1911]

Fils d'un prêtre orthodoxe, il étudie la philosophie à Bucarest. En 1937 il obtient une bourse et vient se fixer à Paris. C'est en 1947 que ce dernier des moralistes commence à écrire en français. Ses deux premiers livres le rendront célèbre : *Précis de décomposition* (1949) et *Syllogismes de l'amertume* (1952), auxquels s'ajouteront au fil des années *La Tentation d'exister* (1956), *Histoire et Utopie* (1960), *La Chute dans le temps* (1964), *Le Mauvais Démiurge* (1969), *De l'inconvénient d'être né* (1975). Tenant de la « volonté d'impuissance », il s'est voulu le continuateur, et par là-même le négateur, de Nietzsche. Réactionnaire et anarchiste à la fois, il se souvient de Joseph de Maistre dont il a présenté avec vigueur et brio des textes choisis (1957).

BIBL. : Henri Amer : *Cioran, Maître ès décadences*, in *NRF*, 1961.

(P. 114.)

CIXOUS (Hélène) [Oran, 1937]

Jeune écrivain, elle a déjà su construire une œuvre dont elle dira : « Je vise un espace que je remplis. » Universitaire brillante, elle a enseigné à Nanterre, participé à la « Révolution de mai », soutenu une thèse de doctorat sur James Joyce, fondé avec Gérard Genette et Tzvetan Todorov *Poétique*. Son premier roman, *Dedans*, a obtenu le Prix Médicis en 1969. Elle publiera ensuite *Le Troisième*, *Les Commencements* (1970), puis *Neutre* (1972), *Tombe* (1973) et *Révolution pour plus d'un Faust* (1975). Elle a fait au théâtre ses débuts avec *Le Portrait de Dora* (1973).

(P. 266.)

COCTEAU (Jean) [Maisons-Laffitte, 1889-Milly-la-Forêt, 1963]

Pour le début de la biographie, voir le volume de P.-O. Walzer, p. 365.

En 1922, Cocteau publie *Thomas l'imposteur*. Il poursuit son œuvre de poète : *Plain-Chant* (1923), *Opéra*, *Œuvres poétiques* (1927). Déprimé et atteint de troubles nerveux, il s'adonne à l'opium et subit en 1925 une cure de désintoxication. Il correspond avec Maritain, fait la rencontre de Christian Bérard, se réconcilie avec Stravinsky, et rompt avec les surréalistes. 1926 : représentation de sa pièce, *Orphée*, au théâtre des Arts. 1929 : il écrit *Les Enfants terribles*. En 1932, il tourne son premier film, *Le Sang d'un poète*. Deux ans plus tard, il fait jouer à la Comédie des Champs-Elysées *La Machine infernale*. En 1936, à la suite d'un pari, il fait « un tour du monde en quatre-vingts jours ». Pendant la guerre, le gouvernement de Vichy voit en lui le symbole de la décadence, ses pièces sont interdites. Il tourne un film, *L'Eternel Retour* (1943). Après la guerre, Cocteau prouve la multiplicité de ses dons. Cinéaste, il donne *La Belle et la Bête* (1945), *L'Aigle à deux têtes* (1947), *Orphée* (1949), *Le Testament d'Orphée* (1959). Poète, il publie *Le Chiffre sept* (1952), *Clair-obscur* (1954) et *Le Requiem* (1962). Deux volumes de son théâtre paraissent en 1948 : *Théâtre I (Antigone ; Les Mariés de la tour Eiffel ; Les Chevaliers de la table ronde ; Les Parents terribles)*, et *Théâtre II (Les Monstres sacrés ; La Machine à écrire ; Renaud et Armide ; L'Aigle à deux têtes)*. A l'âge de soixante-dix ans, il entreprend les fresques de la mairie de Menton et de la chapelle

Saint-Pierre à Villefranche-sur-Mer. Membre de l'Académie royale de Belgique et de l'Académie française depuis 1955.

BIBL. : voir le volume de P.-O. Walzer, p. 365 et 366. — Voir aussi Bibliographie générale, p. 387. (P. 10-11, 16, 52, 54, 61, 66, 75, 78, 114, 119, 125-6, 128, 146, 195-7, 208, 250, 258-261, 270-281, 285, 318.)

CREVEL (René) [Paris, 1900-1935]

A la fin de ses études, il entreprend une thèse sur Diderot puis, avec Arland, Limbour, Morisse et Vitrac, il fonde la revue *Aventure*. C'est à la même époque qu'il fait la rencontre d'Aragon, de Breton, de Soupault et de Tzara. Né rebelle, il adhère passionnément au surréalisme. Son premier roman, *Détours*, paraît en 1924. Atteint très tôt de tuberculose, il fait des séjours à la montagne. Il entreprend aussi une psychanalyse. Après le *Second Manifeste du surréalisme*, il est du petit nombre des fidèles. Il publie plusieurs romans, *Mon corps et moi* (1925), *La Mort difficile* (1926), *Babylone* (1927), *Etes-vous fous ?* (1929) et un pamphlet virulent : *Le Clavecin de Diderot* (1932). Il publie son dernier roman, *Les Pieds dans le plat*, en 1933. Il est exclu du parti communiste pour avoir signé le tract surréaliste *La Mobilisation contre la guerre n'est pas la paix*. En 1934, il renoue avec le P.C. et prépare activement le premier congrès international des Ecrivains pour la Défense de la Culture. Breton ayant giflé Ehrenbourg, les Soviétiques réclament l'exclusion des surréalistes. Crevel s'entremet pour arranger les choses. C'est alors que, le 18 juin 1935, rentrant chez lui, il se donne la mort.

BIBL. : Claude Courtot : *René Crevel*, Seghers, 1969. — Carlos Lynes : « René Crevel vivant », article paru dans le numéro 14 de la revue *Entretiens sur les lettres et les arts*, Rodez, Subervie, 1970.

(P. 199, 201-202.)

CROMMELYNCK (Fernand) [Bruxelles, 1885-1970]

Fils de comédiens, Crommelynck fit jouer ses premières pièces dès avant 1914. Mais c'est en 1920 que Lugné-Poë monte et joue, au théâtre de l'Œuvre, *Le Cocu magnifique*, farce qui remporte un énorme succès. Puisant aux sources de la métaphore, il a su, en recourant au masque et au mensonge en tant que ressort dramatique, donner au théâtre du XXᵉ siècle une dimension et un langage nouveaux. Son théâtre complet a été publié chez Gallimard. Ont paru en 1967 le tome I *(Le Cocu magnifique, Les Amants puérils, Le Sculpteur de masques)*, en 1968 le tome II *(Tripes d'or, Carine ou la jeune fille folle de son âme, Chaud et froid ou l'Idée de Monsieur Dom)*, en 1969 le tome III *(Le Chevalier de la lune ou Sir John Falstaff, Une femme qu'a le cœur trop petit)*.

BIBL. : André Berger : *A la rencontre de Fernand*

Crommelynck, Bruxelles, La Sixaine. — Suzanne Lilar : *Soixante ans de théâtre belge*, Bruxelles, La Renaissance du livre, 2ᵉ édit. 1957. — *Textes inconnus et peu connus de Fernand Crommelynck*. Etudes critique et littéraire de Jeanine Moulin, Bruxelles, Palais des Académies, 1974. — Gisèle Feal, *Le Théâtre de Crommelynck — érotisme et spiritualité*, Minard, 1976.
(P. 115, 259.)

CURTIS (Jean-Louis) (pseud. de Louis Laffitte) [Orthez, 1917]

En 1946, il obtient le Prix Cazes pour *Les Jeunes Hommes* et en 1947 le Prix Goncourt pour *Les Forêts de la nuit*. Agrégé d'anglais, il voyagera beaucoup pour le compte de l'Alliance française et enseignera en Amérique. Critique averti, traducteur et adaptateur de grand talent de la littérature anglo-saxonne (Shakespeare, Henry James...), Curtis a continué au fil des ans à écrire une œuvre de romancier-témoin. *Les Justes Causes* (1954), *Une âme d'élite* (1956), *Un saint au néon* (1956), *La Quarantaine* (1966), *Un jeune couple* (1967).

Bibl. : *Cahiers des Saisons*, numéro consacré à Jean-Louis Curtis, nᵒ 29, Juillard, 1962. — *Livres de France*, nᵒ 6 consacré à Jean-Louis Curtis, Hachette, 1964.

D

DABIT (Eugène) [Paris, 1898-Moscou, 1936]

Homme de gauche, écrivain du peuple, artiste que « la bourgeoisie n'avait pas touché », Eugène Dabit naquit à Montmartre dans une famille d'ouvriers (père cocher-livreur ; mère couturière en confection). Apprenti ferronnier d'art, puis électricien au Nord-Sud, chômeur enfin, il s'engage en 1916 comme artilleur. C'est au front qu'il découvre Charles-Louis Philippe et que naît en lui le désir d'écrire. Il connaît des années très dures, puis en 1927 il fait la rencontre d'André Gide et de Roger Martin du Gard. Il compose alors la première version d'*Hôtel du Nord* dont la publication lui vaudra en 1929 le Prix Populiste. Paraissent ensuite *P'tit Louis* (1930), *Villa Oasis* (1932), *Un mort tout neuf* (1934), *La Zone verte* (1935). Il s'engage dans la voie des intellectuels de gauche mais refuse d'adhérer à un parti. En 1936, il accompagne Gide en URSS ; il y meurt après avoir contracté le typhus.

Bibl. : Charles Vildrac : *L'œuvre peinte d'Eugène Dabit*, Catalogue de l'exposition Dabit à la galerie Bernheim Jeune (1937). — Numéros spéciaux de la *Nouvelle Revue française* (1ᵉʳ octobre 1936 ; et *Hommage à E. Dabit*, 1939) et des *Cahiers de Paris* (septembre 1938).
(P. 59.)

DAUMAL (René) [Boulzicourt, Ardennes, 1908-Paris, 1944]

Au lycée de Reims, Daumal rencontre Roger Gilbert-Lecomte, Roger Vailland, Robert Meyrat. A dix-sept ans, il tente diverses expériences d'ordre psychique et sensoriel. « Pour acquérir une certitude », il n'hésite pas à prendre de l'opium, du haschisch, du tétrachlorure de carbone. Intéressé par les poètes maudits et l'occultisme, il se penche sur les textes sacrés hindous et se met à l'étude du sanscrit. Il poursuit ses études au lycée Henri IV où il a Alain pour professeur. Peu après, il crée avec ses amis la revue *Le Grand Jeu* (1928). En 1930, il rompt avec Breton et le surréalisme et fait la rencontre décisive de Salzmann, disciple de Gurdjieff. Pendant une douzaine d'années il s'engage, pèlerin de l'absolu, sur la *voie* des initiés. En 1935 il obtient le Prix Jacques Doucet pour son recueil de poèmes, *Le Contre-ciel*. Il publie un récit, *La Grande Beuverie* (1938). Pauvre et miné par la tuberculose, il fait partie un moment du comité de rédaction de la revue *Fontaine*. Il meurt en 1944. En 1952 paraîtra *Le Mont Analogue*, son roman le mieux connu, puis *Chaque fois que l'aube paraît* (1953) et *Poésie noire, poésie blanche* (1954).

Bibl. : *Cahiers du Sud : Il y a dix ans, René Daumal...*, nᵒ 322, Marseille, 1954. — Michel Random : *René Daumal*, dans *Les Puissances du dedans*, Denoël, 1966. — Hermès : *La Voie de René Daumal, du Grand Jeu au Mont Analogue*, nᵒ 5, Minard, 1967. — Jean Biès : *René Daumal*, Seghers, 1973.
(P. 199.)

DEGUY (Michel) [Paris, 1930]

Poète attentif, « à l'ombre de Virgile devenu voix de Virgile », Deguy, agrégé de Philosophie, a publié *Meurtrières* (1959), puis *Fragments du cadastre* (1960), *Poèmes de la presqu'île* (1961), *Biefs* (1963), *Actes* (1966), *Ouï-dire* (1966). Collaborateur de *Critique* et de la *NRF*, il a fondé la *Revue de Poésie*, organe de réflexion sur la poésie et les grands poètes.

Bibl. : Jacques Borel : article dans la *N.R.F.* de février 1967. — Philippe Jaccottet : *L'Entretien des muses*, Gallimard, 1968. — Pascal Quignard, *Michel Deguy*, Seghers, 1975.
(P. 237.)

DELEUZE (Gilles) [Paris, 1925]

Professeur de philosophie à l'université de Vincennes, il est aujourd'hui l'un des maîtres à penser de la jeunesse et de l'avant-garde, surtout depuis la publication de *L'Anti-Œdipe* (1972), écrit en collaboration avec Félix Guattari. Deleuze s'en est pris au schéma œdipien dans lequel il voit l'une des formes de récupération de l'individu par la société. Lui et Guattari se sont attaqués à la psychanalyse considérée comme une institution qui « empêche toute production de désir ». Ils ont pris aussi pour cible le langage signifiant, par lequel se perpétue l'obsession. Deleuze a derrière lui une œuvre considérable : *Empirisme et Subjectivité* (1953), *Nietzsche et la philosophie* (1962), *La Philosophie critique de Kant* (1963), *Marcel Proust et les signes* (1964), *Spinoza et le problème de l'expression* (1964), *Différence et Répétition* (1969).

DERRIDA (Jacques) [Alger, 1930]

Philosophe marquant de la jeune génération, Derrida, parti en guerre contre le logocentrisme, oppose à la sémiologie la grammatologie. Penseur du tragique en tant que penseur du « destin de la représentation », Derrida a exercé une notable influence sur les développements du groupe *Tel Quel*. Professeur d'histoire de la philosophie à l'Ecole normale supérieure, il a publié de nombreux articles et des essais dont principalement *L'Ecriture et la Différence* (1967) et *De la grammatologie* (1968). En 1972 il publie *De la Dissémination*.

BIBL. : Gérard Graxel : « Jacques Derrida et la rature de l'origine », dans *Critique*, novembre 1967. — Jean Lacroix : « Ecriture et métaphysique selon Jacques Derrida », dans *Panorama de la philosophie française contemporaine*, PUF, 1969. — *Ecarts*, quatre essais de Lucette Finas, Sarah Kofman, Roger Laporte, Jean-Michel Rey, Fayard, 1973.
(P. 89, 163, 185, 188, 294.)

DES FORÊTS (Louis-René) [Paris, 1918]

Après une enfance passée dans le Berry, il est venu à Paris pour y étudier le Droit. C'est pendant la guerre qu'il publie son premier ouvrage *Les Mendiants* (1943). En 1946 il fait paraître *Le Bavard* et devient conseiller littéraire aux éditions Laffont. Homme du silence, hanté par la parole, il se retire à la campagne, puis revient à Paris où, chez Gallimard, il participe à la publication de l'*Encyclopédie de la Pléiade*. En 1960 il a obtenu le Prix des Critiques pour son recueil de nouvelles, *La Chambre des enfants*.

DESNOS (Robert) [Paris, 1900-Camp de Terezina en Tchécoslovaquie, 1945]

Né du côté de la Bastille, Desnos commença par être commis chez un droguiste avant d'écrire ses premiers poèmes. Dès les débuts du surréalisme, Desnos a exercé une influence capitale. Mieux qu'un autre peut-être il a su montrer les riches possibilités de l'écriture automatique et du délire verbal, particulièrement dans *Deuil pour deuil* (1924), *Corps et biens* (1930). Avec *Etat de veille* (1943) et *Contrée* (1944), Desnos, sans renoncer à l'humour ni à la fantaisie, retrouvera le chemin d'un réel humanisme.

BIBL. : Pierre Berger : *Robert Desnos*, Seghers, 1970. — Numéro spécial d'*Europe*, mai-juin 1972 : *Desnos*. — Paule Laborie, *Robert Desnos. Son œuvre dans l'éclairage de A. Rimbaud et G. Apollinaire*. Essai, Nizet, 1975.
(P. 81, 120, 132, 199, 236.)

DEVAUX (Noël) [Brest, 1905]

Ancien élève de l'Ecole supérieure d'électricité, il travaillera sur les chantiers de centrales hydrauliques. A plusieurs reprises la maladie l'empêche de poursuivre ses activités. En 1932 il rencontre Boris de Schloezer qui le pousse à écrire et l'introduit dans les milieux de la NRF. En 1938 paraissent ses premiers textes, mais c'est après la guerre que cet écrivain, voué au fantastique, publiera l'essentiel de son œuvre : *L'Auberge Parpillon* (1945), *Le Pressoir mystique* (1948), *Bal chez Alféoni* (1956), *La Dame de Murcie* (1961), *Frontières* (1965).

DHÔTEL (André) [Attigny, Ardennes, 1900]

Romancier subtil, voué au mystère, au fantastique et à l'exploration du féerique, Dhôtel est fils des confins de la Champagne et des Ardennes. Pendant son service militaire il fait la rencontre d'Arland, de Vitrac, de Limbour et de Desnos. C'est ainsi qu'il collabore à la revue *Aventure*. Licencié en philosophie, il enseigne à l'étranger, puis en France dans divers collèges de province. En 1928 il publie un premier recueil de poèmes, *Le Petit Livre clair*, que suit en 1930 son premier roman, *Campements*. De son œuvre de romancier on retiendra principalement *David*, qui a obtenu le Prix Sainte-Beuve en 1948, *L'Homme de la scierie*, paru en 1950, et *Le Pays où l'on n'arrive jamais* (Prix Fémina, 1955). Il a aussi écrit sur Rimbaud, son compatriote : *L'Œuvre logique de Rimbaud* (1933), *Rimbaud et la révolte moderne* (1952).
(P. 219.)

DIB (Mohammed) [Tlemcen, Algérie, 1920]

Ecrivain algérien de langue française, il exerce pour commencer le métier d'instituteur, puis, en

1950, il entre au journal *Alger-Républicain* comme rédacteur-reporter. Il épouse alors une jeune Française, et publie en 1952 *La Grande Maison*, roman qui obtiendra le Prix Fénéon. En 1959, il se fixe en France et fait paraître l'année suivante *Un été africain*. En 1960, il écrit *Ombre gardienne*, recueil de poèmes préfacé par Aragon. 1956 : publication d'un recueil de nouvelles, *Le Talisman*, et de *Théâtre I (La Fiancée du printemps; Wassem; Une paix durable)*. Suivent plusieurs romans : *La Danse du roi* (1968); *Dieu en barbarie* (1970); et un livre de poésie : *Formulaires* (1970). (P. 118.)

DRIEU LA ROCHELLE (Pierre) [Paris, 1893-1945]

Il semble avoir été très tôt hanté par l'idée de la mort. C'est avec ivresse qu'il part pour le front en 1914. Il y est plusieurs fois blessé. Après la guerre il collabore à la *NRF* et publie *Mesure de la France*. Avec Aragon et les surréalistes, il s'en prend à Anatole France dans un pamphlet : *Un cadavre*. En 1928 il publie un roman, *Blèche*, et un essai, *Genève ou Moscou*. Quatre ans plus tard, il s'embarque pour l'Argentine où il fait une tournée de conférences sur « la crise de la démocratie en Europe ». C'est à partir de 1934, année où il fait paraître *La Comédie de Charleroi*, que Drieu vire au fascisme. Il adhère bientôt au Parti Populaire Français de Doriot. A la veille de la guerre il publie des romans sur la bourgeoisie décadente, tels *Rêveuse Bourgeoisie*, (1937), *Gilles* (1939). Rêvant d'une Europe à la fois aristocratique et socialiste, il collabore avec les Allemands et fait reparaître la *NRF*. Menacé d'arrestation, il se donne la mort le 15 mars 1945.

BIBL. : Frédéric Grover : *Drieu La Rochelle*, Gallimard, 1962. — Jean Mabire : *Drieu parmi nous*, La Table ronde, 1963. — Carlo Bo : *De Voltaire à Drieu La Rochelle*, Milan, La Goliardica, 1965. — Alexander Macleod : *La Pensée politique de Drieu La Rochelle*, Ed. Cujas, 1966. (P. 12, 26-27, 47-8, 55-6, 81-3, 105, 158, 290.)

DURAS (Marguerite) (pseud. de Marguerite Donnadieu) [Indochine, 1914]

Elle a passé toute son enfance en Asie, puis est venue faire ses études en France. Pendant la guerre elle s'engage dans la Résistance et publie ses premiers livres, *Les Impudents* (1943), et *La Vie tranquille* (1944). A la libération, elle s'engage politiquement et s'inscrit au Parti communiste (elle en sera exclue en 1955). Son enfance indochinoise lui inspire, en 1950, *Barrage contre le Pacifique*. Elle publie ensuite *Le Marin de Gibraltar* (1952), *Les Petits Chevaux de Tarquinia*, et *Des Journées entières dans les arbres* (1953). Elle s'engage à fond dans la lutte contre la guerre d'Algérie. Parallèlement à son rôle de militante, Marguerite Duras, pour qui la parole joue un rôle essentiel, écrit sa première pièce *Le Square* créée en 1957 au théâtre des Champs-Elysées. En 1959, elle fait un premier scénario pour le cinéma, *Hiroshima mon amour*. Entre 1975 et 1977 elle signera plusieurs films, *India Song* (1975), *Son nom de Venise dans Calcutta désert* (1976), *Baxter, Véra Baxter* (1976), et *Le Camion* (1977). Roman, théâtre, cinéma, son œuvre ne se plie à aucun genre, sinon à celui de la sous-conversation sur le double thème de l'amour et de la mort, de l'amour dont elle a dit : « aucun amour au monde ne peut tenir lieu de l'amour ».

BIBL. : voir Bibliographie générale, p. 391. (P. 129, 196, 205, 214, 217, 219, 223, 226, 232, 265-6, 270, 311-319.)

E

ELUARD (Paul) (pseud. de Paul-Eugène Grindel) [Saint-Denis, 1895-Charenton, 1952]

Il aura été de son vivant l'un de ceux qui ont le plus marqué la poésie française. Surréaliste fervent, il collabore, dès 1920, à la revue *Littérature* fondée par Breton et Aragon, mais il n'en délaisse pas pour autant la poésie traditionnelle, ce que Breton lui reprochera plus tard. Très tôt il milite aux côtés des communistes et participe à la lutte anti-fasciste. Pendant la guerre il s'engage dans la Résistance et devient, à la Libération, une des gloires littéraires nationales. Il a su par ses poèmes exalter les sentiments les plus simples, tout autant que l'amour de la liberté et l'espérance politique. Son premier grand livre, *Capitale de la douleur*, date de 1926. Les *Premiers Poèmes* (1913-1921) qui paraîtront en 1948 ont gardé une empreinte unanimiste. Après, ce sera la période surréaliste (*Dessous d'une vie*, 1926; *La Rose publique*, 1934; *Les Yeux fertiles*, 1936), puis le retour à une poésie plus engagée (*Cours naturel*, 1938; *Chanson complète*, 1939; *Le Livre ouvert*, 1942) et engagée (*Poésie et Vérité*, 1942; *Une leçon de morale*, 1949).

BIBL. : Raoul Pantanella : *L'Amour et l'engagement d'après l'œuvre poétique de Paul Eluard*, Aix-en-Provence, La Pensée Universitaire, 1962. — Louis Perche : *Eluard*, Ed. Universitaires, 1964. — Luc Decaunes : *Paul Eluard*, Rodez, Subervie, 1965. — Raymond Jean : *Paul Eluard par lui-même*, Le Seuil, 1968. — Atle Kittang : *Paul Eluard*, Lettres Modernes, 1969. — Catalogue de l'exposition Eluard à Montbéliard, 1972. — Guy Besse, Lucien Bonnafé et Jean Marcenac : *Eluard*, Les Editeurs français réunis, 1972. — Sarane Alexandrian : *Le Rêve et le Surréalisme*, Gallimard, 1974. — Robert Nugent, *Paul Eluard*, New York Twayne, 1974. (P. 45, 82-4, 120, 164, 179, 197-9, 203, 236-9, 243, 278, 282.)

EMMANUEL (Pierre) (pseud. de Noël Mathieu) [Gan, Basses-Pyrénées, 1916]

Après avoir passé son enfance en Amérique, il revient en France pour y faire ses études. En 1938 il rencontre Pierre Jean Jouve, contact décisif pour sa vocation de poète, et il compose son premier poème, *Christ au tombeau*. Pendant la guerre, il est reconnu comme l'un des grands poètes de la Résistance (*Cantos*, 1942 ; *Jour de colère*, 1942). Après la guerre il poursuit ses recherches verbales et renoue avec l'inspiration biblique et chrétienne (*Babel*, 1952 ; *La Nouvelle Naissance*, 1963 ; *Ligne de faîte*, 1966 ; *Notre Père*, 1969 ; *Jacob*, 1970). Il a publié aussi, entre autres essais, un *Baudelaire* (1967), *Le Monde est intérieur* (1967), *La Vie terrestre* (1976).
(P. 197, 228, 236, 240-1.)

ESTANG (Luc) [Paris, 1911]

Son premier article fut écrit en 1933 pour le journal *La Croix* dont il deviendra le directeur littéraire. Il fonde peu après une revue, *Le Beau Navire*. Pendant la guerre il se réfugie en zone libre et participe à la Résistance. Déjà il a publié des recueils de poèmes : *Au-delà de moi-même* (1938), *Transhumances* (1939), *Puissance du matin* (1941), *Mystère apprivoisé* (1943). En 1944, il devient membre du jury du Prix Renaudot et il obtient en 1949 le Grand Prix de la Société des gens de lettres pour *Les Stigmates*, premier volet d'un tryptique qui portera le titre de *Charges d'âmes*. Poursuivant son œuvre de poète, de romancier et d'essayiste, en 1955 Luc Estang quitte *La Croix*, collabore au *Figaro* et à l'ORTF. En 1962 il reçoit le Grand Prix de littérature de l'Académie française pour l'ensemble de son œuvre. En 1968 *L'Apostat*, roman témoigne de sa rupture avec le christianisme. Il est l'un des directeurs littéraires des Editions du Seuil.
Bɪʙʟ. : Spire Pitou : *Evil, Grace and Luc Estang*, Renascence, Marquette University, Milwaukee, 1953. – P. Cogny : « L. Estang et les vendeurs du Temple », *Sept romanciers au-delà du roman*, Nizet, 1963.

ETIEMBLE (René) [Mayenne, 1909]

Elève de l'Ecole normale supérieure, agrégé de grammaire (1932), Etiemble abandonna une thèse de philosophie chinoise et commença son travail, qui n'est pas achevé encore, sur le *Mythe de Rimbaud*. Depuis 1956 il enseigne en Sorbonne la littérature générale et comparée. Il est l'auteur de romans (*L'Enfant de chœur*, 1937 ; *Blason d'un corps*, 1961). Les trois premiers tomes de *Peaux de couleuvre* (1948) doivent être complétés par deux autres. De 1952 à 1967 il donne les cinq tomes d'*Hygiène des Lettres*. De 1956 à 1976, il publie de nombreux travaux sur la philosophie et la politique de la Chine et l'Europe : *Confucius* (4ᵉ éd. revue, 1968), *Le Nouveau Singe pèlerin* (1958), *Connaissons-nous la Chine ?* (1964), *Les Jésuites en Chine* (1966), *Quarante ans de mon maoïsme* (1976), *L'Orient philosophique* en trois fascicules polycopiés (1957-1959). Cosmopolite délibéré (*Comparaison n'est pas raison*, 1963 ; *Essais de littérature (vraiment) générale*, 1974), il n'en déteste pas moins *Le Babélien*, contre lequel il a publié trois tomes (1960-1962), *Le Jargon des sciences* (1966) et le franglais qui lui valut en 1964 son succès de librairie : *Parlez-vous franglais ?* « ...un des esprits les plus libres de ce temps » (F. Alquié).
Bɪʙʟ. : Supervielle-Etiemble, *Correspondance 1936-1959*, éd. par Jeannine Etiemble, Sedes, 1969. – J. Paulhan, Recueil de lettres adressées à René Etiemble [publiées par J. Kohn-Etiemble], Klincksieck, 1975. – J. Chancel, *Radioscopie*, t. IV, Laffont, 1976.
(P. 114.)

F

FAYE (Jean-Pierre) [Paris, 1925]

C'est en 1945 qu'il publia ses premiers poèmes. Agrégé de philosophie, il séjourne aux Etats-Unis. En 1964 il obtient le Prix Renaudot pour son roman *L'Ecluse*. Il participe aux travaux du groupe *Tel Quel*, avec lequel il rompra en 1967 pour constituer l'équipe de *Change*. Partant du principe qu'il existe dans l'histoire « un effet de production d'action par le récit », il publiera en 1972 un essai sur les *Langages totalitaires* et, en 1974, *Migrations du récit sur le peuple juif*. Paraissent en 1975 *Inferno, Versions*.
(P. 89, 205, 214, 237.)

FÉRAOUN (Mouloud) [Tizi-Hibel, Haute Kabylie, 1913-El-Biar, 1962]

Né de parents très pauvres, il obtient une bourse et entre au collège de Tizi-Ouzou. C'est en 1950 qu'il publie *Le Fils du pauvre*, roman peut-être autobiographique qui lui vaut le Grand Prix littéraire de la ville d'Alger. De cette époque datent les échanges épistolaires qu'il eut avec Camus. En 1953 il obtient le Prix populiste pour *La Terre et le Sang*. La guerre éclate en Algérie, et Féraoun commence à tenir un journal. Politiquement modéré et partisan d'un rapprochement franco-algérien, il est victime de la répression. Le 15 mars 1962, il est fusillé par un commando de l'OAS.
Bɪʙʟ. : Hommage à Mouloud Féraoun, dans *Les Lettres françaises*, n° 919, 22 mars 1962. – Thèses et mémoires universitaires : R. Cloitres, *L'homme en procès chez Morris West et Mouloud Féraoun*, université de Rennes, 1966. – F. Colonna : *Mouloud Féraoun, romancier, ethnologue et chroniqueur*, université d'Alger, 1967. – A Ould Aoudia : *L'Inspiration*

algérienne et l'influence française dans l'œuvre de Mouloud Féraoun, Université de Paris, 1968.
(P. 116.)

FINAS (Lucette) [Grenoble, 1921]

Romancière (*Les Chaînes éclatées,* 1955 ; *L'Echec,* 1958 ; *Le Meurtrion,* 1968 ; *Donne,* 1976), elle se situe à l'avant-garde de la « nouvelle critique » par ses lectures de Bataille, *La Crue* (1972), et de Derrida et Mallarmé, « Le coup de D. et Judas », *in Ecarts* (1973). Auteur de nombreux articles critiques *(NRF ; Lettres Nouvelles ; la Quinzaine littéraire).*

FOLLAIN (Jean) [Canisy, 1903-Paris, 1971]

Poète pudique et amoureux du passé, Follain a commencé par être avocat au barreau de Paris. A la fin des années 20, il fréquente les poètes du groupe « Sagesse » et publie ses premières œuvres dans des revues confidentielles comme le *Dernier Carré* ou *Feuilles inutiles.* En 1937 il publie un recueil de souvenirs, *L'Epicerie d'enfance.* 1939 : il reçoit le Prix Mallarmé. Après la guerre il fait partie du comité du Pen Club. Il publie de nombreux ouvrages poétiques *(Exister,* 1947 ; *Chef-Lieu,* 1950 ; *Territoires,* 1953 ; *Appareil de la terre,* 1954). En 1970 il a reçu le Grand Prix de poésie de l'Académie française.
Bibl. : André Dhôtel : *Jean Follain,* Seghers, 1972.
(P. 197, 238.)

FOUCAULT (Michel) [Poitiers, 1926]

Professeur de philosophie à Clermont-Ferrand, à Tunis et à Vincennes, avant d'être nommé au Collège de France en 1970, Foucault aura été avant 1968 une des figures de proue du structuralisme. Philosophe engagé, il milite depuis plusieurs années contre le système pénitentiaire au sein du GIP (Groupe d'information sur les prisons). C'est en 1961 que fut publiée *l'Histoire de la folie à l'âge classique,* que suivent *Les Mots et les Choses* (1966), *L'Archéologie du savoir* (1969), et enfin *Surveiller et Punir* (1975). Toute son œuvre tourne autour d'une même visée : comment poser la question du pouvoir, et qu'est-ce qu'un pouvoir ? Partant de l'idée que le discours est la manifestation d'un pouvoir, Foucault, tout naturellement, est devenu le généalogiste des « pouvoirs ». Fin 1975, il publie le premier tome : *La Volonté de savoir,* de son *Histoire de la sexualité* (« Bibl. des Histoires », Gallimard).
Bibl. : Journées annuelles de « l'évolution psychiatrique », 6 et 7 décembre 1969 : *La conception idéologique de l'« Histoire de la folie » de Michel Foucault,* Toulouse, Privat, 1971. – Gille Deleuze : *Un*

nouvel alchimiste, Montpellier, Fata Morgana, 1972.
– Annie Guédez : *Foucault,* Ed. Universitaires, 1972.
(P. 89, 135, 140, 156.)

FOUCHET (Max-Pol) [Saint-Vaast-la-Hague, 1913]

Poète, critique d'art et critique littéraire, Max-Pol Fouchet s'est intéressé à tous les mouvements de la pensée contemporaine, plus particulièrement à l'archéologie et à la civilisation des peuples d'Afrique, des deux Amériques et de l'Inde. Pendant la guerre, à Alger il crée et dirige la revue *Fontaine,* un des derniers refuges de la liberté de l'esprit. Il devint dès 1953 critique littéraire à la Télévision française. Homme des médias, il a su, par le moyen des ondes, faire participer le public à la vie intellectuelle et artistique de cette époque. Parmi ses ouvrages signalons son *Anthologie de la poésie française* (Seghers, 1955 ; 5ᵉ éd.), *Les Appels* (étude critique et préfaces), 1967 ; *Un jour je m'en souviens* (*Mémoire parlée,* 1968, Mercure de France). En 1976, il publie son premier roman, *La Rencontre de Santa Cruz* (Grasset).
Bibl. : Jean Queval : *Max-Pol Fouchet,* Seghers, 1969.
(P. 81.)

FRENAUD (André) [Montceau-les-Mines, 1907]

Fait prisonnier en 1939, il est libéré en 1942. La même année il publie, grâce à Aragon, ses premiers poèmes dans *Poésie 42.* En 1943 paraissent *Les Rois Mages.* La majeure partie de son œuvre poétique se trouve regroupée dans deux recueils : *Il n'y a pas de paradis* (1962) et *La Sainte Face* (1968).
Bibl. : G.-E. Clancier : *André Frénaud,* Seghers, 1963. – Marianne Wiedmer : *André Frénaud,* Zurich, Juris Druck und Verlag, 1969.
(P. 197, 238.)

G

GARY (Romain) [Moscou, 1914]

Né dans une famille d'acteurs, il commence par parler russe, puis polonais, et enfin français. Si par la suite il a écrit trois romans directement en anglais, sa formation culturelle, comme lui-même le reconnaît, a fait de lui un écrivain essentiellement français. Il a poursuivi ses études à Nice. Pendant la guerre il a rejoint les Forces françaises libres en Angleterre. C'est en 1945 qu'il commence sa carrière d'écrivain avec *Education européenne,* qui lui vaut le Prix des Critiques. Tout en continuant son œuvre romanesque, il fait alors carrière dans la diplomatie, et publie au fil des ans *Les Racines du ciel* (Prix Goncourt, 1956), *Lady L.* (1963), *Les Mangeurs d'étoiles* (1966), *La Danse de Genjis Cohn* (1967), *La Tête coupable* (1968).

GASCAR (Pierre) (pseud. de Pierre Fournier) [Paris, 1916]

Il a eu une enfance paysanne et pauvre. Prisonnier pendant la guerre, il tente de s'évader. Repris, il sera envoyé au camp de Rawa-Ruska. En 1946, à son retour de captivité il publie son premier texte dans *Fontaine*. 1953 : il obtient le Prix des Critiques pour son roman *Les Bêtes* et le Prix Goncourt pour *Le Temps des morts*. Poursuivant son œuvre de romancier et d'essayiste, il publiera entre autres *La Graine* (1955), *Le Fugitif* (1961), *Les Charmes* (1965), *Chine ouverte* (1955), *Histoire de la captivité du Français en Allemagne* (1967), aux Editions Arthaud, *Vertiges du présent* (1962) et *La Chine et les Chinois* (1971). Grand Prix de littérature de l'Académie française en 1969. Publie en 1976 : *Dans la forêt humaine*. (P. 39, 222.)

GATTI (Armand) [Monaco, 1924]

Fils d'immigrants, il a quinze ans lorsque son père, syndicaliste, meurt lors d'une grève sous les coups de matraque de la police. Tout en travaillant pour subvenir à ses besoins, il poursuit ses études. En 1942 il entre dans la Résistance. Arrêté, il est envoyé dans un camp en Allemagne d'où il s'évade pour gagner l'Angleterre. Après la guerre il fait du journalisme, obtient en 1954 le Prix Albert Londres. Sa première pièce de théâtre, *Le Poisson noir*, lui vaut en 1957 le Prix Fénéon. Témoin de son temps, il a écrit une œuvre « engagée » et son théâtre est un théâtre politique : *L'Enfant-Rat* (1960), *La Vie imaginaire de l'éboueur Auguste G.* (1962), *La Deuxième Existence du camp de Tatenberg* (1962), *Chant public devant deux chaises électriques* (1964), *V comme Viet-nam* (1967), *La Passion du Général Franco* (1968).

BIBL. : Gérard Golzan et Jean-Louis Pays : *Gatti aujourd'hui*, Le Seuil, 1970. (P. 265.)

GENET (Jean) [Paris, 1910]

Enfant de l'Assistance publique, il est confié à des paysans du Morvan. A seize ans il est envoyé en maison de correction. En 1942, il se trouve à la prison de Fresnes, et c'est là qu'il écrit *Le Condamné à mort*. C'est encore pendant ces années obscures qu'il compose *Notre-Dame-des-Fleurs* et *Miracle de la rose*. En 1947, sa pièce *Les Bonnes* est créée à l'Athénée. En 1951, Sartre lui consacre une préface, *Saint Genet, comédien et martyr*, qui constitue le

tome I des œuvres complètes de Jean Genet ; le tome II (1951) comprenant *Notre-Dame-des-Fleurs*, *Miracle de la rose* et *Condamné à mort* ; le tome III (1953) *Pompes funèbres*, *Querelle de Brest*, *Le Pêcheur du Suquet* ; et le tome IV *L'étrange mot D'...*, *Ce qui est resté d'un Rembrandt déchiré en petits carrés*, *Les Bonnes*, *Haute surveillance*, *Lettres à Roger Blin*, *Comment jouer Les Bonnes*, *Comment jouer le Balcon*. Après avoir décidé d'abandonner la littérature, il est pourtant revenu au théâtre pour y donner *Le Balcon* en 1956, *Les Nègres*, en 1959, et *Les Paravents* en 1965.

BIBL. : Joseph Macmahon : *The Imagination of Jean Genet*, New Haven, Yale University Press, 1963. — David Grossvogel : *The Blasphemators : the Theater of Brecht, Ionesco, Beckett, Genet*, Ithaca, New York, Cornell University Press, 1965. — Claude Bonnefoy : *Jean Genet*, Ed. Universitaires, 1965. — Richard N. Coe : *The Vision of Jean Genet*, Londres, Peter Owen, 1968. — R. N. Coe : *Jean Genet : A Check List of his Works in French, English and German*, Melbourne, 1969. — Jean-Marie Magnan : *Jean Genet*, Seghers, 1971. — Odette Aslan : *Jean Genet*, Seghers, 1973. (P. 80, 228, 264-5.)

GENETTE (Gérard) [Paris, 1930]

Directeur d'études de sémiotique littéraire à l'Ecole des Hautes Etudes en Sciences sociales à Paris, co-directeur de la revue et de la collection « Poétique » aux éditions du Seuil. Principales publications : *Figures I* (1966), *Figures II* (1969), *Figures III* (1972) et *Mimologiques* (1976).

Le champ de recherche et d'écriture de Gérard Genette est ce que la tradition classique appelait « poétique », c'est-à-dire à la fois la théorie générale des formes littéraires et l'analyse des œuvres singulières, prises ici dans une perspective méthodologique inspirée par la sémiologie structurale. Les points d'application privilégiés ont été, dans les trois *Figures*, les problèmes du discours poétique et narratif, les œuvres de Stendhal, Flaubert et Proust, la poésie baroque. *Mimologiques* est une analyse historique et théorique de l'imagination linguistique, de Platon à nos jours, autour du thème de la relation mimétique entre les mots et les choses. Depuis 1976, les recherches de Gérard Genette portent sur les faits de « transtextualité », c'est-à-dire les relations entre textes, et entre textes et genres. (P. 187, 249.)

GENEVOIX (Maurice) [Decize, Nièvre, 1890]

Né dans une île de la Loire nivernaise, écrivain profondément enraciné dans le terroir, Genevoix entre à l'Ecole normale supérieure en 1912. Mobilisé en 1914, il est grièvement blessé et commence à rédiger ses souvenirs de guerre. C'est en 1916 que paraîtra *Sous Verdun*. Après la guerre il se consacre complètement à la littérature. Son premier roman, *Jeanne Robelin*, sort en 1920. Avec *Raboliot* en 1925, il obtient le Prix Goncourt. Ami des bêtes et des hommes, Genevoix écrira plus de trente romans pour chanter la nature et les mystères de la vie rurale : *La Dernière Harde* (1938), *La Loire, Agnès et les garçons* (1962), *Tendre Bestiaire, Bestiaire enchanté* (1969), *Bestiaire sans oubli* (1973), *Un Homme et sa vie* (1974), *Un Jour* (1975). Elu à l'Académie française en 1946, il en sera le secrétaire perpétuel de 1958 à 1973.

GHELDERODE (Michel de) (pseud. d'Adolphe - Adhémar - Louis - Michel Martens) [Ixelles, 1898-Bruxelles, 1962]

Il est Flamand, mais sans doute malgré lui s'est-il souvenu que la Flandre avait été espagnole. Tout dans son œuvre évoque un monde où les créatures sont écartelées entre Dieu et le démon, la vie et la mort, la Flandre et l'Espagne. Il a écrit des contes, *Sortilèges* (1962), des chroniques, *La Flandre est un songe* (1953), mais c'est au théâtre que s'est exprimé son univers obsessionnel. Sa première pièce, *La Mort regarde à la fenêtre*, fut jouée à Bruxelles en 1918. Son œuvre est publiée en Belgique et la plupart de ses grandes pièces sont jouées à Bruxelles. Après la seconde guerre mondiale seulement son théâtre sera connu en France. Gallimard publie son théâtre complet : *Théâtre I (Hop Signor ! ; Escurial ; Sire Halewyn ; Magie rouge ; Mademoiselle Jaïre, Fastes d'Enfer)*, 1952, *Théâtre II (Le Cavalier bizarre ; La Ballade du Grand Macabre ; Trois Acteurs : Un Drame ; Christophe Colomb ; Les Femmes au tombeau ; La Farce des ténébreux)*, 1952, *Théâtre III (La Pie sur le gibet ; Pantagleize ; D'un diable qui prêche merveilles ; Sortie de l'acteur ; L'Ecole des bouffons)*, 1953, *Théâtre IV (Un soir de pitié ; Don Juan ; Le Club des menteurs ; Les Vieillards ; Marie la misérable ; Masques ostendais)*, 1955, *Théâtre V (Le Soleil se couche, Les Aveugles ; Le Ménage de Caroline ; La mort du Docteur Faust ; Adraif et Jusemina ; Piet Bouteille)*, 1957.

BIBL. : Jean Francis : *L'éternel aujourd'hui de Michel de Ghelderode*, Bruxelles, L. Musin, 1968. — Jean Stevo : *Office des ténèbres pour Michel de Ghelderode*, Bruxelles, P. de Roche, 1972.

(P. 115, 262.)

GIONO (Jean) [Manosque, 1895-1970]

Petit-fils de carbonaro, il doit interrompre ses études pour partir à la guerre. Il en décrira l'hor-reur dans *Refus d'obéissance* (1937). Après l'Armistice, il se consacre entièrement aux lettres et s'installe à Manosque dans la maison où il vivra jusqu'à sa mort. Il publie *Colline* (1928), *Regain* (1930), *Le Grand Troupeau* (1931), *Jean le Bleu* (1932), et surtout *Le Chant du monde* (1934) et *Que ma joie demeure* (1935). C'est la naissance du gionisme. Les disciples viennent à lui et il précise ses idées dans *Les Vraies Richesses* (1936), *Le Poids du ciel* (1938), et *Vivre Libre I, Lettres aux paysans sur la pauvreté et la paix*, puis *Vivre Libre II* (1938). En 1939, il est mis en prison pour avoir lacéré les affiches de la mobilisation. Le régime de Vichy en revanche lui inspirera de la sympathie, ce qui lui vaudra à la Libération quelques ennuis. Il continuera à écrire des romans : *Mort d'un personnage* (1949), *Les Ames fortes* (1949), *Les Grands Chemins* (1951), mais c'est avec *Le Hussard sur le toit* (1951) qu'il reparaît sur le devant de la scène. Les critiques croient découvrir un nouveau Giono dans l'auteur du *Moulin de Pologne* (1952), de *Voyage en Italie* (1953), d'*Angelo* (1958) et du *Désastre de Pavie* (1963). On voit en lui désormais un chroniqueur inspiré par Stendhal, mais il est toujours le chantre de la joie et d'un humanisme païen. En 1954 il sera élu membre de l'Académie Goncourt.

BIBL. : *Œuvres romanesques complètes*, t. I, 1971, t. II, 1972, t. III, 1974, « Bibliothèque de la Pléiade ». — Francine Antonietto : *Le Mythe de la Provence dans les premiers romans de Jean Giono*, Aix-en-Provence, La Pensée Universitaire, 1961. — Pierre-Robert : *Jean Giono et les techniques du roman*, Berkeley et Los Angeles, California University Press, 1961. — Pierre de Boisdeffre : *Giono*, Gallimard, 1965. — W.D. Redfern : *The Private World of Jean Giono*, Oxford, B. Blackwell, 1967. — Lucette Heller-Goldenberg : *Le Contadour : un foyer de poésie vivante, 1935-1939*, Presses du Palais-Royal, 1972. — *Jean Giono*, numéro spécial de la *Nouvelle Revue française*, février 1971. — Jacques Viard : « *Que ma joie demeure* » *de Jean Giono*, Hachette, 1972. — Claudine Chonez : *Giono*, Le Seuil, 1973. — Marguerite Girard, *J. Giono méditerranéen*, La Pensée universelle, 1974. — *Jean Giono 1. De « Naissance de l'Odyssée » au Contadour*. Textes réunis par Alan G. Clayton, Minard, 1974.

(P. 47-9, 59-61, 82-3, 111-3, 161, 196, 214, 222, 224-227.)

GIRAUDOUX (Jean) [Bellac, 1882-Paris, 1944]

Sorti premier de l'Ecole normale supérieure, il passe une année à Munich puis se lance dans la carrière diplomatique. En 1918, il publie *Simon le pathétique*, en 1920, *Suzanne et le Pacifique* et en 1922, *Siegfried et le Limousin*. C'est en 1928 qu'il aborde le théâtre avec *Siegfried*. La rencontre avec Jouvet est déterminante. Presque chaque année jusqu'à la guerre, le grand acteur va monter ou jouer une nouvelle pièce de Giraudoux : *Amphitryon 38* (1929),

Judith (1931), *Intermezzo* (1933), *La Guerre de Troie n'aura pas lieu* (1935), *Electre* (1937), *Ondine* (1939). Au moment de la guerre, Giraudoux est nommé commissaire à l'Information, mais les événements mettent fin à sa fonction, et l'auteur de *Bella* se retire à Cusset. Il mourra quelques mois avant la Libération. Jouvet montera *La Folle de Chaillot* en 1945. *Pour Lucrèce*, autre pièce posthume, sera représentée pour la première fois en 1953.

Bibl. : Le théâtre complet de J. Giraudoux a été publié aux éditions Bernard Grasset. — Victor-Henry Debidour : *Jean Giraudoux*, Ed. Universitaires, 1955. — R.-M. Albérès : *Esthétique et morale dans l'œuvre de Jean Giraudoux*, Nizet, 1957. — Arnaldo Pizzorusso : *Tre Studi su Giraudoux*, Florence, Sansoni, 1954. — Laurent Lesage : *Jean Giraudoux, his Life and Works*, Pennsylvania State University Press, 1959. — Marie-Jeanne Durry : *L'Univers de Giraudoux*, Mercure de France, 1961, réimpr. 75. — Agnès-G. Raymond : *Giraudoux devant la victoire et la défaite*, Nizet, 1963. — R.-M. Albérès : *La Genèse du « Siegfried » de Jean Giraudoux*, Lettres Modernes, 1963. — Léon Cellier : *Etudes de structure*, Lettres Modernes, 1964. — Aurel David : *Vie et mort de Jean Giraudoux*, Flammarion, 1966. — Gilbert van de Louw : *La Tragédie grecque dans le théâtre de Giraudoux*, 1967. — Claude-Edmonde Magny : *Précieux Giraudoux*, Le Seuil, 1968. — Lise Gauvin : *Giraudoux et le thème d' « Electre »*, Lettres Modernes, 1969. — Yves Morand : *« Judith » ou l'impossible liberté*, Lettres Modernes, 1971. — Charles Mauron : *Le Théâtre de Giraudoux*, étude psychocritique, Corti, 1971. — Morton M. Celler : *Giraudoux et la métaphore*, La Haye, Mouton, 1974. — Jacques Body : *Giraudoux et l'Allemagne*, Didier, 1975 ; *Lettres*, Klincksieck, 1974. — Jacques Robichez, *Le Théâtre de Giraudoux*, SEDES, 1975.

(P. 23-4, 58, 75, 80, 82, 88, 112, 161, 179, 195-7, 211-2, 253-5, 259, 260-4, 274.)

GRACQ (Julien) (pseud. de Louis Poirier) [St-Florent-le-Vieil, 1910]

Ancien élève de l'École Normale Supérieure agrégé d'histoire, professeur dans divers lycées, Gracq s'est adonné surtout à la littérature. Héritier des surréalistes (il a consacré à André Breton un essai antibiographique, 1948), ce disciple lointain de Chrétien de Troyes, ce proche parent de Barbey d'Aurevilly, a su se tenir à l'écart des chapelles. En 1951, il a même refusé le Goncourt que lui avait valu son roman, *Le Rivage des Syrtes*. Parti en guerre contre la commercialisation de la littérature, il a su écrire une œuvre rare mais forte. Citons ses autres romans : *Au Château d'Argol* (1938), *Un beau ténébreux* (1945), *Un balcon en forêt* (1958) ; *Lettrines* (1967), *La Presqu'île* (1970) et un essai : *La Littérature à l'estomac* (1950).

Bibl. : Jean-Louis Lautrat : *Julien Gracq*, Ed. Universitaires, 1966. — Annie-Claude Dobbs : *Julien Gracq*, Ed. Universitaires, 1966. — Annie-Claude Dobbs : *Dramaturgie dans l'œuvre de Julien Gracq*, Corti, 1972. — André Payronie : *La Pierre de scandale du « Château d'Argol » de Julien Gracq*, Lettres Modernes, 1972. — Cahier de l'Herne sur *Julien Gracq*, 1972.

(P. 31, 85, 109, 112, 196-9, 219, 283.)

GREEN (Julien) [Paris, 1900]

D'ascendance anglo-saxonne, son père étant originaire de Géorgie et sa mère de Virginie, Green fut élevé dans une atmosphère puritaine. Après la mort de sa mère il abjura le protestantisme et se convertit au catholicisme en 1916. Cela ne l'empêchera pas de publier en 1924 un *Pamphlet contre les catholiques de France*. En 1926, sortie de son premier roman, *Mont-Cinère*, et l'année suivante d'*Adrienne Mesurat*, qui lui vaut le Prix Bookman, premier d'une série de romans à l'atmosphère chargée d'angoisse. Il retourne plusieurs fois aux Etats-Unis et s'y installe pendant la guerre. En 1950 il publie *Moïra*. L'année suivante il reçoit le Grand Prix littéraire de Monaco. Il fait alors ses débuts au théâtre avec *Sud* (pièce créée en 1953), suivie bientôt de *L'Ennemi* (1954) et de *L'Ombre* (1956). Green a aussi publié ses souvenirs de jeunesse et une grande partie de son journal, dans lequel on retrouve les hantises de cet écrivain tourmenté par le problème du mal et du sexe (pour lui le diable et le sexe ne faisant qu'un). Il a été élu à l'Académie française en 1972.

Bibl. : Marc Eigeldinger : *Julien Green et la tentation d'exister*, Les Portes de France, 1947. — Jean-Laurent Prévost : *Julien Green ou l'âme engagée*, Lyon, E. Vitte, 1960. — Pierre Brodin : *Julien Green*, Ed. Universitaires, 1963. — Jean Sémolue : *Julien Green ou l'obsession du mal*, Ed. du Centurion, 1964. — J.-C. Joye : *Julien Green et le monde de la fatalité*, Berne, Arnaud Druck, 1964. — Noël Rousseau : *Sur le chemin de Julien Green*, Neuchâtel, La Baconnière, 1965. — « Julien Green », textes réunis par Brian T. Fitch, Revue des Lettres Modernes, 1966. — Oswald Muff : *La Dialectique du néant et du désir dans l'œuvre de Julien Green*, Zurich, Imp. P. G. Keller, 1967. — Robert de Saint-Jean : *Julien Green par lui-même*, Le Seuil, 1967. — J. Petit : *Julien Green, l'homme qui venait d'ailleurs*, Desclée de Brouwer, 1969. — P. C. Hoy : *Julien Green*, Lettres Modernes, 1970. — Catalogue de l'exposition Green, Oxford, Maison française, 1970. — Jacques Petit : *Julien Green*, Desclée de Brouwer, 1972. — Julien Green et Pierre Gaxotte : *Discours pour la réception de M. Julien Green*, Institut de France, 1972. — Antonio Mor : *Julien Green, témoin de l'invisible*, Plon, 1973.

(P. 21, 49, 81, 110, 149, 154, 161, 196, 220.)

GRENIER (Roger) [Caen, 1919]

Il a fait ses études à Pau. Mobilisé en 1940, il est rendu à la vie civile en 1942 et termine alors sa licence ès lettres. En 1944, il entre à *Combat* puis à *France-Soir*. Il commence à publier en 1949. Parmi ses romans principaux, citons : *La Voie romaine* (1960), et *Le Palais d'hiver* (1965). Depuis 1964 il est conseiller littéraire aux Editions Gallimard.

BIBL. : Maurice Nadeau : *Le Roman français depuis la guerre*, Gallimard, 1963.

GROSJEAN (Jean) [Paris, 1912]

Après un voyage en Orient il est ordonné prêtre. Fait prisonnier en 1940, il passe deux ans dans les camps. En 1946 il publie *Terre du temps* qui lui vaut le Prix de la Pléiade. Il quitte les ordres en 1950. Poète biblique, poète du sacré et d'un au-delà du langage, il fait successivement paraître *Hypostases* (1950), *Le Livre du juste* (1952), *Fils de l'homme* (1954), *Apocalypse* (1962), *Elégies* (1967) qui lui vaudra le Prix des Critiques.

BIBL. : Alain Bosquet : « Jean Grosjean ou les saisons de la foi », *NRF*, juin 1967.

(P. 236.)

GUILLEVIC (Eugène) [Carnac, 1907]

Breton, poète marxiste, Guillevic a commencé en publiant, en 1942, *Terraqué*, une œuvre tout entière consacrée aux hommes, aux choses, à la terre. *Exécutoire* (1947) rassemble les poèmes de l'occupation. *Carnac* (1961) évoque un monde sans dieux ni miracles. *Sphère* (1963) et *Avec* (1966) célèbrent en même temps qu'une vision du monde un approfondissement du poète et sa rencontre avec les autres.

BIBL. : Jean Tortel : *Guillevic*, Seghers, 1971. — Jean Dubacq : *Guillevic*, Ed. de la Tête de feuilles, 1972.

(P. 238.)

GUILLOUX (Louis) [Saint-Brieuc, 1899]

Ecrivain du peuple, disciple de Vallès, Guilloux a situé la plupart de ses livres à Saint-Brieuc. Fils d'un militant socialiste, il sera mêlé très tôt aux luttes populaires. En 1927 il publie son premier roman, *La Maison du peuple*. Malgré sa sympathie pour la révolution soviétique, il refuse d'entrer au Parti communiste. Il accepte pourtant d'être le secrétaire du premier congrès mondial des écrivains anti-fascistes en 1935, l'année même où paraît *Le Sang noir*. En 1942, le Prix populiste lui est décerné pour *Le Pain des rêves* ; en 1949 il obtiendra le Prix Renaudot pour *Le Jeu de patience*.

(P. 59.)

H

HÉRIAT (Philippe) [Paris, 1898-1972]

Fils de magistrat, il a débuté comme assistant metteur en scène de Marcel Lherbier et de Louis Delluc. Il jouera même comme acteur dans *Le Sexe faible* de Bourdet. En 1931 il obtient le Prix Renaudot pour son roman *L'Innocent*, et en 1939 le Prix Goncourt est décerné aux *Enfants gâtés*, premier volet des *Boussardel* dont le quatrième tome paraîtra en 1968. Grand Prix du roman de l'Académie française en 1947, Hériat est entré à l'Académie Goncourt en 1949. Romancier traditionnel, il a su dans son œuvre témoigner de la société de son temps.

HERVÉ BAZIN (Jean) [Angers, 1911]

Petit-neveu de René Bazin, il descend, par sa famille d'Urbain Grandier et de Ménage. Elevé par sa grand-mère, il retrouve en 1920 ses parents qui jusque-là résidaient en Chine ; c'est le heurt immédiat. Adolescent révolté, il fait de mauvaises études, mais il obtient néanmoins le premier prix de sciences naturelles au concours général. Après avoir essayé plusieurs métiers, il publie ses premiers poèmes. En 1934, il se marie et rompt avec sa famille. Il fait alors la rencontre de Paul Valéry. Il mène une vie difficile. En 1946, il fonde une petite revue poétique et reçoit l'année suivante le Prix Apollinaire pour son recueil *Jour*. En 1948 il fait son entrée dans la littérature avec *Vipère au poing* qui reçoit le Prix des lecteurs ; il y traite de la révolte de l'adolescence, thème qu'il reprendra dans *La Tête contre les murs* (1949). L'auteur de *La Mort du petit cheval* (1950), de *Lève-toi et marche* (1952) obtient en 1957 le Prix Prince Pierre de Monaco. En 1958 il entre à l'Académie Goncourt et poursuit sa carrière de romancier : *Au nom du fils* (1960), *Le Matrimoine* (1967), *Les Bienheureux de la désolation* (1970).

BIBL. : Jean Anglade : *Hervé Bazin*, Gallimard, 1962. — Pierre Moustiers : *Hervé Bazin ou le romancier en mouvement*, Le Seuil, 1973.

(P. 68.)

HOUGRON (Jean) [Mondeville, près de Caen, 1923]

Après une enfance étouffée et provinciale dont il témoignera dans *Histoire de Georges Guersant* (1964), il passe son doctorat en droit et part pour l'Indochine où il restera cinq ans. Il y fera toutes sortes de métiers et sillonnera l'Asie du Sud-Est. En 1953, le Grand Prix du roman de l'Académie française couronnera *La Nuit indochinoise* dont les six volumes

traitent avec acuité et authenticité du problème colonial.
(P. 39.)

I

IKOR (Roger) [Paris, 1912]

Né d'un père lithuanien et d'une mère d'origine polonaise, Ikor, ancien élève de l'Ecole normale supérieure, est agrégé de grammaire. Mobilisé en 1939, il passe la guerre comme prisonnier dans un Oflag en Poméranie. En 1955 il obtient le Prix Goncourt pour *Les Eaux mêlées*, premier volet d'une œuvre cyclique, *Les Fils d'Avron*, chronique d'une famille juive dont le dernier tome a paru en 1966.

IONESCO (Eugène) [Slatina, Roumanie, 1912]

Il se fixe en France en 1938 et y prépare une thèse sur « les thèmes du péché et de la mort dans la littérature française depuis Baudelaire ». Il mène une vie de père de famille et d'employé besogneux jusqu'au jour où, s'il faut l'en croire, désireux d'apprendre l'anglais, il découvre la méthode Assimil. C'est de cette découverte qu'est née *La Cantatrice chauve*, créée en 1950 au théâtre des Noctambules. Il devient alors l'un des maîtres de l'anti-théâtre avec Beckett et Adamov. Le tome I de son théâtre paraîtra en 1954 *(La Cantatrice chauve, La Leçon, Jacques ou la soumission, Les Chaises, Victimes du devoir, Amédée ou comment s'en débarrasser)*; le tome II en 1958 *(L'Impromptu de l'Alma, Tueur sans gages, Le Nouveau Locataire, L'Avenir est dans les œufs, Le Maître, La Jeune Fille à marier)*; le tome III en 1963 *(Rhinocéros, Le Piéton de l'air, Délire à deux, Le Tableau, Scène à quatre, Les Salutations, La Colère)*; le tome IV en 1966 *(Le Roi se meurt, La Soif et la Faim, La Lacune, Le Salon de l'automobile, L'Œuf dur, Pour préparer un œuf dur, Le Jeune Homme à marier, Apprendre à marcher)*. En 1970, consécration suprême, il entre à l'Académie française. En plus de son théâtre, il a publié *Journal en miettes* (1967) et un recueil de réflexions sur le théâtre contemporain, *Notes et contre-notes* (1963).
BIBL. : Léonard-C. Pronko : *Théâtre d'avant-garde*, Denoël, 1963. — Simone Benmussa : *Eugène Ionesco*, Seghers, 1966. — Jean-Hervé Donnard : *Ionesco dramaturge*, Lettres Modernes, 1966. — Mélanges : *Ionesco, Beckett, Pinget*, Gallimard, 1966, Cahiers Madeleine Renaud-Jean-Louis Barrault. — Faust Bradesco : *Le Monde étranger de Ionesco*, Promotion et édition, 1967. — Claude Abastado : *Eugène Ionesco*, Bordas, 1971. — Richard N. Coe : *Ionesco : a Study of his Plays*, Londres, Methuen & Co,

1971. — *Les Critiques de notre temps et Ionesco*, Garnier, 1973. — W. Tobi : *Eugène Ionesco ou à la recherche du paradis perdu*, Gallimard, 1973. — Emmanuel-C. Jacquart : *Le Théâtre de la dérision*, Gallimard, 1974. — Paul Vernois : *La Dynamique théâtrale d'Eugène Ionesco*, Klincksieck, 1976 ; ouvrage essentiel.
BIBL. : Griffith R. Hugues and Ruth Bury, *E. Ionesco, A. Bibliography*, Cardiff, Univ. of Wales Press, 1974.
(P. 114, 132, 197, 201, 264-5, 311.)

J

JACCOTTET (Philippe) [Moudon, Suisse, 1925]

Poète, essayiste et traducteur, Jaccottet s'installe à Paris en 1946. Il collabore à la NRF. Il publie ses premiers poèmes en 1954, *L'Effraie et autres poèmes*, bientôt suivis de *La Promenade sous les arbres* (1957), *L'Ignorant* (1958), *Airs* (1967), *Leçons* (1969). Il a écrit des carnets, *La Semaison* (1963), et une chronique de poésie, *L'Entretien des muses* (1968). Il est le traducteur de Robert Musil, d'Ungaretti, de Hölderlin et de Rilke.
BIBL. : Jean-Pierre Richard : *Onze études sur la poésie moderne*, Le Seuil, 1964.
(P. 115, 197, 241.)

JOUHANDEAU (Marcel) [La Clayette, Saône-et-Loire, 1888]

Il passe toute son enfance à Guéret, dans la Creuse. Après une jeunesse studieuse, nourrie de lectures chrétiennes, il monte à Paris où il prépare une licence ès-lettres. De 1912 à 1949 il enseigne dans un collège privé. En 1924 il publie *Les Pincengrain* ; ce livre fait scandale à Guéret. Il épouse en 1929 la danseuse « Caryathis » qui elle aussi s'adonne à la littérature sous le nom d'Elise. Inlassable et prolifique, Jouhandeau a écrit au fil des ans une œuvre considérable. Citons : *La Jeunesse de Théophile* (1921), *Monsieur Godeau intime et Monsieur Godeau marié* (1927 et 1933), *Chaminadour I, II, III* (1934, 1936, 1941), à quoi il faut ajouter son autobiographie permanente dont six volumes pour *Le Mémorial* et plus de vingt pour les *Journaliers*.
BIBL. : José Cabanis : *Jouhandeau*, Gallimard, 1959. — Jean Gaulmier : *L'Univers de Marcel Jouhandeau*, Nizet, 1959. — Elise Jouhandeau : *Le Lien de ronces*, Grasset, 1964. — Henri Rode : *Marcel Jouhandeau*, Ed. de la Tête de feuilles, 1972.
(P. 196, 215, 219-220, 227-8.)

JOUVE (Pierre Jean) [Arras, 1887-Paris, 1976]

On a dit de lui qu'il était le poète de l'inconscient créateur. A seize ans il est atteint d'une grave maladie et il éprouve une passion pour l'épouse d'un officier : l'image de cette femme se retrouvera dans le personnage d'Hélène. De 1906 à 1908, il publie une revue d'inspiration symboliste, *Les Bandeaux d'or*. Il publie en 1912 un premier recueil de poèmes, *Présences*, suivi de *Parler* (1913). En 1922 il épouse la psychanalyste Blanche Reverchon. Il écrit une série de romans forts et singuliers dont *Paulina 1880* (1925), *Le Monde désert* (1927), *Hécate* (1928), *Vagadu* (1931), *Histoires sanglantes* (1932), *La Scène capitale* (1935). En tant que poète, il s'affirme avec *Mystérieuses Noces*, suivies de *Nouvelles Noces* (1926), de *Noces* (1928), de *Sueurs de sang* (1933) et d'*Hélène* (1946). Après la guerre, il publiera des poèmes de résistance : *La Vierge de Paris* (1946). En 1960 il reçoit le Prix Dante, en 1962 le Grand Prix national des Lettres, et en 1966 le Grand Prix de poésie de l'Académie française.

BIBL. : ses œuvres ont paru au Mercure de France (cinq volumes de prose et quatre de poésie). — Christiane Blot : *Relation de la faute de l'Eros et de la mort dans l'œuvre romanesque de Pierre Jean Jouve*, Aix-en-Provence, La Pensée Universitaire, 1961. — Margaret Callender : *The Poetry of Pierre Jean Jouve*, Manchester University Press, 1965. — *Pierre Jean Jouve*, Montréal, *Liberté*, vol. 9, n° 1, janvier-février 1967. — René Micha : *Pierre Jean Jouve*, Seghers, 1971. — J. Starobinski, P. Alexandre et M. Eigeldinger : *Pierre Jean Jouve, poète et romancier*, Neuchâtel, La Baconnière, 1972. — *Pierre Jean Jouve*, Cahiers de l'Herne, 1972. — Simone Sanzenbach : *Les Romans de Pierre Jean Jouve*, Vrin, 1972. (P. 49, 149, 197, 235, 240.)

K

KESSEL (Joseph) [Clara, Argentine, 1898]

Né en Argentine, de parents russes, il passe une partie de son enfance à Orenbourg au pied de l'Oural, puis à Nice. En 1914 il entre comme rédacteur au *Journal des Débats* et poursuit ses études de lettres. Il s'engage en 1916 et combat dans l'aviation; il découvre la vie dangereuse et l'aventure. Après la guerre il part pour l'Asie où il fait des reportages. Il écrit ses premiers romans et en 1927 il reçoit le Grand Prix du roman de l'Académie française. En 1936 il est correspondant de guerre en Espagne. Pendant la seconde guerre mondiale, il passe en Angleterre et écrit, avec son neveu Druon, le *Chant du partisan*. A la Libération, il poursuit son œuvre de romancier et de grand reporter. Citons quelques-uns de ses romans : *L'Équipage* (1923), *Les Cœurs purs* (1927), *Fortune carrée* (1930), *Le Lion* (1958), *Les Cavaliers* (1967). En 1963 il a été élu à l'Académie française.

BIBL. : Joseph Kessel et André Chamson, Institut de France, Académie française, *Discours prononcés pour la réception de M. Joseph Kessel*, le 6 février 1964. — Graham Daniels : « *L'Équipage* » de Joseph Kessel, Hachette, 1974. (P. 114.)

KLOSSOWSKI (Pierre) [Paris, 1905]

Issu d'une vieille famille polonaise, frère du peintre Balthus, Klossowski a été très tôt mêlé au milieu des artistes et des hommes de lettres (Bonnard, Rilke et Gide). Après son service militaire il se lie d'amitié avec Paulhan, Groethuysen et Jouve (avec Jouve il traduit les *Poèmes de la folie* de Hölderlin), mais c'est Bataille qui a sur lui une influence décisive. En 1934, lors d'une crise mystique, il entre chez les dominicains. Revenu à la vie civile, il publie en 1947 *Sade mon prochain*, suivi en 1950 de *La Vocation suspendue*, des *Lois de l'Hospitalité* et du *Baphomet* (1965).

BIBL. : Michel Foucault : « La Prose d'action », *NRF*, mars 1964. — Maurice Blanchot : « Le Rire des dieux », *NRF*, juillet 1965. (P. 78.)

KRISTEVA (Julia) [Sofia, Bulgarie, 1941]

Agrégée de Lettres modernes de l'Institut de Littérature de Sofia, elle vient en France en 1966, présente une thèse de doctorat de troisième cycle, puis une thèse de doctorat d'Etat. Professeur titulaire à l'Université de Paris VII, au département des Sciences du texte, elle est secrétaire générale de l'Association Internationale de Sémiotique, rédactrice adjointe de la revue *Semiotica* et membre du comité de rédaction de *Tel Quel*. Elle a publié *Séméiotikè* (recherches pour une sémanalyse) en 1969, puis *Révolution du langage poétique* (1974), *La Traversée des signes* (1975) et, la même année, *Les Chinoises*. Elle a contribué à l'élaboration de ce qu'on a pu appeler « la théorie du texte »; elle a tenté aussi de restituer le discours féministe dans le domaine du langage. (P. 89, 204-5.)

L

LACAN (Jacques) [Paris, 1901]

Une des figures les plus contestées de la psychologie sexuelle. Génie mal compris pour les uns, illusionniste pour les autres, il s'est pourtant imposé comme l'un des plus étonnants redécouvreurs de Freud.

Ami des surréalistes, il publie en 1932 sa thèse

de doctorat, *De la psychose paranoïaque dans ses rapports à la personnalité*. Fondateur en 1953, avec Daniel Lagache, de la Société française de psychanalyse, il dirige la même année son premier séminaire à l'Ecole normale supérieure. Il a su, en partant des écrits de Freud et des recherches de la linguistique contemporaine, poser la problématique du rapport instauré entre celui qui parle et ce qu'il dit. Ses prises de position théorique l'amèneront à créer l'Ecole freudienne de Paris. Il a publié : *Ecrits I* et *II* en 1966, apporté sa contribution à la revue *Scilicet* en 1968 et en 1970. Le *Livre XI : Les quatre concepts fondamentaux de la psychanalyse* et le *Livre XX : Encore* ont paru en 1973 et en 1975, inaugurant la publication intégrale de son œuvre parlée; publication entreprise par les éditions du Seuil à partir de la sténographie des cours qu'il a donnés à l'Ecole normale supérieure ou à l'Ecole pratique des hautes études.

Bibl. : voir Bibliographie générale p. 379. (P. 78, 84, 106, 148, 169, 186, 207.)

LANZA DEL VASTO [San-Vito-Dei-Normani, 1901]

D'origine italienne, mais aussi flamande et française. Une partie de son œuvre poétique est écrite en italien et inédite. Naissance au sud de l'Italie, études secondaires à Paris, doctorat de philosophie à Pise; en 1925, conversion au catholicisme, la religion de son enfance. Il devient alors vagabond et aventurier de l'Esprit, rencontre Luc Dietrich, qu'il aidera à devenir le romancier mémorialiste du *Bonheur des tristes*, de *L'Apprentissage de la ville* et le poète de *L'Injuste Grandeur*. Abhorrant tous les totalitarismes, ayant assisté à la prise du pouvoir par Mussolini à Rome puis par Hitler à Berlin, il s'embarque pour l'Inde en 1936, « afin d'apprendre de Gandhi à devenir meilleur chrétien », afin aussi de chercher des remèdes aux maux de l'Occident. Poète célèbre en zone libre pendant les premières années de la guerre, son récit *Le Pèlerinage aux sources* (1943) lui vaut un fervent public. Il jette les bases d'un mouvement d'action directe non violente et fonde avec sa femme, la musicienne Chanterelle, la communauté de l'Arche.

Bibl. : Les *Œuvres complètes* ont commencé à paraître chez Denoël, son principal éditeur. — Arnaud de Mareüil, *Lanza Del Vasto*, Seghers, « Poètes d'aujourd'hui », 1966.

LA TOUR DU PIN (Patrice de) [Paris, 1911-Paris, 1975]

Toute son œuvre est assemblée, sous le titre *Une Somme de Poésie*, en trois tomes (Gallimard). Célèbre dès la publication de *La Quête de Joie* (1933), Patrice de La Tour du Pin est le poète de la présence, de la vie intérieure et de la quête spirituelle, dans la lignée des poètes chrétiens, de Claudel, de Péguy, de Milosz. Tentative de réconcilier poésie et prière, itinéraire conduisant des brumes sensuelles de l'adolescence *(Enfants de Septembre)* à la célébration liturgique de l'amour de Dieu. La première partie de la *Somme* baigne dans une lumière de rêve. *Le Second Jeu* (1959) est traversé par un souffle ascétique et désertique ; il mène à la troisième partie, « Le Jeu de l'homme devant Dieu », où domine l'éclairage mystique. Patrice de La Tour du Pin avait presque mené à terme une refonte totale de la *Somme ;* cette version définitive reste à paraître.

Bibl. : Biéville-Noyant : *Patrice de La Tour du Pin*, N.R.C., 1948. — Eva Kushner : même titre, Seghers, « Poètes d'aujourd'hui », 1962. — Maurice Champagne : Préface à *La Quête de Joie,* suivie de *Petite Somme de Poésie*, « Poésie Gallimard », 1967. (P. 236.)

LE CLEC'h (Guy) [Paris, 1917]

Fils de journaliste, il prépare le concours d'entrée à l'Ecole normale supérieure, puis il fait la guerre et passe après sa démobilisation une licence d'histoire. A la Libération il entre à la direction des Arts et Lettres, et devient lecteur chez Albin Michel. Il publie son premier roman, *Le Témoin silencieux*, en 1949. Il obtient la bourse Blumenthal après la publication de *La Plaie et le Couteau* (1952). Il voyage, collabore au *Figaro littéraire* et publie successivement *Le Défi* (1954), *Tout homme a sa chance* (1957), *Une folle joie* (1962), *L'Aube sur les remparts* (1967), *Les Moissons de l'abîme* (1968).

LE CLEZIO (Jean-Marie) [Nice, 1940]

Issu d'une famille bretonne émigrée depuis longtemps à l'île Maurice, il passe son enfance et poursuit ses études dans le midi de la France. En 1953 il publie le *Procès-verbal* qui lui vaut le Prix Renaudot. A vingt-trois ans il connaît la célébrité. Il publiera deux autres romans, *Le Déluge* (1966), *Terra amata* (1967), des recueils de nouvelles, et un essai, *L'Extase matérielle* (1967), suivis de : *Le Livre des fuites* (1969), *La Guerre* (1970), *Les Géants* (1973), *Voyages de l'autre côté* (1975), *Les Prophéties du Chilam Balam* (1976). (P. 73, 132, 196, 214-6, 224.)

LEDUC (Violette) [Arras, 1907-Paris, 1971]

Enfant non reconnue par son père, Violette Leduc sera élevée par sa grand-mère. Elle devient secrétaire de presse chez Plon et débute dans le journalisme. En 1932, elle fait une rencontre décisive, celle de Maurice Sachs. Elle connaît une vie mouvementée, se marie, avorte, tente de se tuer. Elle publie en 1946 L'Asphyxie. Son talent est reconnu par Camus, Genet et Jouhandeau. Elle fait paraître L'Affamée (1948), Ravages (1955), La Vieille Fille et le mort (1958), Trésors à prendre (1960), mais c'est avec La Bâtarde, préfacée par Simone de Beauvoir, qu'en 1964 elle connaîtra enfin le succès.
(P. 228, 266.)

LEIRIS (Michel) [Paris, 1901]

Ami de Max Jacob et d'André Masson, à vingt-trois ans il adhère au surréalisme. Il s'intéresse à l'exploration des rêves et aux expériences sur le langage, ce qui lui inspire Aurora, écrit en 1927-1928 mais publié en 1946 seulement. Devenu ethnologue, il part en mission et publie L'Afrique fantôme, relation de voyage et commencement d'autobiographie. Avec L'Age d'homme, publié en 1939, Leiris veut « faire un livre qui soit un acte ». Poursuivant cette quête de soi, recherche en même temps d'un art de vivre et d'un art du savoir-vivre, Leiris entreprend La Règle du jeu, parue en quatre tomes (Biffures, 1948 ; Fourbis, 1955 ; Fibrilles, 1966 ; Frêle Bruit, 1976). En 1969 et 1973, Gallimard publie ses poèmes, Note sans mémoire et Haut-Mal : ses articles sont réunis dans Brisées (Mercure de France, 1969).

BIBL. : Maurice Nadeau : Michel Leiris et la quadrature du cercle, Julliard, 1963. — Pierre Chapuis : Michel Leiris, Hachette, 1973. — Philippe Lejeune : Le Pacte autobiographique, Le Seuil, 1975, et Lire Leiris, Klincksieck, 1976.
(P. 78, 84, 197-9, 208, 230-1.)

LÉVI-STRAUSS (Claude) [Bruxelles, 1908]

Ses travaux ethnographiques ont exercé une influence capitale sur les sciences humaines. En appliquant l'analyse structurale à l'ethnologie, il a tenté de donner une nouvelle méthode d'explication, méthode empruntée à la linguistique générale. Directeur d'études à l'Ecole pratique des hautes études, c'est en 1955 que Lévi-Strauss a publié Tristes Tropiques, livre de voyage et livre sur le voyage. Dans Anthropologie structurale (1958), il insiste sur les différences qui séparent l'histoire de l'ethnologie, celle-ci « organisant ses données... par rapport aux conditions inconscientes de la vie sociale ». Se tournant vers la science des mythes, il a publié dans les années soixante une véritable somme : Mythologiques I, II et III (Le Cru et le Cuit, Du miel et des cendres, L'Origine des manières de table) ; La Voie des masques en 1975.

BIBL. : Numéro spécial de la revue L'Arc, n° 26, Aix-en-Provence, 1965 ; Mélanges : The Structural Study of Myth and Totemism, Londres, Tavistock Publication, 1967. — Yvan Simonis : Claude Lévi-Strauss ou la passion de l'inceste, Aubier, 1968. — Sergio Moravia : La Ragione nascosta, scienza et filosofia nel pensiero di Claude Lévi-Strauss, Florence, G.C. Sansoni, 1969. — E.R. de Ipola : Le Structuralisme ou l'histoire en exil, étude critique de l'œuvre de Claude Lévi-Strauss, thèse lettres, Nanterre, 1969. — Edmund Leach : Lévi-Strauss, trad. de l'anglais, Seghers, 1970. — Octavio Paz : Deux transparents : Marcel Duchamp et Claude Lévi-Strauss, Gallimard, 1970. — John Richard von Sturmer & James Harle Bell : Claude Lévi-Strauss the Anthropologist as Everyman, 1970. — de Josselin De Jong : Lévi-Strauss's Theory on Kinship and Marriage, Leyde, E.J. Brill, 1970. — Pierre Cressant : Lévy-Strauss, Ed. Universitaires, 1970. — James A. Boon : From Symbolism to Structuralism, Lévi-Strauss in a Literary Tradition, Oxford, Basil Blackwell, 1972. — Jean-Baptiste Fages : Comprendre Lévi-Strauss, Toulouse, Privat, 1972. — Raoul et Laura Malarius : Structuralisme ou Ethnologie, Anthropos, 1973. — Joseph Courtès : Lévi-Strauss et les contraintes de la pensée mythique, Tours, Mame, 1973. — Bernard Delfendahl : Le Clair et l'Obscur, Anthropos, 1973. — Mireille Marc-Lipiansky : Le Structuralisme de Lévi-Strauss, Payot, 1973. — Catherine Backès-Clément : Lévi-Strauss, ou la structure et le malheur, Seghers, 1974.
(P. 70, 82, 106, 134, 153, 161, 166, 169, 185-7, 223, 228, 230.)

M

MAC ORLAN (Pierre) (pseud. de Pierre Dumarchey) [Péronne, 1882-Saint-Cyr-sur-Morin, 1970]

Après une jeunesse pauvre il s'est lancé sur les routes, particulièrement du côté de l'Europe du Nord. Dès 1912 il publie des contes humoristiques. Mais c'est entre les deux guerres qu'il écrit l'essentiel de son œuvre : Le Chant de l'équipage (1918), A bord de l'Etoile Matutine (1920), Le Quai des brumes (1927), La Bandera (1931) (ces deux derniers livres ont inspiré des films qui comptent parmi les chefs-d'œuvre du cinéma parlant). Poursuivant son œuvre, il vit retiré à Saint-Cyr-sur-Morin, quittant de temps à autre sa retraite pour faire de grands reportages. Elu à l'Académie Goncourt en 1950.

BIBL. : Œuvres complètes publiées aux Editions Rencontre. — Bernard Baritaud : Pierre Mac Orlan, Gallimard, 1971.

MALLET-JORIS (Françoise) (pseud. de Françoise Lilar) [Anvers, 1930]

Fille d'un homme d'Etat belge et de l'écrivain Suzanne Lilar, elle a publié son premier roman, *Le Rempart des béguines,* en 1951. Le roman, qui a pour sujet un père et une fille se partageant les faveurs d'une même femme fit scandale. En 1956, elle a obtenu le Prix des Libraires pour *Les Mensonges* et, en 1958, le Prix Fémina pour *L'Empire céleste.* Avec *Les Signes et les Prodiges* (1966) l'auteur a posé la question de savoir si la rencontre de Dieu et des hommes était possible. Elle a écrit plusieurs essais dont *Lettre à moi-même* (1963) et *La Maison de papier* (1970). Membre du jury du Prix Goncourt depuis novembre 1971, elle a publié ensuite *Le Jeu du souterrain* (1973) et *Allegra* (1976). (P. 115, 227.)

MALRAUX (André) (pseud. de Georges Malraux) [Paris, 1901-Paris, 1976]

Il publie ses premiers livres à son retour d'Extrême-Orient : *La Tentation de l'Occident* (1926), *Les Conquérants* (1928), *La Voie royale* (1930), et *La Condition humaine* qui lui vaut le Prix Goncourt en 1933. Membre du Comité mondial anti-fasciste. On connaît son action dans la guerre d'Espagne qui lui inspire *L'Espoir* (1937). Fait prisonnier en 1940, il s'évade et s'engagera dans la Résistance. Il fait paraître en Suisse *Les Noyers de l'Altenburg.* Ministre de l'Information après la guerre, il suit bientôt de Gaulle lorsque ce dernier s'éloigne du pouvoir. Il écrit de grands essais d'histoire et de philosophie de l'art : *Le Musée imaginaire* (1947), *La Création artistique* (1948), *La Monnaie de l'absolu* (1950), *Saturne, Essai sur Goya* (1949), *Les Voix du silence* (1951), *Le Musée imaginaire de la sculpture mondiale* (1952-1955), *La Métamorphose des dieux* (1957). Nommé par de Gaulle, en 1958, secrétaire d'Etat aux Affaires culturelles, puis par la suite ministre d'Etat, il ne quittera ce poste qu'en 1969. En 1967 paraissent *Antimémoires I* ; en 1971, *Les Chênes qu'on abat...* puis *Oraisons funèbres* ; en 1974, *La Tête d'obsidienne, Lazare* ; en 1975, *Hôtes de passage* ; enfin, dans le prolongement de *La Métamorphose des Dieux,* deux grands livres d'histoire de l'art : *L'Irréel* (1975) et *L'Intemporel* (1976). Peu après sa mort paraît son ouvrage, *L'homme précaire et la littérature.*

BIBL. : voir Bibliographie générale p. 387. (P. 9, 25-31, 35, 45, 59-60, 75, 81, 83-4, 88, 111-3, 158-60, 196, 215, 221-3, 228, 270, 286-300, 319.)

MARCEAU (Félicien) (pseud. de Louis Carette) [Cortemberg, Belgique, 1913]

Journaliste, il travaille à la Radio belge et publie son premier roman, *Le Péché de complication,* en 1941. Après la guerre il se fixe à Paris et obtient le Prix Interallié pour *Les Elans du cœur.* Mais c'est au théâtre qu'il va connaître la célébrité avec : *L'Œuf* (1956), *La Bonne Soupe, La Preuve par quatre, Un jour j'ai rencontré la vérité* (1958-1967). Il a été élu à l'Académie française en 1975, à l'indignation de Pierre Emmanuel.

MARTIN DU GARD (Roger) [Neuilly-sur-Seine, 1881-Bellême, 1958]

Fils de la bonne bourgeoisie, il entre à l'Ecole des Chartes. Se destinant à la littérature, il écrit *Jean Barois* (histoire d'une génération marquée par l'affaire Dreyfus). Accueilli à la NRF par Gide et Schlumberger, il donne bientôt une pièce, *Le Testament du père Leleu,* qui sera jouée en février 1914 au théâtre du Vieux-Colombier. Après la guerre, il commence la rédaction de son journal et, à partir de 1922, entreprend la publication des *Thibault* dont le dernier tome, *Epilogue,* ne paraîtra qu'en 1940. Prix Nobel en 1937.

BIBL. : *Œuvres complètes,* préface d'Albert Camus, 2 vol., Gallimard, 1955 (Bibl. de la Pléiade) ; le t. I contient un important inédit : *Souvenirs autobiographiques et littéraires.* — *Correspondance avec André Gide,* préface de J. Delay, 2 vol., Gallimard, 1968. — *Correspondance avec Jacques Copeau,* Gallimard, 1972. — Roger Lalou : *Roger Martin du Gard,* Gallimard, 1937. — Pierre Daix : *Réflexions sur la méthode de R. Martin du Gard,* Les Editeurs français réunis, 1957. — Clément Borgal : *Roger Martin du Gard,* Ed. Universitaires, 1957. — *Hommage à Roger Martin du Gard,* numéro spécial de la *Nouvelle Revue française,* 1ᵉʳ déc. 1958. — Jacques Brenner : *Martin du Gard,* Gallimard, 1961. — Robert Gibson : *Roger Martin du Gard,* Londres, Bowes & Bowes, 1961. — Mortéza Kotobi : *La Bourgeoisie française d'avant-guerre dans « Les Thibault »,* thèse, Université de Paris, 1962. — Denis Boak : *Roger Martin du Gard,* Oxford, Clarendon Press, 1963. — Le P. Réjean Robidoux : *Roger Martin du Gard et la religion,* Aubier, 1964. — David L. Schalk : *Roger Martin du Gard, the Novelist and History,* Ithaca, New York, Cornell University Press, 1967. — Robert Roza : *Roger Martin du Gard et la banalité retrouvée,* Didier, 1970. — Malvin Gallant : *Le thème de la mort chez Roger Martin du Gard,* Klincksieck, 1971. — René Garguilo : *La Genèse des « Thibault » de R. Martin du Gard,* Klincksieck, 1974. — Claude Sicard : *R. Martin du Gard. Les années d'apprentissage littéraire (1881-1910),* Lille, Université de Lille III ; H. Champion, 1976. (P. 55-6, 82, 84, 110, 195-6, 213.)

MASSON (Loys) [Rose-Hill, Ile Maurice, 1915-Paris, 1969]

Il s'embarque en 1939 pour la France. Il a déjà découvert le monde de l'injustice, le problème des races et des différences de couleurs. Pendant la guerre, il participe à la Résistance, collabore avec Mounier à la rédaction de la revue *Esprit*, et rencontre Pierre Seghers. En 1945, bien que catholique, il adhère au Parti communiste et devient secrétaire du Comité National des Ecrivains, puis rédacteur en chef des *Lettres françaises*. Il rompra avec le Parti en 1948. Poète et romancier, il a publié des poèmes de guerre, *Délivrez-nous du mal* (1942) et une quinzaine de romans dont *Les Tortues* (1956), *Les Sexes foudroyés* (1958) et *Le Notaire de noirs* pour lequel il obtiendra en 1962 le Prix des deux Magots.

BIBL. : Xavier Tilliette : « Loys Masson et nous », revue *Etudes*, 1946. — Charles Moulin : *Loys Masson*, Seghers, 1962.

MAURIAC (Claude) [Paris, 1914]

Fils aîné de François Mauriac, dès avant la guerre il fait ses débuts de critique. Secrétaire particulier du général de Gaulle de 1944 à 1949, il entre en 1947 au *Figaro littéraire* où il assure la critique cinématographique, puis la critique littéraire. Essayiste et romancier, il reçoit le Prix Sainte-Beuve pour son livre sur André Breton (1949) et le Prix Médicis pour *Le Dîner en ville* (1959), deuxième volet des quatre romans qu'il a groupés sous le titre : *Le Dialogue intérieur*. Il a aussi publié de larges extraits de son journal : *Le Temps immobile* (1974), *Les Espaces imaginaires* (1975), *Et comme l'espérance est violente* (1976).
(P. 21, 227-8.)

MAURIAC (François) [Bordeaux, 1885-Paris, 1970]

Fils de la bonne bourgeoisie bordelaise, Mauriac a eu une adolescence marquée par la province, par le milieu dont il était issu et par son passage chez les marianistes. Au début de sa carrière il fréquente les hommes du Sillon. Barrès lui prodigue ses encouragements. Il veut être « un catholique qui écrit des romans ». Sa réussite est rapide et brillante. En 1925 il obtient le Grand Prix du roman pour *Le Désert de l'amour*. En 1933 il est élu à l'Académie française. Moraliste amer, il s'est très tôt passionné pour la politique. Il s'est dressé contre le fascisme et a participé à la Résistance, mais il a su en 1945 plaider l'indulgence pour ceux qui n'avaient pas eu sa clairvoyance. Ce grand romancier, auteur de *Genitrix* (1923), de *Thérèse Desqueyroux* (1927), du *Mystère Frontenac* (1933), lauréat du Prix Nobel en 1952, a su aussi faire une carrière de journaliste et de polémiste : ses chroniques dans *Le Figaro*, *L'Express* et *Le Figaro littéraire*, ont marqué l'époque de la décolonisation et du retour de de Gaulle au pouvoir.

BIBL. : Marc Alyn : *Mauriac*, Seghers, 1960. — Xavier Grall : *François Mauriac, journaliste*, Ed. du Cerf, 1960. — Claude Rivière : *Teilhard, Claudel et Mauriac*, Ed. Universitaires, 1963. — Jacques Laurent : *Mauriac sous de Gaulle*, La Table Ronde, 1964. — Bernard Roussel : *Mauriac, le péché et la grâce*, Le Centurion, 1964. — Cecil Jenkins : *Mauriac*, Edimbourg et Londres, Oliver & Boyd, 1965. — Keith Goesch : *François Mauriac, essai de bibliographie chronologique*, Nizet, 1965. — Philippe Stratford : *Faith and Fiction, Creative Process in Green and Mauriac*, Londres, University of Notre Dame Press, 1967. — J. E. Flower : *Intention and Achievement : An Essay on the Novels of François Mauriac*, Oxford, Clarendon Press, 1969. — J. E. Flower : « *Les Anges noirs* de F. Mauriac », Lettres Modernes, 1969. — Maurice Maucuer : *« Thérèse Desqueyroux » Mauriac*, Hatier, 1970. — Emile Glénisson : *L'Amour dans les romans de François Mauriac*, Ed. Universitaires, 1970. — Jean de Fabrègues : *Mauriac*, Plon, 1971. — André Séailles : *Mauriac*, Bordas, 1972. — Eva Kushner, *Mauriac*, Desclée de Brouwer, 1972. — Bernard Chochon : *Mauriac ou la passion de la terre*, Lettres Modernes, 1972. — Roger Bichelberger : *Rencontre avec Mauriac*, Ed. de l'Ecole, 1973. — Michel Suffran : *François Mauriac*, Seghers, 1973. — Jacques Vier : *François Mauriac romancier catholique ?...* Impr. de Tancrède, 1938. — *F. Mauriac 1. La poésie de F. Mauriac*. Textes réunis par Jacques Monférier, Minard, 1975. — Robert Speaight, *François Mauriac : a Study of the Writer and the Man*, Londres, Chatto and Windus, 1975.
(P. 27, 29, 35, 49-51, 75-79, 82-85, 90, 110, 143, 154, 179-180, 196, 215, 219-220, 227-8, 271.)

MEMMI (Albert) [Tunis, 1920]

Juif tunisien, par sa naissance et sa culture, Memmi appartient à plusieurs mondes, celui de l'Afrique et celui de l'Occident, celui du colonisé et celui de l'exclu. Pendant la guerre il doit interrompre ses études, ensuite il est astreint au travail forcé. Il publie en 1953 *La Statue de sel* qui lui vaudra le Prix Fénéon. Il écrit en 1957 un essai préfacé par Jean-Paul Sartre, *Portrait du colonisé*. Il se pose ensuite la question de l'identité juive, d'où *Portrait d'un juif* (1962) et *La Libération du juif* (1966). En 1965 une *Anthologie des écrivains maghrébins d'expression française* est publiée sous sa direction. *L'Homme dominé* et *Le Scorpion ou la Confession imaginaire* paraissent en 1968 et 1969 aux Editions Gallimard.
(P. 117-8.)

BIBL. : Albert Camus : Préface à *La Statue de sel*, 1953. — Etiemble : « Barbarie ou Berberie » (*N.R.F.*, juillet 1957). — Maurice Blanchot : « Etre juif » (*N.R.F.*, août 1962).

MÉTÉRIÉ (Alphonse) [Amiens, 1887-Lausanne, 1967]

Il passe sa jeunesse à Angers. Secrétaire de rédaction, puis professeur à Aix-en-Provence, il compose des vers harmonieux qui évoquent les romances du passé, le charme de l'enfance, la gloire de l'amour et le souvenir des morts : *Carnets* (1910), *Le Livre des sœurs* (1922), *Le Cahier noir* (1923), *Nocturnes* (1928). En 1925 il part pour le Maroc où il exerce pendant dix-sept ans les fonctions d'inspecteur des Beaux-Arts. Dans ses recueils, le refrain ironique des peines humaines alterne avec la chanson nostalgique d'un passé transfiguré : *Petit Maroc* (1929), *Petit Maroc II* (1934), *Cophetuesques* (1934). Rentré en France, il reçoit le Prix Lasserre de 1942. D'abord en Savoie, puis à Lausanne, la fin de sa vie est recluse et résignée. Ses derniers volumes : *Les Cantiques du Frère Michel* (1944), *Vétiver* (1946), *Proella* (1951), *Ephémères* (1957) le montrent en complète opposition au monde et à la poésie contemporains.

BIBL. : L.-G. Gros : « Vacances de l'idéalisme », *Cahiers du Sud*, février 1935, p. 139-144. — Urs Egli : *Le Cas Métérié*, thèse, Bâle, 1976, dactyl.

MICHAUX (Henri) [Namur, 1899]

Il commence ses études de médecine, mais y renonce bientôt et s'embarque pour l'Amérique du Nord et du Sud. La lecture de Lautréamont a sur lui une influence décisive, et c'est à Paris vers 1925 qu'il se lie avec Klee, Ernst et Chirico. Pendant des années il voyage un peu partout dans le monde, et il commence à peindre. En 1927, au retour d'un voyage en Equateur, il publie *Qui je fus*, bientôt suivi de *Ecuador* (1929) et de *Un barbare en Asie* (1933). Avec *Plume* (1938), précédé de *Lointain intérieur*, Michaux franchit une étape qui le mènera à la découverte d'un autre monde. En publiant en 1948 *Meisodems* avec treize lithographies de sa main, sa poésie verbale s'accompagne d'une fantasmagorie graphique. A partir de 1956, il expérimente sur lui-même les effets des hallucinogènes et particulièrement de la mescaline, ce dont il rendra compte dans *L'Infini turbulent*. (1957), *Connaissance par les gouffres* (1961), *Les Grandes Epreuves de l'esprit* (1966). En 1965, le Grand Prix National des Lettres lui est décerné, Michaux le refuse. L'auteur d'*Emergences-résurgences* (1972) a voulu repousser les limites de l'expérience, et c'est en poète et en peintre qu'il a étendu le champ de la *libido sciendi*.

BIBL. : voir Bibliographie générale, p. 385. (P. 115, 119, 123, 126, 197, 201, 208, 231-2, 236, 244-249.)

MONTHERLANT (Henry de) [Paris, 1896-Paris, 1972]

Ancien du collège Sainte-Croix de Neuilly il affrontera à 15 ans deux taureaux dans les arènes de Burgos. Pendant la Grande Guerre, il recevra sept éclats d'obus dans les reins. Ensuite, c'est dans les stades qu'il retrouvera la camaraderie du collège et celle des tranchées (*La Relève du matin*, 1920 ; *Les Olympiques*, 1924). Il partira pour l'Espagne et l'Afrique du Nord ; c'est là qu'il écrira *Les Jeunes Filles* (1934) et qu'il commencera *La Rose de sable* parue seulement en 1968. De son œuvre romanesque on retiendra *Les Célibataires* (1934), *Le Chaos et la Nuit* (1963), *Les Garçons* (1969), *Un assassin est mon maître* (1971). De 1942 à 1965 il écrira la partie la plus spectaculaire de son œuvre : son théâtre. Une dizaine de pièces se succèdent à la scène, dont *La Reine morte* (1942), *Fils de personne* (1944), *Le Maître de Santiago* (1947), *Malatesta* (1948), *La Ville dont le prince est un enfant* (1951), *Port-Royal* (1954), *Le Cardinal d'Espagne* (1960), *La Guerre civile* (1965). Elu à l'Académie française en 1960, Montherlant restera comme l'un des chantres de l'individu et comme un écrivain acharné à parfaire son style. Héritier de la sagesse antique, il mit lui-même fin à ses jours.

BIBL. : Michel Mohrt : *Montherlant l'homme libre*, Gallimard, 1943. — Georges Bordonove : *Henry de Montherlant*, Ed. Universitaires, 1958. — *Montherlant vu par les jeunes de 17 à 27 ans*, La Table Ronde, 1959. — Nicole Debrie-Panel : *Montherlant, l'art et l'amour*, E. Vitte, 1960. — Bona Mondini : *Montherlant du côté de « Port-Royal »*, *la pièce et ses sources*, Debresse, 1962. — Jean de Beer : *Montherlant ou l'homme encombré de Dieu*, Flammarion, 1963. — John Cruickshank : *Montherlant*, Londres, Oliver & Boyd, 1964. — Sylvie Chevalley : *Henry de Montherlant, homme de théâtre*, Comédie-Française, 1965. — Aurélien Weiss : *Héroïnes du théâtre de Henry de Montherlant*, Lettres Modernes, 1968. — André Blanc : *Montherlant, un pessimiste heureux*, Ed. du Centurion, 1968. — Francisco Hernandez : *El Teatro de Montherlant, Dramaturgia y Tauromachia*, Madrid, 1969. — John Batchelor : *Existence et Imagination, essai sur le théâtre de Montherlant*, Mercure de France,

1969. — Philippe de Saint-Robert : *Montherlant le séparé*, Flammarion, 1969. — Norbert Becker : *Die « Etape moralité » im Werk Montherlants und die Bedeutung Spaniens für diese Schaffensperiode*, Mayence, 1969. — Henri Perruchot : *Montherlant*, Gallimard, 1969. — Paulette von Arx : *La Femme dans le théâtre de Henry de Montherlant*, Nizet, 1973. — G. Place, *Montherlant (1896-1972)*, Éditions de la Chronique des Lettres françaises, 1974. — Berthe-Odile Simon-Schaefer, *Die Romane Henry de Montherlant*, Genève, Droz, 1975.
(P. 27, 47, 75, 82-3, 88, 112, 197, 219, 223, 262-3.)

MORAND (Paul) [Paris, 1888-1976]

Son père étant directeur de l'Ecole des Arts décoratifs, il connut de bonne heure les milieux artistiques. En 1913 il entre dans la carrière diplomatique. Lié avec Proust et Cocteau, il commence au lendemain de la guerre une œuvre empreinte de cosmopolitisme où l'imagination le dispute à l'intelligence. Témoin lucide et désinvolte, il mettra en scène les personnages de la génération d'après-guerre : *Ouvert la nuit* (1922), *Fermé la nuit* (1923). Après un riche mariage, il se lance dans de grands voyages et publie un grand nombre de romans, de recueils de nouvelles et d'essais. Pendant la seconde guerre, il sera ministre de France à Bucarest. Révoqué en 1944, il vivra en Suisse. En 1968 enfin, il sera élu à l'Académie française. Cet amateur de vitesse aura été un grand amoureux de l'espace. De son œuvre innombrable, citons : *Lewis et Irène* (1924), *Bouddha vivant* (1927), *Magie Noire* (1928), *L'Homme pressé* (1941), *Hécate et ses chiens* (1954).
BIBL. : Bernard Delvaille : *Paul Morand*, Seghers, 1966. — Stephane Sarkany : *Paul Morand et le cosmopolitisme littéraire*, Klincksieck, 1968. — Marcel Schneider : *Morand*, Gallimard, 1971.
(P. 11, 75, 78, 82, 88, 111-2, 195, 223, 227, 234, 274-5.)

N

NIZAN (Paul) [Tours, 1905-Dunkerque, 1940]

Ancien élève de l'Ecole normale supérieure où il s'est lié d'amitié avec Jean-Paul Sartre, Nizan part pour Aden en 1925 ; il y sera précepteur dans une famille anglaise. A son retour, il milite au sein du Parti communiste, fonde la *Revue marxiste*, passe son agrégation de philosophie et se laisse tenter par la politique (en 1931 il se présente aux législatives). Devenu secrétaire de l'Association des Ecrivains révolutionnaires, il écrit dans *l'Humanité* et dans *Ce Soir*. En 1932, il publie *les Chiens de garde ;* en 1939, lors de la signature du pacte germano-soviétique, il quitte le parti. Il a su décrire sa propre révolte dans *Aden Arabie* (1932) et dans *La Conspiration* (1933). Communiste convaincu, mais aussi anarchiste et athée, il prend parti pour la guerre et meurt au front le 23 mai 1940.
BIBL. : Ariel Ginsbourg : *Paul Nizan*, Ed. Universitaires, 1966. — Jacqueline Leiner : *Le Destin littéraire de Paul Nizan et ses étapes successives*, Klincksieck, 1970. — Adèle King, *P. Nizan, écrivain*, Didier, 1976.
(P. 26, 32, 56-7, 153, 161, 179.)

NOEL (Marie) [pseud. de Marie Rouget] [Auxerre, 1883-1967]

C'est à l'âge de vingt-cinq ans que celle qui jamais ne quitta Auxerre ni l'ombre de sa cathédrale écrivit son premier poème. Elle dira elle-même que son œuvre est « moins une œuvre qu'une vie chantée ». Après la seconde guerre mondiale elle accède à la notoriété. En 1947 paraîtra *Chants et Psaumes d'automne*, et en 1966 elle recevra le Grand Prix littéraire de la Ville de Paris pour une œuvre marquée par l'inspiration religieuse, l'amour de la nature et les élans du cœur.
BIBL. : Michel Manoll : *Marie Noël*, Ed. Universitaires, 1962. — Sœur Marie-Tharcisius, sœur de la Sainte-Croix : *L'expérience poétique de Marie Noël*, Montréal et Paris, Fides, 1962. — Georges Hermans : *Marie Noël*, Bruxelles, 1968. — André Blanchet : *Marie Noël*, Seghers, 1970. — Henri Gouhier : *Le Combat de Marie Noël*, Stock, 1971.

O

OBALDIA (René de) [Hong-Kong, 1918]

Né d'une mère française et d'un père panaméen, René de Obaldia a été d'abord un romancier plein de fantaisie : *Tamerlan des cœurs* (1954), *Fugue à Waterloo* (1956), *Le Centenaire* (1959). Mais il est surtout un dramaturge tendre et insolent, auteur de pièces brèves : *Le Sacrifice du bourreau, Edouard et Agrippine, L'Air du large*. C'est en 1960 que ce poète de l'absurde a donné sa première grande œuvre théâtrale : *Génousie*. Avec *Du Vent dans les branches de sassafras*, il s'en est pris, non sans succès, à l'un des mythes les plus populaires de notre temps : le western.
(P. 265.)

OLLIER (Claude) [Paris, 1922]

C'est en véritable technicien que Claude Ollier, émule du nouveau roman, aura poussé à l'extrême le parti pris de Robbe-Grillet. Devant l'impossibilité du langage à exprimer les cassures du néant,

il met en scène des personnages qui se perdent à la fin dans l'enquête qu'ils mènent à propos d'eux-mêmes. Il a publié plusieurs romans : *La Mise en scène* (1958), *Le Maintien de l'ordre* (1961), *L'Eté indien* (1963), *L'Echec de Nolan* (1967), *La Vie sur Epsilon* (1972), *Enigma* (1973), *Our, ou vingt-cinq ans après* (1974).
(P. 205, 214, 223.)

OSTER (Pierre) [Nogent-sur-Marne, 1933]

« Poète de l'unité animée », Pierre Oster, par le biais du langage, interroge l'être, le Tout. Le monde ne se résume pas dans la parole, mais la parole permet le déchiffrement du monde. Les premiers poèmes de Pierre Oster ont paru en 1954 dans le *Mercure de France* et dans la *Nouvelle Revue française*. Citons ses principaux ouvrages : *Le Champ de mai* (1955), *Solitude de la lumière* (1957), *Un nom toujours nouveau* (1960), *La Grande Année* (1964).
BIBL. : Georges Lambrichs : « La Dernière des choses », *NRF*, juin 1955. — Philippe Jaccottet : « Pierre Oster, poète de l'unité animée », *NRF*, mai 1958. — Jacques Chessex : *NRF*, décembre 1964.
(P. 237.)

P

PAGNOL (Marcel) [Aubagne, 1895-Paris, 1974]

Auteur dramatique de talent, il saura conquérir l'audience du grand public. Il mettra en scène des personnages pris sur le vif et parlant le langage de tous les jours. Puisant aux sources de la verve marseillaise, il y ajoutera le ton de la satire et même une touche de poésie. Ses premiers succès datent de la création de *Topaze* (1928) et surtout de *Marius* (1929). Servi par de grands acteurs (Raimu, Jouvet, Fresnay), il saura, l'un des premiers, porter ses pièces à l'écran : *Marius* en 1931, *Fanny* en 1932, *Topaze* en 1932, *César* en 1933. Elu à l'Académie française en 1946, il publiera par la suite des recueils de souvenirs empreints de l'amour qu'il a toujours eu pour la terre provençale ; *La Gloire de mon père* (1957), *Le Château de ma mère* (1957) et *Le Temps des secrets* (1960).
BIBL. : Yvonne Georges : *Les Provençalismes dans « L'Eau des collines »*, Aix-en-Provence, La Pensée Universitaire, 1966. — Yvan Audouard : *Audouard raconte Pagnol*, Stock, 1973.

PAULHAN (Jean) [Nîmes, 1884-Boissise-la-Bertrand, Seine-et-Marne, 1968]

Après avoir poursuivi ses études en Sorbonne, Paulhan part pour Madagascar en 1907, il y exerce diverses activités, dont celle de chercheur d'or. Ayant appris la langue du pays, il s'intéresse à la poésie malgache : « j'avais pris pour des mots ce que les Malgaches entendaient en choses... » De retour en France, il fait la guerre comme sergent au 9ᵉ zouaves, c'est alors qu'il écrit son premier récit, *Le Guerrier appliqué* (1917). Collaborateur de Jacques Rivière, il succède bientôt à ce dernier (en 1925) au poste de directeur de la *Nouvelle Revue française*, fonction qu'il assumera pendant près d'un demi-siècle. Il découvre et encourage des écrivains comme Jouhandeau, Giono, Ponge, Artaud, Michaux, et apparaît bientôt comme l'un des maîtres de la critique. Dès 1941, il participe à la Résistance et fonde avec Jacques Decour *Les Lettres françaises*, ce qui ne l'empêchera pas à la Libération de s'élever contre les abus de l'épuration. C'est aussi en 1941 qu'il écrit *Les Fleurs de Tarbes*, considéré comme l'un des ouvrages capitaux de la critique moderne. Poursuivant son enquête sur le langage et l'expression, il publiera entre autres : *Un rhétoriqueur à l'état sauvage* (1928-1945), *Le Clerc malgré lui* (1948), *La Preuve par l'étymologie* (1953), *Les Douleurs imaginaires* (1956), *Le Clair et l'Obscur* (1958), *Le Don des langues* (1967). Attentif à la nouveauté, il s'intéresse de près à la peinture, mais par-dessus tout il tente de construire une rhétorique nouvelle et, tout au long de son œuvre, pose la question : « Que pensons-nous quand nous ne pensons à rien ? »
BIBL. : M.-J. Lefebve : *Jean Paulhan, une philosophie et une pratique de l'expression et de la réflexion*, Gallimard, 1949. — Roger Judrin : *La Vocation transparente de Jean Paulhan*, Gallimard, 1961. — *Jean Paulhan*, numéro spécial de *La Nouvelle Revue française*, mai 1969. — *Jean Paulhan à travers les peintres*, Catalogue de l'exposition au Grand Palais, 1974. — Jeannine Kohn-Etiemble : *226 lettres inédites de Jean Paulhan*. Contribution à l'étude du mouvement littéraire en France (1933-1967), Klincksieck, 1975.
(P. 35, 79, 81, 84, 88, 119, 122, 124, 176, 197.)

PERRET (Jacques) [Trappes, 1901]

Deux livres ont fait son succès, *Le Caporal épinglé* (1947) et *Bande à part* (1951) qui lui a valu le Prix Interallié. Fait prisonnier pendant la dernière guerre, il s'est évadé, puis s'est engagé dans la Résistance. Chroniqueur à *Aspects de la France*, il milita pour l'Algérie française. Son fils sera condamné à une lourde peine pour avoir combattu dans les rangs de l'OAS. Perret a su chanter l'amitié virile, les jeux de l'enfance et l'esprit guerrier. Nostalgique d'un passé immémorial, c'est au nom d'une enfance rêveuse et hantée par l'héroïsme qu'il s'est insurgé contre le monde bourgeois. Il est l'un de nos meilleurs conteurs.

PEYREFITTE (Roger) [Castres, 1907]

Diplomate de carrière, il publie en 1944 *Les Amitiés particulières,* livre pour lequel il obtient le prix Renaudot. On crut à la naissance d'un grand écrivain. La suite de l'œuvre, hormis *Mort d'une mère* (1950) et peut-être *Du Vésuve à l'Etna* (1952), relève de la chronique scandaleuse, du constat de police et du règlement de comptes (*Les Clés de Saint-Pierre, Manouche,* 1972 ; *Tableaux de chasse,* 1976). Peyrefitte a su conquérir le grand public en devenant un auteur à sensation.

PICHETTE (Henri) [Châteauroux, 1924]

C'est grâce à Paul Eluard qu'il publie son premier *Apoème* en 1945. Ensuite il fait la rencontre d'Artaud et de Gérard Philipe. Et en 1947 paraît le recueil *Apoèmes.* La même année, Gérard Philipe crée *Epiphanies* au théâtre des Noctambules. En 1952, création au TNP de *Nucléa.* 1957 : publication de *Revendications.* Poète de la révolte au lyrisme chaotique, il a su ne pas renier la tradition, tout en visant à dépasser le surréalisme et à déboucher sur le « cosmisme ». Il a chanté Dieu mais aussi la révolution. Pour lui, « faire fondamentalement de la politique, c'est être poète ».
(P. 243, 264.)

PIEYRE DE MANDIARGUES (André) [Paris, 1909]

D'origine nîmoise, sa famille a compté un conventionnel, des historiens, et un célèbre collectionneur de tableaux impressionnistes, Paul Bérard. C'est en 1943 que lui-même écrit *Hedrera, ou la persistance de l'amour pendant une rêverie* et qu'il publie un premier recueil de poèmes : *Dans les années sordides.* Se situant dans la tradition surréaliste, il mêlera le merveilleux et le fantastique, et visera à exprimer la sensation pure dans un climat éroticoobsessionnel qu'on retrouve aussi bien dans ses poèmes que dans ses récits ou ses romans. On retiendra dans son œuvre *Le Musée noir* (1946), *Soleil des loups* (Prix des Critiques, 1951), *Le Lis de la mer* (1956), *La Motocyclette* (1963) et *La Marge* (Prix Goncourt, 1967).
(P. 199, 219, 227.)

PINGAUD (Bernard) [Paris, 1923]

Ancien élève de l'Ecole normale supérieure, il a ensuite occupé le poste de rédacteur à l'Assemblée nationale. Il doit démissionner en 1960 après avoir signé le manifeste des 121. Essayiste et romancier, il a publié un *Madame de La Fayette par elle-même* (1959) et un recueil consacré au roman contemporain, *Inventaire* (1965), ainsi que plusieurs romans dont *L'Amour triste* (1950), *Le Prisonnier* (1959) et *La Scène primitive* (1965).

PINGET (Robert) [Genève, 1919]

C'est en 1951 que Pinget publie un premier recueil de nouvelles, *Entre Fantoine et Agapa.* Pour lui, « en dehors de ce qui est écrit, c'est la mort ». Romancier à l'écoute du Dire, Pinget a élaboré une œuvre, *Graal Flibuste* (1956), *Baga* (1958), *Le Fiston* (1959), *L'Inquisitoire* (Prix des Critiques, 1962), *Quelqu'un* (Prix Fémina, 1965), *Le Libera* (1968) dont il a pu dire : « il serait erroné de me croire partisan d'une école du regard. S'il s'agit d'être objectif, l'oreille a d'aussi tyranniques exigences ». En 1969 il fait paraître *Passacaille,* en 1971, *Fable,* et en 1975 *Cette Voix,* tout en donnant des pièces de théâtre : *Identité, Abel et Bella* (1971), *Pour alchimie, Nuit* (1973).
(P. 145, 196, 205, 219, 265, 311, 314.)

PLISNIER (Charles) [Ghlin, Hainaut, Belgique, 1896-Bruxelles, 1952]

Ecrivain belge de langue française, Plisnier a composé ses premiers vers dès 1912. La révolution de 1917 le marquera profondément. Il sera l'un des premiers Belges à adhérer à la Troisième Internationale, d'où il sera exclu après avoir opté pour Trotsky. Lors de la publication de son roman *Mariages,* en 1936, on saluera en lui la naissance d'un nouveau Balzac. L'année suivante, le Prix Goncourt lui sera décerné pour *Mariages* et un recueil de nouvelles : *Faux Passeports ou les Mémoires d'un agitateur.* Tout au long de son œuvre de romancier et de poète, il a suivi le chemin menant de la mystique révolutionnaire à la spiritualité, en homme qui aurait cherché « une sainteté pour qui Dieu n'a pas de nom ».

PONGE (Francis) [Montpellier, 1899]

Ponge s'est révélé au public en 1942 en faisant paraître *Le Parti pris des choses.* Sartre en soulignera le caractère révolutionnaire, et Ponge s'expliquera plus tard dans *Le Grand Recueil* (publié en trois volumes chez Gallimard en 1961) sur la nature de son projet : « Je tends à des définitions-descriptions rendant compte du contenu actuel des notions... » Ponge privilégie « l'objet », et dans ses poèmes l'homme n'intervient qu'en tant que pur regard. Pour lui, l'homme est de trop dans la nature et il lui faut « reconnaître le plus grand droit à l'objet, son droit imprescriptible opposable à tout poème ». Cette discipline, il en fera l'application aussi bien dans *Pour un Malherbe* (1965) que dans *Le Savon* (1967) ou *Le Nouveau Recueil* (1967).
BIBL. : voir Bibliographie générale, 385.
(P. 89, 197, 207-8, 232, 236-8, 244, 247-9.)

POULAILLE (Henry) [Paris, 1896]

Orphelin de bonne heure, il entre comme préparateur dans une pharmacie, puis exerce beaucoup de métiers. Tout en travaillant pour vivre, il écrit des romans, principalement *Le Pain quotidien* (1932), *Les Damnés de la terre* (1935), *Pain de soldat* (1937), *Les Rescapés* (1938). Il s'affirme très vite comme l'un des premiers écrivains prolétariens. Continuant son œuvre, il se lance dans une intense activité journalistique et dirige des revues auxquelles collaborent Trotsky, Jouhaux, Gorki, Barbusse. Il entame de longues polémiques contre le gouvernement populiste, s'en prend à Gide, à Guéhenno, soutient Ramuz, Giono. Il crée le « Musée du soir », centre culturel destiné aux ouvriers. Sur le tard il s'adonnera à la critique littéraire, surtout, *Tartuffe de Pierre Corneille,* et *Corneille sous le masque de Molière.* Son œuvre et son rôle ont été méconnus, et sans doute a-t-il indiqué la voie d'une véritable littérature prolétarienne.

BIBL. : *H. Poulaille et la littérature prolétarienne.* Documents et témoignages réunis par Henri Chambert-Lou, *Entretiens,* n° 33, Rodez, Subervie, 1974.

POULET (Georges) [Chênée, province de Liège, 1902]

Il appartient à ce qu'on a pu appeler « l'Ecole de Genève » avec Jean Rousset, Starobinski, Marcel Raymond. Dans la lignée bachelardienne, il a choisi d'explorer quelques catégories fondamentales de l'esprit comme le temps ou l'espace. Ses ouvrages principaux : *Etudes sur le temps humain* (à partir de 1950), *Les Métamorphoses du cercle* (1961), *L'Espace proustien* (1964), et *Trois essais de mythologie romantique* (1966).

POURRAT (Henri) [Ambert, 1887-1959]

Il voulait être ingénieur agronome. Pour des raisons de santé il dut mener une vie retirée. C'est ainsi qu'est née la vocation littéraire de ce poète et conteur dont on a pu dire qu'il était régionaliste, mais qui a su être le chantre épique de son Auvergne natale. L'un des premiers après la première guerre, il a tenté de recréer une littérature « rustique ». Comme il le fait dire à l'un de ses personnages : « Moi, je fais cas de la sève. » En 1941 il a reçu le Prix Goncourt pour son livre *Vent de mars.* Mais c'est avec *Gaspard des montagnes,* adapté pour la télévision au début de 1966, qu'il a touché le grand public. Les treize volumes du *Trésor des contes,* qui parurent à partir de 1948, constituent une somme du folklore auvergnat.

BIBL. Exposition Pourrat, Clermont-F. 1972.

PRÉVERT (Jacques) [Neuilly-sur-Seine, 1900 — Omonville-la-Petite, Manche, 1977]

Prévert est un poète différent de tous les autres. Avec *Paroles* (1945), *Histoires* (1948), *Spectacles* (1951), il a conquis tout de suite une audience populaire. Ses poèmes ont été mis en musique et chantés dans les rues. S'il a participé au mouvement surréaliste, il a su s'en détacher sans le renier. En 1932 il est entré au Groupe Octobre qui rassemblait les gens passionnés par le « théâtre de choc » ; c'est là qu'il fit ses premières armes et écrivit ses premiers dialogues. De 1936 à 1946, collaborateur de Marcel Carné, il écrit de nombreux scénarios. C'est ainsi qu'il participe à la création de films qui tous sont devenus célèbres : *Jenny, Les Visiteurs du soir, Les Enfants du Paradis, Drôle de drame, Le Jour se lève, Les Portes de la nuit.*

BIBL. : Catalogue de l'exposition *Images de Jacques Prévert,* Galerie Knœdler, 1963-1964. — Gérard Guillot : *Les Prévert,* Seghers, 1967. — Anne Hyde Greet : *Jacques Prévert's Word Games,* Berkeley, Los Angeles, California University Press, 1968. — Joël Sadeler, *A travers Prévert,* Larousse, 1975. (P. 66-7, 126, 133, 201, 236, 243.)

PRÉVOST (Jean) [Saint-Pierre-lès-Nemours, 1901 — Saint-Nizier, 1944]

Fils d'instituteur, ancien élève de l'Ecole normale supérieure, il a publié des récits dont *Les Frères Bouquinquant* (1930), des essais littéraires, *La Création chez Stendhal* (édité en 1951), un *Baudelaire* (paru en 1953), des textes sur le sport, la danse, l'architecture, l'histoire de France. Ecrivain sportif, il a voulu maîtriser autant son corps que son esprit. C'est en héros qu'il est mort à l'âge de quarante-trois ans fusillé par les Allemands dans le Vercors.

BIBL. : Marc Bertrand : *L'Œuvre de Jean Prévost,* Berkeley, Los Angeles, California Univ. Press, 1968.

Q

QUEFFÉLEC (Henri) [Brest, 1910]

Ancien élève de l'Ecole normale supérieure, agrégé de l'Université, Queffélec abandonne l'enseignement en 1942. En 1944 il publie coup sur coup trois romans : *La Fin d'un manoir, Journal d'un salaud, Un recteur de l'Ile de Sein.* Cédant au courant existentialiste, il décrit les bas-fonds, la descente dans l'abjection, mais d'un autre côté il se montre hanté par les possibilités de salut. Pour cet ancien disciple de Mounier s'ouvre désormais le chemin de la grâce. Dans *Celui qui cherchait le soleil* (1953), il suit la voie spiritualiste. En 1958, le Grand Prix du roman de l'Académie française lui est décerné pour *Un royaume sous la mer*. A partir des années soixante, il trouvera l'inspiration dans un retour à sa Bretagne natale. Il écrit alors des histoires de la mer, des récits de voyages, des hymnes à l'océan.

QUENEAU (Raymond) [Le Havre, 1903 – Paris, 1976]

« Ma mère était mercière, et mon père mercier », dira-t-il. Après avoir participé à l'aventure surréaliste, il rompt avec Breton en 1929. Son premier roman-poème, *Le Chiendent*, obtient en 1933 le Prix des Deux-Magots. Très tôt il part en guerre contre le langage littéraire et lui oppose le langage parlé. Après trois romans autobiographiques, *Les Derniers Jours* (1936), *Odile* (1937), *Les Enfants du limon* (1938), Queneau s'adonne tout entier à l'écriture. Poursuivant son œuvre de romancier-poète, œuvre empreinte de cocasserie et non exempte d'émotion (*Pierrot mon ami*, 1942), voire même d'angoisse (*Saint-Glinglin*, 1948), il mène de front ses recherches sur le langage, à mi-chemin des mathématiques et de la musique (*Exercices de style*, 1947 ; *Cent mille milliards de poèmes*, 1961). Présidant les travaux de l'*OU.LI.PO.* (*Ouvroir de littérature potentielle*), il dirige dans le même temps chez Gallimard l'édition de l'*Encyclopédie de la Pléiade*. Rhétoriqueur, humoriste, mais aussi poète touché par l'angoisse existentielle, Queneau écrira : « C'est ici où le problème du langage devient un problème de style, et le problème d'écriture un problème humain... »

BIBL. : Raymond Queneau à la décade du Foyer culturel international de Cerisy-la-Salle, septembre 1960. — Claude Simonnet : *Queneau déchiffré*, Julliard, 1962. — Jacques Bens : *Queneau*, Gallimard, 1962. — Jacques Guicharnaud : *Raymond Queneau*, New York, Columbia Univ. Press, 1965. — Paul Gayot : *Raymond Queneau*, Ed. Universitaires, 1967. — Anne de Latis : *Lettre au Transcendant Satrape Raymond Queneau*, Collège de pataphysique, XCVI, 1969. — Jean Queval : *Raymond Queneau*, Seghers, 1971. — Renée-A. Baligand : *Les Poèmes de Raymond Queneau*, étude phonostylistique, Didier, 1972. — Catalogue de l'exposition Queneau, Le Havre, 1973. — Cahier de l'Herne, 1976.

(P. 21, 66, 73, 125-128, 132-3, 163, 196-9, 201, 213, 215-7, 222, 236-8, 240.)

R

RADIGUET (Raymond) [Parc-Saint-Maur, 1903-Paris, 1923]

Phénomène des lettres françaises. Après des études médiocres, il a tout juste quinze ans quand il rencontre Cocteau qui l'introduit dans les milieux littéraires d'avant-garde. Sitôt après la guerre, il quitte le domicile de ses parents et écrit *Le Diable au corps* qui sera lancé à grand renfort de publicité par l'éditeur Grasset (1923). Le roman éclate « comme un dernier coup de canon dans le ciel de l'armistice ». La même année, Radiguet meurt de la fièvre typhoïde. C'est après sa mort que sera publié *Le Bal du comte d'Orgel* (1924), « un livre absolument classique », dira Edmond Jaloux, de même qu'un recueil de poèmes : *Les Joues en feu* (1925).

BIBL. : David Noakes : *Raymond Radiguet*, Seghers, 1968. — Gabriel Boillat : *Un Maître de dix-sept ans, Raymond Radiguet*, Neuchâtel, La Baconnière, 1973.

(P. 11, 46-7, 53, 75, 273, 276, 311.)

REBATET (Lucien) [Moras-en-Valloire, Drôme, 1903-1972]

Chroniqueur cinématographique, sous le pseudonyme de François Vinneuil, de *L'Action française*, il collabora dès le début à *Je suis partout*. Séduit par le fascisme, il sera l'un des soutiens de l'ordre nouveau instauré par Vichy. En 1942, il publiera un pamphlet véhément, *Les Décombres*. Condamné à mort à la Libération, il échappa à l'exécution et fera paraître en 1952 un beau roman : *Les Deux Etendards*. Son grand talent n'a pas empêché qu'il soit resté un écrivain maudit. En 1976, on a réédité chez Pauvert une édition partielle des *Décombres*. *Une Histoire de la musique* avait paru chez Laffont en 1969.

BIBL. : Pol Vandromme : *Rebatet*, Ed. Universitaires, 1968.

(P. 32, 49-50.)

RENARD (Jean-Claude) [Toulon, 1922]

Poète du sacré, Jean-Claude Renard officie en poète de la métamorphose du monde, en témoin de l'homme devant Dieu. Pour lui, écrire de la poésie c'est tenter de vaincre le temps et la mort, de connaître déjà d'une certaine manière le présent fondamental des êtres et des choses ». En 1957 il a reçu le Grand Prix catholique de littérature et, en 1966, le Prix Sainte-Beuve pour son recueil *La Terre du sacré*. Avec *La Braise et la Rivière* (1969), Renard ira plus loin dans l'approfondissement et la remise en question du mystère cosmique.

BIBL. : André Alter : *J.-C. Renard*, Seghers, 1966.

(P. 197, 237-8.)

RICHARD (Jean-Pierre) [Marseille, 1922]

Actuellement professeur à l'Université de Paris IV il est l'auteur d'une œuvre importante qui relève de la critique thématique. Il s'est penché plus particulièrement, dans *Littérature et Sensation* (1954), dans sa thèse sur *L'Univers imaginaire de Mallarmé* (1962) ou dans *Onze Etudes sur la poésie moderne* (1964), sur le contact premier d'un écrivain avec le monde, et a tenté dans *Paysage de Chateaubriand* (1967) et *Etudes sur le romantisme* (1971) de nous restituer « l'univers imaginaire » qui préside à l'acte de création. En 1974, il a publié un important essai sur Proust : *Proust et le monde sensible*. (P. 84, 179, 186.)

ROBBE-GRILLET (Alain) [Brest, 1922]

Ingénieur agronome, Robbe-Grillet a publié en 1953 le premier de ses anti-romans, *Les Gommes*. Rompant avec le roman psychologique, il a inauguré l'ère du roman chosiste. Pour lui, il s'agit de parcourir la phénoménologie de l'objet et de faire appel au lecteur pour qu'il pratique une lecture active et que de lui-même il participe à la création littéraire. Toute une œuvre s'étale ainsi sur vingt ans : *Le Voyeur* (1955), *La Jalousie* (1957) et *Dans le labyrinthe* (1959). Cette passion de décrire, il la transportera dans le domaine du cinéma avec *L'Année dernière à Marienbad*, *L'Immortelle*, *Trans Europe Express*, *L'Homme qui ment*, *L'Eden et après*. Le voyeur d'objets s'est fait montreur d'images. En 1970 il publie *Projet pour une révolution à New York*. Revenu au roman, il a publié en 1976 *Topologie d'une cité fantôme*.

BIBL. : Olga Bernal : *Alain Robbe-Grillet, le roman de l'absence*, Gallimard, 1964. — Ben F. Stolzfus : *Alain Robbe-Grillet and the New French Novel*, Carbondale, Southern Illinois University Press, 1964. — Jean Miesch : *Robbe-Grillet*, Ed. Universitaires, 1965. — Bruce Morissette : *Alain Robbe-Grillet*, New York, Columbia University Press, 1965 ; trad. française parue aux Ed. de Minuit, 1971. — Maurice Lécuyer : *Réalité et Imagination dans « Le Grand Meaulnes » et « Le Voyeur »*, Houston, Texas, Rice University, 1965. — Elly Jaffé-Freen : *Alain Robbe-Grillet et la peinture cubiste*, Amsterdam, J.-M. Meulenhoff, 1966. — Jean Alter : *La Vision du monde d'Alain Robbe-Grillet*, Genève, Droz, 1966. — Jacques Dhaenens : *« La Maison de rendez-vous » d'Alain Robbe-Grillet*, Lettres Modernes, 1970. — Jacques Leenhardt : *Lecture politique du roman de Robbe-Grillet*, Ed. de Minuit, 1972. — Cinéma : *Mélanges, Alain Resnais et Alain Robbe-Grillet*, Lettres Modernes, 1974. — *Robbe-Grillet. Analyse, Théorie* (Centre international culturel de Cerisy-la-Salle, 10/18, U.G.E., 1976). (P. 87, 129, 153, 196, 205, 214-7, 223, 226, 229, 296, 311.)

ROBLÈS (Emmanuel) [Oran, 1914]

Né en Algérie, il se liera avec Feraoun et Camus. Il publie son premier roman, *L'Action*, à Alger en 1938. Après la guerre il obtient le Prix populiste pour *Travail d'homme* (1945). Comme Camus, dont il a suivi les traces, il a su traduire le lyrisme de la mer et du soleil et donner, dans *Les Hauteurs de la ville* (Prix Fémina, 1948), une expression à cette Algérie humiliée luttant alors pour retrouver sa dignité. Son œuvre *(La Mort en face,* 1951, réimpression en 1973 ; *Cela s'appelle l'Aurore,* 1952 ; *Plaidoyer pour un rebelle...)* célèbre la fraternité, l'honneur, la sensualité, l'engagement et la liberté.

BIBL. : Fanny Landi-Bénos : *E. Roblès ou les raisons de vivre*, Honfleur, P.-J. Oswald, 1969. — Georges-Albert Astre : *Emmanuel Roblès ou l'homme et son espoir*, Boulogne, Périples, 1972. — Josette Frigiotti : *Roblès dramaturge*, Editions « Scènes de France », 1972. — M. Rozier : *Emmanuel Roblès ou la rupture du cercle*, Ottawa, Ed. Naaman, 1973. (P. 114, 146, 308.)

ROCHE (Denis) [Paris, 1937]

Membre du groupe *Tel Quel*, Denis Roche écrit une poésie qui « fonctionne », à savoir qui n'est ni à dire ni à regarder, mais à lire ; à lire non pas comme on explorerait une intériorité, mais comme si le sens lui-même venait de l'extériorité. Poète acharné à détruire le « poétique », il a publié *Récits complets* (1963), *Les Idées centésimales de miss Elanize* (1964), *Eros énergumène* (1968). (P. 89, 205, 237-8, 244.)

ROCHEFORT (Christiane) [Paris, 1917]

Avec *Le Repos du guerrier*, Christiane Rochefort a su, l'une des premières, parler des désirs de la femme avec une facilité jusque-là réservée aux hommes. Son succès est venu du scandale que son premier livre avait provoqué, mais peut-être y eut-il moins scandale que recherche d'une morale plus vraie. Dans ses autres romans, *Les Petits Enfants du siècle* (1961), *Les Stances à Sophie* (1963), *Printemps au parking* (1969), elle a tenté de peindre une société en pleine mutation, celle des HLM et de la société de consommation. Elle a participé activement au mouvement de libération féminine. En 1975 et 1976, elle a publié deux livres sur la « revendication » des enfants : *Encore heureux qu'on va vers l'été* et *Les Enfants d'abord*. (P. 63, 65-67.)

ROMAINS (Jules) [Saint-Julien-Chapteuil, Haute-Loire, 1885-Paris, 1972]

Elève de l'Ecole normale supérieure, agrégé de philosophie, Jules Romains reçoit la révélation un soir de 1903, en s'apercevant que nous ne sommes pas des *archipels de solitude*. C'est la naissance de l'unanimisme. De cette croyance en la solidarité humaine, au socialisme fraternel, naîtra une œuvre. Jules Romains hésitera entre le théâtre, le roman et la poésie, mais sa grande œuvre, ce sera *Les Hommes de bonne volonté*, dont la publication des vingt-sept volumes s'échelonnera de 1932 à 1946.

BIBL. : Madeleine Berry : *Jules Romains*, Ed. Universitaires, 1959. — Werner Widderm : *Weltbejahung und Weltflucht im Werke Jules Romains*, Genève, Droz, 1960. — André Bourin et Jules Romains : *Connaissance de Jules Romains*, Flammarion, 1961. — Gabrielle Romains : *1914-1918 ou les années d'un futur académicien*, L. Soulanges, 1969. — André Cuisenier : *Jules Romains, l'Unanimisme et « Les Hommes de Bonne Volonté »*, Flammarion, 1969. — Denis Boak, *Jules Romains*, New York, Twayne, 1974.

(P. 9, 21, 55-58, 60, 81-2, 134, 155, 196, 215, 226, 214, 259.)

ROY (Claude) (pseud. de Claude Orland) [Paris, 1915]

Ecrivain engagé, Claude Roy, fait prisonnier en 1940, s'évadera, entrera dans la Résistance et s'y liera d'amitié avec Aragon, Eluard et Vailland. Poète (*Le Poète mineur*, 1949) mais aussi romancier (*A tort ou à raison*, 1955 ; *Léone et les siens*, 1963), essayiste (les six tomes de *Descriptions critiques*, parus de 1949 à 1965), critique d'art et journaliste, Claude Roy a longtemps milité au Parti communiste dont il a été exclu en 1956. Il a publié trois volumes autobiographiques : *Moi, je* (1969), *Nous* (1972), *Somme toute* (1976).

BIBL. : Roger Grenier : *Claude Roy*, Seghers, 1971.

(P. 172.)

ROY (Jules) [Rovigo, Algérie, 1907]

Fils de colons en Algérie, il fit la guerre dans la RAF. Ce croisé sans Croisade en témoignera dans *La Vallée heureuse* (Prix Renaudot, 1946), dans *Retour de l'Enfer* (1951) et dans *Le Navigateur* (1954). Par la suite il combattra en Indochine, voyagera, fera du journalisme. En 1960, son livre *La Guerre d'Algérie* provoquera des remous. Dans *Les Chevaux du soleil* (1967), *Une Femme au nom d'étoile* (1968) et *Les Cerises d'Icherridène* (1969), il retracera sous une forme romancée toute l'histoire de l'Algérie depuis la conquête jusqu'à la décolonisation.

(P. 39, 308.)

S

SAGAN (Françoise) (pseud. de Françoise Quoirez) [Cajarc, 1935]

Elle n'a pas vingt ans quand paraît en 1954 *Bonjour Tristesse*. Le succès est foudroyant. Un certain désenchantement exprimé avec une grande économie de moyens a pu passer pour le reflet d'une jeunesse « désengagée » pour qui « toute vie est un processus de démolition ». Tout en poursuivant son œuvre romanesque dans laquelle Maurice Nadeau verra « une réaction néo-classique », elle fera ses débuts au théâtre en 1960 avec *Château en Suède*. Depuis lors, sa production a été régulière. La vie privée de l'auteur a défrayé la chronique, une légende est née qui a rejailli sur l'œuvre.

BIBL. : Jacques Ourévitch : *Mes noces secrètes...*, La Table Ronde, 1969.

(P. 67, 84, 133-4, 311.)

SAINT-EXUPÉRY (Antoine de) [Lyon, 1900-?1944]

A douze ans il monte dans l'avion de Védrines. Recalé au concours d'entrée de l'Ecole navale, il fera son service militaire dans l'aviation. En 1926 il devient pilote de ligne, puis chef d'escale pour la liaison Toulouse-Casablanca. En 1930 il publie *Courrier Sud*. Un an plus tard paraît *Vol de nuit* qui obtient le Prix Fémina. Il poursuit sa carrière de pilote, entreprend le raid Paris-Saïgon, fait des reportages. Dans *Terre des hommes* (1939), il exalte le sens de la solidarité humaine. Pendant la guerre, il parvient à gagner New York où il publie en 1943 *Le Petit Prince*. Il reprend du service et, le 31 juillet 1944, disparaît en Méditerranée au retour d'une mission. En 1948 est publiée *Citadelle*, qui constitue en quelque sorte son testament spirituel et moral.

BIBL. : Helen Elizabeth Crane : *L'Humanisme dans l'œuvre de Saint-Exupéry*, Evanston, Principia Press of Illinois, 1957. — R.-M. Albérès : *Saint-Exupéry*, Albin Michel, 1961. — André-A. Devaux : *Teilhard et Saint-Exupéry*, Ed. Universitaires, 1962. — Pierre Pagé : *Saint-Exupéry et le monde de l'enfance*, Fides, 1963. — Clément Borgal : *Saint-Exupéry, mystique sans la foi*, Ed. du Centurion, 1964. — Michel Quesnel : *Saint-Exupéry ou la vérité de la poésie*, Plon, 1964. — Jules Roy : *Passion et Mort de Saint-Exupéry*, Julliard, 1964. — Jacqueline Ancy : *Saint-Exupéry, l'homme et son œuvre*, Didier, 1965. — Josette Smetana : *La Philosophie de l'action chez Hemingway et Saint-Exupéry*, La Marjolaine, 1965. — Serge Losic : *L'Idéal humain de Saint-Exupéry*, Nizet, 1965. — Marcel Migeo : *Saint-Exupéry*, Flammarion, 1966. — Pierre Chevrier : *Saint-Exupéry*, Gallimard, 1971. — Cécile Provost : *Saint-Exupéry*, Hachette, 1972. — Curtis Cate : *Antoine de Saint-Exupéry*, trad. de l'anglais, Grasset, 1973. — Yves Monin : *L'Esotérisme du Petit Prince*, Nizet, 1976.

(P. 32, 81-2, 222, 229.)

SAINT-JOHN PERSE (pseud. de Marie-René Alexis Saint-Léger) [La Guadeloupe, 1887-Giens, 1975]

Il commence sa carrière de poète à dix-sept ans avec les extraordinaires *Images à Crusoé* (1904) suivies d'*Eloges* (1912). Reçu au concours des Affaires étrangères en 1914, Alexis Léger sera envoyé comme secrétaire d'ambassade à Pékin de 1916 à 1920. Il publie *Anabase* (1924) et devient directeur du cabinet diplomatique de Briand. Bientôt ambassadeur, puis secrétaire général du Quai d'Orsay, il voit sa carrière brisée en 1940 et s'exile aux Etats-Unis. De 1941 à 1944 il fait paraître *Exil* (suivi de *Poèmes à l'Etrangère, Pluies, Neiges*) et, en 1945, *Vents*. Avec *Amers* (1957), la poésie de Perse prend un nouveau tour : l'épopée a trouvé un centre, qui serait l'image d'un homme réconcilié· avec ses désirs. Le chantre des grandes forces élémentaires s'est humanisé et son texte, sans rien perdre de sa beauté ni de son ampleur, y gagne en unité. En 1959, Saint-John Perse recevra le Grand Prix national des Lettres, et en 1960 lui sera décerné le Prix Nobel de Littérature. Son œuvre grandiose et singulière, poursuivie en marge des courants visibles qui ont marqué son époque, a fait de lui un des plus grands poètes parmi les grands.

Bibl. : *Les Cahiers de la Pléiade*, X, été-automne 1950, numéro consacré à Saint-John Perse. — Maurice Saillet : *Saint-John Perse, poète de gloire*, Mercure de France, 1952. — Roger Caillois : *Saint-John Perse*, Gallimard, 1954. — Pierre Guerre : *Saint-John Perse et l'homme*, Gallimard, 1955. — Alain Bosquet : *Saint-John Perse*, Seghers, 1956. — Monique Parent : *Saint-John Perse et quelques devanciers*, Klincksieck, 1960. — Christian Murciaux : *Saint-John Perse*, Ed. Universitaires, 1960. — Jacques Charpier : *Saint-John Perse*, Gallimard, 1962. — Albert Henry : *« Amers » de Saint-John Perse, une Poésie du mouvement*, Neuchâtel, La Baconnière, 1963. — Albert Loranquin : *Saint-John Perse*, Gallimard, 1963. — *Honneur à Saint-John Perse :* hommages et témoignages littéraires suivis d'une documentation sur Alexis Léger diplomate, Gallimard, 1965. — Roger Little : *Word Index of the Complete Poetry and Prose of Saint-John Perse*, Durham, 1965. — Arthur Knodel : *Saint-John Perse, A Study of his Poetry*, Edinburgh University Press, 1966. — Roger Garaudy : *Esthétique et invention du futur*, U.G.E., 1971. — Pierre-M. Van Rutten, *Le Langage poétique de Saint-John Perse*, La Haye-Paris, Mouton, 1975.
(P. 88, 90, 111, 161, 196-7, 235, 238, 240, 242.)

SALACROU (Armand) [Rouen, 1899]

Un instant tenté par le communisme, Salacrou a beaucoup fréquenté les milieux surréalistes. Il s'est lancé ensuite dans les affaires. Mais c'est au théâtre qu'il a trouvé sa voie. En 1935 il remporte un grand succès avec *L'Inconnue d'Arras,* montée par Lugné-Poë à la Comédie des Champs-Elysées. Hanté par la mort et la poursuite d'un Dieu impossible, il s'engage dans la voie d'un théâtre métaphysique. Après la guerre, il donnera dans la satire sociale avec *L'Archipel Lenoir* (1947) et *Une femme trop honnête* (1961).

Bibl. : Paul-Louis Mignon : *Salacrou*, Gallimard, 1960. — Juris Silenieks : *Themes and Dramatic Forms in the Plays of A. Salacrou*, Lincoln, University of Nebraska, 1967. — Annie Ubersfeld : *Armand Salacrou*, Seghers, 1970. — Fiorenza Di Franco : *Le Théâtre de Salacrou*, Gallimard, 1970.
(P. 197, 261.)

SARRAUTE (Nathalie) [Ivanova, Russie, 1902]

Venue en France dès son tout jeune âge, elle devient avocate, mais à partir de 1939 elle se consacre entièrement à la littérature. Romancière surtout, mais aussi dramaturge, son premier livre, *Tropismes* (1938), ne sera découvert qu'après la guerre. Théoricienne de l'anti-roman, Nathalie Sarraute a tenté de faire de la littérature « objective ». Dans son essai, *L'Ere du soupçon* (1956), elle trace le cheminement de la dégénérescence du roman depuis le XIXe siècle. Elle s'est appliquée dans son œuvre à démonter les mécanismes linguistiques des bourgeois cultivés ou qui voudraient l'être. Citons ses romans : *Portrait d'un inconnu* (1948), *Martereau* (1953), *Le Planétarium* (1959), *Les Fruits d'or* (1963), *Entre la vie et la mort* (1968), *Vous les entendez ?* (1975), *Disent les imbéciles* (1976). Pionnière du nouveau roman, Nathalie Sarraute a-t-elle voulu, comme l'a dit Sartre, « écrire le roman d'un roman qui ne se fait pas » ? Elle a aussi écrit pour le théâtre : *Le Silence* (1964), *Le Mensonge* (1967), *Isma* (1970).

Bibl. : Mimica Granaki et Yvon Belaval : *Nathalie Sarraute*, Gallimard, 1965. — René Micha : *Nathalie Sarraute*, Ed. Universitaires, 1966. — Jean-Luc Jaccard : *Nathalie Sarraute*, Zurich, Juris Druck und Verlag, 1967. — Micheline Tison Braun : *Nathalie Sarraute ou la recherche de l'authenticité*, Gallimard, 1971. — Brigitta Coenen-Mennemeier : *Der Roman im Zeitalter des Mistrauens. Untersuchungen zu N. Sarraute*, Frankfurt/Main, Athenaion, 1974.
(P. 87, 110, 113-4, 196, 205, 213-4, 216, 229, 265, 311.)

SARRAZIN (Albertine) (pseud. d'Albertine Damien) [Alger, 1937-Montpellier, 1967].

Enfant de l'Assistance publique, adoptée par un couple de gens âgés, elle sera élevée au Bon Pasteur de Marseille. Elle s'en évadera, fera de la prison, et c'est là qu'elle écrira *L'Astragale* (1965), « petit roman d'amour pour Julien »; Julien, qui deviendra son mari après avoir fait lui aussi de la prison. Ses deux autres romans, *La Cavale* (1965) et *La Traversière* (1966), confirmeront un talent mûri dans l'ombre des cachots.

BIBL. : Josane Duranteau : *Albertine Sarrazin*, 1971.

SARTRE (Jean-Paul) [Paris, 1905]

Sartre, issu d'une famille bourgeoise, n'est « venu à la rébellion que pour avoir poussé la soumission à l'extrême ». Normalien, agrégé de philosophie, nommé à l'Institut français de Berlin, il découvre la phénoménologie de Husserl en 1933. Prisonnier pendant la guerre, il sera libéré en 1941 et publiera en 1943 *L'Etre et le Néant*. — Œuvre romanesque : *La Nausée*, 1938 ; *Le Mur*, 1939 ; *Les Chemins de la Liberté* parus entre 1945 et 1950. — Œuvre théâtrale : *Huis clos*, 1944 ; *Les Mains sales*, 1948 ; *Les Séquestrés d'Altona*, 1959. On peut définir celle-ci comme un théâtre de situations où « les libertés se choisissent dans des situations ». Il faut faire une part à son œuvre de critique littéraire, aux dix tomes de *Situations*, à son *Baudelaire*, à son *Saint Genet, comédien et martyr*, à *L'Idiot de la famille* (où à propos de Flaubert il pose la question : que peut-on savoir d'un homme d'aujourd'hui ?). Philosophe, romancier, essayiste, Sartre a été aussi un homme engagé. Il s'est plusieurs fois rapproché et éloigné du Parti communiste. Après 1968, il patronne plusieurs organes du gauchisme militant, *L'Idiot international* et *Libération*.

BIBL. : voir Bibliographie générale, p. 389.
(P. 27, 29-31, 33, 35-6, 39, 45, 66-7, 70, 80-4, 90-2, 106, 112-3, 119, 130, 150-3, 159-66, 168-9, 177-9, 180-3, 186.)

SCHÉHADÉ (Georges) [Alexandrie, 1907]

Poète libanais de langue française, Schéhadé, découvert par Saint-John Perse, aura subi longtemps l'influence des surréalistes. Il a écrit toutefois une poésie limpide et dépouillée : *Les Poésies* (1952). Dramaturge aussi, c'est en 1951 que fut créé *Monsieur Bob'le* et, en 1957, *Histoire de Vasco*.

BIBL. : Salah Stetié : *Les Porteurs de feu et autres essais*, Gallimard, 1972.

SENGHOR (Léopold Sédar) [Joal, Sénégal, 1906]

Ancien élève de l'Ecole normale supérieure, agrégé de grammaire, il est devenu en 1960 président de la République du Sénégal. S'il a su chanter la lutte de l'Africain contre l'Europe, il n'en a pas moins pratiqué « le métissage culturel ». Sa poésie (*Chants d'ombre*, 1945; *Hosties noires*, 1948; *Ethiopiques*, 1958; *Nocturnes*, 1961) s'inspire de Claudel et de Saint-John Perse, mais elle emprunte aussi au lyrique magique de la poésie orale africaine. Avec Césaire et Léon Damas, il a fondé en 1934 la revue *Etudiant noir* et lancé le thème de la « Négritude ».

BIBL. : Hubert de Leusse : *Léopold Sédar Senghor l'Africain*, Hatier, 1967. — Jean Rous : *Léopold Sédar Senghor, la vie d'un président de l'Afrique nouvelle*, Didier, 1967. — S. Okechukwu Mezu : *Léopold Sédar Senghor et la défense et illustration de la civilisation noire*, Didier, 1968. — Giscla Bonn : *Léopold Sédar Senghor, Wegbereiter der Culture Universelle*, Düsseldorf, Econ-Verlag, 1968. — Ernest Milcent et Monique Sordet : *Léopold Sédar Senghor et la naissance de l'Afrique moderne*, Seghers, 1969. — Armand Guibert : *Léopold Sédar Senghor*, Seghers, 1974.
(P. 116-118.)

SIMENON (Georges) [Liège, 1903]

Gide le tenait pour un grand romancier. L'œuvre est colossale et Simenon peut à juste titre passer pour un phénomène. Ecrivain belge de langue française, il a commencé par écrire sous divers pseudonymes des centaines de romans populaires. En 1930 il invente le personnage de Maigret et il publie un grand nombre de romans policiers. A partir de 1934 il produit ce que lui-même appelle des *romans durs*, où il met en scène avec l'art d'un clinicien et d'un moraliste des tableaux de mœurs, cruels et sans fard. Simenon que l'on a parfois comparé à Balzac cite souvent cette phrase de *La Comédie humaine* : « Un personnage de roman, c'est n'importe qui dans la rue, mais qui va jusqu'au bout de lui-même. » Entre 1970 et 1977 il publie plusieurs livres à tendance autobiographique : *Quand j'étais vieux* (1970), *Lettres à ma mère* (1974), *De la cave au grenier* (1977).

BIBL. : Ses œuvres complètes ont été publiées aux Editions Rencontre, Lausanne. — Bernard de Fallois : *Simenon*, Gallimard, 1961. — Roger Stéphane : *Le Dossier Simenon*, Laffont, 1961. — Quentin Ritzen : *Simenon, avocat des hommes*, Le Livre contemporain, 1961. — Anne Richter : *Georges Simenon et l'homme désintégré*, Bruxelles, La Renaissance du livre, 1964. — Jacques Faucher : *Les Médecins dans l'œuvre de Simenon*, thèse, Faculté de médecine, 1965. — Mélanges, *Simenon*, Plon, 1973. — Régis Boyer : *« Le Chien jaune » de Georges Simenon*, Hachette, 1974.
(P. 132, 227-8.)

SIMON (Claude) [Tananarive, 1913]

Après avoir écrit des livres empreints de classicisme, Claude Simon a utilisé dans *Le Vent* (1957) une technique et des thèmes qui ont permis de voir en lui l'un des tenants du Nouveau Roman. L'Histoire sert de toile de fond à la plupart de ses romans (*L'Herbe*, 1958 ; *La Route des Flandres*, 1960 ; *Le Palace*, 1962 ; *Histoire*, 1967 ; *La Bataille de Pharsale*, 1969), car, le temps est un thème dominant, même s'il pense que « l'homme est non seulement *incapable* de faire l'Histoire mais de faire sa propre histoire ».

BIBL. : voir Bibliographie générale, p. 391.
(P. 87, 113, 119, 196, 205, 214-5, 270, 311-9.)

SOLLERS (Philippe) [Bordeaux, 1936]

Salué dès ses débuts par Mauriac et Aragon, lors de la publication d'*Une curieuse solitude* (1958), roman de facture traditionnelle, Sollers négociera un virage en 1963 : il prend la rédaction de la revue *Tel Quel* (fondée en 1960). L'écrivain se mue alors en théoricien du langage, ce qu'il met en pratique dans un roman comme *Drame* (1965). Chef de file du groupe *Tel Quel*, il est contemporain de la nouvelle critique (Roland Barthes) aussi bien que de la philosophie de Foucault ou de Derrida, de la psychanalyse de Lacan, du marxisme d'Althusser. Sous sa conduite le groupe élabore une théorie de l'écriture et l'applique désormais à l'histoire humaine considérée comme un texte auquel serait donné un sens révolutionnaire.

Principales publications : *Nombres* (1968), *Logiques* (1968), *Lois* (1972), *H* (1973), *Sur le matérialisme* (1974). Travaille à un long roman : *Paradis*.
(P. 89, 163, 183, 187-8, 197, 204-7, 231, 298.)

STAROBINSKI (Jean) [Genève, 1920]

Docteur en médecine et ès lettres, il a été interne dans divers hôpitaux, en particulier dans les services psychiatriques, mais il a également enseigné la littérature française aux Etats-Unis avant de devenir professeur d'Histoire des idées à la Faculté des lettres de Genève. S'inspirant à la fois de la psychanalyse et de la phénoménologie, il a publié un important *Jean-Jacques Rousseau, la transparence et l'obstacle* (1958), *L'Œil vivant* (1961), *L'Œil vivant II : la relation critique* (1971).
(P. 179, 186.)

T

TARDIEU (Jean) [Saint-Germain-de-Joux, Jura, 1903]

Poète au lyrisme contenu, il a tenté de cerner la difficulté d'être. Ses premières œuvres ont été publiées dans la *N.R.F.*, en 1927. Un recueil, *Le Fleuve caché*, rassemblant les poèmes de 1924 à 1960, a paru chez Gallimard en 1968. Mais Tardieu a joué un rôle de découvreur à la RTF où, tout en menant ses recherches personnelles sur l'expression scénique, il a su encourager de jeunes talents. Lui-même a écrit quelques pièces de théâtre dont les exercices de style ne sont pas sans rappeler Ionesco : *Théâtre de chambre* (1955) et *Poèmes à jouer* (1960).

Bibl. : Emilie Noulet : *Jean Tardieu*, Seghers, 1964. — Edmond Kinds, *Jean Tardieu ou l'énigme d'exister*, Editions de l'Université de Bruxelles, 1973.
(P. 197, 201, 236, 240, 264-5.)

THIBAUDEAU (Jean) [La Roche-sur-Yon, 1935]

Thibaudeau, entré au groupe *Tel Quel* en 1960,

s'est lancé dans l'exploration d'un langage où pour lui « il s'agit toujours de soutirer une petite différence, pauvre généralité, à la répétition des éléments ou à l'organisation des cas ». Dans *Une Cérémonie royale* (1960), la description minutieuse donne lieu à plusieurs possibilités. Mais avec *Ouverture* (1966) et surtout *Imaginez la Nuit* (1968), le sujet écrivant se libère un peu plus des contraintes traditionnelles; il est celui qui produit un texte, texte qui à son tour engendre le sujet.

THOMAS (Henri) [Anglemont, Vosges, 1912]

Poète, il a publié ses premiers vers, *Travaux d'aveugle*, en 1941. Ensuite il s'est passionné pour la littérature étrangère et a traduit entre autres plusieurs œuvres de Jünger. Romancier, il a obtenu en 1960 le Prix Médicis pour *John Perkins* et, l'année suivante, le Prix Fémina pour *Le Promontoire*. Il s'est fait dans son œuvre le défenseur d'une métaphysique très personnelle, tournant autour d'une certaine idée de la mort, de la mort envisagée comme une manière d'être.
(P. 112, 219.)

TORTEL (Jean) [Saint-Saturnin-lès-Avignon, 1904]

Dès 1938 il participe à la rédaction des *Cahiers du Sud* où il publiera de savantes études. Mais bientôt c'est le poète qui s'affirme avec un premier recueil de vers, *De mon vivant*, publié en 1942. Prolongateur de Saint-John Perse et de Segalen, il a suivi aussi la voie tracée par Francis Ponge et s'est interrogé sur « la parole libre », donnant ainsi une suite à la poésie post-surréaliste. Des recueils comme *Naissance de l'objet* (1955), *Les Villes découvertes* (1965) ou *Relations* (1968) ont fait de lui un poète d'avant-garde soucieux des rapports du langage et de l'être.

TRIOLET (Elsa) [Moscou, 1896-Paris, 1970]

Née en Russie, elle y a fait ses études. Tentée un moment par les arts plastiques et l'architecture, elle se lancera assez vite dans la littérature et publiera ses premiers romans à Moscou. Liée au poète Maïakovski, elle fera grâce à lui la rencontre à Paris, en 1928, de Louis Aragon qui deviendra son mari et « le chantre d'Elsa ». Résolue à devenir un écrivain, elle publie sa première œuvre en français en 1938 : *Bonsoir Thérèse*. Pendant la guerre elle participe à la Résistance et publie plusieurs ouvrages dont *Le Cheval blanc* (1943). En 1945 elle obtient le Prix Goncourt pour *Le Premier Accroc coûte deux cents francs*. Elle publiera entre autres un cycle romanesque, *L'Age du nylon* (*Roses à crédit*, 1959 ; *Luna-Park*, 1959 ; *L'Ame*, 1963) et de nombreuses traductions du russe, dont le théâtre de Tchékhov. La publication des œuvres croisées d'Elsa Triolet et d'Aragon a été entreprise dès 1964 par les Éditions Robert Laffont.

BIBL. : Jacques Madaule : *Ce que dit Elsa*, Denoël, 1960. — Suzanne Lébry : *Aragon, poète d'Elsa*, Centre d'études et de recherches marxistes, 1965. — *Elsa · Triolet* : numéro spécial de la revue *Europe*, 1971. — Catalogue de l'exposition Triolet, Bibliothèque Nationale, 1972.

TROYAT (Henri) (pseud. de Lev Tarassov) [Moscou, 1911]

Venu jeune en France, il commence à publier en 1935 et obtient en 1938 le Prix Goncourt pour son roman *L'Araigne*. Comptant au nombre des derniers tenants du naturalisme, Troyat s'est taillé une popularité en publiant de grands cycles romanesques : *Tant que la terre durera* (1947-1950), *Les Semailles et les Moissons* (1953-1958), *La Lumière des Justes* (1959-1962), *Les Eygletières* (1965-1967), *Les Héritiers de l'avenir* (1968-1970). Ecrivain prolixe, on lui a reproché sa trop grande habileté. On citera aussi les grandes biographies qu'il a consacrées à Dostoïevski, Lermontov, Pouchkine, Tolstoï, Gogol.

V

VAILLAND (Roger) [Acy-le-Multien, Aisne, 1907-Meillonnas, Ain, 1965]

Pendant ses études secondaires il se lie avec René Daumal. Ensemble ils participent à la fondation de la revue *Le Grand Jeu* (1928). Il fait ensuite du journalisme. Pendant la guerre il s'engage dans la Résistance et devient un compagnon de route du Parti communiste. En lui se conjuguent l'apôtre de la solidarité et le libertin hanté par l'idéal aristocratique. Toute son œuvre tourne autour de deux thèmes, le bonheur et le plaisir. C'est après la guerre qu'il publie l'essentiel de son œuvre (*Drôle de jeu*, Prix Interallié, 1945 ; *Les Mauvais Coups*, 1948 ; *Bon pied, bon œil*, 1950 ; *Un jeune homme seul*, 1951 ; *Beau Masque*, 1954 ; *325.000 francs*, 1955 ; *La Loi*, Prix Goncourt, 1957). *Le Regard froid*, paru en 1963, réunit un certain nombre de textes essentiels pour la compréhension de l'œuvre et du personnage, de même que *Ecrits intimes* publiés en 1966.

BIBL. : François Bott : *Les Saisons de Roger Vailland*, Grasset, 1969. — Jean-Jacques Brochier : *Roger Vailland*, Losfeld, 1969. — Revue *Entretiens* n° 29, Rodez, Subervie, 1970. — Jean Recanati : *Vailland, esquisse pour la psychanalyse d'un libertin*, Buchet-Chastel, 1971. — Michel Picard : *Libertinage et tragique dans l'œuvre de Roger Vailland*, Hachette, 1972. — René Ballet et Elisabeth Vailland : *Roger Vailland*, Seghers, 1973. — J. E. Flower, *R. Vailland : the Man and his masks*, Londres, Hodder and Stoughton, 1975.
(P. 34, 81.)

VERCORS (pseud. de Jean-Marcel Bruller) [Paris, 1902]

D'abord dessinateur et graveur, c'est dans la clandestinité qu'il prendra le nom de Vercors. Il fonde en 1941 avec Pierre de Lescure les Editions de Minuit qui publieront pour commencer les textes des écrivains de la clandestinité. Lui-même fera paraître en 1942 *Le Silence de la mer*. Après la guerre, tout en poursuivant son activité littéraire, il parcourt le monde, fait des conférences et tente de définir un humanisme susceptible de réconcilier des hommes appartenant à des idéologies contraires (*Les Animaux dénaturés*, 1952). Il rompt avec le Parti communiste et publie *P.P.C. Pour prendre congé* en 1957. En 1965 paraît : *Les Chemins de l'être* (en collaboration avec P. Mistraki).

BIBL. : R. D. Konstantinovic : *Vercors, écrivain et dessinateur*, Klincksieck, 1969.
(P. 81, 84.)

VIAN (Boris) [Ville-d'Avray, 1920-Paris, 1959]

Il a incarné une certaine jeunesse de l'après-guerre. « Roi » de Saint-Germain-des-Prés, il sera tour à tour romancier, poète, musicien de jazz et chanteur. Précurseur du nouveau théâtre, il a écrit en 1947 une farce explosive, *L'Equarrissage pour tous*. Ses romans ont passé à peu près inaperçus lors de leur apparition, si ce n'est le célèbre *J'irai cracher sur vos tombes* (1946), mais connaissent aujourd'hui un regain d'intérêt (*Vercoquin et le Plancton*, 1946 ; *L'Ecume des jours*, 1947 ; *L'Arrache-cœur*, 1953). Homme-orchestre des années 50, il a écrit des poèmes dont certains sont devenus aussi des chansons, et dont les meilleurs se trouvent rassemblés dans le recueil *Je voudrais pas crever* (1959). Son théâtre, tel *Les Bâtisseurs d'Empire*, est souvent repris par de jeunes compagnies.

BIBL. : F. de Vree : *Boris Vian*, Eric Losfeld, 1966. — Jacques Duchateau : *Boris Vian*, La Table Ronde, 1969.
(P. 66-7, 87, 132, 201, 216, 227, 265.)

VILMORIN (Louise de) [Verrières-le-Buisson, 1902-1970]

Issue d'une vieille famille de grainetiers, Louise de Vilmorin a été mariée plusieurs fois, elle a même vécu dans un château en Hongrie, puis, comme par défi, elle s'est mise à écrire des romans, des poèmes, où son génie de la langue s'est donné libre cours. Sous une apparente désinvolture se cache une parfaite connaissance de son milieu et transparaissent les jeux subtils d'un esprit malicieux passé maître dans l'art des pirouettes et des cabrioles. Que ce soit dans *Madame de...* (1951), *La Lettre dans un taxi* (1958) ou dans *L'Heure Maliciôse* (1967), tout est prétexte à marivaudage, à faire des mots d'esprit et à s'abandonner au plaisir de jouer avec soi-même et les autres.

BIBL. : André Lévêque de Vilmorin : *Essai sur Louise de Vilmorin*, Seghers, 1972.

W

WEINGARTEN (Romain) [Paris, 1926]

Disciple de Jarry, de Vitrac et d'Artaud, il fut un précurseur et, dans ses premières pièces, a ébauché ce qu'allait être le théâtre d'aujourd'hui. Il monte sa première pièce, *Akara* en 1948, mais c'est avec *L'Été*, créée en 1965 en Allemagne, puis montée à Paris l'année suivante, qu'il obtient son premier succès. Un volume de son théâtre a été publié en 1967 (*L'Été ; Akara ; Les Nourrices*). (P. 197.)

WIESEL (Elie) [Sighet, Transylvanie, 1928]

Déporté avec toute sa famille à Birkenau. Sa mère et ses sœurs mourront à Auschwitz. Il assistera à la mort de son père à Buchenwald. Pris en charge par l'œuvre de Secours aux enfants, il sera élevé en France où il poursuivra ses études en Sorbonne. Sa première œuvre, *La Nuit* (1958), le classe parmi les grands écrivains. A travers autres récits ou romans, *La Ville de la chance* (1962), *Le Mendiant de Jérusalem* (1968) qui lui vaudra en 1968 le Prix Médicis, ou dans son théâtre, *Zalmen ou la Folie de Dieu* (1968), il témoigne de la tradition hassidique d'où il est issu et s'interroge sur la persécution et par voie de conséquence sur la mort de Dieu, la question restant toujours de savoir ce que signifie : être juif. Pour Elie Wiesel, « c'est souvent attendre quelqu'un qui ne vient pas, et, au besoin, devenir ce quelqu'un ». (P. 114.)

Y

YACINE (Kateb) [Condé Smendou, aujourd'hui Zighoud Youcef, dans le Constantinois, 1929]

Algérien, mais écrivain de langue française, il a connu très tôt la prison. A seize ans, il est arrêté pour avoir participé aux manifestations de 1945 à Sétif. Désormais il sera le chantre de l'Algérie, de la nation algérienne. Son premier roman, *Nedjma* (1956), publié quand éclate la guerre d'Algérie, a révélé un des auteurs les plus vigoureux de la littérature du Maghreb. Persécuté en France, il vivra longtemps en exil. Méconnu dans son pays, il a poursuivi, loin des siens, l'édification d'une œuvre qui puise à la source de l'âme arabe. Poète et romancier, il a aussi publié un cycle théâtral, *Le Cercle des Représailles* (1959). (P. 118.)

YOURCENAR (Marguerite) [pseud. de Marguerite de Crayencour] [Bruxelles, 1903]

Elle a reçu une éducation à l'ancienne mode et, dès l'âge de vingt-six ans, a mené une vie nomade qui devait la conduire aux Etats-Unis où depuis lors elle s'est établie. Ses œuvres les mieux connues sont des romans historico-philosophiques : *Les Mémoires d'Hadrien* (1951), autobiographie apocryphe de l'empereur romain du deuxième siècle, et *L'Œuvre au noir* (1968), biographie imaginaire d'un héros du XVIe siècle tenté par l'hermétisme et les sciences nouvelles. Mais il faudrait citer aussi *Alexis, ou le Traité du vain combat* (1929), sa pièce, *Electre ou la Chute des masques* (1954), son essai *Sous bénéfice d'inventaire* (1962). Entre 1963 et 1974 paraissent des rééditions revues par Marguerite Yourcenar elle-même de : *Feux* (1935, nouvelle édition en 1974), et de : *Nouvelles orientales* (1938, nouvelle édition en 1963). *Souvenirs pieux* est publié en 1974.

Avec beaucoup d'érudition et de profondeur psychologique, Marguerite Yourcenar a construit son œuvre comme une méditation sur la destinée humaine. (P. 196, 213-4, 227, 266.)

L'auteur du volume et le directeur de la collection tiennent à remercier M. René RANCŒUR des conseils bibliographiques qu'il a bien voulu donner.

L'auteur remercie tout particulièrement : Daniel HAWLEY et Anne MARTIN.

Bibliographie

H. Thieme, *Bibliographie de la littérature française de 1800 à 1930*, Droz, 1933. — Reprint, Genève, Slatkine, 1971. — S. Dreher et M. Rolli, *Bibliographie de la littérature française de 1930 à 1939. Complément à la bibliographie de Thieme*, Lille, Giard-Genève, Droz, 1948. — Reprint, Genève, Slatkine, 1976. — M. Drevet, *Bibliographie de la littérature française. Complément à la bibliographie de Thieme, 1940-1949*, Lille, Giard-Genève, Droz, 1954. — H. Talvart et J. Place, *Bibliographie des auteurs modernes de langue française (1801-1974)*, continuée à partir du tome XV (1963) par Georges Place, Ed. de la Chronique des Lettres françaises, 1928-1975. Le tome XXII (1976) s'arrête à C. Morgan (avec index des illustrations des ouvrages décrits t. I à XXII). — C. Cordie, *Avviamento allo studio della lingua e della letteratura francese*, Milano, C. Marzorati, 1955.

Bibliographies annuelles

Modern Language Association of America, Annual Bibliography, New York, depuis 1922. — *Year's work in modern foreign language studies*, vol. I (1929/1930), Oxford, depuis 1931. — *French VII Bibliography* [à partir du n° 21 (1969) *French XX*]. *Critical and bibliographical references for French Literature since 1885*, n° 1 (1940/1948), New York, French Institute — Alliance Française, depuis 1949. — La bibliographie trimestrielle de la *Revue d'histoire littéraire de la France*,

assurée par R. Rancœur depuis 1948, a été rassemblée en volume en 1953, en 1957, puis en 1961 et annuellement depuis 1962 sous le titre : *Bibliographie de la littérature française moderne* (xvie-xxe siècles) ; à partir de 1967 : *Bibliographie de la littérature française du Moyen Age à nos jours* (A. Colin).

Thèses

Ministère de l'Education nationale, *Catalogue des thèses de doctorat soutenues devant les universités françaises*, annuel depuis 1941. — *Dissertation Abstracts International*, Ann Arbor, Michigan, University Microfilms, annuel depuis 1938. Les services photographiques de University Microfilms expédient sur demande des copies microfilm de thèses américaines.

Littérature comparée

F. Baldensperger et Werner P. Friederich, *Bibliography of Comparative Literature*, Chapel Hill, Univ. of North Carolina Press, 1950. — *Yearbook of Comparative and General Literature*, Chapel Hill, North Carolina, annuel depuis 1952. — D'intérêt particulier est la bibliographie annotée *A Critical Bibliography of French Literature, Twentieth Century*, éditée par Douglas Alden, dont la publication sera assurée par Syracuse Univ. Press.

LES CIRCONSTANCES HISTORIQUES ET POLITIQUES

E. Bonnefous, *Histoire politique de la IIIe République*, 2e éd. rev. et aug., t. III-VII (1919-1940), P.U.F., 1965. — J. Chastenet, *Cent ans de République, 1870-1970* (rééd. de l'*Histoire de la Troisième République*), t. V-IX (1931-1970), Tallandier, 1970. — P. Renouvin, *Histoire des relations internationales*, t. VII et VIII, *Les Crises du XXe siècle (1914-1945)*, Hachette,

1957, 1958. — J.-B. Duroselle, *Histoire diplomatique de 1919 à nos jours*, 6e éd. prolongée jusqu'à 1974, Dalloz, 1974, 871 p. — S. Hoffmann, *Essais sur la France. Déclin ou renouveau ?*, Le Seuil, 1974, 558 p. (ouvrage qui étudie la France contemporaine des années trente aux années soixante-dix.) — F. Goguel, *La Politique des partis sous la IIIe Répu-*

blique, Le Seuil, 1946, 566 p. — G. LEFRANC, *Le Mouvement socialiste sous la IIIᵉ République (1875-1940)*, Payot, 1963, 444 p. — Ch. MICAUD, *The French Right and Nazi Germany, 1933-1939. A Study of Public Opinion*, New York, Octagon Books, 1964 (1ʳᵉ éd., 1943), 256 p. — M. RAGON, *1934-1939, l'avant-guerre*, Ed. Planète, 1968, 275 p. — Eugen WEBER, *Action Française : Royalism and Reaction in Twentieth-Century France*, Stanford, California, Stanford Univ. Press, 1962, 594 p. Trad. française, *L'Action Française*, par Michel CHRESTIEN, Stock, 1964, 651 p.

Les émeutes du 6 février 1934

M. CHAVARDES, *Le 6 février 1934, La République en danger*, Calmann-Lévy, 1966, 358 p. — M. CHAVARDES, *Une campagne de presse : la droite française et le 6 février 1934*, Flammarion, 1970, 119 p.

Le Front populaire

L. BODIN et J. TOUCHARD, *Front populaire, 1936*, A. Colin, 1961, 293 p. — M. CHAVARDES, *Eté 1936 : la victoire du Front populaire*, Calmann-Lévy, 1966, 398 p. — G. LEFRANC, *Histoire du Front populaire, 1934-1938*, 2ᵉ éd. rev. et aug., Payot, 1974, 569 p. (ouvrage essentiel). — P. BAUCHARD, *Léon Blum. Le pouvoir pour quoi faire ?* Arthaud, 1976. — J. MOCH, *Le Front populaire, grande espérance*, Perrin, 1971, 408 p.

La guerre d'Espagne et les écrivains

F. BENSON, *Writers in Arms : The Literary Impact of the Spanish Civil War*, New York, New York Univ. Press, 1967, 345 p. — *Les Ecrivains et la guerre d'Espagne*, dossier dirigé par Marc HANREZ, Paris, Pantheon Press, 1975, 320 p. (bibliographie utile). — M. Bertrand de MUNOZ, *La Guerre civile espagnole et la littérature française*, Montréal et Paris, Didier, 1972, 355 p. (excellente étude d'ensemble). — D. W. PIKE, *Les Français et la guerre d'Espagne*, P.U.F., 1975. Préface de P. Renouvin.

LA GUERRE

E. BEAU DE LOMÉNIE, *La Mort de la IIIᵉ République*, Editions du Conquistador, 1951, II, 423 p. — E. BERL, *La Fin de la IIIᵉ République, 10 juillet 1940*, Gallimard, 1968, 371 p. — M. BLOCH, *L'Etrange Défaite, témoignage écrit en 1940*, Soc. des Ed. Franc-Tireur, 1946, 194 p. — Ch. DE GAULLE, *Mémoires de guerre*, Plon, 3 vol., 1954-1959. — Fr. FONVIEILLE-ALQUIER, *Les Français dans la drôle de guerre*, R. Laffont, 1971, 470 p. — H. MICHEL, *La Drôle de guerre*, Hachette, 1971, 319 p. — H. MICHEL, *La Seconde Guerre mondiale*, P.U.F., 2 vol., 1968-1969. — (étude de base.) — A. PERTINAX, *Les Fossoyeurs*, 2 vol., New York, Ed. de la Maison française, 1943. — W. SHIRER, *The Collapse of the Third Republic : An Inquiry into the Fall of France in 1940*, New York, Simon & Schuster, 1969, 1082 p. (Etude magistrale.)

Collaboration

R. ARON, *Histoire de Vichy, 1940-1944*, Fayard, 1954, 766 p. — H. MICHEL, *Vichy, année 40*, R. Laffont, 1966, 463 p. — R. PAXTON, *Vichy France : Old Guard and New Order, 1940-1944*, New York, A. Knopf, 1972, 399 p. — Traduction française, *La France de Vichy*, par C. Bertrand, Le Seuil, 1973. — Amiral P. AUPHAN, *Histoire élémentaire de Vichy*, Editions France-Empire, 1971, 359 p. — M. COTTA, *La Collaboration, 1940-1944*, A. Colin, 1964, 333 p. (Dossiers de presse.) — J. DELPERRIÉ DE BAYAC, *Histoire de la Milice*, Fayard, 1969, 684 p. — J. DELPERRIÉ

DE BAYAC, *Le Royaume du maréchal : histoire de la zone libre*, R. Laffont, 1975, 413 p.

La Résistance, la Libération

H. MICHEL, *Bibliographie critique de la Résistance*, Institut Pédagogique national, 1964, 223 p. — Cl. BOURDET, *L'Aventure incertaine : de la Résistance à la Restauration*, Stock, 1975, 478 p. (étude intéressante). — R. CASSIN, *Les Hommes partis de rien : le réveil de la France abattue*, Plon, 1974, 490 p. (Sur la période 1940-1941.). — B. EHRLICH, *Resistance : France 1940-1945*, Boston, Little Brown, 1965, 278 p. — H. MICHEL, *Les Courants de pensée de la Résistance*, P.U.F., 1962, 842 p. (ouvrage capital). — H. MICHEL et B. MIRKINE-GUETZEVITCH, *Les Idées politiques et sociales de la Résistance (documents clandestins, 1940-1944)*, P.U.F., 1954, 421 p. — H. NOGUÈRES et al., *Histoire de la Résistance en France de 1940 à 1945*, 3 vol. parus (jusqu'à 1943), Laffont, 1967, 1969, 1972. — M. BAUDOIN, *Histoire des Groupes Francs (M.U.R.) des Bouches-du-Rhône de septembre 1943 à la Libération*, P.U.F., 1962, 283 p. — A. CALMETTE, *L'O.C.M. : histoire d'un mouvement de résistance de 1940 à 1946*, P.U.F., 1961, 228 p. — M.-M. FOURCADE, *L'Arche de Noé*, Fayard, 1968, 708 p. (histoire très détaillée). — Ch. TILLON, *Les F.T.P., la guérilla en France*, nouv. éd., U.G.E., 1971, 447 p. — R. ARON, *Histoire de la libération de la France, juin 1944-mai 1945*, Fayard, 1959, 775 p. — R. ARON, *Histoire de l'épuration*, 4 vol., Fayard, 1967-1975.

L'APRÈS-GUERRE

L'Année politique, économique, sociale et diplomatique en France, publication annuelle depuis 1945, P.U.F. (chronologie, documents et textes politiques). — G. DE CARMOY, *Les Politiques étrangères de la France, 1944-1966,* La Table ronde, 1967, 520 p. — G. DUPEUX, *La France de 1945 à 1965,* A. Colin, 1969, 384 p. (recueil de documents). — S. HOFFMANN et al., *À la recherche de la France,* Le Seuil, 1963, 464 p. (Œuvre majeure.). — H. LUTHY, *À l'heure de son clocher, essai sur la France,* Calmann-Lévy, 1955, 341 p. (Essai important.). — J. FAUVET, *La IVe République,* Fayard, 1960, 395 p. — A. GROSSER, *La IVe République et sa politique extérieure,* 2e éd., A. Colin, 1961, 438 p. — J. JULLIARD, *La Quatrième République,* Calmann-Lévy, 1968, 376 p. — D. MACRAE, *Parliament, Parties and Society in France, 1946-1958,* New York, St. Martin's Press, 1967, 388 p. — P. VIANSSON-PONTÉ, *Histoire de la république gaullienne,* 2 vol. parus, Fayard, 1970-1971. — A. GROSSER, *La Politique extérieure de la Ve République,* Le Seuil, 1965, 189 p. — Fr. BORELLA, *Les Partis politiques dans la France d'aujourd'hui,* Le Seuil, 1973, 248 p. — R. CHIROUX, *L'Extrême-droite sous la Ve République,* Librairie Générale de Droit et de Jurisprudence, 1974, 379 p. — J. FAUCHER, *La Gauche française sous de Gaulle,* Didier, 1969, 291 p. — S. MALLET, *Le Gaullisme et la gauche,* Le Seuil, 1965, 324 p.

Décolonisation

D. GUÉRIN, *Ci-gît le colonialisme, témoignage militant,* Paris-La Haye, Mouton, 1973, 509 p. — G. KELLY, *Lost Soldiers : The French Army and Empire in Crisis, 1947-1962,* Cambridge, Mass., Massachu-

setts Institute of Technology Press, 1965, 404 p. — (Bibliographie utile.). L. BODARD, *La Guerre d'Indochine,* Gallimard, 3 vol., 1963-1967. — R. ARON et al., *Les Origines de la guerre d'Algérie,* Fayard, 1962, 332 p. — Y. COURRIÈRE, *La Guerre d'Algérie,* Fayard, 4 vol., 1968-1971. — D. GORDON, *The Passing of French Algeria,* London, Oxford, 1966, 265 p. — S. BERNARD, *Le Conflit franco-marocain, 1943-1956,* Bruxelles, Ed. de l'Institut de sociologie de l'Univ. libre de Bruxelles, 3 vol., 1963. — J. SURET-CANALE, *Afrique noire, occidentale et centrale,* Paris, Ed. sociales, 2 vol., 1958, 1964. — G. de LUSIGNAN, *French-speaking Africa since Independance,* New York, Praeger, 1969, 431 p. (Histoire de l'Afrique noire depuis l'indépendance.). — E. MORTIMER, *France and the Africans, 1944-1960 : A Political History, 1944-1960,* London, Faber, 1969, 390 p. (Histoire politique de l'Afrique française de 1944 à 1960.)

Les événements de mai 1968

R. ARON, *La Révolution introuvable, réflexions sur la révolution de mai,* Fayard, 1968, 191 p. (Critique défavorable.) — A. DANSETTE, *mai 1968,* Plon, 1971, 474 p. — H. LEFEBVRE, *L'Irruption de Nanterre au sommet,* Ed. Anthropos, 1968, 178 p. — A. SCHNAPP et P. VIDAL-NAQUET, *Journal de la commune étudiante. Textes et documents, novembre 1967-juin 1968,* Le Seuil, 1969, 878 p.

LA VIE POLITIQUE

J. CHAPSAL, *La Vie politique en France depuis 1940,* 2e éd. revue et complétée par Alain Lancelot, P.U.F., 1969, 619 p. — M. DUVERGER, *Les Partis politiques,* 5e éd., A. Colin, 1964, 476 p. — G. LEFRANC, *Les Gauches en France, 1789-1972,* Payot, 1973, 348 p. — J. POPEREN, *La Gauche française,* t. I, *Le Nouvel Age, 1958-1965,* Fayard, 1972. (En cours de publication.) — J. RABAUT, *Tout est possible ! Les Gauchistes français, 1929-1944,* Denoël-Gonthier, 1974, 415 p. — R. RÉMOND, *La Droite en France de la Première Restauration à la Ve République,* 3e éd. rev. et aug., 2 vol., Ed. Montaigne, 1968. — D. LIGOU, *Histoire du socialisme en France, 1871-1961,* P.U.F., 1962, 672 p. — R. QUILLOT, *La S.F.I.O. et l'exercice du pouvoir, 1944-1958,* Fayard, 1972, 850 p. — J. FAUVET et A. DUHAMEL, *Histoire du parti communiste français,* 2 vol.,

Fayard, 1964, 1965. (Excellente étude d'ensemble.). — A. KRIEGEL, *Les Communistes français, essai d'ethnographie politique,* 2e éd., rev., augmentée et mise à jour 1970, Le Seuil, 1970, 320 p. (Perspective communiste.) — N. RACINE et L. BODIN, *Le Parti communiste français pendant l'entre-deux-guerres,* A. Colin, 1972, 310 p. — L. TROTSKY, *Le Mouvement communiste en France, 1919-1939,* textes choisis et présentés par Pierre BROUÉ, Ed. de Minuit, 1967, 723 p. — C. PURTSCHET, *Le Rassemblement du peuple français,* Ed. Cujas, 1965, 401 p. — R. HESS, *Les Maoïstes français ; une dérive institutionnelle,* Ed. Anthropos, 1974, 244 p. — P. KESSEL, *Le Mouvement maoïste en France. Textes et documents, 1963-1968,* U.G.E., (Coll. 10/18), 1972, 448 p.

« L'EUROPE »

P. DROUIN, *L'Europe du Marché commun,* nouv. éd. remise à jour au 1er janvier 1968, Julliard, 1968, 418 p. — L. ARMAND et M. DRANCOURT, *Le Parti européen,* Fayard, 1968, 383 p. — H. BRUGMANS, *L'Idée européenne, 1920-1970,* Bruges, De Tempel, 1970, 405 p. — S. GRAUBARD et al., *A New Europe ?*

Boston, Houghton-Mifflin ; Cambridge, Massachusetts, Riverside Press, 1964, 701 p. — A. MARCHAL, *L'Europe solidaire,* Ed. Cujas, 2 vol., 1964, 1970. — D. de ROUGEMONT, *Vingt-huit siècles d'Europe,* Payot, 1961, 432 p.

LE CLIMAT SOCIAL

P. BOUSSEL, *Histoire de la vie française*, t. VIII, *1914-Horizon 1980*, Ed. de l'Illustration, 1973, 344 p. — J. CHARPENTREAU et R. KAES, *La Culture populaire en France*, Ed. ouvrières, 1962, 206 p. (La naissance d'une paraculture française.) — M. CRUBELLIER, *Histoire culturelle de la France, XIXe-XXe siècle*, A. Colin, 1974, 454 p. — G. DUPEUX, *La Société française, 1789-1970*, 6e éd. entièrement revue, A. Colin, 1972, 272 p. — H. S. HUGHES, *The Obstructed Path : French Social Thought in the Years of Desperation, 1930-1960*, New York, Harper-Row, 1968, 315 p. — Ph. OUSTON, *France in the Twentieth Century*, London, Macmillan, 1972, 302 p. (La société française vue par un étranger.) — P. SORLIN, *La Société française contemporaine*, t. II, *1914-1968*, Arthaud, 1971. (Excellente étude de synthèse enrichie d'une ample bibliographie.) — Y. TROTIGNON, *La France au XXe siècle*, 2 vol., Bordas-Mouton, 1968, 1972. (Essais sur le climat social, économique et politique de la Belle Epoque jusqu'à nos jours.)

Les années trente

J. BERNARD, *La Vie de Paris, 1920-1933*, A. Lemerre, 10 vol., 1924-1935. — Cl. DUFRESNE, *Le Roman des années folles*, Solar, 1972, 254 p. — G. GUILLEMINAULT et al., *Le Roman vrai de la IIIe République*, t. IV, *Les Années folles*, Denoël, 1958, 317 p. — A. LANOUX, *Paris, 1925*, Grasset, 1975, 224 p. (Photos, documents et témoignages font revivre le Paris des années vingt.) — N. FRANK, *Les Années trente où l'on inventait aujourd'hui*, P. Horay, 1969, 173 p. — G. GUILLEMINAULT et al., *Les Années difficiles, 1927-1938*, Denoël, 1956, 416 p. (La société en pleine mutation, le krach, l'affaire Stavisky.) — J.-L. LOUBET DEL BAYLE, *Les Non-conformistes des années trente*, Le Seuil, 1969, 496 p. (Thèse de Toulouse, étudie les profonds changements dans la pensée politique et sociale de la décennie.)

La guerre

H. AMOUROUX, *Quatre ans d'histoire de France, 1940-1944*, Hachette, 1966, 232 p. (Photo-essai accompagné d'un texte intelligent.). — H. AMOUROUX, *La Vie des Français sous l'occupation*, Fayard, 1961, 577 p. (Ouvrage essentiel.) — *La Vie de la France sous l'occupation, 1940-1944, Documents*, Plon, 3 vol., 1957. (Publié d'abord en anglais par l'Institut Hoover à Stanford Univ., recueil de documents et textes indispensables pour l'étude de l'époque, bon nombre des documents ont été procurés par René de Chambrun et sa femme, la fille de Pierre Laval.) — G. WALTER, *La Vie à Paris sous l'occupation, 1940-1944*, A. Colin, 1960, 253 p. (Dossiers de presse et photos.)

L'essor de l'après-guerre

J. ARDAGH, *La France vue par un Anglais* [publié en anglais sous le titre *The New French Revolution : A Social and Economic Study of France, 1945-1968*], R. Laffont, 1968, 544 p. (Ouvrage essentiel.) — J. BROIZAT, *La Fureur de mieux vivre ; croissance économique et bien-être des Français*, Ed. de l'Entreprise moderne, 1962, 207 p. — J.-J. CARRÉ, P. DUBOIS et E. MALINVAUD, *La Croissance française ; essai d'analyse économique causale de l'après-guerre*, Le Seuil, 1972, 709 p. (Excellent bilan de la croissance économique depuis 1945 ; étudie les origines du « miracle français ».) — M. CROZIER, *La Société bloquée*, Le Seuil, 1970, 251 p. — J. DUMAZEDIER, *Vers une civilisation de loisir ?* Le Seuil, 1962, 318 p. (Ouvrage important que l'auteur a repris en 1974 afin de corriger ses spéculations des années soixante dans *Sociologie empirique du loisir : critique et contre-critique de la civilisation de loisir*, Le Seuil, 1974, 270 p.) — *La France d'aujourd'hui, son visage, sa civilisation*, Hatier, 1957, 304 p. (Ouvrage peu savant mais qui donne une image de la société française dans les années cinquante à travers des photos et un panorama des régions de la France.) — E.-H. LACOMBE, *Les Changements de la société française*, Ed. Economie et humanisme, 1971, 239 p. (Perspective sociologique sur les mutations sociales depuis 1945.) — M. PARODI, *L'Economie et la société française de 1945 à 1970*, A. Colin, 1971, 374 p. — R. QUILLOT, *La Société de 1960 et l'avenir politique de la France*, Gallimard, 1960, 199 p. — Ian THOMPSON, *Modern France : A Social and Economic Geography*, London, Butterworths, 1970, 465 p. (Essais intéressants sur les régions de la France.)

Les classes sociales

M. BRANCIARD, *Société française et luttes de classes, 1914-1967*, Lyon, Chronique sociale de France, 1967, 280 p. (Etude d'ensemble qui, malgré un certain parti pris, renseigne le lecteur sur l'histoire de la lutte des classes au XXe siècle.) — M. DUVERGER et al., *Partis politiques et classes sociales en France*, A. Colin, 1955, 332 p. (ouvrage important). — L.-M. FERRÉ, *Les Classes sociales dans la France contemporaine*, Vrin, 1936, 267 p. (Une des premières études sur les classes sociales, bibliographie.)

La paysannerie

P. HOUÉE, *Quel avenir pour les ruraux ?* Ed. Economie et Humanisme. — Ed. ouvrières, 1974, 248 p. — H. MENDRAS, *La Fin des paysans, innovations et changement dans l'agriculture française*, S.E.D.E.I.S., 1967, 361 p. (Ouvrage important.) — J. ROBINET, *Les Paysans parlent*, Flammarion, 1970, 228 p. (Enquête.) — G. WRIGHT, *Rural Revolution in France : The Peasantry in the Twentieth Century*, Stanford, California, Stanford Univ. Press, 1964, 271 p. (Etude intéressante sur les changements dans la vie paysanne au XXe siècle.)

Les ouvriers

G. ADAM et al., *L'Ouvrier français en 1970 : enquête nationale auprès de 1116 ouvriers d'industrie,* A. Colin, 1971, 275 p. — P. GAVI, *Les Ouvriers du tiercé à la révolution,* Mercure de France, 1970, 315 p. (Enquête.) — B. GRANOTIER, *Les Travailleurs immigrés en France,* Maspero, 1970, 279 p. (Thèse.) — R. HAMILTON, *Affluence and the French Worker in the Fourth Republic,* Princeton, N. J., Princeton Univ. Press, 1967, 324 p. (Ouvrage capital qui étudie la position sociale et économique des ouvriers sous la IVᵉ République.) — S. WEIL, *La Condition ouvrière,* Gallimard, 1951, 276 p. (Essai classique.) — G. LEFRANC, *Le Mouvement syndical sous la IIIᵉ République,* Payot, 1967, 455 p. — G. LEFRANC, *Le Mouvement syndical, de la Libération aux événements de mai-juin 1968,* Payot, 1969, 312 p.

Les classes moyennes

C. BAUDELOT, R. ESTABLET et H. MALEMORT, *La Petite Bourgeoisie en France,* Maspero, 1974, 306 p. — J. DUBOIS, *Les Cadres, enjeu politique,* Le Seuil, 1971, 319 p. — J. ELLUL, *Métamorphoses du bourgeois,* Calmann-Lévy, 1971, 303 p. (Essai.) — E. GOBLOT, *La Barrière et le niveau ; étude sociologique sur la bourgeoisie française moderne,* nouv. éd., F. Alcan, 1930, 160 p. (Un des premiers ouvrages sur la question.) — G. LECORDIER, *Les Classes moyennes en marche,* Bloud et Gay, 1950, 288 p. (Etude sur l'essor de la bourgeoisie dans l'après-guerre.) — M. PERROT, *Le Mode de vie des familles bourgeoises, 1873-1953,* A. Colin, 1961, 299 p. (Documentation intéressante.) — M. ROY, *Les Commerçants, entre la révolte et la modernisation,* Le Seuil, 1971, 173 p. (Etude sur les problèmes des petits commerçants dans une société en mutation.) — F. DE NEGRONI, *La France noble,* préface d'Henri LEFEBVRE, Le Seuil, 1974, 121 p. (Essai sur la persistance d'une certaine image de la France noble dans les publicités.)

Sociologie de Paris

J. BASTIE, *La Croissance de la banlieue parisienne,* P.U.F., 1964, 625 p. (Ouvrage essentiel, thèse de Paris.) — L. CHEVALIER, *Les Parisiens,* Hachette, 1967, 395 p. (Essai qui tente de définir la mentalité parisienne.) — P.-H. CHOMBART DE LAUWE, *Essais de sociologie, 1952-1964,* Ed. Ouvrières, 1965, 197 p. — M. CORNU, *La Conquête de Paris,* Mercure de France, 1972, 473 p. (Essai qui célèbre les avantages de Paris.) — R. FRANC, *Le Scandale de Paris,* Grasset, 1971, 268 p. (Essai contre Paris.)

La vie provinciale

M. DION-SALITOT et M. DION, *La Crise d'une société villageoise ; « les survivanciers ». Les Paysans du Jura français, 1880-1970,* Ed. Anthropos, 1972, 399 p. (Ouvrage qui étudie en détail les mutations sociales dans une région délimitée.). — G. FRIED-

MANN et al., *Villes et campagnes ; civilisation urbaine et civilisation rurale en France,* A. Colin, 1953, 2ᵉ éd., 1970, 504 p. (Importante étude d'ensemble sociologique.) — E. MORIN, *Commune en France, la métamorphose de Plodémet,* Fayard, 1967, 258 p. — J. PLANCHAIS et al., *Les Provinciaux ou la France sans Paris,* Seuil, 1970, 189 p. — Laurence WYLIE, *Un village du Vaucluse* [titre de l'original américain : *Village in the Vaucluse*], 2ᵉ éd. fr., Gallimard, 1968. (Ouvrage important.)

Nouveaux modes de vie

P. CLERC, *Grands ensembles, banlieues nouvelles. Enquête démographique et psycho-sociologique,* P.U.F., 1967, 472 p. (Etude qui présente une documentation très complète sur la question.) — R. P. DROIT et A. GALLIEN, *La Chasse au bonheur. Les Nouvelles Communautés en France,* Calmann-Lévy, 1972, 225 p. (Etude sur les expériences de vie communautaire en France de 1967 à 1972.) — Cl. JANNOUD et M.-H. PINEL, *La Première Ville nouvelle,* Mercure de France, 1974, 200 p. (Histoire de Sarcelles.)

Le mouvement régionaliste

T. FLORY, *Le mouvement régionaliste français : sources et développement,* P.U.F., 1966, 132 p. (Etude d'ensemble.) — J.-F. GRAVIER, *Paris et le désert français,* Flammarion, 1947, 2ᵉ éd., 1958, 317 p. (Ouvrage capital qui est complété par *Paris et le désert français en 1972,* Flammarion, 1972, 286 p.) — J.-F. GRAVIER, *L'Aménagement du territoire et l'avenir des régions françaises,* Flammarion, 1964, 336 p. — J.-F. GRAVIER, *La Question régionale,* Flammarion, 1970, 235 p. — R. LAFONT, *La Révolution régionaliste,* Gallimard, 1967, 250 p. — M. LE BRIS, *Occitanie : volem viure ! (nous voulons vivre !),* Gallimard, 1974, 366 p. — O. MORDREL, *Breiz atao ou Histoire et actualité du nationalisme breton,* Ed. A. Moreau, 1973, 557 p. — *Régions et régionalismes en France du XVIIIᵉ siècle à nos jours.* Actes [du colloque de Strasbourg, 11-13 octobre 1974] publiés par C. GRAS et G. LEVET, P.U.F., 1977, 595 p. — *Les Régionalismes* [bibliographie], *Anthinéa,* nº 9/10, trimestre 1976.

Ecrivains et société

G. BONNEVILLE, *Prophètes et témoins de l'Europe, essai sur l'idée d'Europe dans la littérature française de 1914 à nos jours,* Leyde, A. W. Sythoff, 1961, 183 p. — David CAUTE, *Le Communisme et les intellectuels français, 1914-1966,* Gallimard, 1967, 471 p. (Excellente étude de base.) — H. POULAILLE, *Nouvel âge littéraire,* Ed. de Valois, 1930, 448 p. (Essais pour une littérature prolétarienne.) — C. PRÉVOST, *Littérature, politique, idéologie,* Ed. Sociales, 1973, 278 p. (Essais qui s'insèrent dans le cadre de la politique culturelle du parti communiste.) — C. BOUAZIS, *Littérature et société ; théorie d'un modèle du fonctionnement littéraire,* Mame, 1972, 253 p. — CH. GLICKSBERG, *Literature and Society,* La Haye,

M. Nijhoff, 1972, 274 p. — P. GUIRAL, *La Société française, 1914-1970, à travers la littérature*, A. Colin, 1972, 221 p. (Anthologie.) — G. HANOTEAU, *L'Age d'or de Saint Germain-des-Prés*, Denoël, 1965, 124 p. (Contient de nombreuses photos.) — *Littérature et société. Problèmes de méthodologie en sociologie de la littérature*, Bruxelles, Ed. de l'Institut de sociologie de l'Univ. libre de Bruxelles, 1967, 223 p. (Actes du colloque, 21-23 mai 1964 ; communications de Barthes, Goldmann, Escarpit, etc.). — *Roman et société*, colloque organisé par la Société d'histoire littéraire de la France (6 nov. 1971), A. Colin, 1973, 131 p. — P.-H. SIMON, *Témoins de l'homme, la condition humaine dans la littérature contemporaine*, 6ᵉ éd., A. Colin, 1966, 197 p. — M. TISON-BRAUN, *La Crise de l'humanisme ; le conflit de l'individu et de la société dans la littérature française moderne*, t. II, *1914-1939*, Nizet, 1967. (Excellente étude d'ensemble.)

Femme et société

Les Femmes, guide bibliographique établi par la Bibliographie de la Documentation française, Documentation française, 2 vol., 1974, mise à jour 1975. — S. DE BEAUVOIR, *Le Deuxième Sexe*, 2 vol., Gallimard, 1949. — C. BACKÈS-CLÉMENT et H. CIXOUS, *La Jeune Née*, U.G.E., Coll. 10/18, 1975. — F. D'EAUBONNE, *Le Féminisme, histoire et actualité*, A. Moreau, 1972, 400 p. — G. GENNARI, *Le Dossier de la femme*, Perrin, 1965, 361 p. — A. LECLERC, *Parole de femme*, Grasset, 1974, 196 p. (Essai sur les femmes et le langage.) — *Le Livre de l'oppression des femmes*, Belfond, 1972, 190 p. — J. MAUDUIT, A.-M. RAIMOND et al., *Ce que les femmes réclament*, Fayard, 1971, 461 p. (*Elle* : Etats généraux de la femme, nov. 1970.) — J. MAUDUIT, *La Révolte des femmes, après les Etats généraux de « ELLE »*, Fayard, 1971, 258 p. — E. SULLEROT, *Les Françaises au travail*, Hachette, 1973, 276 p. (Enquête.)

La jeunesse

J. DELAIS, *Les Enfants majuscules*, Gallimard, 1974, 342 p. — Cl. DUFRASNE et al., *Des Millions de jeunes. Aspects de la jeunesse*, Ed. Cujas, 1967 (Dossier établi par des sociologues), 620 p. — J. JOUSSELLIN, *Une nouvelle jeunesse dans un monde en mutation*, Privat, 1966, 333 p. (Histoire.) — R. KANTERS et G. SIGAUX, *Vingt ans en 1951. Enquête sur la jeunesse française*, Julliard, 1951, 212 p. — H. PERRUCHOT, *La France et sa jeunesse*, Hachette, 1958, 208 p. (Enquêtes.) — A. SAUVY, *La Révolte des jeunes*, Calmann-Lévy, 1970, 269 p. — C. VALABRÈGUE, *La Condition étudiante*, Payot, 1970, 189 p. — G. VINCENT, *Les Lycéens : contribution à l'étude du milieu secondaire*, A. Colin, 1971, 851 p. (Sondage accompagné d'une documentation très complète.)

Eglise

W. BOSWORTH, *Catholicism and Crisis in Modern France ; French Catholic Groups at the Threshold of the Fifth Republic*, Princeton, N.J, Princeton Univ. Press, 1962, 407 p. (Etude historique, excellente bibliographie.) — M. BRION, *La Religion vécue des Français ; leur comportement religieux face aux options modernes de l'Eglise...*, Ed. du Cerf, 1972, 150 p. (Etude sur l'enquête SARES de 1968 à 1970.) — A. DANSETTE, *Destin du catholicisme français, 1926-1956*, Flammarion, 1957, 493 p. (Ouvrage important.) — A. DANSETTE, *Histoire religieuse de la France contemporaine*, éd. rev. et corr., Flammarion, 1965, 892 p. (Etude de base mais qui s'arrête à la fin de la IIIᵉ République.) — P. VIGNERON, *Histoire des crises du clergé français contemporain*. Préface de J.-B. DUROSELLE, Téqui, 1976, 495 p. — J.-M. DOMENACH et R. DE MONTVALON, *The Catholic Avant-garde : French Catholicism since World War II*, New York, Holt, Rinehart and Wilson, 1967, 245 p. (Histoire de l'avant-garde catholique dans l'après-guerre.) — J. POTEL, P. HUOT-PLEUROUX et J. MAITRE, *Le Clergé français, évolution démographique, nouvelles structures de formation, images de l'opinion publique*, Ed. du Centurion, 1967, 269 p. (Etude sociologique, année 1965.) — E. POULAT, *Naissance des prêtres-ouvriers*, Tournai, Casterman, 1965, 538 p. (Histoire des origines du mouvement.) — R. RÉMOND et al., *Forces religieuses et attitudes politiques dans la France contemporaine*, Cahiers de la Fondation nationale des sciences politiques, nº 130, A. Colin, 1965, 406 p. (Colloque de Strasbourg, 23-25 mai 1963, catholicisme, protestantisme et judaïsme.)

Enseignement

M. CHAPSAL et M. MANCEAUX, *Les Professeurs pour quoi faire ?* Le Seuil, 1970, 187 p. (Interviews.) — E. FAURE, *Philosophie d'une réforme*, Plon, 1969, 189 p. (depuis 1965) — W. R. FRASER, *Education and Society in Modern France*, London, Routledge and Kegan Paul, 1963, 199 p. (Etudie les années trente et l'après-guerre.) — W. R. FRASER, *Reforms and Restraints in Modern French Education*, London, Routledge and Kegan Paul, 1971, 178 p. (Depuis 1945.) — J. MINOT, *L'Entreprise éducation nationale*, A. Colin, 1970, 431 p. (Depuis 1945.) — J. MAJAULT, *La Révolution de l'enseignement*, R. Laffont, 1967, 247 p. (Etudie la période de 1945 à 1964.) — J. TALBOTT, *The Politics of Educational Reform in France, 1918-1940*, Princeton, N.J., Princeton Univ. Press, 1969, 293 p. — P. CHEVALLIER, *La Scolarisation en France depuis un siècle*, Mouton, 1974, 204 p. (Colloque de Grenoble en mai 1968.) — H. GUNSBERG, *Le Lycée unidimensionnel*, Mercure de France, 1970, 209 p. — V. ISAMBERT-JAMATI, *Crises de la société, crises de l'enseignement. Sociologie de l'enseignement secondaire français*, P.U.F., 1970, 400 p. — J. FOURASTIE, *Faillite de l'Université ?* Gallimard, 1972, 186 p. — J. SCHRIEWER, *Die Französischen Universitäten 1945-1968, Probleme, Diskussionen, Reformen*, Bad Heilbrunn/Obb, J. Klinkhardt, 1972, 629 p. — M. ZAMANSKY, *Mort ou résurrection de l'Université ?*, Plon, 1969, 158 p. — Cl. GRIGNON, *L'Ordre des choses, les fonctions sociales de l'enseignement technique*, Minuit, 1971, 363 p.

La langue

Sverker BENGATSSON, *La Défense organisée de la langue française. Etude sur l'activité de quelques organismes qui depuis 1937 ont pris pour tâche de veiller à la correction et à la pureté de la langue française*, Uppsala, Almqvist und Wiksell, 1968, 210 p. (*Acta Universitatis Upsaliensis, Studia Romanica Upsaliensia*, 4.) — M. BLANCPAIN, *Les lumières de France, le Français dans le monde*, Calmann-Lévy, 1967, 231 p. (Point de vue optimiste.) — M.-P. CAPUT, *La Langue française, histoire d'une institution*, t. II, *1915-1974*, Larousse, 1975, 287 p. — R. ETIEMBLE, *Parlez-vous français ?* Gallimard, 1964, 370 p. (Célèbre défense de la langue contre les incursions étrangères.) — P. LA-LANNE, *Mort ou renouveau de la langue française*, A. Bonne, 1957, 234 p. — R. QUENEAU, *Entretiens avec Georges Charbonnier*, Gallimard, 1962, 156 p. — F. ROZ et M. HONORE, *Le Rayonnement de la langue française dans le monde*, Documentation française, 1957, 258 p. (Universalité de la langue française.)

VIE LITTÉRAIRE

Etudes générales et témoignages

L'Ami du lettré, année littéraire et artistique, 7 vol., Grasset, 1923-1929. — *Almanach des lettres*, annuel, 7 vol., Ed. de Flore et la Gazette des lettres, 1947-1953. (Ouvrage capital, renseignements sur tous les aspects de la vie artistique.) — M. BÉMOL, *Essai sur l'orientation des littératures françaises au XXᵉ siècle*, Nizet, 1960, 338 p. — J.-P. BERNARD, *Le Parti communiste français et la question littéraire, 1921-1939*, Grenoble, Presses univ. de Grenoble, 1972, 342 p. (biblio.) — A. BILLY, *L'Epoque contemporaine, 1905-1930*, Tallandier, 1956, 365 p. — J. BRENNER, *Journal de ma vie littéraire*, t. I, 1962-1964, t. II, 1964-1966, Julliard, 1965, 1966. — E. BUCHET, *Les Auteurs de ma vie ou ma vie d'éditeur*, Buchet-Chastel, 1969, 354 p. (Journal, 1935-1968.) — G. GUILLEMINAULT et P. BERNERT, *Les Princes des années folles*, Plon, 1970, 454 p. (Breton, Cocteau, Coco Chanel, Gorki, Gurdjieff, et al.) — R. KANTERS, *L'Air des lettres ou Tableau raisonnable des lettres françaises d'aujourd'hui*, Grasset, 1973, 524 p. (Recueil d'articles.) — P. LÉAUTAUD, *Journal littéraire*, t. III-XIX (1910-1956), Mercure de France, 1956-1966. — F. LEFÈVRE, *Une heure avec...*, 6 vol., NRF, 1924-1933. (Interviews avec des personnalités littéraires.) — Maurice MARTIN DU GARD, *Les Mémorables*, t. I, 1918-1923, t. II, 1924-1930, Flammarion, 1957, 1960. — A. MONNIER, *Rue de l'Odéon*, A. Michel, 1960, 286 p. (Souvenirs de la grande libraire qui tenait la Maison des amis des livres.) — F. NOURISSIER, *Les Chiens à fouetter. Sur quelques maux de la société littéraire et sur les jeunes gens qui s'apprêtent à en souffrir*, Julliard, 1956, 131 p. (Satirique, mais non sans intérêt.) — J. O'BRIEN, *The French Literary Horizon*, New Brunswick, N. J., Rutgers Univ. Press, 1967, 420 p. — L. RIESE, *Les Salons littéraires parisiens du second Empire à nos jours*, Toulouse, Privat, 1962, 271 p. — M. SACHS, *Au temps du bœuf sur le toit*, Nouvelle Revue critique, 1939, 326 p. (Pour les années 1919-1929.) — A. THÉRIVE, *Galerie de ce temps*, Nouvelle Revue critique, 1931, 227 p.

Culture de masse

A. BAECQUE, *Les Maisons de la culture*, Seghers, 1967, 216 p. — G. BELLOIN, *Culture, personnalité, et sociétés*, Ed. Sociales, 1973, 217 p. — G. BENSAID, *La Culture planifiée ?* Le Seuil, 1969, 333 p. (L'action culturelle de l'état, bibliographie utile.) — P. EMMANUEL, *Pour une politique de la culture*, Le Seuil, 1971, 203 p. (Le poète P. É. était président de la commission culturelle.) — R. KAES, *Les Ouvriers français et la culture. Enquête, 1958-1961*, Dalloz, 1962, 592 p.

Statut de l'intellectuel

J. BENDA, *La Trahison des clercs*, Grasset, 1927, 306 p. ; rééd., Pauvert, 1965, B. Grasset, 1975. (Essai célèbre et controversé.) — J. GUÉHENNO, *Caliban parle*, Grasset, 1928. — E. BERL, *Mort de la pensée bourgeoise*, Grasset, 1929, 202 p. ; rééd., Pauvert, 1965. — M. SACHS, *La Décade de l'illusion*, Gallimard, 1950, 252 p. (Paris de 1918 à 1928.) — G. MURY, *Les Intellectuels devant l'action*, Grasset, 1947, 329 p. — R. ARON, *Opium des intellectuels*, (éd. orig. 1955), Gallimard, 1968, 447 p. (Essai anticommuniste important.) — J. KANAPA, *Critique de la culture*, t. I, *Situation de l'intellectuel*, Ed. Sociales, 1957, 224 p. (Point de vue communiste.) — V. BROMBERT, *The Intellectual Hero, 1880-1955*, Philadelphie, Lippincott, 1961, 255 p. (L'Intellectuel vu à travers la littérature.) — J. DUVIGNAUD, *Pour entrer dans le XXᵉ siècle*, Grasset, 1960, 311 p. (Nécessité pour les intellectuels de s'adapter au monde technologique.) — L. BODIN, *Les Intellectuels*, P.U.F., 1962, coll. Que sais-je ?, 124 p. — F. BON et M.-A. BURNIER, *Les Nouveaux Intellectuels*, 2ᵉ éd., Le Seuil, 1971, 254 p. (La fin des intellectuels libéraux, l'avènement des intellectuels technocrates.) — J.-P. SARTRE, *Plaidoyer pour les intellectuels*, Gallimard, 1972, 117 p. (Trois conférences données à Tokyo et Kyoto en 1965.) — G. SUFFERT, *Les Intellectuels en chaise longue*, Plon, 1974, 222 p. — P. NIZAN, *Les Chiens de garde*, Maspero, rééd. 1969, 159 p. (Sur le statut des philosophes et de la philosophie, publié en 1932.)

L'écrivain face à la guerre

J. DEBU-BRIDEL, éd., *La Résistance intellectuelle*, Julliard, 1970, 263 p. (Textes et témoignages.) — T. KUNNAS, *Drieu La Rochelle, Céline, Brasillach et la tentation fasciste*, les Sept Couleurs, 1972, 310 p. (Thèse, rassemble une documentation très complète.) — H. LE BOTERF, *La Vie parisienne sous l'occupation, 1940-1944*, Ed. France-Empire, 2 vol., 1974-1975. — *Paris 40-44. La Vie artistique, cinématographique, journalistique et mondaine pendant l'occupation*, Les Dossiers du Clan, n° 2 (mai 1967), 152 p. — *La Poésie et la résistance*, Europe, n° 543-544 (juillet-août 1974), 394 p. (Etudes et anthologie.) — P. SEGHERS, *La Résistance et ses poètes : France, 1940-1945*, Seghers, 1974, 661 p. (Essai et anthologie.) — M. RIEUNEAU, *Guerre et révolution dans le roman français de 1919 à 1939*, Klincksieck, 1974, 627 p. (Ouvrage excellent, point de vue thématique.) — P. SERANT, *Le Romantisme fasciste : étude sur l'œuvre politique de quelques écrivains français*, Fasquelle, 1959, 321 v. (Céline, Drieu la Rochelle, Brasillach, Rebatet, etc.) — R. ARON, *Histoire de l'épuration*, t. III, vol. 2, *Le Monde de la presse, des arts, des lettres... 1944-1953*, Fayard, 1975, 424 p. (Ouvrage indispensable.) — P. NOVICK, *The Resistance versus Vichy. The Purge of Collaborators in liberated France*, London, Chatto & Windus, 1968, 245 p. (Point de vue anglais sur l'épuration.)

L'édition

P. ANGOULVENT, *L'édition française au pied du mur*, 2e éd., 1961, P.U.F., 87 p. — Cl. BELLANGER, *Presse clandestine, 1940-1944*, A. Colin, 1961, 263 p. — J. CAIN, R. ESCARPIT et H.-J. MARTIN, *Le Livre français, hier, aujourd'hui, demain*, Imprimerie Nationale, 1972, 406 p. (Bilan.) — J. DUMAZEDIER et J. HASSENFORDER, *Eléments pour une sociologie comparée de la production, de la diffusion et de l'utilisation du livre*, Bibliographie de la France, 151e année, 5e série, n°s 24-27 (15 juin-6 juillet 1962), 2e partie, Chronique, sociologie comparée, fasc. 1-7. 1962, 100 p. — F. FONTAINE, *La Littérature à l'encan*, Laffont, 1967, 175 p. (S'en prend à l'édition, point de vue très personnel.) — G. CANNE, *Messieurs les best-sellers*, Perrin, 1966, 246 p. (Essai et interviews.) — L. LANOIZELÉE, *Les Bouquinistes des quais*, Chez l'auteur, 1956, 300 p.

Maisons d'édition

J. DEBU-BRIDEL, *Les Editions de Minuit, histo-rique et bibliographie*, Ed. de Minuit, 1945, 99 p. (L'activité clandestine de la maison.) — G. ENKIRI, *Hachette la pieuvre, témoignage d'un militant CFDT*, Librairie Le Commun, 1972, 133 p. (Etude partisane qui essaie de démontrer le « monopole » de la maison.) — J. MISTLER, *La Librairie Hachette de 1826 à nos jours*, Hachette, 1964, 487 p. (Histoire.) — R. LAFFONT, *Editeur*, Laffont, 1974, 380 p.

Revues et hebdomadaires

R. ADMUSSEN, *Les petites revues littéraires, 1914-1939; répertoire descriptif*, St. Louis, Missouri, Washington Univ. Press, 1970, 158 p. — *Catalogue des périodiques clandestins diffusés en France de 1939 à 1945, suivi d'un catalogue des périodiques clandestins diffusés à l'étranger*, Bibliothèque Nationale, 1954, 305 p. — Cl. BELLANGER, J. GODECHOT, P. GUIRAL et F. TERROU, *Histoire générale de la presse française*, t. III (1871-1940), IV (1940-1958), t. V (de 1958 à nos jours), P.U.F., 1972, 1975, 1976. (Etude de base.) — Cl. ESTIER, *La Gauche hebdomadaire, 1914-1962*, A. Colin, 1962, 288 p. — R. DE LIVOIS, *Histoire de la presse française*, t. II, *De 1881 à nos jours*, Les temps de la Presse, 1965. (Populaire, contient des photographies intéressantes.) — E. SULLEROT, *La Presse féminine*, A. Colin, 1963, 320 p.

On consultera en outre

A. COUTROT, *Un courant de la pensée catholique : l'hebdomadaire « Sept » (mars 1934-août 1937)*, Ed. du Cerf, 336 p. — P.-M. DIOUDONNAT, *« Je suis partout », 1930-1944. Les Maurrassiens devant la tentation fasciste*, La Table ronde, 1973, 472 p. — J.-P. MEYLAN, *La « Revue de Genève » : miroir des lettres européennes, 1920-1930*, Genève, Droz, 1969, 525 p. (Thèse Bâle.) — L. MORINO, *La « Nouvelle Revue française » dans l'histoire des lettres, 1908-1937*, Gallimard, 1939, 228 p. — M. WINOCK, *Histoire politique de la revue « Esprit », 1930-1950*, Seuil, 1975, 447 p.

Prix littéraires

Jane CLAPP, *International Dictionary of Literary Awards*, New York, Scarecrow Press, 1963, 545 p. (Listes des prix français et belges.) — M. DANSEL, *Les Nobel français de littérature*, A. Bonne, 1967, 221 p. (Notices biographiques.) — *Guide des prix littéraires*, 5e éd. revue et corrigée, Cercle de la librairie, 1968, 985 p. (Lauréats, jurys, règlements.). — R. GOUZE, *Les Bêtes à Goncourt, un demi-siècle de batailles littéraires*, Hachette, 1973, 210 p. (Histoire et condamnation des jurys qui ont décerné le prix Goncourt.)

LES COURANTS INTELLECTUELS

L'ouverture à l'étranger

Dictionnaire des littératures étrangères contemporaines, Ed. Univ., 1974, sous la direction de Dominique de Roux. (Utile surtout pour les littératures occidentales.). — R. M. ALBÉRÈS, *L'Aventure intellectuelle du XXe siècle, panorama des littératures européennes, 1900-1970*, 4e éd. rev. et aug., A. Michel,

1969, 511 p. — F. Ansermoz-Dubois, *L'Interpréta-*
tion française de la littérature américaine d'entre-deux-
guerres, 1919-1939, Lausanne, Impr. de la Concorde,
1944, 254 p. (Étude accompagnée d'un essai bibliographique très utile.). — S. Beach, *Shakespeare and*
Compagny (original anglais, 1956), Mercure de
France, 1962, 245 p. (Souvenirs de la célèbre libraire.). — L. Falb, *American Drama in Paris, 1945-*
1970; a study of its Critical Reception, Chapel Hill,
North Carolina, Univ. of North Carolina Press,
1973, 181 p. — *France and World Literature,* n° spéc.
(6) de *Yale French Studies,* 1950. — Cl.-Ed. Magny,
L'Age du roman américain, Le Seuil, 1948, 254 p. —
A. Malraux, *La Tentation de l'Occident,* Grasset,
1926. — H. Massis, *Défense de l'Occident,* Plon, 1927,
281 p. (Contre-partie de l'essai de Malraux.). — *La*
Revue nouvelle, octobre 1928, numéro spécial consacré à la littérature étrangère contemporaine. —
Thelma Smith et Ward Miner, *Transatlantic Migra-*
tion: the Contemporary American Novel in France,
Durham, North Carolina, Duke University Press,
1955, 273 p. (Ouvrage qui étudie l'accueil critique
réservé en France aux romanciers américains,
Faulkner, Dos Passos, etc.; biblio. p. 193-245.)

La littérature d'expression française

Le Français en France et hors de France, t. I, *Créoles*
et contacts africains, t. II, *Les Français régionaux, Le*
Français en contact, Annales de la Faculté des lettres et
sciences humaines de Nice, n° 7 (1969) et n° 12 (1970),
Monaco, Les Belles Lettres, 1969, 1970, 100 p. &
142 p. (Actes du colloque sur les ethnies francophones tenu à Nice du 26 au 30 avril 1968.) — *Le*
Français, langue vivante, n° spéc. d'*Esprit* (311), novembre 1962, 351 p. (Afrique noire, Belgique,
Canada, Etats-Unis, Indochine, Liban, Suisse.) —
A. Naaman, L. Painchaud et al., *Le Roman contem-*
porain d'expression française, introduit par des propos
sur la francophonie, Sherbrooke, Univ. de Sherbrooke, 1971, 347 p. — F. Schoell, *La langue fran-*
çaise dans le monde, Bibliothèque du Français
moderne, 1936, 377 p. (Etude de base pour la francophonie dans l'entre-deux-guerres.). — G. Tougas,
Les Ecrivains d'expression française et la France, Denoël,
1973, 270 p. Encyclopédie La Pléiade, *Histoire des*
littératures, tome III, Gallimard, 1958.

Belgique

G. Doutrepont, *Histoire illustrée de la littérature*
française en Belgique, Bruxelles, 1939, 399 p. — *His-*
toire illustrée des lettres françaises de Belgique, publiée
sous la direction de G. Charlier et J. Hanse,
Bruxelles, la Renaissance du livre, 1956, 639 p. —
J.-M. Culot, *Bibliographie des écrivains français de*
Belgique 1881-1950 (puis 1881-1968) Bruxelles 1958,
puis 1968. — M. Bémol, *Essai sur l'orientation des*
littératures de langue française au XXᵉ siècle, Nizet, s.d.
— R. Bindelle, *Etat présent des lettres françaises de*
Belgique, s.l., Epf, 1949, 177 p. — C. Hanlet, *Les*
Ecrivains belges contemporains de langue française, 1800-
1946 Liège, H. Dessain, 1946, 2 vol., 1302 p.
(Dictionnaire). — A. Moret, J. Weisgerber, *Le Lette-*
rature del Belgio, nuova ed. agg., Firenze-Milano,
Sansoni-Accademia, 1968, 400 p. (Histoire de la
littérature belge d'expression française et flamande.) — *La Poésie française de Belgique, 1942-1968,*
numéro spécial des *Cahiers de Belgique,* 1968, 113 p.
(Anthropologie et notices sur les poètes.) — *Lettres*
vivantes. Deux générations d'écrivains français en Bel-
gique (1945-1975). Publié sous la direction d'A. Jans,
Bruxelles, la Renaissance du livre, Paris, Nizet,
1975. — D. Scheinert, *Ecrivains belges devant*
la réalité, Bruxelles, La Renaissance du livre, 1964,
259 p.

Luxembourg

Géographie littéraire du Luxembourg, Liège, l'Horizon nouveau, 1942, 235 p. (Histoire.)

Suisse

A. Berchtold, *La Suisse romande au cap du*
XXᵉ siècle, portrait littéraire et moral, Lausanne, Payot,
1963, 989 p. (Excellente étude d'ensemble; thèse
Genève, bibl., p. 919-971.) — V. Godel, *Poètes à*
Genève et au-delà, Genève, Georg, 1966, 133 p.
(Essais sur Crisinel, Renfer, Hercourt, Aubert,
Haldas et Brachetto.) — M. Gsteiger, *Westwind,*
Zur Literatur der französischen Schweiz, Bern, Kande-
laber, 1968, 232 p. (Essais sur la poésie, le roman
et la critique.) — E. Martinet, *Portraits d'écrivains*
romans contemporains, Neuchâtel, La Baconnière,
2 vol., 1940, 1954. (Interviews.) — G. Tougas,
Littérature romande et culture française, Seghers, 1963,
101 p. (Etude d'ensemble et essais sur Gilliard,
Roud et al.).

Haïti

R. Cornevin, *Le Théâtre haïtien des origines à*
nos jours, Ottawa, Leméac, 1973, 301 p. — Naomi
Garret, *The Renaissance of Haitian Poetry,* Présence
Africaine, 1963, 257 p. (Sur la poésie haïtienne, en
particulier des années quarante; biblio.) — G. Gou-
raige, *Histoire de la littérature haïtienne de l'indépen-*
dance à nos jours, Port-au-Prince, N. A. Théodore,
1960, 507 p.

Canada

Livres et auteurs canadiens, annuel de 1961 à
1968, puis *Livres et auteurs québécois,* annuel depuis
1969, Ed. Jumonville. (Panorama de toutes les
publications canadiennes — livres, thèses, articles etc.; excellente référence.). J.-P. Tremblay,
Bibliographie québécoise. Roman/Théâtre/Poésie/Chan-
son. Inventaire des écrits du Canada français, Ottawa,
éduco média, 1973, 252 p. (Bibliographie annotée;
l'ouvrage n'est pas exhaustif, mais donne une vue
d'ensemble). — J. Blais, *De l'ordre et de l'aventure,*
la poésie au Québec de 1934 à 1944, Québec, Presses
de l'Univ. Laval, 1975, 411 p. (étude détaillée d'une
décennie de poésie, les tendances, accueil critique).

— A. Brochu, *L'Instance critique, 1961-1973*, Ottawa, Leméac, 1974, 374 p. (Essais par un homme de lettres canadien qui essaie de fonder une école critique canadienne.) — F. Dumont, J.-C. Falardeau et al. *Littérature et société canadienne-française*, Québec, Presses de l'univ. Laval, 1964, 272 p. (Actes du 2ᵉ colloque de la revue *Recherches sociologiques*; statut de l'écrivain ; la littérature en tant que porte-parole de la société.) — J.-C. Godin et L. Mailhot, *Le Théâtre québécois, introduction à dix dramaturges contemporains*, Montréal, HMH, 1970, 254 p. — P. de Grandpré et al., *Histoire de la littérature française du Québec*, t. II, *1900-1945*, t. III, *La Poésie de 1945 à nos jours*, t. IV, *Le Roman et le théâtre de 1945 à nos jours*, Montréal, Beauchemin, 1968-1970. (Ouvrage essentiel.) — *Littérature du Québec, Europe*, nᵒ 478-479, février-mars 1969. (Essais ; chronologie.) — G. Marcotte, *Le Temps des poètes, description critique de la poésie actuelle au Canada français*, Montréal, HMH, 1969, 251 p. (de 1953 à 1969 ; essai sur le mouvement poétique lancé par les Ed. Hexagone ; la responsabilité collective de la poésie) — *La Poésie canadienne-française. Perspectives historiques et thématiques — Profils de poètes — Témoignages — Bibliographie*, Montréal, Fides, 1969, 702 p. Archives des lettres canadiennes, t. IV. (Ouvrage important.) — R. Robidoux et A. Renaud, *Le Roman canadien-français du vingtième siècle*, Ottawa, Ed. de l'Univ. d'Ottawa, 1966, 221 p. — *Le Roman canadien-français*, Montréal-Paris, Fides, 1964, 458 p. Archives des lettres canadiennes, t. III. G. Tougas, *Histoire de la littérature canadienne-française*, 2ᵉ éd., P.U.F., 1964, 324 p. (La meilleure étude pour la période 1608-1960.)

Afrique

J. Jahn et C. Dressler, *Bibliography of Creative African Writing*, Nendeln, Kraus-Thomas, 1971, 446 p. (Bibliographie des écrivains noirs d'expression française et anglaise.) — Cardan (Centre d'analyse et de recherches documentaires pour l'Afrique noire), *Bulletin d'information et de liaison*, trimestriel depuis 1969, CNRS. (Bibliographie ; répertoire de thèses ; communications.) — J. Chevrier, *Littérature nègre, Afrique, Antilles, Madagascar*, A. Colin, 1974, 287 p. (Bilan.) — *Colloque sur la littérature africaine d'expression française*, Dakar, l'Université, 1965, 276 p. (Actes du colloque tenu à Dakar du 26 au 29 mars 1963.) — R. Cornevin, *Le Théâtre en Afrique noire et à Madagascar*, Le Livre Africain, 1970, 335 p. — L. Kesteloot, *Les Ecrivains noirs de langue française en Afrique. Naissance d'une littérature*, 3ᵉ éd., Bruxelles, Univ. Libre de Bruxelles, Institut de Sociologie, 1967, 343 p. (Ouvrage de base ; thèse Bruxelles, 1961) — C. Larson, *The Emergence of African fiction*, Bloomington, Indiana Univ. Press, 1972, 305 p. — (étude de base sur le roman.) — *Littératures francophones et anglophones de l'Afrique noire*, nᵒ spéc. de la *Revue de littérature comparée*, 48ᵉ année, nᵒ 3-4, juill. — déc. 1974. —

J. Nantet, *Panorama de la littérature noire d'expression française*, Fayard, 1972, 282 p. — R. Pageard, *Littérature négro-africaine : le mouvement littéraire contemporaine dans l'Afrique noire d'expression française*, 2ᵉ éd., aug., Le Livre Africain, 1969, 160 p.

La négritude

Colloque sur la négritude, Présence Africaine, 1972, 244 p. (Actes du colloque tenu à Dakar du 12 au 18 avril 1971.) — L. Lagneau-Kesteloot, *Négritude et situation coloniale*, Yaoundé, Ed. CLE, 1968, 93 p. — T. Melone, *De la négritude dans la littérature négro-africaine*, Présence Africaine, 1962, 137 p. (essai).

Etudes sur les littératures francophones de l'Afrique et du Proche-Orient

C. Bonn, *La Littérature algérienne de langue française et ses lecteurs. Imaginaire et discours d'idées*, Sherbrooke, Naaman, 1974, 251 p. — J. Rial, *Littérature camerounaise de langue française*, Lausanne, Payot, 1972, 96 p. (biblio.) — S. Khalaf, *Littérature libanaise de langue française*, Sherbrooke, Naaman, 1974, 160 p. (thèse Grenoble). — J. Dejeux, *Littérature maghrébine de langue française, introduction générale et auteurs*, Sherbrooke, Naaman, 1973, 493 p. (étude d'ensemble utile ; bibl., p. 441-464).

Les arts plastiques

R. Cabanne et P. Restany, *L'Avant-garde au XXᵉ siècle*, A. Balland, 1969, 473 p. (étude d'ensemble; chronologie). — J. Cassou et al., *Débat sur l'art contemporain. Rencontres internationales de Genève, 1948*, Neuchâtel, La Baconnière, 1949, 407 p. (textes des conférences et des entretiens; situation de l'art dans l'après-guerre). — J. Cassou, *La Situation de l'art moderne*, Ed. de Minuit, 1950, 200 p. — J. Clair, *Art en France, une nouvelle génération*, Ed. du Chêne, 1972, 175 p. (l'art français de la fin des années soixante jusqu'en 1971). — G. Gassiot-Talabot, P. Gaudibert et al., *Figurations, 1960-1973*, U.G.E., Coll. 10/18, nᵒ 811, 1973, 319 p. (essais critiques sur la « nouvelle figuration»). — G. Hamilton, *Painting and Sculpture in Europe, 1880-1940*, rev. & corr. ed., Baltimore, Maryland, Penguin, 1972, 624 p. (histoire de l'art européen). — M. Hoog, *L'Art d'aujourd'hui et son public*, Ed. Ouvrières, 1967, 128 p. (diffusion de l'art moderne). — R. Huyghe et al., *L'Art et le monde moderne*, t. II, *De 1920 à nos jours*, Larousse, 1970 (encyclopédie). — R. Nacenta, *Ecole de Paris, son histoire, son époque*, Neuchâtel, Ides et Calendes, s.d., 366 p. — F. Pluchart, *Pop art et Cie, 1960-1970*, Martin-Malburet, 1971, 237 p. (étude critique). — P. Restany, *Les Nouveaux Réalistes*, Planète, 1968, 223 p. — H. Rischbieter, *Bühne und bildende Kunst im XX. Jahrhundert; Maler und Bildhauer Arbeiten für das Theater*, Velber bei Hannover, Friedrich, 1968, 305 p. (participation des artistes à la mise en scène théâtrale). — A. Tronche et H. Gloaguen, *L'Art* actuel en France, du cinétisme à l'hyperréalisme, Balland, 1973, 325 p. — P. WALDBERG, Mains et merveilles, peintres et sculpteurs de notre temps, Mercure de France, 1961, 261 p. (essais).

L'art surréaliste

S. ALEXANDRIAN, L'Art surréaliste, F. Hazan, 1969, 255 p. — A. BRETON, Le Surréalisme et la peinture, nouv. éd. rev. et corr., Gallimard, 1965, 427 p. — R. HELD, L'Œil du psychanalyste, surréalisme et surréalité, Payot, 1973, 330 p. — G. HUGNET, L'Aventure Dada, 1916-1922, Seghers, 1971, 238 p. — M. JEAN, Histoire de la peinture surréaliste, Le Seuil, 1959, 382 p. — R. PASSERON, Histoire de la peinture surréaliste, Librairie générale française, 1968, 382 p. — J. PIERRE, Le Surréalisme, Lausanne, Ed. Rencontre, 1966, 208 p. (histoire, témoignages, documents). — J. VOVELLE, Le Surréalisme en Belgique, Bruxelles, André De Rache, 1972, 373 p. (biblio. p. 319-342).

La musique

M. HONEGGER et al., Dictionnaire de la musique; les hommes et leurs œuvres, Bordas, 1970, 2 vol. (ouvrage de référence essentiel). — U. BACKER, Frankreichs Moderne von Claude Debussy bis Pierre Boulez, Zeitgeschichte im Spiegel der Musik-Kritik, Regensburg, G. Bosse, 1962, 314 p. (bibliographie excellente). — P. BEAUD et A. WILLENER, Musique et vie quotidienne, essai de sociologie d'une nouvelle culture, Tours, Mame, 1973, 272 p. (électro-acoustique et musique populaire; l'improvisation). — R. DUMESNIL, La Musique contemporaine en France, A. Colin, 1930, 2 vol. (étude de base; sur l'histoire du renouveau symphonique, l'évolution du théâtre lyrique, les compositeurs). — R. DUMESNIL, La Musique en France entre les deux guerres, 1919-1939, Genève, Ed. du Milieu du Monde, 1946, 304 p. (longue chronologie; photos). — L. DAVIES, The Gallic Muse, London, J.-M. Dent, 1967, 230 p. (biographie et essais critiques sur six compositeurs de Fauré à Poulenc; étude sur le développement de la musique française moderne; discographie critique). — J. HARDING, The Ox on the Roof, Scenes from Musical Life in Paris in the Twenties, London, Macdonald, 1972, 261 p. (histoire anecdotique des Six). — D. MILHAUD, Etudes, C. Aveline, 1927, 100 p. (essais sur la musique française depuis la guerre, sa collaboration avec Claudel, Parade au concert, etc.). — R. MYERS, Modern French Music, its Evolution and Cultural Background from 1900 to the present day, Oxford, Basil Blackwell, 1971, 210 p. (étude de base). — J.-E. MARIE, L'Homme musical, Arthaud, 1976, 360 p. (les révolutions technologiques et la musique des temps modernes). — S. LIFAR, Diagilev is Diagilevym, Maison du Livre étranger, 1939, 502 v. (Diaghilev et les ballets russes). — S. GRIGORIEW, The Diaghilev Ballet, 1909-1929, London, Constable, 1953, 290 p. (histoire des ballets russes). — O. MERLIN, Le Bel Canto, Julliard, 1961, 370 p.

(2e éd. publiée en 1969 sous le titre Le Chant des Sirènes; étude générale sur l'opéra, avec mention des chanteurs et représentations françaises). — P. DERVAL, Folies-Bergère, Ed. de Paris, 1954, 202 p. (souvenirs de leur directeur; chapitre sur Joséphine Baker; photos). — M. DORIGNE, Jazz, culture et société, suivi du Dictionnaire du jazz, Ed. Ouvrières, 1967, 288 p. (appendices bibliographiques; festivals, revues, films). — H. PANASSIÉ, Le Jazz hot, Corrêa, 1934, 432 p. (étude de base; longue discographie; la traduction américaine rééditée en 1970 contient de nombreuses révisions).

Le cinéma

M. BESSY et J.-L. CHARDANS, Dictionnaire du cinéma et de la télévision, 4 vol., J.-J. Pauvert, 1965-1971, (ouvrage de référence important). — J. DAISNE, Dictionnaire filmographique de la littérature mondiale, Gand, E. Story-Scientia, 1971, (en cours de publication; bilan très complet de toutes les adaptations des œuvres littéraires; la participation des écrivains contemporains au cinéma). — M. BARDÈCHE et R. BRASILLACH, Histoire du cinéma, éd. orig. 1935, nouv. éd., Givors, A. Martel, 1948, 572 p. (intéressante pour la période). — A. BAZIN, Le Cinéma de l'Occupation et de la Résistance, U.G.E., 1975. Coll. 10/18, n° 988, 194 p. (comptes rendus, articles et essais par un critique célèbre). — A. BAZIN, Qu'est-ce que le cinéma? t. I, Ontologie et langage, t. II, Le Cinéma et les autres arts, t. III, Cinéma et sociologie, t. IV, Une esthétique de la réalité : le néo-réalisme, Ed. du Cerf, 1958-1962 (ouvrage important). — R. CLAIR, Cinéma d'hier, cinéma d'aujourd'hui, Gallimard, 1970. Coll. Idées, n° 227, 370 p. (recueil d'essais). — R. CLAIR, Réflexion faite. Notes pour servir à l'histoire de l'art cinématographique de 1920 à 1950, Gallimard, 1951, 270 p. — C. CLOUZOT, Le Cinéma français depuis la nouvelle vague, Nathan, 1972, 205 p. (le développement du cinéma français de 1958 jusqu'en 1972). — C. METZ, Essais sur la signification au cinéma, 2 vol., Klincksieck 1968, 1972 (la nouvelle critique aborde le cinéma). — C. METZ, Langage et cinéma, Larousse, 1974, 224 p. — J. MITRY, Le Cinéma expérimental, histoire et perspectives (titre de l'original italien Storia del cinema sperimentale, 1971), Seghers, 1974, 309 p. (panorama mondial). — J. MITRY, Esthétique et psychologie du cinéma, t. I, Les Structures, t. II, Les Formes, Ed. Univ., 1963, 1965, 432 p. & 466 p. (essais intéressants). — J. MITRY, Histoire du cinéma, Art et industrie, t. II, 1915-1925, t. III, 1925-1930, Ed. Univ., 1969, 1973, 519 p. & 630 p. (histoire du cinéma mondial; en cours de publication). — E. MORIN, Le Cinéma ou l'homme imaginaire, essai d'anthropologie sociologique, Ed. de Minuit, 1956, 250 p. — J. PIVASSET, Essai sur la signification politique du cinéma; l'exemple français de la Libération aux événements de mai 1968, Cujas, 1971, 638 p. (ouvrage capital sur la question; bibliographie, p. 597-633). — R. FREDAL, La Société française à travers le film, 1914-1945, A. Colin, 1972, 348 p. — Psychanalyse et *cinéma, Communications*, n° 23, 1975, 350 p. (articles de C. Metz, J. Kristeva, J.-L. Baudry, R. Barthes et al.). — M.-Cl. Ropars-Wuillemier, *De la littérature au cinéma, genèse d'une écriture*, A. Colin, 1970, 240 p. — A. Kyrou, *Le Surréalisme au cinéma*, Arcanes, 1953, 282 p. (étude séminale). — J.-H. Matthews, *Surrealism and Film*, Ann Arbor, Michigan, Univ. of Michigan Press, 1971. — *Surréalisme et cinéma*, 2 vol., Minard, 1965, (n° 38-39 et 40-42 des *Etudes cinématographiques;* développement et influence du cinéma surréaliste).

La paralittérature

Entretiens sur la paralittérature, sous la direction de N. Armand, F. Lacassin et J. Tortel, Plon, 1970, 477 p. (textes du colloque tenu à Cerisy-la-Salle en 1967). — A. Helbo et al., *Sémiologie de la représentation; théâtre, télévision, bande dessinée*, Bruxelles, Ed. Complexe, 1975, 195 p. — *La Paralittérature*, Québec, Presses de l'Univ. Laval, 1974, 219 p. (n° spéc. de la revue *Etudes littéraires*, t. VII, n° 1, avril 1974).

La bande dessinée

J. Adhémar et al., *L'Aventure et l'image*, Gallimard, 1974, 107 p. (point de vue artistique). — *La Bande dessinée et son discours, Communications*, n° 24, 1976, 252 p. (articles; biblio.). — P. Couperie et al., *Bande dessinée et figuration narrative*, Société civile d'études et de recherches des littératures dessinées, 1967. — P. Fresnault-Dewelle, *Bande dessinée, l'univers et les techniques de quelques « comics » d'expression française*, Hachette, 1972, 188 p.

La chanson

C. Brunschwig, L.-J. Calvet, J.-C. Klein, *Cent ans de chanson française*, Le Seuil, 1972, 279 p. (excellent dictionnaire biographique). — G. Coulanges, *La Chanson en son temps, de Béranger au juke-box*, Ed. français réunis, 1969, 262 p. (histoire). — C. Hermelin, *Ces chanteurs que l'on dit poètes*, l'Ecole des loisirs, 1970, 123 p. (s'adresse aux jeunes, mais utile comme histoire de la musique populaire depuis 1945). — L. Rioux, *Vingt ans de chansons en France*, Arthaud, 1966, 280 p. — B. Vian, *En avant la zizique et par ici les gros sous*, La Jeune Parque, 1966, 184 p. (sur la chanson contemporaine).

Le roman policier

P. Boileau-Narcejac, *Le Roman policier*, Payot, 1964, 235 p. (mondial). — F. Hoveyda, *Histoire du roman policier*, Ed. du Pavillon, 1965, 264 p. — F. Lacassin, *Mythologie du roman policier*, 2 vol., U.G.E., 1974, 320 p. et 317 p. Coll. 10/18, n° 867 et 868. — S. Radine, *Quelques aspects du roman policier psychologique*, Genève, Ed. du Mont-Blanc, 1960, 293 p. J.-J. Tourteau, *D'Arsène Lupin à San-Antonio, le roman policier français de 1900 à 1970*, Mame, 1970, 326 p. (thèse Paris).

La science-fiction

J. Sadoul, *Histoire de la science-fiction moderne, 1911-1971*, A. Michel, 1973, 410 p. — *Science-fiction, Europe*, n° 139-140, juill.-août 1957, 237 p. (essais et anthologie). — P. Versins, *Encyclopédie de l'utopie, des voyages extraordinaires et de la science-fiction*, Lausanne, Ed. de l'Age d'homme, 1972, 999 p.

La recherche scientifique

G. Bachelard, *La Formation de l'esprit scientifique, contribution à une psychanalyse de la connaissance objective*, J. Vrin, 1947, 256 p. — G. Bachelard et al., *L'Homme devant la science*, Rencontre internationale de Genève, 1952, Neuchâtel, La Baconnière, 1952, 439 p. (textes des conférences et des entretiens). — J. Bernhardt et al., *La Philosophie du monde scientifique et industriel, 1860-1940*, Hachette, 1973, 349 p. — S. Duplessis, *The Compatibility of Science and Philosophy in France, 1840-1940*, Cape Town, A. A. Balkema, 1972, 300 p. (biblio., p. 269-286). — R. Giplin, *France in the Age of the Scientific State*, Princeton, N. J., Princeton Univ. Press, 1968, 474 p. (excellente étude critique des rapports qui existent entre le gouvernement et la recherche scientifique depuis la guerre). — Lecomte du Nouy, *L'Homme devant la science*, Flammarion, 1969, 191 p. (essai solide, quoique bien-pensant). — C.-J. Maestre, *La Science contre ses maîtres*, Grasset, 1973, 258 p. (Critique du pouvoir du gouvernement et de l'industrie sur la recherche scientifique). — P. Roqueplo, *Le Parage du savoir, science, culture, vulgarisation*, Le Seuil, 1974, 294 p. (Technocratie, politique et connaissances ; bon essai). — P. Rousseau, *Survol de la science française contemporaine*, Fayard, 1974, 354 p. (seule étude de son espèce, très chauvine et pas toujours sûre). — J.-J. Salomon, *Science et politique*, Le Seuil, 1970, 406 p. (essai important sur la question). — R. Taton et al., *Histoire générale des sciences*, t. III, *La Science contemporaine*, vol. 2, *Le XXᵉ siècle*, P.U.F., 1964, 1080 p. (s'insère dans son ouvrage magistral). — R. Tortrat, *La véritable révolution du XXᵉ siècle ; la révolution scientifique, ses conséquences pratiques, ses conséquences philosophiques et les grands problèmes de notre temps*, F. Nathan, 1971, 253 p. — J. Ullmo, *La Pensée scientifique moderne*, Flammarion, 1969, 317 p. (introduction utile).

La biologie

J. Cousteau, *Le Monde du silence*, Ed. de Paris, 1953, 237 p. (livre célèbre, par le pionnier de l'exploration sous-marine). — J. Monod, *Le Hasard et la nécessité, essai sur la philosophie naturelle de la biologie moderne*, Le Seuil, 1970, 197 p. — F. Jacob, *La Logique du vivant, une histoire de l'hérédité*, Gallimard, 1970, 354 p. — M. Beigbeder, *Le Contre-Monod*, Grasset, 1972, 350 p.

Les sciences physiques et mathématiques

L. de Broglie, *La Physique nouvelle et les quanta*, Flammarion, 1937, 307 p. (introduction historique par un des fondateurs de la physique moderne ; ouvrage qui n'a pas perdu son intérêt). – O. COSTA DE BEAUREGARD et al., *Relativité et quanta, les grandes théories de la physique moderne*, Masson, 1968, 231 p. (introduction technique). – *L'Évolution des sciences physiques et mathématiques*, Flammarion, 1935, 266 p. (conférences données à l'université de Poitiers). – A. DAVID, *La Cybernétique et l'humain*, Gallimard, 1965,. 184 p. (introduction). – R. THOM, *Modèles mathématiques de la morphogenèse*, U.G.E., 10/18, 1974, 320 p. (recueil d' « Essais d'interprétation psycho-linguistique »).

La linguistique

J. DUBOIS et al., *Dictionnaire de linguistique*, Larousse, 1973, 556 p. – O. DUCROT et T. TODOROV, *Dictionnaire encyclopédique des sciences du langage*, Seuil, 1972, 469 p. – G. MOUNIN, *Dictionnaire de la linguistique*, P.U.F., 1974, 379 p. – E. BENVENISTE, *Problèmes de linguistique générale*, 2 vol., Gallimard, 1966, 1974. (ouvrage capital). – *Current Trends in Linguistics*, t. XIII, *Historiography of Linguistics*, vol. 2, La Haye-Paris, Mouton, 1975, 1518 p. (histoire de la linguistique structurale européenne et américaine). – A. JACOB, P. CAUSSAT, et R. NADEAU, *Genèse de la pensée linguistique*, A. Colin, 1973, 333 p. (étude et choix de textes). – Ferenc KIEFER, Nicolas RUWET et al., *Generative Grammar in Europe*, Dordrecht, D. Reidel, 1973, 698 p. – M. LEROY, *Les Grands Courants de la linguistique moderne*, Bruxelles, Presses Univ. de Bruxelles, 1971, 235 p. – *Linguistique et littérature*, nº spéc. de la revue *Nouvelle Critique*, 1969 (actes du colloque de Cluny en avril 1968). – G. MOUNIN, *La Linguistique du XXᵉ siècle*, P.U.F., 1972, 252 p. (étude d'ensemble ; chronologie).

La psychanalyse

J. CHASSEGUET-SMIRGEL, *Pour une psychanalyse de l'art et de la créativité*, Payot, 1971, 262 p. – D. HAMELINE, *Anthologie des psychologues français contemporains*, avec une introduction historique par H. LESAGE, P.U.F., 1969, 347 p. (notices et choix de textes). – E. MOUNIER, *Traité du caractère*, Le Seuil, 1946, 795 p. – F. MUELLER, *Histoire de la psychologie de l'antiquité à nos jours*, Payot, 1960, 444 p. (section sur le XXᵉ siècle). – G. POLITZER, *Critique des fondements de la psychologie, la psychologie et la psychanalyse*, P.U.F., 1967, 264 p. – J.-B. PONTALIS, *Après Freud*, nouv. éd. rev. et aug., Gallimard, 1968, 408 p. (recueil d'articles). – Colin WILSON, *New Pathways in Psychology : Maslow and the post-Freudian Revolution*, London, Gollancz, 1972, 288 p. (contient des chapitres sur plusieurs psychologues français).

Freud

H.-J. BARRAUD, *Freud et Janet, étude comparée*, Toulouse, Privat, 1971, 289 p. (thèse Paris). – P. FOUGEYROLLAS, *La Révolution freudienne, Freud et la philosophie*, Denoël-Gonthier, 1970, 301 p. – *French Freud : Structural Studies in Psychoanalysis*, Yale French Studies, nº 48, 1972, 202 p. – *Freud*, « L'ARC », nº 34, 1968, 120 p. – S. KOFMAN, *L'Enfance de l'art, une interprétation de l'esthétique freudienne*, Payot, 1970, 238 p. – J. LACAN, *Écrits*, Seuil, 1966, 912 p. (ouvrage capital). – P. RICOEUR, *De l'interprétation, essai sur Freud*, Le Seuil, 1965, 533 p. – M. ROBERT, *La Révolution psychanalytique, la vie et l'œuvre de Sigmund Freud*, 2 vol., Payot, 1964.

Lacan
Métaphysiques, humanismes et mythologies

Anthologie des philosophes français contemporains, 5ᵉ éd., Ed. du Sagittaire, 1931, 533 p. (notices et choix de textes). – I. BENRUBI, *Les Sources et les courants de la philosophie contemporaine en France*, t. II, F. Alcan, 1933. – E. BRÉHIER, *Transformation de la philosophie française*, Flammarion, 1950, 252 p. (de 1900 à 1950). – J.-L. CHALUMEAU, *La Pensée en France de Sartre à Foucault*, F. Nathan-Alliance Française, 1974. – A. CUVILLIER, *Anthologie des philosophes français contemporains*, P.U.F., 1962, 297 p. (notices et textes). – M. FARBER et al., *L'Activité philosophique contemporaine en France et aux Etats-Unis*, 2 vol., P.U.F., 1950, 480 p. & 412 p. (ouvrage de référence excellent pour la période). – J.-B. FAGES, *Comprendre Jacques Lacan*, Toulouse, Privat, 1971, 122 p. – *Lacan*, « L'Arc », nº 58, 1974, 88 p. – A. HESNARD, *De Freud à Lacan*, Editions ESF, 1970, 148 p. – H. LANG, *Die Sprache und das Unbewusste ; Jacques Lacan Grundlegung der Psychoanalyse*, Frankfort am Main, Suhrkamp, 1973, 326 p. (thèse Heidelberg ; biblio.). – J.-M. PALMIER, *Lacan, le symbolique et l'imaginaire*, Editions Univ., 1969, 159 p. – A. RIFFLET-LEMAIRE, *Jacques Lacan*, Bruxelles, C. Dessart, 1970, 419 p. – P. FOUGEYROLLAS, *Marx, Freud et la révolution totale*, Anthropos, 1972, 642 p. – R. GARAUDY, *Perspectives de l'homme, existentialisme, pensée catholique, structuralisme, marxisme*, 4ᵉ éd. aug. et mise à jour, P.U.F., 1969, 436 p. – J. LACROIX, *Panorama de la philosophie française*, 2ᵉ éd. aug., P.U.F., 1968, 295 p. – H. LEFEBVRE, *Hegel, Marx, Nietzsche, ou le Royaume des ombres*, Casterman, 1975, 223 p. – M. MERLEAU-PONTY, *Signes*, Gallimard, 1960, 438 p. (essais). – E. MOROT-SIR, *La Pensée française d'aujourd'hui*, P.U.F., 1971, 131 p. – G. PICON et al., *Panorama des idées contemporaines*, Gallimard, 1957, 793 p. (nouv. éd. rev. et aug., 1968, 851 p.). – L. SÈVE, *La Philosophie française contemporaine et sa genèse de 1789 à nos jours*, précédé de *Philosophie et politique*, Ed. Sociales, 1962, 351 p. – J. WAHL, *Tableau de la philosophie française*, Fontaine, 1946, 231 p. (nouv. éd. mise à jour, Gallimard, 1962. Coll. Idées, nº 16, 178 p.).

Alain : Voir *Le XXᵉ siècle I*, de P.-O. WALZER (coll. « Littérature française »).

S. DEWIT, *Alain, essai de bibliographie, 1893-juin 1961*, Bruxelles, Commission belge de bibliographie, 1961, 204 p. (les écrits d'Alain et les études consacrées à son œuvre). – *Hommage à Alain*, nº spéc.

de la *Nouvelle Revue française*, Gallimard, 1952, 371 p. — A. MAUROIS, *Alain*, Domat, 1950, 148 p. (réédité en 1963 par Gallimard). — G. PASCAL, *L'Idée de philosophie chez Alain*, Bordas, 1970, 414 p. — O. REBOUL, *L'Homme et ses passions d'après Alain*, 2 vol., P.U.F., 1968.

L'existentialisme

H. BARNES, *An Existentialist Ethics*, New York, Knopf, 1967, 467 p. — O. BOLLNOW, *Französischer Existentialismus*, Stuttgart, Kohlhammer, 1965, 212 p. (Recueil d'articles, 1947-1962). — M.-A. BURNIER, *Les Existentialistes et la politique*, Gallimard, 1966, 192 p. (Retrace leur pensée telle qu'elle est exprimée dans les *Temps modernes*). — G. DELEDALLE, *L'Existentiel, philosophies et littératures de l'existence*, R. Lacoste, 1949, 291 p. (Panorama.) — R. JOLIVET, *Les Doctrines existentialistes de Kierkegaard à Jean-Paul Sartre*, Ed. de Fontenelle, 1948, 372 p. (histoire). — M. MERLEAU-PONTY, *Les Aventures de la dialectique*, Gallimard, 1955, 313 p. (La dialectique et le système existentialiste ; section sur Sartre.) — H. LEFEBVRE, *L'Existentialisme*, Ed. du Sagittaire, 1946, 256 p. (histoire, 1830-1946). — E. WERNER, *De la violence au totalitarisme, essai sur la pensée de Camus et de Sartre*, Calmann-Lévy, 1972, 261 p. (Essai intéressant.)

On consultera en outre

O. BORRELLO, *L'Estetica dell'esistenzialismo*, Messina, G. d'Anna, 1956, 327 p. — G. BRÉE, *Camus and Sartre : Crisis and Commitment*, New York, Delacorte Press, 1972. — E. KAELIN, *An Existentialist Aesthetic ; the Theories of Sartre and Merleau-Ponty*, Madison, Univ. of Wisconsin Press, 1962, 472 p. — E. KERN, *Existential Thought and Fictional Technique : Kierkegaard, Sartre, Beckett*, New Haven, Yale Univ. Press, 1970, 270 p. — L. POLLMAN, *Sartre und Camus, Literatur des Existenz*, Stuttgart, Kohlhammer, 1967, 224 p. (solide étude sur leur pensée et leur esthétique).

Sur Hegel

Hegel, « L'Arc », n° 38, 1969, 108 p. — J. HYPPOLITE, *Introduction à la philosophie de l'histoire de Hegel*, nouv. éd., M. Rivière, 1968, 127 p. — R. GARAUDY, *Dieu est mort, étude sur Hegel*, P.U.F., 1962, 436 p. — A. KOJÈVE, *Introduction à la lecture de Hegel*, Gallimard, 1947, 595 p. (ouvrage capital composé des leçons sur la *Phénoménologie de l'esprit* professées de 1933 à 1939 à l'Ecole des hautes études ; réunies et publiées par Raymond Queneau). — J. WAHL, *Le Malheur de la conscience dans la philosophie de Hegel*, P.U.F., 1951, 215 p.

Marx et la dialectique marxienne

L. ALTHUSSER, *Pour Marx*, 3ᵉ éd., Maspero, 1966, 263 p. — L. ALTHUSSER, *Lire le « Capital »*, 2 vol., Maspero, 1965. (ouvrage important). — R. ARON, *D'une sainte famille à l'autre, essais sur les marxismes imaginaires*, Gallimard, 1969, 319 p. (étude intéressante sur le marxisme contemporain de Sartre à Althusser ; 2ᵉ éd. 1970, Coll. Idées, cette édition contient aussi un texte de 1946, « Marxisme et existentialisme ». — J. CALVEZ, *La Pensée de Karl Marx*, Le Seuil, 1956, 663 p. (étude d'ensemble par un jésuite). — R. GARAUDY, *Marxisme du XXᵉ siècle*, Paris-Genève, La Palatine, 1966, 237 p. (point de vue d'un marxiste chrétien). — J. GUICHARD, *Le Marxisme de Marx à Mao, théorie et pratique de la révolution*, Lyon, Chronique sociale de France, 1968, 312 p. — H. LEFEBVRE, *La Somme et le Reste*, La Nef de Paris, 1959, 770 p. (recueil d'essais par l'interprète célèbre de Marx). — H. LEFEBVRE, *Sociologie de Marx*, P.U.F., 1966, 174 p. — *Marx et la pensée scientifique contemporaine*, La Haye, Mouton, 1970, 623 p. (actes du colloque tenu à Paris en 1968). — H. NIEL, *Karl Marx, situation du marxisme*, Desclée De Brouwer, 1971, 313 p. (contre Althusser). — M. POSTER, *Existential Marxism in Postwar France : from Sartre to Althusser*, Princeton, N. J., Princèton Univ. Press, 1975, 427 p. (le « marxisme existentiel » de Sartre à Althusser). — M. APOLLONIO, *Studi sullo strutturalismo critico*, Milano, Celuc, 1971, 356 p. (histoire). — J. AUZIAS, *Clefs pour le structuralisme*, Seghers, 1967, 191 p. (introd. à la linguistique structurale). — *L'Analyse structurale du récit*, n° spéc. de la revue *Communications*, t. VIII, 1966, 172 p. (films, contes, textes ; articles de Barthes, Greimas, Todorov, Genette et al.). — M. CORVEZ, *Les Structuralistes*, Aubier-Montaigne, 1969, 202 p. (les linguistes ; Foucault, Lévi-Strauss, Lacan, Althusser ; les critiques littéraires). — O. DUCROT, T. TODOROV, D. SPERBER, M. SAFOUAN et F. WAHL, *Qu'est-ce que le structuralisme ?* Le Seuil, 1968, 441 p. (cinq essais sur la linguistique, la poétique, l'anthropologie, la psychanalyse et la philosophie).

Le structuralisme

J. EHRMANN et al., *Structuralism*, Garden City, New York, Anchor-Doubleday, 1970, 263 p. (réédition du numéro spécial de *Yale French Studies*, 1966, consacré au structuralisme ; bibl.). — H. GARDNER, *The Quest for Mind : Piaget, Lévi-Strauss, and the Structuralist Movement*, New York, Knopf, 1973, 276 p. (introd. du point de vue des sciences humaines et surtout de la psychologie). — F. JAMESON, *The Prison-House of Language : A Critical Account of Structuralism and Russian Formalism*, Princeton, N. J., Princeton Univ. Press, 1972, 240 p. (ouvrage important sur la linguistique structuraliste). — *The Languages of Criticism and the Sciences of man, the Structuralist Controversy*, édité par Richard MACKSEY et Eugenio DONATO, Baltimore, Johns Hopkins Press, 1970, 367 p. (communications du colloque international tenu à Baltimore en 1966 avec la participation de Lacan, Barthes, Derrida, Goldmann et al. ; recueil exceptionnel). — H. LEFEBVRE, *L'Idéologie structuraliste*, 2ᵉ éd. rev. (édi. orig. publiée sous le titre *Au-delà du structuralisme*, 1971), Anthropos, 1975,

250 p. (essais réunis en un volume ; polémique contre le structuralisme). — *Problèmes du structuralisme*, n° 246 des *Temps modernes*, nov. 1966, 202 p. (textes de J. POUILLON, A. GREIMAS, P. MACHEREY et al.). — *Structuralisme et marxisme*, U.G.E., 1970, 319 p. (textes de J.-M. AUZIAS, E. BOTTIGGELLI, F. BRESSON et al. ; recueil d'articles et de débats publiés dans la revue *Raison présente* au cours des années 1967-1968). — *Structuralismes, idéologie et méthode*, n° spéc. de la revue *Esprit*, 35ᵉ année, n° 360, mai 1967, 205 p. (textes sur la philosophie, le « systématisme », Foucault, Marx, Althusser par J.-M. DOMENACH, P. RICŒUR et al.)

Lévi-Strauss

« La Pensée sauvage » et le structuralisme, n° spéc. de la revue *Esprit*, 31ᵉ année, n° 322, nov. 1963, 214 p. (la méthode et la contribution de ce célèbre sociologue). — L. et R. MAKARIUS, *Structuralisme ou ethnologie, pour une critique radicale de l'anthropologie de Lévi-Strauss*, Anthropos, 1973, 360 p. (propose une ethnologie cognitive, en opposition diamétrique de la science du non-savoir qu'est le structuralisme ; le structuralisme est la fin d'une anthropologie pervertie dont il est l'extrême point de chute ; biblio.). — M. MARC-LIPIANSKY, *Le Structuralisme de Lévi-Strauss*, Payot, 1973, 347 p. (biblio. ; étude excellente sur la méthodologie de Lévi-Strauss). — I. ROSSI et al., *The Unconscious in Culture, The Structuralism of Claude Lévi-Strauss in Perspective*, New York, Dutton, 1974, 487 p. (bonne introd. et évaluation de sa méthode du point de vue linguistique et anthropologique).

La critique littéraire : une pluralité de langages

L. LESAGE et A. YON, *Dictionnaire des critiques littéraires, guide de la critique française du XXᵉ siècle*, Univ. Park, Penn., Pennsylvania State Univ. Press, 1969, 218 p. (bio-bibliographie ; médiocre). — A. EUSTIS, *Trois critiques de la « Nouvelle Revue française » : Marcel Arland, Benjamin Crémieux, Ramon Fernandez*, Nouvelles Ed. Debresse, 1961, 222 p. — W. FOWLIE, *The French Critic, 1894-1967*, Carbondale, Ill. Southern Illinois Univ. Press, 1968, 184 p. (panorama qui traite presque exclusivement du XXᵉ siècle ; utile). — S. LAWALL, *Critics of Consciousness, the Existential Structures of Literature*, Cambridge, Mass., Harvard Univ. Press, 1968, 281 p. (excellente étude sur la critique thématique ; Raymond, Poulet, Richard, Starobinski, Rousset, Blanchot). — B. PIVOT, *Les Critiques littéraires*, Flammarion, 1968, 237 p. (« procès » — critique des critiques-journalistes ; tendancieux mais intéressant). — G. POULET, *La Conscience critique*, Corti, 1971, 314 p. (essai sur plusieurs critiques de Du Bos, Béguin et Blin à Starobinski et Barthes, suivi de deux essais sur la « phénoménologie de la conscience critique » et la « conscience de soi et conscience d'autrui »). — J.-L. CABANÈS, *Critique littéraire et sciences humaines*, Toulouse, Privat, 1974, 165 p. (bonne présentation de la critique psycho-logique, linguistique et marxiste). — A. CLANCIER, *Psychanalyse et critique littéraire*, Toulouse, Privat, 1973, 228 p. (classification des divers courants ; analyse des méthodes ; les psychiatres et les critiques ; biblio. intéressante). — P. GUIRAUD, et P. KUENTZ, *La Stylistique*, Klincksieck, 1970, 327 p. (introduction utile). — W. MARTINS, *Les Théories critiques dans l'histoire de la littérature française*, Curitiba, 1952, 232 p. — J. PAULHAN, *Petite préface à toute critique*, Minuit, 1951, 110 p. (essai important). — M. ROUZAUD, *Où va la critique ? Reportage avec une préface d'Henri Massis*, Ed. Saint-Michel, 1929, 252 p. (enquête menée par la revue les *Lettres nouvelles* en 1928 ; réponses de Valéry, Souday, Bremond, Cocteau). — G. RUDLER, *Les Techniques de la critique et de l'histoire littéraires en littérature française moderne*, Oxford, Imprimerie de l'Université, 1923, 204 p. (manuel). — J. SIMON et al., *Modern French Criticism from Proust and Valéry to structuralism*, Chicago, Ill., Univ. of Chicago Press, 1972, 405 p. (panorama de la critique française moderne de Proust au structuralisme ; essais par des critiques américains). — A. THIBAUDET, *Physiologie de la critique*, Ed. de la Nouvelle Revue critique, 1948, 213 p. (recueil d'une série de conférences données en 1922). — P. WELLEK, *History of Modern Criticism*, t. V, *The Twentieth Century*, New Haven, Connecticut, Yale Univ. Press, 1965 (la critique européenne et américaine ; ouvrage magistral).

Gaston Bachelard

Bachelard, numéro consacré à son œuvre, « L'Arc », n° 42, 1972, 96 p. — M. DE GANDILLAC, H. GOUHIER, R. POIRIER et al., *Bachelard*, U.G.E., 1974, 443 p. Coll. 10/18, n° 877 (communications du colloque tenu à Cerisy-la-Salle). — P. GINESTIER, *La Pensée de Bachelard*, Bordas, 1968, 224 p. (bref exposé des théories scientifiques et artistiques). — M. MANSUY, *Gaston Bachelard et les éléments*, J. Corti, 1967, 331 p. — G. SERTOLI, *Le immagini e la realtà saggio su Gaston Bachelard*, Firenze, La Nuova Italia, 1972, 450 p. (étude générale d'orientation littéraire). — V. THERRIEN, *La Révolution de Gaston Bachelard en critique littéraire, ses fondements, ses techniques, sa portée. Du nouvel esprit scientifique à un nouvel esprit littéraire*, Klincksieck, 1970, 417 p. (ouvrage excellent, très complet ; biblio., p. 359-384 ; thèse, Nanterre).

Maurice Blanchot

F. COLLIN, *Maurice Blanchot et la question de l'écriture*, Gallimard, 1971, 246 p. (biblio., p. 235-246). P. MADAULE, *Une tâche sérieuse ?* Gallimard, 1973, 155 p. — *Maurice Blanchot*, n° spéc. de la revue *Critique*, 17ᵉ année, n° 229, juin 1966, 109 p. (articles sur l'homme et l'œuvre par G. Poulet, J. Starobinski et al.). — G. PICON, « L'Œuvre critique de Maurice Blanchot. », *Critique*, n° 111-112, août-sept. 1956, p. 675-694 ; n° 113, oct. 1956, p. 836-854.

Les nouvelles critiques

M. Angenot, *Glossaire de la critique littéraire contemporaine*, Montréal, HMH, 1972, 117 p. (ouvrage utile ; cite les critiques pour définir leur vocabulaire). — *Les Chemins actuels de la critique*, sous la direction de G. Poulet, Plon, 1967, 515 p. (communications du colloque tenu à Cerisy-la-Salle en 1966 ; textes publiés par les soins de J. Ricardou ; bibliographie annotée, p. 487-511). — *Théorie d'ensemble*, Le Seuil, 1968, 415 p. (le groupe de *Tel Quel*, textes par M. Foucault, R. Barthes, J. Derrida, J.-L. Baudry, et al.). — R. Picard, *Nouvelle critique ou nouvelle imposture ?* J.-J. Pauvert, 1965, 158 p. (pamphlet incendiaire qui a lancé la « querelle » de la nouvelle critique). — R. Barthes, *Critique et vérité*, Le Seuil, 1966, 79 p. (réponse à l'attaque de Picard).

— S. Doubrovsky, *Pourquoi la nouvelle critique, critique et objectivité*, Mercure de France, 1966, 282 p. (réponse à Picard). — J.-P. Weber, *Néo-critique et paléo-critique ou contre Picard*, J.-J. Pauvert, 1966.

Roland Barthes :

Barthes, numéro de la revue « L'Arc » consacré à l'homme et l'œuvre, n° 56, 1974, 95 p. — R. Barthes, *Roland Barthes par lui-même*, Le Seuil, 1975, 191 p. (ouvrage important préparé par Barthes lui-même). — L.-J. Calvet, *Roland Barthes, un regard politique sur le signe*, Payot, 1973, 184 p. (essai critique). — *Roland Barthes*, n° spéc. de la revue *Tel Quel*, n° 47, 1971, 144 p. — S. Heath, *Vertige du déplacement, lecture de Barthes*, Fayard, 1974, 214 p. — G. de Mallac et M. Eberbach, *Barthes*, Ed. Univ., 1971.

L'ESPACE LITTÉRAIRE

Histoires et panoramas

A. Adam, C. Lerminier et E. Morot-Sir, *Littérature française*, t. II, *XIXᵉ et XXᵉ siècle*, Larousse, 1968, 416 p. — M. Bémol, *Essai sur l'orientation des littératures de langue française au XXᵉ siècle*, Nizet, 1960, 338 p. (de 1900 à 1958, divisé par genres, assez complet). — J. Bersani, M. Autrand, J. Lecarme et B. Vercier, *La Littérature en France depuis 1945*, Paris-Montréal, Bordas, 1970, 864 p. 2ᵉ éd., 1974, 928 p. (ouvrage essentiel ; extraits, notices, biblio., photos, chapitres sur la paralittérature, le cinéma, etc.). — P. de Boisdeffre et al., *Dictionnaire de littérature contemporaine*, 3ᵉ éd. rev. et mise à jour, Ed. Universitaires, 1966, 700 p. (essais sur l'espace littéraire, suivis d'un dictionnaire critique des auteurs). — L. Chaigne, *Les Lettres contemporaines*, Ed. del Duca, 1964, 678 p. (excellente et très complète histoire littéraire ; longue bibliographie annotée ; point de vue catholique). — R. Kanters, *L'Air des lettres, ou, Tableau raisonnable des lettres françaises d'aujourd'hui*, Grasset, 1973, 524 p. (recueil d'articles). — *Littérature de notre temps, Ecrivains français*, recueils 1-5, Tournai, Casterman, 1966-1974 (ouvrage de référence ; fascicules bio-bibliographiques). — M. Nadeau, *Littérature présente*, Corrêa, 1957, 357 p. (panorama). — G. Picon, *Panorama de la nouvelle littérature française*, Ed. du Point du Jour, 1949, 524 p., nouv. éd. rev. 1960, 678 p. (essais, anthologie et documents). — P.-H. Simon, *Diagnostic des lettres françaises contemporaines*, Bruxelles, La Renaissance du livre, 1966, 419 p. (essais sur les œuvres importantes et secondaires et sur les mouvements critiques). — A. Thérive, *Procès de la littérature*, La Renaissance du livre, 1970, 274 p. (étude très générale, ironique). — H. Tint, *France since 1918*, London, Batsford, 1970, 210 p. (l'espace littéraire de 1918 à 1970).

L'entre-deux-guerres

P. Archambault, *Jeunes maîtres, états d'âmes d'aujourd'hui*, Bloud & Gay, 1926, 218 p. (essais sur Montherlant, Mauriac, Maritain, Massis, Rivière). — F. Baldensperger, *La Littérature française entre les deux guerres, 1919-1939*, Los Angeles, California, Lymanhouse, 1949, 206 p. — B. Crémieux, *Inquiétude et reconstruction, essai sur la littérature d'après-guerre*, Corrêa, 1931, 270 p. (histoire littéraire, 1918-1930). — R. Groos et G. Truc, *Les Lettres*, Denoël & Steele, 1934, 356 p. (histoire, 1900-1933). — C. Sénéchal, *Les Grands Courants de la littérature française contemporaine*, E. Malfère, 1933, 463 p. (de la Belle Epoque aux années trente).

Guerre et après-guerre, de 1940 à 1970

R.-M. Albérès, *Littérature horizon 2000*, A. Michel, 1974, 283 p. (étude intéressante ; suit l'évolution de la littérature depuis la guerre ; cherche à en dégager les tendances). — P. de Boisdeffre, *Une histoire vivante de la littérature d'aujourd'hui, 1939-1968* (éd. orig. *1938-1958*, Le Livre Contemporain, 1958), 7ᵉ éd. rev. et aug., Perrin, 1968 (publié en 2 tomes sous le titre *Abrégé d'une histoire vivante de la littérature d'aujourd'hui* dans la collection 10/18 en 1969). — C. Mauriac, *L'Alittérature contemporaine* (éd. orig. 1958), nouv. éd., A. Michel, 1969, 382 p. (ouvrage important). — B. Pingaud, *Ecrivains d'aujourd'hui, 1940-1960*, Grasset, 1960, 540 p. (dictionnaire). — A. Samuel, *Regard sur la littérature contemporaine*, Lyon, Chronique sociale de France, 1974, 113 p. (répertoire schématique de la littérature de 1945 à 1972 ; intéressant quoique populaire).

Etudes spécialisées : tendances et mouvements divers

Le Grand Jeu, Cahiers de l'Herne, n° 10, 1968,

254 p. (essais sur Daumal et le groupe « Grand Jeu »; réédition des textes parus dans la revue du groupe). — M. RANDOM, *Le Grand Jeu*, 2 vol., Denoël, 1970 (histoire très complète du groupe; le t. II contient des textes et documents). — L. SOMVILLE, *Devanciers du surréalisme, les groupes d'avant-garde et le mouvement poétique, 1912-1925*, Genève, Droz, 1971, 219 p. — J. WEIGHTMAN, *The Concept of the Avant-garde, Explorations in Modernism*, London, Alcove Press, 1973, 323 p. (l'avant-garde mondiale; recueil d'articles par un critique anglais). — R.-M. ALBÉRÈS, *La Révolte des écrivains d'aujourd'hui*, Corrêa, 1949, 253 p. (sur la « littérature prométhéenne » de 1944 à 1949 ; Camus, Sartre et al.). — HAZEL BARNES, *The Literature of Possibilities, a Study in Humanistic Existentialism* (éd. orig. Lincoln, Nebraska, Univ. of Nebraska, 1959), 2ᵉ éd., Tavistock, 1961, 402 p. (sur la littérature existentialiste). — P. LOFFLER, *Chronique de la littérature prolétarienne française de 1930 à 1939*, Rodez, Ed. Subervie, 1967, 85 p. (ouvrage utile augmenté d'un lexique des écrivains et d'une bibliographie). — M. RAGON, *Histoire de la littérature prolétarienne en France, littérature ouvrière, littérature paysanne, littérature d'expression populaire*, A. Michel, 1974, 315 p. (importante étude d'ensemble). — L. GUISSARD, *Littérature et pensée chrétienne*, Tournai, Casterman, 1969, 231 p. (chroniqueur littéraire de la revue *La Croix*). — G. TRUC, *Histoire de la littérature catholique contemporaine*, Tournai, Casterman, 1961, 352 p. (étude de base). — P. VANDROMME, *La Droite buissonnière*, Les Sept Couleurs, 1960, 254 p. (panorama favorable des écrivains dits de droite).

Un courant perturbateur : Dada et le surréalisme

M. ALEXANDRE, *Mémoires d'un surréaliste*, La Jeune Parque, 1968, 223 p. — S. ALEXANDRIAN, *Le Surréalisme et le Rêve*, Gallimard, 1974, 505 p. (ouvrage intéressant). — *Almanach surréaliste du demi-siècle*, exécuté sous la direction d'André BRETON, Ed. du Sagittaire, 1950, 226 p. (numéro spécial de *La Nef;* chronologie, documents). — F. ALQUIÉ, *Philosophie du surréalisme*, Flammarion, 1956, 234 p. — Anna BALAKIAN, *Literary Origins of Surrealism : A New Mysticism in French Poetry*, New York, King's Crown Press, 1947, 168 p. (les origines littéraires du surréalisme). — J.-L. BÉDOUIN, *Vingt ans de surréalisme*, Denoël, 1961, 326 p. — H. BÉHAR, *Etude sur le théâtre Dada et surréaliste*, Gallimard, 1967, 366 p. (étude d'ensemble importante ; répertoire des mises en scène ; longue bibliographie). — A. BRETON, *Manifestes du surréalisme ; Poisson soluble ; Lettre aux voyantes ; Position politique du surréalisme* (extraits); *Prolégomènes à un troisième manifeste du surréalisme ou non ; Du surréalisme en ses œuvres vives*, J.-J. Pauvert, 1962, 367 p. (textes et documents surréalistes réunis en un volume). — P. BÜRGER, *Der französische Surrealismus ; Studien zum Problem der avantgardistischen Literatur*, Frankfurt-am-Main, Athenäum, 1971, 207 p.

— M.-A. CAWS, *The Poetry of Dada and Surrealism : Aragon, Breton, Tzara, Eluard and Desnos*, Princeton, N. J., Princeton Univ. Press, 1970, 236 p. (sur la poésie surréaliste et Dada). — *Entretiens sur le surréalisme*, sous la direction de Ferdinand ALQUIE, Paris-La Haye, Mouton, 1968, 568 p. (Décades du Centre culturel international de Cerisy-la-Salle, nouv. série 8). — *La Révolution surréaliste*, reproduction en facsimilé des numéros 1 à 12, 1ᵉʳ déc. 1924-15 déc. 1929 de la revue, Ed. J.-M. Place, 1976. — *Le Surréalisme au service de la révolution*, reproduction en fac-similé des numéros 1 à 6, juill. 1930-mai 1933 de la revue, Ed. J.-M. Place, 1976. — X. GAUTIER, *Surréalisme et Sexualité*, Gallimard, 1971, 384 p. Coll. Idées, nº 251 (étudie la trame sexuelle dans les écrits et l'art surréaliste ; biblio.). — H. GERSHMAN, *The Surrealist Revolution in France*, Ann Arbor, Michigan, Univ. of Michigan Press, 1969, 267 p. — *Intervention surréaliste*, nº 37 de « L'Arc » consacré au surréalisme, 1969, 92 p. — G. LEMAITRE, *From Cubism to Surrealism in French Literature*, 2ᵉ éd., Cambridge, Mass., Harvard Univ. Press, 1947, 256 p. (du cubisme au surréalisme littéraire ; histoire). — J.-H. MATTHEWS, *Introduction to Surrealism*, Pennsylvania State Univ. Press, 1965, 188 p. (introduction au surréalisme par un des premiers interprètes anglais du surréalisme ; il a publié plusieurs études sur les différents aspects du fait surréaliste). — J.-H. MATTHEWS, *Surrealism and the Novel*, Ann Arbor, Michigan, Univ. of Michigan Press, 1966, 189 p. (le roman surréaliste). — J.-H. MATTHEWS, *Surrealist Poetry in France*, Syracuse, New York, Syracuse Univ. Press, 1969, 251 p. (la poésie surréaliste). — J.-H. MATTHEWS, *Theatre in Dada and Surrealism*, Syracuse, New York, Syracuse Univ. Press, 1974, 297 p. (le théâtre Dada et surréaliste). — M. NADEAU, *Histoire du surréalisme*, 2 vol., Le Seuil, 1945, 1948 (étude de base essentielle ; le deuxième tome contient des « Documents surréalistes » ; le premier volume a été réédité par Le Seuil en 1964 dans la collection « Points »). — B. POMPILI, *Breton, Aragon, problemi del surrealismo*, Bari, Sindia, 1972, 220 p. (étude comparée des deux hommes). — M. SANOUILLET, *Dada à Paris*, J.-J. Pauvert, 1965, 642 p. — *Surréalisme*, numéro spécial de la revue *Europe*, nᵒˢ 475-476, nov.-déc. 1968, 392 p. (panorama du surréalisme mondial). — A. THIRION, *Révolutionnaires sans révolution*, R. Laffont, 1972, 581 p. (témoignage important par un des membres du groupe). — M. TISON-BRAUN, *Dada et surréalisme ; textes théoriques sur la poésie*, avec des notices historiques et bibliographiques, des analyses méthodiques, des notes, des questions et une revue des opinions, Bordas, 1973, 159 p.

Les genres littéraires

S. BERNARD, *Le Poème en prose de Baudelaire jusqu'à nos jours*, Nizet, 1959, 814 p. (étude d'ensemble indispensable ; biblio., p. 775-797). — M. BLANCHOT, *Le Livre à venir*, Gallimard, 1959, 308 p. (essai célèbre). — R. CHAMPIGNY, *Le Genre roma-*

nesque ; *Le Genre poétique ; Le Genre dramatique*, 3 vol.,
Monte-Carlo, Regain, 1963, 1964, 1965 (trois
études intelligentes sur ce qui constitue un « genre »).
— P. HERNADI, *Beyond Genre, New Directions in
Literary Classification*, Ithaca, New York, Cornell
Univ. Press, 1972, 224 p. (excellent ; panorama
mondial des concepts critiques de genre ; essai vers
une redéfinition de la classification littéraire). —
J. BENDA, *La France byzantine, ou le triomphe de la
littérature pure, Mallarmé, Gide, Proust, Valéry, Giraudoux, Suarès, les surréalistes, essai d'une psychologie
originelle du littérateur*, Gallimard, 1945, 291 p.
(réédité en 1970 dans la collection 10/18, nᵒˢ 75-76).
— M. BLANCHOT, *L'Espace littéraire*, Gallimard, 1955,
294 p. — J. EHRMANN, *Textes*, suivi de *Mort de la
littérature*, L'Herne, 1971, 144 p. (anthologie et
essai théorique). — J. HYTIER, *Les Arts de littérature*,
Alger, Charlot, 1945, 162 p. — C.-E. MAGNY, *Les
Sandales d'Empédocle, essai sur les limites de la littérature* (éd. orig., 1945), Payot, 1968, 269 p. — J. ROUS-
SELOT, *Mort ou survie du langage*, U.G.E., 1969, 278 p.

Le roman : un genre sans frontières

R.-M. ALBÉRÈS, *Métamorphoses du roman*, A. Michel, 1966, 270 p. (Beckett, Blanchot, Butor, Camus
et al). — R.-M. ALBÉRÈS, *Histoire du roman moderne*,
A. Michel, 1962, 464 p. — R.-M. ALBÉRÈS, *Portrait de
notre héros, essai sur le roman actuel*, Le Portulan, 1945,
209 p. — R.-M. ALBÉRÈS, *Le Roman d'aujourd'hui*,
1960-1970, A. Michel, 1970, 278 p. — L. BERSANI,
*Balzac to Beckett : Center and Circumference in French
Fiction*, New York, Oxford Univ. Press, 1970, 340 p.
(essais excellents). — G. BREE et M. GUITON, *An Age
of Fiction : The French Novel from Gide to Camus*, New
Brunswick, N. J., Rutgers Univ. Press, 1957, 241 p.
(panorama critique). — G. JEAN, *Le Roman*, Le Seuil,
1971, 272 p. — CL.-E. MAGNY, *Histoire du roman
français depuis 1918*, Le Seuil, 1950, 350 p. (ouvrage
important). — M. NADEAU, *Le roman français depuis
la guerre*, nouv. éd. rev. et aug., Gallimard, 1970.
Coll. Idées, nᵒ 218, 317 p. (ouvrage capital). —
H. PEYRE, *The Contemporary French Novel*, New York,
Oxford Univ. Press, 1955, 379 p. — M. ZERAFFA,
La Révolution romanesque, U.G.E., 1972, 439 p.
Coll. 10/18 (sur le roman des années vingt). Voir
aussi *Personne et personnage, le romanesque des années 1920 aux années 1950*, Klincksieck, 1969, 495 p.
(biblio., p. 471-481). — *Problèmes du roman*, soixante-
deux études publiées sous la direction de Jean PRÉ-
VOST, Lyon-Paris, Confluences, 1943, 415 p. (recueil
important). — *Le Roman par les romanciers*, enquête
de cinquante et un romanciers dont les réponses ont
été publiées dans un numéro spécial de la revue
Europe, nᵒ 474, oct. 1968, 314 p. — *Positions et oppositions sur le roman contemporain*, textes recueillis et
présentés par Michel MANSUY, Klincksieck, 1971,
254 p. (Actes du colloque organisé par le Centre de
philologie et de littératures romanes de Strasbourg en avril 1970).

Essais sur le roman

P. DE BOISDEFFRE, *Où va le roman ?* Del Duca,
1962, 309 p. (nouv. éd. remaniée, augmentée et
mise à jour 1972, 298 p.). — M. BUTOR, *Essais sur
le roman*, Minuit, 1964 (réédité en 1969 par Gallimard dans la collection Idées, nᵒ 188). — G. DUHA-
MEL, *Essais sur le roman*, Marcelle Lesage, 1925,
136 p. — L. GOLDMANN, *Pour une sociologie du roman*,
Gallimard, 1964, 229 p. (ouvrage important). —
J. POUILLON, *Temps et Roman*, Gallimard, 1946,
280 p. — M. ROBERT, *Roman des origines et origines
du roman*, Grasset, 1972, 364 p. — N. SARRAUTE,
L'Ere du soupçon, essais sur le roman, Gallimard,
1956, 155 p. (essai important).

Le nouveau roman

P. ASTIER, *La Crise du roman français et le nouveau
réalisme*, Debresse, 1969, 348 p. (essai de synthèse
sur les nouveaux romans ; biblio., p. 314-347). —
J.-M. BLOCH, *Le Présent de l'indicatif* (éd. orig.
1963), éd. rev. et aug., Gallimard, 1973, 213 p.
(essai important). — S. HEATH, *Le Nouveau Roman :
A Study in the Practice of Writing*, Philadelphia,
Temple Univ. Press, 1972, 252 p. — L. JANVIER,
Une Parole exigeante, le nouveau roman, Minuit, 1964,
184 p. — V. MERCIER, *The New Novel from Queneau
to Pinget*, New York, Farrar, Straus & Giroux,
1971. — *Nouveau roman : hier, aujourd'hui*, t. I, *Problèmes généraux*, t. II, *Pratiques*, sous la direction
de J. RICARDOU, U.G.E., 1972, 441 p. Coll. 10/18
(communications du colloque tenu à Cerisy-la-Salle
en juillet 1971). — J. RICARDOU, *Le Nouveau Roman*,
Le Seuil, 1973, 189 p. Coll. Ecrivains de toujours,
nᵒ 92. — L. ROUDIEZ, *French Fiction Today : A New
Direction*, New Brunswick, New Jersey, Rutgers
Univ. Press, 1972, 413 p. — J. STURROCK, *The French
New Novel*, London-New York, Oxford Univ.
Press, 1969, 244 p. (C. Simon, M. Butor, A. Robbe-
Grillet). — J. RICARDOU, *Problèmes du nouveau roman*,
Le Seuil, 1967, 207 p. — A. ROBBE-GRILLET, *Pour
un nouveau roman*, Minuit, 1963, 150 p. —
R. GODENNE, *La Nouvelle française*, P.U.F., 1974,
176 p.

L'autobiographie et les mémoires

P. LEJEUNE, *L'Autobiographie en France*, A. Colin,
1971, 272 p. (livre important). — M. LOBET, *Ecri-
vains en aveu, essai sur la confession littéraire*, Bruxelles-
Paris, Brepols-Garnier Frères, 1962, 206 p. —
J. MEHLMAN, *A Structural Study of Autobiography :
Proust, Leiris, Sartre, Lévi-Strauss*, Ithaca, New York,
Cornell Univ. Press, 1974, 246 p. (ouvrage qui
étudie les écrits autobiographiques de Proust,
Leiris, Sartre et Lévi-Strauss). — M. LELEU, *Les
Journaux intimes*, P.U.F., 1952, 365 p. — La meilleure
étude sur le journal intime est celle d'Alain GIRARD,
P.U.F., 1963, mais cet ouvrage n'aborde que les
premières années du XXᵉ siècle.

L'essai

B. BERGER, *Der Essay : Form und Geschichte*, Bern, Francke, 1964, 283 p. — R. CHAMPIGNY, *Pour une esthétique de l'essai, analyses critiques*, Lettres modernes, Minard, 1967, 112 p. (sur les essais de Breton, Sartre et Robbe-Grillet).

La poésie

M. ALYN, *La Nouvelle Poésie française*, Les Hautes Plaines de Mane, R. Morel, 1968, 253 p. — Y. BELAVAL, *Poèmes d'aujourd'hui*, Gallimard, 1964, 222 p. (essais critiques). — A. BOSQUET, *Verbe et vertige, situation de la poésie*, Hachette, 1961, 373 p. (trois essais généraux ; six essais sur certains poètes ; choix de textes sur la poésie, par les poètes ; ouvrage très utile). — H. BREMOND, *La Poésie pure*, Grasset, 1926, 321 p. — S. BRINDEAU et al., *La Poésie contemporaine de langue française depuis 1945*, Ed. de Saint-Germain-des-Prés, 1973, 927 p. (ouvrage de référence indispensable ; sections sur : France, Belgique, Luxembourg, Suisse, Proche-Orient, Québec, Maghreb, Afrique noire, Antilles, Océan Indien ; photos et bibliographie). — G.-E. CLANCIER, *Panorama de la poésie française de Rimbaud au surréalisme*, 3ᵉ éd., Seghers, 1970, 440 p. — J.-P. CURTAY, *La Poésie lettriste*, Seghers, 1974, 380 p. (sur Isidore Isou et le mouvement lettriste ; histoire ; anthologie ; documents). — G.-E. CLANCIER, *La Poésie et ses environs*, Gallimard, 1973, 268 p. (essais). — J. EPSTEIN, *La Poésie d'aujourd'hui, un nouvel état d'intelligence*, Ed. de la Sirène, 1921, 215 p. (d'intérêt historique). — A. FONTAINAS, *Tableau de la poésie française d'aujourd'hui*, La Nouvelle Revue critique, 1931, 238 p. — J. GARELLI, *La Gravitation poétique*, Mercure de France, 1966, 217 p. (ouvrage théorique). — J.-P. GOUREVITCH, *La Poésie en France*, Ed. Ouvrières, 1966, 278 p. (ouvrage qui étudie la diffusion, l'édition, et les lecteurs de la poésie contemporaine en France). — P. JACCOTTET, *L'Entretien des muses*, Gallimard, 1968, 317 p. (chroniques de poésie, 1955-1966). — G. JEAN, *La Poésie*, Le Seuil, 1966, 206 p. (bonne étude sociohistorique ; biblio. ; filmographie ; discographie). — W. RAIBEL, *Moderne Lyrik in Frankreich, Darstellung und Interpretationen*, Stuttgart, Kohlhammer, 1972, 236 p. — M. RAYMOND, *De Baudelaire au surréalisme, essai sur le mouvement poétique contemporain*, Corrêa, 1933, 412 p. (étude importante). — J. ROUSSELOT, *Dictionnaire de la poésie française contemporaine*, Larousse, 1968, 256 p. (ouvrage de référence utile).

La poétique et les questions de versification

J. CHARPIER, P. SEGHERS et al., *L'Art poétique*, Seghers, 1956, 715 p. (ouvrage excellent ; anthologie des arts poétiques et des écrits théoriques de tous les pays et de tous les temps, mais surtout du XXᵉ siècle). — J. COHN, *Structure du langage poétique*, Flammarion, 1966, 237 p. (du point de vue linguistique). — D. DELAS et J. FILLIOLET, *Linguistique et poé-*tique, Larousse, 1973, 206 p. — T. ELWERT, *Traité de versification française des origines à nos jours*, Klincksieck, 1965, 210 p. — R. JAKOBSON, *Questions de poétique*, Le Seuil, 1973, 507 p. — Y. LE HIR, *Esthétique et structure du vers français, d'après les théoriciens du XVIᵉ siècle à nos jours*, P.U.F., 1956, 276 p. (section sur le XXᵉ siècle, p. 178-269). — H. MORIER, *Dictionnaire de poétique et de rhétorique*, P.U.F., 1975, 1210 p. (ouvrage magistral). — M. PARENT et al., *Le Vers français au XXᵉ siècle*, Klincksieck, 1967, 324 p. (Actes du colloque tenu à Strasbourg en mai 1966).

Henri Michaux

L. BADOUX, *La Pensée de Henri Michaux. Esquisse d'un itinéraire spirituel*, Zurich, Juris-Verlag, 1963. — M. BEGUELIN, *Henri Michaux, esclave et démiurge, essai sur la loi de domination-subordination*, Lausanne, L'Age d'homme, 1974, 224 p. — R. BELLOUR, *Henri Michaux ou une mesure de l'être*, Gallimard, 1965, 279 p. — M. BOWIE, *Henri Michaux : A Study of his Literary Works*, Oxford, Clarendon Press, 1973, 220 p. (ouvrage important). — Ph. de COULON, *Henri Michaux, poète de notre société*, Neuchâtel, Ed. de la Baconnière, 1949. — R. DADOUN, *Ruptures de Henri Michaux*, Payot, 1976. — *Henri Michaux*, sous la direction de Raymond BELLOUR, les *Cahiers de l'Herne* numéro 8, Minuit, 1966, 460 p. (excellent recueil d'essais). — A. GIDE, *Découvrons Henri Michaux*, Gallimard, 1941. — K. LEONARD, *Michaux*, Stuttgart, G. Hatje, 1967, 78 p. (sur ses peintures, essais et reproductions). — O. LORAS, *Rencontres avec Henri Michaux, au plus profond des gouffres*, Chassieu, J. et S. Bleyon, 1967, 157 p. — Napoléon MURAT, *Michaux*, Ed. universitaires, coll. Classiques du XXᵉ siècle, 1967. (Initiation et essai). — Michaux peintre : M. TAPIE, *Henri Michaux*, René Drouin, 1948. — A. JOUFFROY, *Henri Michaux, « Le Musée de poche »*, Ed. Georges Fall, 1961. — Michaux et la drogue : J. de AJURIAGUERRA et F. JAEGGI, *Le Poète Henri Michaux et les drogues hallucinogènes. Contribution à la connaissance des psychoses toxiques*, Bâle, Sandoz S.A., 1963.

Francis Ponge

Hommage à Francis Ponge, numéro de la *Nouvelle Revue française* consacré à son œuvre, nᵒ 45, sept. 1956, 55 p. — H. MALDINEY, *Le Legs des choses dans l'œuvre de Francis Ponge*, Lausanne, Ed. l'Age d'homme, 1974, 105 p. (l'influence de Hegel et de Heidegger sur l'œuvre de Francis Ponge). — J.-P. SARTRE, *L'Homme et les choses*, Seghers, 1947, 76 p. — Ph. SOLLERS, *Entretiens avec Francis Ponge*, Gallimard, 1970. — 193 p. (sur le surréalisme, la poésie, etc.). — E. WALTHER, *Francis Ponge, eine ästhetische Analyse*, Köln, Kiepenheuer & Witsch, 1965, 182 p. (solide étude critique). — Catalogue de l'exposition Francis PONGE, Bibliothèque littéraire Jacques Doucet, 1960. — G. JAEGER, *Einige Aspekte der Dichtung Francis Ponge*, Turbenthal, Zurich, 1962. — A. DENAT, *Francis Ponge and the New Problem of the Epos*, Brisbane, Univ. of

Queensland, 1963. — Catalogue de l'exposition Francis PONGE (établi par F. Chapon), Centre d'Art et de Culture Georges Pompidou, 1977. Œuvres, principales éditions : *Dix Courts sur la méthode*, Seghers, 1946. — *Proêmes*, Gallimard, 1948. — *La Rage de l'expression*, Lausanne, Mermod, 1952. — *La Fabrique du pré*, Genève, Skira, 1971.

Le théâtre

Encyclopédie du théâtre contemporain, sous la direction de Gilles QUEANT, t. II, *1914-1950*, Perrin, 1959, 211 p. — W. FOWLIE, *Dionysus in Paris : A Guide to Contemporary French Theater*, New York, Meridian Books, 1960, 314 p. (panorama de Giraudoux à Beckett). — D. GROSSVOGEL, *The Self-Conscious Stage in Modern French Drama*, New York, Columbia Univ. Press, 1958 (la scène française de Jarry à Beckett). — J. GUICHARNAUD et J. BECRELMAN, *Modern French Theatre from Giraudoux to Genet*, New Haven, Yale Univ. Press, 1967, 384 p. — *Notre théâtre. Théâtre moderne et public populaire*, nº spéc. de la revue *Esprit*, nº 338, mai 1965, 239 p. — P. SURER, *Cinquante ans de théâtre*, SEDES, 1969, 472 p. (de 1919 à 1969).

Le théâtre de l'entre-deux-guerres

Aspects du théâtre contemporain en France, 1930-1945, nº spéc. de la revue *Théâtre*, 3ᵉ cahier, Ed. du Pavois, 1945, 296 p. (recueil d'articles & choix de textes). — P. BRISSON, *Le Théâtre des années folles*, Genève, Ed. du Milieu du Monde, 1943, 224 p. (histoire, 1919-1940). — D. KNOWLES, *French Drama of the Inter-War Years, 1918-1939*, London, Harrap, 1967, 334 p.

Le théâtre dans l'après-guerre

A. De BAECQUE, *Le Théâtre d'aujourd'hui*, Seghers, 1964, 190 p. (panorama de 1944 à 1964). — M. BEIGBEDER, *Le Théâtre en France depuis la Libération*, Bordas, 1959, 258 p. (étude d'ensemble utile). — J.-L. DEJEAN, *Le Théâtre français d'aujourd'hui*, Nathan-Alliance Française, 1971, 176 p. Coll. « Où en est la France » (histoire des années cinquante jusqu'en 1970 ; populaire). — J. JACQUOT et al., *Le Théâtre moderne*, t. II, *Depuis la deuxième guerre mondiale*, C.N.R.S., 1967, 345 p. (intéressant recueil d'articles).

Etudes spécialisées

S. DHOMME, *La Mise en scène contemporaine, d'Antoine à Brecht*, Nathan, 1959, 347 p. — D. GONTARD, *La Décentralisation théâtrale en France, 1895-1952*, SEDES, 1973, 542 p. (ouvrage excellent ; documents, etc.). — J. HORT, *Les Théâtres du Cartel et leurs animateurs : Pitoëff, Baty, Jouvet, Dullin*, Genève, A. Skira, 1944, 206 p. (histoire jusqu'en 1940). — M. KURTZ, *Jacques Copeau, biographie d'un théâtre* [le Vieux Co-

lombier], Nagel, 1950, 269 p. (histoire ; thèse Columbia Univ.). — Véra LEE? *Quest for a Public French Popular Theater since 1945*, Cambridge Mass., Schenkman, 1970, 209 p. (soigneusement documenté).

Chroniques de théâtre

E. SÉE, *Le Mouvement dramatique*, 4 vol., Les Ed. de France, 1930-1935. (Chroniques parues dans la *Revue de France* de 1929 à 1934.) — R. BRASILLACH, *Animateurs de théâtre* (éd. orig. 1936), 2ᵉ éd., La Table Ronde, 1954, 270 p. (étude suivie des chroniques du théâtre parisien de 1936 à 1944). — R. KEMP, *La Vie du théâtre*, Albin Michel, 1956, 333 p. (chroniques de 1938 à 1956). — B. DUSSANE, *Notes de théâtre, 1940-1950*, Lyon, Lardanchet, 1951, 284 p. — B. DUSSANE, *J'étais dans la salle*, Mercure de France, 1963, 224 p. (Chroniques, de 1951 à 1962). — B. DORT, *Théâtre public, 1953-1966, essais de critique*, Le Seuil, 1967, 383 p. — B. DORT, *Théâtre réel*, 1967-1970, Le Seuil, 1971, 301 p. J.-M. RENAITOUR, *Le Théâtre à Paris en 1957, en 1958, en 1959*, 3 vol., Ed. du Scorpion, 1958, 1959, 1960 (bilan très complet).

Essais sur le théâtre

A. ADAMOV, *Ici et Maintenant*, Gallimard, 1964, 243 p. — A. ARTAUD, *Le Théâtre et son double*, Gallimard, 1938, 154 p. (essai séminal). — R. DEMARCY, *Eléments d'une sociologie du spectacle*, U.G.E., 1973, 447 p. Coll. 10/18, nº 749. — J. DUVIGNAUD, *Sociologie du théâtre, essai sur les ombres collectives*, P.U.F., 1965, 588 p. (biblio.). — H. GOUHIER, *L'Essence du théâtre*, Plon, 1943, 246 p. — E. IONESCO, *Notes et contre-notes*, Gallimard, 1962, 248 p. — P.-A. TOUCHARD, *Dionysus, Apologie pour le théâtre* (éd. orig., 1938), nouv. éd., Le Seuil, 1949, 220 p.

Le théâtre d'avant-garde

Antonin Artaud et le théâtre de notre temps, nº 22-23 des *Cahiers de la Compagnie Madeleine Renaud et Jean-Louis Barrault*, mai 1958, 256 p. (recueil intéressant ; articles par M. Blanchot, J. Wahl et al.). — M. ESSLIN, *Au-delà de l'absurde*, Buchet-Chastel, 1970, 358 p. (collection de textes publiés d'abord dans des revues de 1961 à 1969). — M. ESSLIN, *Le Théâtre de l'absurde* (orig. américain, 1961), Buchet-Chastel, 1963, 456 p. (étude de base). — E. JACQUART, *Le Théâtre de la dérision*, Gallimard, 1974, 313 p. (essai sur Beckett, Adamov et Ionesco). — L. PRONKO, *Théâtre d'avant-garde, Beckett, Ionesco et le théâtre expérimental* (titre de l'original américain, *Avant-garde : The Experimental Theater in France*, 1962), Denoël, 1963, 272 p. (ouvrage important). — G. SERREAU, *Histoire du « Nouveau théâtre »*, Gallimard, 1966, 192 p. (trace le développement du nouveau théâtre ; essais sur Ionesco, Adamov, Beckett, Genet et al.).

FIGURES LITTÉRAIRES D'UN DEMI-SIÈCLE EN MOUVEMENT

JEAN COCTEAU

Jean Cocteau, n° 1, *Cocteau et les mythes, Revue des Lettres modernes,* n° 298-303, 1972, 196 p. — *Cahiers Jean Cocteau,* six numéros parus, Gallimard, 1969-1977. (n° 4 sur Radiguet et Cocteau ; n° 5 sur le théâtre de Cocteau). — F. Brown, *An Impersonation of Angels : A Biography of Jean Cocteau,* New York, Viking Press, 1968, 438 p. (biographie quelque peu popularisée). — J.-J. Kihm, E. Sprigge et H. Behar, *Jean Cocteau, l'homme et les miroirs,* La Table Ronde, 1968, 477 p. — F. Steegmuller, *Cocteau : A Biography,* Boston-Toronto, Little Brown, 1970, 583 p. (biographie bien documentée). — Cl. Mauriac, *Jean Cocteau, ou la vérité du mensonge,* O. Lieutier, 1945, 183 p. (une des premières études). — C. Beylie, *Cocteau,* Anthologie du Cinéma, 1966, 112 p. — P. Dubourg, *Dramaturgie de Jean Cocteau,* Grasset, 1954, 280 p. (sur son théâtre et cinéma). — *Jean Cocteau. Entretiens autour de la cinématographie,* recueillis par André Fraigneau, A. Bonne, 1951, 167 p. — N. Oxenhandler, *Scandal and Parade : The Theatre of Jean Cocteau,* New Brunswick, New Jersey, Rutgers Univ. Press, 1957, 287 p. (excellente étude sur son théâtre).

ANDRÉ BRETON

M. Sheringham, *André Breton, a Bibliography,* London, Grant & Cutler, 1972, 122 p. (bibliographie des écrits de Breton et des études consacrées à son œuvre). — *André Breton et le mouvement surréaliste,* n° spéc. 172 de la *Nouvelle Revue française,* avril 1967, 375 p. — A. Balakian, *André Breton, Magus of Surrealism,* New York, Oxford Univ. Press, 1971, 301 p. (livre important). — M. Bonnet, *André Breton, naissance de l'aventure surréaliste,* J. Corti, 1975, 460 p. (excellente étude sur l'œuvre de jeunesse). — C. Browder, *André Breton : Arbiter of Surrealism,* Genève, Droz, 1967, 214 p. (biblio.). — M. Carrouges, *André Breton et les données fondamentales du surréalisme,* Gallimard, 1950, 334 p. (ouvrage essentiel). — R. Champigny, Pour une esthétique de l'essai : « Une définition du surréalisme », p. 7-28, Lettres modernes, 1967, 110 p. — Ch. Duits, *André Breton a-t-il dit « passe »,* Lettres nouvelles, 1969 (essai), 190 p. — J. Gracq, *André Breton, quelques aspects de l'écrivain,* Corti, 1948, 209 p. (essai critique) (édition revue 1966). — E. Lenk, *Der springende Narziss, André Bretons poetischer Materialismus,* Munich, Rogner & Bernhard, 1971, 268 p. — Cl. Mauriac, *André Breton, essai,* Ed. de Flore, 1949, 358 p. — *Breton. Entretiens, 1913-1952,* avec André Parinaud et al., Gallimard, 1952, 317 p. — I. Isou, *Réflexions sur André Breton,* « Lettrisme » 1970. — P. de Massot, *André Breton ou le Septembriseur,* Le Terrain Vague, 1967.

ANDRÉ MALRAUX

W.-G. Langlois, *André Malraux,* t. II, *Essai de bibliographie des études en langue anglaise consacrées à André Malraux, 1924-1970,* Lettres modernes, 1972, 324 p. (t. I ; les études en français sont en preparation).

Biographie

Exposition Malraux, *Catalogue,* Fondation Maeght, Saint-Paul-de-Vence, 1973, 322 p. (intérêt documentaire). — J. Lacouture, *André Malraux, une vie dans le siècle,* Le Seuil, 1973, 425 p. (soigneuse documentation). Nouvelle édition Col. Points Histoire, Le Seuil, 1975. — W. Langlois, *L'Aventure indochinoise* (éd. originale américaine, 1966), Mercure de France, 1967, 352 p. (étude utile et bien documentée). — A. Madsen, *Malraux,* New York, William Morrow & Co. Inc., 1976, 383 p. — R. Payne, *A Portrait of André Malraux,* Englewood Cliffs, New Jersey, Prentice-Hall, 1970, 481 p. — *Malraux. Etre et dire.* Textes réunis par Martine de Courcel... Plon, 1976.

Etudes

G. Blumenthal, *A. Malraux ; The Conquest of Dread,* Baltimore, John Hopkins Press, 1960. — D. Boak, *André Malraux,* Oxford, Clarendon Press, 1968, 268 p. (livre utile, mais parfois hostile). — J.-R. Carduner, *La Création romanesque chez Malraux,*

Nizet, 1968, 224 p. (esthétique et éthique). — J. DEL-HOMME, *Temps et destin, essai sur André Malraux*, Gallimard, 1955, 266 p. (la première étude sur sa pensée). — F.-E. DORENLOT, *Malraux ou l'unité de pensée*, Gallimard, 1970, 314 p. (biblio., p. 281-310). — V. FERREIRA, *A. Malraux*, Lisbonne, Editorial Presença, 1963. — B. T. FITCH, *Le Sentiment d'étrangeté chez Malraux, Sartre, Camus, et S. de Beauvoir*, Lettres modernes, 1964. — B. FITCH, *Les deux univers romanesques d'André Malraux*, Archives des lettres modernes (vi) 52, 1964 (1). 94 p. (étude des techniques narratives). — W. FROHOCK, *André Malraux and the tragic Imagination*, Stanford, California, Stanford Univ. Press, 1952, 190 p. (étude de base). — S. GAULUPEAU, *A. Malraux et la mort*, Lettres Modernes, 1969. — A. GOLDBERGER, *Visions of a New Hero*, Lettres modernes, 1965. — L. GOLDMANN, *Pour une sociologie du roman*, Gallimard, collection Idées, 1964, 372 p. (critique marxiste de *La Condition humaine*). — G. T. HARRIS, *L'Ethique comme fonction de l'esthétique*, Lettres Modernes, 1972. — G. HARTMAN, *Malraux*, Londres, Bowes and Bowes, New York, Hillary House, 1960, 103 p. (bonne introduction d'ensemble). — H. HINA, *Nietzsche und Marx bei Malraux. Mit einem Aufblick auf Drieu la Rochelle und Albert Camus*, Tübingen, M. Niemeyer, 1970, 217 p. — J. HOFFMANN, *L'Humanisme de Malraux*, Klincksieck, 1963, 407 p. (thèse Strasbourg). — I. JUILLAND, *Dictionnaire des idées dans l'œuvre d'André Malraux*, Paris-La Haye, Mouton, dictionnaire d'auteurs (2), 1968, 328 p. — T. J. KLINE, *André Malraux and the Metamorphosis of Death*, New York et Londres, 1973, 197 p. (étude stylistique et linguistique ; biblio.). — A. LORANT, *Orientations étrangères chez André Malraux*,

Lettres Modernes, 1971. — D. MARION, *A. Malraux (cinéma)*, Seghers, 1970. — S. MORAWSKI, *L'Absolu et la forme, l'esthétique d'André Malraux*, traduit du polonais par Yolande Lamy-Grom, Klincksieck, 1972, 318 p. — J. MOSSUZ, *André Malraux et le gaullisme*, A. Colin, 1970, 342 p. (biblio., p. 291-313 ; thèse Nanterre). — E. MOUNIER, *Malraux, Camus, Sartre, Bernanos*, Le Seuil, 1970. — G. PICON, *André Malraux*, Gallimard, 1945, 126 p. (bilan intéressant de l'homme et de l'œuvre à cette date). — W. RICHTER, *The Rhetorical Hero, an Essay on the Aesthetics of André Malraux*, Londres, 1964. — P. SABOURIN, *La Réflexion sur l'art d'André Malraux, origines et évolution*, Klincksieck, 1972, 238 p. (biblio. ; thèse Strasbourg ; l'art comme thème littéraire). — C. SAVAGE, *Malraux, Sartre and Aragon as Political Novelists*, Univ. of Florida Press, 1964. — R. STÉPHANE, *Portrait de l'aventurier*, U.G.E., 1972. — A. VANDEGANS, *La Jeunesse littéraire d'André Malraux, essai sur l'inspiration farfelue*, J.-J. Pauvert, 1964, 466 p. (sur les œuvres farfelues, *Lunes en papier*, etc.). — J.-P. VAN DER LINDEN *Driemaal Malraux*, Hilversum, P. Brand, 1968. — B. WILHEM, *Hemingway et Malraux devant la guerre d'Espagne*, 1966. — D. WILKINSON, *Malraux, an Essay in Political Criticism*, Cambridge, Mass., Harvard Univ. Press, 1967, 235 p.

En instance de publication : un nouveau volume de la « Bibliothèque de la Pléiade », regroupant les romans, plus *La Voie royale* et un second volume intitulé *Miroir des limbes*, comprenant : *Antimémoires*, et, sous le titre *La Corde et les Souris : Les Hôtes de passage, Les Chênes qu'on abat, La Tête d'Obsidienne, Lazare*, avec, en appendice, *Oraisons funèbres*.

L.-F. CÉLINE

P. CARILE, *Céline oggi : l'autore del « Voyage au bout de la nuit » e di « Rigodon » nella prospettiva critica attuale*, in appendice : Scritti celiniani apparsi sulla stampa collaborazionista, 1941-1944, Roma, Bulzoni, 1974, 234 p. (état présent, 1970-1974 ; biblio. ; réédition des textes collaborationistes).

Bibliographie

E. OSTROVSKY, *Céline le voyeur voyant*, Buchet-Chastel, 1973 (trad. de l'anglais *Voyeur Voyant*, New York, Random House, 1971, 398 p. ; biblio et documentation uniques).

Etudes générales

P. S. DAY, *Le Miroir allégorique de Louis-Ferdinand Céline*, Klincksieck, 1974, 288 p. (étude très intéressante ; considère les noms, les structures et la narration céliniens comme des allégories). — G. HOLTUS, *Untersuchungen zu Stil und Konzeption von Célines « Voyage au bout de la nuit »*, Bern-Frankfurt, H. Lang-P. Lang, 1972, 336 p. (sur le style, la structure et la

thématique du *Voyage* ; supplément sur les autres romans ; excellente biblio., p. 308-328). — B. KNAPP, *Céline, man of hate*, Univ. of Alabama Press, 1974, 262 p. — *Louis-Ferdinand Céline*, t. I-II, Cahiers de l'Herne, nº 3, 1963, et nº 5, 1965, 349 p. et 347 p. (reliés en un seul volume en 1967 avec un index commun ; excellent recueil d'articles). — E. OSTROVSKY, *Céline and his vision*, New York, New York Univ. Press, 1967, 238 p. — D. DE ROUX, *La Mort de Louis-Ferdinand Céline*, essai, C. Bourgois, 1966, 214 p. — A. THIHER, *Céline, the Novel as Delirium*, New Brunswick, N. J., Rutgers Univ. Press, 1972, 275 p. (sur le roman célinien). — L.-F. CÉLINE, *Actes du colloque international d'Oxford (22-25 septembre 1975)*. Textes réunis par Jean-Pierre Dauphin et Martin Thomas. I. De la narration à l'histoire. II Contribution à la bibliographie célinienne, *Australian Journal of French Studies*, January-August 1976. — M. BROCHARD, M. DORIAN, L. REBATET, *L. F. Céline*, Belfond, 1968. — A. CHESNEAU, *Essai de psychocritique de L. F. Céline*, Lettres Modernes, 1971.

— A. SMITH, *La Nuit de L.-F. Céline*, Grasset, 1973. — J.-P. DAUPHIN, *Pour une poétique célinienne*, Lettres Modernes, 1974 (recueil d'études critiques sous la direction de J.-P. Dauphin). — J.-P. DAUPHIN, *Ecriture et esthétique céliniennes*, Lettres Modernes 1976 (recueil d'études critiques sous la direction de J.-P. Dauphin). — F. VITOUX, *Louis-Ferdinand Céline*, misère et parole, Gallimard, 1973, 242 p.

Sur la pensée politique de Céline, on consultera : J. MORAND, *Les Idées politiques de Louis-Ferdinand Céline*, Paris, Librairie générale de droit et de jurisprudence, 1972, 217 p. (biblio., p. 203-211). — Willy SZAFRAN, *Céline, essai psychanalytique*, éd. de l'Univ. de Bruxelles, 1976. — Frédéric VITOUX, *Bébert, le chat de L.-F. Céline*, Grasset, 1976. — Cahiers Céline, I et II, Gallimard, 1976. Cahiers Céline III, *Schmmelweiss et autres écrits médicaux*, textes établis et présentés par J.-P. Dauphin et H. Godard, Gallimard, 1977. — *Les Critiques de notre temps...et Céline*. Introduction ·par Jean-Pierre DAUPHIN, Garnier frères, 1976.

JEAN-PAUL SARTRE

·Wolfgang HAUG, *Jean-Paul Sartre und die Konstruktion des Absurden*, Frankfurt-am-Main, Suhrkamp, 1966, 247 p. — F. JEANSON, *Le Problème moral et la pensée de Sartre* (éd. orig. 1947), suivi de *Un Quidam nommé Sartre*, Le Seuil, 1965, 347 p. (ouvrage important). — R. LAING et D. COOPER, *Raison et violence, dix ans de la philosophie de Sartre, 1950-1960* (l'original anglais, 1964), Payot, 1972, 208 p. — E. KAELIN, *An Existentialist Aesthetic*, Madison, Univ. of Wisconsin Press, 1962, 471 p. (étude critique importante des théories esthétiques de Sartre et de Merleau-Ponty ; Sartre 1-158). — Joseph MCMAHON, *Humans Being, The World of Jean-Paul Sartre*, Chicago, Chicago Univ. Press, 1971, 414 p. (biblio. utile). — A. NIEL, *Jean-Paul Sartre, Héros et victime de la « conscience malheureuse. »* Essai sur le drame de la pensée occidentale. Courrier du livre, 1966, 190 p. — Gerhard SEEL, *Sartres Dialektik*, Bonn, Bouvier-H. Grundmann, 1971, 279 p. — P. VERSTRAETEN, *Violence et éthique, esquisse d'une critique de la morale dialectique à partir du théâtre politique de Sartre*, Gallimard, 1972, 447 p. — H. E. BARNES, *Sartre*, Philadelphie et New York, Lippincott Co., 194 p. (bonne introduction à l'ensemble de l'œuvre par une philosophe, traductrice de plusieurs textes sartriens importants). — G. H. BAUER, *Sartre and the Artist*, Chicago, Univ. of Chicago Press, 1969, 200 p. (étude utile, biblio.). — M.-D. BOROS, *Un Sequestré, l'homme sartrien*, Nizet, 1968, 252 p. (étude thématique, biblio.). — F. JAMESON, *Sartre, the origins of style*, New Haven and London, Yale Univ. Press, 1961, 228 p. (Une des premières études du style sartrien). — S. LILAR, *A propos de Sartre et de l'amour*, Grasset, 1967, 275 p. (critique de la théorie sartrienne de l'amour). — P. THODY, *Sartre, a biographical Introduction*, New York, Scribners, 1971, 160 p. — Wilfrid DESAN, *The Marxism of Jean-Paul Sartre*, Garden City, New York, Doubleday, 1965, 320 p. — Franco E.E. *Sartre e il communismo*, Firenze, La Nuova Italia, 1970, 267 p. (Sartre et le communisme de 1936 à 1970). — J. P. FELL, IV, *Emotion in the Thought of Sartre*, New York, Columbia Univ. Press, 1965, 254 p. — R. GARAUDY, *Questions à Jean-Paul Sartre*, Denoël, 1960. — Marjorie GREENE, *Sartre*, New York, New Viewpoints, 1973, 301 p. (étude philosophique ; examine l'*Etre et le néant*, *Critique de la raison dialectique*). — G. GUINDEY, *Le Drame de la pensée dialectique*, Vrin, 1974. — R. GUTWIRTH, *La Phénoménologie de Jean-Paul Sartre*, Bruxelles, Editions Scientifiques, 1974, 288 p. — Klaus HARTMANN, *Sartre Sozialphilosophie*, Berlin, de Gruyter, 1966, 210 p. (sur la *Critique de la raison dialectique*). — Ingrid JOUBERT, *Aliénation et liberté*, dans « Les Chemins de la liberté », Didier, 1972. — A MANSER, *Sartre, A Philosophic Study*, Londres, Univ. of London, Athlone Press, 1966. — D. MCCALL, *The Theatre of Jean-Paul Sartre*, New York, Londres, Columbia Univ. Press, 1969. — E. MOUNIER, *Malraux, Camus, Sartre, Bernanos*, Le Seuil, 1970. — Gérald Joseph PRICE, *Métaphysique et technique dans l'œuvre romanesque de Sartre*, Genève, DROZ, 1968. — B. SUHL, Sartre, *Un philosophe critique littéraire*, traduit de l'américain, Editions Universitaires, 1971. — Ph. THODY, *Jean-Paul Sartre, A Literary and Political Study*, Londres, Hamish Hamilton, 1960. — E. WERNER, *De la violence au totalitarisme*, Calmann-Lévy, 1972. — M. CONTAT et M. RYBALKA, *Les Ecrits de Sartre, chronologie, bibliographie commentée*, Gallimard, 1970, 788 p. (ouvrage de référence indispensable qui contient des résumés des textes de Sartre ; l'édition américaine en deux volumes, Evanston, Illinois, Northwestern Univ. Press, 1974, est revue et augmentée). — E. et C. LAPOINTE, *Jean-Paul Sartre and his critics. An International Bibliography* (1938-1975), Philosophy documentation center, Bowling Green State Univ. Ohio, 1975, 447 p. (indispensable : 5148 titres. — R. WILCOCKS, *Jean-Paul Sartre : a bibliography of international Criticism*, Edmonton, Alberta, University of Alberta Press, 1975, 767 p. (Sections : fiction, théâtre, critique, philosophie, politique, bibliographie et index). — Raymond ARON, *Histoire et dialectique de la violence*, Gallimard, 1973, 270 p. (sur la *Critique de la raison dialectique*). — C. AUDRY, *Sartre et la réalité humaine*, Seghers, 1966. — J. S. CATALANO, *A Commentary on Sartre's « Being and Nothingness »*,

New York, Harper and Row, 1974, 239 p. — M. CONTAT, *Explication des : « Sequestrés d'Al-* *tona »,* de Jean-Paul Sartre, Lettres Modernes, 1968.

SIMONE DE BEAUVOIR

C. CAYRON, *La Nature chez Simone de Beauvoir,* Gallimard, 1973 (bonne biblio.). — R. COTTRELL, *Simone de Beauvoir,* New York, F. Ungar, 1975, 165 p. — L. GAGNEBIN, *Simone de Beauvoir ou le refus de l'indifférence,* Fischbacher, 1968, 188 p. (introduction à sa pensée). — F. JEANSON, *Simone de Beauvoir ou l'entreprise de vivre,* suivi de deux entretiens avec Simone de Beauvoir, Le Seuil, 1966, 302 p. (sa vie et sa pensée). — E. MARKS, *Simone de Beauvoir, Encounters with Death,* New Brunswick, New Jersey, Rutgers Univ. Press, 1973, 183 p. — CH. L. VAN DEN BERCHE, *Dictionnaire des idées dans*

l'œuvre de Simone de Beauvoir. La Haye, Mouton, 1966.

Sur le féminisme de Simone de Beauvoir

J. LEIGHTON, *Simone de Beauvoir on Women,* Rutherford, New Jersey, Fairleigh ·Dickinson Univ. Press, 1974, 230 p. — S. LILAR, *Le Malentendu du deuxième sexe,* P.U.F., 1969, 308 p. — *Simone de Beauvoir et la lutte des femmes,* n° spéc. 61 de « L'Arc », 1975, 84 p. — C. MOUBACHIR, *S. de Beauvoir ou le souci de différence,* Seghers, 1972. — B. T. FITCH, *Le Sentiment d'étrangeté chez Malraux, Sartre, Camus et S. de Beauvoir,* Lettres Modernes, 1964.

ALBERT CAMUS

B. FITCH et P. HOY, *Albert Camus,* t. I, *Essai de bibliographie des études en langue française consacrées à Albert Camus, 1937-1967,* Lettres Modernes, 1969. — P. HOY, *Camus in English,* Wymondham, Brewhouse Press, 1968. Bibliographie annotée, 29 p. — « Carnet bibliographique » in *Série Albert Camus,* Revue des Lettres Modernes (à partir de 1968). — R. ROEMING, *Camus, a bibliography,* Madison, Wisconsin, Univ. of Wisconsin Press, 1968, 298 p. (bibliographie des écrits de Camus et des études consacrées à son œuvre). — F. DI PILLA, *A. Camus e la critica.* Bibliografia internazionale (1937-1971) con un saggio introduttivo (Francesistica... Mannali I) Lecce, Milella, 1973.

Etudes d'ensemble

Série Albert Camus, huit numéros parus, *Revue des Lettres Modernes,* 1968-1976 (n° 1, *l'Etranger;* n° 2, *Langue et langage;* n° 3, *La Chute;* n° 4 *Sources et influences;* n° 5, *Journalisme et politique, 1938-1940;* n° 6, *Camus nouvelliste*); n° 7, *Le théâtre;* n° 8, *La Peste.* — L. BRAUN, *Witness of decline, Albert Camus; Moralist of the Absurd,* Rutherford, N. J. Fairleigh Dickinson Univ. Press, 1974. — G. BRÉE, *Camus,* New Brunswick, New Jersey, Rutgers Univ. Press, 1959, 278 p. (3e éd. rev. 1972). — A. COSTES, *Albert Camus ou la parole manquante,* Payot, 1973, 252 p. (lecture freudienne). — J. CRUICKSHANK, *Albert Camus and the Literature of Revolt,* London, Oxford Univ. Press 1959, 248 p. — *Hommage à Albert Camus,* n° spéc. 87 de la *Nouvelle Revue française,* mars 1960, 217 p. (articles par M. Blanchot, B. Parain, J. Grenier et al.). — J. GRENIER, *Albert Camus* (souvenirs), Gallimard, 1968, 190 p. (intérêt biographique). — D. LAZERE,

The Unique Creation of Albert Camus, New Haven-London, Yale Univ. Press, 1973, 271 p. (biblio.). — L. MAILHOT, *Albert Camus ou l'imagination du désert,* Montréal, Presses de l'université de Montréal, 1973, 465 p. (biblio., p. 437-446). — E. PARKER, *Albert Camus : The Artist in the Arena,* Madison, Wisconsin, The Univ. of Wisconsin Press, 1965 (rééd. 1970), 245 p. (étude de Camus journaliste). — R. QUILLIOT, *La Mer et les Prisons,* Gallimard, 1956, 279 p. (une des premières études d'ensemble). — P. THODY, *Albert Camus, a Study of his Work,* Londres, Hamis Hamilton, 1957, 155 p. — P. VIALLANEIX, *Le premier Camus,* suivi de *Ecrits de jeunesse d'Albert Camus,* Gallimard, 1973, 304 p. Cahiers Albert Camus, n° 2 (essai critique suivi de textes).

Etudes

E. FREEMAN, *The Theatre of Albert Camus,* London, Methuen, 1971, 178 p. — R. GAY-CROSIER, *Les Envers d'un échec, étude sur le théâtre d'Albert Camus,* Minard, 1967, 296 p. — G.-P. GELINAS, *La liberté dans la pensée d'Albert Camus,* Fribourg, Editions Universitaires, 1965, 177 p. (étude érudite). — A. NICOLAS, *Une philosophie de l'existence,* Albert Camus, P.U.F., 1964, 191 p. (sur la solitude et la révolte). — J. C.A. CADOUREK-BACKER, *Les Innocents et les Coupables.* La Haye, Mouton, 1963. — E. STURM, *Conscience et impuissance chez Dostoïevski et Camus,* Nizet, 1967. — J. SARROCHI, *Camus,* P.U.F., 1968. — C. TREIL, *L'Indifférence dans l'œuvre d'Albert Camus,* Ed. Cosmos, 1971. — E. WERNER, *De la violence au totalitarisme* (essai sur la pensée de Camus et de Sartre), Calmann-Lévy, 1972.

MARGUERITE DURAS

A. CISMARU, *Marguerite Duras,* New York, Twayne, 1971, 171 p. (introduction à son œuvre). — J.-L. SEYLAZ, *Les Romans de Marguerite Duras, essai sur une thématique de la durée,* Lettres modernes, 1963, 45 p. (Archives des Lettres Modernes, n° 47). — N. BERNHEIM, *Marguerite Duras tourne un film,* Ed. Albatros, 1975, 147 p. (interviews avec le personnel technique pendant le tournage d'*India Song*). — A. VIRCONDELET, *Marguerite Duras,* Seghers, 1972, 191 p. Coll. Ecrivains d'hier et d'aujourd'hui, n° 42. — *Marguerite Duras,* par MARGUERITE DURAS, JACQUES LACAN, MAURICE BLANCHOT, Albatros, 1976.

CLAUDE SIMON

Claude Simon, n° spéc. d'*Entretiens,* n° 31, Rodez, Ed. Subervie, 1972, 194 p. (biblio.). — Salvador JIMÉNEZ-FAJARDO, *Claude Simon,* Boston, Twayne, 1975, 203 p. (introduction à l'homme et l'œuvre). — J. LOUBÈRE, *The Novels of Claude Simon,* Ithaca, New York, Cornell University Press, 1975, 267 p. (étude solide) (biblio.). — *C. Simon : analyse, théorie.* Direction : Jean Ricardou (Centre culturel international de Cerisy-la-Salle, 1er-8 juillet 1974), « 10/18 », n° 945, 1975.

TABLEAU SYNOPTIQUE [1]

---

1. Tableau établi par Daniel HAWLEY et Anne MARTIN.

ANNÉES	ÉVÉNEMENTS ET DÉCOUVERTES	REPÈRES LITTÉRAIRES	ESTHÉTIQUE ET CRITIQU

1920	Alexandre Millerand, président de la République.
	Bloc national (jusqu'en 1924).
	Congrès de Tours (groupe communiste minoritaire de la C.G.T. adhère à la troisième Internationale).
	Première assemblée plénière de la Société des Nations à Genève.
	Prix Nobel de physique : C. Guillaume.
	von Frisch : découverte du langage des abeilles.
		Entrent dans leur 20ᵉ année : R. Desnos (m. 1945), A. Dhôtel, R. Crevel (m. 1935), J. Green, J. Prévert, A. de Saint-Exupéry (m. 1944).
		Colette : *Chéri* (film, 1950).
		Duhamel : *Confession de minuit* (film, 1963).
		Montherlant : *La Relève du matin.*
		Proust : *Le Côté de Guermantes I.*
		Valéry : *Le Cimetière marin.*
			Alain : *Système des beaux-arts.*
			Lukács : *Théorie du roman* (tr. 196
			Revues :
			  La Revue universelle.
			  Revue de Genève.

1921	Ministère Briand.
	Mao Tsé-Toung fonde le parti communiste chinois.
	Formation de la République d'Irlande (Eire).
		Mort de : G. Feydeau (n. 1862).
		Entrent dans leur 20ᵉ année : J. Lacan, M. Leiris, A. Malraux.
		Prix Nobel : A. France.
		Mise en accusation et jugement de M. Barrès par DADA, A. Breton président du tribunal.
		Cendrars : *Anthologie nègre.*
		Gide : *Si le grain ne meurt.*
		Proust : *Le Côté de Guermantes II, Sodome et Gomorrhe I.*
		Freud : *La Psychanalyse,* traduction française.
			Revues :
			  Le Disque vert (jusqu'en 1941).
			  Revue de littérature comparée.

1922	Ministère Poincaré. Mort de Benoît XV; élection de Pie XI. Chute du ministère Lloyd George. Mussolini au pouvoir. Proclamation de la République turque (Kemal Pacha Atatürk). Prix Nobel de physique : A. Einstein.	Mort de : H. Bataille (n. 1872), M. Proust (n. 1871). Entrent dans leur 20ᵉ année : M. Aymé (m. 1967), N. Sarraute, Vercors. Barrès : *Un Jardin sur l'Oronte.* Margueritte : *La Garçonne* (film, 1925). Martin du Gard : *Les Thibault I* (→ 1940). Mauriac : *Le Baiser au lépreux.* Proust : *Sodome et Gomorrhe II* Valéry : *Charmes.*	Du Bos : *Approximations I.* Lalou : *Histoire de la littérature fra contemporaine.* Revue : *Les Nouvelles littéraires.*

1923	Occupation de la Ruhr (jusqu'en 1925).
	Formation de l'U.R.S.S.
	Echec du putsch de Munich (Hitler).
		Mort de : M. Barrès (n. 1862), P. Loti (n. 1850).
		Entrent dans leur 20ᵉ année : J. Follain (m. 1971), R. Queneau (m. 1977) R. Radiguet (m. 1923), G. Simenon, J. Tardieu, M. Yourcenar.
		Cocteau : *Thomas l'imposteur* (film, 1965).
		Proust : *La Prisonnière.*
		Radiguet : *Le Diable au corps* (film, 1947).
		Freud : *Trois Essais sur la sexualité,* traduction française.
		Piaget : *Le Langage et la pensée.*
			Bédier et Hazard : *Histoire de la li ture française.*
			Jaloux : *L'Esprit des livres I* (jusc 1947).
			Revues :
			  Europe.
			  La Revue européenne.

ARTS ET MUSIQUE	SPECTACLES	LITTÉRATURES ÉTRANGÈRES	ANNÉES
ue : ·oulanger enseigne l'harmonie à :cole normale. ·Six (G. Auric, L. Durey, A. Ho-gger, D. Milhaud, F. Poulenc, . Tailleferre). · : musique d'ameublement. ·t de : Modigliani (n. 1884). ·ifestations DADA. ·ifeste Puriste, *L'Esprit nouveau* ·zenfant, Jeanneret-« Le Corbu-·r »). ·ifeste Réaliste, dit Constructiviste ·evsner, Gabo).	Théâtre : Crommelynck : *Le Cocu magnifique* (film, 1946). Vildrac : *Le Paquebot Tenacity*. Ballet : *Le Bœuf sur le toit* (Milhaud/Cocteau). *Caramel mou* (Milhaud). *Le Chant du rossignol* (Stravinski).	Lawrence : *Femmes amoureuses*. Undset : *Christine Lavransdatter* (tr. 1938).	1920
ue : ·t de : Saint-Saens (n. 1835). ·ré : *L'Horizon chimérique*. · devient professeur au Bauhaus. ·er : *Les Disques dans la ville; 'Homme au chien*. ·sso : *Les Trois Musiciens; Femme ·sise*.	Théâtre : Dullin fonde sa troupe. Tzara : *Le Cœur à gaz*. Cinéma : Chaplin : *Le Kid*. Ballet : *L'Homme et son désir* (Milhaud/Clau-del). *Les Mariés de la Tour Eiffel* (Les Six/Coc-teau).	Pirandello : *Six Personnages en quête d'au-teur* (représentée à Paris, 1923).	1921
ue : ·demith : *Quatuor à cordes III*. ·ouverte du tombeau de Tout-·nkh-Amon. ·osition Bauhaus à Weimar.	Théâtre : Baty fonde La Chimère. Copeau fonde le Vieux-Colombier. Jouvet fonde la Comédie des Champs-Elysées. Pitoëff s'installe à Paris. R. Roussel : *Locus Solus* (suscite des bagarres). Vildrac : *Michel Auclair*. Cinéma : Gance/Cendrars : *La Roue*. Murnau : *Nosferatu le vampire*.	Brecht : *Tambours dans la nuit*. Eliot : *La Terre vaine* (tr. 1947). Fitzgerald : *Les Enfants du jazz* (tr. 1967), *Heureux et damnés* (tr. 1965). Joyce : *Ulysse* (tr. 1929). Lewis : *Babbitt*. Mansfield : *La Garden Party* (tr. 1929).	1922
que : ·e lance l'Ecole d'Arcueil · Falla : *Le Retable de Maître Pierre*. ·ré : *Trio pour piano, violon et vio-·ncelle*. : ·champ : *La Mariée mise à nu, par ·s célibataires, même*. ·st : *Pietà ou la Révolution la nuit* ·1ʳᵉ peinture surréaliste). ·ndinsky : *Composition VIII*. ·abia : *Le Baiser*.	Théâtre : Mort de : Sarah Bernhardt (n. 1844). Feyder : *Visages d'enfants*. Flers/Croisset : *Ciboulette* (musique de R. Hahn). Romains : *Knock ou Le Triomphe de la médecine* (films, 1925, 1933, 1950). Romains : *M. le Trouhadec saisi par la débauche* (pub. 1921). Ballet : *La Création du monde* (Milhaud/Cen-drars).	Mort de : K. Mansfield (n. 1888). Rilke : *Elégies à Duino; Sonnets à Orphée*.	1923

ANNÉES	ÉVÉNEMENTS ET DÉCOUVERTES	REPÈRES LITTÉRAIRES	ESTHÉTIQUE ET CRITIC
1923			

1924	Cartel des gauches (jusqu'en 1926).
	 Mort de Lénine.
	 Le Labour Party au pouvoir pour la première fois en Angleterre.
	 Reconnaissance de l'U.R.S.S. par la France et l'Angleterre.
	 Australopithèques découverts en Afrique.
		Mort de : A. France (n. 1844); obsèques nationales, plaquette surréaliste : « Un Cadavre ».
		 Breton : *Poisson soluble.*
		 Eluard : *Mourir de ne pas mourir.*
		 Reverdy : *Les Épaves du ciel.*
		 Saint-John Perse : *Anabase.*
		 Mauss : *Essai sur le don, forme archaïque de l'échange.*
			Breton : *Manifeste du surréalisme; perdus.*
			 Crémieux : *Vingtième siècle.*
			 Tzara : *Sept Manifestes Dada.*
			 Valéry : *Variété I.*
			 Revues :
			    Candide (→ 1943).
			    Commerce (→ 1932).
			    Philosophie (→ 1925).
			    La Révolution surréaliste (→ 192ç

1925	Mort de Sun Yat-sen. Guerre du Rif au Maroc. Hindenburg, président de l'Allemagne (jusqu'en 1934). Traité de Locarno.	Entrent dans leur 20e année : P. Klossowski, J.-P. Sartre, P. Nizan (m. 1940). Artaud : *L'Ombilic des limbes.* Proust : *Albertine disparue.* Supervielle : *Gravitations.*	Bremond : *La Poésie pure.* Duhamel : *Essai sur le roman.* Revue : *Le Roseau d'or* (→ 1932).
1926	Ministère Poincaré (jusqu'en 1929). Coups d'Etat en Pologne et au Portugal. Prix Nobel de physique : J. Perrin.	Entrent dans leur 20e année : S. Beckett, L. S. Senghor. Aragon : *Le Paysan de Paris.* Bernanos : *Sous le soleil de Satan.* Cendrars : *Moravagine; L'Or* (film, 1936). Eluard : *Capitale de la douleur.* Gide : *Les Faux-Monnayeurs.* Giraudoux : *Bella.* Ponge : *Douze Petits Écrits.*	Malraux : *Tentation de l'Occident.* Revue : *L'Esprit* (1927).
1927	Conflits entre Tchang Kaï-chek et les communistes chinois. Grave crise économique en Allemagne. Lindbergh : première traversée de l'Atlantique en avion, film parlant. Sinanthrope découvert près de Pékin.	Entrent dans leur 20e année : R. Abellio, M. Blanchot, R. Char, J. Genet, E. Guillevic, V. Leduc (m. 1972), R. Peyrefitte, R. Vailland (m. 1965). Prix Nobel : H. Bergson. Desnos : *La Liberté ou l'amour.* Mac Orlan : *Le Quai des brumes* (film, 1938). Mauriac : *Thérèse Desqueyroux* (film, 1962). Proust : *Le Temps retrouvé.* Heidegger : *L'Être et le Temps.*	Benda : *La Trahison des clercs.* Gide : *Journal des Faux-Monnayeu* Massis : *Défense de l'Occident.* Revues : *Revue des sciences humaines.*

1928	L'Union nationale (jusqu'en 1930).
	 Tchang Kaï-chek, président de la Chine.
	 Staline au pouvoir.
	 Enregistrements des sons sur bande magnétique.
		Entrent dans leur 20e année : A. Adamov (m. 1970), S. de Beauvoir, R. Daumal (m. 1944), C. Lévi-Strauss.
		 Aragon : *Le Con d'Irène.*
		 Bataille : *Histoire de l'œil.*
			Breton : *Le Surréalisme et la pein*
			 Revues :
			    Le Grand jeu (→ 1930).
			    Gringoire (→ 1944).
			    La Lutte des classes (→ 1933).

ARTS ET MUSIQUE	SPECTACLES	LITTÉRATURES ÉTRANGÈRES	ANNÉES
o : *Arlequin ; Femme en blanc.*	*Noces* (Stravinski). *Padmâvatî* (A. Roussel).		1923
▪ : ▪de : Fauré (n. 1845). ▪win : *Rhapsody in Blue.* ▪ger : *Pacific 231 ; Le Roi David* ▪version). ▪ : *Tzigane.* ▪berg : *Suite pour piano, op. 25.* ▪nsky, Klee, Jawlensky et Feini-▪ forment le « Blaue Reiter ».	Théâtre : R. Roussel : *L'Étoile au front.* Cinéma : René Clair : *Entr'acte.* Ballet : *Ballet mécanique* (Antheil/Léger). *Les Biches* (Poulenc/Diaghilev). *Relâche* (Satie/Picabia).	Mort de : Conrad (n. 1857), Kafka (n. 1883). Forster : *Passage to India.* Mann : *La Montagne magique* (tr. 1931). Neruda : *Vingt poèmes d'amour et une chanson désespérée.* Shaw : *Sainte Jeanne.* Unamuno : *L'Agonie du christianisme* (publié d'abord dans la traduction française, puis en espagnol en 1930).	1924
▪ : ▪de : Satie (n. 1866). ▪ *Wozzeck* (opéra). ▪Colette : *L'Enfant et les Sortilèges.* ▪us à Dessau (jusqu'en 1933). ▪ition internationale des arts dé-▪atifs (Paris). ▪ition Neue Sachlichkeit (Man-▪im). ▪ère exposition surréaliste (Paris).	Théâtre : Crommelynck : *Tripes d'or.* Salacrou : *Tour à terre.* Cinéma : Chaplin : *La Ruée vers l'or.* Eisenstein : *Le Cuirassé Potemkine.* Ballet : *Les Matelots* (Auric).	Dos Passos : *Manhattan Transfer* (tr. 1928). Fitzgerald : *Gatsby le magnifique* (tr. 1926). Hitler : *Mein Kampf.* Kafka : *Le Procès* (tr. 1933). Pound : *Cantos I-XVI.* V. Woolf : *Mrs. Dalloway.* Traduction : Th. Mann, *La Mort à Venise* (éd. originale, 1913).	1925
▪ni : *Turandot* (opéra inachevé). ▪de : Monet (n. 1840). ▪e : *Canéphores.* ▪r : *Sculptures en fil d'acier.* ▪fe : *Abstractions.*	Théâtre : Cocteau : *Orphée* (film, 1950). Goll : *Assurance contre le suicide.* Cinéma : Renoir : *Nana.*	Mort de : Rilke (n. 1875). Kafka : *Le Château* (tr. 1938).	1926
▪e : ▪Brecht : *Grandeur et décadence* ▪a ville de Mahagonny (opéra). ▪aud/Cocteau : *Le Pauvre Matelot* ▪éra). ▪nski/Cocteau : *Oedipus Rex* ▪éra). ▪de : Juan Gris (n. 1887). ▪ *Le Sang est plus doux que le miel.* ▪ : *La Grande forêt.* ▪drian : *Composition avec rouge,* ▪ne et bleu.	Théâtre : Vitrac : *Les Mystères de l'amour* (premier spectacle au Théâtre Alfred Jarry). Cinéma : Clair : *Un chapeau de paille d'Italie.* Gance : *Napoléon.* Garbo : *Anna Karénine.* Jolson : *Le Chanteur de jazz* (premier film parlant). Ballet : Mort d'Isadora Duncan (n. 1878).	V. Woolf : *La Promenade au phare.*	1927
▪e : ▪Brecht : *L'Opéra de quat'sous.* ▪ : *Boléro.* ▪all : *Le Coq et l'Arlequin.*	Théâtre : Ghelderode : *La Mort du Docteur Faust.* Giraudoux : *Siegfried* (film, 1954). Pagnol : *Topaze* (film, 1933). Vitrac : *Victor ou les Enfants au pouvoir.*	Cholokhov : *Le Don paisible.* Huxley : *Contrepoint* (tr. 1930). Lawrence : *L'Amant de Lady Chatterley* (tr. 1932). Yeats : *La Tour.*	1928

ANNÉES	ÉVÉNEMENTS ET DÉCOUVERTES	REPÈRES LITTÉRAIRES	ESTHÉTIQUE ET CRITIQ
1928	Prix Nobel de médecine : C. Nicolle.	Breton : *Nadja.* Malraux : *Les Conquérants.* Péret : *Le Grand Jeu.* Manifeste de l'école de Prague au Congrès international linguistique (rupture avec la linguistique de Saussure − Trubetzkoy, Jakobson, etc.).	
1929	Ministère Briand. Hoover, président des Etats-Unis. Trotski exilé. Traité du Latran entre le Pape et Mussolini. Krach de Wall Street. Prix Nobel de physique : L. de Broglie.	Entrent dans leur 20ᵉ année : R. Brasillach (m. 1945), A. Pieyre de Mandiargues, S. Weil (m. 1943). Cocteau : *Les Enfants terribles* (film, 1949). Dabit : *Hôtel du nord* (film, 1938). Michaux : *Mes Propriétés.* Saint-Exupéry : *Courrier Sud* (film, 1932). Heidegger : *Qu'est-ce que la métaphysique?*	Breton : *Second Manifeste du sur* Billy : *La Littérature française co* *raine.* Revues : *Bifur* (1931). *Documents* (→ 1930). *Latinité* (→ 1932). *La Revue marxiste* (1930).
1930	Ras Tafari devient l'empereur Hailé Sélassié Iᵉʳ d'Ethiopie. Evacuation de la Rhénanie (30 juin). Régression économique mondiale.	Entrent dans leur 20ᵉ année : J. Anouilh, J.-L. Barrault, J. Gracq. Colette : *Sido.* Desnos : *Corps et biens.* Giono : *Regain* (film, 1937). Malraux : *La Voie royale.* Simenon : *Pietr le letton* (premier roman « Maigret »).	Lemonnier : *Manifeste du roman p* Poulaille : *Nouvel âge littéraire.* Revues : *Je suis partout* (→ 1944). *Minutes* (→ 1934). *Le Surréalisme au service de la ré* (→ 1933).
1931	P. Doumer, président de la République. Ministère Laval. Politisation des intellectuels en France ; croissance des groupes d'extrême-droite et des activités anti-fascistes de gauche. Occupation de la Mandchourie par les troupes japonaises. Création de la République espagnole (9 déc.).	Entrent dans leur 20ᵉ année : H.-Bazin, J. Cayrol, P. La Tour du Pin, H. Troyat. Nizan : *Aden, Arabie.* Poulaille : *Le Pain quotidien.* Saint-Exupéry : *Vol de nuit* (film, 1933). Tzara : *L'Homme approximatif.* Husserl : *Méditations cartésiennes.*	Jaloux : *Au pays du roman.* Revue : *Sur* (Buenos Aires).
1932	Ministères Tardieu (févr.), Herriot (juin), Boncour (déc.). Mort de Briand. Salazar au pouvoir au Portugal (jusqu'en 1968). Premières émissions de télévision à Paris (émissions régulières dès 1938).	Entrent dans leur 20ᵉ année : E. Ionesco, E. Jabès. Breton : *Les Vases communiquants.* Céline : *Voyage au bout de la nuit.* Mauriac : *Le Nœud de vipères.* Romains : *Les Hommes de bonne volonté I* (→ 1947).	Maurras : *Prologue d'un essai sur la c* Revues : *Esprit.* *Regards* (→ 1940).

ARTS ET MUSIQUE	SPECTACLES	LITTÉRATURES ETRANGÈRES	ANNÉES
ufy : *Fontaine à Hyères*. iro : *Intérieur hollandais*.	Cinéma : Buñuel/Dali : *Un chien andalou*. Dreyer : *La Passion de Jeanne d'Arc*.		1928
sique : nsermet et Fourestier fondent l'Orchestre symphonique de Paris. mmanuel : *Salamine* (opéra). oulenc : *Aubade*. ebern : *Symphonie, op. 21* (musique dodécaphonique). s : remière exposition Kandinsky à Paris. Iouvement Zeitkunst (Berlin). Ioore : *Figure allongée*. hitecture : e Corbusier : Villa Savoye (Poissy).	Théâtre : Achard : *Jean de la lune*. Giraudoux : *Amphitryon 38*. Ballet : Mort de Diaghilev (n. 1872).	Faulkner : *Le Bruit et la Fureur* (tr. 1938). Hemingway : *L'Adieu aux armes* (tr. 1932). Moravia : *Les Indifférents* (tr. 1949). V. Woolf : *Une chambre à soi*.	1929
sique : travinski : *Symphonie de psaumes*. s : Iies Van der Rohe, directeur du Bauhaus. remière exposition internationale d'art abstrait (Paris). Iatisse : illustrations pour les poésies de Mallarmé.	Théâtre : Passeur : *L'Acheteuse*. Cinéma : Buñuel/Dali : *L'Age d'or*. Chaplin : *Les Lumières de la ville*. Clair : *Sous les toits de Paris*. Cocteau : *Le Sang d'un poète*. Sternberg : *L'Ange bleu*.	Mort de : D. H. Lawrence (n. 1885). Auden : *Poèmes*. Crane : *Le Pont*. Faulkner : *Tandis que j'agonise* (tr. 1934). Musil : *L'Homme sans qualités* (tr. 1957-1958). Ortega y Gasset : *La Révolte des masses*.	1930
sique : Auric commence à composer pour le cinéma. Iessiaen : *Les Offrandes oubliées*. Ravel : *Concerto en sol majeur ; Concerto pour la main gauche*. travinski : *Concerto en ré pour violon*. s : Exposition coloniale à Paris. Deuxième exposition surréaliste. Calder : *Stabiles*. Dali : *La Persistance de la mémoire ; Le Rêve*. Picasso : illustrations pour *Les Métamorphoses* d'Ovide.	Théâtre : Obey : *Noé*. Cinéma : Clair : *A nous la liberté ; Le Million*.	Faulkner : *Sanctuaire* (tr. 1933). V. Woolf : *Les Vagues* (tr. 1937). Traduction : Lawrence, *Amants et fils* (éd. originale 1913).	1931
sique : Formation de la société musicale Le Triton (Milhaud, Honegger, etc.). Milhaud : *Maximilien* (opéra). ts : Fondation du groupe Abstraction-Création (Paris ; Mondrian, Gabo, etc.).	Théâtre : Supervielle : *La Belle au bois*. Cinéma : Max Ophüls : *Liebelei*.	Traduction française de *L'Amant de Lady Chatterley*, avec préface d'A. Malraux.	1932

ANNÉES	ÉVÉNEMENTS ET DÉCOUVERTES	REPÈRES LITTÉRAIRES	ESTHÉTIQUE ET CRITIQU[E]
1932	Invention du microscope électronique.	Bergson : *Les Deux Sources de la morale et de la religion.*	
1933	Ministères Daladier (janv.), Sarraut (oct.), Chautemps (nov.). Affaire Stavinsky (déc.). Hitler devient chancelier du Reich (30 janv.). Roosevelt, président des Etats-Unis. Kolmogorov : axiomatique du calcul. Fabrication de l'eau lourde.	Mort de : A. de Noailles (n. 1876), R. Roussel (n. 1887). Entrent dans leur 20ᵉ année : R. Caillois, A. Camus (m. 1960), A. Césaire, G. Cesbron, C. Simon. Aymé : *La Jument verte* (film, 1959). Crevel : *Les Pieds dans le plat.* Duhamel : *La Chronique des Pasquier I* (→ 1945). Malraux : *La Condition humaine.* Queneau : *Le Chiendent.* Freud : *Essais de psychanalyse appliquée,* traduction française.	F. Mauriac : *Le Romancier et ses p[erson]nages.* Raymond : *De Baudelaire au surré[alisme]* (nouv. éd., 1940). Revues : *Marianne* (→ 1940). *Minotaure* (→ 1939). *L'Ordre nouveau* (→ 1937).
1934	Emeutes fascisantes à Paris ; tentative manquée de prise de pouvoir par la droite (févr.). Le parti communiste français propose une action collective contre le fascisme et commence à préconiser une alliance avec les Socialistes (Blum) et les Radicaux (Daladier). Assassinat du chancelier Dollfuss à Vienne. Joliot-Curie : radio-activité artificielle.	Mort de : G. Lanson (n. 1857). Entre dans sa 20ᵉ année : M. Duras. Char : *Le Marteau sans maître.* Chevallier : *Clochemerle* (film, 1947). Drieu La Rochelle : *La Comédie de Charleroi.* Giono : *Le Chant du monde* (film, 1965). Jouve : *Sueur de sang.*	Revue : *Mesures* (→ 1940).
1935	Ministère Laval. Accords franco-italiens. Création du Front populaire (3 nov.). Pacte franco-russe. Institution du service militaire obligatoire en Allemagne. Guerre d'Ethiopie. Prix Nobel de chimie : F. et I. Joliot-Curie.	Mort de : H. Barbusse (n. 1873), P. Bourget (n. 1852). Entre dans sa 20ᵉ année : R. Barthes. Giono : *Que ma joie demeure.* Malraux : *Le Temps du mépris.*	Naissance du mouvement de la né[gri]tude. Roussel : *Comment j'ai écrit certains de [mes] livres.* Revue : *Vendredi* (→ 1938).
1936	Le Front populaire au pouvoir (jusqu'en juin 1937). Ministère Léon Blum. Occupation de la Rhénanie par l'Allemagne (mars). La guerre civile éclate en Espagne (juillet) ; Franco devient chef d'Etat. Procès des révolutionnaires importants en U.R.S.S. dont plusieurs sont condamnés à mort. Début de la guerre sino-japonaise. Création du Centre national de la recherche scientifique (C.N.R.S.).	Entrent dans leur 20ᵉ année : P. Emmanuel, A. Hébert. Aragon : *Les Beaux Quartiers.* Bernanos : *Journal d'un curé de campagne* (film de Bresson, 1950). Céline : *Mort à crédit.* Montherlant : *Les Jeunes Filles.*	

ARTS ET MUSIQUE	SPECTACLES	LITTÉRATURES ÉTRANGÈRES	ANNÉES
...insky : *Réflexions sur l'art abstrait* ...re).			1932
...ue : ...egger/Valéry : *Sémiramis*. ...auhaus fermé par les Nazis. ...er : *Mobiles*. ...t : *La Foresta inbalsamata*. ...ometti : *Le Palais à quatre heures du* ...tin.	Théâtre : Giraudoux : *Intermezzo*. Cinéma : Benoit-Lévy : *La Maternelle*. Clair : *Quatorze juillet*. Garbo : *La Reine Christine*.	Mort de : Stephan George (n. 1868). Garcia Lorca : *Noces de sang* (représentée à Paris, 1939). G. Stein : *L'Autobiographie d'Alice B. Toklas* (tr. 1934).	1933
...ue : ...demith : *Mathis le peintre*. ...vinski/Gide : *Perséphone*. ...nière exposition de Balthus. ...osition Maîtres de la réalité (Pa-...). ... : illustration des *Chants de* ...aldoror. ...t : *Une Semaine de bonté ou les Sept* ...éments capitaux* (roman-collage). ...sso : série des *Tauromachies*.	Théâtre : Cocteau : *La Machine infernale*. Salacrou : *Une Femme libre*. Cinéma : Clair : *Le Dernier Milliardaire*. Renoir : *Madame Bovary*.	Au premier Congrès des écrivains soviétiques, Jdanov formule la doctrine littéraire du réalisme socialiste. Fitzgerald : *Tendre est la nuit* (tr. 1951). Garcia Lorca : *Yerma* (tr. 1947). Miller : *Tropique du Cancer* (tr. 1945).	1934
...ue : ...t de Alban Berg (n. 1885).	Théâtre : Artaud : *Les Cenci*. Giraudoux : *La Guerre de Troie n'aura pas lieu*. Salacrou : *L'Inconnue d'Arras*.	T. S. Eliot : *Meurtre dans la cathédrale* (tr. 1944).	1935
...ue : ...stitution du groupe Jeune France ...audrier, Jolivet, Messiaen, Daniel-...sur). ...sco : *Œdipe* (opéra). ...t : *Ville entière*. ...at : *Les Illusions d'Icare* (sa pre-...ière tapisserie). ...ault : *Le Vieux Roi*.	Théâtre : Supervielle : *Bolivar*. Cinéma : Chaplin : *Les Temps modernes*.	Mort de : F. Garcia Lorca (n. 1898), M. Gorki (n. 1868), L. Pirandello (n. 1867). Faulkner : *Absalon ! Absalon !* (tr. 1953).	1936

ANNÉES	ÉVÉNEMENTS ET DÉCOUVERTES	REPÈRES LITTÉRAIRES	ESTHÉTIQUE ET CRITIQ
1937	Bombardement de Guernica. Ministère Chamberlain en Angleterre (jusqu'en mai 1940). Invention du nylon.	Entre dans sa 20ᵉ année : Ch. Rochefort. Prix Nobel : R. Martin du Gard. Bosco : *L'Ane Culotte*. Malraux : *L'Espoir* (film, 1939).	Bachelard : *La Psychanalyse du j* Béguin : *L'âme romantique et le ré*
1938	Ministère Léon Blum (mars), Daladier (avril). L'Allemagne annexe l'Autriche *(Anschluss)*. Accords de Munich (29 sept.). Annexion par l'Allemagne de la région des Sudètes (Tchécoslovaquie). Prix Nobel de physique : E. Fermi.	Mort de : F. Jammes (n. 1868). Bernanos : *Les Grands Cimetières sous la lune*. Daumal : *La Grande Beuverie*. Gracq : *Au Château d'Argol*. Michaux : *Plume*, précédé de *Lointain intérieur*. Nizan : *La Conspiration*. Sarraute : *Tropismes*. Sartre : *La Nausée*.	Artaud : *Le Théâtre et son Double*. Maritain : *Situation de la poésie*. Thibaudet : *Réflexions sur la littér* *Réflexions sur le roman*.
1939	Fin de la guerre d'Espagne. Les Allemands occupent la Tchécoslovaquie (mars). Pacte de non-agression germano-russe (août). Invasion de la Pologne (1ᵉʳ sept.). Déclaration de guerre anglo-française contre l'Allemagne (3 sept.) ; la « drôle de guerre » à l'abri des lignes Maginot et Siegfried (jusqu'en juin 1940). Mort de Pie XI ; élection de Pie XII. Hahn/Strassman : fission nucléaire de l'uranium. Le groupe Bourbaki commence la publication des *Eléments de mathématiques*. Trubetzkoy (école de Prague) : *Principes de phonologie* (tr. 1949).	Mort de : O. Milosz (n. 1877). Entre dans sa 20ᵉ année : R. Pinget. Césaire : *Cahier d'un retour au pays natal*. Leiris : *L'Age d'homme*. Queneau : *Un rude hiver*. Saint-Exupéry : *Terre des hommes*. Sartre : *Le Mur* (film, 1966). Mort de Freud (n. 1856).	Caillois : *L'Homme et le Sacré*. Lefèbvre : *Le Matérialisme dialec* Rougemont : *L'Amour et l'Occide* Thibaudet : *Réflexions sur la critiq* Revue : *Fontaine* (→ 1947).
1940	Reynaud succède à Daladier (mars). Dunkerque. Les Allemands occupent Paris (14 juin). Le maréchal Pétain au pouvoir (16 juin). De Gaulle, de Londres, lance son premier appel à la résistance (18 juin). Armistices franco-allemand (22 juin) et franco-italien (25 juin), (en France : zone occupée et zone libre). Assassinat de Trotski au Mexique. Premiers magnétophones pratiques. Découverte du facteur Rhésus.	Mort de : Saint-Pol Roux (n. 1861). Entrent dans leur 20ᵉ année : A. Memmi, B. Vian (m. 1959).	Bachelard : *L'Eau et les Rêves*. Revue : *Poésie* (→ 1944).

ARTS ET MUSIQUE	SPECTACLES	LITTÉRATURES ÉTRANGÈRES	ANNÉES
que : ort de : Ravel (n. 1875), Albert Roussel (n. 1869). rg : *Lulu* (opéra inachevé). ulenc/Eluard : *Tel jour, telle nuit* suivi jusqu'en 1952 par une cen-aine de chansons sur des poèmes d'Eluard, d'Apollinaire, de Max Jacob, de Desnos, etc.). : position universelle (Paris). asso : *Guernica*.	Théâtre : Anouilh : *Le Voyageur sans bagage* (film 1944). Giraudoux : *Electre*. Cinéma : Duvivier : *Pépé-le-Moko*. Renoir : *La Grande Illusion*.	Gombrowicz : *Ferdydurke* (tr. 1958).	1937
que : union et nationalisation des Théâtres lyriques (Opéra et Opéra-Comique). onegger/Claudel : *Jeanne au bûcher*. onnard : *Le Bateau jaune*. ufy : *Regatta*. oore : *Figure allongée*. ouault : *Ecce Homo*; illustrations pour la *Passion* d'A. Suarès.	Théâtre : Anouilh : *Le Bal des voleurs*. Cocteau : *Les Parents terribles* (film, 1948). Salacrou : *La Terre est ronde*. Cinéma : Eisenstein : *Alexandre Newsky*. Fleming : *Autant en emporte le vent*.	Mort de : D'Annunzio (n. 1863). Traduction : Kafka, *La Métamorphose* (éd. originale 1916).	1938
ique : uguet : *La Chartreuse de Parme* (opéra). : hagall : *Le Temps n'a pas de rives*; *Le Songe d'une nuit d'été*.	Théâtre : Giraudoux : *Ondine*. Cinéma : Carné : *Le Jour se lève*.	Mort de : W. B. Yeats (n. 1865). Brecht : *Mère Courage* (tr. 1952). Joyce : *Finnegan's Wake* (tr. 1964). Miller : *Tropique du Capricorne* (tr. 1946). Steinbeck : *Les Raisins de la colère*. Yeats : *Derniers poèmes* (tr. 1954).	1939
sique : ritten : *Illuminations*. onegger/Claudel : *La Danse des morts*. olivet : *Trois Complaintes du soldat*. travinski : *Symphonie en ut*. s : ort de : Klee (n. 1879). écouverte des fresques préhisto-riques de Lascaux. Masson : *Le Fleuve Héraclite*. Matisse : *Femme assise dans un fauteuil*.	Théâtre : Anouilh : *Léocadia*. Cinéma : Chaplin : *Le Dictateur*. Ford : *Les Raisins de la colère*.	Buzzati : *Le Désert des Tartares* (tr. 1949). Hemingway : *Pour qui sonne le glas* (tr. 1944). Koestler : *Le Zéro et l'Infini* (tr. 1945). McCullers : *Le Cœur est un chasseur soli-taire*. Wright : *Un Enfant du pays*.	1940

ANNÉES	ÉVÉNEMENTS ET DÉCOUVERTES	REPÈRES LITTÉRAIRES	ESTHÉTIQUE ET CRITIQUE
1941	Prise d'Athènes (27 avril). L'Allemagne envahit la Crète (mai). Offensive allemande contre la Russie (22 juin). Roosevelt et Churchill souscrivent à la charte de l'Atlantique (14 août). Pearl-Harbor, entrée des Etats-Unis dans la guerre (7 déc.). Première application de la découverte de Flemming sur la pénicilline.	Mort de : H. Bergson (n. 1859). Aragon : *Le Crève-cœur.* Blanchot : *Thomas l'obscur.* Brasillach : *Notre Avant-Guerre.* Céline : *Les Beaux Draps.* Merleau-Ponty : *La Structure du comportement.*	Paulhan : *Les Fleurs de Tarbes ou la Terreur dans les lettres.* Valéry : *Tel quel I.* Revue : *Confluences* (→ 1947).
1942	Les Allemands mettent le siège devant Stalingrad (sept.). En Afrique du Nord, retraite de Rommel (nov.). Débarquement anglo-américain en Afrique du Nord (8 nov.). Les Allemands occupent la zone libre (11 nov.). Construction de la première pile atomique. Les Allemands lancent la première fusée expérimentale, prototype de la V-2. Cousteau : scaphandre autonome.	Entrent dans leur 20ᵉ année : A. Resnais, A. Robbe-Grillet. Camus : *L'Etranger* (film, 1967). Ponge : *Le Parti pris des choses.* Saint-John Perse : *Exil.* Vercors : *Le Silence de la mer* (film, 1947). Sartre : *L'Etre et le Néant.*	Bachelard : *L'Air et les Songes.* Camus : *Le Mythe de Sisyphe.* Revues : *Les Lettres françaises* (→ 1972).
1943	Défaite allemande à Stalingrad (févr.). Révolte du ghetto de Varsovie (avril). Jean Moulin fonde le Conseil National de la Résistance (mai) ; formation du Comité de libération nationale à Alger (juin). Chute de Mussolini (26 juill.). Débarquement des Alliés en Italie (3 sept.). Conférence de Téhéran : Churchill, Roosevelt, Staline (déc.).	Entrent dans leur 20ᵉ année : Y. Bonnefoy, B. Pingaud. Conseil National des Ecrivains (résistants). Beauvoir : *L'Invitée.* Drieu La Rochelle : *L'Homme à cheval.* Queneau : *Les Ziaux.* Saint-Exupéry : *Le Petit Prince.*	Bataille : *L'Expérience intérieure.* Blanchot : *Faux-pas.* Caillois : *Puissances du roman.* Prévost (éd.) : *Problèmes du roman.* Revue : *Messages* (→ 1944).

1944	Débarquement des Alliés en Normandie (6 juin).
	Libération de Paris ; de Gaulle accueilli comme chef du gouvernement provisoire (21-25 août).
	Epuration.
	Libération de Bruxelles (5 sept.).
	Guerre civile en Grèce (déc.).
	Biro : perfectionnement du crayon à bille.
		Mort de : J. Giraudoux (n. 1882), M. Jacob (n. 1876), R. Rolland (n. 1866).
		Genet : *Notre-Dame-des-Fleurs.*
		Peyrefitte : *Les Amitiés particulières.*
		Von Neumann : *Théorie des jeux.*
			Revues :
			   L'Arche (→ 1947).
			   Paru (→ 1950).

1945	Conférence de Yalta (fév.). Mort de Hitler, Mussolini, Roosevelt (avril). Capitulation de l'Allemagne (8 mai).	Mort de : Drieu La Rochelle (n. 1893), P. Valéry (n. 1871). Entrent dans leur 20ᵉ année : J.-P. Faye, P. Jaccottet, R. Nimier (m. 1962).	Benda : *La France byzantine.* Hytier : *Les Arts de littérature.* Magny : *Les Sandales d'Empédocle.*

ARTS ET MUSIQUE	SPECTACLES	LITTÉRATURES ÉTRANGÈRES	ANNÉES
que : essiaen : *Quatuor pour la fin du temps.* : ancusi : *L'Oiseau.* nst : *Europe après la pluie.*	Cinéma : Daquin : *Nous les gosses.* Welles : *Citizen Kane.*	Mort de : Joyce (n. 1882), V. Woolf (n. 1882). Fitzgerald : *Le Dernier Nabab* (tr. 1952). Vittorini : *Conversations en Sicile* (tr. 1948).	1941
que : essiaen, professeur au conservatoire de Paris. ostakovitch : *VIIᵉ Symphonie*, dite *Léningrad.* : nst : *Le Surréalisme et la peinture.* abo : *Variations sur une construction linéaire.* aillol : *La Rivière.*	Théâtre : Anouilh : *Eurydice.* Montherlant : *La Reine morte.* Cinéma : Carné : *Les Visiteurs du soir.* Visconti : *Ossessione.*	Mort de : R. Musil (n. 1880).	1942
que : ort de : Rachmaninov (n. 1873). : ubuffet : *Gardes du corps.* andinsky : *Sept.* ondrian : *Broadway boogie-woogie.* llock : *Pasiphaé.*	Théâtre : Claudel : *Le Soulier de satin* (pub. 1930). Montherlant : *Fils de personne.* Sartre : *Les Mouches.* Cinéma : Cocteau/Delannoy : *L'Eternel Retour.*	Hesse : *Le Jeu des perles de verre* (tr. 1955).	1943
que : a RDF assume un rôle important dans la création de nouvelles compositions musicales. rtok : *Concerto pour orchestre.* position Vasarely à Paris. ubuffet : *Grand Y.* utrier : série des *Otages.* agall : *A ma femme.*	Théâtre : Anouilh : *Antigone.* Camus : *Le Malentendu.* Sartre : *Huis clos* (film, 1954). Cinéma : Carné/Prévert : *Les Enfants du paradis.* Olivier : *Henri V.* Renoir : *L'Homme du sud ; La Règle du jeu* (tourné en 1939). Vigo : *Zéro de conduite* (tourné en 1932).	Borges : *Fictions* (tr. 1952). Eliot : *Four Quartets.*	1944
que : ort de : Bartok (n. 1881), Webern (n. 1883). N. Boulanger professeur au conservatoire de Paris.	Théâtre : Camus : *Caligula.* Giraudoux : *La Folle de Chaillot* (film, 1969).	Brecht : *Le Cercle de craie caucasien* (tr. 1957). Wright : *Black Boy* (tr. 1947).	1945

ANNÉES	ÉVÉNEMENTS ET DÉCOUVERTES	REPÈRES LITTÉRAIRES	ESTHÉTIQUE ET CRITIQUE
1945	Libération des camps de concentration. Charte de l'O.N.U. (juin). Première bombe atomique à Hiroshima (6 août). Capitulation japonaise (2 sept.). Ho Chi Minh proclame l'indépendance de la république démocratique du Viêt-nam (sept.). De Gaulle élu président du gouvernement provisoire (nov.). Procès de Nuremberg (nov.). Commissariat à l'énergie atomique (CEA). Le CNRS prend son essor sous la direction de Joliot-Curie.	Bosco : *Le Mas Théotime.* Gracq : *Un Beau Ténébreux.* Saint-John Perse : *Vents.* Sartre : *Les Chemins de la liberté I* (→ 1949) Senghor : *Chants d'ombre.* Merleau-Ponty : *Phénoménologie de la perception.*	Nadeau : *Histoire du surréalisme* I. Revue : *Les Temps modernes.*
1946	De Gaulle démissionne ; Charte du tripartisme. Début de la guerre d'Indochine (déc.). Début de la guerre froide. Régimes communistes en Albanie, Bulgarie, Hongrie, Tchécoslovaquie, Yougoslavie. Perón au pouvoir en Argentine. L'Italie devient une république.	Entrent dans leur 20ᵉ année : M. Butor, D. Chraïbi, M. Foucault. Césaire : *Les Armes miraculeuses.* Genet : *Miracle de la rose.* Gide : *Thésée.* Prévert : *Paroles.*	Leiris : « De la littérature consid comme une tauromachie » (préfa la réédition de *L'Age d'homme*) Malraux : *Esquisse d'une psychologi. cinéma.* Pouillon : *Temps et Roman.* Revues : *Cahiers de la Pléiade* (→ 1952). *Critique.* *Synthèses* (→ 1972).
1947	De Gaulle fonde le R.P.F. (avril). Révolte à Madagascar. Le Parti communiste entre dans l'opposition. La doctrine Truman. Création de l'Union Indienne. Mort de : H. Ford (n. 1863) et M. Planck (n. 1858). Avion supersonique. Cryogénie. Appareil photographique Polaroïd.	Mort de : L.-P. Fargue (n. 1876), C.-F. Ramuz (n. 1878). Entrent dans leur 20ᵉ année : F. Billetdoux, J. Greco. Prix Nobel : A. Gide. Beckett : *Murphy* (angl. 1938). Camus : *La Peste.* Cayrol : *Je vivrai l'amour des autres.* Queneau : *Exercices de style.* Sarraute : *Portrait d'un inconnu.* Troyat : *Tant que la terre durera.* Vian : *L'Automne à Pékin ; L'Ecume des jours.* Weil : *La Pesanteur et la Grâce.* Kojève : *Introduction à la lecture de Hegel.* Wiener : *La Cybernétique.*	Klossowski : *Sade mon prochain.* Sartre : *Baudelaire ; Situations* I ; *Qu'e que la littérature ?* ; Préface au *Po d'un inconnu* de N. Sarraute (« l'a roman »).
1948	Assassinat de Ghandi. Proclamation de l'Etat d'Israël (mai) ; première guerre israélo-arabe. Rupture entre la Yougoslavie (Tito) et l'U.R.S.S. Blocus de Berlin (juin). Libby : datation par radiocarbone 14. Piccard : bathyscaphe. Disques microsillon (33 1/3 tr/mn). Invention du transistor.	Mort de : A. Artaud (n. 1896), G. Bernanos (n. 1888), A. Suarès (n. 1868). Fondation du Collège de Pataphysique. Bazin : *Vipère au poing.* Leiris : *La Règle du jeu I* (→ 1966). Ponge : *Proêmes.* Senghor : *Anthologie de la nouvelle poésie nègre et malgache.* Kinsey : *Le Comportement sexuel de l'homme.*	Bachelard : *La Terre et les rêveries a volonté ; La Terre et les rêveries du r Magny : *L'Age du roman américain.* Sartre : « Orphée noir » (introducti l'*Anthologie de la nouvelle poésie nèg malgache* de Senghor). Revues : *Botteghe oscure* (Rome, → 1960). *Revue d'histoire du théâtre.* *Table ronde* (→ 1969).

ARTS ET MUSIQUE	SPECTACLES	LITTÉRATURES ETRANGÈRES	ANNÉES

...inski renonce à la nationalité ...nçaise pour devenir citoyen amé-ain.
...en : *Peter Grimes* (opéra).
 	
...ier Salon de mai (Paris).
...uffet : série des *Murs*.
...hitz : *Mère et enfant*.
	Cinéma :
	  Lotar/Prévert : *Aubervilliers*.
	  Malraux : *L'Espoir* (tourné en 1938-1939).
			1945

...ue :
...t de : M. de Falla (n. 1876).
 	
...pressionnisme abstrait.
...nde exposition de la tapisserie ...aris).
...l : *Composition bleue*.
...guy : *Nombres réels*.
	Théâtre :
	  Barrault et Renaud fondent leur compagnie.
	  Audiberti : *Quoat-Quoat*.
	  Cocteau : *L'Aigle à deux têtes* (film, 1948).
	  Sartre : *La Putain respectueuse* (film, 1952).
	Cinéma :
	  Création du Centre National de la Cinématographie.
	  Premier festival de Cannes.
		Mort de : G. Stein (n. 1874).
		Kazanzaki : *Alexis Zorba* (tr. 1947).
			1946

...ue :
...ation du Festival d'Aix-en-Pro-...nce.
...t de : P. Bonnard (n. 1867).
...n des Réalités nouvelles (art ...ncret).
...cometti : *Femmes debout ; L'Homme ... doigt*.
...tecture :
...Corbusier : Unité d'habitation ...Marseille).
	Théâtre :
	  Audiberti : *Le Mal court*.
	  Genet : *Les Bonnes*.
	  Kafka/Gide/Barrault : *Le Procès*.
	  Lilar : *Le Burlador*.
	  Pichette : *Les Epiphanies*.
		Anne Frank : *Journal* (tr. 1950).
		Lowry : *Au-dessous du volcan* (tr. 1950).
			1947

...que :
...lez : *IIᵉ Sonate pour piano*.
...vet : *Concerto pour ondes Martenot*.
...aeffer : *Concert de bruits* à la RTF ...remière réalisation de musique ...oncrète).
...avinski : *Messe*.
...mation du groupe La Compagnie ...'Art brut (Dubuffet).
	Théâtre :
	  Camus : *L'Etat de siège*.
	  Ghelderode : *Escurial* (pub. 1928).
	  Montherlant : *Le Maître de Santiago*.
	  Sartre : *Les Mains sales* (film, 1951).
	  Supervielle : *Le Voleur d'enfants*.
	Cinéma :
	  De Sica : *Le Voleur de bicyclette*.
	  Renais/Hessens : *Van Gogh*.
		Mailer : *Les Nus et les Morts*.
		Pound : *Les Cantos pisans* (tr. 1966).
			1948

ANNÉES	ÉVÉNEMENTS ET DÉCOUVERTES	REPÈRES LITTÉRAIRES	ESTHÉTIQUE ET CRITIC
1948	Première pile atomique française (ZOE).		
1949	O.T.A.N. (avril). Création de la République fédérale allemande (mai). Tchang Kaï-chek s'établit à Taïwan ; Mao Tsé-toung proclame la République populaire chinoise. Formation de la République démocracratique allemande (oct.). Première bombe atomique soviétique. Début de la construction de la centrale atomique à Saclay. Mise en service du télescope de 5 m. du Mont Palomar.	Mort de : M. Maeterlinck (n. 1862). Abellio : *Les Yeux d'Ezéchiel sont ouverts.* Aragon : *Les Communistes* I (→ 1951). Beauvoir : *Le Deuxième Sexe.* Genet : *Journal du voleur.* Nimier : *Les Epées.* Supervielle : *Oublieuse Mémoire.*	Blanchot : *La Part du feu.* Picon : *Panorama de la nouvelle li* française. Revue : *Présence africaine.*
1950	Mort de Léon Blum. Début de la guerre de Corée (juin). Télévision : la 1ʳᵉ chaîne.	Entrent dans leur 20ᵉ année : M. Deguy, J. Derrida, G. Genette, J.-.L Godard, F. Mallet-Joris. Bataille : *L'Abbé C.* Duras : *Un barrage contre le Pacifique* Green : *Moïra.* Nimier : *Le Hussard bleu.*	Albérès : *L'Aventure intellectue* XXᵉ siècle. Boisdeffre : *Métamorphoses de la* ture I. Gracq : *La Littérature à l'estomac.* Poulet : *Etudes sur le temps humain* Revue : *Cahiers du cinéma.*
1951	Plan Schuman crée « les Six » (avril). Recul du communisme ; progrès du R.P.F. McCarthy ; procès anti-communistes aux Etats-Unis.	Mort de : Alain (n. 1868), A. Gide (n. 1869). Beckett : *Molloy.* Camus : *L'Homme révolté.* Giono : *Le Hussard sur le toit.* Gracq : *Le Rivage des Syrtes* (pour lequel il refuse le Prix Goncourt). Mallet-Joris : *Le Rempart des béguines.* Tardieu : *Monsieur, monsieur.* Weil : *La Condition ouvrière.* Yourcenar : *Les Mémoires d'Hadrien.*	Paulhan : *Petite préface à toute cri* Revue : *Roman* (→ 1955).
1952	La reine Elizabeth accède au trône (févr.). Chute de la monarchie égyptienne. Bombe H. Inauguration du barrage hydro-électrique de Donzère-Mondragon.	Mort de : P. Eluard (n. 1895), C. Maurras (n. 1868), R. Vitrac (n. 1899). Entrent dans leur 20ᵉ année : F. Arrabal, J. Ricardou. Prix Nobel : F. Mauriac. Beckett : *Malone meurt.*	Etiemble : *Hygiène des lettres I.* Poulet : *La Distance intérieure.* Sartre : *Saint-Genet.*

ARTS ET MUSIQUE	SPECTACLES	LITTÉRATURES ÉTRANGÈRES	ANNÉES
~nation du groupe L'Homme té-/~oin (Buffet, Rebeyrolle, etc.)/~isse : construction et décoration/~ la Chapelle du Rosaire (Vence).			1948
~que :/~rt de : R. Strauss (n. 1864)./~ssiaen : *Turangalîla-Symphonie*./~mation du Salon de la Jeune pein-/~re./~ock : *Numéro I*./~ault : *La Passion*.	Théâtre :/Mort de : J. Copeau (n. 1879),/Ch. Dullin (n. 1885)./Camus : *Les Justes*./Genet : *Haute Surveillance*./Ghelderode : *Fastes d'enfer*./Tardieu : *Qui est là ?*/Cinéma :/Reed : *Le Troisième Homme*./Tati : *Jour de fête*.	Böll : *Le Train était à l'heure*./Malaparte : *La Peau* (tr. 1949)./Miller : *Mort d'un commis-voyageur*./Orwell : *1984*.	1949
~que :/~haud/Supervielle : *Bolivar* (opéra,/~omp. 1943)./~aeffer/Henry : *Symphonie pour un/~omme seul*./~chitz : *Notre-Dame-de-Liesse* (église/~'Assy)./~Richier : *Christ* (église d'Assy) ;/~'Eau./~tecture :/~nstruction du siège de l'ONU (New/~ork)./Corbusier : église à Ronchamp.	Théâtre :/Adamov : *La Grande et la Petite Ma-/nœuvre*./Ionesco : *La Cantatrice Chauve*./Montherlant : *Malatesta* (publ. 1946)./Tardieu : *Un Mot pour un autre*./Vian : *L'Equarissage pour tous*./Cinéma :/Cocteau : *Orphée*./Kurosawa : *Rashomon*.	Mort de : Pavese (n. 1908), G. B. Shaw/(n. 1856)./Lagerkvist : *Barabbas*./Neruda : *Le Chant général*.	1950
~que :/~rt de : Schönberg (n. 1874)./~nstitution du Groupe de Recherche/~e Musique concrète de la RTF/~Schaeffer, Boulez, etc.)./~ulez : *Polyphonie X*./~avinski : *The Rake's Progress* (opéra)./~:/~nstitution du groupe Espace./~oupe tachiste Véhémences confron-/~ées (Mathieu, Pollock, etc.).	Théâtre :/Vilar prend la direction du Théâtre/National populaire./Ionesco : *La Leçon*./Sartre : *Le Diable et le Bon Dieu*./Cinéma :/Ophuls : *Le Plaisir*./Resnais : *Guernica*.	Salinger : *L'Attrape-cœurs* (tr. 1953).	1951
~que :/~ulez : *Structures I*./~ge : *Quatre minutes trente-trois se-/~ondes* (musique silence)./~ckhausen : *Jeu pour orchestre*./~itecture :/~Corbusier : *Cité radieuse* (Mar-/~seille).	Théâtre :/Serreau fonde le Théâtre de Babylone./Anouilh : *La Valse des toréadors* (film,/1961)./Bernanos : *Dialogues des Carmélites*/(pub. 1948 ; opéra de Poulenc,/1957 ; film, 1960)./Ionesco : *Les Chaises*.	Hemingway : *Le Vieil Homme et la mer*./Pavese : *Le Métier de vivre* (tr. 1958).	1952

ANNÉES	ÉVÉNEMENTS ET DÉCOUVERTES	REPÈRES LITTÉRAIRES	ESTHÉTIQUE ET CRITIQ
1952			
1953	Grèves générales (août). Mort de Staline (5 mars). Emeutes anti-communistes à Berlin-Est (juill.). Armistice en Corée. Hillary/Tenzing : conquête de l'Everest. Watson/Crick : structure de l'ADN. Centre européen de recherche nucléaire, Genève.	Beckett : *L'Innommable*. Bonnefoy : *Du Mouvement et de l'immobilité de Douve*. Jaccottet : *L'Effraie*. Laye : *L'Enfant noir*. Memmi : *La Statue de sel*. Robbe-Grillet : *Les Gommes*. Sarraute : *Martereau*.	Barthes : *Le Degré zéro de l'écritur* Breton : *La Clé des champs*. Picon : *L'Ecrivain et son Ombre*. Revues : *L'Express*. *Lettres nouvelles*.
1954	Ministère Mendès-France. Chute de Dien-Bien-Phu (7 mai); fin de la guerre d'Indochine; partage du pays en Viêt-nam du Nord et du Sud (Conférence de Genève). Début de la guerre d'Algérie (1ᵉʳ nov.). Nasser au pouvoir (→ 1970). Expériences atomiques à Bikini.	Mort de : Colette (n. 1873). Beauvoir : *Les Mandarins*. Butor : *Passage du Milan*. De Gaulle : *Mémoires de guerre I* (→ 1958). Klossowski : *Roberte ce soir*. Réage : *Histoire d'O* (film, 1975). Sagan : *Bonjour Tristesse* (film, 1957).	Léautaud : *Journal littéraire I* (ju 1964). Richard : *Littérature et sensation*. Revue : *Revue des lettres modernes*.
1955	Conférence afro-asiatique de Bandung. Chute de Perón. Mort d'Einstein (n. 1879). Cockerell : aéroglisseurs Hovercraft. Début de la chirurgie à cœur ouvert. Création du doctorat du 3ᵉ cycle.	Mort de : P. Claudel (n. 1868), P. Teilhard de Chardin (n. 1881). Entrent dans leur 20ᵉ année : F. Sagan, J. Thibaudeau. Chraïbi : *Les Boucs*. Duras : *Le Square* (pièce, 1962). Lévi-Strauss : *Tristes Tropiques*. Robbe-Grillet : *Le Voyeur*. Teilhard de Chardin : *Le Phénomène humain*.	Blanchot : *L'Espace littéraire*. Goldmann : *Le Dieu caché*. Richard : *Poésie et Profondeur*. Revue : *Cahiers des saisons* (→ 1967).
1956	Indépendance de la Tunisie et du Maroc (mars). Rapport Khrouchtchev au XXᵉ Congrès (déstalinisation). Nasser nationalise le canal de Suez; intervention militaire franco-anglaise (juill.). Intervention des troupes soviétiques en Hongrie (oct.). Câble téléphonique transatlantique.	Entre dans sa 20ᵉ année : P. Sollers. Butor : *L'Emploi du temps*. Camus : *La Chute*. Sagan : *Un certain sourire* (film, 1958).	Sarraute : *L'Ere du soupçon*.

ARTS ET MUSIQUE	SPECTACLES	LITTÉRATURES ÉTRANGÈRES	ANNÉES
	Vauthier : *Capitaine Bada.* Cinéma : Becker : *Casque d'or.* Clément : *Jeux interdits.*		1952
...rt de : R. Dufy (n. 1877), Picabia ...1. 1879). ...que : plafond de la salle Henri II ...u Louvre. ...hier : série des *Femmes-insectes.* ...que : ...ulez inaugure les Concerts du Petit ...Marigny (qui deviendront en 1954 ...e Domaine musical). ...ssiaen : *Le Réveil des oiseaux.* ...ckhausen : *Kontrapunkte.*	Théâtre : Adamov : *Le Professeur Taranne.* Anouilh : *L'Alouette.* Beckett : *En attendant Godot.* Claudel/Milhaud : *Le Livre de Christophe Colomb* (créée à Berlin, 1930). Green : *Sud.* Cinéma : Fellini : *I Vitelloni.* Tati : *Les Vacances de Monsieur Hulot.*	Leonov : *La Forêt russe* (tr. 1966).	1953
...que : ...lhaud : *David* (opéra). ...iönberg : *Moïse et Aaron* (opéra inachevé, comp. 1932). ...rèse : *Déserts* (musique électronique). ...nakis : *Metastaseis* (musique stochastique, composée avec l'aide d'un ordinateur). : ...rt de : Matisse (n. 1869).	Théâtre : Le Berliner Ensemble de Brecht joue *Mère Courage* à Paris. Ionesco : *Amédée, ou comment s'en débarrasser.* Montherlant : *Port-Royal.* Cinéma : Fellini : *La Strada.*	Asturias : *Le Pape vert* (tr. 1956). Böll : *Les Enfants sont morts.* Kazanzaki : *Le Christ recrucifié* (tr. 1955).	1954
...que : ...rt de : Honegger (n. 1892). ...ulez : *Le Marteau sans maître.* ...rt de : Léger (n. 1881), Utrillo ...n. 1883). ...position Le Mouvement marque le ...début du Cinétisme (Vasarely, ...Agam, Soto, Schöffer). ...but du Pop'art. ...acometti : *Annette.*	Théâtre : Adamov : *Ping Pong.* Ionesco : *Jacques ou la soumission.* Tardieu : *Le Guichet.* Cinéma : Cousteau : *Le Monde du silence.* Max Ophuls : *Lola Montès.* Renais/Cayrol : *Nuit et brouillard.*	Mort de : Th. Mann (n. 1875). Nabokov : *Lolita* (tr. 1959). O'Neill : *Long Voyage vers la nuit* (tr. 1960).	1955
...ique : ...ndowski : *Le Fou* (opéra). ...essiaen : *Oiseaux exotiques.* : ...rt de : J. Pollock (n. 1912). ...position Propositions monochromes (Klein). ...athieu : *L'Impératrice Irène.*	Théâtre : Anouilh : *Pauvre Bitos ou le Dîner des têtes.* Faulkner/Camus : *Requiem pour une nonne.* Schehadé : *Histoire de Vasco.* Vauthier : *Le Personnage combattant.* Cinéma : Bergman : *Le Septième Sceau.* Bresson : *Un condamné à mort s'est échappé.*	Mort de : Brecht (n. 1898). Dürrenmatt : *La Visite de la vieille dame.* Osborne : *Look Back in Anger.*	1956

ANNÉES	ÉVÉNEMENTS ET DÉCOUVERTES	REPÈRES LITTÉRAIRES	ESTHÉTIQUE ET CRITIQ
1957	Le Marché Commun et l'Euratom fondés à Rome (mars). Mort d'Herriot. Premier Congrès de l'Année géophysique. Spoutnik I.	Mort de : S. Guitry (n. 1885), V. Larbaud (n. 1881). Entrent dans leur 20ᵉ année : M. Alyn, H. Cixous, D. Roche, A. Sarrazin (m. 1967). Prix Nobel : A. Camus. Bataille : *Le Bleu du ciel.* Butor : *La Modification.* Camus : *L'Exil et le Royaume.* Céline : *D'un Château l'autre.* Cendrars : *Du Monde entier, Au cœur du monde.* Michaux : *L'Infini turbulent.* Robbe-Grillet : *La Jalousie.* Saint-John Perse : *Amers.* Simon : *Le Vent, Tentative de restitution d'un retable baroque.*	Bachelard : *La Poétique de l'esp* Barthes : *Mythologies.* Bataille : *La Littérature et le Mal; tisme.* Lukács : *Signification présente du : critique* (tr. 1960). Chomsky : *Structures syntaxiques.*
1958	Cinquième République (après le 13 mai). Proclamation des républiques de Guinée, du Soudan, du Sénégal, du Congo, du Tchad, du Gabon, de la Côte d'Ivoire, du Dahomey, de la Haute-Volta, du Niger; proclamation de la République Centrafricaine et de la République malgache (sept.-nov.). De Gaulle élu président de la République (déc.). Khrouchtchev au pouvoir. Mort de Pie XII; élection de Jean XXIII. Disques stéréophoniques. Création des comités gouvernementaux chargés de la gestion de la recherche scientifique en France.	Mort de : Carco (n. 1886), R. Martin du Gard (n. 1881). Alyn : *Cruels Divertissements.* Beauvoir : *Mémoires d'une jeune fille rangée.* Duras : *Moderato cantabile* (film, 1960). Klein : *Le Gambit des étoiles.* Ollier : *La Mise en scène.* Rochefort : *Le Repos du guerrier* (film de Vadim, 1962). Simon : *L'Herbe.* Lévi-Strauss : *Anthropologie structurale.*	Caillois : *Les Jeux et les hommes.* Cl. Mauriac : *L'Allittérature cor raine.* Fr. Mauriac : *Bloc Notes.* Starobinski : *Jean-Jacques Rouss transparence et l'obstacle.* Revue : *L'Arc.*
1959	Malraux, ministre d'Etat chargé des Affaires culturelles. Castro prend le pouvoir à Cuba. La Chine envahit le Tibet. Incidents de frontière entre la Chine et l'Inde. Premières photographies de la face de la lune opposée à la terre. Première greffe du rein.	Mort de : B. Péret (n. 1899). Klossowski : *La Révocation de l'édit de Nantes.* Pinget : *Lettre morte.* Queneau : *Zazie dans le métro* (film, 1960). Robbe-Grillet : *Dans le labyrinthe.* Sagan : *Aimez-vous Brahms...* (film, 1961). Sarraute : *Le Planétarium.* Schwartz-Bart : *Le Dernier des justes.*	Blanchot : *Le Livre à venir.* Georges Blin : *Stendhal et les problè roman.* Lefebvre : *La Somme et le Reste.*

ARTS ET MUSIQUE	SPECTACLES	LITTÉRATURES ÉTRANGÈRES	ANNÉES

que :
rt de : Sibelius (n. 1865), Tosca-
ini (n. 1867).
alez : *IIIe Sonate pour piano* (musique
éatoire).
adowski : *Le Ventriloque* (opéra).
lenc/Bernanos : *Dialogue des Car-
élites* (opéra).
ckhausen : *Klavierstück XI.*
 	
sentation de l'Epoque bleue de
lein (Milan).
	Théâtre :
	  Achard : *Patate.*
	  Adamov : *Paolo Paoli.*
	  Beckett : *Fin de partie.*
	Cinéma :
	  Bergman : *Les Fraises sauvages.*
		Durrell : *Justine* (tr. 1960).
		Kérouac : *Sur la route* (tr. 1960).
		Nabokov : *Pnine* (tr. 1962).
		Pasternak : *Dr Jivago* (tr. 1958).
		Paz : *Pierre de soleil.*
			1957

que :
ation du groupe Recherches mu-
icales de la RTF (Schaeffer).
ilez/Michaux : *Poésie pour pouvoir.*
ier : *VIe Symphonie, Les Présages.*
èse : *Poème électronique.*
 	
rt de : G. Rouault (n. 1871).
position du Vide (Klein).
tecture :
es van der Rohe/Johnson : le bâti-
ent Seagram (New York).
vi/Ponti : bâtiments Pirelli (Mi-
an).
meyer : le Palais du président
Brasilia).
	Cinéma :
	  Chabrol : *Le Beau Serge* (Nouvelle
	    Vague).
	  Malle : *Les Amants.*
	  Tati : *Mon Oncle.*
		Albee : *Zoo Story* (tr. 1965).	1958

que :
tilleux : *IIe Symphonie, dite Le Double.*
ssiaen : *Premier Catalogue d'oiseaux.*
ilenc/Cocteau : *La Voix humaine*
opéra).
nakis : *Stratégie, jeu pour deux or-
hestres* (musique stratégique).
:
prow crée le premier Happening
New York).
position Pollock et la Nouvelle
einture américaine (Paris).
ro : fresques céramiques *Le Soleil* et
La Lune pour le bâtiment UNESCO.
asso : fresques pour le bâtiment
UNESCO (Paris).
	Théâtre :
	  Anouilh : *Becket ou l'honneur de Dieu.*
	  Billetdoux : *Tchin-Tchin.*
	  Dostoïevski/Camus : *Les Possédés.*
	  Claudel : *Tête d'or* (version définitive
	    d'une pièce qui date de 1890).
	  Genet : *Les Nègres.*
	  Ionesco : *Tueur sans gages.*
	  Sartre : *Les Séquestrés d'Altona.*
	  Vian : *Les Bâtisseurs d'empire.*
	Cinéma :
	  Antonioni : *L'Aventura.*
	  Fellini : *La Dolce Vita.*
	  Godard : *A bout de souffle.*
	  Renais/Duras : *Hiroshima mon amour.*
	  Truffaut : *Les Quatre Cents Coups.*
		Alberti : *La Forêt des arbres perdus.*
		Böll : *Les Deux Sacrements.*
		Burroughs : *Le Festin nu* (tr. 1964).
		Mishima : *Le Pavillon d'or* (tr. 1961).
		Tomasi di Lampedusa : *Le Guépard* (tr.
		  1959).
			1959

ANNÉES	ÉVÉNEMENTS ET DÉCOUVERTES	REPÈRES LITTÉRAIRES	ESTHÉTIQUE ET CRITIQU
1959			
1960	Nouveau franc (1ᵉʳ janv.). Indépendance des Etats africains (Congo, Côte d'Ivoire, Dahomey, Gabon, Haute-Volta, Madagascar, Mauritanie, République Centrafricaine, Sénégal, République du Mali, Tchad, Cameroun et Togo). Insurrection à Alger (24 janv.-1ᵉʳ févr.; « semaine des barricades »). Indépendance du Congo Belge; la guerre civile éclate (Tschombé-Lumumba). Première bombe atomique française.	Mort de : P. Fort (n. 1872), P. Reverdy (n. 1889), J. Supervielle (n. 1884). Entrent dans leur 20ᵉ année : P. Guyotat, J. M. G. Le Clézio. Prix Nobel : Saint-John Perse. Beauvoir : *La Force de l'âge*. Butor : *Degrés*. Céline : *Nord*. Deguy : *Fragments du cadastre*. Hébert : *Poèmes*. Klossowski : *Le Souffleur*. Simon : *La Route des Flandres*. Sartre : *Critique de la raison dialectique*.	Bachelard : *La Poétique de la rêverie* Butor : *Répertoire I (II en 1964; I 1968; IV en 1974)*. Revue : *Tel quel*.
1961	Echec de l'insurrection militaire à Alger (22-25 avril; généraux Challe, Jouhaud, Zeller et Salan). Ouverture de la Conférence d'Evian entre les délégations du gouvernement français et du F.L.N. (mai). Assassinat de Lumumba. Kennedy, président des Etats-Unis. Construction du Mur à Berlin (août). Mort de Hammarskjold. Gagarine, premier homme dans l'espace.	Mort de : Céline (n. 1891), Cendrars (n. 1887). Pham Van Ky : *Perdre la demeure*. Ricardou : *L'Observatoire de Cannes*. Senghor : *Nocturnes*. Sollers : *Le Parc*. Mort de C.-G. Jung (n. 1875).	Rougemont : *Les Mythes de l'amour* Starobinski : *L'Œil vivant*. Weber : *Genèse de l'œuvre poétique*. Revues : *Cahiers de L'Herne*. *Communications*.
1962	Ministère Pompidou. Accords d'Evian (18 mars); indépendance d'Algérie (3 juill.). Référendum constitutionnel sur l'élection au suffrage universel du chef de l'Etat (oct.). Début du concile Vatican II. Hess : théorie de la dérive des continents. Découverte du vent solaire. Satellite Telstar.	Mort de : Bachelard (n. 1884), G. Bataille (n. 1897), M. de Ghelderode (n. 1898). Butor : *Mobile, Réseau aérien*. Pinget : *L'Inquisitoire*. Saint-John Perse : *Ordre des Oiseaux*. Simon : *Le Palace*.	Bosquet : *Verbe et vertige*. Rousset : *Forme et signification : Ess les structures littéraires*.

ARTS ET MUSIQUE	SPECTACLES	LITTÉRATURES ÉTRANGÈRES	ANNÉES
uschenberg : *Combined Painting*. nguely : *Métamatics*. itecture : right : Musée Guggenheim (New York).			1959
sance du mouvement artistique ernational Fluxus (en France, n, Kudo, etc.). Salon de mai, les voitures compres- es de César font scandale. ometti : *L'Homme qui marche I & Femme debout II*. n : *Anthropométries de l'époque bleue* npreintes humaines apposées sur pier à l'accompagnement de la mphonie Monoton); peintures de 1 (Centre d'essais du Gaz de ance). que : éfano : *Incidences ; Quadrature*. ihalovici/Beckett : *Krapp* (*La Der- nière Bande* — opéra). : oupe de Recherche d'art visuel Rossi, Le Parc, Morellet, Sobrino, etc.).	Théâtre : Genet : *Le Balcon* (film, 1963). Ionesco : *Rhinocéros*. Obaldia : *Genousie*. Sagan : *Un château en Suède* (film, 1963). Tardieu : *Les Amants du Métro*. Cinéma : Antonioni : *La Nuit*. Cocteau : *Le Testament d'Orphée*. Vadim : *Liaisons dangereuses*.	Mort de : Pasternak (n. 1890). Pinter : *Le Gardien* (tr. 1967). Updike : *Cœur-de-lièvre* (tr. 1962).	1960
: ° au-dessus de Dada — première exposition du groupe Les Nou- veaux Réalistes (Tinguely, Klein, César, Saint-Phalle, Christo, etc.).	Théâtre : Création des Maisons de la Culture. Dubillard : *Naïves Hirondelles*. Salacrou : *Boulevard Durand*. Schehadé : *Le Voyage*. Cinéma : Resnais/Robbe-Grillet : *L'Année der- nière à Marienbad*. Truffaut : *Jules et Jim*.	Mort de : Hemingway (n. 1898).	1961
ique : réation de l'ensemble avant-garde Musica Nova (Ars Nova). ulez : *Pli selon pli — portrait de Mal- larmé*. : ort de : Y. Klein (n. 1928). ubuffet : le cycle de *L'Hourloupe*. int-Phalle : *Tableaux-surprise*.	Théâtre : Ionesco : *Le Roi se meurt*. Cinéma : Welles : *Le Procès*. Robbe-Grillet : *L'Immortelle*. Vadim/Giono : *Les Grands Chemins*.	Albee : *Qui a peur de Virginia Woolf?* (tr. 1964). Baldwin : *Un autre pays* (tr. 1964). Nabokov : *Feu pâle* (tr. 1965). Soljenytsine : *Une Journée d'Ivan Denis- sovitch* (tr. 1963).	1962

ANNÉES	ÉVÉNEMENTS ET DÉCOUVERTES	REPÈRES LITTÉRAIRES	ESTHÉTIQUE ET CRITIQ
1963	Accords franco-allemands. Mort de Jean XXIII ; élection de Paul VI. Assassinat de Kennedy. Traité de Moscou sur l'arrêt des expériences atomiques (96 Etats).	Mort de : J. Cocteau (n. 1889), T. Tzara (n. 1896). Jabes : *Le Livre des questions.* Le Clézio : *Le Procès-verbal.* Pieyre de Mandiargues : *La Motocyclette.* Pleynet : *Provisoires Amants des nègres.* Roche : *Récits complets.* Sarraute : *Les Fruits d'or.* Jakobson : *Essais de linguistique générale.*	Barthes : *Sur Racine.* Mauron : *Des métaphores obsédan mythe personnel : Introduction à la critique.* Nadeau : *Le Roman français dep guerre* (nouv. éd. 1970). Robbe-Grillet : *Pour un nouveau* Sollers : *L'Intermédiaire.* Revue : *Nouveau Commerce.*
1964	Mort de Nehru. Destitution de Khrouchtchev ; Kossyguine, Brejnev au pouvoir. 1ʳᵉ bombe atomique chinoise. Arabie Saoudite : Faïçal accède au trône. Télévision : la 2ᵉ chaîne. Ranger VII photographie la surface de la lune.	Prix Nobel : J.-P. Sartre, qui le refuse. Leduc : *La Bâtarde.* Sartre : *Les Mots.*	Barthes : *Essais critiques.* Goldmann : *Pour une sociologie man.* Janvier : *Une Parole exigeante.* Richard : *Onze études sur la poé derne.* Revue : *Nouvel Observateur.*
1965	De Gaulle réélu au second tour à la présidence. Mort de Winston Churchill. Bombardements américains sur le Viêtnam du Nord. Guerre entre l'Inde et le Pakistan. Indépendance de la Rhodésie. Prix Nobel de médecine : Jacob, Lwoff et Monod. Première sortie d'un homme dans l'espace (Leonov). Le programme Diamant A place sur orbite les premiers satellites français. Ouverture du tunnel sous le Mont-Blanc.	Mort de : J. Audiberti (n. 1899). Aragon : *La Mise à mort.* Butor : *6.810.000 Litres d'eau par seconde.* Le Clézio : *La Fièvre.* Perec : *Les Choses.* Robbe-Grillet : *La Maison de Rendez-vous.* Sarrazin : *L'Astragale ; La Cavale.* Sollers : *Drame.* Althusser : *Pour Marx.*	Raymond Picard : *Nouvelle criti nouvelle imposture.* Revue : *Le Magazine littéraire.*
1966	La France quitte l'O.T.A.N. Début de l'affaire Ben Barka. Indira Gandhi devient premier ministre de la république de l'Inde. En Indonésie, coup d'Etat contre Sukarno. Révolution culturelle chinoise (avril). Prix Nobel de physique : A. Kastler. Engins soviétique et américain sur la lune. Radiogalaxies.	Mort de : A. Breton (n. 1896), G. Duhamel (n. 1884). Bataille : *Ma Mère.* Chedid : *Double-pays.* Deguy : *Actes.* Le Clézio : *Le Déluge.* Thibaudeau : *Ouverture I.* Greimas : *Sémantique structurale.*	Colloque : les Chemins actuels critique, à Cerisy-la-Salle (éd 1968). Barthes : *Critique et Vérité.* Doubrovsky : *Pourquoi la nouve tique.* Foucault : *Les Mots et les Choses.* Genette : *Figures I.* Ionesco : *Notes et Contre-Notes.* Lacan : *Ecrits I & II.* Macherey : *Pour une théorie de la p tion littéraire.* Serreau : *Histoire du « Nouveau Th*

ARTS ET MUSIQUE	SPECTACLES	LITTÉRATURES ÉTRANGÈRES	ANNÉES
ue : t de : Hindemith (n. 1895), Edith af (n. 1915), Poulenc (n. 1899). nier festival de musique d'avant- rde (Royan). siaen : *Couleurs de la cité céleste.* haud/Claudel : *L'Orestie* (trilogie, mp. de 1913 à 1922). haud/Jean XXIII : *Pacem in Terris.* t de : Braque (n. 1882). nière exposition Mathieu à Paris. gall : plafond de l'Opéra (Paris).	Théâtre : Adamov : *Le Printemps 71.* Beckett : *Cascando* (pièce radiopho- nique). Cinéma : Fellini : *Huit et demi.* Malle/Drieu La Rochelle : *Feu Follet.* Resnais/Cayrol : *Muriel.*	Mort de : R. Frost (n. 1875), A. Huxley (n. 1894). Baldwin : *La prochaine fois le feu* (tr. 1963). Hochhuth : *Le Vicaire* (tr. 1963). Plath : *The Bell Jar.*	1963
Art. schenberg : *Retroactive.* t-Phalle : premières *Nanas.* arely : *Composition 1964.*	Théâtre : Billetdoux : *Il faut passer par les nuages ; Comment va le monde Môssieu? Il tourne Môssieu!* Césaire : *La Tragédie du Roi Christophe.* Cinéma : Truffaut : *La Peau douce.*	Bellow : *Herzog* (tr. 1966).	1964
ue : t de : E. Varèse (n. 1883). illeux : *Métaboles.* ut du Mec'Art. osition : Hommage au vent au VIᵉ Salon de la Jeune Peinture 'Anti-Art). aud/Arroyo/Recalcati : *La Fin tra- ique de Marcel Duchamp* (série de toiles collectives). tecture : t de : Le Corbusier (n. 1888).	Théâtre : Montherlant : *La Guerre civile.* Obaldia : *Du vent dans les branches de sassafras.* Cayrol : *Le Coup de grâce.* Cinéma : Fellini : *Juliette des esprits.* Godart : *Pierrot le fou.*	Mort de : T. S. Eliot (n. 1888). Jones : *Le Métro fantôme* (tr. 1967). Mrozek : *Tango* (tr. 1966). Pinter : *Le Retour* (tr. 1968). Plath : *Ariel.*	1965
ue : ge : *Variations I-VII* (musique aléa- oire). : t de : A. Giacometti (n. 1902). mier Festival des arts nègres Dakar). province, premiers travaux du roupe Support/Surface (Bioulès, Dezeuze, Viallat, etc.). Parc : grand prix de la Biennale de enise. öffer : *Tour luminodynamique.*	Théâtre : Arrabal : *Le Cimetière des voitures* (publ. 1958) ; *Le Grand Cérémonial.* Gatti : *Chant public devant deux chaises électriques.* Genet : *Les Paravents* (publ. 1961). Cinéma : Dassin/Duras : *Dix Heures et demie du soir en été.* Godard : *Deux ou Trois choses que je sais d'elle.* Resnais : *La Guerre est finie.* Robbe-Grillet : *Trans-Europ-Express.*	Buzzati : *Le K* (tr. 1967). Capote : *De Sang froid* (tr. 1968).	1966

ANNÉES	ÉVÉNEMENTS ET DÉCOUVERTES	REPÈRES LITTÉRAIRES	ESTHÉTIQUE ET CRITIQU
1966			Todorov (éd.) : *Théorie de la littéra* Revue : *La Quinzaine littéraire*.
1967	Discours de de Gaulle à Montréal : « Vive le Québec libre ». Formation de la Fédération de la gauche démocratique. Mort d'Adenauer. Guerre de Six jours entre Israël et les pays arabes (juin). Bombe H chinoise. Début de la guerre civile nigérienne (Biafra). Mort de Che Guevara en Bolivie. Premières émissions de télévision en couleurs en France (SECAM).	Entre dans sa 20ᵉ année : P. Modiano. Aragon : *Blanche ou l'oubli*. Guyotat : *Tombeau pour 500.000 soldats*. Malraux : *Antimémoires*. Pieyre de Mandiargues : *La Marge*. Simon : *Histoire*.	Derrida : *L'Ecriture et la Différence*. Ricardou : *Problèmes du nouveau*
1968	Insurrection des étudiants et grève générale (14-29 mai). Dissolution de l'Assemblée nationale (30 mai). Bombe H française (24 août). Assassinats de Martin Luther King et de Robert Kennedy. « Printemps de Prague » (Dubcek) : intervention des troupes du Pacte de Varsovie en Tchécoslovaquie (août). Portugal : chute de Salazar. Tour de la lune par Zond V et par 3 astronautes américains (Apollo 8)	Modiano : *La Place de l'Etoile*. Roche : *Eros énergumène*. Sarraute : *Entre la vie et la mort*.	Daix : *Nouvelle critique et art mode* Derrida : *De la grammatologie*. Sollers : *Logiques*. Revue : *Change*.
1969	De Gaulle démissionne. Pompidou président. Mort d'Eisenhower. Affrontements protestants-catholiques en Irlande du Nord. Golda Meir, premier ministre en Israël. Willy Brandt, chancelier de l'Allemagne fédérale. Nixon, président des Etats-Unis. Mort de Hô Chi Minh. Armstrong et Aldrin marchent sur la lune (Apollo II).	Prix Nobel : S. Beckett. Céline : *Rigodon*. Cixous : *Dedans*. Dupin : *L'Embrasure*. Duras : *Détruire dit-elle* (film 1969). Le Clézio : *Le Livre des fuites*. Sabatier : *Les Allumettes suédoises*. Simon : *La Bataille de Pharsale*.	Blanchot : *L'Entretien infini*. Foucault : *L'Archéologie du savoir*. Kristeva : *Séméiôtiké : Recherches pou* *sémanalyse*.
1970	Violentes bagarres à Nanterre entre étudiants et policiers. Etats généraux des femmes. Mort de de Gaulle, Daladier. Coups d'Etat au Cambodge, en Argentine, en Bolivie, en Syrie, en Equateur.	Mort de : Crommelynck (n. 1886), Giono (n. 1895), Mac Orlan (n. 1882), Massis (n. 1886), Mauriac (n. 1885), Elsa Triolet (n. 1896). Beauvoir : *La Vieillesse*. Cixous : *Le Troisième Corps ; Les Commencements*.	Barthes : *S/Z*. Dubois et al. (groupe de Liège) : *R* *rique générale*. Bersani, Autrand et al. : *La Littératu* *France depuis 1945*. Revues : *Incidences de la psychanalyse*.

	SPECTACLES	LITTÉRATURES ÉTRANGÈRES	ANNÉES
			1966
que : ndowski crée l'Orchestre de Paris (Ch. Munch, directeur). nakis fonde l'Equipe de Mathématique et Automatique musicales (recherches de méta-musique). ulez : *Relevés d'apprenti* (livre). : position Lumière et mouvement au Musée d'art moderne (Paris). uatre manifestations du groupe BMPT (Buren, Mosset, Parmentier, Toroni).	Théâtre : Adamov : *La Politique des restes*. Arrabal : *L'Architecte et l'Empereur d'Assyrie*. Duras : *L'Amante anglaise*. Cinéma : Godard : *La Chinoise ; Weekend*. Lheureux/Genet : *Le Condamné à mort*.	Marquez : *Cent Ans de solitude* (tr. 1969). Boulgakov : *Le Maître et Marguerite* (tr. 1968). Malamud : *The Fixer*. Mao : *Citations (Le petit livre rouge)*.	1967
ique : ort de : Ch. Munch (n. 1891). age : *Réunion*. etsy Jolas : *Points d'aube*. ilhaud : *Musique pour Nouvelle Orléans*. ousseur/Butor : *Votre Faust* (opéra).	Théâtre : Théâtre-Laboratoire de Grotowski à Paris. Cinéma : Buñuel : *Belle de jour*. Godard : *Les Carabiniers*.	Mort de : Steinbeck (n. 1902). Soljénytsine : *Le Pavillon des cancéreux* (tr. 1968) ; *Le Premier cercle* (tr. 1968). Styron : *Les Confessions de Nat Turner* (tr. 1969).	1968
sique : oulez : *Livre pour cordes*. lessiaen : *La Transfiguration de Notre Seigneur Jésus-Christ*. enakis : *Kraanerg* (ballet pour orchestre et bande magnétique). s : estival culturel panafricain (Alger). pparition de l'Art Conceptuel (Kosuth). hitecture : Mort de : Mies van der Rohe (n. 1886).	Théâtre : Arrabal : *Le Jardin des délices*. Cinéma : Chabrol : *La Femme infidèle*. Costa-Gavras : *Z*.	Grass : *Anesthésie locale* (tr. 1971). Nabokov : *Ada*. Paz : *Versant est* (tr. 1970).	1969
usique : lair à Paris. loy : *Amas ; Faisceaux-diffractions*. olivet : *Songe à nouveau rêvé*. rs : ormation de la Coopérative des Malassis (art politisé et collectif).	Théâtre : Ionesco : *Jeux de massacre*. Cinéma : Arrabal : *Viva la muerte*. Buñuel : *Tristana*. Fellini : *Satyricon*. Robbe-Grillet : *L'Eden et après*.	Mort de : Dos Passos (n. 1896), Mishima (n. 1925), Ungaretti (n. 1888).	1970

ANNÉES	ÉVÉNEMENTS ET DÉCOUVERTES	REPÈRES LITTÉRAIRES	ESTHÉTIQUE ET CRITIQUE
1970	Intervention militaire américaine au Cambodge. Sadat, président de la République arabe unie. Fin de la guerre du Biafra (Nigeria). Allende, président de la République du Chili. Mort de Nasser, Salazar, Sukarno. Prix Nobel de physique : L. Néel. Barrage d'Assouan.	Gracq : *La Presqu'île*. Guyotat : *Eden Eden Eden*. Hébert : *Kamouraska*. Le Clézio : *La Guerre*. Robbe-Grillet : *Projet pour une révolution à New York*. Simon : *Orion aveugle*.	*Poétique*.

ARTS ET MUSIQUE	SPECTACLES	LITTÉRATURES ÉTRANGÈRES	ANNÉES
...mières manifestations parisiennes, ...uis dissolution de Support/Sur-...ace. ...buffet : *Jardin d'hiver*.	Marcel Ophuls : *Le Chagrin et la Pitié*.		1970

L'éditeur remercie tout particulièrement Mme Albert Camus, Mme Jean Lurçat, le Professeur C. Lévi-Strauss, MM. Antoine Duhamel, Francis Ponge et François Chapon, Conservateur en chef à la Bibliothèque littéraire Jacques Doucet, qui ont bien voulu autoriser la reproduction de documents appartenant à leurs collections.

Table des illustrations

30. « Littérature », revue d'Aragon, Breton et Soupault. *Bibliothèque littéraire Jacques Doucet. (Photo Ed. Arthaud.)*

31. Couverture de la revue « Aventure » (Crevel). *Bibliothèque littéraire Jacques Doucet. (Photo Ed. Arthaud.)*

32. Victor Brauner, « Le Surréaliste ». *(Photo Réunion des Musées Nationaux.)*

33-34. Dessins originaux de Tzara. *Bibliothèque littéraire Jacques Doucet. (Photo Ed. Arthaud.)*

35. « Minotaure », numéro 7 (1933). Couverture de *Miro*. Editions Tériade. *(Photo Ed. Arthaud, reproduction interdite.)*

36. Max Ernst. « La Toilette de la mariée. » *(Photo Réunion des Musées Nationaux.)*

37-38. Antonin Artaud. « Le Théâtre de la Cruauté. » *Bibliothèque littéraire Jacques Doucet. (Photo Ed. Arthaud, reproduction interdite.)*

39. Jean Cocteau. *(Photo Cahiers du Cinéma.)*

40. « Le Testament d'Orphée », film de Cocteau (1959). *(Photo Cahiers du Cinéma.)*

41. Francis Ponge. « L'Abricot. » Première strophe du manuscrit original. *Bibliothèque littéraire Jacques Doucet. (Photo Ed. Arthaud, reproduction interdite.)*

42. Motifs de peintures faciales, Indiens Caduveo, Mato Grosso, Brésil, recueillis par Cl. Lévi-Strauss en 1935. *Collection Professeur C. Lévi-Strauss. (Photo Ed. Arthaud, reproduction interdite.)*

43. « Thalassa », partition de B. Parmegiani (G.R.M.) *(Photo B. Perrine.)*

44. Croquis original d'Antoine Duhamel pour les « Les Ubs », Ubu à l'Opéra, d'après Λ. Jarry : « théâtre musical total ». Festival d'Avignon 1974 (musique : A. Duhamel, mise en scène : G. Wilson). Reproduction interdite. (Coll. C. Deron.)

45. P. Claudel, « Le Soulier de satin », mise en scène de J.-L. Barrault, Comédie Française, 1949. *(Photo Bernand.)*

46. J. Giraudoux, « La Folle de Chaillot » (Marguerite Moréno), mise en scène de L. Jouvet, théâtre de l'Athénée, 1945. *(Photo Bernand.)*

47. J. Giraudoux, « Ondine », mise en scène de L. Jouvet, théâtre de l'Athénée, 1945. *(Photo Bernand.)*

48. S. Beckett, « En attendant Godot », mise en scène de R. Blin, théâtre de Babylone, 1953. *(Photo Roger-Viollet.)*

49. B. Brecht, « Mère Courage » (Germaine Montéro), mise en scène de J. Vilar, T.N.P. 1954. *(Photo Roger-Viollet.)*

50. A. Camus metteur en scène de « Requiem pour une nonne », d'après Faulkner (1956). *(Photo Collection Madame Albert Camus, reproduction interdite.)*

51. Festival d'Avignon, Cour d'honneur du Palais des Papes, « Don Juan » de Molière, mise en scène de J. Vilar, 1953. *(Photo Bernand.)*

52. J. Genet, « Les Paravents » (G. Kerjean), mise en scène de R. Blin, 1966. *(Photo Bernand.)*

53. S. Beckett, « Oh! Les beaux jours » (Madeleine Renaud), mise en scène de R. Blin, 1963. *(Photo Bernand.)*

54. Arrabal, « Et ils ont mis des menottes aux fleurs », 1963. *(Photo Bernand.)*

55. « 1789 », Théâtre du Soleil, Cartoucherie de Vincennes, A. Mnouchkine, 1970. *(Photo Bernand.)*

56. Marivaux, « La Dispute », mise en scène de Patrice Chéreau, 1973. *(Photo Bernand.)*

57. Bob Wilson, « Le Regard du sourd », 1971. *(Photo Bernand.)*

58. Picasso « Guernica ». *(Photo Giraudon.)*

59. Joyce. *(Photo Roger-Viollet.)*

60. Kafka. *(Photo Roger-Viollet.)*

61. Faulkner. *(Photo Roger-Viollet.)*

62. Picabia, « Très rare tableau sur la terre » (détail). *(Photo Réunion des Musées Nationaux.)*

63. Rauschenberg, « Stoned Moon Project » (Détail : Cosmonaute.) Wallraf-Richartz-Museum, Cologne. *(Photo du musée.)*

Table des matières

LITTÉRATURE FRANÇAISE

Collection dirigée par Claude Pichois

L'ICONOGRAPHIE, LA MAQUETTE ET LA
RÉALISATION DE CET OUVRAGE SONT DE
CLAUDE DERON.
LA COUVERTURE ET LA RELIURE SONT DE
JACQUES ROBLIN.

ACHEVÉ D'IMPRIMER LE 26 JANVIER 1978
TEXTE PAR L'IMPRIMERIE FLOCH A MAYENNE SUR
PAPIER BOUFFANT « TAILLEFER » DES PAPETERIES
DU DOMEYNON. 20 PAGES HÉLIO PAR LA
S.C.O.P. S.A.D.A.G. SUR PAPIER HÉLIO ARJOMARI-
PRIOUX. COUVERTURE DEUX COULEURS SUR
FOLDINGBOX KROMEKOTE PAR L'IMPRIMERIE
PÉJOUT A PARIS D'APRÈS CLICHÉS DES ÉTABLISSE-
MENTS LAGRUE. RELIURE PAR L'ATELIER DU LIVRE.
N° D'ÉDITION : 1462. N° D'IMPRESSION : 15505
DÉPÔT LÉGAL : 1er TRIMESTRE 1978
IMPRIMÉ EN FRANCE.